제3판

경호학
EXECUTIVE PROTECTION

최선우

박영사

제3판 서문

오늘날 국가, 사회, 그리고 개인 상호 간의 갈등과 분쟁은 끊이지 않게 발생하고 있다. 이에 따라 상상할 수 없는 거대한 위협요인이 국내·외적으로 잠재해 있고, 또 실제로 전쟁·테러·범죄 등 다양한 형태로 표출하고 있다. 그리고 이에 따른 국가차원 또는 민간차원의 경호 내지 신변보호의 필요성은 증대하고 있음은 물론이다.

지난 2024년 7월 13일, 11월 미국 대선을 앞두고 야외 유세 중인 공화당 대선후보 트럼프(D. Trump) 전 대통령에 대한 총격 테러는 전 세계에 충격을 주고 있다. 이러한 총격 테러가 실제 발생했다는 사실뿐만 아니라, 그것이 대중매체를 통해서 널리 알려지게 되고, 또 그것으로 인한 공포와 두려움이 빠르게 확산되고 있는 것도 문제다. 더욱이 이번 사건을 통해 경호의 필요성과 경호준비 및 대응상의 문제점이 여실히 드러났다는 점은 간과하기 어렵다.

오늘날 공격자들은 총기, 폭발물, 생화학무기 등 과거보다는 훨씬 치명적인 원거리·근거리 대량살상무기를 사용할 수 있다. 또 1995년 일본 종교단체 옴진리교가 동경지하철 내에 화학무기를 사용한 테러나, 2001년 납치한 항공기를 이용한 자폭테러(9.11테러)와 같이 전혀 예측하기 어려운 공격을 할 수도 있다. 따라서 경호준비단계에서 인적·물적·공간적으로 광범위한 영역에서 위험성을 조기 발견·제거하지 못한다면, 그리고 사건발생시 신속·정확한 경호대응이 이루어지지 못한다면, 그 피해 결과는 상상하기가 어렵다.

자경주의(vigilantism) 관점에서 볼 때, 경호는 경험 이전의 본능적인 인간의 방어 메커니즘이라 할 수 있다. 그러나 경호위해환경의 양적·질적인 심화는 자경주의만으로는 해결하기 어렵다. 이러한 이유로 경호에 대한 과학적·체계적 접근이 시도되었고, 그것이 '경호학'이라는 하나의 학문체계로 발전할 수 있는 계기가 되었다고 본다.

경호학은 순수학문이라기보다는 응용학문으로서 다른 학문분야와 연계된 종학과학적인 성격을 갖는다. 경호학에서 정립된 경호이론과 원리는 실질적으로 경호대상자의 안전을 확보할 수 있는 가능성을 높여 주어야 한다. 경호대상자의 안전성 확보와 관련 없는 경호이론 및 원리는 단순한 탁상공론(卓上空論)에 불과한 것이다.

이번 경호학 제3판에서는 책 구성상의 큰 변화 없이, 전체적인 문장 및 내용을 수정·보완하였고, 아울러 경호 관련법의 개정 내용 등을 반영하였다. 이 책을 통해서 경호학 관련분야를 체계적으로 공부하고자 하는 사람들에게 자그마한 도움이 되기를 바란다. 이 책의 편집에 많은 노고를 아끼지 않은 담당자님께 감사의 마음을 전한다. 끝으로 이번 개정판 발간의 기쁨을 사랑하는 가족과 함께 나누고자 한다. 늘 감사할 뿐이다.

2024년 8월

진월동 연구실에서 최선우

개정판 서문

최근 전 세계는 코로나바이러스(COVID 19)가 확산되어 상상을 초월할 정도의 수많은 사람들이 정신적·육체적, 그리고 경제적으로 엄청난 고통을 겪고 있다. 인류는 전쟁, 테러, 그리고 범죄와 같이 일정부분 가시적(可視的) 위협이 아닌, 전혀 인지할 수 없는 전염병이라는 대재앙을 경험하고 있다.

주지하는 바와 같이 경호 또는 신변보호는 전쟁, 테러, 범죄, 그리고 재난 등 유형적인 공격에 대해서 경호대상자를 안전하게 보호하는 것에 국한되는 것은 아니다. 전염병과 같은 무형적 공격에 대해서도 경호대상자를 보호할 수 있어야 한다는 의미이다. 이러한 점에서 전통적 경호는 새로운 과제를 또 하나 안게 된 셈이다. 앞으로 경호학을 이론적으로 체계화시키거나 경호현장운용을 실제로 담당하는 전문가들이 많은 관심을 기울여야 할 것으로 보인다.

그러나 아쉽게도 이번 경호학 개정판에서는 이러한 요소들을 다루지 못하였다. 향후, 관련 연구를 진행하여 이러한 부분을 보완할 것을 약속드린다. 이번 개정판에서는 초판의 범위 내에서 다음과 같은 부분에 주안점을 두고 작업을 진행하였다.

먼저, 경호학 초판(2017)이 조금 급하게 발간되다 보니 오탈자 및 문맥이 다소 부적절한 곳이 적지 않았다. 이번 개정판을 통해 이러한 부분들을 최대한 수정 및 보완하고자 하였다. 아울러 최근에 개정된 경호관련 법규정, 그리고 통계자료를 최대한 반영하고자 하였다. 다음으로 최근 출제된 경비지도사 자격증시험 등을 분석하여 개정판에 반영하고자 하였다. 민간경비 분야에서 경비지도사 자격증이 가지는 수요 및 이의 가치는 결코 적지 않기 때문에 이를 충분히 고려하고자 하였다. 항상 느끼는 것이지만 저술작업을 마치고 나면 아쉬움이 여전히 많이 남아 있다.

　　개정판을 작업하는 과정에서도 초판과 마찬가지로 김두현 교수의 「경호학개론, 2013」, 이상철 교수의 「경호현장운용론, 2012」, 양재열 교수의 「경호학원론, 2012」 등을 많이 참고하면서 논지의 방향이 제대로 진행되고 있는지를 검토하였다. 그리고 특히, 이두석 교수의 「경호학개론, 2018」에서 많은 영감을 받고, 적지 않게 원용하였음을 밝힌다. 이 자리를 빌려 여러 선배 교수님들께 감사의 마음을 전한다.

　　그리고 경호학 개정판 발간의 기쁨을 김경태 교수님과 함께 하고자 한다. 동료교수로서 오랜 세월을 곁에서 묵묵히 도움을 주어 그 고마움을 이루 말할 수 없다. 항상 건강하고 가내에 좋은 일이 가득하기를 바라는 마음이다. 그리고 초판과 마찬가지로 개정판의 원고 교정에 많은 도움을 준 광주대학교 경찰법행정학부 졸업생 김재언 군에게도 감사의 마음을 전한다. 사회에서도 훌륭한 역량을 발휘할 것을 믿어 의심치 않는다. 그리고 이 책의 발간을 허락해준 박영사 안종만 회장님과 안상준 대표님과 이영조 차장님, 그리고 편집에 많은 노고를 아끼지 않은 담당자님께도 감사의 마음을 전한다. 끝으로 개정판 발간의 기쁨을 가족들과 함께 나누고자 한다. 사랑하는 아내 신윤희, 큰딸 최재은, 작은딸 최재현, 그리고 막내아들 최재석은 내 삶의 원동력이자 기쁨이다. 모두에게 감사드린다.

2021년 3월
진월동 연구실에서 최선우

경호학(警護學)은 매우 실용주의적인 학문이라고 생각한다. 그렇기 때문에 이 분야에서 오랜 동안 전문직업인으로서의 경험을 가지고 있는 분들이 이에 대한 연구를 체계화시키는 것이 바람직하다고 본다. 그러나 고백하건데, 본인은 경호학을 학문적 관점에서 강의와 연구를 해 왔을 뿐 경호에 대한 실무적 경험은 전무한 실정이다. '무식하면 용감하다'는 말이 명확히 부합되는 상황이다.

이러한 이유로 어설픈 저술을 하여 경호학 분야의 경호전문가들의 위상에 누를 끼치지 않을까하는 두려움과 우려의 마음도 적지 않다. 이 자리를 빌려 양해의 마음을 전한다. 다만 바람이 있다면, 경호학 관련분야를 체계적으로 공부하고자 하는 학생들에게 이 책이 자그마한 도움이 되기를 바란다. 그리고 국가공인 자격증으로 시행되고 있는 「경비지도사」와 「신변보호사」 등을 준비하는 학생 및 일반인들에게 하나의 기본서로서 역할을 해준다면 더할 나위 없는 영광이라고 생각한다.

이 책을 집필하는 과정에서 아쉬운 점이 있다면, 이 책은 기본적으로 공경호(특히, 대통령경호 등)를 중심으로 하였고, 일부분 민간경호의 내용을 다루었다는 점이다. 아직까지 공경호(公警護)에 비하여 민간경호(民間警護)는 법률적·실무적, 그리고 학문적으로 체계화하는데 한계가 있다고 본다. 민간차원의 경호는 단일 개별법이 아닌 경비업법 등에 일반적으로 규정됨으로서, 경호에 내재한 고유한 특성(개념, 조직, 법적 근거, 권한과 책임, 현장운용이론 및 원리 등)으로 명확히 정립하는데 어려움이 있기 때문이다.

이 책은 국내외 경호학 관련분야의 저술 및 연구성과 등을 바탕으로 본인의 관점에서 체계화시켜 정리하고자 하였다. 원용한 책 가운데, 김두현 교수의 「경호학개론, 2013」, 이상철 교수의 「경호현장운용론, 2012」, 양재열 교수의 「경호학원론, 2012」, 그리고 특히, 이두석 교수의 「경호학개론, 2015」에서 많은 영감을 얻었고, 따라서 적지 않게 원용하였음을 밝힌다. 그리고 한국과도 인연이 많은 준(Dale L. June) 교수의

「Introduction to Executive Protection, 2008」 등에서도 도움을 받았음을 밝힌다. 이 밖에도 이 책을 저술하는데 많은 도움을 주신 연구자들의 연구성과에 대해 이 자리를 빌려 진심으로 감사의 마음을 전한다.

그리고 이 책을 저술하는 과정에서 저자 역시 얻은 것이 결코 적지 않다고 본다. 그동안 대학에서 오랜 동안 경호학을 강의하면서 정리되지 않았던 부분들이 이 책을 집필하는 과정에서 어느 정도 체계화 시킬 수 있었기 때문이다. 이러한 점에서 본이 스스로에 대해서도 위안을 삼는다.

이 책의 발간의 기쁨을 김경태 교수님과 함께 하고자 한다. 동료교수로서 항상 곁에서 묵묵히 도움을 주어 그 고마움을 이루 말할 수 없다. 그리고 이 책의 원고교정에 많은 도움을 준 광주대학교 경찰법행정학부에 재학 중인 김재언 군에게도 감사의 마음을 전한다. 그리고 이 책의 발간을 허락해준 박영사 안종만 대표님과 이영조 차장님, 그리고 편집에 많은 노고를 아끼지 않은 담당자님께도 감사의 마음을 전한다. 끝으로 이 책의 발간의 기쁨을 가족들과 함께 나누고자 한다. 가족들의 격려와 사랑, 그리고 관심은 삶의 원동력이자 존재가치를 느끼게 해준다.

2017년 3월

진월동 연구실에서 최선우

차 례

제**1**장

서 론

Executive
Protection

제1장

서 론

제1절 경호의 위해환경

인류의 역사를 살펴보면, 폭력(暴力, violence)은 모든 사회와 국가에 만연되어 있음을 알 수 있다. 이러한 점에서 인간행동의 본능 속에는 폭력성은 필연적으로 내재되어 있다고 본다. 따라서 과거에도 '위협을 위협으로 대응하고, 폭력을 폭력으로 대응' (meet threat with threat, violence with violence) 해 온 것은 사실이다. 그런데 문제는 오늘날에는 과거와는 상상할 수 없는 거대한 폭력의 위협이 잠재해 있고, 그러한 폭력이 대중매체를 통해서 널리 알려지고, 또 그것으로 인한 두려움이 빠르게 확산되고 있다는 점이다.[1]

이러한 폭력의 위협 가운데 대표적인 것이 전쟁, 테러, 그리고 범죄라 할 수 있다. 다소 막연하지만 폭력의 규모나 피해 정도, 그리고 두려움 등을 기준으로 할 때, '전쟁>테러>범죄'의 순서로 이해할 수도 있을 것이다.

전쟁의 결과가 가져다주는 참혹함이야 이론의 여지가 없을 것이다. 인류역사에 있어서 20세기는 가장 잔인하고 참혹한 시대로 기록된다. 이 시기에 전쟁 또는 전쟁과 연관되어 사망한 사람은 1억 8천 7백만 명으로 추정되는데, 이는 1913년 당시 전세계 인구의 10% 이상에 해당된다.[2] 그리고 테러와 범죄 역시 우리 사회 곳곳에서 발생하고 있으며, 그 위험성과 심각성은 이론의 여지가 없다고 본다(경호의 위해환경은 비단 전쟁, 테러, 범죄와 같은 위험에 국한되지 않는다. 화재, 홍수, 지진, 질병과 같은 수많은 인위적·자연적인 사건과 사고가 모두 포함됨은 물론이다).

---

1) Dale L. June(2008), Introduction to Executive Protection, N.Y.: CRC Press, p. 16.
2) Eric Hobsbawm(2012), Globalisation, Democracy and Terrorism, UK: Abacus, p. 15.

이 글에서 논의하고자 하는 경호(警護, Executive Protection)는 이상과 같은 위협으로부터 보호하고자 하는 특정 대상을 안전하게 보호하는 제반활동이라 할 수 있다. 이러한 점에서 경호활동을 성공적으로 수행하기 위해서는 일차적으로 이러한 위해 환경 요소들을 체계적으로 분석하고, 이의 위험성과 심각성을 진단하는 것은 무엇보다도 중요한 일이다. 이러한 위해 환경 요소 가운데, 아래에서는 테러리즘과 범죄 등을 중심으로 살펴보기로 한다.

1. 테러리즘

오늘날 전세계적으로 테러리즘(Terrorism)은 국가질서의 근간을 흔드는 위협요인으로 간주되고 있다. 일반범죄와는 달리 테러는 그 공격수단과 방법, 공격대상, 피해규모가 상상을 초월하며, 이로 인한 현실적 피해뿐만 아니라 불안감과 공포감은 엄청나기 때문이다.[3] 이러한 테러 양상을 살펴보면, 폭탄공격, 무장공격, 인질납치, 암살(暗殺), 하이재킹(hijacking), 시설물 점거, 방화·약탈 등 여러 가지 방법을 사용하였다. 여기에서 특히, 정치적 중요인물 등을 대상으로 한 암살 등은 끊임없이 시도되었다.

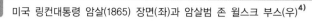
미국 링컨대통령 암살(1865) 장면(좌)과 암살범 존 윌스크 부스(우)[4]

---

3) 원래 테러(Terror)란 라틴어로 '공포'라는 뜻이며, 테러리즘은 18세기 프랑스혁명 당시의 정치가인 로베스 피에르(Robespierre)가 실시한 '공포정치'((恐怖政治, La Terreur)를 의미하였다. 그 후에는 정적(政敵)에 대한 암살을 뜻하는 용어로 사용되었고, 오늘날에는 정치적 목적 등 무차별 살인 등을 위한 광범위한 폭력행위에 테러라는 단어가 사용되고 있다. http://blog.naver.com/PostView.

4) http://widerstand365.tistory.com/342.

　따라서 테러리즘은 국제사회의 안녕과 질서에 있어서 심각한 문제 가운데 하나로 인식되고 있다. 물론, 테러리즘은 최근의 문제는 아니다. 이는 어떻게 보면 인류의 오랜 역사와 더불어 시작되었다고 볼 수 있으며, 단순히 정치적 목적 달성뿐만 아니라 사회, 종교, 민족주의적인 요소들이 복합적으로 작용해서 나타난다고 볼 수 있다.

　한편, 최근 '뉴테러리즘'(New Terrorism)이라는 개념이 새롭게 등장하고 있다. 이와 관련하여 1995년 일본의 종교단체인 옴진리교가 동경지하철 내에서 화학무기로 사용되는 신경독가스 사린(Sarin)을 이용하여 테러를 자행하였다. 이로 인해 13명이 사망하고, 5,510명이 중경상을 입었다. 이 사건은 일반시민 또는 불특정 다수를 대상으로 하는 새로운 형태의 테러리즘이 등장하였음을 경고하는 것으로, 전세계에 커다란 충격을 주었다.

　그리고 2001년 9월 11일 미국 세계무역센터와 국방부 본부건물(Pentagon)에 자행된 항공기 납치 및 동시다발 테러(일명 '9.11테러')와 연이은 탄저균 테러 역시 이전과는 전혀 다른 형태로 나타났다. 9.11테러로 인해 세계무역센터에서는 2,600명이 넘는 사람들이 사망하였고, 펜타곤에서는 125명이 사망하였다. 납치된 4대의 항공기에 탑승한 승객 총 256명 전원이 사망하였고, 뉴욕 소방관 343명, 뉴욕 경찰 84명, 뉴욕 항만국 직원 23명이 현장에서 사망하였다. 이 사건은 미국 역사상 테러에 의한 최악의 공격으로 꼽히며, 당시에 입은 3,130명의 인명피해는 제2차 세계대전 당시 일본의 진주만 공습의 사망자 2,330명보다도 800명이 더 많은 수치이다.[5]

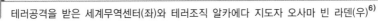

테러공격을 받은 세계무역센터(좌)와 테러조직 알카에다 지도자 오사마 빈 라덴(우)[6]

5) 다음백과(http://100.daum.net/encyclopedia).
6) 다음백과(http://100.daum.net/encyclopedia).

이후 2002년 10월과 2005년 10월에 있었던 인도네시아 발리섬 폭탄테러, 2004년 3월 스페인의 열차 폭탄테러, 2005년 7월 런던 지하철 동시다발 폭탄테러에서도 이러한 새로운 형태의 테러리즘 특징을 찾아볼 수 있다.

그리고 2015년 11월 13일 프랑스 파리에서 프랑스 역사상 최악의 테러가 발생하였다. 파리 테러는 이슬람국가(IS)의 소행으로, 테러범들은 3팀으로 나누어 파리 시내 및 북부 교외 생드니의 총 6개 지점에 동시에 다발적으로 테러를 일으켰다. 이 테러로 인해 총 166명 이상이 사망하고, 300여 명이 부상당하는 등 사상자가 많았다. 전문가들은 테러 발생 원인에 대하여 프랑스가 시리아와 이라크 지역의 IS 공습에 참여하고 서아프리카 IS 소탕을 지원하였기 때문이라는 의견이 있다. 그리고 전문가들은 프랑스가 유럽연합 국가 중 무슬림 인구가 가장 많고, 근본주의 이슬람 세력의 영향력이 강하다는 점에 주목하였다.[7]

프랑스 파리의 연쇄테러(좌)와 IS지도자 알바그다디(우)[8]

한편, 지난 2016년 3월 27일 파키스탄 동부 펀자브주 주도인 라호르 공원에서 이슬람 극단주의 무장조직 파키스탄탈레반(TTP)은 기독교 부활절을 즐기던 어린이를 대상으로 한 자살폭탄 테러를 자행하여, 최소 65명이 사망하고 340명이 다치는 사건이 발생하였다.[9]

---

7) 대통령경호처(http://www.pss.go.kr).
8) 연합뉴스(2015. 11. 14.).
9) CNN(http://www.cnn.com).

아래 표에서 보는 바와 같이, 최근 10년간 국제테러사건은 일정 수준으로 꾸준히 발생하고 있음을 알 수 있다.[10]

최근 10년간 국제테러사건 현황 (단위: 건, 명)

구분	2013	2014	2015	2016	2017	2018	2019	2020	2021	2022
건수	4,096	3,736	2,255	1,533	1,978	2,079	1,663	1,951	1,357	1,041
사망	11,889	15,909	17,329	8,365	8,299	7,916	7,637	8,207	5,744	3,790

최근 우리나라에서는 국제 테러단체에 의한 테러사건은 발생하지 않았으나 국내에 체류 중인 외국인이 해외 테러단체를 추종하거나, 테러자금을 지원한 혐의으로 적발되어 추방된 사례가 있었다. 즉, 2019년에 터키, 러시아, 우즈베키스탄 등 7개국 29명(2018년은 5개국 21명)이 강제추방 되었다. 또 카자흐스탄인 1명이 테러단체에 자금을 지원한 혐의로 「공중 등 협박목적 및 대량살상무기확산을 위한 자금조달행위의 금지에 관한 법률」(약칭: 테러자금금지법, 2008년 제정)을 위반한 사례가 최초로 발생하여 실형을 선고받은 사례도 있다.[11]

그리고 2022년 국내에서는 북한이 대남 위협 수위를 높이면서 무인기를 침투시킨 사건도 발생한 바 있어, 향후 북한이 무인기(드론)를 이용해 우리 시설을 대상으로 후방 테러를 저지를 가능성이 높아지고 있다. 또한, 국내 체류 일부 무슬림들은 테러자금을 모금하거나 극단주의 사이버 선정에 동조하는 행위를 지속하였는데, 정부는 테러단체에 자금을 지원한 러시아·중앙아시아인(5명)을 구속·기소하였고 테러단체 추종·자금지원 혐의자를 강제 퇴거하였다.[12]

앞으로 한반도를 둘러싼 테러정세를 전망해 보면, 국내에서는 북한이 여전히 대남

---

10) 2022년에는 전세계 57개국에서 테러사건이 1,041건 발생(7, 845명 사상)하였다. 지역별 테러사건은 중동 (375건, 36%)·아프리카(317건, 30.5%)·아시아 태평양(305건, 29.3%)이며, 국가별로는 시리아(169건)·나이지리아(130건)·파키스탄(129건)·이라크(113건)·인도(77건) 순으로 테러가 빈발하였는데, 상기 5개국에서 전세계 테러 사건의 약 60%가 발생하였다. 국가정보원(http://www.nis.go.kr). 경찰청(2023), 경찰백서, p. 245.
11) 경찰청(2020), 경찰백서, p. 301.
12) 경찰청(2023), 앞의 책, p. 246.

위협을 지속하고 국내 이슬람 극단주의 추종자들이 국제 테러단체 지원활동을 계속할 가능성이 높다고 본다. 북한은 연일 우리나라를 대상으로 도발을 계속 저지르고 있는데, 향후 국내 주요 인사·탈북민 암살이나 주요시설 파괴·사이버 해킹과 같은 다양한 공격을 실행할 가능성이 있다. 그리고 특히, 대북 제재로 인한 자금 모금을 해소하기 위해 가상자산을 탈취하려는 시도 역시 가능하다고 본다.[13]

생각건대, 과거 육영수여사에 대한 문세광의 저격사건(1974), 그리고 대통령 및 정부 각료를 공격목표로 자행된 북한의 아웅산 테러(1983) 등을 볼 때, 국가의 주요 인사들에 대한 테러의 잠재적 위험성은 높다고 볼 수 있다.

육영수여사 테러범 문세광(1974)[14]   북한의 아웅산 테러(1983)[15]

물론, 국내외에서 발생하는 테러가 모두 특정 경호대상자에 대한 직접적인 공격을 목표로 한 것은 아니라고 본다. 그러나 다양한 형태의 테러리즘이 우리 사회 곳곳에서 발생하고 있다는 것은 특정 경호대상자에 대한 잠재적인 위해요소가 항상 존재한다는 의미이며, 따라서 이에 대한 체계적인 대응방안을 모색해야 할 것이다.

---

13) 위의 책, p. 246.
14) 위키백과(https://ko.wikipedia.org).
15) 위 사진은 1983년 10월 9일 미얀마 양곤의 아웅산 묘소에 도착한 우리나라 정부의 각료와 수행원들이 북한의 폭탄테러로 피를 흘리며 쓰러져 있는 모습이다. 이들을 청와대 경호원들과 미얀마 주재 대사관 직원들이 달려가 일으키고 있다. 그리고 그 아래 사진은 폭탄테러 직전 모습이다. 아래 사진 현장이 위 사진 현장으로 처참하게 변한 것이다. http://blog.daum.net/mar20005.

참고   자생적 테러리스트('외로운 늑대')의 위협

어떠한 테러조직의 구성원으로서 테러를 행하지 않고, 개인적 차원에서 정부 등의 정책이나 노선에 반감을 가지고 스스로 테러를 행하는 '자생적 테러리스트'(lone wolf)가 존재한다. 이들은 전문적 테러조직과는 달리 자원(예산과 장비 등)이 그다지 많지 않고, 또 공격수준 및 파급효과 면에서 다소 떨어진다.

그러나 최근 들어 이들에 의한 특정개인(예 : 대통령 등 정치인) 및 특정시설(예 : 국가중요시설, 다중이용시설 등)에 대한 공격 가능성이 높아지고 있다는 점에 주목할 필요가 있다.

특히, 자생적 테러리스트에 의한 테러는 테러 감행 시기나 공격수단 등에 대한 정보수집이 쉽지 않아 이에 대한 예방이 쉽지 않고, 사후 추적이 쉽지 않아 테러조직에 의한 테러보다도 오히려 더욱 큰 위협요인으로 받아들여지고 있다.[16]

1995년 티미소 벡베가 미국 오클라호마 연방정부 청사에 차량에 가득 실은 폭탄을 터뜨려 168명의 사망자와 500여명의 부상자를 낸 사건, 2011년 노르웨이 오슬로에서 극단주의자 베링 브레이비크가 정부 청사 폭탄테러 및 총기 난사로 77명을 살해한 사건 등은 개인적으로 정부 및 사회에 대한 불만들을 표출한 대표적인 자생적 테러라 할 수 있다.[17]

한편, 우리나라에서도 2018년 출근하는 김명수 대법원장 승용차에 재판에 불만을 가진 70대 남성 남모씨가 화염병을 투척한 사건이 발생하였다. 대법원에 근무하는 청원경찰의 신속한 대응으로 인명피해는 없었지만 차량은 일부 소훼되었다. 당시 남모씨는 대법원장의 차량번호와 출근 시간을 미리 확인하고 계획적으로 공격을 준비한 것으로 확인 되었다. 경찰은 남모씨가 소지하고 있던 가방에 시너가 든 500ml 페트병 4개를 추가로 발견하여 압수하였다. 남모씨는 자신의 손해배상청구소송에 패소한 것에 불만을 품고 3개월 전부터 대법원 정문에서 1인 시위를 하던 중 자신의 주장이 받아들여지지 않자 이번 사건을 감행한 것이다. 과거 대법원장의 차량에 계란을 던지는 일은 있었지만 화염병 등을 이용하여 직접 테러를 가하려고 한 사건은 처음이다.[18]

---

16) Office of Homeland Security & Preparedness Intelligence Bureau(2006), The Potential Terrorist Risk of Drinking Water Contamination, pp. 1-2.; 자생적 테러리스트(Lone Wolf)라는 용어는 1990년대 중반 미국의 극우 인종주의자 앨릭스 커티스(Alex Curtis)와 톰 메츠거(Tom Metzger)가 백인 우월주의자들에게 독자적 행동을 선동하며 이 표현을 쓴 데서 비롯되었다. https://en.wikipedia.org(위키백과).; 국내에서는 자생적 테러리스트(Lone Wolf)를 '외로운 늑대'로 표현하고 있다.
17) 조선일보(2014. 12. 17.).

2. 범죄

　이상에서 살펴본 바와 같이 국내외적으로 테러리즘은 시급히 해결해야 할 과제 가운데 하나로 부각되고 있는데, 범죄문제 역시 이에 못지않다고 본다. 오히려 범죄문제는 개개인이 일상생활에서 직·간접적으로 빈번하게 경험하는 것이기 때문에 삶의 질을 위협하는 중요한 요인 가운데 하나라고 볼 수 있다.

　아래 표에서 보는 바와 같이, 1990년~2021년 동안 우리나라의 범죄발생 추세를 보면, 상당한 수준에 이르고 있음을 알 수 있다.[19] 여기에서 특히 범죄율 즉, 인구 10만 명 당 범죄발생 건수를 살펴보면, 지난 1990년(2,732.4건) 이후 계속 증가하였다가 점차적으로 감소하고 있음을 알 수 있다.

 전체 범죄의 발생 및 검거현황 　　　　　　　　　　　　　(단위: 건, 명, %)

구 분	발생건수	범죄율	검거건수	검거율	검거인원
1990	1,171,380	2,732.4	1,047,760	89.4	1,326,775
1995	1,399,085	3,102.7	1,269,375	90.7	1,599,930
2000	1,867,882	3,973.5	1,664,441	89.1	2,126,258
2005	1,893,896	3,934.3	1,624,522	85.7	1,897,093
2010	1,917,300	3,795.5	1,620,942	84.5	1,769,898
2015	2,020,731	3,921.5	1,638,549	81.1	1,948,966
2016	2,008,290	3,884.8	1,691,370	84.2	2,020,196
2017	1,824,876	3,524.4	1,556,963	85.3	1,861,796
2018	1,738,190	3,353.9	1,466,406	84.4	1,749,459
2019	1,767,684	3,409.2	1,479,904	83.7	1,754,808
2020	1,714,579	3,308.1	1,399,428	81.6	1,638,387
2021	1,531,705	2,966.2	1,228,452	80.2	1,359,952

* 범죄율은 인구 10명당 범죄 발생건수

---

18) 중앙일보(2018. 11. 29.).
19) 법무연수원(2023), 2022 범죄백서, p. 62.

아래 표에서는 강력범죄(흉악)의 죄명별 발생현황을 보여주고 있다.[20] 이러한 범죄에는 살인, 강도, 방화, 성폭력이 해당된다. 전체적으로 살인, 강도, 방화는 감소하는 추세에 있지만 성폭력 관련범죄는 최근 들어 증가하고 있음을 알 수 있다. 강력범죄는 국민생활과 사회에 미치는 영향이 대단히 클 뿐 아니라 국가 치안질서를 기저에서부터 파괴시키는 범죄인 점에 유의하여 범죄예방 및 대응에 많은 관심을 기울일 필요가 있다.

강력범죄(흉악) 죄명별 발생현황 (단위: 건, %)

구 분	합계	살인	강도	방화	성폭력
2010	28,134(100.0)	1,262(4.5)	4,402(15.6)	1,886(6.7)	20,584(73.2)
2015	35,139(100.0)	958(2.7)	1,472(4.2)	1,646(4.7)	31,063(88.4)
2020	32,812(100.0)	805(2.5)	692(2.1)	1,210(3.7)	30,105(91.7)
2021	35,125(100.0)	692(2.0)	511(1.5)	1,025(2.9)	32,898(93.7)

* 성폭력에는 『성폭력방지 및 피해자보호 등에 관한 법률』 상의 성폭력범죄 포함.

다음 표에서는 강력범죄(폭력)의 죄명별 발생현황을 보여주고 있다.[21] 이러한 범죄에는 형법상의 폭행, 상해, 협박, 공갈, 약취유인, 체포감금, 그리고 폭력행위 등 처벌에 관한 법률(약칭: 폭처법) 위반사범 등이 해당된다. 이들 범죄는 유형에 따라 증가 및 감소하고 있지만, 전체적으로 일정 수준 발생하고 있음을 알 수 있다.

---

20) 위의 책, p. 73.
21) 위의 책, p. 82.

강력범죄(폭력) 죄명별 발생현황   (단위: 건, %)

구분	합계	폭행	상해	협박	공갈	약취유인[22]	체포감금	폭처법(1)	폭처법(2)
2010	242,770 (100.0)	128,282 (52.8)	93,764 (38.6)	5,492 (2.3)	9,939 (4.1)	225 (0.1)	1,109 (0.5)	2,254 (0.9)	1,705 (0.7)
2015	248,707 (100.0)	161,636 (65.0)	62,700 (25.2)	14,107 (5.7)	5,356 (2.2)	195 (0.1)	1,383 (0.6)	2,207 (0.9)	1,123 (0.5)
2020	210,241 (100.0)	143,600 (68.3)	36,022 (17.1)	21,814 (10.4)	5,993 (2.9)	223 (0.1)	1,467 (0.7)	982 (0.5)	140 (0.1)
2021	180,460 (100.0)	119,515 (66.2)	30,862 (17.1)	21,502 (11.9)	5,578 (3.1)	251 (0.1)	1,401 (0.8)	1,209 (0.7)	133 (0.1)

* 폭처법(1)은 손괴 등을 의미하고, 폭처법(2)은 단체 등의 구성활동을 의미함

물론, 이상과 같은 범죄문제가 현실적으로 경호를 통해서 모두 해결할 수 있는 것은 아니라고 본다. 다만 일정수준 경호의 필요성을 증대시켜주는 요인이 된다고 볼 수 있다. 예컨대, 경호를 필요로 하는 사람에 대한 살인·강도·방화·성폭행, 납치, 스토킹, 폭행 등의 발생 가능성은 항상 존재하고 있기 때문이다.

따라서 대통령, 국회의원 등 정치인뿐만 아니라 경제인, 연예인(가수, 탤런트, 영화배우, 개그맨 등),[23] 스포츠맨, 그리고 일반시민(어린이, 여성, 노약자 등)들의 경호에 대한 수요는 점차 증대되고 있다고 볼 수 있다. 또 각종 의식(결혼식, 장례식 등)에서도 경호가 이루어지는 경우도 종종 볼 수 있다.

생각건대, 테러와 범죄의 위협이 증대됨에 따라 공경호와 민간경호는 그 규모가

---

22) 약취유인죄(略取誘引罪)는 통상 유괴의 한 형태로 간주된다. 한국의 형법상 약취유인죄(287조~296조의2)는 사람을 약취 또는 유인하여 자기 또는 제3자의 실력적 지배하에 둠으로써 개인의 자유를 침해하는 것을 내용으로 하는 범죄를 말한다. 다음백과(https://100.daum.net/encyclopedia).

23) 연예인에 대한 스토킹 수준이 갈수록 대담해지고 있으며, 그 수준이 매우 장기적이고 폭력적인 양상으로 전개되고 있다. 따라서 수백 통의 문자·사진·음성 발송, 협박, 음료수테러, 공연장 난동, 가택에 무단 침입, 폭력 행사, 심지어 납치까지 하는 수준에 이르고 있다. 일부 연예인은 20년간 동안 스토킹에 시달리고 있는 것으로 타나났다. 최초의 연예인 스토킹 고소는 1998년에 있었다. 가수 김창완씨는 자신을 11년 간 괴롭힌 스토커 남성 신모씨를 고소한 것이다. 당시 스토커 신모씨는 '아프니까 돌봐 달라'면서 돈을 갈취하고, 집에 돌을 던지기도 하였다. 이로 인해 신모씨는 실형 1년을 선고받았지만 출소한 뒤 김창완 씨를 찾아와 폭행해 코뼈를 부러뜨렸다. 마이데일리(2008. 02. 20.).; 노컷뉴스(2016. 02. 04.).; 최근에도 경찰에서는 유명 여성을 대상으로 온라인과 오프라인에서 지속적으로 괴롭혀온 피의자에 대해 수집 가능한 모든 디지털 증거를 확보한 후, 범행의 지속성과 피해의 중대성 등을 고려해 구속하였다. 투데이안(2020. 11. 26.).

양적·질적으로 성장하고 있다고 볼 수 있다. 이는 국가의 존립과 개인의 자유와 권리를 보호하는 데 가장 본질적인 것 가운데 하나이기 때문이다.

제2절 경호학의 학문적 접근

1. 경호학의 의의

위에서 살펴본 바와 같이 불확실한 국내외 치안정세 속에서 테러리즘과 범죄문제는 양적·질적으로 심각한 수준이며, 이는 경호의 국가적·사회적 수요를 증대시키고 있다. 이러한 상황에서 경호현상을 하나의 '학문'(學問, science)으로 인식하고 이에 대한 이론 및 원리가 체계적으로 연구되고 있음은 의미있는 일이다.

사실, 자경주의(自警主意, vigilantism) 관점에서 볼 때, 경호라는 것은 선험적(先驗的)인 것이다. 선험적이라는 것은 경험 없이도 인간은 본능에 의해서 자신과 가족, 그리고 집단을 외부의 위해로부터 보호하고자 하는 방어메커니즘을 가지고 있다는 것을 의미한다.

그리고 국가차원에서 볼 때, 경호원리는 지배계층의 보호 등을 위해서 본능적·자연적 방어메커니즘의 요소와 기계적·인위적 요소가 결합되어 역사적 발전과정을 거치면서 발전해 왔다고 볼 수 있다. 이러한 과정에서 경호에 대한 과학적·체계적 접근이 시도되었고, 그것이 오늘날에 이르러 하나의 학문적 영역으로 발전할 수 있는 계기가 되었다고 본다. 물론, 역설적이지만 오늘날 경호의 과학적·체계적 접근이 요구되고 있는 이유는 테러리즘 및 범죄와 같은 경호위해요소가 심각한 수준에 이르고 있기 때문이라고 할 수 있다.

한편, 학문적으로 볼 때, 경호학은 순수학문이라기보다는 '응용학문'(應用學問)으로서 다른 학문분야와 연계된(interdisciplinary) 종학과학적인 성격을 갖는다. 따라서 경호학이 하나의 학문으로서의 정체성을 확립하기 위해서는 여러 인접학문(예: 철학, 정치학, 법학, 행정학, 경찰학, 범죄학, 심리학, 사회학, 체육학, 물리학, 화학, 생물학, 수학, 인문학 등)의 접근방법 및 주요 이론 등을 원용하고, 이를 토대로 경호에 내재하는 본질적인 특성을 분석·규명함으로써 경호학 고유의 이론체계 및 원리를 정립해야 한다.

생각건대, 경호학은 '이론과 실제'의 관계 속에서 실용주의(實用主義)적인 요소가 매우 강하다고 본다. 즉, 경호학의 학문적 접근을 통해 정립된 경호이론(警護理論)과 경호원리(警護原理)는 실질적으로 경호서비스를 받는 경호대상자(공적 차원의 대통령, 국회의장, 대법원장 등 또는 민간차원의 경제인, 연예인, 스포츠인, 기타 경호서비스를 이용하는 일반인 등)의 '안전'(security)을 확보·강화하기 위한 것이라 할 수 있다. 요약건대, 경호대상자의 안전성 확보와 관련 없는 경호이론 및 원리는 단순한 탁상공론(卓上空論) 또는 공리공론(空理空論)에 불과한 것이다.

2. 경호학의 학문적 패러다임

1) 정상학문으로서의 경호학

경호학은 사물의 본질이나 존재의 근본 원리를 사유나 직관을 통해 연구하는 형이상학(形而上學)에서 어떠한 구체적인 실체에 대해 연구하는 형이하학(形而下學)에 이르기까지 포괄적이다. 그리고 이러한 형이상학적인 영역과 형이하학적인 영역이 동시에 작용하기도 한다.

예컨대, 공경호 임무를 수행하는 경호원들은 민주주의의 수호라는 국가이념상의 사명감을 가지고, 대통령과 같은 경호대상자에 대해 물리적인 공격을 행하는 위해기도자를 실력으로써 방어 또는 제압해야 한다. 여기에는 육체적 대응 및 총기 등의 사용이라는 단순한 물리적·기술적인 부분 외에도 경호대상자의 보호를 통한 국가질서 유지라는 국가이념과 경호이념상의 가치가 결합되어 있다. 또 그 속에는 관련법의 근거에 따른 절차, 국민의 기대, 정치적 이해관계 등이 매우 복잡하게 얽혀 있다.

마찬가지로 민간경호 임무를 수행하는 경호원(현행 경비업법상의 신변보호 등)들 역시 경호대상자들의 안전을 확보하기 위해 적절한 대응을 하면서도, 타인의 자유와 권리를 침해하지 않도록 해야 함은 물론이다.

이러한 점에서 본다면 경호현상을 하나의 학문으로 인식하고, 이의 학문적 영역을 체계적으로 접근하는 것은 결코 쉬운 일이 아니라는 점을 알 수 있을 것이다. 경호학을 하나의 독립된 학문으로 인정했을 때, 이른바 '학문적 정체성'(學問的 政體性)이라는 것이 과연 존재하는지, 그리고 존재한다면 어디까지를 그 학문적 영역으로 설정할 것인지의 문제 등으로 귀착된다. 물론, 경호학은 응용학문이 갖는 보편적 현상으로서 인접학문과의 상호연계 및 종합은 필요불가결한 것이라고 본다. 그러나 경호학이 하나의 독립된 단일학문으로서 인정을 받기 위해서는 적어도 일정한 요건을 갖추어야 한다고 본다.[24]

경호학이 하나의 학문이 독자적·독립적인 분과학문으로 성립되기 위해서는 첫째, 고유한 경호관련 연구주제가 있어야 하며, 둘째, 경호관련 연구주제를 체계적으로 정리·해석할 수 있는 이론이 있어야 하며, 셋째, 경호관련 연구주제의 개념적 경계가 뚜렷해야 한다. 여기에 더하여 대학에 그 경호관련 학문을 가르치는 독립된 학과가 있으면 독자성의 정도가 높아질 수 있다.

오늘날 어떤 학문이 하나의 정상학문으로서 위치를 차지하고 있느냐 그렇지 않느냐하는 문제와 관련하여 쿤(T. Kuhn)이 제시한 이른바 '패러다임'(Paradigm)이라는 용어가 널리 사용되고 있다. 패러다임이라는 것은 하나의 '거대이론'(Great Theory)을 의미하는 것으로써 한 학문 내에서 현재의 연구의 기초가 되는 것으로 인정되는 과거의 연구업적인 이론·표준·응용, 그리고 다루어야 할 또는 다룰 수 있는 문제, 그리고 방법들을 총칭하는 것이라 할 수 있다. 이에 따라 쿤은 패러다임이 확립된 학문을 '전(前) 패러다임적 학문'(pre paradigmatic science)에 대비되는 개념으로 이를 '정상학문'(正常學問, Normal Science)라 불렀다.[25]

사실, 어떤 학문이 하나의 정상학문으로서 패러다임을 갖추지 못할 때에는 무엇을 연구해야 하며 어떤 '분석단위'(unit of analysis)를 가져야 할지 또 어떤 이론을 세워야 하고 어떤 자료를 수집해야 하는지 등과 관련된 기본문제에 대해 논란이 발생하고, 학문적 발전은 기대하기 힘들게 된다. 이와는 반대로 패러다임이 확립된 경우에는 확립

---

24) 이하 최선우(2017), 경찰학, 서울: 그린, p. 39 재인용.
25) 쿤은 과학적 체계화는 '정상과학'(normal science)을 의미하는 것이며, 학문적 패러다임 간의 경쟁은 '과학혁명'(scientific revolution)을 통해서 이루어진다고 하였다. Thomas Kuhn(1970), The Structure of Scientific Revolution, Chicago: University of Chicago Press, pp. 12~22. 한편, 오늘날과 같이 미래에 대한 불확실성의 증대로 인하여 이론을 과학적으로 체계화시킬 수도 없고, 따라서 학문적 패러다임 간의 경쟁도 의미가 없어졌다는 주장까지도 제기되고 있다. William Bergquist (1996), "Postmodern Thought in a Nutshell: Where Art and Science Come Together," in Jay M. Shafritz, J. Steven Ott, Classics of Organization Theory, N. Y.: Wadsworth Publishing Company, p. 578.

된 구조 내에서 체계적인 심오한 연구가 진행되어 관련학문이 급격히 발전할 수 있게 된다. 그런데 이러한 패러다임이라는 것이 항상 고정불변의 것, 혹은 절대적인 것이 아니라는 점에 주의할 필요가 있다. 패러다임이라는 것도 그 시대를 반영하는 것이며, 따라서 경호패러다임 역시 전환이 이루어지고 있음은 물론이다.

예컨대, 전통적인 경호원리는 단순히 위해기도자의 공격으로부터 경호대상자를 '철통같이 보호하여 원천적으로 접근을 차단하는 방법'(THA: Target Hardening Approach)이었다고 볼 수 있다. 그러나 오늘날과 같은 대중화사회(大衆化社會)에서 경호대상자의 대외적인 이미지는 매우 중요한 의미를 가지고 있으며, 이에 따른 경호대상자들의 국민과 고객 등과의 직·간접적인 접촉은 일상화되고 있다. 따라서 경호원들은 경호대상자와 대중과의 친화(親和)를 유지하면서 동시에 위해기도자의 공격을 방어 및 대응해야 하는 상황에 직면하게 되었다.[26] 한편, 과학화·기술화에 따른 대량살상무기 등의 개발은 새로운 경호위기상황을 증대시키고 있다. 이는 전통적인 경호기법과 원리만으로는 효율적으로 대응할 수 없다는 것을 의미하는 것이다. 따라서 새로운 경호패러다임을 정립하지 않으면 안 되는 역사적 필연성에 직면한 것이다.

따라서 경호학이 하나의 독자적 학문영역을 갖는 정상학문이 되기 위해서는 그 시대에 맞는 경호현상을 이해하고, 그에 맞는 연구범위 및 대상을 설정하고 이와 관련된 연구방법론과 이론이 제시·개발되어야 한다는 것을 의미한다. 그리고 경호학 관련 이론의 제시 및 개발 문제는 기본적으로 경호학에 대한 '방법론'(方法論, methodology)에서 출발하게 된다. 방법론이라는 것은 한 학문이 지식을 얻기 위하여 사용하는 절차를 말하는 것으로서, 경호학의 연구대상이 정해졌다면, 그에 상응하는 방법론은 매우 중요한 의미를 갖는다.

---

26) 최선우(2019), 민간경비론, 인천: 진영사, p. 395.

참고   드론테러 현실이 되다

종래의 포격 타켓용으로 개발되기 시작한 군사용 드론이 적의 정찰이나 탐지 목적을 넘어 공격용·폭격용 드론으로 활용 범위를 넓히고 있다. GPS을 이용한 정밀성과 비행시간을 늘리는 등 드론 기술이 발전됨에 따라 본격적인 '드론전쟁의 시대'가 막을 올린 것이다.

지난 2019년 9월 14일 새벽 사우디아라비아 동부 아브카이크 석유 탈황시설과 쿠라이스의 유전이 예멘 반군에 의한 드론 공격을 받았다. 이 공격으로 전 세계 생산량의 5%를 차지하는 사우디아리비아의 하루 생산량의 절반이 넘는 570만 배럴의 원유 공급이 중단되었다. 세계 석유 공급에 차질이 생길 위험이 높아진 것이다. 예멘 반군은 이번 공격에 3~4kg의 폭탄을 탑재한 10대의 드론을 사용하였다고 하였다. 이러한 공격은 비단 인명 살상뿐만 아니라 핵심시설에도 피해를 줄 수 있다는 점을 입증한 셈이다. 더욱이 드론에 이러한 무게의 방사성 물질이나 생화학물질을 탑재한다면 인명피해 규모는 보다 심각할 것이다. 예멘 반군은 2018년 7월과 2019년 5월에도 사우디아라비아 국영 석유기업 아람코 정유시설을 공격한 바 있다. 또 2019년 1월에도 드론으로 예멘군 퍼레이드를 공격하여 고위 장교를 포함해 6명을 사망케 하였다. 일종의 '무인자폭기'(無人自爆機)라고 볼 수 있다.

그런데, 이러한 공격에 사용된 예멘 반군의 드론은 제작비가 1만 달러(우리나라 돈 1천여 만원)에 불과한 것인데, 전세계에서 3번째로 많은 국방비를 지출하고 있는 사우디아라비아의 강력한 방공망이 뚫렸다는 점이다. 이는 기존의 공격시스템에 대한 방어체제는 구축하고 있지만 드론과 같은 신종 공격에 대한 대비는 아직 미흡하다는 의미이다. 따라서 향후 이에 대한 대비를 체계적으로 하지 않는다면, 상대적으로 군비 예산이 적은 국가나 테러 단체들이 드론으로 막강한 군사력을 지닌 국가의 주요 시설에 치명적인 공격을 가할 수 있다는 점을 인식할 필요가 있다.[27]

---

27) 연합뉴스(2019. 09. 16.).; 중앙일보(2019. 10. 08.).

2) 경호학의 연구대상과 방법

(1) 경호학의 연구대상

앞에서 언급한 바와 같이 경호학은 그 연구대상 또는 범위가 추상적인 형이상학에서 구체적인 형이하학에 이르기까지 광범위하다. 이를 좀 더 세분화하여 접근한다면, 경호환경, 경호역사, 비교경호, 경호이념과 윤리, 경호관련 법과 제도, 경호예산, 경호기법과 장비 등을 들 수 있다.

기본적으로 경호학은 경호환경에 대한 분석을 토대로 한다고 볼 수 있다. 경호환경은 특히, 경호위해환경을 의미하는 것이다. 모든 경호활동은 경호대상자에 대한 잠재적 위해요소(테러와 범죄 등)에 대한 분석과 이의 발생 가능성을 전제로 한 것이다.

경호역사에서는 역사적 관점에서 경호사건 등을 분석하고, 거기에서 의미 있는 역사적 시사점을 도출해 낼 수 있도록 해준다. 비교경호에서는 선진국 등 주변 국가들의 경호환경 및 경호기법 등을 비교론적 관점에서 분석할 수 있는 계기를 마련해준다.

경호이념과 윤리에서는 경호의 존재이유와 방식, 그리고 경호원들의 행태에 대한 행동강령을 강구할 수 있게 해준다. 경호관련 법에서는 경호위해환경에 체계적인 대응을 할 수 있는 법(대통령 등의 경호에 관한 법률, 경찰법, 청원경찰법, 경비업법, 테러방지법 등)을 토대로 경호조직을 제도화하는 근거를 마련하게 해준다.

그리고 경호예산에는 경호활동에 소요되는 인적·물적 자원의 동원 등에 필요한 재원의 규모를 분석하고 지원할 수 있는 근거를 제시해준다. 끝으로, 경호기법과 장비에서는 경호위해환경 및 상황에 효율적으로 대응할 수 있는 경호원들의 행태연구 및 장비 개발·사용 등 구체적인 경호수단을 강구할 수 있게 해준다.

(2) 경호학의 연구방법

어떤 학문을 연구하고자 한다면 연구할 문제와 자료를 선정하고 일정한 기준에 따라 이를 이용하는 절차가 필요한데, 이를 연구방법 또는 접근방법이라고 한다. 위에서 언급한 바와 같이 경호학의 연구대상 즉, 경호현상은 복잡다양하기 때문에 이를 연구하는 데 수많은 연구방법이 있다. 그런데, 경호현상이라는 연구대상에서 차이가 있을 뿐 연구방법은 행정학 등 다른 학문의 연구방법과 기본적인 원리는 비슷하다고 본다.

이러한 관점에서 본다면, 경호학에 대한 연구방법은 조직환경적 접근, 역사적·비교론적 접근, 법적·제도적 접근, 조직구조적 접근, 조직행태적 접근 등을 들 수 있다. 이러한 연구방법은 전통적인 것이라면, 최근에는 사회심리학적 접근, 권력구조적 접근, 체제론적 접근 등이 함께 거론되고 있다.[28]

---

28) 이러한 접근방법에 대한 세부적인 내용은 김영종 외 3인(1998), 행정학, 서울: 법문사, pp. 120-136 참조.

제**2**장

경호의 의의와 기본이념

Executive
Protection

제2장

경호의 의의와 기본이념

경호의 의의

1. 경호의 개념

1) 경호의 개념논의

거시적인 관점에서 볼 때, '경호'(警護, protection)라는 것은 '시큐리티'(Security)의 한 영역이라고 할 수 있다. 시큐리티는 사람뿐만 아니라 시설과 정보의 보호 등과 관련된 모든 활동이라고 할 수 있다.[1]

여기에서 경호라는 것은 특히, '사람'에 대한 것으로서 사전적 의미로는 '어떤 보호대상이 되는 사람에 대해서 위험한 사태가 일어나지 않도록 경계하여 보호하는 활동'이라고 정의를 내릴 수 있다. 그런데, 경호의 개념을 명확하게 정립하는 것은 쉬운일이 아니다. 경호라는 개념 속에는 본질적으로 추상성과 가변성 또는 역사성, 그리고 상대성을 가지고 있기 때문에 보는 관점에 따라 다르기 마련이다. 아래 표에서는 미국, 일본, 한국의 경호기관 및 법에서 경호에 대한 개념 정의를 다음과 같이 내리고 있다.[2]

---

1) Security는 크게 국가차원에서 이루어지는 공경비(Public Security)와 민간차원에서 이루어지는 민간경비(Private Security)로 나눌 수 있다. 국가차원에서 이루어지는 공경비는 국가안보와 국민의 안전을 보장하기 위한 활동으로서 이의 주체는 군, 경찰을 위시한 형사사법기관, 국가정보원, 대통령경호처 등에 의해 이루어진다. 민간차원에서 이루어지는 민간경비는 특정고객의 신체·생명·재산의 안전 등과 관련된 활동이라 할 수 있다. 이와 관련하여 현행 경비업법(제2조)에서는 시설경비, 호송경비, 신변보호, 기계경비, 특수경비로 분류하고 있다. 이러한 공경비와 민간경비의 영역에서 '경호' 또는 '신변보호'는 하나의 중요 영역으로 자리 잡고 있음을 알 수 있다.

2) American SS Pamphlet(1978), Protective Services, p. 20.; 이두석(2018), 경호학개론, 인천: 진영사, pp.

각국의 경호의 개념정의

구 분	경호의 개념
미 국	• 암살, 납치, 혼란 및 신체적 상해로부터 경호대상자를 보호하고, 실제적이고 주도면밀한 범행의 성공기회를 최소화하는 것(비밀경호국)
일 본	• 신변에 위해가 있을 경우, 국가 공공의 안녕질서에 영향을 줄 우려가 있는 자에 대하여 그 신변의 안전을 확보하기 위한 경찰활동
한 국	• 경호대상자의 생명과 재산을 보호하기 위하여 신체에 가하여지는 위해(危害)를 방지하거나 제거하고, 특정 지역을 경계·순찰 및 방비하는 등의 모든 안전 활동(대통령 등의 경호에 관한 법률) • 사람의 생명이나 신체에 대한 위해의 발생을 방지하고 그 신변을 보호하는 업무(경비업법)

한편, 경호라는 용어는 신변보호, 호위(護衛), 요인경호 등 여러 가지로 혼용되어 사용되고 있다. 우리나라의 「대통령 등의 경호에 관한 법률」에서는 '경호'(警護)라는 용어를 사용하고 있고, 「경비업법」에서는 경호 대신 '신변보호'(身邊保護)라는 용어를 사용하고 있다.

(1) 협의의 경호와 광의의 경호

기본적으로 경호의 개념은 협의의 경호와 광의의 개념으로 구분할 수 있다. 이러한 양자의 구분은 절대적이라기보다는 다소 상대적이다. 협의의 경호는 경호개념 속에 특히, 사람의 보호 즉, 신변보호(身邊保護) 자체에 초점을 둔 것이라면 광의의 경호는 사람의 보호와 더불어 경비(警備)활동까지 포함한 것이라고 볼 수 있다.[3]

물론, 협의의 경호개념 역시 주변에 대한 경계·순찰 즉, 경비의 개념이 일정부분 포함되어 있다고 볼 수 있다. 그러나 광의의 경호개념은 단순히 주변에 대한 경계·순찰을 넘어서 국가적 영역 더 나아가서 전세계적인 영역에 이르기까지 관심대상이 확대된다고 볼 수 있다. 이러한 점에서 본다면, 협의의 경호와 광의의 경호는 지리적·공간적 관점과 밀접하게 관련성이 있음을 알 수 있다.

37-38 재인용.

3) 사실, 경호(警護)라는 용어에서의 '경'(警)은 주변 및 광범위한 지역에 대한 '경비'(警備: 경계, 순찰, 감시 등)의 의미가 내포되어 있고, '호'(護)는 경호대상자에 대한 '직접적인 보호'의 의미가 내포되어 있다고 볼 수 있다.

　생각건대, 일반적으로 현행 경비업법상의 민간경호(즉, 신변보호)는 협의의 경호개념과 관련된다고 볼 수 있다. 민간차원에서 이루어지는 신변보호는 경제적인 여건 등의 이유로 인해 근접경호 중심이며, 따라서 광범위한 영역에 걸친 경비활동까지 함께 이루어지는 것은 어렵다고 본다.

　반면, 대통령 등의 경호에 관한 법률, 경찰법상의 공경호는 광의의 경호개념과 관련된다고 볼 수 있다. 대통령 등이 가지고 있는 정치적 위상 등으로 인해 경호활동은 단순히 근접경호에 국한되지 않고, 지리적·공간적으로 광범위한 영역에 대한 경비활동까지 확대되기 때문이다.

　이러한 이유로 대통령 등에 대한 경호활동은 '3중경호이론'(三重警護理論: 안전구역, 경비구역, 경계구역)에 입각해서 광범위하게 이루어짐을 알 수 있다(3중경호이론에 대한 내용은 제7장에서 보다 자세히 살펴보기로 한다).

　이처럼 공경호로 대표되는 대통령 등 국가기관의 경호가 광의의 경호개념에서 접근해야 한다는 것은 바꿔 말하면, 대통령 등이 가지고 있는 국내적·국제적 정치위상과 더불어 그만큼 잠재적으로 위해기도자로부터 공격을 받을 가능성이 높다는 것을 의미한다.

　더 나아가 공격무기의 위험성·치명성 증가 문제도 중요한 요인이 된다고 본다. 위해기도자들은 과거보다는 훨씬 치명적인 원거리·근거리 대량살상무기를 사용할 수 있기 때문이다. 또 납치한 항공기를 이용한 자폭테러와 같은 예측 불가능한 공격할 수 있기 때문에 지리적·공간적으로 광범위한 영역에서 사전에 위험성을 단계별로 조기발견 및 제거하지 못한다면, 심각한 위기상황을 초래할 수도 있다.

참고 　현대적 경호의 딜레마

고전적·전통적 경호는 단순히 외부 공격으로부터 경호대상의 보호를 강화하는 방법(THA : Target Hardening Approach)을 사용하여, 가능한 한 공격자가 경호대상자에게 접근하는 것 자체를 원천적으로 봉쇄하는 방법을 주로 활용하였다고 볼 수 있다. 이를 위해 물리적 장벽의 강화(중세 성곽 등)와 접근의 절차적 강화, 그리고 특별한 경우가 아니면 외부행차 등을 자제하는 방법이 적용되었다.

그러나 오늘날 대통령과 같은 국가적 주요 인물은 물론이거니와 경제인, 연예인과 같은 민간인에 이르기까지 대중적 지지를 얻는 것은 자신들의 정치적·경제적·사회적 위상확보 및 존립의 기반이 된다. 따라서 대중과 단절된 전통적인 THA방식은 적지 않은 한계가 있다.

이러한 점에서 현대적 경호는 전통적 경호와 마찬가지로 경호대상자의 절대적인 안전 확보뿐만 아니라 대중성(大衆性)을 아울러 확보해야 하는 과제를 안고 있다고 볼 수 있다. 그러나 대중에 노출되는 것 자체가 잠재적 위해요소에 직면할 가능성을 높이는 요인이 될 수 있으며, 이러한 점에서 체계적이고 완벽한 경호현장운용은 과거 그 어느 때보다도 어렵고, 중요하다고 볼 수 있다.

(2) 실질적 의미의 경호와 형식적 의미의 경호

① 실질적 의미의 경호

본질적으로 경호라는 것은 자경주의 한 형태라고 할 수 있으며, 인간 스스로가 외부의 위험요인으로부터 방어하고자 하는 본능적인 활동이라고 할 수 있다. 따라서 경호는 어떤 면에서 경험 이전에 인간의 내면에 형성된 것이라 할 수 있다. 그리고 이러한 본능적 방어활동이 '개인적·집단적 경험'에 의해서 그 노하우(knowhow)가 보다 축적되고, 체계화되었다고 볼 수 있다.

'실질적 의미'(實質的 意味)의 경호는 말 그대로 '경호' 자체에 목적을 두고 행하는 모든 활동을 의미한다. 따라서 경호를 수행하는 주체가 누구든 간에 경호에 해당되는 관련활동 하고 있다면, 이는 실질적 의미의 경호에 해당된다.

여기에서 경호를 수행하는 주체에 관계가 없다는 것은 공식적으로 경호업무를 수행하는 국가기관(예: 대통령경호처, 경찰, 군대 등) 또는 경비업법상의 신변보호업무를 수행하는 경호조직에 국한되지 않는다는 것을 의미한다. 따라서 비록 공식적인 경호기관 내지 조직은 아니지만 일반 행정기관의 장(예: 시장, 군수 등)에 대해서 수행비서가 경호와 관련된 보호활동을 하였다면 그 역시도 실질적인 의미의 경호에 해당하는 것이다. 마찬가지로 부모가 학원에서 귀가하는 자녀에 대해서 마중을 나가 보호활동을 하였다면, 그 역시도 실질적 의미의 경호에 해당하는 것이다.

이처럼 실질적인 의미의 경호는 '경호활동'에 핵심 또는 공통되는 요소 즉, '신변에 위협을 가하는 위해요소의 사전 방지 및 제거'와 관련된 모든 활동에 초점을 두고 접근한 개념이다. 어떻게 본다면, 이러한 입장은 학문적 차원에서 경호현상을 이해하기 위해 본질적(本質的)·근본적(根本的)으로 접근한 것이라 할 수 있다. 즉, 학문적 차원에서 실질적 경호개념을 정립하고, 그 속에서 경호현상을 거시적·포괄적 관점에서 이해함으로써 경호활동의 일정한 법칙성 또는 원칙을 발견하고 이를 통해서 이론체계(理論體系)를 정립하고자 한 것이다.

② 형식적 의미의 경호

'국가'(國家)라는 실체가 등장하고, 국가체제가 정비되어 감에 따라 경호업무는 점차 법적 근거를 두고 제도적으로 정비되었다고 볼 수 있다. 물론, 역사적으로 국가가 성립되었다 할지라도 특히, 근대국가(近代國家) 이전에는 국가행정의 '미분화' 등으로 인해 국가기능이 제도적으로 분화·전문화되지는 못하였다고 볼 수 있다. 여러 국가기능(예: 일반행정, 조세행정, 군사 및 경찰행정 등)과 마찬가지로 경호업무를 전담하는 전문조직이 제도화되기보다는 여러 기관이 중복적으로 관련 업무를 수행하는 상태였다고 볼 수 있다.

그런데 근대국가 이후에 국가의 체제가 보다 정비되었고, 따라서 관련법에 근거를 두고 국가기능이 제도적으로 전문화되기 시작하였다. 이에 따라 경호업무라는 것도 점차 이러한 '법적인 근거'를 토대로 전담기관을 두고 관련 업무를 수행하도록 한 것이다.

따라서 형식적 의미(形式的 意味)의 경호라는 것은 바로 법적인 근거 즉, '법형식'(法形式)'에 따라 '제도화'(制度化)된 것을 말한다. 경호 관련법에 근거를 두고 설치된 제도화된 경호기관 또는 경호조직을 의미하는 것이다.

이와 관련하여 1948년 대한민국 정부가 수립되고 설치된 경무대경찰서(景武臺警察署, 1949),[4] 「대통령경호실법」에 의해 설치된 대통령경호실(大統領警護室, 1963) 등은 경호업무를 전담하는 형식적 의미의 경호기관이라고 할 수 있다. 마찬가지로 현행「국가경찰과 자치경찰의 조직 및 운영에 관한 법률」 및 「경찰관직무집행법」에 근거를 둔 경찰도 형식적 의미의 경호 주체가 된다.[5]

그리고 비록 기본적으로 민간인 신분이지만 근무지 내에서 경찰관직무집행법에 의해 직무를 수행하도록 규정한 「청원경찰법」에 근거를 둔 청원경찰 역시 형식적 의미의 경호 주체가 된다. 또 「경비업법」상에 근거를 둔 신변보호 역시 형식적 의미의 경호 주체가 된다(경호관련 법적 근거에 대한 세부적인 내용은 뒤에서 살펴보기로 한다).

참고 ⋮⋮⋮ **경호의 목적**

경호의 목적은 본질적으로 경호대상자(VIP)의 신변을 안전하게 보호하는 데 있다. 그러나 이 외에도 여러 가지 목적을 가지고 있는데, 이는 경호대상자의 정치적·경제적·사회적으로 차지하고 있는 위상과도 관련된 것이라 할 수 있다.

① 신변보호 : 경호의 1차 목적은 무엇보다도 암살, 납치, 폭행 등의 위해요소로부터 경호대상자를 안전하게 보호하는 일이라고 할 수 있다. 따라서 긴박한 위험 상황이 발생한 경우에는 경호대상자에 대한 신변보호는 다른 어떠한 것에 우선시된다.

② 품위(권위)유지 : 경호는 경호대상자의 품위를 유지하는 데에도 중요한 역할을 한다. 경호를 통해서 경호대상자의 위상에 맞는 권위와 품위를 유지할 수 있도록 해주어야 한다. 예컨대, 행사 참여시에 발을 잘못 딛고 넘어지거나 미끄러지지 않도록 하는 등 사소하고 세심한 부분까지 조치해야 한다.

---

4) 경무대(景武臺) 대한민국 대통령의 관저로서 청와대(靑瓦臺)의 옛 명칭이다. 1948년 8월 정부수립 후, 1960년 8월까지 이승만(李承晩) 대통령에 의해 제1공화국의 대통령관저의 명칭을 '경무대'(景武臺)로 하였다가, 그 해 8월 13일 제2공화국 대통령으로 선출된 윤보선(尹潽善) 대통령이 청와대로 개명하였다. 다음백과(http://100.daum.net/encyclopedia).; 법치주의 원리에 의하면, 원칙적으로 관련법을 제정하고, 기관을 설치하는 것이 순서이다. 다만, 대한민국정부 수립 초창기이다 보니 1949년 2월에 경무대경찰서를 설치하고, 동년 12월에 내무부훈령 제25호로 '경호규정'을 제정하였다.
5) 「국가경찰과 자치경찰의 조직 및 운영에 관한 법률」 경찰의 임무 가운데 '경비·요인경호 및 대간첩·대테러 작전 수행'을 규정하고 있다(제3조 제4호).

③ 친화도모 : 오늘날 경호대상자에게 대중성(大衆性)이 갖는 의미는 중요하다. 따라서 경호대상자를 보호하기 위해서 전적으로 다른 참석자 또는 관계자 등의 접근을 전적으로 배제하는 것은 바람직하지 않다. 따라서 경호원들도 경호업무 수행과정에서 품위 있는 언행으로 주변과 우호적인 상호관계를 형성할 수 있도록 해주어야 한다.

④ 질서유지 : 일반적으로 경호행사에는 많은 사람이 모이는 경우가 적지 않기 때문에, 행사 및 참석자 등의 규모를 파악하여 질서정연하게 행사가 진행될 수 있도록 해야 한다. 질서유지는 무질서로 인한 안전사고를 사전에 방지할 수 있고, 위험상황 발생시 신속하고 효과적인 대응을 가능하게 해준다.

⑤ 국위선양 : 국내외 요인 등이 참석하는 행사에 경호 및 의전을 빈틈없이 실시함으로써 국위를 선양하고, 국제적인 지위를 높이는 중요한 역할을 하기도 한다.[6]

③ 실질적 의미의 경호와 형식적 의미의 경호의 관계

그런데 주의할 것은 형식적 의미의 경호개념 속에는 경호 본연의 업무 즉, '신변에 위협을 가하는 위해요소의 사전 방지 및 제거'에 국한되지 않는다는 점이다. 형식적 의미의 경호는 위에서 언급한 실정법상 일반 경호기관의 업무 또는 권한에 속하는 '모든 경호활동'을 의미하고 있기 때문이다.

오늘날 경호의 목적은 단순히 경호대상자의 신변안전에 국한되지 않는다. 이 밖에도 경호대상자의 품위유지, 경호대상자와 환영·환송자와의 친화도모, 경호행사장의 질서유지, 그리고 경호대상자의 국위선양 등도 중요한 고려 요소가 된다.

그리고 정치적 관점에서 본다면, 오늘날은 대중정치는 매우 중요한 요소가 된다. 따라서 예컨대, 대통령경호처에서 경호업무와 무관한 봉사활동 등을 통해 대외적인 홍보활동을 하는 것 역시 제도적인 경호기관에서 수행하는 활동이기 때문에 이 역시 형식적 의미의 경호개념으로 파악하게 되는 것이다.

요약건대, 실질적 의미의 경호는 그 주체에 있어서 한계(공·사 및 법적 근거 불문)가 없

---

6) 서울올림픽(1988) 당시 대회에 참가한 여자선수와 임원의 보호를 위하여 치안본부(현 경찰청)는 136명의 여자경찰관을 「올림픽 신변경호대」로 편성·배치하여 경호업무를 수행하도록 하였다. 당시 ANOC(국가올림픽위원회 총연합회) 회장은 "한국 여자경찰의 경호능력은 세계 어느 나라에서 찾아볼 수 없이 모든 면에서 뛰어났다"고 평가함으로써 국위선양 및 한국여경의 위상을 한층 높여 주었다. 대한민국 여경재향경우회(2007), 한국여자경찰 60년사, 서울: 에스프리, p. 190.

기 때문에 형식적 의미의 경호에 비해서 포괄적이지만, 활동상으로는 경호의 본질적인 업무(즉, 신변보호) 그 자체에 국한되기 때문에 경우에 따라서는 형식적 의미의 경호에 비해서 제한적이라고 볼 수 있다.

따라서 실질적인 의미의 경호와 형식적 의미의 경호 관계는 아래 그림과 같이 나타낼 수 있을 것이다.

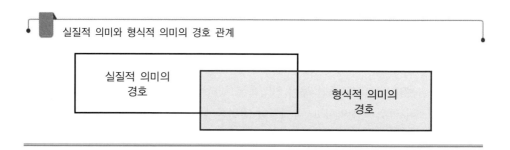

실질적 의미와 형식적 의미의 경호 관계

실질적 의미의 경호

형식적 의미의 경호

2) 경호의 유형화(분류)

이상에서 경호의 개념을 두 가지 관점에서 접근하였는데, 경호의 특성을 보다 체계적으로 이해하기 위해서 이를 몇 가지 관점에서 유형화(類型化)하여 살펴볼 필요가 있다. 이러한 경호의 유형화는 대부분 국가차원에서 이루어지는 공경호를 기준으로 한 것이며, 따라서 민간경호는 이러한 사항들을 참조하여 적용할 수 있을 것이다.

경호의 유형화는 ㉠ 경호주체(경호대상), ㉡ 경호장소, ㉢ 경호성격, ㉣ 경호이동수단 등으로 할 수 있다. 경호의 유형화를 통해서 실제 경호가 어떠한 형식으로 이루어지는지를 파악할 수 있는 기초를 제공해준다고 볼 수 있다. 다만, 주의할 것은 이러한 유형화 논의는 주로 국가 차원에서 이루어지는 공경호를 중심으로 한 것이다. 공경호는 일정한 법적 근거 및 공식화된 내부운영 지침에 의해 운용되기 때문에 어느 정도 객관적 접근이 가능하다고 본다. 민간경호는 이러한 분류가 다소 애매하지만, 어느 정도 공경호를 원용하여 운용할 수 있다고 본다.

(1) 경호주체(경호대상)에 의한 분류

경호주체에 의한 분류는 경호업무를 수행하는 경호조직의 정체성과 더불어 이러한 경호조직의 관련활동이 어떠한 성격을 가지고 있는가에 따른 것이다. 경호조직이 공공기관이고 경호활동이 공공성(公共性)을 띠고 있다면 이는 공경호(公警護)에 해당이 된다. 반면, 경호조직이 민간조직이고 그 활동이 사적인 영리(營利) 추구에 있다면 이는 민간경호(民間警護)에 해당된다고 할 수 있다.

이처럼 경호의 주체에 따라 공경호와 민간경호로 구분하게 되는데, 이에 따른 경호대상자 역시 다르다. 일반적으로 공경호 차원에서 보호하고자 하는 경호대상자(대통령, 국회의장, 대법원장 등 국가기관)와 민간경호가 보호하고자 하는 경호대상자(경제인, 연예인 등 일반인)는 구분이 된다. 이러한 점에서 경호주체에 의한 분류는 '경호대상에 의한 분류'라고도 할 수 있다.

① 공경호

공경호는 경호기관 또는 경호주체가 국가기관이고, 그 목표가 공공성을 띠고 있다. 그리고 공경호 업무를 수행하는 국가기관(대통령경호처, 경찰 등)은 법적 구속력을 가지고 관련업무를 수행하게 된다. 즉, 국가기관에 의해서 이루어지는 공경호는 국민에 의해서 그 권한을 위임받은 공적 행위로서 법률에 의해 합법적으로 '물리적 강제력'(物理的 強制力)을 행사할 수 있다.[7]

한편, 공경호의 경호대상은 그 대상자의 정치적 위상 등에 의하여 국내 요인은 갑(甲)호, 을(乙)호, 병(丙)호 등급으로 구분된다. 그리고 국외 요인은 A, B, C, D, E, F 등급으로 구분된다.[8]

아래 표에서 보는 바와 같이 국내 요인은 갑호의 경우에는 대통령경호처에서 담당하고, 을호·병호는 경찰 등이 담당하도록 하고 있다. 그리고 국외 요인은 A, B, C, D등급은 대통령경호처에서 담당하고, E, F등급은 경찰 등이 담당하도록 하고 있다.

---

7) 이와 관련하여 예컨대, 대통령경호처 소속 경호공무원은 경호구역(警護區域) 내에서의 예방적 차원의 일정한 행정경찰권(行政警察權)을 행사할 수 있다(대통령 등의 경호에 관한 법률 제5조 단서). 그리고 경호처장의 제청으로 서울중앙지방 검찰청 검사장이 지명한 경호공무원은 사법경찰권(司法警察權)을 행사할 수 있다(제17조). 또 경호공무원은 필요한 경우에는 무기를 휴대 및 사용할 수 있다(제19조).
8) 조철옥(2011), 경찰학각론, 경기: 21세기사, pp. 367-368.

공경호의 경호대상 분류

구 분		경호대상	책임기관
국내 요인	갑 호	① 대통령과 그 가족[9] ② 대통령 당선인과 그 가족 ③ 본인의 의사에 반하지 아니하는 경우에 한정하여 퇴임 후 10년 이내의 전직 대통령과 그 배우자[10] ④ 대통령권한대행과 그 배우자 ⑤ 그 밖에 처장이 경호가 필요하다고 인정하는 국내 요인	경호처
	을 호	① 국회의장, 대법원장, 헌법재판소장, 국무총리 ② 전직대통령(원칙적으로 퇴임 후 10년이 경과한 전직대통령) ③ 대통령 선거 후보자	경 찰
	병 호	① 갑·을호 이외에 경찰청장이 필요하다고 인정하는 국내 요인	경 찰
국외 요인	ABCD급	① 대한민국을 방문하는 외국의 국가원수 또는 행정수반과 그 배우자 ② 그 밖에 처장이 경호가 필요하다고 인정하는 국외 요인	경호처
	EF급	① 부총리, 왕족, 외빈, ABCD급의 배우자 단독방한, 전직대통령, 전직총리, 국제기구 등 장관급 이상 ② 그 밖에 경찰청장이 필요하다고 인정하는 국외 요인	경 찰

　그런데, 주의할 것은 갑호와 A, B, C, D 등급과 같이 대통령경호처에서 이를 담당할지라도 경찰이 개입하지 않는 것은 결코 아니라는 점이다. 대통령경호처에서 경호대상자를 경호할 때, 경찰은 대통령 등의 경호에 있어서 중요한 '소속공무원' 또는 '관계기관'으로서 관련경호임무를 수행하고 있기 때문이다.[11]

　따라서 3중경호체계(안전구역, 경비구역, 경계구역)에서 볼 때, 경호처에서는 제1선(안전구

---

9) 가족의 범위는 대통령 및 대통령 당선인의 배우자와 직계존비속으로 한다(대통령 등의 경호에 관한 법률 시행령 제2조).
10) ① 다만, 대통령이 임기 만료 전에 퇴임한 경우와 재직 중 사망한 경우의 경호 기간은 그로부터 5년으로 하고, 퇴임 후 사망한 경우의 경호 기간은 퇴임 일부터 기산(起算)하여 10년을 넘지 아니하는 범위에서 사망 후 5년으로 한다(대통령 등의 경호에 관한 법률 제4조 제1항 제3호 하단). ② ①의 규정에도 불구하고 전직 대통령 또는 그 배우자의 요청에 따라 처장이 고령 등의 사유로 필요하다고 인정하는 경우에는 5년의 범위에서 규정된 기간을 넘어 경호할 수 있다(제3항).
11) 소속공무원이란 대통령경호처 직원과 경호처에 파견된 사람(예, 경찰공무원 등)을 말한다. 관계기관이란 경호처가 경호업무를 수행함에 있어 필요한 지원과 협조를 요청하는 국가기관과 지방자치단체 등을 말한다(대통령 등 경호에 관한 법률 제2조 제3호, 4호).

역)의 경호업무를 담당하고, 경찰은 제2선(경비구역)과 제3선(경계구역)에서 경호업무를 수행하고 있음을 알 수 있다(3중경호체계 또는 3중경호이론에 대해서는 제7장에서 자세히 살펴보기로 한다).

② 민간경호

민간경호는 말 그대로 민간차원에서 이루어지는 경호활동을 말한다. 민간경호는 민간조직에 의해 이루어지며 그 목표는 본질적으로 영리(營利) 추구에 있다. 민간경호를 법적으로 본다면(즉, 형식적 의미의 경호), 대표적으로 경비업법상의 신변보호를 들 수 있다. 이들 민간경호원은 그 신분이 민간인(民間人)으로서 공경호와는 달리 직무수행상 원칙적으로 일반시민으로서 행사하는 권한 이외에는 다른 권한을 가지고 있지 않다.[12]

한편, 민간경호의 경우에는 공경호와 같이 어떠한 법적 근거 등에 의해서 경호대상이 분류되어 있지는 않다. 다만, 경비업법상의 신변보호업을 영위하는 경호회사의 규모와 운영방침에 따라 경호대상(고객)에 대한 적절한 경호수준을 마련할 수 있을 것이다.

공경호와 민간경호의 특징

구 분	공경호	민간경호
주 체	국 가	영리기업
대 상	국가기관(대통령 등)	고객(경제인 등)
법률관계	법 령	경호계약
권 한	법집행권한 보유	원칙적 미보유
재 원	세 금	자본금과 경비료

---

12) 공경호와 민간경호의 중간 영역에 청원경찰법상의 청원경찰이 존재한다. 경비업법상의 신변보호는 도급계약(都給契約)에 의한 이윤추구를 1차 목적으로 하고 있지만(경비업법 제2조 제1호 참조), 청원경찰법상의 청원경찰은 국가중요시설의 경비를 그 목적으로 하는 과정에서 경찰관직무집행법상의 경호업무를 수행할 수 있기 때문에(청원경찰법 제2조 및 제3조) 그 성격은 다소 차이가 있다. 한편, 청원경찰은 근무지내에서 경찰관직무집행법상의 직무를 수행한다는 점에서, 경호와 관련하여 일정한 물리적 강제력을 행사할 수 있다고 본다(청원경찰법 제3조 단서). 청원경찰의 신분 및 정체성에 관한 세부적인 논의는 최선우(2019), 민간경비론, 인천: 진영사, pp. 297-302 참조.

(2) 경호장소에 의한 분류

경호대상자에 대한 경호활동이 이루어지는 장소에 따라 행사장경호, 숙소경호, 연도경호로 구분할 수 있다.

① 행사장경호

행사장경호는 경호대상자가 어떠한 행사에 참여하거나 주관하는 장소에서 이루어지는 경호를 말한다. 이러한 행사장경호는 ㉠ 행사참석자에 대한 안전조치와 ㉡ 행사장소에 대한 안전조치가 함께 이루어진다. 행사참석자 가운데 위해인물이 위장·잠입할 수도 있고, 행사 장소에 폭발물 등을 설치해 둘 수도 있기 때문이다.[13]

행사참석자에 대한 안전조치로는 행사관계자 및 참석자에 대한 신분확인과 검문검색 등을 통하여 위해인물의 위장침투를 차단하고, 행사참석자의 이동계획이나 입장계획을 확인·조정하여 혼잡을 방지하는 등의 경호조치가 요구된다. 그리고 행사 장소에 대한 안전조치로는 시설물 및 반출입품에 대한 안전점검, 위해물질의 탐지 및 제거, 돌발 상황에 대비한 비상대책의 강구 등의 조치가 요구된다.

이처럼 행사장은 일반적으로 경호대상자가 비교적 오랜 시간 동안 머물게 되고, 한정된 공간 안에서 많은 행사참석자와 접촉하게 되는 점을 고려하여 철저한 경호활동이 이루어져야 할 것이다.

② 숙소경호

숙소경호는 경호대상자가 평소에 거처하는 숙소뿐만 아니라 행사 등으로 인하여 임시로 사용하는 외부의 유숙지(예: 호텔 등)에 대한 경호활동을 말한다. 숙소에 대한 경호 조치 역시 행사장경호와 마찬가지로 출입인원과 시설물에 대한 안전조치가 주요 조치사항이다.

그리고 숙소경호는 숙소의 특성상 경호대상자가 장시간 머무르게 되고, 따라서 경호활동 역시 이에 따라 이루어져야 하기 때문에 지속적이고 체계적인 안전조치가 요구된다. 또한 주간뿐만 아니라 특히, 위해가능성이 높은 야간에 경호활동을 하는 경우가 적지 않기 때문에 이에 대한 철저한 경호 안전조치가 요구된다. 이 경우 경호원

---

13) 이두석(2018), 앞의 책, p. 85.

은 필요에 따라 정복경호원과 사복경호원을 각각 배치하도록 해야 할 것이다. 정복경호원은 정문 및 출입구에서 경계근무를 하고, 사복경호원은 숙소주변에서 잠복근무를 하도록 해야 한다.

③ 연도경호

연도(沿道, roadside)경호 또는 노상(路上)경호는 경호대상자가 이동하는 기동로(機動路)에 대한 안전조치나 도로상에서 일시적인 행사(예: 행진, 환영객과의 인사 등)가 이루어질 때의 경호활동을 말한다. 이러한 연도경호는 대표적으로 육로경호를 들 수 있다.

육로경호는 경호대상자가 행차·환차 할 것으로 예측되는 도로에 대한 제반 위해요소를 사전에 발견·제거하는 작용을 말한다. 연도경호에 따른 차량 이동시에는 교통의 흐름과 주변 차량의 움직임에 유의하여 기동하고, 방어운전을 실시하도록 해야 한다.

그리고 도로상에서 행사가 이루어질 경우, 주변에 잠복하고 있는 위해요소에 유의하도록 해야 한다. 도로는 일반적으로 개방된 공간으로서 모든 방향에서 접근이 가능하기 때문에 철저한 사주경계(四周警戒)를 실시하고, 도심지의 경우에는 고층건물에 둘러싸여 있기 때문에 감제고지(瞰制高地: 공격자의 움직임을 한눈에 내려다보고 제압할 수 있는 가장 높은 곳의 통제)를 통한 안전대책이 요구된다.

연도경호 모습[14]

---

14) http://cafe.daum.net/posthoolis/IEvD.

(3) 경호의 성격에 의한 분류

경호는 경호대상자가 참석하는 행사의 성격에 의해 구분할 수 있다. 이러한 행사의 성격에 따라 공식경호(1호·A호), 비공식경호(2호·B호), 그리고 약식경호(3호·C호)로 구분된다.

경호원의 경호행태와 관련하여 일반적으로 공식경호는 노출경호 중심으로 이루어지고, 비공식경호와 약식경호는 비노출경호가 이루어진다고 볼 수 있다. 그리고 경우에 따라서는 노출과 비노출이 함께 이루어지는 혼합경호가 이루어질 수 있음은 물론이다.

① 공식경호

공식행사(예: 대통령 취임식, 각국 정상회담, 8.15 광복절 행사 등)는 사전에 공개되고, 공개된 의전절차에 따라 행사가 진행된다. 이러한 공식행사가 경호처에 통보되면, 경호처는 이에 따라 경호업무를 사전에 계획 및 준비 하고, 행사당일 날 근접경호를 실시하게 된다. 이러한 공식행사시에 이루어지는 경호를 '공식경호'(1호·A호)라고 한다.

이때 경호대상자의 안전성을 확보하기 위하여 선발경호팀이 사전에 행사장에 출동하여 노출된 경호활동을 실시하게 된다. 아울러 근접경호에 있어서도 노출된 경호활동을 중심으로 이루어진다. 물론 근접경호는 노출경호 형식으로 이루어지지만 근접경호 밖의 주변에 대한 경계활동은 비노출경호가 함께 이루어질 수 있다. 예컨대, 공식적 행사시의 대통령 연도경호과정에서 노출경호뿐만 아니라 비노출 경호도 함께 이루어진다고 본다.

한편, 공식행사는 사전에 행사가 대외적으로 알려져 있기 때문에 위해기도자의 공격가능성도 그만큼 높다고 볼 수 있다.

대통령 취임식 [15]

② 비공식경호

비공식행사(예: 대통령의 재래시장 등 현장방문행사)는 사전에 외부에 공개되지 않고, 비공개된 의전절차에 따라 이루어진다. 이때 이루어지는 비공식경호(2호·B호) 역시 공식경호와 마찬가지로 선발경호팀이 사전에 행사장에 출동하여 경호계획 및 준비를 하고, 아울러 근접경호가 이루어지는데 이 경우는 주로 비노출경호 형태로 이루어진다. 비공식경호는 행사에 대한 보안유지가 매우 중요하다고 볼 수 있다.

대통령 재래시장 방문시 행인·상인 등으로 위장한 비노출경호 [16]

---

15) http://blog.daum.net/psc9000/37.
16) http://cafe.daum.net/dusdlakf2/4RZ2.

위에서 설명한 공식행사에서는 경호뿐만 아니라 의전(儀典: 정해진 격식에 따라 치르는 행사)적인 요소도 중요하기 때문에 이를 동시에 고려하여 이루어져야 한다. 반면, 비공식적인 행사는 의전보다는 경호자체에 보다 초점을 두어야 할 것이다.

즉, 공식행사에서 이루어지는 경호는 의전적인 요소(경호대상자의 권위 유지 등)도 고려해야 하기 때문에 노출경호를 중심으로 이루어지고, 반면에 비공식행사에서는 대중친화(大衆親和) 목적이 있기 때문에 지나친 노출경호를 하게 되면, 오히려 주변에 위화감을 조성하게 되기 때문에 비노출경호를 실시하는 것이 적절할 것이다.

대통령의 재래시장 방문시 노출·비노출 경호·경비 [17]

한편, 비공식경호에서 비노출경호를 실시하는 것은 근접경호에 해당되는 것이며, 따라서 2선(안전구역)과 3선(경계구역)에 대한 경호경비는 일반적으로 노출경호 형태로 이루진다고 볼 수 있다.

③ 약식경호

약식경호(C호·3호)는 특별한 의전절차 없이 불시에 행사가 진행되고, 사전 경호조치도 없는 상태에서, 최소한의 근접경호만으로 실시하는 경호활동을 말한다. 이처럼 사전에 일정한 경호계획 및 준비에 의해 이루어지는 경호가 아니기 때문에 공식행사 또는 비공식행사에서 이루어지는 수준의 경호활동이 이루어지기는 어렵다고 본다.

바꾸어 말하면, 경호주체인 경호팀의 입장에서 본다면, 약식경호는 사전경호 조치 없기 이루어지기 때문에 적절한 경호업무를 수행하기가 매우 어려울 수도 있다는 의

---

17) http://cafe.daum.net/klovek82/5xRc.; 뉴시스(2008. 02. 03.).

미이다.

이러한 경호상의 문제 때문에 예컨대, 미국의 클린턴(B. Clinton)대통령은 재임(1993~2001) 기간 동안 가족들과 시내에 나들이 등을 할 때에는 사전에 경호팀에 연락을 주어 적절한 조치를 할 수 있도록 배려해 주었다고 한다.[18] 이러한 약식경호는 경호대상자의 취향 등에 따라 빈번하게 이루어질 수도 있다고 본다.

한편, 비공식경호와 약식경호를 사전경호준비의 유무 등을 기준으로 한다면, 이의 범위를 어디까지로 볼 것인가가 명확하지 않기 때문에 그 경계가 모호한 부분 역시 존재한다고 본다. 다만, 통상적으로 약식경호는 특정지역 내에서의 짧은 이동(예: 공식 또는 비공식행사를 마치고 계획에 없는 특정시설의 방문 등),[19] 불시에 이루어지는 외출행사(예: 개인적인 운동, 영화 및 공연관람 등), 일상적인 출퇴근 등이 이에 해당된다고 본다.

공식·비공식·약식경호의 특징

구 분	행사성격	사전계획·준비 정도(선발경호)	경호형태
공식경호	공식행사	상(上)	노출경호 중심
비공식경호	비공식행사	중(中)	비노출경호 중심
약식경호	비공식적·개인적 행사	하(下)	비노출경호 중심

(4) 경호의 수준에 의한 분류

경호의 수준 즉, 경호강도에 따라서 1(A)급 경호, 2(B)급 경호, 3(C)급 경호로 구분하기도 한다.[20]

1(A)급 경호는 경호행사 관련 보안이 사전에 외부에 노출되어 경호위해요소가 증대된 상황하에서 대통령과 같이 국가원수급 경호대상자에 대해 이루어지는 경호를 말한다.

---

18) 미국대통령 경호실(내셔널지오그래픽 다큐멘터리)(2007. 07. 26.).
19) 비공식경호와 관련하여 일부 문헌에서는 '사전에 통보나 협의 없이 이루어지는 경호'로 개념 규정하고 그 예로서 '공식경호를 마치고 귀가 도중 환차코스를 변경하여 예정에 없던 행사장에 방문할 때의 경호'를 들고 있다. 그러나 비공식경호 역시 공식경호와 마찬가지로 비록 비공식적으로 이루어지는 행사이지만 해당 행사에 대비하여 선발경호팀에 의하여 사전에 계획 및 준비가 이루어지고, 아울러 근접경호가 실시됨은 마찬가지라고 본다.
20) 김두현(2013), 경호학개론, 서울: 엑스퍼트, p. 45.; 양재열(2012), 경호학원론, 서울: 박영사, p. 45.

2(B)급 경호는 대통령과 같은 국가원수급 경호대상자에 대해 행사준비 등의 시간적인 여유 없이 갑자기 행사가 결정된 경우에 이루어지는 경호 또는 총리·수상급 경호대상자에 대해 이루어지는 경호를 말한다.

3(C)급 경호는 대통령과 같은 국가원수급 경호대상자에 대해 사전에 행사준비 등 경호조치가 전혀 없는 상황에서 이루어진 경호 또는 장관급 경호대상에 대해 이루어지는 경호를 말한다.

(5) 경호의 이동수단에 의한 분류

경호대상자가 집무실 또는 자택에서 목적지(행사장 등)까지 이동하는 수단에 따라 도보경호, 차량경호, 열차·항공기·선박경호 등으로 분류할 수 있다.[21]

① 도보경호

도보경호 또는 보행경호는 근거리를 걸어서 이동하는 경우에 실시하는 경호기법을 말한다. 경호대상자 가까이에 붙어서 경호업무를 수행하기 때문에 이를 특히, '근접경호'라고 부르기도 한다. 경호대상자가 도보로 이동하는 경우에는 일반 군중과의 접촉 가능성이 높고, 주변에 방호물이 거의 없으며, 이동속도가 느리기 때문에 위해기도자에게 쉽게 노출되는 취약성을 안고 있다. 따라서 도보경호시에는 경호대상자의 신체적 건강상태 등을 고려하면서, 가급적 빠르게 이동할 필요가 있다.

이를 위해 근접경호원은 적절한 도보경호대형을 구축하고 도보 이동간에 주변상황의 흐름을 정확히 파악하고, 담당구역에 대한 사주경계를 철저히 해야 한다. 아울러 우발상황에 신속하게 대응할 수 있는 '즉각 대응태세'를 갖추고 있어야 한다.

② 차량경호

차량경호는 경호대상자가 차량을 이용하여 주로 중거리를 이동하는 경우에 실시하는 경호기법이다. 차량경호는 경호대상자가 탑승한 차에 동승하여 경호하는 방법과 경호대상자 탑승 차의 앞이나 뒤에서 경호차량으로 호위하는 방법이 있다.

차량경호시의 차량호위 방법은 경호대상자 차량 앞과 뒤 양쪽 모두에서, 또는 앞이나 뒤에서만 각각 경호하는 방법 등이 있다. 이러한 차량경호시 경호차량은 신호대

---

21) 이두석(2015), 앞의 책, pp. 76-77.

기, 좌회전, 우회전, 톨게이트 통과 등 교통상황 및 주변상황에 따라 위치를 적절히 변경하면서 위해요소의 접근을 차단해야 한다.

한편, 경호대상자와 함께 탑승하는 동승경호는 경호원이 1명뿐인 단독경호나, 비공식행사시에 경호대상자 차에 동승하여 은밀히 경호임무를 수행하기도 한다. 이 때, 경호원은 이동로 선정과 교통상황의 파악 등 많은 업무를 단독으로 수행해야 한다.

③ 열차·항공기·선박경호

열차경호란 경호대상자가 기차를 이용하여 이동하는 경우 실시하는 경호형태를 말한다. 전용열차가 아닌 경우 기차역이나 기차객실은 승객들로 복잡하므로, 철저한 경계활동이 요구된다.

항공기경호는 경호대상자가 비행기를 이용하여 장거리를 이동하는 경우 실시하는 경호형태이다. 이 경우 탑승절차에 따른 제규정을 충분히 고려하여 시간계획과 경호계획을 수립하도록 한다.

선발경호는 경호대상자가 배를 이용하여 이동하는 경우 실시하는 경호형태이다. 이 경우 파도 등 해상기상 여건을 고려하여 경호계획을 수립하도록 한다. 특히, 선박이용시에는 구급약이나 비상구조장비 등을 철저히 준비하고 점검하여 비상상황에 대비토록 해야 한다.

2. 경호와 경비의 관계

1) 경호에 있어서 경비의 중요성

경호와 경비의 관계는 앞에서 설명한 광의의 경호개념에서 도출된다. 광의의 경호는 단순한 신변보호 차원을 넘어서 주변의 일정한 구역 또는 지역, 더 나아가 공항·항만, 그리고 국외에 이르기까지 광범위한 경계 및 경비활동이 요구된다.

경호대상자의 위상이 높으면 높을수록 위해가능성도 높아지는 것이며, 따라서 보다 체계적이면서 광범위한 영역(시간적·공간적 차원)에 이르기까지 경비활동이 이루어지지 않으면 안 된다.[22] 아래에서는 국가차원에서 이루어지는 공경호 관점에서 위해

---

22) 이러한 점에서 경호를 ㉠ 직접경호와 ㉡ 간접경호로 구분하기도 한다. 직접경호는 말 그대로 어떤 특정한 행사에 대비하여 경호인원과 장비 등을 직접 운용하여 인적·물적·지리적 위해요소를 예방 및 제거하는 것

요소별 경비활동의 유형과 제반 특성 등에 대해서 살펴보기로 한다.

2) 위해요소별 경비활동의 유형과 특성·원칙

(1) 경비활동의 유형

경호대상자의 신변을 직·간접적으로 위협하는 테러 및 범죄, 집단소요사태, 재해·재난 등 위해요소(경계대상)는 종류, 수법, 규모 등에 있어서 매우 다양하다. 따라서 이러한 위해요소를 일정한 기준에 의해 분류하고 그에 따른 적절한 경비체계를 구축하는 것은 중요한 일이다.

이러한 위해요소들은 경호대상자의 신변에 직접적인 위협을 가하기도 하고, 간접적으로 위협(예: 국가중요시설의 공격, 일반시민에 대한 테러 등)을 가할 수도 있다고 본다.

그리고 경호대상자에게 직접적인 공격을 가하지 않고 다른 대상에 1차 공격을 함으로써 경호체계상의 관심과 주의를 분산시키고, 이러한 상황에서 2차로 경호대상자에게 직접적인 공격을 가하는 '기만적인 공격전술'을 사용할 수도 있을 것이다. 경호관련 위해요소의 특성에 따라 경비활동을 다음과 같이 구분할 수 있다.[23]

① 치안경비 : 치안경비는 공공의 안녕과 질서를 문란케 하는 경비사태(간첩, 다중범죄 등)에 대하여 예방, 경계, 진압하는 경비활동을 말한다.

② 재해경비 : 재해경비는 천재, 지변, 홍수, 태풍, 지진, 폭설 등 재해에 의한 돌발사태에 대하여 예방, 경계, 진압하는 경비활동을 말한다.

③ 혼잡경비 : 혼잡경비는 경기대회, 기념행사 등 대규모 행사로 모인 군중들에 의해 발생할 가능성이 있는 혼란사태에 대하여 예방, 경계, 진압하는 경비활동을 말한다.

④ 특수경비 : 특수경비는 총포, 도검, 폭발물, 기타 무기에 의해 인질, 살상 등 사회적 이목을 이끄는 중요범죄 등의 사태에 대하여 예방, 경계, 진압하는 경비활동을 말한다.

이라면, 간접경호는 특정한 행사와 관계없이 평상시의 치안유지 및 경비활동을 수행함으로써 잠재적인 위해요소를 통제하는 제반 활동을 말한다고 볼 수 있다.
23) 김두현(2013), 앞의 책, 47 재인용.

⑤ 중요시설경비 : 중요시설경비는 중요시설내의 재산과 문서에 대한 비인가자의 접근을 방지하고 간첩, 태업, 절도 기타 침해행위를 예방, 경계, 진압하는 경비활동을 말한다.

(2) 경비활동의 특성과 원칙

① 경비활동의 특성

㉠ 복합기능적 활동

경비활동은 사전 예방과 사후 진압활동을 모두 수행하는 복합기능적 활동이라고 할 수 있다.[24] 경비활동은 1차로 위해기도자에 의한 공격이 발생하기 전에 제반조치를 취하여 예방하는 데 목적이 있다. 일단 공격이 발생하게 되면, 이를 회복하는데 많은 어려움이 따르며, 극단적인 경우에는 회복이 불가능하기 때문이다.

따라서 정확한 사전 정보 및 보안활동을 통해서 위해의 발생을 최대한 발견·제거하는 것이 중요하다. 그리고 이러한 예방적 활동에 실패하여 공격이 실행되었을 경우에는 이의 피해를 최소화하기 위한 대응활동이 이루어져야 한다.

㉡ 현상유지적 활동

경비활동은 기본적으로 현재의 경호대상자를 보호하고 및 사회질서 상태를 유지하는 것에 목적을 둔다고 볼 수 있다. 주의할 것은 이러한 현상유지적 활동은 정태적·소극적인 것이 아니라 새로운 변화와 발전(예컨대, 경호대상자의 안전한 신변보호 능력 강화)을 위한 동태적·적극적 의미의 유지활동이라는 점을 내포하고 있다는 점이다.

㉢ 즉응적 활동

경비활동을 수행하는 과정에서 직면하는 경비사태는 항상 긴급을 요구하는 사태이고, 국가적·사회적으로 중대한 영향을 미치게 된다. 생활안전과 같은 일반 경찰업무는 일정한 처리기한이 있기 때문에 그 기한 내에 업무를 처리하면 된다. 그러나 테러와 다중범죄 등에 의한 경호·경비상의 위해상황이

---

24) 이하 한종욱(1998), 경찰경비론, 경찰대학, pp. 6-9 재구성.

발생하였을 때에는 즉시 대응하여 신속하게 조기에 진압하는 것이 매우 중요하다.

위해상황에 대한 대응이 지체되면 될수록 사태가 점점 악화되는 것이 일반적이다. 적절한 초동조치에 실패하게 되면, 적은 노력으로 진압이 가능한 것도 시간이 지남에 따라 감당하지 못할 정도로 확대되어 수많은 인적·물적 피해가 야기될 수도 있다는 점을 명심해야 한다.

ⓔ 조직적 부대단위활동

경비활동은 조직적인 부대단위의 활동이라고 할 수 있다. 부대(部隊, unit)라는 것은 '일정한 규모로 편성된 조직단위의 하나'로서 개인으로 구성된 집단이 지휘관의 지휘를 받는 상하조직으로 구성된 것을 말한다.

경비활동은 개인적인 활동으로 이루어지기보다는 항상 부대단위로 훈련을 하고 근무를 하며, 경비사태 발생시 조직적·집단적으로 일정한 물리력을 행사하여 위해요소에 대응하는 것을 그 특징으로 한다.

ⓜ 하향적 명령활동

경비활동은 부대단위로 이루어지며, 그러한 부대단위의 대응이 효율적으로 이루어지기 위해서는 무엇보다도 '하향적 명령체계'(下向的 命令體系)를 구축하는 것이 중요하다.

하향적 명령체계에 의해 모든 경비활동은 지휘관이 내리는 지시나 명령에 의해 움직이며, 따라서 그 활동의 결과에 대해서도 지휘관이 지휘책임을 지게 된다. 물론, 경비활동을 수행하는 경비원 개개인이 전혀 책임을 지는 것은 아니지만, 명령을 받은 사항에 대한 활동의 결과는 지휘관이 책임지는 경우가 많은 것이 특징이다.

이러한 점에서 경비활동을 수행하는 상하계급간의 권한과 책임의 분담이 명확하게 이루어지고 명령체계가 통일되어야 한다. 그리고 명령통일의 원칙에 따라 지휘관은 한 사람만을 두는 것이 바람직하다.

ⓗ 사회전반적인 안녕 및 질서유지활동

경비활동은 경호대상자라는 국가기관 및 공공의 안녕과 질서를 유지하는 목적이 있다. 바꿔 말하면, 일반 개개인의 생명과 재산을 보호하기보다는 국가질서 보호자체에 보다 많은 목적을 두고 이루어지는 활동이라고 할 수 있다. 이러한 점에서 경비활동은 국가목적(國家目的)적인 활동의 특징을 가지고 있다.

② 경비수단의 유형과 원칙

경비활동을 수행하는 과정에서 발생한 경비사태 또는 위해요소에 적절하게 대응하기 위해서는 일정한 경비수단 즉, 대응방법이 요구된다. 이러한 대응방법은 직접적인 실력행사로 이루어질 수도 있고, 간접적인 실력행사로 이루어질 수도 있다.

직접적인 실력행사는 권총과 같은 '무기'(武器) 등의 사용에 의한 위해기도자의 위해행위를 제지하거나 위해기도자를 체포하는 것 등을 말한다. 간접적인 실력행사는 '경고'(警告) 등을 함으로써 위해기도자에게 심리적 압박을 주어 위해기도의 의사를 포기하도록 할 수도 있다. 이러한 경비수단을 동원하는 데에는 몇 가지 원칙이 있다.

- ㉠ 균형의 원칙: 경비사태 발생시 한정된 경비력을 가지고 최대한의 효과를 발휘할 수 있도록 상황과 대상에 따라서 유효적절하게 경비력을 배치하여 실력을 행사해야 한다.
- ㉡ 위치선정의 원칙: 경비사태 발생시 상대방보다 유리한 지점과 위치를 신속하게 확보·유지해야 한다.
- ㉢ 적시성의 원칙: 경비사태 발생시 위해기도자의 힘이 가장 약한 시점을 포착하여 집중적으로 강력한 실력을 행사해야 한다.
- ㉣ 안전의 원칙: 경비사태 발생시 경호대상자, 경비원, 일반 군중 등을 안전하게 보호하고 위해요소를 진압해야 한다.

3) 위해요소에 대한 단계별 경계태세의 구축

성공적인 경호가 이루어지기 위해서는 경비단계(警備段階)에서 이러한 위해요소(테러·범죄 등)를 체계적으로 감시하고, 경계(警戒)해야 하며, 가능한 한 위해요소를 사전에 발견 및 제거하는 것은 무엇보다도 중요한 일이다. 이를 위해서는 경호정보활동 및 보안활동이 매우 중요하다는 것은 이론의 여지가 없다.

경호의 위해요소에 경비 대응체계

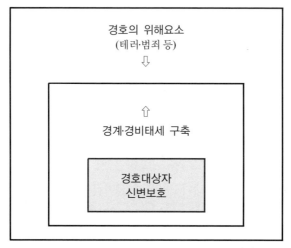

경호의 위해요소
(테러·범죄 등)
⇩

↑
경계·경비태세 구축

경호대상자
신변보호

(1) 국민보호와 공공안전을 위한 테러방지법상의 경계태세

「국민보호와 공공안전을 위한 테러방지법」(약칭: 테러방지법, 2016. 3. 3 제정)은 테러와 관련하여 일정한 경보를 발령함으로써 경계태세를 갖추도록 규정하고 있다. 테러경보는 테러의 위협 또는 위험수준에 따라 '관심·주의·경계·심각'의 4단계로 구분하여 발령하도록 하고 있다(동법 시행령 제22조 제2항).

(2) 경찰의 경계태세

앞에서 설명한 바와 같이, 대통령 등 갑호 경호대상자에 대한 경호는 제1선에서는 대통령경호처가 담당하지만, 제2선과 제3선은 경찰에서 담당하고 있다. 그리고 을호와 병호 경호대상자는 경찰책임하에 경호가 이루어지고 있다. 따라서 경찰의 경호 및 경비를 위한 사전 경계태세의 구축은 매우 중요한 역할을 한다고 볼 수 있다.

이와 관련하여 경찰은 위해요소의 긴급성 및 중요도에 따라 비상등급을 ㉠ 갑호비상, ㉡ 을호비상, ㉢ 병호비상, ㉣ 경계강화, ㉤ 작전준비태세(작전비상시 적용)를 구분하여 실시할 수 있다(경찰비상업무규칙 제4조 제2항, 제7조).

한중일 정상회담(2015, 좌)과 민주노총 총궐기(2015, 우)에 대비한 갑호비상 경계태세 [25)]

참고 비상근무의 발령권자(경찰비상업무규칙 제5조 제1항)

1. 전국 또는 2개 이상 시·도경찰청 관할지역 : 경찰청장
2. 시·도경찰청 또는 2개 이상 경찰서 관할지역 : 시·도경찰청장
3. 단일 경찰서 관할지역 : 경찰서장

① 갑호비상령

갑호비상은 최고의 단계로서 최악의 위험한 상황이 발생할 것을 염두하고 내려진다. ㉠ 계엄이 선포되기 전의 치안상태, ㉡ 대규모 집단사태로 치안질서가 극도로 혼란할 때, ㉢ 국경일, 기념일, 공휴일 등에 중요 치안상태가 발생해 치안질서가 극도로 혼란할 때가 이에 해당된다.

비상근무 갑호가 발령된 때에는 연가를 중지하고 가용 경찰력 100%까지 동원할 수있다. 그리고 지휘관(지구대장, 파출소장은 지휘관에 준함)과 참모는 정착 근무를 원칙으로 한다(경찰비상업무규칙 제7조 제1항 제1호).

② 을호비상령

을호비상령은 갑호단계보다 한 단계 낮은 치안상태로서 ㉠ 집단사태 등 치안사태가 악화될 우려가 있을 때, ㉡ 대규모 재난·재해가 일어나 피해가 확산될 우려가 있을 때 등이 이에 해당된다.

---

25) 연합뉴스(2015. 10. 30.).; http://blog.naver.com/kem7chul/220537917719.

비상근무 을호가 발령된 때에는 연가를 중지하고 가용 경찰력 50%까지 동원할 수 있다. 지휘관과 참모는 정위치 근무를 원칙으로 한다(제7조 제1항 제2호).

③ 병호비상령

병호비상령은 을호단계보다 한 단계 낮은 치안상태로서 ㉠ 집단사태 등 치안사태가 발생하거나 징후가 있을 때, ㉡ 국경일, 기념일, 공휴일 등 전후로 치안질서가 혼란될 우려가 있을 때, ㉢ 대규모 재난·재해의 징후가 뚜렷하거나 일반 재난·재해가 발생했을 때 등이 이에 해당된다.

비상근무 병호가 발령된 때에는 부득이한 경우를 제외하고는 연가를 억제하고 가용 경찰력 30%까지 동원할 수 있다. 지휘관과 참모는 정위치 근무 또는 지휘선상 위치 근무를 원칙으로 한다(제7조 제1항 제3호).[26)

그러나 이상과 같이 경찰이 내린 경계태세는 다른 경계태세와 마찬가지로 명확한 기준에 의해서 구분되는 것이 아니라, 경계태세 발령 책임자 즉, 비상근무의 발령권자의 '적절한 상황판단'에 의해서 이루어진다(경찰 비상업무규칙 제7조 제1항 단서). 따라서 경우에 따라서는 과잉 경계태세를 발하는 경우도 없지 않다고 본다. 경계태세가 강화되면, 경찰인력이 그에 대응하여 동원되기 때문에 또 다른 치안공백(治安空白) 상황이 초래될 수도 있다고 본다.

(3) 통합방위법상의 경계태세 및 통합방위사태 선포

① 경계태세의 발령

군부대의 장 및 경찰관서의 장(이하 '발령권자'라 함)은 적의 침투·도발이나 그 위협이 예상될 경우 통합방위작전을 준비하기 위하여 경계태세를 발령할 수 있다(통합방위법 제11조 제1항).[27) 여기에서 경찰관서의 장은 '경찰서장급'을 말한다.[28) 이러한 경계태세

---

26) 한편, ① 경계 강화가 발령된 경우에는 별도의 경찰력 동원 없이 특정분야의 근무를 강화한다. 전 경찰관은 비상연락체계를 유지하고 경찰작전부대는 상황발생시 즉각 출동이 가능하도록 출동대기태세를 유지한다. 지휘관과 참모는 지휘선상 위치 근무를 원칙으로 한다. 그리고 ② 작전준비태세(작전비상시 적용)시에는 별도의 경찰력 동원 없이 경찰관서 지휘관 및 참모의 비상연락망을 구축하고 신속한 응소체제를 유지한다. 경찰작전부대는 상황발생시 즉각 출동이 가능하도록 출동태세 점검을 실시한다. 유관기관과의 긴밀한 연락체계를 유지하고, 필요시 작전상황반을 유지한다(경찰비상업무규칙 제7조 제1항 제4호, 제5호).

27) ① 경계태세는 적의 침투·도발 상황을 고려하여 경계태세 3급(진돗개 셋), 경계태세 2급(진돗개 2), 경계태세 1급(진돗개 하나)으로 구분하여 발령할 수 있다. 경계태세 구분에 대한 세부 내용 및 조치사항 등은 대

가 발령된 때 해당 지역의 국가방위요소는 적의 침투·도발이나 그 위협에 대응하기 위하여 필요한 지휘·협조체계를 구축하여야 한다(제11조 제2항).**[29]**

한편, 발령권자는 경계태세 상황이 종료되거나 상급 지휘관의 지시가 있는 경우 경계태세를 해제하여야 하고, 통합방위법 제12조에 따라 통합방위사태가 선포된 때에는 경계태세는 해제된 것으로 본다(제11조 제3항).

② 통합방위사태의 선포

한편, 경계태세에 의한 예방적 조치에도 불구하고, 실질적인 적의 침투나 도발이 발생할 경우에는 경계태세는 해제되고, 적절한 대응을 위한 통합방위사태가 선포된다.

통합방위사태는 적의 침투·도발이나 그 위협에 대응하여 일정한 구분에 따라 선포하는 단계별 사태를 말한다(통합방위법 제2조 제3호). 이는 크게 갑종사태, 을종사태, 병종사태로 구분된다(제6호~제7호). 통합방위사태는 대통령과 시·도지사가 선포하도록 하고 있다.

통령이 정한다(통합방위법시행령 제22조). ② 지난 2014년 6월 21일 저녁 8시경에 강원도 육군 22사단 동부전선의 최전방에서 임모 병장이 동료들에게 수류탄을 던지고 총기를 난사해 5명(하사 1명, 병장 1명, 상병 1명, 일병 2명)이 숨지고 7명이 다치는 사고가 발생했다. 임모 병장은 사고 직후 수류탄 1개와 총기, 실탄 70여발을 갖고 무장한 채 도주해 국방부는 현재 해당 부대 전지역에 '진돗개 하나'를 발령했다. 진돗개 하나란 경계태세 최고 단계를 말한다. 진돗개 이름을 따서 만든 대한민국 경보이자 북한의 무장공비나 특수부대원 등이 대한민국에 침투했을 때, 혹은 부대에서 탈영병이 발생했을 때 등의 국지적 위협상황이 일어났을 시에 발령되는 단계별 경보 조치이다. ③ 진돗개 경보가 발령될 경우엔 군대는 물론 경찰력도 동원된다. 평상시에는 '진돗개 셋'을 유지하다가 위협상황 발생 가능성이 높을 때(북한 무장 간첩의 침공이 예상되거나 군대에서 탈영병이 발생할 경우) '진돗개 둘'이 발령된다. 현재 가장 높은 단계의 경계조치인 진돗개 하나는 최고 비상 경계태세이며 군, 경찰, 예비군이 최우선으로 지정된 지역에 출동해 지정된 지역에서 수색 및 전투를 수행하고 있다. 경향신문(2014. 06. 22.).

28) 대통령령으로 정하는 군부대의 장 및 경찰관서의 장은 ① 서울특별시 외의 지역은 연대장급 이상의 지휘관, 경찰서장급을 말하고, ② 서울특별시 지역은 대통령이 정하는 군부대의 장을 말한다. 이들 발령권자는 통신 두절(杜絶) 등 불가피한 사유가 없으면 차상급 지휘관에게 보고한 후 경계태세를 발령하거나 해제하여야 한다(통합방위법 시행령 제21조). 한편, 경계태세 발령권자는 경계태세를 발령하거나 해제하는 즉시 그 사실을 관할지역 내의 모든 국가방위요소에 통보하고, 통합방위본부장에게 보고하거나 통보해야 한다(시행령 제21조 제3항).

29) 국가방위요소란 통합방위작전의 수행에 필요한 방위전력(防衛戰力) 또는 그 지원 요소를 말한다. 여기에는 국군, 경찰청·해양경찰청 및 그 소속 기관과 제주자치경찰기구, 국가기관 및 지방자치단체, 향토예비군, 민방위대, 그리고 이 법에 따라 통합방위협의회를 두는 직장을 말한다(통합방위법 제2조 제2호).

통합방위사태

⊙ **갑종사태** : 일정한 조직체계를 갖춘 적의 대규모 병력 침투 또는 대량살상무기 공격 등의 도발로 발생한 비상사태로서 통합방위본부장 또는 지역군사령관의 지휘·통제하에 통합방위작전을 수행하여야 할 사태

ⓒ **을종사태** : 일부 또는 여러 지역에서 적이 침투·도발하여 단기간 내에 치안이 회복되기 어려워 지역군사령관의 지휘·통제하에 통합방위작전을 수행하여야 할 사태

ⓒ **병종사태** : 적의 침투·도발 위협이 예상되거나 소규모의 적이 침투하였을 때에 시·도경찰청장, 지역군사령관 또는 함대사령관의 지휘·통제하에 통합방위작전을 수행하여 단기간 내에 치안이 회복될 수 있는 사태

3. 경호의 법적 근거

그렇다면 이상에서 논의된(형식적 의미의) 경호의 법적 근거는 어디에서 찾을 수 있는가? 경호의 법적 근거는 근본적으로 헌법(憲法)에 두고 있으며, 수많은 개별법에 의해서 구체화된다고 볼 수 있다.

먼저, 헌법은 국가통치체계와 기본권의 보장과 관련한 근본이 되며, 따라서 공경호와 민간경호의 직·간접적인 근거를 규정하고 있다고 볼 수 있다. 공경호와 관련하여 대통령의 지위(제66조~84조), 전직대통령의 지위(제85조), 국무총리의 지위(제86조) 등에서 찾을 수 있다.

민간경호와 관련하여 헌법에서 특별한 법적 근거를 두고 있지는 않지만, 개인은 자신의 신체와 재산을 보호하기 위하여 타인의 권리를 침해하지 않는 범위 내에서 일정한 경호원을 고용할 수 있음은 물론이다. 또한 헌법에서 보장하고 있는 직업선택의 자유(제15조) 등을 통해서 민간차원의 경호업은 정당성을 가지고 있다고 본다.

1) 공경호의 법적 근거

(1) 대통령 등의 경호에 관한 법률

공경호의 대표적인 법으로서「대통령 등의 경호에 관한 법률」을 들 수 있다. 이 법은 '대통령 등에 대한 경호를 효율적으로 수행하기 위하여 경호의 조직·직무범위와 그 밖에 필요한 사항을 규정함을 목적'으로 하고 있다(제1조).

이 법을 연혁적으로 보면, 대통령경호실(大統領警護室, 현 대통령경호처)을 설치하기 위하여 1963년에「대통령경호실법」이 제정되었고, 2008년에「대통령 등의 경호에 관한 법률」로 개칭되었다. 이 법에 근거를 두고「대통령 등의 경호에 관한 법률 시행령」과 「대통령 경호안전대책위원회 규정」,「대통령경호처와 그 소속기관 직제」등을 대통령령으로 규정하고 있다. 한편, 대통령 등의 경호에 관한 법률(제4조) 및 시행령(제2조) 등에 따른 경호의 대상은 다음과 같다.

참고 ┊┊ 경호의 대상

① 대통령과 그 가족(대통령당선인의 배우자와 직계존비속).

② 대통령 당선인과 그 가족

③ 본인의 의사에 반하지 아니하는 경우에 한정하여 퇴임 후 10년 이내의 전직대통령(前職大統領)과 그 배우자.[30]

④ 대통령권한대행과 그 배우자

⑤ 대한민국을 방문하는 외국의 국가 원수 또는 행정수반(行政首班)과 그 배우자

⑥ 그 밖에 처장이 경호가 필요하다고 인정하는 국내외 요인(要人)[31]

---

30) ① 다만, 대통령이 임기 만료 전에 퇴임한 경우와 재직 중 사망한 경우의 경호 기간은 그로부터 5년으로 하고, 퇴임 후 사망한 경우의 경호 기간은 퇴임 일부터 기산(起算)하여 10년을 넘지 아니하는 범위에서 사망 후 5년으로 한다(제4조 제1항 제3호 하단). ② ①의 규정에도 불구하고 전직대통령 또는 그 배우자의 요청에 따라 실장이 고령 등의 사유로 필요하다고 인정하는 경우에는 5년의 범위에서 같은 호에 규정된 기간을 넘어 경호할 수 있다(동법 제4조 제3항). ③ 전직대통령과 그 배우자에 대한 경호의 내용에는 ㉠ 경호안전상 별도주거지 제공(별도주거지는 본인이 마련할 수 있음), ㉡ 현거주지 및 별도주거지에 경호를 위한 인원의 배치, 필요한 경호의 담당, ㉢ 요청이 있는 경우 대통령전용기, 헬리콥터 및 차량 등 기동수단의 지원, ㉣ 그 밖에 대통령경호처장이 관계기관과 협의하여 정한 사항을 포함하도록 하고 있다(동법 시행령 제3조 각호).

31) 주의할 것은 위의 경호대상 가운데, ⑤와 ⑥ 즉, 대한민국을 방문하는 외국의 국가 원수 또는 행정수반(行政首班)과 그 배우자, 그리고 그 밖에 처장이 경호가 필요하다고 인정하는 국내외 요인(要人)에 대한 경호임무

(2) 전직대통령 예우에 관한 법률

위에서 살펴본 바와 같이 전직대통령 역시 일정한 기간 「대통령 등의 경호에 관한 법률」에 의해 경호를 받지만, 그 기간이 지나면 「전직대통령 예우에 관한 법률(1969년 제정)」에 의해 경호를 받게 된다.

즉, 이 법에 의해서 전직대통령에 대해서 연금을 지원하고, 기념사업을 지원할 수 있도록 하고 있다(제4조~제5조의2). 그리고 ㉠ 필요한 기간의 경호(警護) 및 경비(警備), ㉡ 교통·통신 및 사무실 제공 등의 지원, ㉢ 본인 및 그 가족에 대한 치료, ㉣ 그 밖에 전직대통령으로서 필요한 예우를 할 수 있도록 하고 있다(제6조).

한편, 전직대통령이 ㉠ 재직 중 탄핵결정을 받아 퇴임한 경우, ㉡ 금고 이상의 형이 확정된 경우, ㉢ 형사처분을 회피할 목적으로 외국정부에 도피처 또는 보호를 요청한 경우, ㉣ 대한민국의 국적을 상실한 경우에는 이상과 같은 전직대통령으로서의 예우를 받지 못하도록 하고 있다.

그러나 주의할 것은 이상과 같은 사정에도 불구하고 '필요한 기간의 경호 및 경비'만은 그대로 받을 수 있도록 하고 있다는 점이다(제7조). 이러한 점에서 볼 때, '필요한 기간의 경호 및 경비'는 전직대통령에 대한 최소한도의 예우 차원에서 이루어지는 조치라고 볼 수 있다.

(3) 국가경찰과 자치경찰의 조직 및 운영에 관한 법률과 경찰관직무집행법

「국가경찰과 자치경찰의 조직 및 운영에 관한 법률」(약칭: 경찰법, 2021)과 「경찰관직무집행법(1953년 제정)」 역시 경호의 법적 근거가 된다. 국가경찰과 자치경찰의 조직 및 운영에 관한 법률은 경찰조직법(警察組織法)으로서, 그리고 경찰관직무집행법은 경찰작용법(警察作用法)으로서의 성질을 가지고 있는데, 여기에서 모두 '경호 및 경비'를 경찰의 중요한 업무 가운데 하나로 규정하고 있다(국가경찰과 자치경찰의 조직 및 운영에 관한 법률 제3조, 경찰관 직무집행법 제2조).

를 수행하기 위하여 해당 경호대상자의 지위와 경호위해요소, 해당 국가의 정치상황, 국제적 상징성, 상호주의 측면, 적대국가 유무 등 국제적 관계를 고려하여 경호등급을 구분하여 운영할 수 있도록 하고 있다(동법 시행령 제3조의2 제1항). 그리고 이에 따라 경호등급을 구분하여 운영하는 경우에는 외교부장관, 국가정보원장 및 경찰청장과 미리 협의하도록 하고 있다(제2항).

경찰의 임무(직무의 범위)

① 국민의 생명·신체 및 재산의 보호
② 범죄의 예방·진압 및 수사
③ 범죄피해자 보호
④ 경비·요인경호 및 대간첩·대테러 작전 수행
⑤ 공공안녕에 대한 위험의 예방과 대응을 위한 정보의 수집·작성 및 배포
⑥ 교통의 단속과 위해의 방지
⑦ 외국 정부기관 및 국제기구와의 국제협력
⑧ 그 밖에 공공의 안녕과 질서유지

그런데, 이들 법에서 규정하고 있는 경찰의 임무 또는 직무의 범위에서는 ⊙ 범죄의 예방·진압 및 수사, 그리고 ⓛ 대간첩·대테러 작전 수행, 그리고 ⓒ 치안정보의 수집·작성 및 배포 등 공공의 안녕과 질서유지와 관련되어 포괄적으로 규정하고 있음을 알 수 있다.

성공적인 경호업무가 이루어지기 위해서는 단순히 경호대상자에 대한 근접경호(협의의 경호)만으로 성공할 수 있는 것은 아니다. 거시적인 경비활동과 그에 수반하는 정보 및 보안활동은 매우 중요한 의미를 갖는다. 따라서 이들 법에 근거를 둔 경찰의 경호 및 경비활동은 매우 중요한 의미를 가지고 있음을 알 수 있다.

실질적으로 대통령 등과 같은 갑호경호에서 경찰은 2선(경비구역)과 3선(경계구역)에 대한 책임을 지고 있으며, 국회의장과 같은 을호 및 장관과 같은 병호경호에서 경찰은 1선(안전구역), 2선(경비구역), 3선(경계구역) 대한 모든 책임을 지고 있음은 이를 반영한 것이다.

한편, 경찰의 경호업무는 비단 경찰관직무집행법상에 국한된 것은 아니다. 경찰관직무집행법은 이를테면, '기본적·표준적'(基本的·標準的) 권한규정으로서의 의미를 가지고 있으며, 경호목적을 달성하기 위하여 이 밖에도 「집회 및 시위에 관한 법률」,[32]

---

32) 집회 및 시위에 관한 법률에 따른 '옥외집회와 시위의 금지장소' 규정은 경호·경비상의 중요한 기준이 된다고 볼 수 있다. 즉, 이 법에 따라 누구든지 다음의 어느 하나에 해당하는 청사 또는 저택의 경계 지점으로부터 '100미터 이내의 장소'에서는 옥외집회 또는 시위를 금지하고 있다. ① 국회의사당, ② 각급 법원, 헌법재판소, ③ 대통령관저, 국회의장 공관, 대법원장 공관, 헌법재판소장 공관, ④ 국무총리 공관, ⑤ 국내 주재 외국의 외교기관이나 외교사절의 숙소(제11조 각호). 다만, ①·②·④·⑤의 경우 해당 기관의 기능이나 안

「총포·도검·화약류 등의 안전관리에 관한 법률」, 「도로교통법」 등 수많은 개별법이 아울러 적용된다고 볼 수 있다.

(4) 국민보호와 공공안전을 위한 테러방지법과 통합방위법

① 국민보호와 공공안전을 위한 테러방지법

2016년에 제정된 「국민보호와 공공안전을 위한 테러방지법」(일명 '테러방지법') 역시 공경호 법적 근거가 된다고 볼 수 있다. 이 법은 '테러의 예방 및 대응 활동 등에 관하여 필요한 사항과 테러로 인한 피해보전 등을 규정함으로써 테러로부터 국민의 생명과 재산을 보호하고 국가 및 공공의 안전을 확보하는 것을 목적'으로 하고 있다(제1조).

테러는 국가 및 개인의 자유와 권리를 침해하는 위험요소로서, 국가적 차원에서 이에 대한 체계적인 대응은 매우 중요한 의미를 갖는다고 본다. 특히, 공경호의 대상인 대통령 등 중요국가기관은 테러에 의한 공격의 위험성이 상존하기 때문에 특별한 관심과 보호의 대상이 된다고 볼 수 있다.

② 통합방위법

「통합방위법(1997년 제정)」은 공경호의 법적 근거가 된다. 이 법은 '적(敵)의 침투·도발이나 그 위험에 대응하기 위하여 국가 총력전(總力戰)의 개념을 바탕으로 국가방위요소를 통합·운용하기 위한 통합방위 대책을 수립·시행하기 위하여 필요한 사항을 규정함을 목적'으로 하고 있다(제1조).

경호의 위해요소는 비단 테러 및 범죄 등에 국한되는 것이 아니라 적의 침투나 도발 등의 위협 역시 해당이 된다. 따라서 통합방위법에 따른 국가방위요소(군, 경찰, 그 밖의 국가기관 및 지방자치단체, 향토예비군, 민방위대, 통합방위협의회를 두는 직장 등)의 통합운용은 경호대상자의 경호 및 경비와 밀접한 관련성이 있다고 본다.

녕을 침해할 우려가 없다고 인정되는 특별한 경우에는 집회시위가 가능하다(제11조 각호 하단 및 각목 단서). 한편, ③의 대통령관저는 헌법불합치(2018헌바48, 2019헌가1(병합), 2022. 12. 22.) 판결을 받았고, 국회의장 공관은 헌법불합치(2021헌가1, 2023. 3. 23.) 판결을 받아 해당 조항은 2024. 5. 31을 시한으로 개정될 때까지 계속 적용된다.

(5) 조약 및 국제법규

조약 및 국제법규도 공경호의 법적 근거가 된다. 헌법에 의하여 체결·공포된 조약 (條約)과 일반적으로 승인된 국제법규(國際法規)는 국내법과 같은 효력을 가진다(헌법 제6조 제1항).

① 외교관 등 국제적 보호인물에 대한 범죄의 예방 및 처벌에 관한 협약

이 협약(일명 '국제적 보호인물에 대한 협약')은 국제평화 유지와 국가 간의 우호증진 및 상호협조를 위한 유엔헌장의 정신에 입각하여, 외교관(外交官)이나 국제적 보호인물(國際的 保護人物)의 안전을 위협하는 범죄는 정상적인 국제관계의 유지에 심각한 위협이 될 수 있다는 인식하에 1973년 국제연합총회에서 채택되었다.

우리나라도 이에 가입하여 1983년 국내에서 발효되었다. 이에 따라 당사국은 이와 같은 범죄에 대하여 적절하고 효과적인 대책을 강구할 것을 규정하고 있다. 한편, 이 협약에서는 '국제적 보호인물'을 다음과 같이 규정하고 있다(제1조).

> ㉠ 관계국의 헌법상 국가원수의 직능을 수행하는 집단의 구성원을 포함하는 국가원수, 정부수반 또는 외무부장관으로서 그들이 외국에 체류하는 모든 경우 및 그들과 동행하는 가족의 구성원.
>
> ㉡ 일국의 대표나 공무원 또는 정부간 성격을 지닌 국제기구의 직원 또는 기타 대리인으로서 범죄가 이들 본인, 그의 공관, 그의 사저, 또는 그의 교통수단에 대하여 행해진 시기와 장소에서 국제법에 따라 그의 신체, 자유 또는 존엄에 대한 공격으로부터 특별한 자격이 있는 자 및 그의 세대의 일부를 구성하는 가족의 구성원.

이 협약은 외국을 방문하는 국가원수(國家元首)나 외교관의 안전을 확보하여 국제평화와 국제관계 질서를 유지하기 위한 것으로, 이들에 대한 국가차원의 경호활동의 근거가 된다.

이에 따라 우리나라에서는 의전 1등급의 외국의 국가원수와 의전 2등급에 해당하는 행정수반인 총리와 그 외 경호가 필요하다고 인정되는 국내외 요인에 대한 경호를 대통령경호처에서 담당하고 있다. 한편, 의전 3등급에 해당하는 행정수반이 아닌 총리, 부통령 및 왕세자 등과 의전 4등급인 외교부장관에 대한 경호는 경찰에서 담당하고 있다.

② 한국군과 주한미군간의 대통령경호에 관한 합의 각서

이 각서는 한·미간의 SOFA협정 제3조 및 제25조를 근거로 하여 대통령의 경호경비에 관한 협조절차를 규정하기 위하여 1987년에 체결되었다.

이 각서에 따라 한국 및 외국의 국가원수가 주한 미군부대나 한·미연합군부대 그리고 그 인근지역 및 부대를 방문할 때, 원활한 업무협조와 안전조치로 경호대상자에 대한 경호업무를 효과적으로 수행하기 위한 것이다. 이 합의 각서에서는 구체적인 협조내용을 다음과 같이 규정하고 있다(제3조).[33]

 ㉠ 대통령 경호경비에 관한 협조는 대한민국 대통령경호처 및 한국군 보안부대와 주한미군부대 간에 실시한다.
 ㉡ 대통령 경호경비 업무를 효과적으로 수행하기 위하여 한·미 관계관회의를 통하여 정보를 상호교환하고, 아래 세부사항에 관하여 긴밀히 협조한다.
 · 경호경비 책임사령관의 임명
 · 안전조치 문제(총기·탄약·화약류에 대한 안전조치, 대공화기 및 비행기통제 조치, 인원· 장비 및 시설에 관한 안전조치)
 · 보안활동 조치
 · 필요에 따라 추가협의가 요구되는 사항

참고 대통령경호실–주한미군 간 경호협력 강화 워크숍 개최

대통령경호실(현 대통령경호처)은 주한미군과 관련된 경호행사시 보다 효율적인 경호활동을 펼 수 있도록 문제점 및 개선방안을 논의하는 워크숍을 2005년 3월 15일 오후 경호실 회의실에서 개최하였다. 워크숍에는 경호실 담당자를 비롯하여 우리 측의 유관기관 관계자들 및 주한미군 측의 경호안전 담당자들이 참석하여 그동안의 경험을 바탕으로 깊이 있는 토론을 가졌다. 워크숍에서는 무엇보다 현재 주한미군 관련 대통령 행사가 지난 1987년 5월 체결된 「대통령 경호경비에 관한 한국군과 주한미군의 합의각서」에 의거 안전조치를 취하고 있으나 미군 측의 관심 부

33) 이두석(2018), 앞의 책, p. 110.

족 및 공조체제 미흡으로 문제점이 나타나고 있음이 지적되었다.

참석자들은 이의 해결을 위해 ㉠ 상호 신뢰를 바탕으로 한 한·미 공조체제 구축, ㉡ 기존의 공조체계에 덧붙여 주한미군 헌병참모부를 통한 협조체계의 구축 등이 필요하다는 데 인식을 같이 하였다. 특히, 미군 측은 '경호협력의 가장 중요한 요소는 상호신뢰'라고 강조하면서, 이번 회의를 정례화함으로써 상호 이해를 높이는 기회로 삼고자 하였다. 우리 측 관계자도 '이번 워크숍을 통해 대통령경호실－주한미군 간 협력 체계를 공고히 하게 된 것이 가장 큰 소득'이라고 평가하면서 '미군 측은 이번 주말의 미국무장관 방한과 관련한 사전협조 과정에서 예전에 볼 수 없던 적극적인 협조 자세를 보이는 등 이미 가시적인 협력성과가 나타나고 있다'고 전했다.[34]

2) 민간경호의 법적 근거

(1) 경비업법

개인의 순수한 자경주의(自警主義) 차원에서 이루어지는 경호 내지 신변보호(예: 부모의 귀가자녀에 대한 보호활동 등)는 타인의 자유와 권리를 침해하지 않는 범위 내에서는 구체적인 법적 근거 없이 이루어질 수 있다.

그러나 경호업무가 영리(營利)를 목적으로 하는 하나의 기업형태로 이루어지는 경우에는 일정한 법적 근거를 필요로 한다. 이와 관련하여 규정된 것이 바로 「경비업법」(1976년 제정)」이다.

경비업법은 제정 당시에는 시설경비와 호송경비만 규정하였으나, 시대적인 상황을 반영하여 1995년 신변보호(身邊保護)업무가 경비업의 한 유형으로 추가되었다(그리고 2001년 법 개정으로 시설경비, 호송경비, 신변보호 외에 기계경비, 특수경비로 추가되어 현재에 이르고 있다).

경비업법상의 신변보호업무는 '사람의 생명이나 신체에 대한 위해의 발생을 방지하고 그 신변을 보호하는 업무'로 규정하고 있다. 경호의 개념에서 살펴본 바와 같이 경비업법상의 신변보호는 협의의 경호개념으로 볼 수 있다.

한편, 경비업법상의 신변보호 등 경비업은 '법인'(法人)이 아니면 이를 영위할 수 없도록 하고 있다(제3조). 그리고 경비업을 영위하고자 하는 법인은 도급(都給)받아 행하

---

34) 대통령경호처(http://17pss.pa.go.kr/pss/news).

고자 하는 경비업무(신변보호 등)를 특정하여 그 법인의 주사무소의 소재지를 관할하는 시·도경찰청장의 허가를 받도록 하고 있다(제4조 제1항).

(2) 청원경찰법

「청원경찰법(請願警察法, 1962년 제정; 1973년 전부개정)」상의 청원경찰 역시 경호관련 업무를 수행한다고 볼 수 있다.[35] 여기에서 청원경찰은 아래에 해당하는 기관의 장 또는 시설·사업장 등의 경영자가 '경비(經費)'를 부담할 것을 조건으로 경찰의 배치를 신청하는 경우 그 기관·시설 또는 사업장 등의 경비(警備)를 담당하게 하기 위하여 배치하는 경찰을 말한다(청원경찰법 제2조).[36]

㉠ 국가기관 또는 공공단체와 그 관리하에 있는 중요시설 또는 사업장

㉡ 국내 주재(駐在) 외국기관

㉢ 그 밖에 행정안전부령으로 정하는 중요시설, 사업장 또는 장소

이러한 국가중요시설에서 근무하는 청원경찰은 근무와 관련하여, 청원경찰의 배치 결정을 받은 자(즉, 청원주(請願主))와 배치된 기관·시설 또는 사업장 등의 구역을 관할하는 경찰서장의 감독을 받아 그 경비구역만의 경비를 목적으로 필요한 범위에서 「경찰관직무집행법」에 따른 경찰관의 직무를 수행하도록 하고 있다(제3조).

앞에서 살펴본 바와 같이 경찰관직무집행법상의 직무의 범위에는 '주요 인사(요인)의 경호'가 들어있음은 물론이다. 따라서 청원경찰 역시 근무 구역 내에서 경호경비 업무를 수행한다고 볼 수 있다.

---

35) 청원경찰의 신분은 경우에 따라 민간인(民間人)으로 볼 수 있고, 또 공무원(公務員)으로 볼 수도 있기 때문에 이중적이다. 즉, ① 청원경찰(국가기관이나 지방자치단체에 근무하는 청원경찰은 제외)의 불법행위에 대한 배상책임은 국가배상법이 아닌 민법의 적용을 받는다는 점에서 민간인 신분이라고 할 수 있다(청원경찰법 제10조의2). 반면, ② 청원경찰의 업무와 관련하여 「형법」이나 그 밖의 법령에 따른 벌칙을 적용할 때에는 공무원으로 보고 있다(제10조 제2항). 한편, ③ 청원경찰은 기본적으로 공무원이 아니고, 청원주가 임명하는 일반근로자이므로 공무원과 청원경찰을 동일한 비교집단이라고 보기 어려우며, 따라서 양자의 차별은 합리적 이유가 있다고 본다. 헌재 2010.2.25., 2008헌바160.; 최선우(2019), 앞의 책, p. 299 재인용.

36) 청원경찰의 본래 취지는 당시 군사정권하에서 북한의 도발 위협이 항상 존재한다고 판단되었고, 아울러 고도의 경제개발정책에 따른 국가중요시설의 급증과 이에 대비한 경찰력의 부족 등의 문제를 해결하기 위한 것이라 할 수 있다. 이에 따라 경비(經費)부담은 청원주가 하면서 경찰관의 임무를 수행할 수 있도록 하는 다소 변형적인 경비제도(警備制度)가 만들어지게 된 것이다.

제2절   경호의 기본이념

1. 경호이념의 의의

국가 또는 민간차원에서 경호가 필요 또는 존재하는 이유는 무엇인가, 그리고 존재해야 한다면, 어떠한 형식으로 존재하는 것이 바람직한가에 대해서 생각해 볼 필요가 있다. 이 두 가지 물음 즉, 경호의 존재이유와 존재방식이 바로 '경호이념'(警護理念)과 관련된 것이라고 본다.

일반적으로 '이념'(理念)이라는 것은 '어떤 사회의 정치적·사회적 구성원들이 가지고 있는 일반적인 생각'을 뜻한다. 즉, 어떤 집단에 의해 사실 또는 진리로 받아들여진 가치체계 또는 신념체계를 의미하는 것으로, 이는 그것을 믿는 사람들에게는 자신들이 살아가는 세계에 관한 사실적이면서 당위적(當爲的)인 방향을 제시해준다.[37] 그렇게 함으로써 매우 복잡한 이 세계를 아주 단순하게 이해할 수 있는 것으로 재구성해준다.[38]

예컨대, 우리사회를 '민주주의 사회' 또는 '법치주의 국가'라고 표현함으로써, 우리사회의 특징 내지 방향을 제시해주고 있는 것이 바로 그것이다. 따라서 만약에 우리사회가 민주주의 사회라면, 경호 역시 민주주의 본질에 부합되어야 한다는 것을 의미한다. 민주주의 본질이 개인의 자유와 권리의 보호에 있다면, 경호 역시 이에 부합되어야 한다는 의미이다.

따라서 대통령경호처에서 대통령 등 국가를 대표하는 국가기관에 대한 안전한 보호활동을 하는 것은 국가질서를 수호하기 위한 것이며, 그것을 통해 궁극적으로 개인의 자유와 권리가 보호될 수 있다는 차원까지 인식되어야 한다는 것을 의미한다. 바꿔 말하면, 과거 독재국가시대와 같이 경호가 지배집단의 권력유지수단으로서 초법적이며, 인권침해적인 역할을 하게 되면 그 정당성을 잃게 되는 것이다.

거시적인 관점에서 볼 때, 경호이념이라는 것 역시 국가체제 속에서 존재하는 것이기 때문에 기본적으로 국가이념에서 경호이념이 도출된다고 본다. 그리고 이에 더

---

37) 모든 현상이 그렇듯이, 경호의 존재에 대한 필요성과 당위성은 경호철학적 관심에서 경호이념으로, 경호이념에서 경호조직과 경호원 개인에 대한 윤리(倫理)적인 문제까지 이르고 있음을 알 수 있다.
38) 이대희 외(2001), 한국의 행정사, 서울: 대영문화사, p. 35 재인용.

하여 경호조직 자체에 내재하는 운영상의 이념이 존재한다고 볼 수 있다. 물론, 국가이념 및 경호이념은 보는 관점에 따라 매우 다양하고, 또 경우에 따라서는 가치가 상충된다는 점도 없지 않다고 본다.

아래에서는 이러한 인식을 토대로 논의의 편의상 크게 국가이념상의 경호이념으로서 민주주의와 법치주의, 그리고 경호조직 운영상의 경호이념으로서 정치적 중립성과 효율성으로 구분하여 살펴보기로 한다.

2. 국가이념상의 경호이념

1) 민주주의

(1) 개인의 자유와 권리의 보장

대한민국의 국가이념과 관련하여 헌법은 국가형태로서 그리고 정치영역에 적용되는 기본원칙으로서 민주주의를 채택하고 있다.[39] 이에 따라 주권(主權)은 국민에게 있고, 따라서 모든 권력은 국민으로부터 나온다는 것을 천명하고 있다(헌법 제1조). 따라서 민주국가는 국민의 한 개체로서 개인의 자유와 권리의 보호를 본질로 하는 것이다.[40] 인간의 존엄성과 인격의 존중을 바탕으로 하는 '개인의 기본적 인권'의 보장은 민주주의 내용 중에서도 가장 중요한 기본적인 요소라 할 수 있다.

이와 관련하여 헌법에서는 '모든 국민은 인간으로서의 존엄과 가치를 가지며, 행복을 추구할 권리를 가진다. 국가는 개인이 가지는 불가침의 기본적 인권을 확인하고 이를 보장할 의무를 진다'라고 규정하고 있다(제10조~36조). 이러한 개인의 권리는 사인 간에도 침해를 받을 수 있지만, 특히 국가공권력에 의해서도 적지 않은 침해를 받을 우려가 내재해 있음은 물론이다. 이러한 이유로 헌법에서는 형사사법기관(刑事司法機關)에 의한 형사절차상의 국민의 기본적 인권 침해 여지를 우려하여 이에 대한 규정을 적지 않게 두고 있다.

---

39) 입헌주의(立憲主義)라는 것은 국민의 자유와 권리가 국가권력으로부터 침해당하지 않도록 보호하기 위하여 통치관계를 헌법(憲法)에 규정하고, 국가가 국민에 대하여 행하는 권력작용을 헌법에 구속되도록 하는 '헌법에 의한 통치'의 원리를 말한다. 김철수(2006), 헌법학원리, 서울: 박영사, p. 3.

40) Patricia D. Netzley(2000), Issues In Crime, San Diego: Lucent Books, p. 9.

이러한 인권침해 문제는 경호활동에 역시 내재해 있음은 물론이다. 특히, 공경호는 경호목적 달성을 위하여 예방적 차원에서 그리고 사후대응적 차원에서 물리적 강제력(物理的 强制力)을 행사할 수 있기 때문이다(이를 경찰의 관점에서 본다면, 행정경찰권과 사법경찰권, 그리고 무기사용권한 등으로 볼 수 있다). 한편, 민간차원에서 이루어지는 민간경호 역시 '신변보호'라는 업무상의 특성상 일반시민의 인권을 침해할 가능성은 항상 존재하고 있다고 본다.

따라서 대통령 등의 경호에 관한 법률, 경비업법 등 경호관련 개별법에서는 인권보호와 관련된 규정을 두고 있음을 알 수 있다.

참고 경호관련법상의 인권보호 규정

① 대통령 등의 경호에 관한 법률상의 인권보호
  ㉠ 경호구역의 지정 등 : 경호처장은 경호업무의 수행에 필요하다고 판단되는 경우 경호구역을 지정할 수 있다. 이에 따른 경호구역의 지정은 경호목적 달성을 위한 최소한의 범위로 한정되어야 한다(제5조).
  ㉡ 사법경찰권 : 경호공무원(처장의 제청으로 서울중앙지방검찰청 검사장이 지명한 경호공무원)은 경호대상에 대한 경호업무 수행 중 인지한 그 소관에 속하는 범죄에 대하여 직무상 또는 수사상 긴급을 요하는 한도 내에서 사법경찰관리(司法警察官吏)의 직무를 수행할 수 있다(제17조 제1항).
  ㉢ 직권남용 금지 등 : 소속공무원은 직권을 남용하여서는 아니 된다(제18조 제1항).
  ㉣ 무기의 휴대 및 사용 : 소속공무원으로서 무기를 휴대하는 사람은 그 직무를 수행할 때 필요하다고 인정하는 상당한 이유가 있을 경우 그 사태에 대응하여 부득이하다고 판단되는 한도 내에서 무기를 사용할 수 있다. 다만, 일정한 경우를 제외하고는 사람에게 위해를 끼쳐서는 아니 된다(제19조 제2항).
② 경찰관직무집행법상의 인권보호
  ㉠ 목적 : 이 법에 규정된 경찰관의 직권은 그 직무 수행에 필요한 최소한도에서 행사되어야 하며 남용되어서는 아니 된다(제1조 제2항).
  ㉡ 불심검문~무기의 사용(제3조~제10조의4 관련규정).
  ㉢ 손실보상 : 국가는 경찰관의 적법한 직무집행으로 인하여 일정한 경우에 해

당하는 손실을 입은 자에 대하여 정당한 보상을 하여야 한다(제11조의2).

③ 국가배상법상의 인권보호
　　㉠ 배상책임 : 국가나 지방자치단체는 공무원 또는 공무를 위탁받은 사인이 직무를 집행하면서 고의 또는 과실로 법령을 위반하여 타인에게 손해를 입히거나, 「자동차손해배상 보장법」에 따라 손해배상의 책임이 있을 때에는 이 법에 따라 그 손해를 배상하여야 한다(제2조).

④ 경비업법상의 인권보호
　　㉠ 경비업자의 의무 : 경비업자는 경비대상시설의 소유자 또는 관리자의 관리권(管理權)의 범위 안에서 경비업무를 수행하여야 하며, 다른 사람의 자유와 권리를 침해하거나 그의 정당한 활동에 간섭하여서는 아니된다(제7조).
　　㉡ 경비원 등의 의무 : 경비원은 직무를 수행함에 있어 타인에게 위력을 과시하거나 물리력을 행사하는 등 경비업무의 범위를 벗어난 행위를 하여서는 아니된다. 누구든지 경비원으로 하여금 경비업무의 범위를 벗어난 행위를 하게 하여서는 아니된다(제15조의2).
　　㉢ 손해배상 등 : 경비업자는 경비원(신변보호 등)이 업무수행 중 고의 또는 과실로 경비대상에 손해가 발생하는 것을 방지하지 못한 때에는 그 손해를 배상하여야 한다. 경비업자는 경비원이 업무수행 중 고의 또는 과실로 제3자에게 손해를 입힌 경우에는 이를 배상하여야 한다(제26조).

⑤ 청원경찰법상의 인권보호
　　㉠ 직권남용 금지 등 : 청원경찰이 직무를 수행할 때 직권을 남용하여 국민에게 해를 끼친 경우에는 6개월 이하의 징역이나 금고에 처한다(제10조 제1항).
　　㉡ 청원경찰(국가기관이나 지방자치단체에 근무하는 청원경찰은 제외)의 직무상 불법행위에 대한 배상책임에 관하여는 「민법」의 규정을 따른다(제10조의2).

이상과 같이 민주국가에서 개인의 자유와 권리의 보호가 갖는 의미는 매우 중요하다. 이러한 이유로 예컨대, 1776년 미국이 탄생한 이래로, 역대 미국 대통령들이 암살 등의 위협을 받아 왔고, 실제로 많은 대통령이 공격을 받아 사망하였다. 그러나 이러한 암살범들의 공격에도 불구하고 미국 국민은 오랫동안 대통령 경호를 인정하지 않았다.[41] 대통령경호라는 관념은 '독재'(獨裁)를 연상시켜, 국민의 인권침해를 우려한 것이다.

실제로, 대통령경호를 지나치게 강조하게 되면, 그로 인한 직간접적인 인적·물리적 통제는 불가피한 것이며, 결과적으로 개인의 자유와 권리는 제한받기 마련이다. 즉, 개인의 자유와 권리에 대한 제한은 특정 행사시(예: 한미 정상회담 등)의 경호대상자에 대한 경호활동에서 뿐만 아니라, 더 나아가 평상시에도 테러 및 범죄로부터 경호대상자(또는 공공의 안녕질서)를 보호한다는 미명하에 광범위하게 이루어질 수 있기 때문이다.

(2) 공공의 안녕과 질서유지를 위한 인권의 제한

흥미로운 것은 국가가 개인의 자유 및 권리 확대를 보장하는 정도 즉, 인권보호 또는 인권보장의 정도는 테러, 범죄, 그리고 무질서의 증가와 일정한 관련성을 갖는다고 보기도 한다는 점이다. 이러한 이유로 민주주의가 정착된 선진국에서도 테러와 범죄 등의 문제는 해결(보다 정확하게는 '감소')되지 않고 있다는 점이다.

이와 관련하여 윌슨(J. Q. Wilson)은 범죄 및 무질서 등과 같은 문제의 본질이 바로 인권보장의 정도와 밀접한 관련성이 있다고 보았다.[42] 그는 국가가 개인의 '자기표현'(personnel expression)의 권리를 장려 또는 보장해주는 것은 한편으로는 '자기방종'(self-indulgence)을 장려하는 것과 '동일한 결과'를 가져다준다고 보고 있다. 바꿔 말하면, 자유롭게 무엇인가를 행사하고자 하는 사람, 더 나아가 자신의 욕구를 극단적으로 표출시키고자 하는 사람은 경우에 따라서는 국가질서 및 타인의 자유와 권리를 침해할 가능성을 가지고 있다는 것이다.

---

41) 역사적으로 미국대통령에 대한 여러 암살사건에도 불구하고 대통령경호가 인정되지 않다가, 맥킨리(W. McKinley) 대통령(1901) 암살사건을 계기로 경호조직이 한시적(限時的)으로 설치되었고, 트루먼(H. Truman) 대통령(1950) 숙소에 대한 공격을 계기로 상설화(常設化)되기에 이른다(미국 대통령경호의 역사는 제4장 각국의 경호조직에서 상세히 살펴보기로 한다).

42) James Q. Wilson and Susanne Washburn(1993.8), "A Rhythm to the Madness," Times, p. 31.

노르웨이 테러 및 테러 용의자 브레이빅

테러범 브레이빅(Breivik, 32)은 2011년 7월 22일 노르웨이 오슬로에서 정부청사 폭탄 테러와 30km 떨어진 우토야섬에서 노르웨이 노동당 청년부 집회를 하고 있는 청 소년들 약 700명을 대상으로 총기를 난사하였다. 정부청사는 폭탄테러로 8명이 현 장에서 사망하였고, 우토야섬에서는 총기난사로 76명이 사망하였다.

테러범 브레이빅은 테러를 자행하기 전에 1,518페이지에 달하는 「2083 : 유럽독립 선언문」(2083: A European Declaration of Independence)을 인터넷에 게시하였다. 이 선언문에 는 테러 준비계획과 다문화주의 등에 대한 비판이 담겨있다.

선언문에 내용에 따르면, 브레이빅이 테러를 본격적으로 준비한 것은 최근 2~3년 이지만, 20대 초반부터 9년간 무슬림 이민자 유입을 촉발한 유럽의 다문화주의에 대한 분석과 비판으로 '사상적 배경'을 쌓아 온 것으로 나타났다. 선언문 제목 「2083 : 유럽 독립선언」은 오는 2083년까지 유럽 각국이 극우 보수정권으로 정권 교체를 이뤄 무슬림 이민자를 내쫓아야 한다는 뜻으로, 중동 이슬람 국가들을 제 압할 수 있는 새로운 유럽을 탄생시켜 기독교 문화를 바로 세워야 한다는 주장을 담고 있다.

선언문 내용에는 브레이빅 자신이 성인이 된 후 느끼는 개인적 좌절감을 정치 이 슈로 확장한 듯한 느낌도 들어있다. 한편, 그는 여성주의(feminism)을 비판하기도 하 였다. 친구들이 동등한 경제권과 성적(性的) 자유를 주장하는 여자들과 교제하며 겪는 고민을 자세히 소개하면서, 이를 1960년대부터 본격화된 여권신장 운동 탓으 로 돌렸다. 그러면서 '가부장제 회복이 대안이며, 일본이나 한국모델이 해결책'이 라고 하기도 하였다. 한편, 그는 "불충분하게 죽이는 것보다는 많이 죽이는 게 낫

다"며 "사람들은 나를 제2차 세계대전 이후 가장 거대한 괴물로 부를 것"이라고 기록하였다.[43)

따라서 민주주의 원리에 따라 개인의 자유와 권리의 보호를 본질로 하면서도 경우에 따라서는 이에 대한 제한(制限)이 불가피하게 따르는 경우도 발생하게 된다. 즉, 경호목적을 달성하기 위해서는 일정한 한도 내에서 개인의 자유와 권리의 제한이 이루어질 수 있다는 것을 의미한다.

이와 관련하여 헌법에서도 '국민의 모든 자유와 권리는 국가안전보장·질서유지 또는 공공복리를 위하여 필요한 경우에 한하여 법률(法律)로써 제한할 수 있다'고 규정하고 있다(제37조), 그러나 '제한하는 경우에도 자유와 권리의 본질적인 내용을 침해할 수 없음'은 물론이다(제37조 하단).

생각건대, 오늘날과 같이 전 세계적으로 대규모 테러가 발생하고 이에 대한 공포가 확산되게 되면 아무래도 개인의 권리가 후퇴하는 경향을 갖는다고 볼 수 있다. 실제로 미국은 2001년 9월 11일 발생한 이른바 '911테러' 이후 형사절차상의 개인의 권리에 대한 제한 또는 선별적 제한(아랍계 외국인 등)을 보다 적극적으로 하는 계기가 되었다. 우리나라에서 지난 2016년 3월 3일 제정된「국민보호와 공공안전을 위한 테러방지법」(약칭: 테러방지법) 역시 이러한 시대적 분위기를 반영한 것이라 할 수 있다.

2) 법치주의

(1) 법에 의한 지배

근대국가 이후 국가는 통치원리의 하나로서 '인(人)의 지배'나 '폭력(暴力)의 지배'가 아닌 '법(法)의 지배'를 기본원리로 하고 있다. 법치주의(法治主義)에서 말하는 법의 지배는 국가가 국민의 자유와 권리를 제한하든가, 국민에게 새로운 의무를 부과하려 할 때에는 국민의 의사를 대표하는 국회가 제정한 법률에 의하거나 법률에 근거가 있어야 한다. 또 법률은 국민만이 아니고 경호조직과 같은 국가권력의 담당자도 규율한다는 원리를 말한다.[44)

---

43) http://blog.daum.net/dink0726/9387.; http://evoluxionx.blog.me/30113995912.; 조선일보(2011. 07. 23.).; 위키백과(https://ko.wikipedia.org).
44) 이것은 국가권력에 대하여 국민의 자유와 권리를 보장하려는 이념으로 하는 것으로서, 이와 같은 합리적 지

법치주의가 '법에 의한 통치' 내지 '법에 의한 지배'를 의미한다고 할 때, 그 법은 두 가지 기능 즉, ㉠ 적극적으로는 국가권력 발동의 근거로서의 기능을 수행하고, ㉡ 소극적으로는 국가권력을 제한하고 통제하는 기능을 수행한다.

법이 국가권력발동의 근거로서 기능한다는 의미에서의 법치주의는 전제군주국가나 전체주의국가를 포함한 모든 국가에서 볼 수 있다. 그러나 법이 국가권력을 제한하고 통제한다는 의미에서의 법치주의는 자유주의국가에서만 볼 수 있다. 따라서 자유민주국가의 법치주의는 후자의 의미에 보다 비중이 두고 있다.

(2) 형식적 법치주의와 실질적 법치주의

그런데, 이러한 법치주의 내용에 있어서 '형식적 법치주의'(形式的 法治主義)는 고려할 필요가 있다. 형식적 법치주의는 '행정과 재판이 의회가 제정한 법률에 적합하도록 행하여질 것을 요청할 뿐, 그 법률의 목적이나 내용을 문제로 삼지 않는 것'을 의미하는 것이다. 쉽게 말하면 형식적 법치주의 논리에서는 '악법'(惡法)도 법이 되는 셈이다. 따라서 이 형식적 법치주의 논리 하에서는 법률을 개인의 권리보호를 위한 수단이 아니라 억압의 수단으로 악용되기도 하였다. 이 경우 법치주의는 '법의 지배'가 아닌 법률을 도구로 이용한 '합법적 지배'를 의미할 뿐이다.

따라서 오늘날에는 형식적 법치주의뿐만 아니라, 법률의 목적과 내용도 정의에 합치하는 정당한 것이 아니면 안 된다고 하는 '실질적 법치주의'(實質的 法治主義)가 요청되고 있다. 실질적 법치주의라는 것은 법적 안정성의 유지와 더불어 인간의 존엄성 존중이라든가 실질적 평등과 같은 정의의 실현을 내용으로 하는, 그러한 법에 의한 통치의 원리를 말한다. 경호의 관점에서 본다면, 형식적 법치주의가 경호활동의 합법성을 그 특징으로 하는 것이라면, 실질적 법치주의는 경호활동의 정당성을 그 특징으로 하는 것이다.

요약건대, 현행 경호관련법이 존재함으로써 형식적 법치주의가 성립되었다면, 그러한 경호관련법이 자유민주주의의 본질에 부합될 때, 실질적 법치주의가 성립된다

배의 원리를 실현하기 위해서는 먼저 법의 제정이 의회(議會)에서 이루어져야 한다는 것을 전제로 한다. 그리고 경찰과 같은 국가행정(國家行政)은 소정의 법에 근거하여 집행되어야 하며, 더 나아가 법은 독립된 법원(法院)에 의하여 그 법에 따라 적용되어야 한다는 것을 의미한다. 말하자면, 권력분립주의가 법치주의의 기초를 이루고 있으며, 국민의 기본권을 보장하기 위한 자유민주주의적 원리가 법치주의의 내용을 이루고 있는 것이다. 김철수(2006), 앞의 책, p. 191.

고 볼 수 있다.

(3) 법치주의의 구현과 한계

법치주의의 구현을 위해서는 기본적으로 성문헌법주의(成文憲法主義)가 요구된다. 그리고 이러한 헌법에 따른 기본권보장의 선언과 적법절차의 보장, 권력분리의 확립, 위헌법률심사제의 채택, 집행부에 대한 포괄적 위임입법의 금지,[45] 행정의 합법률성과 사법적 통제,[46] 국가권력행사에 대한 예측가능성의 보장 등이 규정되어 있어야 할 것이다.

경호업무(특히, 공경호의 경우)는 적지 않은 권력작용을 행사할 수 있기 때문에 경우에 따라서는 국민의 자유와 권리를 침해할 여지가 있다고 본다.

이러한 이유로 헌법에서는 '국민의 모든 자유와 권리는 국가안전보장·질서유지 또는 공공복리를 위하여 필요한 경우에 한하여 법률로써 제한할 수 있으며, 제한하는 경우에도 자유와 권리의 본질적인 내용을 침해할 수 없다'(제37조 제2항)고 하고 있다. 이는 경호활동에 있어서 법치주의의 내용과 한계를 규정한 것이라 할 수 있다. 앞에서 살펴본 경호관련법상의 여러 가지 인권보호 규정은 바로 법치주의를 수단으로 하여 민주주의의 본질을 구현하고자 하는 것이라 할 수 있다.

그리고 경호활동은 그 업무의 특성상 적지 않은 재량권(裁量權)을 가지고 있다. 그러나 이러한 재량권이 인정된다 할지라도 법치주의 범위 내에서 허용되며, 이를 일탈·남용해서는 안 된다.

물론, 헌법은 법치주의 내지 법치국가의 원리를 다양하게 채택하고 있지만, 국가가 위기나 비상사태에 처한 경우에는 일정한 범위 안에서 법치주의가 제한적으로 적용될 수 있다. 헌법은 국가가 위기나 비상사태에 처할 경우에는 대통령에게 긴급명령권과 긴급재정·경제처분 및 그 명령권과 계엄선포권을 인정하고 있다(제76조, 제77조). 이와 같이 국가적 위기나 비상사태하에서는 대통령으로 하여금 긴급명령, 긴급재정·경

---

45) 현대국가의 행정국가화(行政國家化)경향에 따라 행정부 광범위한 행정입법권을 부여하고 있지만, 그러나 그것은 '법률에서 구체적으로 범위를 정하여 위임받은 사항'에 관해서만 명령을 발하게 하는 것일 뿐, 법치주의의 원칙에 반하는 포괄적 위임입법은 금지하고 있다.

46) 헌법은 '명령·규칙 또는 처분이 헌법이나 법률에 위반되는 여부가 재판의 전제가 된 경우에는 대법원은 이를 최종적으로 심사할 권한을 가진다'라고 하여(제107조 제2항), 독립적 지위를 가진 법원이 행정입법과 행정처분의 합헌성과 합법률성을 심사하게 함으로써 이를 통제하도록 하고 있다.

제처분 및 이에 관한 명령이나 계엄선포를 할 수 있게 함으로써 일정한 범위 안에서 법치주의가 제한될 수 있다고 하고 있다.

그러나 비상사태 하에서의 법치주의 적용의 제한은 극히 한정된 경우에 국한되어야 하고, 그것도 헌법적 질서를 유지하기 위한 최소한의 범위에 그쳐야 한다는 점에서 일정한 한계가 없는 것은 아니다.

3. 경호조직운영상의 경호이념

1) 정치적 중립성

경호이념으로서 정치적 중립성(政治的 中立性)이라는 것은 경호원은 정치적 이해관계에 의해서 직무를 수행해서는 안 된다는 것을 의미한다. 이는 정권의 교체와 관계없이 경호의 정치적 중립이 보장되고 이에 따라 경호활동의 영속성·안정성이 지속되어야 한다는 것을 말한다.

이러한 경호원의 정치적 중립성은 공경호에서 특히 요구된다. 대통령경호처의 경호원 등은 공적인 업무를 수행하는 공무원으로서, 헌법상의 '공무원은 국민전체에 대한 봉사자이며, 국민에 대하여 책임을 진다, 공무원의 신분과 정치적 중립성은 법률이 정하는 바에 의하여 보장된다'는 규정(제7조)은 준수되어야 하는 것이다. 이러한 헌법상의 근거에 따라 국가공무원법에서는 공무원의 정치적 행위를 금지하고 있으며(제65조), 따라서 경호공무원의 정치운동의 금지는 당연한 것이다.

2) 능률성과 효과성: 효율성

(1) 능률성

능률성(能率性, efficiency)은 경호활동에 대해 투입된 비용의 정도를 말하는 것으로, 경호활동의 주체인 경호기관 또는 경호조직이 주어진 업무를 수행하는 데 어느 정도의 비용을 사용하였는가에 중점을 둔 것이다. 능률성은 특정한 산출목표를 달성하기 위하여 얼마만큼의 시간과 비용이 투자되어야 하는가의 문제가 주요 관심사항이 된다.[47]

---

47) Charles R. Swanson et al.(1998), Police Administration, New Jersey: Prentice Hall, p. 599.

따라서 경호활동이 보다 능률적이기 위해서는 경호조직은 산출목표를 시간과 비용의 감소를 통해 달성하거나, 같은 비용으로 더 큰 산출효과를 얻어야 한다는 결론이 나온다. 경호활동의 산출(output)을 결정짓는 과정에는 경호원의 선발과 교육훈련·조직 설계·관리 행태·리더십·커뮤니티의 기대 등이 포함된다.[48]

이러한 경호활동의 능률성은 개인용 컴퓨터의 보급을 통한 전산화, 보고서의 수를 줄이는 방법, 내구성이 긴 장비를 구입하는 방법, 지휘체계를 개선하는 방법, 계급의 수를 조정하는 방법 등을 대치하는 방법 등을 통해 어느 정도 이루어질 수 있다.

물론, 경호조직이 능률적이기 위해서는 이러한 미시적이고 기술적인 개혁보다는 거시적이고 혁신적인 개혁이 함께 이루어져야 한다. 이는 ㉠ 전문가적 관리기법의 도입, ㉡ 기획과 조사연구의 실시, ㉢ 지휘체계의 체계화 등의 방법으로 논의될 수 있다. 한편, 능률성과 관련하여 불필요한 감독계층에 의한 명령체계를 간소화시키는 방법도 또한 중요하게 인식되고 있다.[49]

참고 　「서울 G20정상회의」 경찰의 경호경비인력의 규모

2010년 11월 11~12일 서울에서 G20정상회의가 개최되었다. 전세계 주요 경제국 20개국의 정상들이 모여 금융, 시장, 세계경제 등에 관한 주제를 가지고 회의를 개최한 것이다.

이에 대해 경찰은 지난 11월 6일부터 최고 수준의 경계령인 갑호비상을 발령하고 45,000여 명의 경찰력을 서울로 집결시켰다. 8일부터는 코엑스 반경 600m 외곽에 높이 2.2m짜리 안전 경호장벽이 세워지고 외부인의 출입을 통제하였다. 이 시점부터는 행사장 주변은 초경량 비행체의 비행이 금지되고 한강 선박 운항이 제한되며 우편물 취급업소 영업도 중단된다.

경찰은 최근 유럽에서 고위 인사를 노린 소포 폭발물이 대거 발견됨에 따라 이달 초부터 코엑스로 배송되는 모든 우편물을 검색해 왔다. 택배는 오직 집하장에서 수령인이 직접 가져가야 하며 코엑스로 반입하려면 반드시 X선 검색을 거치도록 하였다.

G20정상회의 진행과정에서 경찰력은 비단 회의장 일대에만 집중되는 것은 아니

---

48) Roy R. Roberg & Jack Kuykendall(1997), Police Management, L.A.: Roxbury Publishing Company, p. 10.
49) Ibid., pp. 84-91.

다. 테러 공격에 취약한 지하철 백화점 등 다중이용시설에도 하루 평균 10,000여 명의 경찰력이 배치되었다. 경찰은 처음에는 약 4,600명 정도의 경비인력을 배치할 계획이었으나 다중이용시설이 오히려 테러 대상이 될 가능성이 크다는 전문가 의견이 제기되자 해당 인력을 크게 늘렸다.

한편, 경찰은 지하철 환승역 등 유동인구가 많은 846곳이 테러 취약시설로 지정하였고, 경찰 대테러 인력과 별개로 민간 자원봉사자 4,000여 명을 테러 신고요원으로 선발하여 현장에 투입하였다.[50)]

(2) 효과성

효과성(效果性, effectiveness)은 경호조직이 수행하는 경호활동의 영향 및 질(quality)과 관련된 것이다. 효과성은 경호활동이 경호대상자에게 이루어졌을 때, 그에 대한 긍정적(positive)인 결과뿐만 아니라 부정적(negative)인 결과까지도 평가대상으로 삼게 된다.[51)]

따라서 예컨대, 어떠한 경호행사에 경호원·경호장비 등 경호자원(警護資源)을 투입하여 경호대상자를 안전하게 보호하고 질서를 유지하였다면, 그러한 경호활동은 효과가 있다고 평가할 수 있다. 반대로 많은 경호자원을 투입하여 경호활동을 수행했음에도 불구하고 경호대상자에게 어떠한 위해상황이 발생하여 피해가 발생하였다면 그러한 경호활동은 비효과적이었다고 평가할 수 있을 것이다.

사실, 어떠한 상황에서든 경호대상자에 대한 절대안전을 확보 및 유지하는 것은 경호활동의 가장 궁극적인 목적이라고 할 수 있다. 따라서 어떠한 이유 여하를 막론하고 경호대상자를 안전하게 보호하지 못하였다면, 그러한 경호활동은 실패한 것이다. 바꿔 말하면, 경호활동이 비효과적으로 이루어진 셈이다.

요약건대, 능률성과 효과성 차원에서 본다면, 가장 이상적인 경호는 최소한의 비용[능률성]으로 최대한의 성과[효과성]을 가져오는 것이라 할 수 있다. 이러한 결과에 도달했을 때, 경호활동이 '효율적'(效率的)으로 이루어졌다고 판단할 수 있을 것이다.

그러나 대통령 등 국내외의 중요인사에 대한 경호과정에서 예기치 못한 돌발상황의 발생으로 어떠한 피해가 발생하였을 경우, 그에 원상회복이 불가능한 경우도 적지않다. 따라서 경호활동에 투입되는 인적·물적인 경호자원은 상대적으로 능률성보다

---

50) 매일경제(2010. 11. 07.).
51) Charles R. Swanson et al.(1998), op. cit., pp. 599–600.

는 효과성에 치중하는 면이 없지 않다고 본다.

이러한 이유로 오늘날 전세계적으로 각국의 경호조직은 그 규모가 점차 커지고 있음을 알 수 있다. 여기에는 테러와 범죄 등 치안환경의 악화와도 직접적인 관련성이 있음은 물론이다.

4. 경호이념과 경호윤리

1) 경호이념과 경호윤리의 관계

경호의 존재이유와 존재방식에 대한 물음은 경호철학(警護哲學)에서 경호이념(警護理念), 경찰이념에서 경호윤리(警護倫理)가 도출되는 과정에서 구체화된다. 경호이념은 국가적·조직적 차원에서 경호활동이 나아갈 방향을 제시하는 것이라면, 경호윤리는 경호원 개개인에게 요구하는 실천덕목이라고 할 수 있다.

여기에서 윤리(倫理, ethics)라는 것은 사람들이 마땅히 지켜야할 당위규범이라 할 수 있다. 따라서 경호윤리라는 것은 경호원으로서 지켜야할 당위규범인 것이다. 이는 경호를 하나의 직업으로서 경호원이 따라야 할 직업윤리를 의미하는 것이다. 이러한 점에서 윤리의 보편성과 특수성이 제기된다. 윤리의 보편적인 면은 '인간으로서 지켜야할 도리'를 말하는 것이고, 특수적인 면은 '경호원으로서 지켜야할 도리'를 의미하는 것이다. 다만, 윤리적 보편성과 특수성이 명확히 구분되는 것이 아니라 보편성 속에 특수성이, 그리고 특수성 속에 보편성이 있다는 것을 인식할 필요가 있다.

사실, 경호이념간의 가치상충이 있을 때에는 종국적으로 경호원 개인의 윤리의 문제, 즉 법의 테두리 내에서 양심에 따른 가치판단의 문제로 귀결된다고 본다. 더욱이 경호원이 권한 오남용 또는 비밀누설 등 법치주의 원칙을 벗어나는 행동을 하는 경우에는 중요한 사회문제로 대두되기도 한다.

이러한 경호윤리는 크게 두 가지 관점에서 접근할 수 있다. 거시적인 접근방법으로서 사회환경 및 제도적·구조적 관점에서 처방과 평가를 내리는 것이고, 다른 하나는 미시적 접근방법으로서 개인에 초점을 두어 이들의 행태에 대한 도덕적 평가와 지도를 하는 것이다.[52] 따라서 예컨대, 경호원에 대한 사회적 인식변화, 제도적 보완,

---

52) 최원석(1998), 경찰윤리론, 경찰대학, pp. 2-3.

정책적 지원, 사법적 태도 변화 등은 거시적인 방안이라고 할 수 있다. 반면, 경호원에 대한 교육훈련, 엄격한 관리감독, 근무여건 및 복지수준의 향상 등은 미시적인 방안이라고 할 수 있다.

2) 경호원의 윤리 문제

경호윤리 문제로서 경호원의 일탈행위 즉, 부정부패 등의 문제는 후진국은 물론이고 미국, 일본, 프랑스, 독일 등 선진국에서도 직면하고 있는 문제이다(우리나라도 예외는 아니다). 이러한 현상은 사회 변혁기에 더욱 빈번하게 발생하며, 정도의 차이는 있지만 거의 공통된 속성처럼 내재되어 있다고 본다. 그리고 당연한 얘기이겠지만 경호원의 일탈행위로 인해 경호업무가 제대로 이루어지지 못하면, 결과적으로 경호대상자의 신변을 안전하게 보호하기가 어렵게 됨은 분명하다.

참고 미국 비밀경호국 소속 경호원의 집단 성매매 사건

2012년 4월 14일~15일에 개최되는 미주기구(OAS) 정상회의에 참석하기 위해 콜롬비아를 방문한 오바마 미국 대통령의 경호원들이 현지 호텔에서 성매매를 한 사실이 드러나 파문이 확산되었다. 경호임무를 지원하는 미군들도 같은 호텔에서 성매매를 한 것으로 나타났다.

미국 대통령의 경호를 담당하는 비밀경호국(Secret Service)의 폴 부국장은 '이번 사건에 연루된 요원 11명을 행정 휴가 형태로 직위 해제해 미국에 송환한 후 워싱턴 본부에서 조사하고 있으며 법무부 윤리감사실(OPR)에도 별도 조사를 의뢰했다'고 밝혔다. 국방부도 '이번 사건에 연루된 미군 5명도 직위해제하여 콜롬비아 막사에 연금했으며 외부 접촉금지령을 내렸다'고 밝혔다.

워싱턴포스트에 따르면, 회의가 열리는 콜롬비아 카르타헤나의 엘카리베호텔에 묵고 있던 경호요원들 중 11명이 11일 호텔 바에서 성매매 여성들과 함께 술을 마신 후 호텔 방까지 여성들을 데리고 갔다고 한다. 호텔 규정에 따라 프런트에 신분증을 맡긴 여성들 가운데 한 명이 다음 날 아침까지 신분증을 찾아가지 않아 이를 수상히 여긴 호텔 직원과 경찰이 객실에 올라가 보니 이 여성이 '화대를 지불하지 않았다'며 경호요원과 다툼을 벌이고 있었다고 한다. 경찰은 이 사건을 콜롬비아 주재 미 대사관에 통보하였다. 4월 13일 도착한 오바마 대통령은 엘카리베호

텔에서 조금 떨어진 힐턴호텔에 머물고 있다. 엘카리베호텔에는 대통령이 도착하기 전 경호 상황을 미리 점검하기 위해 4월 6일 도착한 경호원들과 일부 백악관 직원이 묵고 있었다. 호텔 직원들에 따르면, 경호원들은 도착한 후 계속 술을 많이 마셨으며, 사건이 발생한 11일에는 호텔 바에서 너무 소란하게 파티를 벌여 호텔 측으로부터 주의까지 받은 것으로 드러났다.

비밀경호국으로부터 이번 사건을 보고받은 미 하원 국토안보위원회 위원장은 '콜롬비아에서 매춘은 불법이 아니지만 첩보나 협박 등에 노출될 수 있다는 위험 때문에 비밀경호국 직원으로서의 행동강령에 위반되는 것'이라며 '대통령 보호 임무를 맡은 요원들이 경호구역 안으로 성매매 여성이든 아니든 누구를 데려갔다는 것은 매우 부적절한 행동'이라고 말했다. 한편, 백악관 대변인은 '대통령이 콜롬비아로 출발하기 전 보고를 받았다. 하지만 대통령이 갖고 있는 비밀경호국에 대한 신뢰는 확고하다"고 말했다. 그러나 0.0001%의 실수도 용납되지 않는 엄격한 기강 속에서 일하는 대통령 경호원들이 현지에서 술에 취해 성매매 행각을 벌였다는 점에서 미국사회에 던진 충격은 적지 않아 보인다. 미국 대통령의 해외 순방 때는 비밀경호국, 국방부, 백악관 등에서 200여 명이 선발대로 먼저 현지에 도착하며 대통령 도착 시 본대와 기자 등 200여 명이 추가로 도착하는 경우가 일반적이다.[53]

오늘날과 같이 대중매체가 발달한 상황에서 경호원의 윤리문제가 언론의 도마 위에 오르게 되면, 경호원의 권위는 땅에 떨어지고 이로 인해 나머지 전체 경호원의 근무의욕에 악영향을 미치게 됨은 이론의 여지가 없다고 본다.

사실, 대통령 등 국가의 중요 권력기관을 보호하는 경호원들은 자의적·타의적인 요인에 의해 부정부패 등의 유혹에 쉽게 빠질 우려가 없지 않다. 이 때문에 확고한 윤리의식을 확보하지 못한다면, 경호원으로서의 자질은 상실한 것이라고 보아야 할 것이다.[54]

53) 동아닷컴(2012. 04. 16.).
54) 경호원의 직업의식 및 윤리관 등에 관한 세부적인 내용은 양재열(2012), 경호학원론, 서울: 박영사, pp. 57-74 참조.

제3장

경호의 역사적 발전과정

3

Executive Protection

3

제3장

경호의 역사적 발전과정

경호역사의 인식방법

1. 자경주의로서의 경호

제2장에서 경호의 개념으로서 실질적 의미의 경호와 형식적 의미의 경호를 살펴보았다. 이 가운데 실질적 의미의 경호는 본질적으로 선험적(先驗的)이고, 본능적(本能的)인 관점에서 접근한 것이다. 이는 누가 가르쳐주지 않아도 인간이 가지고 있는 보호 및 방어본능에 의해서 이루어지는 자경주의(自警主義, vigilantism)의 한 형태라고 볼 수 있다.

자경주의라는 것은 개인 내지 집단 스스로가 '물리적인 강제력' 등을 행사하여 자신 또는 집단을 보호·방어하기 위한 제반 활동이라고 할 수 있다. 이는 단지 소극적인 예방적 활동뿐만 아니라 개인 내지 집단 스스로가 '옳고 그름'(right or wrong)을 판단하여 적극적으로 '정의'(正義, Justice)를 실현시키고자 하는 활동도 포함하고 있다.[1] 따라서 자경주의 차원의 이와 같은 실질적·기능적인 경호활동은 국가(國家)라는 실체와는 관계없이 존재하는 것임을 알 수 있다.

---

1) 사후대응적 자경주의의 전형적인 형태는 '복수'(復讐, 원수를 갚음)라고 할 수 있다. 이는 개인과 집단의 갈등과 원한을 물리적인 힘으로 해결하는 전통적인 방법이라 할 수 있다. 그러나 복수는 대등한 정도의 앙갚음을 표방하였지만, '되로 받고 말로 주기'가 흔하였다. 국가권력은 이러한 복수를 형벌로써 제어하고 순화시키고자 하였다. 국가권력은 형벌의 독점을 선언하였지만, 근대국가 이전에는 마을이나 씨족집단과 같은 공동생활체에서는 관습상의 형벌이 잔존하였고, 지배계층의 사형(私刑)이 횡행하기도 하였다. 오히려 샤머니즘의 주술은 갈등을 평화적으로 해결하고 공동체의 화합을 도모하는 묵시적 기능을 수행하였다. 이러한 모습은 오늘날의 여러 국가에서 여전히 존재하고 있다. 한편, 개인의 원한과 신(神)을 대신하였던 국가의 형벌은 때로는 사사로운 복수보다 더 잔인하였다. 많은 지배자들은 국가의 이름으로 자기의 복수심을 만족시켰던 것이다. 전재경(1996), 복수와 형벌의 사회사, 서울: 웅진출판, 서문(序文).

한편, 경호와 관련된 실질적·기능적 활동이 오늘날과 같이 '경호'(警護, protection) 또는 '신변보호'라는 용어로 표현하지는 않았지만, 어떠한 형태로든 인간이 살아가고 있는 사회에는 동서고금을 막론하고 존재해 왔다고 볼 수 있다.

2. 국가의 등장과 경호의 공식화·제도화

그러나 국가라는 실체가 등장함으로써 경호활동에 있어서 변화가 이루어졌음을 알 수 있다. 이러한 점에서 비록 국가의 기원과 그 정체성이 명확하지 않지만, 일정한 기준을 가지고 국가라는 실체를 제시하고 거기에서 경호의 역사를 전개시켜야 한다고 본다. 우리가 일반적으로 논의하는 형식적·제도적 의미의 경호라는 것은 국가를 전제로 하는 것이기 때문이다.

일반적으로 국가라는 실체는 ㉠ 시원적(始原的) 지배권(支配權)으로서의 국가권력(주권·통치권)이 있고, ㉡ 일정한 인간의 집단, 즉 국민(國民)을 그 구성요소로 하며, ㉢ 공간적으로 한정된 지역의 일부, 즉 영토(領土)·영역(領域)을 가지고 있어야 한다.[2] 따라서 국가라는 실체는 이러한 3요소(주권·통치권, 국민, 영토)가 갖추어 졌을 때 성립되는 것이다. 이를 토대로 했을 때, 한반도에서의 국가는 삼국시대에서 비로소 시작된다고 볼 수 있다.[3]

국가의 등장으로 종래의 자경주의 차원의 실질적·기능적 경호활동은 상대적으로 약화되고, 그 대신 국가차원의 형식적 경호활동은 공식화·제도화, 그리고 전문화·독립화의 과정을 거치면서 그 역할이 더욱 확대되어 오늘에 이르게 되었다고 볼 수 있다. 물론, 국가가 역사에 등장함으로써 경호활동이 공식화·제도화 되었지만, 이의 구체적인 운용실태는 그 나라의 정치·경제·사회문화 등의 치안환경과 국가의 발전상황을 반영한 것이기 때문에 매우 상대적이고 천차만별이라고 볼 수 있다.

더욱이 근대이전 국가의 통치구조(統治構造)는 오늘날에 비교해 볼 때, 제도적으로

---

2) 권영성(1991), 헌법학원론, 서울: 법문사, p. 128.
3) 물론, 이러한 기준이 삼국시대(고구려, 백제, 신라)에 그대로 부합되는지는 다소 문제가 있을 수 있다. 즉, 당시의 주권·통치권이 국가전역에 미치고, 오늘날과 같은 국민(國民)의 개념이 있었는지, 그리고 오늘날과 같은 선(線) 개념의 영토가 명확히 존재했었는지도 의문이다. 다만, 이전의 연맹국가와는 달리 삼국시대에 이르러 이념정립, 율령(律令)반포, 왕위세습, 정복전쟁을 통한 왕권확립과 영토 확대 등을 비추어 볼 때, 적어도 고대국가(古代國家)로서 완성된 틀을 갖추었음은 분명하다고 본다.

전문화·독립화가 되지 못하고 여러 국가기능이 혼재된 형태로 운영되었다고 볼 수 있다. 예컨대, 경호는 사법행정·군사행정·경찰행정 등과 상당부분 '미분화'(未分化)된 상태 속에서 운영되었던 것이다. 이러한 점에서 근대이전 국가의 통치구조 속에서 경호의 본 모습을 찾는 것은 결코 쉬운 일이 아니라고 본다.

3. 근대국가 성립 이후 경호의 전문화·민주화

이러한 국가의 성립과 발전 이후, 근대국가(近代國家)가 등장함에 따라 경호제도는 또 한 번의 변화·발전을 경험하게 된다. 먼저, 근대국가의 성립과 더불어 국가의 경호제도는 체계화되고 그 규모 역시 확대되었다고 볼 수 있다. 이는 국가통제력의 강화를 의미하며, 체계화된 법치주의의 결과라고도 볼 수 있다.

그리고 이러한 법치주의를 토대로 한 경호조직의 제도적 전문화·독립화가 이루어졌다는 점에 주목할 필요가 있다. 이전의 다른 국가행정과의 미분화 상태에서 경호는 제도적으로 독립된 위치에서 활동영역을 전문화시켜 나갔던 것이다. 그리고 근대국가 이후의 경호의 뚜렷한 특징 가운데 하나는 이념적으로 민주주의(民主主義)를 근간으로 하고 있다는 점이다. 국가의 국민에 대한 통제시스템이 강화되면서도, 한편으로는 국민의 자유와 권리의 보호를 본질로 하는 형식으로 경호제도가 정립·발전되었던 것이다.

이로써 근대국가 이전의 시기에는 경호활동이 제도적 미분화 상태에서 소수의 지배집단의 이해관계 속에서 이루어졌다면, 근대국가의 등장 이후에는 제도적 전문화되었고, 국민과 국가를 위한 민주경호로써 재탄생되었던 것이다. 논의의 여지는 있겠지만 우리나라에서 이러한 근대경호의 시작은 1948년 대한민국 정부수립 이후에 시작되었다고 볼 수 있다.

이러한 인식하에, 아래에서는 우리나라 경호의 역사를 근대국가 이전과 대한민국 정부수립 이후로 크게 나누어 살펴보고자 한다.

먼저, 근대국가 이전의 경호는 삼국시대, 고려시대, 조선시대(조선시대의 연장선이면서 외세(外勢)의 영향을 받은 구한말을 별도로 구분하여 간략히 살펴보고자 함)로 구분하고자 한다. 다음으로 대한민국 정부수립 이후의 경호는 공경호를 중심으로 크게 대한민국 정부수립과 대통령경호, 대통령경호실(현 대통령경호처)의 설치와 발전시기로 구분하였다.

제2절　근대국가 이전의 경호제도

　　역사적으로 국가라는 실체가 등장한 이래로 정치권력집단은 자신들의 권력의지를 관철시키기 위해 본질적으로 중앙집권(中央集權)을 지향해 왔다고 볼 수 있다. 이러한 중앙집권화 현상은 근대 이전의 국가의 형성·발전과정에서 보다 뚜렷하게 나타난다. 바꿔 말하면, 삼국시대(三國時代), 고려시대(高麗時代), 조선시대(朝鮮時代)는 정치적으로 국왕을 정점으로 하는 중앙집권화가 완성되는 과정이라고 볼 수 있다.

　　이와 같은 국가통치체제의 정비과정에서 질서행정(군·경찰·경호 등)의 제도화는 체제유지를 위한 매우 중요한 요소라고 할 수 있다. 따라서 국가통치체제의 유지를 위하여 특히, 국가적 법익(國家的 法益)의 공식화는 매우 중요한 의미를 갖는다. 근대국가 이전의 국가에서는 무엇보다도 국가적 법익을 보호하기 질서행정을 제도화하였다고 볼 수 있기 때문이다. 이러한 국가의 통치체제의 구축과 보호의 근간으로서 각 나라마다 일정한 법체계(法體系)를 정립하여 적용하게 된다. 비록 그것이 오늘날과 같은 '실질적 법치주의'를 표방한 것은 아니지만 근대이전의 국가체제와 경호를 이해하는 데 매우 중요한 의미를 갖는다고 본다.

1. 삼국시대의 경호제도

　　한반도 각지에서 성장한 정치세력 가운데 초기국가(일종의 연맹국가와 고대국가의 과도기적 단계를 말한다)를 형성하는 데 성공한 것은 고조선·부여·고구려·백제·신라였다. 옥저나 동예, 그리고 삼한지역의 여러 정치세력은 국가형태로 발전하지 못한 채 소멸하고 말았다. 그러나 초기국가를 이룬 이들 여러 나라도 모두 순조롭게 발전을 거듭한 것은 아니었다. 고조선은 B.C 108년 한의 침략으로 멸망하였고, 부여는 인접한 고구려에 병합됨으로써 마침내 고구려, 백제, 신라만이 고대국가(古代國家)로 발전할 수 있었다.[4]

---

4) 물론, 이러한 기준이 삼국시대(고구려, 백제, 신라)에 그대로 부합되는지는 다소 문제가 있을 수 있다. 당시의 주권·통치권이 국가전역에 미치고, 오늘날과 같은 국민(國民)의 개념이 있었는지, 그리고 오늘날과 같은 선(線)개념의 영토가 명확히 존재했었는지도 의문이다. 다만, 이전의 연맹국가와는 달리 삼국시대에 이르러 국가이념의 정립, 율령(律令)의 반포, 왕위세습, 정복전쟁을 통한 왕권확립과 영토확대 등을 비추어 볼 때,

그리고 삼국시대는 '율령'(律令)이라는 성문법규에 의해서 국가통치체제가 정비되었다는 점에 주목할 필요가 있다.[5] 아래에서는 삼국시대의 경호제도에 대해서 간략히 살펴보기로 한다.[6]

1) 고구려의 경호제도

삼국 가운데 가장 먼저 고대국가를 형성한 나라는 고구려라고 할 수 있다. 고구려는 율령에 의해 통치체제를 정비하였는데, 이러한 통치체제 가운데 왕과 왕실의 경호경비업무를 수행한 기관으로 볼 수 있는 것은 대모달(大模達)과 말객(末客)을 들 수 있다. 당시에는 왕권의 유지 및 계승을 둘러싼 수많은 갈등이 내재해 있었기 때문에 이에 대한 안전조치는 매우 중요한 의미를 가졌다고 볼 수 있다.

대모달은 고구려 최고 무관직으로써 1,000인의 병사로 구성된 당(幢)들의 연합부대장의 지위에 있었다. 이 대모달이 언제부터 고구려 무관직으로 나타난 것인지는 정확히 알 수 없지만, 고구려의 왕권강화에 따른 관제의 정비와 더불어 고구려 후기에는 확실한 존재로 자리 잡았음을 알 수 있다. 한편 말객은 1,000명의 병사를 지휘하는 무관으로서 독립된 단위부대인 당(幢)을 지휘하는 당주(幢主)로 짐작된다. 대모달은 말객의 상급관청으로써 이들 각각의 말객이 지휘하는 각각의 당에 대한 총괄적 지휘권을 행사하면서 왕과 왕실에 대한 경호경비업무를 수행하였다고 볼 수 있다.

2) 백제의 경호제도

백제의 중앙관제를 살펴보면, 16관등 가운데 최고 관직으로 6좌평(내신, 내두, 내법, 위사, 조정, 병관좌평)이 있었다. 이 6좌평 가운데 위사좌평(衛士佐平)은 왕과 왕실의 경호경비를 담당한 최고관청으로 볼 수 있다. 삼국사기에서는 위사좌평의 설치시기를 260

적어도 고대국가(古代國家)로서 완성된 틀을 갖추었음은 분명하다고 본다.
5) 법전(法典)으로서의 율령(律令)의 연원은 중국의 진·한(秦·漢)시대에까지 거슬러 올라가는데, 당시에는 율과 령의 구별이 아직 명확하지는 않았다. 이는 오늘날의 형벌 및 행정에 관한 법규(즉, 형법과 행정법 등)로서 중국 수·당(隋·唐) 시대에 완성을 본 중국 고대의 법전체계로 우리나라의 고대국가에서는 그 영향을 받아 법체계를 이루게 되었다. 그런데, 법령과 현실 사이에는 여러 가지 차이가 있고 때에 따라 그 차이를 좁히기 위한 규정이 필요하였다. 이것들이 과(科), 고사(古事), 격(格), 식(式) 등으로 불리어졌는데, 수대가 되면 격, 식의 두 분야로 정리되어 결국 율령격식(律令格式)으로 체계화되었다.
6) 이하 다음백과(http://100.daum.net/encyclopedia).; 김두현(2013), 경호학개론, 서울: 엑스퍼트, pp. 63-67 재구성.

년(고이왕 27)로 기록하고 있다.[7]

그리고 백제는 수도를 5부(五部)로 나누었는데, 각 부마다 500명의 군대를 편성하여 총 2,500명이 교대로 왕성을 경비하도록 하였다.[8]

3) 신라의 경호제도

신라의 왕과 왕실의 경호경비와 관련하여 시위부(侍衛府)를 들 수 있다. 궁성의 숙위를 맡은 시위부 소속의 금군(禁軍)은 만약 모의를 꾀하여 궁궐을 침범하는 자들이 있으면, 이들을 격퇴하거나 체포하여 차열(車裂)하였으며, 반란군들의 9족을 멸하였다. 삼국사기에서는 시위부의 설치시기를 651년(진덕여왕 5)으로 기록하고 있다.

한편, 통일 이후 신라는 9서당(九誓幢)이라는 부대를 조직하였다. 이 9서당은 국왕이 귀족들의 권위를 억누르고 전제왕권을 수립하기 위하여 설치한 조직으로써, 왕권을 뒷받침하는 국왕의 친위부대의 역할을 했을 것으로 보인다.

2. 고려시대의 경호제도

고려시대(918~1392)는 태조 왕건(王建, 재위 918~943)이 고려를 세운 이후 후삼국을 통일하면서 시작되었다. 고려는 건국 후 약 200년간 중앙집권제도를 확립해 나아가는 과정에서 유교적인 통치기구를 정비하고 과거제도를 실시하여 문신의 지위가 높아졌다.

이에 대하여 무신의 지위는 격하되고 그들의 불만이 높아져 결국 난(亂)을 일으켜 집권하여 무단전제정치(1170~1270)를 실시하였다. 무신의 난 이후에도 기존의 공식적인 정부기구는 그대로 유지되었지만 이는 형식화되었고, 대신 무신정권은 독자적인 지배기구를 만들어 무인정치를 하였다.

한편, 충렬왕(忠烈王, 재위 1274~1308) 이후 원나라의 지배를 받으면서 통치체제에 있어서 변화를 가져왔다.[9] 아래에서는 이러한 시대적 배경하에서 고려시대의 경호제도를

---

7) 삼국사기(三國史記)에 보면 위사좌평은 숙위병사(宿衛兵事) 관계의 업무를 했다고 하는데, 그 구체적 업무가 명확하지는 않다. 다만, 이에 대한 논의는 크게 두 가지로 나뉘는데, 하나는 왕궁의 숙위를 담당했다는 것과 다른 하나는 수도를 방어하는 임무를 담당했다고 하는 견해가 있다.
8) 이들은 오늘날 청와대 외곽을 경비하는 101경비단과 비슷한 기능을 가지고 있었다고 볼 수 있다. 김형중 (1991), 한국 고대경찰사, 서울: 수서원, p. 20.; 김두현(2013), 앞의 책, p. 65.
9) 한영우(2004), 다시 찾는 우리역사, 서울: 경세원, pp. 198-199.

크게 고려전기, 무신집권기, 그리고 고려후기로 구분하여 살펴보기로 한다.[10]

1) 고려전기

(1) 2군 6위

고려시대의 중앙군의 군사조직은 2군 6위체제라고 부르기도 한다. 그 기원은 후삼국을 통일한 고려정부가 지방의 호족들이 사적으로 유지하던 군사력을 일원적인 중앙군조직으로 재편성하려고 노력한 것에서 시작되었다. 이러한 중앙군 조직의 재편성은 태조 때부터 시도되었는데, 성종(成宗, 재위 981~997) 때를 전후하여 지방의 군사력이 해체되고 2군과 6위의 새로운 군사조직이 마련되었다.

① 2군

2군(軍)은 태조 휘하에 있던 군사력을 토대로 해서 6위에 비하여 보다 전문적이고 상급의 군인층으로 충원되었으며, 조직으로는 응양군(鷹揚軍)과 용호군(龍虎軍)의 2개 부대가 있었다.

이들 2군은 근장(近仗) 또는 친종(親從)이라 하여 6위보다 상위의 기구로 인식되었고, 주로 왕실의 친위군(親衛軍) 또는 시위군(侍衛軍)의 임무를 띠었다. 2군 중에서도 특히, 응양군의 지휘관인 상장군(上將軍)은 반주(班主)라 하여 무반의 대표자 구실을 했는데, 2군과 6위의 지휘관들인 상장군과 대장군(大將軍)의 회의기구인 중방(重房)회의를 주재하는 등의 역할을 했다.

② 6위

6위(衛)는 성종 때의 군사제도 정비과정에서 이전의 군사조직을 해체하고 번상입역(番上立役)이라는 새로운 충군(充軍) 원리에 의해 충원되었다. 조직으로는 좌우위(左右衛)·신호위(神虎衛)·흥위위(興威衛)·금오위(金吾衛)·천우위(千牛衛)·감문위(監門衛)의 6개 부대가 있었다.

이들 중에서 좌우위·신호위·흥위위 등 3위는 가장 규모가 크고 핵심을 이루는 실질적인 군사력으로서 이 3위에 소속된 군인 수가 2군과 6위 전체 군인수의 거의 3/4을 차지하고 있었다. 이들은 수도인 개경(開京)의 시위, 출정(出征)과 변방의 방수(防戍)

---

10) 다음백과(http://100.daum.net/encyclopedia).; 김두현(2013), 앞의 책, pp. 67-76 재구성.

등이 임무였다.

한편, 금오위는 비순위(備巡衛)라고도 하여 수도의 치안을 담당하는 경찰 부대였으며, 천우위는 의위(儀衛)에서 왕을 시종하는 의장대였던 것으로 보인다. 그리고 감문위는 궁성(宮城) 내외의 여러 문들을 수위하는 수문군(守門軍)의 역할을 담당하였다.[11]

(2) 순검군

순검군(巡檢軍)의 설치시기는 분명하지 않으나, 중앙과 지방의 도성 순찰과 치안 유지가 주된 임무였을 것으로 추정된다. 한편, 중앙에는 묘청의 난(1135~1136) 직후인 1136년(인종 14)에 도성의 혼란을 수습하기 위한 임시 관직으로서 좌우순검사(左右巡檢使)를 두었다. 하지만, 순검군의 설치는 이보다 앞선 시기에 이루어졌을 것으로 보인다.

그 뒤 1167년(의종 21)에는 궁궐내의 경비를 강화하기 위해 날랜 장정들을 뽑아 내순검군(內巡檢軍)을 설치하고 양번(兩番)으로 나누어 숙위하게 하였다. 내순검군은 순검군의 일부로서 국왕의 시위(侍衛)가 주된 임무였다. 그 조직은 알 수 없지만 순검지유(巡檢指諭)·순검도령(巡檢都領) 등 지휘관이 있었음이 확인된다.[12]

2) 무신집권기

(1) 도방

고려 무신집권기의 사병집단이며 숙위기관(宿衛機關)으로서 도방(都房)을 들 수 있다. 무신난을 일으켜 집권했던 정중부는 1179년(명종 9)에 청년 장군 경대승에게 살해되었다. 그러므로 무인들 사이에는 다시 무인의 지위가 크게 떨어질 것을 우려하여 정중부를 찬양하고 경대승에게 적의를 품게 되었다. 이에 경대승은 자신의 신변을 보호하기 위하여 사병 100여 명을 자기 집에 머물게 하였는데 이를 도방이라고 하였다.

도방은 일종의 사병집단제로서 원래 사병들의 숙소를 가리키는 말이었으나, 뒤에

---

11) 2군 6위 체제는 숙종(肅宗, 재위 1095~1105) 때 여진족의 침입을 계기로 윤관(尹瓘)에 의해 별무반(別武班)이 구성되면서 변화되기 시작하여 1170년 무신란 이후 삼별초(三別抄)가 실질적인 군사력으로 기능하면서 유명무실해졌고, 원의 간섭기에는 더욱 그러했다. 이후 공민왕(恭愍王, 재위 1351~1374) 때에 다시 고려 전기의 군사제도를 정비하려는 노력이 시도되었지만 별다른 효과를 거두지 못했고, 조선 초기에 이르러 군사제도의 정비가 이루어졌다.

12) 그러나 내순검군은 1170년(의종 24) 무신란이 일어나자 오히려 이고(李高)·이의방(李義方) 등에 의해 난에 동원되었다. 그리고 뒤이은 무신집권기에 순검군은 본연의 임무를 상실하고 집권무신의 사병(私兵)으로 변질되었다. 그나마 치안 유지를 위해 야별초(夜別抄)가 두어지면서 곧 폐지된 것으로 보인다.

는 숙위대의 명칭으로도 사용되었다. 도방의 구성원들은 침식과 행동을 공동으로 하면서 불의의 사고에 대비하였다. 이렇게 처음에는 단순히 경대승의 신변보호를 목적으로 등장했으나, 뒤에는 비밀탐지, 반대세력의 숙청을 비롯해 주가(主家)의 권세를 배경으로 약탈·살상 등을 자행하여 그 폐단이 컸다. 1183년(명종13) 경대승이 병사하자, 도방은 일시 해체되고 그 무리는 귀양을 가게 되었다.

① 6번도방

경대승 사망 이후, 이의민(李義旼)이 무인집정의 자리에 올라 10년 넘게 권력을 행사하였다. 그리고 1196년(명종26) 최충헌(崔忠獻)은 이의민을 살해하고, 이후 최씨 무신정권시대가 개막되어 4대 62년간 지속되었다. 최충헌은 집권 이후, 다시 도방을 설치하여 그 기능을 크게 강화하였다. 그는 불의의 변이 생길까 두려워 문무관·한량·군졸을 막론하고 힘이 센 자가 있으면 이를 불러들여 6번(番)으로 나누어 날마다 교대로 자기 집을 숙직하게 하고 그 이름을 도방이라 하였다. 최충헌이 궁에 출입할 때는 6번이 모두 함께 호위하게 해 그 위세는 마치 전쟁에 나가는 것과 같았다고 한다. 이때의 6번도방은 다음 최우(崔瑀) 때 이르러 한층 더 강화되었다.

② 내외도방

최충헌의 아들 최우는 집권하기 전부터 이미 수많은 사병을 거느리고 있었으나, 집권 후에는 그의 사병과 6번도방을 병합·개편하여 내외도방(內外都房)으로 확장, 강화하였다. 이 내외도방의 편성은 최우의 사병으로 내도방을 조직하고, 최충헌의 도방을 계승해 외도방을 조직한 것으로 보인다.

이렇게 하여, 내도방은 최우와 그 사저(私邸)의 호위를 맡게 하고, 외도방은 그 친척과 외부의 호위를 맡게 한 것으로 보인다. 내외도방 역시 각각 6번으로 편성되었던 것으로 보인다. 최우 때의 내외도방은 분번 하여 교대로 숙위하는 것 외에 반역자의 토벌 및 외적의 방어, 토목공사에의 취역, 비상시의 비상경비 등에도 종사하였다.

③ 36번도방

최우의 아들 최항(崔沆) 때 이르러서는 분번제(分番制)가 더욱 확대되어 36번이 되었다. 그 병력은 전대(前代)의 것을 계승하고, 거기에 다시 그가 집권 전부터 거느려 오던 사병을 합해 편성한 것으로 보인다. 36번도방은 최항의 아들 최의(崔竩)에 의해 계승되었고, 1258년(고종 45) 김준(金俊)과 임연(林衍)에게 살해당한 이후에도 계승되었다. 이러한 도방은 당시 단순한 호위기관의 역할 외에 정치적·군사적 실력행사에 있어서도 중요한 역할을 하였다고 볼 수 있다.

(2) 서방

서방(書房)은 1227년(고종 14) 최우(崔瑀)에 의해 설치되었다. 서방을 설치한 목적은 문사를 우대하겠다는 뜻도 있었지만, 그것보다 고사(故事)에 밝고 식견이 높은 문사를 등용함으로써 정치에 활용하고자 했던 데 있었다. 최씨 정권은 사병과 같은 무력적 기반을 통해 정권을 공고히 할 수 있었지만, 대외관계에서 문사들의 역할은 중요할 수밖에 없었다.

최씨 정권에서 이러한 서방의 비중과 역할은 중요하였다. 서방에 소속된 문사(文士) 역시 3번(番)으로 나누어 교대로 숙위를 하였다는 점에서는 도방과 같다고 볼 수 있다. 그러나 서방이 문사 집단인데 비해, 도방은 무사를 중심으로 편제되었다는 점에서 다르다. 서방은 도방 및 삼별초와 그 운명을 같이 하였다. 최씨 정권이 몰락한 후에는 김준이 이어 받았고, 다시 임연을 거쳐 그의 아들 임유무(林惟茂)때까지 존속되었다.

(3) 삼별초

한편, 고려무신집권기에 삼별초(三別抄)라는 조직이 존재하였다. 이는 최씨 정권의 사병(私兵)으로 좌별초(左別抄)·우별초(右別抄)·신의군(神義軍)을 말한다. 그것이 경찰·전투 등 공적(公的) 임무를 수행했으므로 공적인 군대에 준하는 역할을 수행하였다고 볼 수 있다.

삼별초의 정확한 설립 시기는 알 수 없으나 고려사(高麗史)의 기록을 통해 설치과정을 보면, 최씨 정권의 최우(崔瑀) 집권기에 나라 안에 도둑이 들끓자 이에 대해 순찰 및 단속을 위해 야별초(夜別抄)를 조직하였다. 이후 도둑이 전국적으로 일어나자 야별초를 나누어 이를 잡게 하였는데, 그 군사의 수가 많아지므로 이를 나누어 좌별초와 우별초라 하였다. 또 몽골에 포로로 잡혀갔다가 도망 온 자들로써 편성된 신의군과 함께 삼별초(三別抄)라 하였다.

이들 삼별초는 전국에 걸쳐 경찰권을 행사하였다. 형옥의 기능에 있어서는 죄인을 잡아서 가두기도 하고 죄를 심문하기도 했는데, 도둑뿐만 아니라 반역 죄인까지도 관할하였다. 군사 활동에 있어서 수도경비대·친위대·특공대·경찰대·전위대(前衛隊)·편의대(便衣隊) 등의 임무를 맡아 수행하였다.

3) 고려후기

(1) 순마소

고려는 무신정권 이후 원나라의 정치적 지배를 받으면서 종래의 관제 역시 변화를 겪게 되었다. 이러한 고려후기의 시대적 상황 속에서 포도기관(捕盜機關)으로서 충렬왕(忠烈王, 재위 1274~1308) 초에 몽고의 제도를 모방한 순마소(巡馬所)가 설치되었다.

순마소에는 도적을 수색해 체포하는 군졸, 즉 순마군 또는 순군이 있었으며, 체포된 자를 순군옥(巡軍獄)에 가두었다. 순마소는 왕명을 받들어 도적·난폭자를 다스리는 본래의 목적 외에도 방수군(防戍軍)에 선발되었을 때에는 방수책임을 다하지 못한 장신(將臣)을 다스리는 등 일종의 금군 역할도 하였다.

① 순군만호부로 확대 개편

이러한 순군제가 충렬왕 말년에는 순군만호부(巡軍萬戶府)로 확대 개편되었다. 관제는 원나라 제도에 따르는 군관제를 채택하였다. 순군만호부의 주요 기능은 위에서 살펴본 순마소 기능에 더해 민간의 다툼이나 소·말의 도살을 단속하고, 사헌(司憲)과 협동하여 약탈·음란자 등도 단속하였다. 그리고 왕실내의 정치적 갈등과 정권쟁탈, 반대당의 제거 업무도 수행하였다. 한편, 1356년(공민왕 5) 이래의 반원개혁정책에서는 원나라 세력을 배제하고 국권을 회복하며, 부원배인 기씨(奇氏)세력을 타도하는 역할을 하였다.

② 사평순위부로 개칭

1369년(공민왕 18)에 이르러 순군만호부는 사평순위부(司平巡衛府)로 명칭이 바뀌었다. 이는 공민왕의 반원개혁정책에 따른 관제개편이었을 뿐 직능상의 변화는 없었다. 그러나 우왕(禑王, 재위 1374~1388) 때 다시 순군만호부로 바뀌면서 관원도 과거 만호부 때로 환원되었다. 그리고 위화도회군(1388년, 우왕 14) 이후에는 과거 포도금란의 기능 이외에 실권자인 이성계 일파를 도와 반대파 제거의 옥사(獄事)를 담당하였다.[13]

---

13) 이것을 계기로 조선조 건국 직후에는 포도순작(捕盜巡綽) 이외에 관원의 형옥, 간쟁(諫諍)의 봉쇄 등을 맡았

(2) 성중애마

성중관(聖衆官)이 설치된 시기는 분명하지 않으나 일반적으로 고려 중엽부터 그 명칭이 생긴 것으로 보인다. 이들 성중관은 왕의 시종과 궁궐의 숙위를 담당하거나 각 관사(官司)에 속해 장관을 시종하던 관인들을 의미하는 것이었다. 이러한 성중관이라는 명칭은 원나라 간섭기에 몽고의 영향을 받아 고려 특유의 직명과 직임이 같은 몽고어 'aimaq' 혹은 'ayimor'의 한자 가차음(假借音)인 애마(愛馬)가 합쳐져 성중애마(成衆愛馬)로 통칭되기도 하였다.

3. 조선시대의 경호제도

1392년 태조 이성계(李成桂, 재위 1392~1398)에 의해 건국된 조선왕조의 통치체제는 성종(成宗, 재위 1469~1494)에 이르는 100년간은 새 국가의 이념과 통치 질서가 틀을 잡아가던 시기였다고 볼 수 있다. 그리고 1474년(성종 5)에 만들어진 경국대전(經國大典)은 시대의 변화에 따라 다소 간의 변동은 있었지만, 갑오개혁(1894) 때까지 기본법전으로 시행되었다. 조선시대는 삼국시대, 고려시대보다 훨씬 체계화된 통치 질서를 바탕으로 중앙과 지방을 다스렸다.[14] 아래에서는 조선시대의 경호제도를 크게 조선전기, 조선후기, 그리고 구한말 시대로 구분하여 살펴보기로 한다.[15]

조선은 통치조직으로서 중앙에 의정부(議政府)와 이조(吏曹)·호조(戶曹)·예조(禮曹)·병조(兵曹)·형조(刑曹)·공조(工曹)로 이루어진다. 이밖에도 왕명을 시행하는 승정원(承政院), 왕명에 따라 재판을 수행하는 의금부(義禁府), 관리들을 감찰하고 풍속경찰의 일을 수행하는 사헌부(司憲府), 그리고 서울의 행정과 치안을 담당하는 한성부(漢城府) 등으로 구성되어 있다.

지방행정조직은 초기에 고려의 지방관제를 답습하다가, 다시 정리하여 8도(八道)로 확립되었다. 즉, 지방을 8도로 나누어 각 지역에 관찰사(觀察使)를 임명하였고, 그 밑

으며, 소속 사졸도 대규모화하였다. 이 같은 부작용으로 태종 연간에는 간관(諫官)들이 순군부의 혁파를 주장하기도 하였다. 그러나 혁파론에도 불구하고 순군부의 직능은 오히려 강화되었다. 1402년(태종 2)에는 순위부(巡衛府)로 개칭되었다가 다시 의용순금사(義勇巡禁司)로 바뀌었다. 그리고 의용순금사는 1414년(태종 14) 의금부(義禁府)로 개편되었다.

14) 한영우(2004), 앞의 책, pp. 287-294.

15) 이하 다음백과(http://100.daum.net/encyclopedia).; 김두현(2013), 앞의 책, pp. 80-97 재구성.

에 부·목·군·현(府牧·郡·縣)에 수령을 두어 관할구역을 통할하게 하였다.

1) 조선전기의 경호제도

(1) 갑사

갑사(甲士)는 고려시대에는 대체로 무장한 군대나 갑옷을 입고 무기를 가진 시위군(侍衛軍)으로서 왕을 시위하는 사병적인 성격의 군인을 가리키는 것이었다. 1401년(태종 1)부터 국왕을 호위하는 특수 군인으로 정착되어 국가의 봉록(俸祿)을 받는 기간병이 되었다. 갑사는 처음에는 의흥삼군부(義興三軍府)의 10위(十衛)에 속해 있었고, 1418년 의건부(義建府) 12사(十二司)에 속했으며, 1450년(문종 즉위) 5위제(五衛制)가 성립되면서 의흥위에 속했다. 이와 같은 갑사는 조선 초기 의흥삼군부를 중심으로 10위에 골고루 속해 있었다.

조선초기 갑사는 고려시대 부병의 계통을 잇는 군인으로서 도성에서 상주하면서 궁궐 숙위를 비롯한 각종 군사 업무를 수행하였다. 이러한 점에서 갑사는 중앙군 중에서 가장 중추적인 군사였다. 조선 초기 최강의 정예병으로 평가되었고 중앙군에서 가장 중요한 군사력으로 간주되었다.

(2) 별시위

별시위(別侍衛)는 1400년(태종 즉위년)에 고려 말 이래의 성중애마를 폐지하는 대신 설치하였다. 그 임무는 왕의 지척에서 의위(儀衛)를 엄격하게 하는 것이었기 때문에 일반 군사와는 달리 취급되는 특수군이었다. 따라서 처음 별시위는 국왕의 측근 시위병이었기 때문에, 양반 자제 등의 지원자가 엄격한 취재시험(取才試驗)을 거쳐 들어오게 되어 있었다. 특히 별시위는 말을 마련해야 하기 때문에, 노비를 소유하고 재산이 넉넉한 양반 자제가 아니면 안 되었다. 그 뒤 별시위의 정원이 늘어나게 되면서 부유한 양반 자제의 자원자만으로는 정원을 충당할 수 없었다. 이에 노비를 소유하지 못한 양반 자제들도 들어오게 되었다.

(3) 금군

금군(禁軍)은 고려·조선시대에 설치되었던 국왕의 친위군(親衛軍)이라 할 수 있다. 「고려사(高麗史)」에 따르면, 고려 현종(顯宗, 1009~1031) 때 왕의 친위병으로 금군이 있었던 사실은 확인되나, 자세한 것은 알 수 없다. 조선시대의 국왕의 호위를 맡은 금군으로는 내금위, 겸사복, 우림위를 들 수 있다.

① 내금위

내금위(內禁衛)는 1407년(태종 7)에 설치하였다. 조선초에 군사제도를 정비하면서 갑사·별시위·겸사복 등 여러 종류의 시위군을 설치하였는데, 이 가운데 내금위는 겸사복과 함께 왕을 가장 가까이서 호위하는 부대였다. 한편, 1409년(태종 9)에 별도로 내시위(內侍衛)를 만들었다가 1424년(세종 6) 내금위에 통합되었다. 이들은 왕과 가장 가까이에서 입직(入直)·시립(侍立)·호종(扈從) 등의 업무를 맡았으므로 선발과정에서 뛰어난 탁월한 무재(武才)는 물론, 왕의 신임이 중요하였다.

② 겸사복

겸사복(兼司僕)은 1409년(태종 9)에 처음 설치되었으며, 1464년(세조 10)에 정비되었다. 조선 태종 때에 말을 관리하던 '사복'(司僕)의 역할에 뛰어난 '무예 실력'을 겸비하였다는 의미에서 '겸사복'(兼司僕)이라는 호칭을 사용하게 되었다. 이들은 말을 잘 부리는 재주가 있는 특수부대로서 왕이 타는 말을 직접 길들이고 사육하는 것까지 도맡아 처리하였다. 따라서 왕이 멀리 능행차를 갈 때면, 이들은 어마(御馬)와 함께 왕의 길을 인도·호위하는 역할을 수행하였다.[16] 겸사복은 1652년(효종 3)에 금군청에 합쳐졌으며, 1755년(영조 31) 금군청은 다시 용호영(龍虎營)으로 개칭되었다.

③ 우림위

1492년(성종 23)에는 궁성 수비를 맡은 정원 50인의 우림위(羽林衛)가 설치되어 금군은 내금위·겸사복·우림위 등 삼청(三廳)으로 구분하게 되었다. 이들을 합칭, 금군삼청, 또는 내삼청(內三廳)이라 하여 왕의 친위병으로 가장 좋은 대우를 받았다.

그런데, 해를 거듭할수록 금군의 수는 늘어 1528년(중종 23)에는 600명을 넘었다. 이러한 이유로 금군 가운데 100여 명을 방수군(防戍軍)으로 보내기도 하였다. 그리고 임진왜란(1592~1598) 이후 군량 부족으로 이들에게 녹봉을 제대로 지급하지 못하는 등의 이유로 이의 운용 및 관리가 제대로 이루어지지 못하였다.

---

16) 다음백과(https://100.daum.net/encyclopedia).

그러다가 1623년 인조반정을 주도한 공신 세력에 의해 호위청(扈衛廳)이 설치되었고, 이들이 새로 왕의 숙위를 맡게 되어 본래의 금군 기능은 약화되었다. 그 뒤 1666년(현종 7) 금군청(禁軍廳)을 설치하고 금군삼청을 통합하였다. 이때부터 금군은 기병으로 편성되었으며, 1755년(영조 31) 용호영(龍虎營)으로 개칭되었다.

(4) 충의위

충의위(忠義衛)는 1418년(세종 즉위) 개국·정사(定社)·좌명(佐命) 등 공신의 자손들을 입속(入屬)시키기 위해 설치된 양반 숙위군(宿衛軍)이었다. 이들은 전투나 국왕의 호위를 실질적·전문적으로 수행하기보다는 공신 자손으로서 군역을 대체하고, 관료 진출상의 특권을 베풀어주기 위해 마련한 직제라 할 수 있다. 따라서 이들은 주로 국왕의 측근에서 시위·호종의 업무를 보조적 차원에서 수행하면서, 다른 관직을 함께 겸직하는 경우가 적지 않았다.

이러한 점에서 볼 때, 충의위가 숙위군으로서의 전문적인 자질을 가지고 있다고 보기는 어려우며, 다만 정치적으로 유력한 계층이 왕의 측근에서 시위한다는 점에서 의의를 찾을 수 있을 것이다.

2) 조선후기의 경호제도

(1) 호위청

임진왜란 이후 광해군(光海君, 재위 1608~1623)을 몰아내고 인조반정(仁祖反正)으로 집권한 서인(西人)은 반대 세력으로부터 역공격을 받을 가능성이 높았기 때문에 거사에 동원되었던 군사들을 해체하지 않고 유지하였다. 예상대로 역모 사건이 발생하자 인조(仁祖, 재위 1623~1649)는 신하들의 건의를 받아들여 왕으로 즉위한 1623년에 호위청(扈衛廳)을 설치하였다.

호위청의 표면적인 설치의 이유는 왕권호위였다. 그러나 실제로는 반정공신들이 모집해 거사에 이용했던 군사들로 조직되어 있었기 때문에, 반정공신 주축의 군사적 세력기반이라고 할 수 있다. 따라서 호위청은 어느 면에서는 왕권 견제의 구실을 하였다. 그러나 후대로 가면서 명실상부한 왕권호위의 친위 체제로 변혁시켰다. 이후 1881년(고종 18) 일시적으로 폐지되었다가 이듬해 다시 설치되는 등 개편을 거듭하다가, 1894년의 군제개편으로 폐지되었다.

(2) 어영청

어영군(御營軍)은 1623년(인조 1)의 인조반정으로 국내 정세가 어수선하고 국제적으로 중국 후금과의 관계가 위급해진 가운데 설치되었다. 즉, 인조는 조선에 위협을 가하고 있는 후금(後金)에 대한 강경책의 일환으로 군대를 정비하였는데, 이것이 어영군의 시초이다. 그러나 어영군 등에 의한 인조의 후금 정벌계획은 실행에 옮겨지지 않았다. 그리고 이후에도 이들 군대를 해산시키지 않고, 1624년(인조 2) 어영사(御營使)로서 그대로 거느려 국왕을 호위하도록 하였다.

이로써 어영군은 당시 수도 방어의 책임을 맡고 있던 훈련도감과 더불어 중앙군의 핵심을 이루게 되었다. 한편, 정묘호란 직후인 1628년(인조 6)에 이르러 어영군의 수가 5,000명으로 늘어나 처음으로 '청'(廳)으로서의 관부를 가지고, 어영대장을 정점으로 하는 군영체제를 갖추게 되었다.

(3) 용호영

용호영(龍虎營)은 1755년(영조 31)에 궁궐의 숙위와 호종(護從)을 담당하던 금군청을 개칭한 것이다.

원래 국왕의 호종부대인 금군청은 무반 출신 가문에서 취재에 합격한 자만이 소속될 수 있으며, 일정 기간이 지나면 무관직에 나갈 수 있는 길이 마련되어 있었다. 그러나 1682년(숙종 8) 왕의 호위부대로 금위영(禁衛營)이 설치되면서 금군은 금위영의 보조 역할을 할 정도로 그 기능이 약화되었고, 무관직에 나가는 길도 점점 줄어들었다. 이러한 상황에서 영조는 왕권강화책의 일환으로 금군청에 대한 개혁을 시행하였다.

이러한 조치에 따라 1755년 금군청이 용호영이란 새로운 명칭으로 거듭난 것이다. 용호영은 내금위·우림위·겸사복 등의 3위로 구성되었다. 그 후 용호영은 1881년(고종 18) 별기군이 창설되면서 실시된 구군영 개편에 의해 1882년 무위영(武衛營)에 통합되었고, 1885년 친군용호영(親軍龍虎營)으로 다시 설치되었다가, 1894년 갑오개혁에 따른 군제개편으로 통위영(統衛營)에 통합되었다.

(4) 숙위소

숙위소(宿衛所)는 1777년(정조 1)에 왕궁을 숙위하는 금군(禁軍)의 신변숙위 실수를 염려하여 별도로 설치한 왕의 호위기구로서, 이는 임시적인 관청이라 할 수 있다. 당시

세도가였던 홍국영(洪國榮)이 숙위대장으로 제수되어 금군을 포함한 모든 호위관청(금군, 군병, 병조 등)을 통합하였다. 1780년(정조4) 홍국영이 대역죄로 폐출된 이후 숙위소도 또한 혁파되었다.

(5) 장용위

숙위소를 폐지한 뒤 정조(正祖, 재위 1777~1800)는 새로운 금위체제를 조직하였다. 이에 따라 1785년(정조9)에 새로운 국왕호위 기구로서 장용위(壯勇衛)를 설치하였다. 정조는 처음에는 기존의 금군(즉, 용호영)의 강화를 통해 금위체제를 확고히 하려고 했으나, 왕권강화의 차원에서 장용위라는 새로운 부대를 창설하게 된 것이다. 이렇게 됨으로써 종래의 군영인 훈련도감 및 호위기관인 금군 등의 규모는 상대적으로 축소되었다.

장용위는 1793(정조17)에 더욱 확대되어, 장용내영(壯勇內營)과 장용외영(壯勇外營)으로 발전하였다. 내영은 호위친병이던 장용위의 규모를 더욱 확대한 것이고, 외영은 장용위 설치 때 정조가 내세웠던 부왕의 능(陵)을 호위하는 임무가 주어졌다. 이렇게 해서 장용영은 1798(정조22)에 완비되었으나, 1802년(순조2)에 이르러 폐지되었다. 정조의 강력한 왕권에 억눌렸던 양반세력들이 장용영을 폐지하고 전면에 나서게 되었으니, 이른바 세도정치(勢道政治)가 시작되었던 것이다.

3) 구한말 전후의 경호제도

조선시대와 대한민국정부 사이에는 대한제국(大韓帝國, Korean Empire)이 존재한다. 대한제국은 1897년(광무 원년)부터 1910년 일본제국에 의해 멸망하기까지 한반도와 그 부속 도서를 통치하였던 전제군주제 국가라 할 수 있다. 이 시기를 전후해서 대한민국과 구별하고자 구한국(舊韓國) 또는 구한말(舊韓末)이라고 한다.

그러나 대한제국은 새로운 국가의 모습이라고 보기는 어려운 점이 있다. 대한제국은 어떠한 새로운 국가의 이념과 정체성, 실질적인 자주국가로서의 위상을 갖추지 못하고 있기 때문이다. 따라서 이 시기의 경호제도를 조선시대의 연장선에서 간략히 살펴보기로 한다.[17]

---

17) 이하 다음백과(http://100.daum.net/encyclopedia).; 김두현(2013), 앞의 책, pp. 91~97 재구성.

(1) 무위소

무위소(武衛所)는 조선 말기 궁중숙위를 설치되었던 관아라고 할 수 있다. 흥선대원군의 10년간에 걸친 집권은 1873년(고종 10)에 끝나고, 고종(高宗, 재위 1863~1907)의 친정이 시작되었다. 이때(1873) 고종이 군사문제와 관련하여 제일 먼저 취한 조치가 궁궐숙위의 강화하기 위한 조치의 일환으로 무위소를 창설한 것이었다.

무위소의 책임자로 무위도통사(武衛都統使)를 두었는데, 그는 금위영(禁衛營)·어영청(御營廳)·훈련도감 등 3영의 제조(提調)를 겸하였고, 용호영(龍虎營)과 총융청(摠戎廳)까지도 통솔하였으며, 한성부(漢城府)의 치안업무까지 관장하였다. 이처럼 무위소는 궁궐숙위 뿐만 아니라 수도방위업무까지 담당하였음을 알 수 있다. 한편, 무위소는 1881년(고종 18)은 그 명칭이 무위영(武衛營)으로 개칭되었다.

(2) 시위대

시위대(侍衛隊)는 조선 말기 국왕의 호위부대라고 할 수 있다. 1894년(고종 31) 갑오개혁(甲午改革)의 일환으로 일제의 간섭 아래 종래의 여러 군문(軍門)을 군무아문(軍務衙門)에 소속시켜 일원화했다가, 이듬해에 훈련대(訓練隊)로 편성하였다. 그런데 러시아·독일·프랑스 삼국간섭에 의해 일제의 세력이 약화되자, 고종은 1895년 5월에 독자적으로 시위대를 설치하였다.

이 시위대는 1895년 8월 을미사변(乙未事變) 때, 일제가 조직한 훈련대와 충돌하고 그들과 교전했다는 이유로 훈련대로 강제로 편입되었다. 그리고 1896년 아관파천 후 친러시아 내각이 이뤄진 뒤, 당시 훈련대의 후신으로 조직된 친위대(親衛隊) 가운데 일부를 선발하여 시위대를 재조직하였다. 당시 위대는 고종이 환궁할 때 신변호위를 맡았다.

이후 시위대는 1907년 일제에 의해 군대해산식을 거행당하고 폐지되었다. 당시 제1대대장 박승환(朴昇煥)의 자결을 계기로 폭발한 시위대 및 군인들의 시위는 그 뒤의 항일의병운동으로 이어졌으며, 시위대는 일제에 항거해 싸운 유일한 중앙군이었다.

(3) 친위대

1895년(고종 32) 을미사변(乙未事變) 때, 일제가 민비시해사건에 자신들이 만든 훈련대를 동원하였다는 비난을 받게 되자 표면적으로 이를 해산하고, 왕성 수비를 위한 중앙군으로 친위대(親衛隊)를 설치하였다. 당시에 조선은 육군을 크게 친위군과 진위군으로 양분하였는데, 친위군은 경성에 주둔시켜 왕궁수위를 전담하게 하였다. 그리고 진위군은 지방의 질서유지와 변방수비를 담당하게 하였다.

그러나 일제의 강압이 본격화됨으로써 군제개편이 목적한 큰 효과는 거두지 못하였다. 러일전쟁에서 승리한 일제는 이 군제개혁의 명목 아래 1905년 군대 감축을 실시, 제1단계로 친위대를 폐지하였다.

(4) 경위원·황궁경위국

1894년 7월 갑오개혁 때 종래의 좌·우 포도청(左·右捕盜廳)이 폐지되고 내무아문 소속의 경무청(警務廳)으로 통합되었고, 경무청 소속의 경무관이 궁궐수비를 관장하였다.

이러한 상황에서 1901년(광무 5)에 경무관을 대신하여 경위원(警衛院)이 설치되었다. 경위원으로 하여금 궁궐 내외의 경호·경비, 범죄수사 및 체포 등의 임무를 전담하도록 한 것이다. 한편, 1909년(광무 9) 경위원은 관제 개혁에 따라 황궁경위국(皇宮警衛局)으로 개편되었고, 1910년 일제강점으로 폐지되었다.

제3절 대한민국 정부수립 이후의 경호제도

1. 대한민국 정부수립과 대통령경호

1948년 7월 17일 초대 국회의 제헌의원들은 헌법을 공포하고 대통령에 이승만(李承晩, 재임 1948~1960), 부통령에 이시영(李始榮)을 선출하였고, 같은 해 8월 15일 대한민국 정부의 성립을 내외에 선포함으로써 제1공화국이 출범하였다. 그리고 국회에서는 대한민국 정부의 근간이 되는 정부조직법(7.17)을 제정하였다.

1) 경무대경찰서

1949년 2월 그동안 구(舊) 왕궁을 관할하고 있던 창덕궁경찰서가 폐지되고 경무대경찰서(景武臺警察署)가 신설되면서, 경찰이 대통령의 경호임무를 담당하게 되었다. 그리고 1949년 12월에는 내무부 훈령(제25호)에 의하여 경호규정이 제정되었다. 이 규정에 따라 최초로 '경호'(警護)라는 용어가 사용되었고, 경호업무의 체제가 정비되었다는 점에서 의의가 있다.[18]

이 규정에 의하면, "㉠ 경호에 필요한 사항은 본령에 의한다(제1조). ㉡ 경호대상은 대통령, 부통령, 외국의 원수, 국회의장, 대법원장, 국무총리 및 각부 장관 또는 외국의 사절 기타 내무부장관 및 도지사가 필요하다고 인정하는 인사로 한다(제2조). ㉢ 경찰관은 도상(途上, 길거리), 열차 및 선박 기타 필요하다고 인정하는 장소에 소정의 경호원을 배치하여 피경호자의 신변의 안전을 기한다(제3조)"고 하고 있다.

경무대경찰서의 조직은 경무계, 사찰계, 그리고 경비계로 편성하였고, 경무대경찰서장은 경호책임자가 되어 주로 대통령경호의 임무를 수행하였다. 처음에는 경무대경찰서의 관할구역을 중앙청(中央廳)[19] 및 경무대 구내로 하였으나, 1953년 3월 그 관할구역을 경무대 구내로 제한하였다.

2) 경무대 경찰관파견대 · 청와대 경찰관파견대

1960년 4.19혁명으로 이승만 대통령의 제1공화국이 끝나고, 개헌을 통해 정부형태가 대통령중심제에서 내각책임제로 바뀌게 되었다. 이에 따라 대통령으로 민주당의 윤보선(尹潽善, 재임 1960.08~1962.03)이 선출되었고, 국무총리에 장면(張勉)이 임명되었다. 이로써 제2공화국이 수립(8월 13일)되었다.

이러한 과정에서 대통령경호를 담당하던 경무대경찰서가 폐지(동년 6월 9일)되고, 경무대의 경호경비업무는 서울시경찰국(오늘날의 서울경찰청) 경비과에서 담당하게 되었다. 이후 8월 13일 서울시경찰국 경비과에서 '경무대 경찰관파견대'를 설치하여 대통령관저의 경비를 담당하게 하였다. 그리고 동년 12월에 윤보선 대통령은 경무대의 명칭을 '청와대'(靑瓦臺)로 개칭함에 따라 '경무대 경찰관파견대'는 '청와대 경찰관파견대'로 명칭이 변경되었다.

---

18) 이하 김두현(2013), 앞의 책, pp. 99-101 재구성.
19) 중앙청(中央廳)은 1916년 일제가 식민통치의 위엄을 내세우기 위해 건립한 조선총독부의 건물로서, 일제강점기에는 일본의 역대 총독들이 사용했고, 8·15해방 후 미군정기에는 군정청으로 사용되었다. 이때부터 이 건물은 중앙청이라고 불리기 시작했다. 대한민국정부가 수립된 이후에는 이승만 대통령이 이곳을 집무실로 사용하였다. 다음백과(http://100.daum.net/encyclopedia).

3) 국가재건최고회의 의장경호대와 중앙정보부경호대

그런데 윤보선 대통령의 민주당정부는 불안정한 국정 운영 속에서 집권한지 9개월 만에 끝나고 말았다. 1961년 5월 16일 새벽 4시에 육군소장 박정희(朴正熙)를 중심으로 한 군부가 군사혁명을 일으킨 것이다.

군사혁명의 주체들은 '군사혁명위원회'를 조직하여 정권을 장악하고, '혁명공약'을 발표하여 개혁의지를 천명하였으며, 그해 5월에 초헌법적인 최고통치기구로서 국가재건최고회의(國家再建最高會議)를 설치하고 의장에 박정희가 취임하였다. 이때 '국가재건회의 의장경호대'가 임시로 편성되었다.

한편, 동년 6월 국가재건최고회의 직속기관으로 중앙정보부(中央情報部)를 창설하였다. 이의 창설과 동시에 국가재건최고회의 의장경호대가 중앙정보부로 예속되고, 그해 9월 중앙정보부 내훈 제2호로 경호규정이 제정되어 11월 정식으로 중앙정보부경호대가 발족되었다. 이때 중앙정보부경호대는 국가원수, 최고회의의장, 부의장, 내각수반, 국빈, 기타 경호대장이 지명하는 주요인사의 신변보호 등의 임무를 수행하였다.

2. 대통령경호조직의 설치와 발전

1) 대통령경호실의 출범

1963년 12월 박정희의장이 대통령에 취임함으로써 제3공화국(1963.12.~1972.10)이 출범하였다. 그리고 동년 12월에 「대통령경호실법」(大統領警護室法, 법률 제1507호)과 시행령을 제정·공포하고, 대통령경호실(大統領警護室)을 출범시켰다.

2) 대통령경호의 시련과 발전

1974년의 8.15광복절 기념행사에서 문세광에 의한 육영수여사 저격사건은 대통령 등의 경호에 대한 전면적인 재검토를 하는 계기가 되었다.

이 사건을 계기로 '대통령경호안전대책위원회'가 설치되고, 청와대 외곽경비가 경찰에서 군(55경비대대)으로 이양되었으며, 22특별경호대와 666특공대가 창설되고, 경호행사시 3중경호이론(三重警護理論)이 도입되는 등 조직과 제도가 대폭 강화되었다.[20]

1981년에는 '대통령 당선 확정자와 가족의 호위'와 '전직대통령과 그 배우자 및 자녀의 호위'가 임무에 추가되었다. 그리고 2004년 노무현대통령 시기에는 대통령 탄핵에 따라 대통령권한대행에 대한 경호임무를 추가로 수행하였다.

한편, 경호원의 신분은 1999년 법개정으로 '별정직'에서 '특정직 국가공무원'으로 바뀌어 정치적 중립과 신분상의 안정을 기할 수 있게 되었다.

3) 대통령경호의 발전

(1) 이명박정부의 대통령경호처

이명박정부(2008~2013)가 시작되면서 대통령 등 요인에 대하여 체계적이고 전문적인 경호를 제공한다는 명분하에 대통령실장 소속하에 대통령경호처(大統領警護處)를 설치(2008.02)하였다. 그러나 대통령경호실의 위상이 대통령경호처가 됨으로써 종래 정무직 경호실장(장관급) 대신 정무직 경호처장(차관급)을 보함으로써 한 단계 격하되었다고 볼 수 있다.

그리고 이때(2008)에 종래의 「대통령경호실법」에서 「대통령 등의 경호에 관한 법률」로 명칭을 변경·개정하였다. 다만, 경호임무, 인사, 제반 권한 등에 대해서는 기존의 대통령경호실법상의 내용과 대동소이하다.

(2) 박근혜정부의 대통령경호실

박근혜정부(2013~2017)의 출범과 더불어 대통령 등에 대한 경호를 효율적으로 수행할 수 있도록 하기 위하여 정부조직법을 개정(2013.3)하여 대통령경호처(차관급)에서 다시 대통령경호실(장관급)로 환원하였다.

그리고 2013년 8월에 대통령 등의 경호에 관한 법률상의 경호대상 범위 및 기간이 일부 개정되었다. 먼저, 경호대상과 관련하여 전직대통령 자녀가 제외되었다. 그리고 전직 대통령 또는 그 배우자의 요청에 따라 실장이 고령 등의 사유로 필요하다고 인정하는 경우에는 5년의 범위에서 같은 호(제4조 제3호)에 '규정된 기간'을[21] 넘어 경호

---

20) 이두석(2018), 경호학개론, 인천: 진영사, p. 128.
21) 본인의 의사에 반하지 아니하는 경우에 한정하여 퇴임 후 10년 이내의 전직 대통령과 그 배우자. 다만, 대통령이 임기 만료 전에 퇴임한 경우와 재직 중 사망한 경우의 경호 기간은 그로부터 5년으로 하고, 퇴임 후 사망한 경우의 경호 기간은 퇴임일부터 기산(起算)하여 10년을 넘지 아니하는 범위에서 사망 후 5년으로

할 수 있도록 하였다.

(3) 문재인 · 윤석열정부의 대통령경호처

한편, 문재인정부(2017~2021)에 이르러 대통령경호실은 다시 대통령경호처로 환원되었다. 정부조직법 개정(2017.7)으로 대통령경호실(장관급)을 대통령경호처(차관급)로 개편한 것이다. 그리고 윤석열정부(2022~ 현재)에서도 대통령경호처로 운용되고 있다.

참고 ┊┊ 민간경호의 제도적 도입과 발전과제

① 민간경호의 제도적 도입

용역경비업법(현 경비업법)은 1976년에 제정되었는데, 당시에는 민간경비시장의 현실을 고려하여 '시설경비'와 '호송경비' 두 가지가 경비업무로 규정되었다. 이후 민간경비시장이 변화하는 상황을 반영하여 용역경비업법이 개정되었는데, 이에 따라 1995년 제5차 개정으로 기존의 시설경비와 호송경비 외에 '신변보호'(身邊保護 : 사람의 생명이나 신체에 대한 위해발생을 방지하고 그 신변을 보호하는 업무)가 경비업무로 추가되었다.

이로써 민간차원의 경호 즉, 신변보호가 법적으로 허용되어 하나의 산업으로 영위되는 계기를 마련하였다고 볼 수 있다(2001년 경비업법 개정으로 경비업은 시설경비, 호송경비, 신변보호, 기계경비, 특수경비로 확대되었고, 2024년 법 개정으로 2025년부터 혼잡·교통유도경비가 시행된다).

② 민간경호의 제도적 전문화와 발전과제

그런데, 경비업법에 의해 신변보호업무가 제도화되었다고 해서 그것이 곧바로 시장의 확대 또는 건전한 발전과 직결되는 것은 아니라고 본다. 신변보호가 하나의 서비스로서 제대로 자리 잡기 위해서는 그에 상응하는 신변보호 '시장'(market)이 활성화되어 있어야 한다. 바꿔 말하면, 신변보호서비스를 이용하는 잠재적 고객이 충분히 확보되어 있어야 한다는 것을 의미한다.

한편, 이러한 시장성과 더불어 신변보호의 '전문화'(專門化)가 아울러 이루어져야 한다. 신변보호는 고객의 신체와 생명, 그리고 권리보호와 밀접한 관련성을 가지고 있기 때문에 경호요원의 전문성 확보는 매우 중요한 의미를 갖는다. 이러한 이유로 지난 2012년 12월에 국가차원에서 '신변보호사'를 하나의 전문자

한다(대통령 등의 경호에 관한 법률 제4조 제3호).

격증으로 공인(公認)한 것은 매우 의미가 있다고 본다(2013년 11월 9일 제1회 신변보호사자격증 시험 실시). 그러나 아직까지 국내의 신변보호시장의 현실적인 여건은 아직 미흡한 수준이라고 할 수 있다. 그리고 신변보호사자격증 취득과정의 객관성 확보 및 이의 공신력·경쟁력 강화 등은 여전히 해결해야 할 과제 가운데 하나로 남아 있다.

제**4**장

경호조직의 구조

Executive
Protection

제4장

경호조직의 구조

제1절 경호조직의 의의

1. 경호조직의 개념

현대사회를 '조직사회'(組織社會)라고 부르기도 한다. 오늘날 인간은 태어나면서부터 조직의 구성원이 되며, 하루도 조직으로부터 벗어나서는 생활하기가 어려운 것이 현실이다. 따라서 많은 사람은 특정 조직에 소속되어 삶을 영위하고 있으며, 조직을 통하여 개인이나 사회, 그리고 국가의 제반 문제들을 해결해 나가고 있다. 오늘날의 이러한 조직은 일반적으로 대규모성과 복잡성 등을 그 특징으로 하고 있다.

이처럼 조직이 우리사회의 보편적인 현상으로 자리 잡게 된 이유는 직면한 어떤 문제에 대하여 조직적으로 대응하는 것이 개별적으로 대응하는 것보다 훨씬 효율적일 뿐만 아니라 더 나아가 다양한 인간활동을 조정함으로써 강력한 사회적 수단을 창출해 낼 수 있기 때문이다. 바꿔 말하면 공적·사적 차원의 조직체를 통해서 인간은 추구하는 각자의 목표 즉, 생산성을 최대화시킬 수 있기 때문이다.

여기에서 조직(組織, organization)이라는 단어의 개념을 정의해 보면, 이는 '과정'(過程, process)과 '구조'(構造, structure)라는 두 가지 개념을 동시에 포함하고 있다. 과정이라는 관점에서 보면, '조직한다'는 것은 혼란한 상황에 '질서를 부여함'을 의미한다. 조직 내에 있는 구성원들의 행위를 예측할 수 있으면 질서가 있는 것이고, 예측할 수 없으면 혼돈이 있는 것이다. 즉 '조직한다'는 것은 구성원의 행위를 예측할 수 있도록 질서를 부여하는 과정이고, 이러한 과정의 결과로서 구조적인 측면에서 '조직'이 만들어지게 된다.[1]

이러한 조직의 개념과 관련하여 종래에 논의된 것을 통합하여 경호조직(警護組織)의 정의를 내리면, 경호조직이란 '㉠ 조직공동의 목표(신변보호, 질서유지, 권위유지, 친화도모, 국위선양 등)를 가지고 있으며, ㉡ 이를 달성하기 위하여 의도적으로 정립한 체계화된 구조에 따라 경호원들이 상호작용하며, ㉢ 일정한 경계(즉, 환경)를 가지고, ㉣ 외부환경에 대응 및 적응하는, ㉤ 경호원들의 사회적 집단'이라고 할 수 있다.[2]

요약건대, 경호조직은 '경호원들의 집합체로써 경호조직의 목표를 추구하기 위해 의식적으로 구성된 사회적 단위'라고 할 수 있다. 여기서 경호조직은 공식화(公式化)된 분화와 통합의 구조·과정·규범을 갖는 조직체로서 환경과 상호작용하는 성격을 가지고 있다. 물론 경호조직은 다른 일반조직과 마찬가지로 일정한 비공식(非公式)적 요소 또한 내재되어 있으며, 환경에 대한 탐색·해석·학습과정 등을 통해서 '자기조직화'(self-organization)하는 성향도 갖는다.

2. 경호조직의 특징

경호조직에 대한 개념정의를 어떠한 특정 조직개념에 의한 주어진 틀 속에서 접근하기보다는 다양한 관점에서 접근할 필요가 있다고 본다. 정도의 차이는 있지만 경호조직뿐만 아니라 모든 조직은 이러한 여러 요소를 모두 포함하고 있다. 주어진 시대적 배경 즉, 정치적·경제적·사회문화적 요소들에 의해서 경호조직은 특징 지워진다.[3]

1) 경호조직의 대규모성

경호조직은 과거와 비교해 볼 때, 그 기구 및 인원, 그리고 장비 등에 있어서 점차 대규모화되고 있는 것이 큰 특징이다. 이처럼 경호조직이 대규모화되는 요인은 여러 가지가 있겠지만, 무엇보다도 경호대상자에 대한 잠재적 위해요인이 양적·질적으로 심화되고 있다는 점을 들 수 있다.

---

1) 유종해(1996), 현대조직관리, 서울: 박영사, p. 3.
2) R. Daft(1992), Organization Theory and Design, MN: West Publishing Co., pp. 7-8.; 이창원·최창현(1998), 새조직론, 서울: 대영문화사, pp. 31-37.; 신유근(1998), 조직론, 서울: 다산출판사, pp. 20-30 재구성.
3) 김두현(2013), 경호학개론, 서울: 엑스퍼트, pp. 162-164.

이와 관련하여 우리나라의 경우, 1974년 문세광이 광복절 기념식장에서 박정희 대통령을 저격하던 중 영부인 육영수여사가 피격되어 사망한 사건을 계기로 경호조직이 확대된 바 있다. 미국의 경우, 2001년 9.11테러에 의한 국토안보부(DHS: Department of Homeland Security)의 창설(2002)과 비밀경호국의 확대 등은 이러한 상황을 반영한 것이다.

2) 경호조직의 보안성

대통령 등 경호대상자에 대한 경호를 완전무결하게 수행하기 위해서는 위해기도자에게 경호조직이 비공개되고, 경호기법이 비노출 되어야 한다. 이러한 점에서 경호행사뿐만 아니라 경호조직 및 경호기법의 보안성(또는 적절한 폐쇄성·차단성) 유지는 매우 중요한 의미를 갖는다.

생각건대, 테러리스트와 같은 위해기도자가 자신의 희생을 각오하고 치밀한 계획을 수립하여 공격을 감행하는 것을 경호조직이 철저하게 막아낸다는 것은 사실상 쉬운 일이 아니라고 본다. 따라서 경호조직은 가능한 한 보안성을 유지하여 경호대상자가 안고 있는 취약성을 가급적 노출시키지 않고, 동시에 위해기도자의 공격의도를 최대한 파악(이는 정보활동으로 볼 수 있으며, 적극적 의미의 보안개념으로 볼 수도 있음)하여 사전에 이를 차단하도록 해야 한다.

3) 경호조직의 통합성과 계층성

경호조직이 주어진 목표를 달성하기 위해서는 그 구성요소가 통합되고 또 계층화·분화되어 있어야 한다. 이는 ㉠ 경호조직이 피라미드형 계층구조로 체계화되고, ㉡ 그 계층구조 내에서 각각의 역할과 권한의 분담이 이루어지고, ㉢ 그에 대한 적절한 지휘·감독체계가 구축되어, ㉣ 이를 통합·조정할 수 있어야 한다는 것을 의미한다.

따라서 예컨대, 대통령과 같은 갑호 경호대상자에 대해서는 대통령경호처장을 정점으로 한 피라미드형 계층구조 속에서 각각의 경호부서에 경호임무가 할당되고, 그에 대한 적절한 지휘·감독활동을 통해서 각 기능을 통합·조정함으로써 경호목적을 달성해야 한다. 국무총리·장관과 같은 을호·병호 경호대상자에 대해서도 경찰청장을 정점으로 해서 마찬가지로 이루어져야 한다.

4) 경호조직의 전문성

경호대상자에 대한 테러 및 범죄 등 잠재적 위해요인은 양적·질적으로 심화되고 있고, 그 수법은 과학적·지능적이며, 또 대담하게 이루어지고 있다. 이처럼 불안정하고 불확실한 잠재적 위해상황 속에서 경호조직이 적절하고 체계적인 대응을 하기 위해서는 경호조직의 인적구성원들의 전문성 확보는 매우 중요한 일이다.

이러한 경호조직의 전문화는 비단 경호 현장요원뿐만 아니라 경호전략, 기획, 교육, 예산 등 모든 영역에서 이루어져야 한다. 이를 위해서는 우수한 경호인력의 선발 및 교육, 적절한 권한과 책임의 부여, 신분보장, 그리고 적절한 인사관리시스템이 구축되었을 때 가능하다.

3. 경호조직의 운영 원칙

위에서 경호조직의 특징으로 대규모성, 보안성, 통합성과 계층성, 그리고 전문성 등을 중심으로 살펴보았다. 이러한 경호조직의 특성을 바탕으로 경호조직 운영상에서 몇 가지 원칙이 요구된다. 물론, 경호조직의 특성과 운영 원칙은 별개가 아니며, 운영원칙이라는 것은 결국 특성을 바탕으로 한 것이며, 또 보는 관점에 따라 상호 의미가 중복되기도 한다. 논의의 편의상 아래에서는 몇 가지 관점에서 경호조직의 운영 원칙을 살펴보기로 한다.[4]

1) 경호지휘의 단일성 원칙

경호조직을 운영하는 데 있어서 가장 중요한 요소 가운데 하나가 경호지휘의 단일성(單一性)이라고 볼 수 있다. 경호지휘가 단일해야 한다는 것은 관련 경호업무를 수행하는 경호원은 한 사람의 지휘를 받아야 한다는 것을 의미한다. 이는 경호업무에 대한 결정은 단일 지휘자만이 할 수 있고, 또 그에 상응하는 결과에 대한 책임도 지휘자가 져야 한다는 것을 의미한다.

만약 지휘권자가 두 명 이상이면, 이들 사이에 의견의 합치가 어렵게 되고, 행동도 통일되기가 쉽지 않다. 이러한 경호지휘의 단일성은 위에서 살펴본 경호조직의 통합

---

4) 위의 책, pp. 165-166.

성 및 계층성과 밀접한 관련성을 갖는다고 본다. 경호지휘의 단일성이라는 것은 경호조직의 통합성 및 계층성을 토대로 한, 단일의 상명하복관계(上命下服關係)를 의미하는 것이기 때문이다.

위해기도자의 공격은 불확실한 상황에서 발생할 가능성이 높기 때문에 이에 대한 경호대응은 신속한 기동성을 가지고 이루어져야 한다. 이러한 상황에서 지휘권이 분화되어 있다면, 문제는 심각해질 것이다. 따라서 지휘의 단일성이라는 것은 '하나의 지휘자'라는 의미 외에 하급 경호원은 하나의 상급기관에 대해서만 책임을 진다는 의미를 함께 가진다.

참고 ┊┊ **케네디 대통령 암살사건**

경호지휘의 단일성이 매우 중요하게 인식된 대표적인 예는 1963년 11월 미국 케네디(John F. Kennedy)대통령 암살사건을 들 수 있다. 당시 케네디 대통령은 영부인과 미국 텍사스주 댈러스에서 카 퍼레이드(car parade)를 하는 과정에서 암살범 오스왈드의 원거리 저격에 의해 암살되었는데, 이 사건에서 경호상의 두 가지 치명적인 실수가 거론되었다(아래 사진이 찍힌 직후에 케네디 대통령은 암살되었다).

케네디 대통령(좌)과 암살 당시의 시가행진 상황(우)[5]

하나는 대통령이 오픈카(open car)를 타고 느린 속도로 많은 군중 사이를 지나갔다는 점이다. 그리고 다른 하나는 그러한 불안한 상황을 인지한 경호책임자는 근접경호원에게 오픈카 주변에 대한 근접경호를 지속적으로 수행하라고 지시하였으

---

5) 조선일보(2020. 10. 03.)

나, 대중성을 고려한 대통령이 근접경호원에게 특정한 위치에 있지 말 것을 명령하였고, 당시 경호원은 난처한 표정을 하였지만 결국 대통령의 명령을 받아들여 근무위치를 변경하였다는 점이다.

이는 담당 경호원이 경호책임자의 명령을 무시하고, 대통령의 경호지시를 수용하여 근접경호를 소홀히 함으로써 결과적으로 암살범의 공격가능성과 성공률을 더욱 높여 주었다고 볼 수 있다.

2) 경호기관단위 작용의 원칙

경호대상자에 대한 완벽한 방어 및 대응체계를 구축하기 위해서 경호활동은 경호원 개인적인 작용이 아닌 기관 또는 부대단위로 이루어져야 한다. 생각건대, 경호활동의 성패는 어떠한 특정 경호원의 개인적 역량에 의한 것이 아니라고 본다.

바꿔 말하면, 경호조직은 각각의 기관단위 또는 부대단위에 따라 권한과 임무가 분화되고, 조직 내의 관리책임자는 이러한 분화된 권한과 임무를 통합·조정함으로써 주어진 목표를 달성해야 한다는 것을 의미한다.

한편, 경호기관단위의 개념을 좀 더 확대하면, 경호활동을 지휘하는 상급자가 있고, 지휘를 받는 각각의 하급자가 있으며, 하급자를 관리하기 위한 지휘권과 장비가 편성되며, 임무수행을 위한 보급지원체계가 하나의 '일체'(一體)가 되어 운용되어야 한다는 의미를 갖는다.

3) 경호협력성의 원칙

경호협력성의 원칙은 경호조직과 유관기관, 그리고 더 나아가 일반국민과의 유기적인 상호작용을 의미한다.

오늘날 경호위해요소는 양적·질적으로 심화되고 있기 때문에 경호조직이 그 규모를 확대하고, 통합성과 계층성을 구축하고, 전문성 등을 확보할지라도 모든 위해요소를 직접 인지하고 또 적절한 대응을 하는 것은 쉽지 않은 일이다. 따라서 경호조직은 유관기관과의 긴밀한 상호협력을 통해서 지속적인 정보 및 보안활동을 바탕으로 한 경호대응력을 강화하고, 국민들의 지지와 협조를 얻어 사소한 위해요소에 대해서도 주도면밀하게 인지하여 분석하고 평가할 수 있어야 할 것이다.

4) 경호기동성의 원칙

경호대상자에 대한 위해상황은 언제, 어디서, 어떠한 상황으로 발생할 것인지를 예측하는 것은 쉬운 일이 아니다. 바꿔 말하면, 위해기도자가 사전에 치밀한 계획에 의해 공격을 준비하지만, 공격 자체는 매우 돌발적으로 이루어진다는 점이다. 따라서 경호의 관점에서 본다면, 경호대상자를 중심으로 급변하는 주변상황을 철저하고 신속하게 파악하면서 사전·사후에 대응할 수 있는 준비태세를 갖추고 있어야 한다.

이러한 점에서 경호조직 운영상의 기동성(機動性)은 중요한 의미를 갖는다. 그리고 이러한 기동성은 차량·헬기·비행기·선박 등 이동수단, 통신설비, 행정업무의 전산화, 그리고 경호현장에서 대응하는 경호원들의 대응능력 등 모든 요소와 관련된다고 본다.

✎제2절 각국의 경호조직

경호조직의 존재 방식 및 운영형태는 각 나라가 처한 정치·경제·사회문화적인 특성에 따라 다르다. 따라서 어떠한 경호조직이 가장 효율적인지에 대한 절대적인 조직체계는 존재하지 않는다고 본다. 공경호와 관련하여 살펴볼 때, 각국의 경호조직의 특징은 기본적으로 다음과 같은 관점에서 접근할 수 있을 것이다.

먼저, 경호대상자가 차지하는 국가적 위상(우리나라식으로 한다면 갑호·을호·병호)을 고려하여 경호조직은 일원적(一元的)인 형태 또는 이원적(二元的)인 형태 등으로 운영된다.

예컨대, 우리나라의 경우에는 갑호 경호대상(대통령 등)은 대통령경호처에서 경호책임을 지고, 을호·병호(국무총리·장관 등)는 경찰에서 경호책임을 지는 것은 이원화된 경호조직 형태라고 할 수 있다.

다음으로 경호업무를 전담(專擔)하는 별도의 조직이 조직화되어 운영되고 있는지, 아니면 경찰조직 또는 군조직 등에서 경호업무 기능을 함께 수행하는지를 살펴볼 필요가 있다.

예컨대, 우리나라는 갑호 경호대상에 대해서는 대통령경호처라는 별도의 경호전담조직이 조직화되어 있고, 을호·병호에 대해서는 경찰이 담당하고 있음을 알 수 있다. 미국의 경우에는 국토안보부 산하의 비밀경호국(Secret Service)과 같은 별도의 경호조직이 대통령 등의 경호를 담당하고 있다. 반면, 영국의 경우에는 런던수도경찰청에서 여왕과 수상 등에 대한 경호를 담당하고 있다. 한편, 국가의 정치체제가 불안정하거나 쿠데타 경험이 있는 후진국들과 군부(軍部)의 영향력이 강한 사회주의 국가에서는 군에서 경호업무를 담당하고 있다.

이처럼, 경호조직의 조직화 및 운영형태는 나라마다 차이가 있음을 알 수 있다. 사실, 이러한 특징은 대통령중심제 국가와 내각책임제 국가, 단일국가와 연방국 가 등 국가정체성과도 밀접한 관련성이 있다고 본다. 아래에서는 영국, 미국, 독일, 프랑스, 그리고 일본을 중심으로 국가차원의 공경호조직에 대해서 개괄적인 관점에서 살펴보기로 한다.[6]

1. 영국의 경호조직

1) 국가체제

영국의 정식 국호는 그레이트 브리튼 및 북아일랜드 연합왕국(United Kingdom of Great Britain and Northern Ireland), 일반 명칭은 영국연합왕국(United Kingdom)이다. 국가 명칭에서 나타나는 것처럼 영국은 잉글랜드(England)·스코틀랜드(Scotland)·웨일스(Wales)와 북아일랜드(Northern Ireland)로 구성되어 있다. 영국의 국토면적은 24만 3,610㎢, 인구는 2024년 현재 약 6,800만 명에 이르고 있다.[7]

영국 정치제도의 기본은 입헌군주제(立憲君主制)하의 내각책임제를 바탕으로 한 의회민주주의 정치라고 볼 수 있다. 여기에서 국왕인 영국 여왕은 상징적 기능을 갖는데 그치고, 실질적인 국가행정의 수행은 총리가 수행하고 있다.[8] 따라서 영국의 총리

---

6) 각국의 경호조직에 대한 상세한 내용은 최정택(2008), 경호학개론, 인천: 진영사, pp. 144-177.; 양재열(2012), 경호학원론, 서울: 박영사, pp. 195-250.; 김두현(2013), 경호학개론, 서울: 엑스퍼트, pp. 101-157 참조.

7) 다음백과(http://100.daum.net/encyclopedia).

8) 국왕이 총리를 임명하지만 국왕의 총리선출과정 참여는 명목상의 절차에 불과하다. 의회에서 법안을 가장 잘 통과시킬 수 있는 사람이 총리가 되는 것이 바람직하기 때문에 하원(서민원)의 다수당 총재가 총리로 취임하는 것이 관례이다. 다음백과(http://100.daum.net/encyclopedia).

는 내각의 수반이자 행정수반으로서 국왕을 대신하여 국가행정을 총괄하는 위치에 있다고 볼 수 있다.

2) 경호조직

영국의 국왕인 여왕과 총리 등에 대한 경호는 런던수도경찰청 소속의 요인경호본부(SO: Specialist Operations)에서 맡고 있다. 이 요인경호본부는 3개의 하위기구 즉, ㉠ 경호국(Protection Command), ㉡ 안전국(Security Command), ㉢ 대테러작전국(Counter Terrorism Command)로 구성되어 있다.[9]

참고 **런던수도경찰청의 자치경찰화**

영국의 수도경찰인 런던수도경찰청(MPS : Metropolitan Police Service)의 역사는 곧 영국경찰의 역사라고 해도 과언이 아니다. 1829년에 탄생한 런던수도경찰청은 영국 법집행의 대명사로서, 다른 지방경찰청의 창설과 운영에 있어서 모범이 되어 선도적역할을 해 왔다. 런던은 오랫동안 국제사회에서 정치 · 경제 · 문화의 중심지 역할을 해 왔으며, 한편으로는 이로 인해 국내적 · 국제적 테러위협 역시 적지 않게 상존해온 것이 사실이다.

이러한 이유로 인해 런던수도경찰청은 영국에서 유일하게 국가경찰(북아일랜드 제외)제도로 유지되어 왔다. 그러나 런던수도경찰청의 특수한 관리형식(지역주민의 통제가 배제된 내무부 소속의 국가경찰제도)에 대해 끊임없는 문제 제기와 비판이 있어 왔다.[10]

이 문제는 최초로 런던시장과 의회의원의 직선을 골자로 하는 런던자치정부 수립안(1998)이 확정됨으로써 변화의 계기를 마련하게 되었다. 런던시의 자치화에 따라 2000년 첫 민선시장이 선출되고 국가경찰인 런던수도경찰청 역시 자치경찰로 전환된 것이다.

이로써 1829년 수도경찰청으로서 창설된 이래 171년 만에 런던수도경찰청은 역시다른 지방경찰청과 마찬가지로 경찰위원회(런던경찰위원회)의 관리하에 둠으로써 영국(북아일랜드 제외) 전역의 경찰은 예외 없이 '형식'에 있어서 자치경찰이 되었다.[11]

---

9) 이하 영국 런던수도경찰청(http://content.met.police.uk/Site/specialistoperations) 참조.
10) S. Spencer(1985), Called to Account: The Case for Police Accountability in England & Wales, National Council for Civil Liberties, Nottingham, Chapter 5 Proposals for Reform.
11) 김형만 외 6인(2003), 비교경찰제도, 서울: 법문사, pp. 338-339.

(1) 경호국

경호국(Protection Command)은 크게 ㉠ 왕실 및 특별요인 경호과(RaSP: Royalty and Specialist Protection)와 ㉡ 의회 및 외교관 경호과(PaDP: Parliamentary and Diplomatic Protection)로 나뉜다.

① 왕실 및 특별요인 경호과

왕실 및 특별요인 경호과(RaSP)는 2015년 4월 왕실 및 특별요인(총리 등)의 경호업무를 통합하여 설치되었다. 이 왕실 및 특별요인 경호과는 구체적으로 다음과 같은 사항에 대한 책임을 지고 관련직무를 수행하고 있다.

> ㉠ 여왕 등 왕실 가족(Royal Family)에 대한 국내외 보호
> ㉡ 총리(Prime Minister), 각부의 장관, 해외파견 자국 외교관 및 고위 인사, 왕실 및 정부의 고위 인사를 방문한 사람 등의 보호
> ㉢ 국가적 이해관계와 관련하여 중요한 일을 하는 사람, 국가정보기관에서 보호가 필요하다고 요구한 사람 등의 보호
> ㉣ 런던, 윈저, 스코틀랜드의 왕실 가족 거주지역의 보호
> ㉤ 왕실 가족 거주지를 공식적으로 방문하는 사람의 보호 등

② 의회 및 외교관 경호과

의회 및 외교관 경호과(PaDP)는 외교관 보호와 웨스트민스터(국회의사당)의 경호·경비업무를 통합하여 2015년 4월에 설치되었다. 의회 및 외교관 경호과에서는 재영 외교관과 사절단, 그리고 의회의 보호 등에 대한 책임을 지고 관련직무를 수행한다.

(2) 안전국

안전국(Security Command)은 런던히드로공항 및 런던시티공항의 보호를 위하여 관련업무를 수행하고 있으며, 아울러 런던의 대테러업무를 합동으로 수행하고 있다.

(3) 대테러작전국

대테러작전국(Counter Terrorism Command)은 테러리즘의 위협으로부터 런던 및 영국을 보호하기 위하여 2006년에 설치되었다. 대테러작전국은 이전의 두 개의 테러부대인 대테러부(Anti-Terrorism Branch)와 특수부(Special Branch)를 통합하여 설치된 것이다.

3) 경호 유관기관

런던수도경찰청 소속의 요인경호본부(SO)에서 수행하는 경호업무와 관련된 유관기관을 살펴보면 다음과 같다.

(1) 보안국

'MI 5'라고도 불리는 내무부 소속의 보안국(SS: Security Service)은 1909년에 창설되었다. SS는 국내 안보와 관련하여 특히, 테러리즘, 산업스파이 및 사보타주(sabotage: 파괴행위), 사이버 위협 등 대한 대응 그리고 정치적·경제적·폭력적인 방법으로 의회민주주의의 근간을 위태롭게 하는 제반행위 등에 대한 대응활동을 수행하고 있다.[12] 경호 관점에서 본다면, SS의 이러한 활동은 여왕 및 총리 등 경호대상자에 대한 국내의 경호관련 정보의 수집, 분석, 처리 등의 업무를 수행한다고 볼 수 있다.

(2) 비밀정보국

'MI 6'라고도 불리는 외무부 소속의 비밀정보국(SIS: Secret Intelligence Service)은 국외의 테러 및 중요범죄 관련 정보의 수집, 국가안보의 증진 및 영국경제의 안전과 관련된 활동을 수행하고 있다. SIS는 보안국(SS)과 긴밀한 협력관계를 구축하여 운용되고 있다.[13] 경호 관점에서 본다면, SIS는 국외의 경호관련 정보의 수집, 분석, 처리 등의 업무를 수행한다고 볼 수 있다.

2. 미국의 경호조직

1) 국가체제

미국의 정식 명칭은 아메리카합중국(United States of America, 약칭 U.S.A)이며, 50개 주(State)정부로 구성되어 있다. 미국의 국토면적은 982만 6,675㎢이며, 2024년 현재 인구는 약 3억 4,000만 명에 이르고 있다.[14]

미국은 연방공화제에 의한 대통령중심제(大統領中心制: 4년 임기, 중임제)를 채택하고 있

---

12) 영국 보안국(https://www.mi5.gov.uk).
13) 영국 비밀정보국(https://www.sis.gov.uk).
14) 다음백과(http://100.daum.net/encyclopedia).

으며, 국민주권을 기본원칙으로 하는 연방헌법을 기본으로 하여 각기 독자적인 헌법을 가지고 있는 50개 주정부로 구성되어 있다. 이처럼 미국은 각 주정부의 집합으로 이루어져 있으며 권력분립을 기본이념으로 하고 있다. 권력분립은 구체적으로는 입법·사법·행정의 삼권분립과 연방정부·주정부로 분립된 두 개의 지주 위에서 이루어지고 있다. 물론, 형식상으로는 권력의 분립방식을 채택하고 있으면서도 실제로는 행정부, 특히 대통령에 권력이 집중되어 있는 것이 특징이라고 할 수 있다.

2) 경호조직

(1) 비밀경호국의 창설

미국 대통령의 경호는 국토안보부(DHS: Department of Homeland Security) 산하의 비밀경호국(SS: Secret Service)에서 담당하고 있다. 연방법집행기관 가운데 가장 오래된 역사를 가진 조직 가운데 하나인 비밀경호국은 1865년에 매우 작은 규모로 창설되었는데, 현재에는 약 7,000명에 이르는 조직구성원들이 미국, 캐나다, 멕시코, 남아메리카, 유럽, 아프리카, 그리고 아시아 등 전 세계에서 활동하고 있다.[15]

다만, 주의할 것은 SS가 처음부터 대통령경호를 맡은 것은 아니라는 점이다. 그리고 1865년 창설 당시에는 재무부(Department of the Treasury) 산하에서 단지 미국 내의 위조지폐 단속의 임무만을 수행하였다.[16] 그런데, 1901년 맥킨리(W. McKinley) 대통령의 암살 사건을 계기로 SS는 위조지폐 단속 임무 외에 경호(Protection) 및 수사(Investigation) 등의 임무를 아울러 수행하게 되었다.

참고 ┆ 미국 대통령경호의 역사

① 대통령경호의 불인정

미국의 역대 대통령들에 대한 암살 음모는 항상 존재하였다. 1835년 앤드류 잭슨(A. Jackson) 대통령은 정신이상자의 공격을 받았으며, 1865년 아브라함 링컨(A. Lincoln) 대통령은 극장에서 저격당하여 사망하였다. 그리고 1881년 제임스 가필드(J. A. Garfield) 대통령은 기차역에서 정신이상자에게 암살당하였다.

---

15) 미국 비밀경호국(https://www.secretservice.gov).
16) 미국 비밀경호국(https://www.secretservice.gov).

그러나 이러한 암살범의 공격들에도 불구하고 미국 국민들은 경호를 인정하지 않았다. 당시까지만 하더라도 대통령경호라는 관념은 '독재'(獨裁, dictatorship)를 연상시켰기 때문이다.

② 대통령경호의 한시적 인정

그러나 1901년 윌리엄 맥킨리(W. McKinley) 대통령이 무정부주의자에게 암살당한 후 마침내 국회는 대통령 경호팀을 구성하게 되었다. 그러나 이때에도 경호조직을 항구적으로 설치하는 것을 허용하지 않고, 매년 의회의 재인정을 받도록 하였다.

③ 대통령경호의 항구적 인정

윌리엄 맥킨리 대통령이 암살당하고 50년이 지난 1950년, 해리 트루먼(H. Truman) 대통령의 자택에서 암살범과 경호원들 간의 총격전을 계기로 미국의회는 경호조직을 상설화(常設化)하는 법안을 통과시켰다.

1950년 당시, 대통령관저인 백악관이 위치한 펜실베니아 거리의 치안상태는 매우 위험해서, 심지어는 대통령도 안전하게 다닐 수 없는 상황이었다. 그러한 상황에서 대낮(오후 2시 15분)에 2명의 암살범(프에르토리코 민족주의자)들이 대통령을 공격하기 위해 임시적으로 머무르고 있는 숙소(당시 백악관은 공사 중에 있었음)에 무단으로 침입하여 경호원들과 총격전을 벌여 상호 간에 사상자를 낸 것이다. 이 사건은 대통령경호의 필요성을 사회적으로 인식시키는 계기가 되었다.[17]

(2) 비밀경호국의 발전

2001년에 미국 세계무역센터 및 펜타곤(미국 국방부 건물)에 대한 테러(이른바 '9.11테러')가 발생하여, 2,700명이 넘는 사람들이 사망하였다. 미국은 9.11테러를 계기로 22개의 정부 부처에 각각 분산되어 있던 테러관련 기능을 통합하여, 2002년에 국토안보부(DHS: Department of Homeland Security)를 설립하였다.[18]

한편, 대통령과 같은 국가요인의 경호는 테러대응과 밀접한 관련이 있다. 따라서 경호업무를 보다 체계적·효율적으로 수행하기 위하여 2003년 3월에 기존의 재무부 산하에 있던 비밀경호국을 국토안보부 산하로 이전·확대하였다.[19]

---

17) 미국 대통령경호실(내셔널지오그래픽 다큐멘터리)(2007. 07. 26.).
18) 미국 국토안보부(https://www.dhs.gov).
19) 미국 국토안보부 산하에 설치된 비밀경호국은 대통령과 같은 국가요인의 경호와 더불어 재무 및 국가중요

(3) 비밀경호국의 주요 경호대상 등

대통령 등 국가의 중요 선출직 지도자와 국빈(國賓)의 물리적 보호와 중요시설 및 중요행사의 보호 등을 실시하고 있는데, 이를 구체적으로 살펴보면 다음과 같다.[20]

ㄱ 대통령

ㄴ 부통령

ㄷ 대통령과 부통령의 직계가족

ㄹ 전직대통령과 그 배우자, 그리고 16세 미만의 자녀

ㅁ 미국을 방문한 외국원수 및 배우자

ㅂ 주요 대통령과 부통령 후보 및 그 배우자

ㅅ 국토안보부 장관이 국가의 특별한 보호가 필요하다고 인정하여 지정한 행사

3) 경호 유관기관

(1) 연방범죄수사국

연방범죄수사국(FBI: Federal Bureau of Investigation)은 연방법규 위반행위(범죄, 테러 등)에 대한 국내 수사 및 관련정보 수집 등을 주요 임무로 수행하고 있다. 연방범죄수사국은 1908년 법무부 내의 수사국으로 설치되었고, 1935에 FBI로 개칭되었다.

(2) 중앙정보국

중앙정보국(CIA: Central Intelligence Agency)은 1947년에 창설된 국제적 정보수집과 특수공작을 담당하는 미국 대통령 직속의 국가정보기관이다. CIA는 국가적 기밀의 수집 및 분석, 비밀첩보활동과 특수임무 등을 수행하고 있다.

시설의 보호 등 핵심적인 역할을 수행하고 있다. 미국 비밀경호국(https://www.secretservice.gov).
20) 미국 비밀경호국(https://www.secretservice.gov).

3. 독일의 경호조직

1) 국가체제

독일의 정식 명칭은 독일연방공화국(The Federal Republic Of Germany)이다. 1990년 구(舊) 동독 인민의회의 결정으로 동독지역이 흡수통합 되어 독일연방공화국(서독)으로 통합 되었다. 이로써 독일은 16개 주로 구성된 연방국가가 되었다. 독일의 국가면적은 35 만 7,022㎢이고, 인구는 2024년 현재 약 8,300만 명에 이르고 있다.[21]

독일은 연방대통령을 둔 내각책임제인데, 대통령은 연방대통령 선출특별위원회에서 5년 임기로 선출하고 있다. 한편, 연방수상은 연방의회에서 선출되며, 자신의 책임 아래 각 부처 장관을 제청하고, 관련정책을 집행하고 있다. 독일은 입법·행정·사법의 삼권분립으로 법치주의에 의한 자유주의적 사회민주주의 정치체제로 운영되고 있다.

2) 경호조직

독일은 내무부 산하에 ㉠ 연방범죄수사국(BKA: Bundeskriminalamt)과 ㉡ 연방경찰청 (BPOL: Bunerspolizei, 舊 연방국경수비대) 등을 두고 있다.

여기에서 연방범죄수사국은 수사기관으로서 역할을 수행하고 있으며, 아울러 국제 형사경찰 기능과 경호업무 등을 수행하고 있다. 연방범죄수사국은 이러한 업무수행 을 위하여 각각의 조직부서가 설치되어 있는데, 이 가운데 경호안전과(SG: Abteilung-SG) 는 대통령, 수상, 장관, 외국원수 등 국빈, 외교사절의 경호를 주요 임무로 하고 있다. 그리고 이에 더하여 경호안전과(SG)는 헌법질서 반하는 범죄 및 국제적·광역 범죄에 대한 수사업무를 수행하기도 한다.[22]

그런데, 독일의 대통령은 상징적인 존재로서 국가통합의 정신적 지주로서의 기능 을 수행하고 있으며, 연방의회(하원)에서 선출된 수상이 실질적인 행정수반의 역할을 하고 있기 때문에 경호 역시 수상경호에 중점을 두고 있다.[23]

---

21) 다음백과(http://100.daum.net/encyclopedia).
22) 2005년 연방국경수비대(BGS: Bundesgrenzschutz)에서 연방경찰청(BPOL)으로 명칭이 변경되었다. 연방경찰청은 해안경비 등을 포함한 국경수비, 연방건물의 보호, 베를린과 본 주재 외국대사관의 보호, 연방헌법재판소 및 연방법원의 보호, 국제공항의 보호 등을 임무를 수행하고 있다. 최정택(2008), 앞의 책, p. 167.
23) 양재열(2012), 앞의 책, p. 229.

3) 경호 유관기관

(1) 연방헌법보호청

연방헌법보호청(BFV: Bundesamt für Verfassungsschutz)은 내무부 산하의 기관으로서 독일의 자유민주질서에 위협을 가하는 국내정보의 수집, 분석 등의 임무를 수행하고 있다.[24]

(2) 연방정보국

연방정보국(BND: Bundesnachrichtendienst)은 연방총리실 산하에 설치된 기관으로서 국제정보(국제적 테러, 조직범죄, 무기, 마약밀매, 자금세탁, 산업기술유출 등)의 수집, 분석 등의 임무를 수행하고 있다.[25]

4. 프랑스의 경호조직

1) 국가체제

프랑스의 정식 명칭은 프랑스공화국(La République de France)이다. 국토면적은 64만 3,801㎢로 한반도의 2.5배이고, 인구는 2024년 현재 약 6,500만 명에 이르고 있다.[26]

프랑스는 정치체제는 대통령과 양원제 의회를 가진 공화국이다. 즉, 대통령중심제와 의원내각제를 혼합한 이원집정제 정부형태라 할 수 있다. 직접보통선거로 선출되는 대통령은 5년의 임기를 가지며, 총리 및 내각의 임면권과 의회해산권을 가지고 있다. 이처럼 프랑스는 여러 차례 각각 다른 정당의 대통령과 총리로 이루어진 '동거정부'라고 알려진 권력이 분리된 정부형태의 균형을 유지하고 있다.

2) 경호조직

프랑스의 경호는 내무부 산하 국립경찰청(PNF: La Police National en France) 소속의 ㉠ 요인경호국(SPHP), 그리고 국방부 산하 국립헌병대(GN: La Gendarmerie Nationale) 소속의 ㉡ 공화국경비대(GSPR: Gatrden State Paranornorunl Research)가 합동으로 경호업무를 수행하고 있다고 볼 수 있다.

---

24) 위키백과(https://ko.wikipedia.org).; 최정택(2008), 앞의 책, p. 169.
25) 위키백과(https://ko.wikipedia.org).; 최정택(2008), 앞의 책, p. 169.
26) 다음백과(http://100.daum.net/encyclopedia).

(1) 요인경호국

국립경찰청 소속의 요인경호국(SPHP)은 1934년 유고슬라비아의 왕인 알렉산더 1세가 독일에 대항할 방안을 협의하기 위하여 프랑스에 왔는데, 마케도니아 혁명조직의 공격을 받아 알렉산더 1세와 프랑스 외무장관이 사망하는 사건이 발생하였다.

이 사건을 계기로 프랑스 내에서 국내외 주요인사에 대한 경호의 필요성을 느끼게 되었고, 'V.O'(Service des Voyages Officiels)라는 이름으로 창설되었다. 1994년에는 지금의 SPHP로 명칭이 변경되었다. 이 요인경호국의 공식 경호대상자는 다음과 같다.[27]

- ㉠ 대통령과 가족
- ㉡ 수상의 경호
- ㉢ 각부 장관의 경호
- ㉣ 기타 국내외 요인의 경호

(2) 공화국경비대

국립헌병대 소속의 공화국경비대(GSPR)는 1983년 테러와 각종 위해로부터 대통령과 가족, 특정 중요 인물(전직 대통령, 대통령 후보 등)을 보호한다는 목적으로 설치되었다.[28]

공화국경비대는 이러한 경호목적을 달성하기 위해서 대통령관저 및 영빈관 내곽 경비업무를 담당하고 있고, 아울러 사격술이 우수한 헌병군으로 구성되어 유사시에 저격 임무를 수행할 수 있도록 하고 있다.[29]

3) 경호유관기관

(1) 내무부 일반정보국

내무부 소속의 일반정보국(RG)은 행사 관련 지역주민들에 대한 사전 대테러정보의 수집 및 방첩활동과 국내 모든 외국인과 외국기관 및 단체에 관한 정보수집, 분석, 처리 업무를 수행하고 있다.

---

27) 최정택(2008), 앞의 책, pp. 162-163.
28) 한편, 국립헌병대에는 공화국수비대(GR: Garde Republicaine)가 있다. 공화국수비대는 국내외 중요 인사의 의전, 국공관과 공항의 수하물 입·출입에 대한 안전활동, 각종 국가행사시의 에스코트, 그리고 국가공공기관(대통령궁, 수상의 관사, 의회, 법원 등)의 경비업무를 수행하고 있다. 위의 책, p. 164.
29) 김두현(2013), 앞의 책, p. 142.

(2) 해외안전총국

국방부 소속의 해외안전총국(DGSE)은 국외 정보수집 및 분석, 처리업무를 수행하고 있다. 경호의 관점에서 볼 때, 이러한 정보활동을 통해서 각종 위해요소를 사전에 발견·제거함으로써 효율적인 경호활동을 도모하고자 하는 것이다.

5. 일본의 경호조직

1) 국가체제

일본(日本)은 태평양에 있는 일본 열도의 네 개의 섬으로 이루어진 홋카이도(北海島), 혼슈(本州), 시코쿠(四國), 규슈(九州)를 중심으로 주변에 산재한 작은 섬으로 구성되어 있다. 국토면적은 377,873㎢이고, 인구는 2024년 현재 약 1억 2,300만 명에 이르고 있다.[30]

일본은 입헌군주제에 의한 내각책임제 정부형태를 갖추고 있다. 국가원수에 대한 명문 규정은 없지만 '일본국의 상징'이라고 명시되어 있는 천황(天皇)이 사실상의 국가원수라고 할 수 있다. 다만, 천황은 국가행정과 관련하여 형식적인 권한을 행사한다고 볼 수 있다. 국가행정의 실질적인 권한은 내각이 가지고 있으며, 총리대신(즉, 내각수상)과 국무대신은 행정권행사에 대하여 공동책임을 지도록 하고 있다.

2) 경호조직

(1) 경찰청 황궁경찰본부

일본 황족에 대한 경호는 국가경찰인 경찰청(警察廳) 부속기관인 황궁경찰본부(皇宮警察本部)에서 담당하고 있다. 황궁경찰본부는 1886년(메이지 16) 궁내성 황궁경찰서로 시작하였는데, 1954년 신경찰법의 제정에 의해 경찰청 부속기관으로 편입되면서 '황궁경찰본부'로 개칭되었다.[31]

황궁경찰본부는 비록 경찰청 산하의 부속기관이지만 황족의 사생활 및 기밀유지를

---

30) 다음백과(http://100.daum.net/encyclopedia).
31) 최정택(2008), 앞의 책, p. 171.

위해 일반경찰조직과는 완전 별개의 조직으로 운영되며, 사실상 경찰청장의 지휘 및 통제를 받지 않고 운영되고 있다.[32]

(2) 경찰청 경비국과 동경경시청 경호과

① 경찰청 경비국

일본 실질적인 정치권력자인 총리대신(수상) 및 국가요인 등에 대한 경호는 경찰청 소속의 경비국(警備局)에서 담당하고 있다. 경찰청 경비국은 하부조직으로 공안 제1과, 공안 제2과, 공안 제3과 등을 두고 있다.[33]

여기에서 공안 제1과와 제3과는 경호정보의 수집, 분석, 평가의 임무를 수행하고 있다. 그리고 공안 제2과는 총리대신 및 요인경호에 대한 지휘감독, 조정 및 연락협조 업무, 안전대책 작용, 극좌파 및 폭력단체 동향 감시, 국빈경호의 업무 협조 등의 업무를 수행하고 있다.

② 동경경시청 경호과

일본은 국가경찰과 자치경찰의 혼합된 형태를 띠고 있다. 경찰청은 국가경찰이라면, 수도의 치안을 책임지는 동경경시청(東京警視廳)은 자치경찰이라고 할 수 있다.

주의할 것은 위에서 살펴본, 경찰청 경비국은 수상 및 국가요인 등에 대한 실질적인 경호업무를 수행하는 것은 아니라는 점이다. 즉, 경찰청 경비국에서는 전반적인 경호계획의 수립 및 경호업무의 조정, 통제 및 국내요인 해외 순방시와 국빈 방일시 외국경호기관과의 창구 역할을 하고 있고, 실질적인 경호업무는 동경경시청 경호과 (SP: Security Police)에서 담당하고 있다는 점이다.[34]

---

32) 양재열(2012), 앞의 책, p. 227.
33) 김두현(2013), 앞의 책, pp. 134-135.
34) 양재열(2012), 앞의 책, p. 227.

제3절 한국의 경호조직

우리나라의 경호조직은 경호주체에 따라 크게 공경호조직과 민간경호조직으로 구분할 수 있다. 그리고 공경호조직은 대통령경호처를 위시하여 경찰, 군 등 여러 경호조직이 경호관련 업무를 수행하고 있다. 아래에서는 이러한 공경호조직 가운데 대통령경호처(大統領警護處)를 중심으로 살펴보기로 한다.

1. 대통령경호처장

우리나라는 대통령 등의 경호를 담당하기 위하여 대통령경호처를 두고 있다(정부조직법 제16조 제1항). 그리고 이러한 대통령경호처의 조직·직무범위 그 밖에 필요한 사항은 따로 법률로 정하도록 하고 있다(동법 제16조 제2항, 제3항). 이에 따라 「대통령 등의 경호에 관한 법률」을 두고 있으며, 대통령령으로 「대통령 등의 경호에 관한 법률 시행령」과 「대통령경호처와 그 소속기관 직제」 등이 있다.

이러한 대통령경호처에는 최고기관으로서 정무직(政務職)으로 경호처장 1명을 두도록 하고 있다(정부조직법 제16조 제2항) 이 대통령경호처장은 대통령이 임명하고, 경호처의 업무를 총괄하며 소속공무원을 지휘·감독한다(대통령 등의 경호에 관한 법률 제3조 제1항).[35]

2. 하부조직

한편, 대통령경호처는 하부조직으로 기획관리실,[36] 경호본부, 경비안전본부, 경호지원단을 두고 있다(대통령경호처와 그 소속기관 직제 제5조). 그리고 경호전문교육을 위한 소속기관으로 경호안전교육원을 두고 있다.[37]

---

35) 그리고 대통령경호처에 차장 1명을 두도록 하고 있다. 차장은 1급 경호공무원 또는 고위공무원단에 속하는 별정직 국가공무원으로 보하며, 처장을 보좌하도록 하고 있다(대통령 등의 경호에 관한 법률 제3조 제2항, 제3항).
36) 기획관리실은 국회·예산 등 대외업무와 조직·정원관리 업무 수행, 그리고 미래 경호위협 분석 및 대비 업무 등을 담당하고 있다. 이하 대통령경호처(http://www.pss.go.kr/site) 참조.
37) 경호안전교육원은 경호안전관리 관련 학술연구, 직원 교육 및 경호안전 분야에 종사하는 공무원에 대한 수탁 교육 등을 실시하고 있다. 대통령경호처(http://www.pss.go.kr/site).

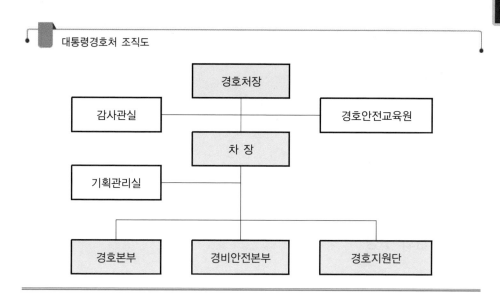

대통령경호처 조직도

1) 경호본부

경호본부는 대통령 행사 수행 및 선발경호활동을 담당하고, 방한하는 외국정상, 행정수반 등 요인에 대한 경호업무를 담당하고 있다.

2) 경비안전본부

경비안전본부는 대통령실 주변지역의 안전확보를 위한 경비를 총괄하고, 대통령실 내·외곽을 담당하는 군·경찰 경호부대를 지휘하는 업무를 담당하고 있다. 그리고 국내·외 경호관련 정보수집 및 보안업무, 행사장 안전대책 강구 등을 담당하고 있다.

3) 경호지원단

경호지원단은 시설관리, 경호차량운행 등 경호행사 지원업무, 그리고 국정업무 통신망 운용 및 과학적 경호시스템 구축, IT장비 개발 등의 업무를 담당하고 있다.

3. 대통령경호안전대책위원회

1) 목적

대통령 등 경호대상에 대한 경호업무를 수행할 때에는 관계기관의 책임을 명확하게 하고, 협조를 원활하게 하기 위하여 경호처에 「대통령경호안전대책위원회」(이하 '위원회'라 함)를 두도록 하고 있다(대통령 등의 경호에 관한 법률 제16조 제1항). 이 위원회의 구성 및 운영에 필요한 사항을 규정하기 위하여 대통령령으로 「대통령경호안전대책위원회 규정」(1981년 제정)을 두고 있다.

2) 위원회 구성

(1) 위원장과 부위원장

위원회는 위원장과 부위원장 각 1명을 포함한 20명 이내의 위원으로 구성하고 있다. 위원장은 처장이 되고, 부위원장은 차장이 되도록 하고 있다(대통령 등의 경호에 관한 법률 제16조 제2항, 제3항).

(2) 위원

위원은 대통령령으로 정하는 관계기관의 공무원이 되도록 하고 있다(동법 제16조 제3항 하단). 이들 위원들을 세부적으로 살펴보면 다음과 같다(대통령경호안전대책위원회 규정 제2조).

> **참고 위원의 구성**
>
> ① 국가정보원 테러정보통합센터장
> ② 외교부 의전기획관
> ③ 법무부 출입국·외국인정책본부장
> ④ 과학기술정보통신부 통신정책관
> ⑤ 국토교통부 항공안전정책관
> ⑥ 식품의약품안전처 식품안전정책국장
> ⑦ 관세청 조사감시국장
> ⑧ 대검찰청 공공수사정책관

⑨ 경찰청 경비국장

⑩ 소방청 119구조구급국장

⑪ 해양경찰청 경비국장

⑫ 합동참모본부 작전본부 소속 장성급 장교 중 위원장이 지명하는 1명

⑬ 국군방첩사령부 소속 장성급 장교 또는 2급 이상의 군무원 중 위원장이 지명하는 1명

⑭ 수도방위사령부 참모장

⑮ 위원장이 임명 또는 위촉하는 자.

3) 위원회 업무와 책임

위원회는 ㉠ 대통령 경호에 필요한 안전대책과 관련된 업무의 협의, ㉡ 대통령 경호와 관련된 첩보·정보의 교환 및 분석, ㉢ 그 밖에 대통령 등 경호대상에 대한 경호에 필요하다고 인정되는 업무와 관련된 사항을 관장하도록 하고 있다(대통령 등의 경호에 관한 법률 제16조 제4항). 그리고 위원회에 대해서는 이러한 관장업무에 대해서 공동으로 그리고 개별적으로 책임을 지도록 하고 있다.

(1) 공동책임

대통령경호 안전대책활동(이하, '안전대책활동'이라 함)에 관하여는 위원회 구성원 전원과 그 구성원이 속하는 기관의 장이 '공동(共同)으로 책임'을 지며, 각 구성원은 위원회의 결정사항 기타 안전대책활동을 위하여 부여된 임무에 관하여 상호간 최대한의 협조를 하도록 하고 있다(대통령경호안전대책위원회 규정 제4조 제1항).

따라서 예컨대, 경찰의 안전대책활동과 관련하여 위원회 위원인 경비국장을 위시한 구성원 전원과 소속기관의 장인 경찰청장이 해당 사항에 대하여 공동책임을 져야 한다는 의미이다. 안전대책활동과 관련하여 위원회뿐만 아니라 경찰조직 내에서도 유기적인 상호작용을 하도록 함으로써 그 책임과 의무를 다하도록 한 것이다.

(2) 분장책임

한편, 위원장(경호처장)을 포함한 각 위원들은 안전대책활동과 관련된 소관업무에 대하여 각각 분장책임을 지도록 하고 있다(규정 제4조 제2항 이하). 이렇게 책임소재를 구

분 함으로써, 안전대책활동을 보다 전문적으로 수행하도록 하고, 아울러 문제 발생시 그에 따른 책임을 명확히 할 수 있을 것이다(2020. 4. 21 일부 개정).

① **대통령경호처장**

안전대책활동에 관한 전반적인 업무를 총괄하며 필요한 안전대책활동지침을 수립하여 관계부서에 부여한다.

② **국가정보원 테러정보통합센터장**

　　㉠ 입수된 경호 관련 첩보 및 정보의 신속한 전파·보고

　　㉡ 위해요인의 제거

　　㉢ 정보 및 보안대상기관에 대한 조정

　　㉣ 행사참관 해외동포 입국자에 대한 동향파악 및 보안조치

　　㉤ 그 밖에 국내·외 경호행사의 지원

③ **외교부 의전기획관**

　　㉠ 입수된 경호 관련 첩보 및 정보의 신속한 전파·보고

　　㉡ 방한 국빈의 국내 행사 지원

　　㉢ 대통령과 그 가족 및 대통령 당선인과 그 가족 등의 외국방문 행사 지원

　　㉣ 다자간 국제행사의 외교의전 시 경호와 관련된 협조

　　㉤ 그 밖에 국내·외 경호행사의 지원

④ **법무부 출입국 · 외국인정책본부장**

　　㉠ 입수된 경호 관련 첩보 및 정보의 신속한 전파·보고

　　㉡ 위해용의자에 대한 출입국 및 체류관련 동향의 즉각적인 전파·보고

　　㉢ 그 밖에 국내·외 경호행사의 지원

⑤ **과학기술정보통신부 통신정책관**

　　㉠ 입수된 경호 관련 첩보 및 정보의 신속한 전파·보고

　　㉡ 경호임무 수행을 위한 정보통신업무의 지원

　　㉢ 정보통신망을 이용한 경호관련 위해사항의 확인

　　㉣ 그 밖에 국내·외 경호행사의 지원

⑥ **국토교통부 항공안전정책관**

    ㉠ 입수된 경호 관련 첩보 및 정보의 신속한 전파·보고

    ㉡ 민간항공기의 행사장 상공비행 관련 업무 지원 및 협조

    ㉢ 육로 및 철로와 공중기동수단 관련 업무 지원 및 협조

    ㉣ 그 밖에 국내·외 경호행사의 지원

⑦ **식품의약품안전처 식품안전정책국장**

    ㉠ 식품의약품 안전 관련 입수된 첩보 및 정보의 신속한 전파·보고

    ㉡ 경호임무에 필요한 식음료 위생 및 안전관리 지원

    ㉢ 식음료 관련 영업장 종사자에 대한 위생교육

    ㉣ 식품의약품 안전검사 및 그 밖에 필요한 자료의 지원

    ㉤ 그 밖에 국내·외 경호행사의 지원

⑧ **관세청 조사감시국장**

    ㉠ 입수된 경호 관련 첩보 및 정보의 신속한 전파·보고

    ㉡ 출입국자에 대한 검색 및 검사

    ㉢ 휴대품·소포·화물에 대한 검색

    ㉣ 그 밖에 국내·외 경호행사의 지원

⑨ **대검찰청 공공수사정책관**

    ㉠ 입수된 경호 관련 첩보 및 정보의 신속한 전파·보고

    ㉡ 위해음모 발견시 수사지휘 총괄

    ㉢ 위해가능인물의 관리 및 자료수집

    ㉣ 국제테러범죄 조직과 연계된 위해사범의 방해책동 사전차단

    ㉤ 그 밖에 국내·외 경호행사의 지원

⑩ **경찰청 경비국장**

    ㉠ 입수된 경호 관련 첩보 및 정보의 신속한 전파·보고

    ㉡ 위해가능인물에 대한 동향파악

    ㉢ 행사참석자 및 종사자의 신원조사

② 행사장·이동로 주변 집회 및 시위관련 정보제공과 비상상황 방지대책의 수립

⑩ 우범지대 및 취약지역에 대한 안전조치

⑭ 행사장 및 이동로 주변에 있는 물적 취약요소에 대한 안전조치

ⓢ 총포·화약류의 영치관리와 봉인 등 안전관리

ⓞ 불법무기류의 단속 및 분실무기의 수사

ⓩ 그 밖에 국내·외 경호행사의 지원

⑪ 해양경찰청 경비국장

ⓐ 입수된 경호 관련 첩보 및 정보의 신속한 전파·보고

ⓑ 해상에서의 경호·테러예방 및 안전조치

ⓒ 그 밖에 국내·외 경호행사의 지원

⑫ 소방청 119구조구급국장

ⓐ 입수된 경호 관련 첩보 및 정보의 신속한 전파·보고

ⓑ 경호임무 수행을 위한 소방방재업무 지원

ⓒ 그 밖에 국내외 경호행사의 지원

⑬ 합동참모본부 작전본부 소속 장성급 장교 중 위원장이 지명하는 1명

ⓐ 입수된 경호 관련 첩보 및 정보의 신속한 전파·보고

ⓑ 안전대책활동에 대한 육·해·공군업무의 총괄 및 협조

ⓒ 그 밖에 국내·외 경호행사의 지원

⑭ 국군방첩사령부 소속 장성급 장교 또는 2급 이상의 군무원 중 위원장이 지명하는 1명

ⓐ 입수된 경호 관련 첩보 및 정보의 신속한 전파·보고

ⓑ 군내 행사장에 대한 안전활동

ⓒ 군내 위해가능인물에 대한 안전조치

ⓓ 행사참석자 및 종사자의 신원조사

ⓔ 경호구역 인근 군부대의 특이사항 확인·전파 및 보고

ⓕ 이동로 주변 군시설물에 대한 안전조치

    ⊗ 취약지에 대한 안전조치

    ◎ 경호유관시설에 대한 보안지원 활동

    ㉧ 그 밖에 국내·외 경호행사의 지원

⑮ **수도방위사령부 참모장**

    ㉠ 입수된 경호 관련 첩보 및 정보의 신속한 전파·보고

    ㉡ 수도방위사령부 관할지역 내 진입로 및 취약지에 대한 안전조치

    ㉢ 수도방위사령부 관할지역의 경호구역 및 그 외곽지역 수색·경계 등 경호활동 지원

    ㉣ 그 밖에 국내·외 경호행사의 지원

4) 위원회 운영 등

위원장은 위원회의 회의를 소집하고, 그 의장이 된다. 그리고 위원장은 필요하다고 인정할 때에는 부위원장으로 하여금 위원장의 직무를 대행하게 할 수 있다(규정 제5조). 한편, 위원회의 사무를 처리하기 위하여 위원회에 간사 1인을 두고 있다. 간사는 대통령경호처 직원 중에서 위원장이 임명하도록 하고 있다(제6조).

4. 관계기관

1) 관계기관의 개념

관계기관이란 경호처가 경호업무를 수행함에 있어 필요한 지원과 협조를 요청하는 국가기관, 지방자치단체 등을 말한다(대통령 등의 경호에 관한 법률 제2조 제4호).

따라서 위에서 살펴본 대통령경호안전대책위원회 위원들이 소속해 있는 기관들이 대표적인 관계기관이라고 볼 수 있다.[38] 이 밖에도 중앙의 여러 국가기관, 그리고 지

---

38) 대통령 등의 경호와 관련하여 대표적인 관계기관으로 경찰을 들 수 있다. ① 경찰은 「국가경찰과 자치경찰의 조직 및 운영에 관한 법률」및「경찰관직무집행법」등의 근거에 따라 '경비·요인경호'의 직무가 명시되어 있다. 이에 따라 대통령 등 갑호 경호대상자에 대한 제2선과 제3선의 경호업무를 제공하고 있으며, 국회의장·대법원장·국무총리 그리고 장관급 등 을호·병호 경호대상자들에 대한 경호업무를 책임지고 있다. ② 이러한 경호업무와 관련하여 구체적으로 살펴본다면, 먼저, 경찰청 '경비국 경호과'에서 경비에 관한 계획의 수립·지도, 경호 및 요인보호계획의 수립·지도, 대테러 예방 및 진압정책의 수립·지도 등의 업무를 수행하고 있다(경찰청과 그 소속기관 직제 시행규칙 제10조 제5항). 그리고 서울특별시경찰청 '경비부 테러대응

방의 광역 및 기초지방자치단체 및 유관기관들이 이에 해당한다고 볼 수 있다.

2) 경호처장의 경호업무수행 관련 관계기관 간의 협조 요청 등

경호처장은 경호처의 경호대상에 대한 경호를 위하여 필요한 경우 대통령비서실, 국가안보실 및 경호·안전관리 업무를 지원하는 관계기관에 근무할 예정인 사람에게 신원진술서 및 「가족관계의 등록 등에 관한 법률」에서 정하는 증명서와 그 밖에 필요한 자료의 제출을 요구할 수 있다. 이 경우 처장은 제출된 자료의 내용을 확인하기 위하여 관계기관에 조회 또는 그 밖에 필요한 협조를 요청할 수 있다(대통령 등의 경호에 관한 법률 시행령 제3조의3 제1항).

그리고 경호처장은 경호구역 내의 안전활동 등 경호업무를 효율적으로 수행하기 위하여 필요한 경우에는 관계기관에 대하여 경호구역에 출입하려는 사람의 범죄경력 조회 또는 사실 증명 등 필요한 협조를 요청할 수 있다(제2항).

과'에서 경호·경비에 관한 사항을 담당하도록 하고 있다(시행규칙 제38조 제4항). 또 서울지방경찰청 산하에 청와대 경비를 위한 「제101 경비단」과 경호업무 지원을 위한 「제22 경찰경호대」, 그리고 경호임무 지원 및 대테러임무 수행을 위한 「경찰특공대」를 두어 대통령경호처의 경호업무를 지원하고 있다. 이두석(2018), 앞의 책, p. 132.

제**5**장

경호인사관리

Executive
Protection

5

제5장

경호인사관리

제1절 경호인사관리의 의의

1. 경호인사관리의 개념

'인사(人事)가 만사(萬事)'라는 말을 한다. 인사를 공정하고 형평성 있게 하는 것이야 말로 모든 조직을 운영하는 데 있어서 가장 기본이라는 것이다. 경호조직도 마찬가지 이다. 경호조직의 목표 설정, 구조설계와 관리 그리고 환경에 대한 대응은 모두 구성 원의 의지와 역량에 달려 있다고 본다.

경호인사관리라는 것은 경호조직의 목표 달성에 필요한 인적자원의 충원·유지, 근 무의욕 고취, 행동과 태도의 통제 등 상호 연관된 요소들을 체계적으로 관리하는 제 반활동을 의미한다고 할 수 있다. 경호인사관리를 과정론적 측면에서 본다면, 경호공 무원의 모집 → 경호공무원의 법적 관계 발생(신규채용·초임보직·시보임용 등) → 경호공 무원의 법적 관계 변경(승진·전보·정직·휴직 등) → 경호공무원의 법적 관계 소멸(퇴직· 면직 등) → 경호공무원의 퇴직관리(연금 등)와 같은 제반과정을 거치게 된다.

2. 경호인사관리의 중요성

경호조직은 조직이 지향하는 목표를 달성해야 하는데, 이를 위해서는 경호원 개개 인의 전문성 확보 및 공직자(公職者)로서 위상이 정립되어 있어야 한다. 아울러 이들에 대한 조직 차원의 많은 관심과 배려, 그리고 적절한 통제가 이루어져야 한다고 본다. 이 때문에 경호원의 소질과 행태, 그리고 동기부여 등에 관한 연구는 인사관리에 있 어서 매우 중요한 일이다.

그리고 경호인사가 공정하지 못하면 직원들이 불만을 드러내고 불신의 원인이 되며, 결과적으로 이는 경호대상자의 보호라는 본연의 임무를 수행하는 데 있어서도 적지 않은 악영향을 미치게 된다는 점을 인식할 필요가 있다. 또 부적절한 경호인사관리는 조직 외적으로도 심각한 결과를 초래할 수 있다. 즉, 경호원의 직무수행과정에서 나타나는 인권침해 문제 또는 비도덕성 등의 문제에 따른 경호조직의 이미지 실추와 불신이 뒤따르게 된다. 어떻게 보면 조직 내적인 문제와 외적인 문제는 상호 밀접한 역학관계를 형성하고 있다고 본다.

어쨌든, 경호인사관리의 첫 단추인 채용단계에서 유능한 인재를 선발하지 못하고, 적절한 교육훈련을 실시하지 못하고, 공정하지 못한 인사배치 등이 이루어지는 환경에서는 경호원 개개인들은 본연의 정신과 자세를 잃기 마련이다.

3. 경호인사관리의 법적 근거

공경호의 인사관리와 관련된 대표적인 법적 근거로서 「대통령 등의 경호에 관한 법률」(1963년 제정)을 들 수 있다. 그리고 경호처 직원의 신규채용, 시험의 실시, 승진, 근무성적평정, 보수 및 교육훈련에 관한 사항은 「대통령 등의 경호에 관한 법률 시행령」으로 정하고 있다.[1]

한편, 대통령경호처 직원에 대하여는 이 법에 특별한 규정이 있는 경우를 제외하고는 「국가공무원법」(1949년 제정)을 준용하도록 하고 있다(대통령 등의 경호에 관한 법률 제14조 제2항). 대통령 등의 경호에 관한 법률은 국가공무원법에 대한 특별법(特別法)으로서, 특별법을 우선적으로 적용하고 그 밖의 사항에 대해서는 국가공무원법을 준용하도록 한 것이다.[2] 이 밖에도 경호인사관리와 관련된 법규정으로서 공무원임용령, 공무원징계령, 국가공무원복무규정 등이 있다.

---

1) 이 책에서는 경호인사관리와 관련하여 대통령경호처를 중심으로 살펴보기로 한다.
2) 다만, 경호처 직원에 대해서는 국가공무원법 제17조(인사에 관한 감사) 및 제18조(통계보고)를 적용하지 않도록 규정하고 있다(대통령 등의 경호에 관한 법률 제14조 제3항). 이는 대통령경호처의 보안상의 문제 등을 고려한 것이라고 볼 수 있다.

4. 경호인사관리의 원리

1) 엽관주의와 실적주의

경호공무원의 임용(채용, 승진, 징계, 퇴직 등)은 어떠한 방법으로 하는 것이 바람직한가? 이를 엽관주의와 실적주의 차원에서 살펴보기로 한다.

(1) 엽관주의

엽관주의(獵官主義, Spoils System)는 전쟁에서 승리한 집단이 전리품(spoils)을 나누어 가지듯이 정치적으로 선거 등에서 승리한 집단이 관직(官職)을 나누어 갖는 인사행정제도를 말한다. 즉, 엽관주의적 인사관리는 집권한 정당의 추종자들을 정당활동에 대한 공헌도와 충성심의 정도에 따라 배분하는 것을 의미한다.[3]

물론, 국가 통치권자의 입장에서는 자신의 정치적·행정적 신념과 뜻을 같이 하는 추종세력들과 함께 국가를 경영한다는 점에서 장점을 갖는다고 본다. 그러나 미국의 경험을 통해 다음과 같은 한계점들이 나타났다.

먼저, 정권이 바뀔 때마다 대량의 인력교체가 일어나 전임자의 경험과 국가행정의 계속성에도 한계를 가져다주었다. 둘째, 행정 경험이 없는 무능한 사람들이 정부에 많이 들어가 업무의 효율성을 떨어뜨리고, 부정부패의 확대, 추종자들을 위한 불필요한 관직의 증대 즉, '위인설관(爲人設官)'을 가져다주었다. 셋째, 공직의 취임은 정당이나 집권자에 대한 개인적 충성에 달려 있기 때문에 공무원 직무의 본질인 공평한 임무수행을 기대할 수 없었다. 끝으로, 엽관주의하에서는 능력과 상관없이 정당이나 집권자의 특수이익에 연결된 사람들만이 공직에 임용될 수 있기 때문에 정부관료제의 민주화에도 역행하는 것이었다.[4]

---

3) 엽관주의와 정실주의(情實主義, Nepotism)를 같은 뜻으로 사용하는 사람들이 있다. 엽관주의나 정실주의에 의한 인사행정의 생리가 비슷하기 때문에 이를 동일시하는 경향이 있는 것 같다. 그러나 정실주의는 엽관주의보다 넓은 뜻으로 이해하는 것이 옳을 것 같다. 실적(實績) 이외의 요인을 고려하여 관직임용을 행하는 원칙을 정실주의라고 규정하는 것이 보통이다. 여기에서 말하는 실적 이외의 요인에는 엽관주의에서 중요시하는 정치적 요인뿐만 아니라 혈연, 지연, 개인적 친분 등이 포함된다. 오석홍(1996), 인사행정론, 서울: 박영사, p. 24.; 역사적으로 엽관주의가 미국의 인사행정을 지배하던 시기는 1820년대부터 이후 50여 년 동안 이었다고 한다. 한편, 정실주의는 1688년 명예혁명 이후 싹터 1870년까지 영국에서 성행하였던 공무원 임용의 관행으로 알려져 있다. 그러나 엽관주의와 정실주의적 인사행정은 정도의 차이가 있을 뿐이며, 특히 국가 고위직으로 갈수록 어느 나라를 막론하고 일정부분 차지하고 있다고 본다.

(2) 실적주의

실적주의(實績主義, Merit system)는 엽관주의나 정실주의가 아닌 개인의 능력, 자격, 성적에 기초를 두고 인사행정을 하는 제도를 말한다. 이러한 실적주의는 미국이나 영국에서 엽관주의나 정실주의를 바탕으로 한 인사행정의 폐단을 극복하기 위해 도입한 것이라고 할 수 있다. 이러한 주장을 뒷받침하는 것이 정치·행정이원론(政治·行政二元論)이다.

오늘날의 실적주의는 다음과 같은 기본명제를 가지고 출발하고 있다.[5] 먼저, 모든 국민에게 공직취임의 기회를 균등하게 보장하고, 임용은 실적기준에 따라 공정한 공개경쟁(公開競爭)의 과정을 거쳐 이루어져야 한다. 둘째, 인사행정의 모든 국면에 걸쳐 공무원들이 공평한 처우를 받도록 하여야 하며, 공무원들의 권익을 최대한 보장해야 한다. 셋째, 일(근무실적)에 맞는 보수를 실현해야 하며, 직무성과를 높이기 위하여 적절한 인센티브를 부여해야 한다. 넷째, 인사행정은 공무원들 개인의 사사로운 이익이 아닌 공익(公益)을 추구하는 방향으로 이루어져야 하며, 따라서 공무원들의 높은 윤리수준을 유지할 수 있어야 한다. 다섯째, 인사행정은 정부인력의 효율적인 활용을 할 수 있도록 이루어져야 한다. 여섯째, 퇴직관리의 기준은 공무원의 실적에 바탕을 두어야 하며, 교육훈련을 통해 재직공무원들의 직무수행 능력을 향상시켜야 한다. 일곱째, 자의적이거나 정실로 인한 인사 조치, 정당한 직무수행에 대한 보복, 정치적 압력 등으로부터 공무원을 보호하여야 한다. 끝으로 인사행정은 외부환경의 요청에 능동적으로 대응할 수 있도록 이루어져야 한다. 이상과 같은 점에서 본다면, 실적주의는 현대 자유민주주의에 가장 부합하는 인사행정의 기본원리라고 할 수 있다.

(3) 경호인사관리의 적용

대한민국 정부수립 이후 공식적으로 국가인사관리를 지배해온 기본원리는 실적주의였다고 할 수 있다(그러나 과거 공식적인 인사행정 원칙으로 삼은 실적주의가 실제의 인사관리에서 적용·유지되어 온 것은 결코 아니다. 오랫동안 공식적인 인사관리의 원칙과 현실 사이에는 커다란 괴리가 있었던 것이 사실이다). 따라서 경호인사관리 역시 원칙적으로 능력과 자격에 따라 임용되는 실적주의를 바탕으로 한 것이라 할 수 있다.

---

4) 위의 책, pp. 26-27.
5) 위의 책, pp. 27-28.

이와 관련하여 국가공무원법 제26조(임용의 원칙)에서는 '시험성적·근무성적, 그 밖의 능력의 실증에 따라 행한다'고 규정하고 있다.[6] 그리고 대통령 등의 경호에 관한 법률 시행령 제9조(임용)에서는 '경호처 직원의 임용은 학력·자격·경력을 기초로 하며, 시험성적·근무성적, 그 밖의 능력의 실증에 의하여 행한다'고 규정하고 있다. 이는 모두 실적주의를 반영한 것이다.

그러나 엽관주의·정실주의가 전적으로 배제되는 것은 아니다. 경호공무원 가운데 고위직은 이러한 요소가 크게 작용하는 것이 사실이다. 그리고 고위직으로 올라갈수록 엽관주의·정실주의적인 경호인사는 법적으로 허용되어 있다고 볼 수 있다.[7]

생각건대, 어떠한 공직이라 할지라도 인사관리에 있어서 실적주의(신규채용 등) 뿐만 아니라 엽관주의·정실주의(특히, 고위직의 승진임용 등)는 함께 작용한다고 본다. 다만, 여기서 중요한 것은 법에서 정하고 있는 기본원칙은 충실히 준수해야 한다는 점이다.

2) 계급제와 직위분류제

이상에서 살펴본 엽관주의와 실적주의는 경호공무원의 임용(채용·승진·전보 등)과 관련하여 적용된다고 볼 수 있다. 그렇다면, 임용된 경호공무원을 관료제(官僚制)라는 구조적인 틀 속에서 어떻게 하면 적재적소에 배치하여 운용할 것인 가하는 문제가 제기된다. 이와 관련하여 논의되는 것이 바로 '계급제'(階級制, rank classification)와 '직위분류제'(職位分類制, position classification)라 할 수 있다. 계급제와 직위분류제는 저마다 도입 배경과 장단점을 가지고 있다. 그러나 오늘날 계급제와 직위분류제가 명확히 구분되기보다는 상호 중첩되는 부분이 없지 않다.[8] 따라서 아래에서는 이들 두 모형이 가지고 있는 본래의 특징을 중심으로 살펴보기로 한다.

---

6) 다만, 국가기관의 장은 대통령령 등으로 정하는 바에 따라 장애인·이공계전공자·저소득층 등에 대한 채용·승진·전보 등 인사관리상의 우대와 실질적인 양성 평등을 구현하기 위한 적극적인 정책을 실시할 수 있다(국가공무원법 제26조 하단).

7) 실적주의에 의한 경호처 직원의 일반승진은 5급 이하에 적용된다고 볼 수 있다. 즉, 이들에 대한 승진 평정기준(근무성적 평정 5할, 경력평정 1.5할, 교육훈련성적 3할, 상훈 및 신체검사 0.5할)이 정해져 있지만 4급 이상(경호서기관, 경호부이사관, 경호이사관, 관리관) 경호처 직원에 대한 평정기준은 규정되어 있지 않다(대통령 등의 경호에 관한 법률 시행령 제20조 제2항 단서).

8) 오석홍(1996), 앞의 책, p. 108.

(1) 계급제

계급제는 아주 오랜 역사적 전통을 가지고 있으며, 오늘날에도 많은 국가의 인사관리에서 기본적으로 채택되고 있는 방식이라고 할 수 있다. 많은 국가에서 유지되고 있는 계급제도는 정치적 민주화가 꽃 피우기 훨씬 전부터 국가체제를 유지하기 위한 공직분류체계의 기본 틀로 형성되었다. 근대국가 이전의 왕이나 군주는 자신의 권력을 유지하기 위하여 엄격한 상하관계로 계층화된 분류체계를 형성하는 것이었다. 따라서 모든 국가에서는 오래전부터 관등제도(官等制度)를 마련하여 국가통치의 기본으로 삼았다.

계급제는 개인의 능력이나 역량과 관계없이 특정한 개인에게 부여된 계급에 따라 직무·직위가 부여되는 제도를 말한다. 즉, 계급제는 직위가 내포하고 있는 직무가 아니라 개인이 가지고 있는 '계급'(階級)에 따라 직무를 담당하게 하는 '사람 중심제도'(person oriented system)이다.

(2) 직위분류제

직위분류제는 조직에 있는 수많은 직위를 직무의 종류와 수준에 따라 분류하는 관리제도를 말한다. 직위분류제는 사람을 중심으로 공직체계를 분류하는 계급제와는 달리 '직무'(職務)의 특성을 가지고 공직을 분류하는 '직무중심제도'(job oriented system)라 할 수 있다.[9] 이러한 직위분류제는 20세기 초 미국에서 시작되어 많은 나라에 확대되었다. 우리나라도 국가공무원법에서 '직위분류제는 대통령령으로 정하는 바에 따라 그 실시가 쉬운 기관, 직무의 종류 및 직위부터 단계적으로 실시할 수 있다'고 규정하고 있다(제24조).

이러한 직위분류제는 일과 책임의 단위는 직위를 기초로 그 직위에 내포된 직무의 내용이 동일하거나 유사한 직무를 종류별로 분류하고, 종류별로 분류된 직무를 토대로 각 직무가 내포하고 있는 직무 수행의 곤란성이나 책임성이 동일하거나 유사한 직무로 분류하여 체계화하는 것이다. 즉, 직위분류제는 각각의 직위가 내포하고 있는 직무의 내용이나 직무의 상대적 가치에 따라 직무를 수직적이고 수평적으로 분류하여 체계화하는 것이다. 따라서 직위분류제는 시험이나 임용, 보수, 기타 인사관리의

9) O. Glenn Stahl(1983), Public Personnel Administration, N.Y.: Harper & Row, pp. 183-184.; 강성철 외 4인 (2011), 새 인사행정론, 서울: 대영문화사, p. 171.

합리화를 위한 수단으로 활용된다.

한편, 직위분류제는 분류된 직위에 적합한 인물을 임용하는 것이기 때문에 공무원이 장기근무와 경력발전을 통하여 내부인사를 임용하는 폐쇄형 인사체계가 아니라, 외부인사의 임용이 자유로운 개방형 인사체계에 속한다고 할 수 있다.

(3) 경호인사관리의 적용

우리나라는 계급제를 원칙으로 하고 직위분류제적 요소를 가미하고 있기 때문에 양자는 상호 배타적 관계가 아니라, 상호 보완적 관계에 있다고 볼 수 있다. 그리고 양자는 일정한 장·단점을 가지고 있다고 본다. 경호조직 역시 계급제를 기본으로 하고 직위분류제를 가미하고 있다. 이러한 계급제와 직위분류제의 특징을 토대로 경호인사관리에 적용한다면, 다음과 같이 설명할 수 있을 것이다.[10]

① 채용방식

경호공무원의 채용에 적용한다면, 계급제는 전문적 지식을 가진 사람을 선발하기보다는 장래의 발전 가능성과 잠재력을 지닌 사람을 채용하고, 직위분류제는 당장 어떤 직위·직무에 필요한 전문가를 채용하는 것을 의미한다.

따라서 신규채용에 있어서 공개채용은 계급제적 특성을 갖는다면, 특별채용(공개채용이 곤란한 관련 자격증 소지자를 임용하는 경우 등)과 별정직공무원 채용(비서, 공보, 의무, 운전, 사범, 교관, 사진 등 특수분야)은 직위분류제적 특성을 갖는다고 본다.

② 인사관리의 탄력성과 전문성

계급제에서는 계급만 동일하면 보수의 변동 없이, 전보(경호부서간의 수평이동)가 가능하며, 승진의 경우에도 동일 분야로만 이루어지는 것이 아니므로 인사관리의 탄력성이 크다. 따라서 경호공무원은 폭넓은 시각과 이해력을 갖게 되어 자신의 경력발전의 기회를 증진시켜 준다. 경호책임자로서 일정규모의 경호조직 및 부서를 효율적으로 운영하기 위해서는 폭넓은 직무의 이해는 매우 중요하다고 본다.

그러나 여러 경호기능의 관련업무를 수행하다 보면, 오랜 공직생활에도 불구하고 특정 업무에 대한 전문적인 경험과 식견이 부족할 우려가 있다. 이러한 점에서 직위분류제에 의한 특정 경호업무의 전문화는 매우 중요한 의미를 갖는다.

---

10) 위의 책, pp. 170-216 재구성.

③ 신분보장

계급제는 임용에 있어서 일반적으로 폐쇄체제로 운영되어 장기간 근무하게 되고, 내부승진을 통하여 장기근속이 보장되므로 공무원의 신분보장과 직업공무원제도를 확립하는 데 편리하다. 반면 직위분류제는 근본적으로 특정 직위나 직무와 관련되어 있기 때문에 조직개편이나 직무의 불필요성 등으로 직무 자체가 축소·폐지된 경우, 그 공무원은 다른 직무를 맡을 수 없거나 다른 부서로의 이동이 제한되므로 신분보장이 위협받을 수 있다.

이러한 점에서 계급제를 기본으로 하는 경호공무원제도는 의미를 갖는다. 그러나 이러한 신분보장으로 인해 무사안일에 빠지거나, 동일 계급에 있는 경호공무원들이 직무수행보다 행정권력을 이용하여 자신들의 집단이익을 옹호하는 특권화할 가능성이 있다.

④ 권력성과 엘리트의식

계급제는 계급간의 차별이 심하므로 능력 있는 부하들로부터 여러 정보나 자문을 구하지 않고, 독단적으로 결정할 가능성이 있어 의사결정의 합리화를 기하기가 어렵다. 또한 계급제의 상위 계급에 있는 경호책임자들은 엘리트 의식에 빠지기 쉽다. 반면, 직위분류제는 계급이 아닌 직무의 전문성에 따라 인사관리가 이루어지고, 주어진 직위·직무에 대한 권한과 책임 등이 결정되므로, 계급지상주의적인 조직행태는 상대적으로 약하다고 본다. 계급조직에서는 계급이 곧 사회적 신분이자 직업인으로서의 성공을 의미하는 것이기 때문에 문제를 안고 있다.

⑤ 인사관리의 용이성과 성과 달성도

계급제는 인사관리 계급을 기준으로 하기 때문에 직위분류제에 비하여 인사관리가 수월하고 비용도 절감된다. 그러나 직무내용, 성격, 그리고 자격요건에 따라 적합한 적임자를 임용하지 못할 우려가 있기 때문에 인사관리의 비효율성 문제가 나타날 수 있다. 반면, 직위분류제는 인사관리가 복잡하고 어렵지만, 체계적으로 관리·운영될 수 있어 인사관리의 효율성을 꾀할 수 있는 장점이 있다.

한편, 계급제는 명령체계에 의해 급변하는 외부의 경호위해환경(범죄 및 테러 등)에서 신속하게 대응할 수 있다. 반면, 직위분류제는 비상시의 신속한 업무대응이 어려울 수 있다. 즉, 지나친 직무구조의 편협성과 비탄력적 분류체계 때문에 변화하는 치안 환경에 적절히 대응하지 못할 우려가 있다.

3) 직업공무원제도

(1) 직업공무원제도의 의의

현대적 의미의 직업공무원제도(職業公務員制度, career civil service system)는 우수한 젊은 인재들을 공직에 유치하고, 그들이 공직에 근무하는 것을 명예로 인식하고 정년퇴임 시까지 장기간에 걸쳐 성실하게 근무하도록 하는 임용제도를 말한다. 이는 정권교체 와 관계없이 행정의 일관성과 독자성을 유지하기 위하여 헌법과 법률에 의해 공무원 의 신분, 즉 공무원의 임용이 공무원 개인의 능력이나 업적에 따라 보장되는 공무원 제도를 말한다. 이는 공직의 영속성과 전문성의 확보에 기여한다.

이러한 점에서 본다면 직업공무원제도는 공무원의 '신분보장'(身分保障)을 통한 '평 생의 직업'(a life work)과 밀접한 관련성을 가지고 있다고 볼 수 있다. 따라서 오늘날의 관점에서 본다면 직업공무원제도는 실적주의를 전제로 하는 것으로 인식되고 있지 만, 역사적으로 본다면 엽관주의·정실주의와도 관련성을 가지고 있다.[11]

한편, 직업공무원제도는 계급제와 폐쇄형 임용체제를 기본으로 하고 있다고 볼 수 있다. 이를 위해서 원칙적으로 학력과 연령이 엄격히 제한된 젊은 인재를 최하위 직 급으로 임용하여, 장기간에 걸쳐 근무하도록 하여 경력개발을 시키고, 이를 통해 단 계적으로 승진을 시키는 데 중점을 두고 있다. 이러한 점에서 조직의 중간계층에서의 신규채용은 원칙적으로 허용하지 않고, 상위직의 대부분은 내부승진에 의하도록 하 고 있는 것이다. 그러나 이러한 폐쇄적 임용구조로 인한 공직의 보수화·관료주의화,

---

11) 역사적으로 볼 때, 직업공무원제도는 실적주의뿐만 아니라 엽관주의·정실주의와도 관련된다. 즉, 유럽국가 에서는 19세기 이전 중앙집권적인 절대주의국가를 유지하기 위하여 정실임용에 의한 직업공무원제도가 생 겨났고, 19세기 이후에는 실적주의에 기반을 둔 현대적 직업공무원제도로 발전하기 시작하였다. 한편, 19 세기 이후의 미국은 유럽과 같은 관료제적 전통을 경험하지 않았을 뿐만 아니라, 전통적으로 직업공무원제 도를 민주주의에 대한 위협으로 인식하였다. 즉, 관직의 장기적 점유는 관료주의화를 촉진하며, 이는 민주 화를 저해하는 요인으로 인식한 것이다. 이에 따라 1829년 이후 정치적 임용을 주요 내용으로 하는 엽관주 의를 민주주의의 실천적 원리로 인식하고, 정권의 교체에 따라 공직의 대량 교체를 실천하는 전통이 확립 되었다. 따라서 공무원의 실적주의와 정치적 중립원칙이 확립된 이후에도 공직자의 모든 직급에 대한 외부 임용을 허용하는 개방형 공무원제도를 채택한 것이다. 미국은 1930년 이후부터 직업공무원제도에 관심을 갖고 어느 정도 가미하려고 하고 있다고 볼 수 있다. 위의 책, p. 42.

공직분위의 침체로 인한 공무원의 전반적인 질적 수준 저하, 외부환경 변화에 대한 수동적 대응 및 무사안일주의 등의 우려가 제기될 수 있다.

(2) 경호인사관리의 적용

헌법에서 '공무원의 신분은 법률이 정하는 바에 의하여 보장된다'고 규정하고 있다 (제7조 제2항). 그리고 국가공무원법에서는 '공무원은 형의 선고, 징계처분 또는 이 법에서 정하는 사유에 따르지 아니하고는 본인의 의사에 반하여 휴직·강임 또는 면직을 당하지 아니한다'고 하고 있다(제68조).

따라서 원칙적으로 경호공무원도 국가공무원으로서 직업공무원제도에 의해 신분보장을 받는다. 이러한 경호공무원의 신분보장은 실적주의를 바탕으로 한 것이다. 후술하겠지만 국가공무원은 경력직공무원과 특수경력직공무원으로 구분된다. 여기에서 경력직공무원이란 실적과 자격에 따라 임용되고 그 신분이 보장되며 평생 동안(근무기간을 정하여 임용하는 공무원의 경우에는 그 기간 동안을 말함) 공무원으로 근무할 것이 예정되는 공무원을 말한다(국가공무원법 제2조).

따라서 예외적으로 경호공무원 가운데 실적주의를 바탕으로 하지 않는 공무원 즉, 특수경력직공무원(정무직, 별정직)은 직업공무원제도에 의한 신분보장을 받지 못한다고 볼 수 있다.

제2절 경호인사제도

1. 경호공무원의 의의

1) 경호공무원의 개념

공무원(公務員, Public Service Personnel)이라는 것은 사적(私的)인 일이 아닌 공적(公的)인 일 즉, '공무(公務)'를 수행하는 사람을 뜻한다.[12] 현대 자유민주국가에서 공무원은 특

---

12) 사전적 의미로 '공'(公)에 내포된 공적이라는 것은 공평(公平)함을 의미하며, 이 외에도 관청·기관·벼슬을 의미하고 있다. 더 나아가 '공'은 일반인이 아닌 귀인(貴人)을 의미하는 것이다. 이러한 점에서 공무원은 공적인 일을 공평하게 수행하는 관청·기관으로서 타인의 모범되는 훌륭한 인품과 전문성을 갖추고 있어야 한다.

정 지배집단의 이해관계를 반영하기 위하여 존재하는 것이 아니라 국민을 위해 존재한다는 점은 분명한 사실이다. 이는 판단의 문제가 아니라 당위의 문제인 것이다. 따라서 대한민국 헌법에서도 '공무원은 국민 전체의 봉사자이며, 국민에 대하여 책임을 진다'고 규정하고 있는 것이다(제7조 제1항).

이러한 점에서 경호공무원(警護公務員)은 대통령 등의 경호에 관한 공적인 업무를 수행하는 공무원이지만 근본적으로는 국민 전체의 봉사자로서, 국민전체에 대해 책임져야 한다. 또 경호공무원은 정치적 이해관계에 좌우되지 않고, 규정된 법에 의해 주어진 역할을 수행하는 중립자(中立者)로서의 역할이 정립되어야 함을 의미하는 것이다. 경호공무원은 법치주의 원리에 따라 주어진 업무를 수행하며, 법치주의를 파괴하는 자에 대해 물리적 강제력을 행사하여 통제하는 법치주의의 수호자인 셈이다.

2) 경호공무원의 성격

일반적으로 공무원은 국가공무원(國家公務員)과 지방공무원(地方公務員)으로 구분할 수 있다. 여기에서 국가공무원은 국가에 의해 임명되는 공무원을, 지방공무원은 지방자치단체에 의해 임명되는 공무원을 말한다.[13] 경호공무원은 대통령 등의 국가요인에 대한 경호임무를 수행하고 있으며, 따라서 대통령경호처라는 국가조직에 근무하는 국가공무원에 해당된다.

국가공무원에 해당되는 경호공무원은 원칙적으로 국가공무원법의 적용을 받게 되지만, 경호책임 및 직무의 중요성과 신분 및 근무조건의 특수성에 비추어 별도로 「대통령 등의 경호에 관한 법률」(1963년 제정)을 두어 그 임용 등에 관하여 국가공무원법에 대한 특례를 규정하고 있다. 따라서 국가공무원법과 이 법은 일반법(一般法)과 특별법(特別法)의 관계에 있기 때문에 우선적으로 이 법을 적용하고 이 법에 규정이 없는 사항에 대해 국가공무원법을 준용하도록 하고 있다(제14조).

---

13) 공무원의 의미를 넓게 해석하면, 일체의 공무담당자, 즉 선거에 의하여 선출되는 공무원을 포함하여 국가나 지방자치단체의 모든 기관구성자를 의미하고, 여기에는 사법상 계약·사무위임 등에 의해 한정된 공무를 담당하는 자까지 포함된다.

> **참고** 공무원의 구분(국가공무원법 제2조)
>
> ① 국가공무원은 경력직공무원과 특수경력직공무원으로 구분한다.
>
> ② 경력직공무원이란 실적과 자격에 따라 임용되고 그 신분이 보장되며 평생 동안(근무기간을 정하여 임용하는 공무원의 경우에는 그 기간 동안을 말함) 공무원으로 근무할 것이 예정되는 공무원을 말하며, 그 종류는 다음과 같다.
>
>   ㉠ 일반직공무원 : 기술·연구 또는 행정 일반에 대한 업무를 담당하는 공무원
>
>   ㉡ 특정직공무원 : 법관, 검사, 외무공무원, 경찰공무원, 소방공무원, 교육공무원, 군인, 군무원, 헌법재판소 헌법연구관, 국가정보원의 직원, 경호공무원과 특수 분야의 업무를 담당하는 공무원으로서 다른 법률에서 특정직공무원으로 지정하는 공무원
>
> ③ 특수경력직공무원이란 경력직공무원 외의 공무원을 말하며, 그 종류는 다음과 같다.
>
>   ㉠ 정무직공무원
>
>   가. 선거로 취임하거나 임명할 때 국회의 동의가 필요한 공무원
>
>   나. 고도의 정책결정 업무를 담당하거나 이러한 업무를 보조하는 공무원으로서 법률이나 대통령령(대통령비서실 및 국가안보실의 조직에 관한 대통령령만 해당)에서 정무직으로 지정하는 공무원
>
>   ㉡ 별정직공무원 : 비서관·비서 등 보좌업무 등을 수행하거나 특정한 업무 수행을 위하여 법령에서 별정직으로 지정하는 공무원

3) 경호공무원의 구분

(1) 경호처장

대통령경호처의 업무를 총괄하며 소속공무원을 지휘·감독하기 위하여 대통령이 임명한 대통령경호처장을 두고 있다(대통령 등의 경호에 관한 법률 제3조 제1항). 다만 주의할 것은 이 경호처장의 신분에 대해서는 「정부조직법(政府組織法)」에 근거를 두고 있다. 이 법에 따라 경호처장 1명을 두되, 정무직(政務職)으로 하고 있다(제16조 제2항).

(2) 경호처차장

한편, 경호처에 차장 1명을 두도록 하고 있다. 차장은 1급 경호공무원 또는 고위공

무원단에 속하는 별정직(別定職) 국가공무원으로 보하며, 처장을 보좌하도록 하고 있다(대통령 등의 경호에 관한 법률 제3조 제3항).

(3) 직원

경호처에 특정직 국가공무원인 1급부터 9급까지의 경호공무원과 일반직 국가공무원을 두도록 하고 있다. 다만, 필요하다고 인정할 때에는 경호공무원의 정원 중 일부를 일반직 국가공무원 또는 별정직 국가공무원으로 보할 수 있도록 하고 있다(대통령 등의 경호에 관한 법률 제6조 제1항).[14]

경호공무원 각 계급의 직무의 종류별 명칭은 대통령령으로 정하고 있다(동법 시행령 제5조).

경호공무원의 계급별 직급의 명칭

계급	직급의 명칭
1급	관 리 관
2급	이 사 관
3급	부 이 사 관
4급	경 호 서 기 관
5급	경 호 사 무 관
6급	경 호 주 사
7급	경 호 주 사 보
8급	경 호 서 기
9급	경 호 서 기 보

한편, '소속공무원'(所屬公務員)이란 대통령경호처 직원과 경호처에 '파견'(派遣)된 사람을 말한다(대통령 등의 경호에 관한 법률 제2조 제3호). 예컨대, 청와대에 근무하는 101경비단은 대통령경호의 업무를 지원하기 위하여 경찰에서 파견된 경찰공무원이라고 할 수 있다.

---

14) 이처럼 경호처 직원은 크게 ① 특정직 국가공무원인 1급부터 9급까지의 경호공무원과 ② 일반직 국가공무원으로 구성되어 있음을 알 수 있다. 다만, 이 글에서는 논의의 편의상 경호공무원으로 표현하기로 한다.

2. 경호공무원의 권리와 의무

1) 경호공무원의 권리

(1) 기본권의 보장

경호공무원은 일반국민과 마찬가지로 헌법에서 보장하는 기본권(基本權)이 원칙적으로 보장된다. 다만 경호공무원으로서 적절한 직무수행을 위하여 일정 부분 기본권의 제한이 인정되고 있다.

참고	특수신분관계에 따른 경호공무원의 기본권 제한

특별한 법률원인에 의하여 일정한 공법(公法)상의 목적을 위하여 필요한 범위 내에서 당사자(當事者)의 일방이 포괄적으로 그 상대방을 지배하고, 그 상대방은 이에 복종함을 내용으로 하는 법률관계를 특별권력관계(特別權力關係)라고 한다.

이는 국민이 국가의 구성원으로서 가지는 일반적 지위에서 통치권(統治權)에 복종하는 관계인 일반권력관계(一般權力關係)에 대응되는 개념인데, 오늘날 이러한 이론은 부인되고 있다.[15]

물론 특별한 국가행정 목적의 달성을 위하여 국가와 국민 사이에 일반적인 결합관계와는 별도의 보다 강력한 결합관계가 필요함을 부인할 수는 없다. 다만, 전통적으로 이러한 특별권력관계론이 자의적으로 남용되어 법치주의(法治主義)의 이념을 위배해 온 점이 적지 않은 것이 사실이다.

따라서 특별권력관계론은 부정되고, 대신 특별법률관계(特別法律關係) 또는 특수신분관계(特殊身分關係)에서 기본권은 제한된다고 보아야 할 것이다.[16] 이에 따라 특수신분관계에 있는 경호공무원 등에 대해서는 특수신분관계의 본질에서 오는 일정한 기본권의 제한이 인정되고 있다.

예컨대, 경호공무원을 포함한 모든 공무원은 국민전체에 대한 봉사자로서 정치적 중립성이 요구되는바(헌법 제7조 제1항), 이를 보장하기 위하여 법률이 정하는 바에

---

15) 경호공무원의 법관계는 기본적으로 자연인인 경호공무원과 임용주체의 지위를 갖는 공법상의 법인 즉, 국가 사이에 존재하는 공법상 근무관계·공법상 성실관계이다. 경호공무원의 법관계는 공법관계로 형성되는 것이지, 특별권력관계로 형성되는 것은 아니다. 홍정선(2007), 경찰행정법, 서울: 박영사, p. 155 재구성.
16) 헌법재판소는 특수신분관계를 인정하고 공무원 등에 대한 기본권 제한의 특수성을 인정하고 있다. 헌재 2005. 05. 26, 2001얼마728.

의하여 정당가입이나 정치적 활동 등이 금지된다. 그리고 노동조합을 결성하는 등 집단행동(노동 3권 즉, 단결권 · 단체교섭권 · 단체행동권)은 금지된다.[17]

또 경호공무원은 대통령, 국회의원, 지방의회의원 및 지방자치단체의 장에 입후보 하기 위해서는 일정기간(90일) 전에 사임하여야 한다(공직선거법 제53조 제1항). 이 밖에 도 국가공무원법 및 대통령 등의 경호에 관한 법률상의 의무 · 금지에 따른 제한이 따른다.[18]

다만 이에 따른 기본권 제한은 합리적 · 합법적인 범위 내에서 이루어져야 할 것이 다. 그러나 양심의 자유와 같은 절대적 기본권은 어떠한 경우에도 제한할 수 없으 며, 상대적 기본권을 제한하는 경우에도 그 본질적 내용과 인간의 존엄과 가치는 침해 할 수 없다고 본다.

(2) 신분보장

경호공무원 가운데 경력직공무원(經歷職公務員: 특정직공무원 및 일반직공무원)은 평생 동 안(근무기간을 정하여 임용하는 공무원의 경우에는 그 기간 동안) 공무원으로 근무할 것이 보장된 다. 따라서 경호공무원은 법이 정한 사유와 절차에 따르지 않는 한 공무원의 신분을 박탈당하지 않는다. 경호공무원의 신분보장에 대한 내용은 앞의 직업공무원제도에서 설명한 바와 같다.

따라서 경호공무원은 징계처분 기타 그 의사에 반하는 불리한 처분(휴직 등)이나 부 작위에 대하여 소청심사위원회(訴請審査委員會)에 소청할 수 있고(국가공무원법 제9조), 또 관할 행정법원에 행정소송을 제기할 수 있다(행정소송법 참조). 다만, 행정소송은 소청심 사위원회의 심사 · 결정을 거치지 아니하면 제기할 수 없다(국가공무원법 제16조 제1항). 이 밖에도 경호공무원은 국가에 대한 재산상의 권리(보수청구권, 연금청구권, 보훈을 받을 권리 등)를 가지고 있다.[19]

한편, 경호공무원 가운데 특수경력직공무원(特殊經歷職公務員)이 존재한다. 특수경력 직공무원은 경력직공무원 외의 공무원을 말하는데, 이들은 경력직공무원과 같은 신

---

17) 공무원은 근로자로서 법률이 정하는 자에 한하여 단결권 · 단체교섭권 및 단체행동권을 가진다(헌법 제33조 제2항). 이를 위하여 제정된 법이 '공무원의 노동조합 설립 및 운영 등에 관한 법률'인데, 경호공무원은 그 직무의 특수성으로 인해 이 법의 적용에서 제외된다.
18) 김철수(2006), 헌법학개론, 서울: 박영사, pp. 361-364.
19) 이에 대한 자세한 내용은 홍정선(2007), 앞의 책, pp. 183-187 참조.

분보장이 되지 않는다. 정무직공무원(예: 경호처장)과 별정직공무원(예: 차장 등 경호공무원을 별정직공무원으로 임용한 경우)이 이에 해당된다.

2) 경호공무원의 의무

이처럼 경호공무원은 국가공무원으로서 일정한 권리를 보장받고 있으며, 동시에 국민전체에 대한 봉사자로서 국민에 대하여 책임을 지는 등 제반 의무를 지게 된다(헌법 제7조 제1항). 이러한 경호공무원의 의무 준수는 경호윤리를 실천하는 구체적인 방법이 된다고 볼 수 있다.

그리고 위에서 언급한 바와 같이 경호공무원이 부담하는 의무는 경호공무원이 특별권력관계에 놓이기 때문에 법적 근거 없이도 당연히 인정된다는 논리는 타당하지 않다. 특수신분관계 내지 특별법률관계에 의해 경호공무원에게 부과되는 의무도 반드시 법적 근거를 필요로 한다. 왜냐하면 경호공무원관계도 공법상의 법관계이고, 그 법관계는 법치주의원칙 내에서만 존재하는 것이기 때문이다.[20] 경호공무원의 의무와 관련된 법규정으로는 국가공무원법, 대통령 등의 경호에 관한 법률, 공직자윤리법 등이 있다.[21]

(1) 국가공무원법상의 의무

국가공무원법상의 공무원의 의무는 모든 국가공무원을 대상으로 하는 것인데, 아래에서는 이를 경호공무원을 중심으로 살펴보기로 한다.

① 선서의무

국가공무원법에 따라 경호공무원은 취임할 때에 소속기관장 앞에서 대통령령(국가공무원 복무규정)이 정하는 바에 따라 선서(宣誓)를 하여야 한다. 다만 불가피한 사유가 있으면 취임 후에 선서할 수 있다(제55조).

---

20) 위의 책, p. 187.
21) 이하 위의 책, pp. 189-201 재구성.

선서문

```
                              선 서

  나는 대한민국 공무원으로서 헌법과 법령을 준수하고, 국가를 수호하며, 국민에
  대한 봉사자로서의 임무를 성실히 수행할 것을 엄숙히 선서합니다.

                                        국가공무원 복무규정 제2조
```

② 법령준수의무 및 성실의무

모든 경호공무원은 법령을 준수하며 성실히 직무를 수행하여야 한다(제56조). 법령의 준수는 법치국가에서 경호공무원이 부담하는 가장 기본적인 의무 가운데 하나가 된다. 여기에서 법령이란 행정법의 법원이 되는 모든 법을 말한다. 법규명령 외에 행정규칙도 포함됨은 물론이다. 경호공무원의 법령위반행위는 그 행위의 무효·취소, 손해배상, 그리고 경호공무원 개인의 책임 문제를 야기한다.

한편, 성실의무 역시 경호공무원에게 부과된 가장 기본적인 의무 중의 하나이다. 성실이란 자신의 임무수행에 있어서 자신의 인격과 양심에 입각하여 최선을 다하여야 함을 뜻한다(제56조). 물론, 그렇다고 해서 성실의무라는 것이 경호공무원에게 무한정의 희생·헌신·충성을 요구하는 것은 아니다. 성실의무위반 여부의 판단은 쉬운 일이 아니다.

그러나 주의할 것은 이러한 성실의무는 정치적·윤리적인 의무에 불과한 것이 아니라 국가공무원법에서 규정하고 있는 법적인 의무임에는 틀림없다.

③ 복종의무

경호공무원은 직무를 수행할 때 소속 상관의 직무상 명령에 복종하여야 한다(제57조). 경호조직은 계층적 조직체로서 상명하복(上命下服)의 원칙은 직무수행에 있어서 매우 중요한 것이다. 여기에서 소속 상관은 당해 경호공무원의 직무에 관해서 지휘·감독할 수 있는 권한을 가진 기관을 말한다. 그리고 소속 상관은 언제나 1인 만을 의미하는 것은 아니며, 또한 소속 상관은 행정관청일 수도 있고, 보조기관일 수도 있다.

한편, 직무상의 명령은 상급공무원이 부하공무원에 대해 직무상 발하는 명령을 총

칭하는 개념이다. 그 내용은 개별·구체적일 수도 있고, 일반·추상적일 수도 있다. 직무상 명령은 개념상 훈령(訓令)과 구별을 요한다.

 직무상 명령과 훈령의 구분

구 분	직무상 명령	훈 령
규율관계자 신분변동	• 상하급 공무원간의 규율 • 상하공무원의 신분의 변동에 따라 효력이 상실	• 상하급 관청간의 규율 • 상급관청이 폐지하지 않는 한 기관구성자의 변동에 관계없이 효력을 지속

그리고 이러한 직무상 명령은 하급공무원을 구속할 뿐 일반 국민을 구속하는 것은 아니다. 즉, 직무상 명령은 법규가 아니기 때문이다. 소속 상관의 직무상 명령을 위반하면 징계사유가 된다(제78조 제1항).

직무상 명령의 대상이 될 수 있는 사항은 ㉠ 상관의 권한에 속하고, ㉡ 부하직원의 권한에 속하는 직무에 관련이 있는 사항이다. 한편, 적법한 직무상 명령이 있으면 당해 경호공무원은 그 명령에 복종하여야 하는데, 이는 소속 상관의 명령을 이행하여야 함을 의미한다. 즉, 직무상 명령을 받은 경호공무원은 그 명령의 내용에 따라 작위의무, 부작위의무, 수인의무, 급부의무를 이행하여야 한다.

그러나 명백히 위법한 직무상의 명령(예, 범죄행위의 명령)에 대해서는 복종을 거부해야 하며, 만약 이에 복종하면 그 명령을 한 상관은 물론이고 그 명령을 집행한 공무원도 책임을 면할 수 없다.

④ 직장이탈 금지의무

경호공무원은 소속 상관의 허가 또는 정당한 사유가 없으면 직장을 이탈하지 못한다(제58조). 한편, 경호기관의 장은 민원 편의 등 공무 수행을 위하여 필요하다고 인정할 때에는 근무시간 외의 근무를 명하거나 토요일 또는 공휴일 근무를 명할 수 있다(국가공무원 복무규정 제11조 제1항). 이 경우, 직장이탈 금지의무가 존재함은 물론이다.

⑤ 친절·공정의무

경호공무원은 국민전체의 봉사자로서 친절하고 공정하게 직무를 수행하여야 한다

(제59조). 친절의무는 경호공무원이 국민에 대해 군림하는 자세가 아닌 봉사하는 자세로 직무를 수행해야 한다는 것이며, 공정의무는 특정국민이 아니라 모든 국민에 대하여 불편부당(不偏不黨)하게 직무를 수행해야 한다는 것을 의미한다. 이러한 의무 역시 법적 의무이며, 따라서 예컨대, 불친절하게 한 행위도 징계의 대상이 될 수 있다.

⑥ 종교중립의무

경호공무원은 종교에 따른 차별 없이 직무를 수행하여야 한다. 따라서 경호공무원은 소속 상관이 이에 위배되는 직무상 명령을 한 경우에는 이에 따르지 아니할 수 있다(제59조의2). 대한민국 헌법은 모든 국민은 종교의 자유를 가지며, 국교는 인정되지 않고, 종교와 정치의 분리를 선언하고 있다(제20조).

오늘날 종교적 갈등은 정치적 갈등 못지않게 심각한 사회적 문제로 대두되고 있으며, 따라서 경호공무원은 종교적 중립성은 매우 중요한 의미를 갖는다고 본다.

⑦ 비밀엄수의 의무

경호공무원은 재직 중은 물론 퇴직 후에도 직무상 알게 된 비밀을 엄수(嚴守)하여야 한다(제60조). 이러한 비밀엄수의무를 위반하면 징계처분을 받을 뿐만 아니라 형사처벌을 받게 된다.

⑧ 청렴의무

경호공무원은 직무와 관련하여 직접적이든 간접적이든 사례·증여 또는 향응을 주거나 받을 수 없다. 경호공무원은 직무상의 관계가 있든 없든 그 소속 상관에게 증여하거나 소속 공무원으로부터 증여를 받아서는 아니 된다(제61조). 이러한 청렴의무 위반은 징계사유가 될 뿐만 아니라 경우에 따라서는 형법상 뇌물에 관한 죄(수뢰, 사전수뢰죄)를 구성할 수도 있다.[22]

⑨ 영예의 제한

경호공무원이 외국 정부로부터 영예(榮譽: 훈장 등)나 증여를 받을 경우에는 대통령의

---

22) ① 공무원 또는 중재인이 그 직무에 관하여 뇌물을 수수, 요구 또는 약속한 때에는 5년 이하의 징역 또는 10년 이하의 자격정지에 처한다. ② 공무원 또는 중재인이 될 자가 그 담당할 직무에 관하여 청탁을 받고 뇌물을 수수, 요구 또는 약속한 후 공무원 또는 중재인이 된 때에는 3년 이하의 징역 또는 7년 이하의 자격정지에 처한다(형법 제129조).

허가를 받아야 한다(제62조).

⑩ **품위유지의무**

경호공무원은 직무의 내외를 불문하고 그 품위가 손상되는 행위를 하여서는 아니 된다(제63조). 여기에서 품위손상행위란 국가의 권위·위신·체면·신용 등에 영향을 미칠 수 있는 공무원의 불량하거나 불건전한 행위를 말한다(예, 축첩, 도박, 마약이나 알코올 중독, 음주운전 등). 그리고 이러한 품위유지의무는 직무수행 중뿐만 아니라 직무수행과 관계없이도 존재하며(예, 휴가기간 동안의 음주운전 등), 따라서 이를 위반하면 역시 징계사유가 된다.

⑪ **영리업무 금지의무 및 겸직 금지의무**

경호공무원은 공무 외에 영리를 목적으로 하는 업무에 종사하지 못하며 소속 기관장의 허가 없이 다른 직무를 겸할 수 없도록 하고 있다(제64조 제1항). 이에 따른 경호공무원의 영리를 목적으로 하는 업무의 한계는 대통령령으로 정하고 있다(제2항).[23]

⑫ **정치운동 금지의무**

경호공무원은 국민전체에 대한 봉사자로서 정치적 중립성을 지켜야 함은 주지의 사실이다(헌법 제7조). 따라서 경호공무원은 정당이나 그 밖의 정치단체의 결성에 관여하거나 이에 가입할 수 없도록 하고 있다(국가공무원법 제65조 제1항). 그리고 경호공무원은 선거에서 특정 정당 또는 특정인을 지지 또는 반대하기 위한 행위(즉, 선거운동)를 하여서는 아니 된다.[24]

---

23) ① 국가공무원 복무규정 제25조(영리업무의 금지) 공무원은 다음의 어느 하나에 해당하는 업무에 종사함으로써 공무원의 직무 능률을 떨어뜨리거나, 공무에 대하여 부당한 영향을 끼치거나, 국가의 이익과 상반되는 이익을 취득하거나, 정부에 불명예스러운 영향을 끼칠 우려가 있는 경우에는 그 업무에 종사할 수 없다. ㉠ 공무원이 상업, 공업, 금융업 또는 그 밖의 영리적인 업무를 스스로 경영하여 영리를 추구함이 뚜렷한 업무, ㉡ 공무원이 상업, 공업, 금융업 또는 그 밖에 영리를 목적으로 하는 사기업체(私企業體)의 이사·감사 업무를 집행하는 무한책임사원·지배인·발기인 또는 그 밖의 임원이 되는 것, ㉢ 공무원 본인의 직무와 관련 있는 타인의 기업에 대한 투자, ㉣ 그 밖에 계속적으로 재산상 이득을 목적으로 하는 업무. ② 제26조(겸직 허가) ㉠ 공무원이 제25조의 영리업무에 해당하지 아니하는 다른 직무를 겸하려는 경우에는 소속 기관의 장의 사전 허가를 받아야 한다. ㉡ 이 허가는 담당 직무 수행에 지장이 없는 경우에만 한다. ㉢ '소속 기관의 장'이란 고위공무원단에 속하는 공무원 이상의 공무원에 대해서는 임용제청권자, 3급 이하 공무원 및 기능직공무원에 대해서는 임용권자를 말한다.

24) ① 투표를 하거나 하지 아니하도록 권유 운동을 하는 것, ② 서명 운동을 기도(企圖)·주재(主宰)하거나 권유하는 것, ③ 문서나 도서를 공공시설 등에 게시하거나 게시하게 하는 것, ④ 기부금을 모집 또는 모집하

아울러 경호공무원은 다른 공무원에게 위와 같은 사항에 위배되는 행위를 하도록 요구하거나, 정치적 행위에 대한 보상 또는 보복으로서 이익 또는 불이익을 약속하여 서는 아니 된다(동조 제3항).

⑬ 집단행위 금지의무

경호공무원은 노동운동이나 그 밖에 공무 외의 일을 위한 집단행위를 하여서는 아니 된다(제66조 제1항). 경호공무원은 국민전체의 이익을 위해 봉사하는 자이므로 경호공무원 자신의 개인적 이익을 위한 집단행동(集團行動; 단결권·단체교섭권·단체행동권)은 금지된다.

(2) 대통령 등의 경호에 관한 법률상의 의무

① 비밀엄수의 의무

위에서 살펴본 바와 같이 비밀엄수의 의무는 국가공무원법(제60조)에서 규정하고 있는데, 대통령 등의 경호에 관한 법률에서도 이를 규정하고 있다. 사실, 대통령경호처 경호원들은 대통령을 포함한 경호대상자들을 수행하는 과정에서 이들의 가족 이야기에서부터 국가안보, 정치문제에 이르기까지 많은 이야기를 듣게 된다. 경호원들은 프로정신을 가지고 직무에 임해야 하며, 따라서 이러한 경호대상자의 개인적인 일부터 국가적인 문제가 유출되어서는 안 된다.

이러한 이유로 법에서는 소속공무원(퇴직한 사람과 원(原)소속 기관에 복귀한 사람 포함)은 직무상 알게 된 비밀을 누설하여서는 아니 된다고 규정하고 있다(제9조 제1항). 이를 위반한 사람은 5년 이하의 징역이나 금고 또는 1천만원 이하의 벌금에 처하도록 하고 있다(제21조 제1항).

그리고 소속공무원은 경호처의 직무와 관련된 사항을 발간하거나 그 밖의 방법으로 공표하려면 미리 처장의 허가를 받도록 하고 있다(제9조 제2항). 이를 위반한 사람은 2년 이하의 징역·금고 또는 500만원 이하의 벌금에 처하도록 하고 있다(제21조 제2항).

게 하거나, 공공자금을 이용 또는 이용하게 하는 것, ⑤ 타인에게 정당이나 그 밖의 정치단체에 가입하게 하거나 가입하지 아니하도록 권유 운동을 하는 것(제62조 제2항 각호).

르윈스키 스캔들과 경호보안 문제

1998년 르윈스키 스캔들(M. Lewinsky Scandal)은 미국의·클린턴(B. Clinton, 49) 대통령과 백악관 여직원 르윈스키와 관계된 '정치·섹스 스캔들'이라 할 수 있다.

이 사건을 계기로 클린턴 대통령은 탄핵위기에 몰렸다. 당시 미국 하원은 클린턴 대통령의 위증과 사법방해 혐의가 인정된다며 탄핵 결의안을 가결했다. 이듬해 상원에서 탄핵안이 부결되면서 기소 위기는 넘겼다. 당시 클린턴 대통령은 케네스 스타(Kenneth W. Starr) 특별검사의 조사에서 경호원 및 참모들에게 허위 진술을 하도록 회유한 혐의를 받았다.[25]

이러한 과정에서 대통령 경호원들의 기밀 보안 문제가 시험대에 올랐다. 스타 특별검사는 경호책임자와 경호원들을 소환하여 대통령 가족에 대한 조사를 하였고, 이들의 법정 진술까지 요구한 것이다. 그러나 이들 경호팀이 이 사건이 경호대상자(대통령과 그 가족)의 보호와 직결된 문제로 받아들여 법정 진술을 거부하면서 대법원까지 논쟁을 이어갔다.

그러나 대법원은 이들 경호팀에게는 소환에 대한 면제권이 없으며, 따라서 법정 증언을 하도록 판결하였다. 이전까지 경호원들에게 기밀 발설을 강요받은 선례는 거의 없었기 때문에 당시 경호팀은 가장 힘든 시기였다.

② 직권남용 등의 금지 등

대통령경호처 소속공무원(대통령경호처 직원과 경호처에 파견된 사람)은 경호처에 소속되어 있다는 이유만으로도 직권을 대외적으로 남용할 소지가 없지 않다. 따라서 법으로 대통령경호처 소속공무원은 직권을 남용하지 못하도록 하고 있다(제18조 제1항).

아울러 경호처에 파견된 경찰공무원 역시 이 법에 규정된 임무 외의 경찰공무원의 직무를 수행할 수 없도록 하고 있다(제2항). 경호처에 파견된 경찰공무원이 대통령 등의 경호에 관한 법률에 규정된 임무 외의 보통경찰로서 직무를 수행하게 되면, 이 역시 권한 남용의 우려가 있기 때문에 이를 방지하고자 한 것이다.

따라서 이상과 같은 사항을 위반한 소속공무원에 대해서는 5년 이하의 징역이나 금고 또는 1천만원 이하의 벌금에 처하도록 하고 있다(제21조 제1항).

---

25) 위키백과(https://ko.wikipedia.org).

(3) 공직자윤리법상의 의무

공직자윤리법에서는 공직자에 대한 재산등록 등을 규정함으로써 이들의 부정한 재산 증식을 방지하고 공무집행의 공정성 등을 확보하고자 하고 있다.

이에 따라 4급 이상의 대통령경호처 경호공무원은 이 법에서 정하는 바에 따라서 재산을 등록하도록 하고 있다(제3조 제1항 제4호).[26] 등록의무자가 등록할 재산은 가족 가운데 일정한 사람의 재산(소유 명의와 관계없이 사실상 소유하는 재산, 비영리법인에 출연한 재산과 외국에 있는 재산을 포함)으로 한다.[27]

3. 경호인사기관

1) 임용권자

임용(任用, appointment)은 경호공무원 법적 관계의 발생, 변경, 소멸의 원인이 되는 모든 행위를 지칭한다. 경호조직에 필요한 인적자원을 조직 내외적으로 운용하는 제반 활동을 의미하는 것이다. 한편, 임용이 가장 좁은 의미로 사용되는 경우는 경호공무원 관계를 처음 발생시키는 신규채용으로서의 임명을 의미하기도 한다. 그리고 임용을 외부임용과 내부임용으로 구분하기도 한다.[28]

공무원임용령상에서 임용의 내용을 세부적으로 살펴보면, 이는 '신규채용, 승진, 전직(轉職), 전보, 겸임, 파견, 강임(降任), 휴직, 직위해제, 정직, 강등, 복직, 면직, 해임 및 파면'을 말한다(제2조 제1호). 이러한 점에서 법적인 임용은 넓은 의미로 사용되고 있음을 알 수 있다.

(1) 대통령

5급 이상 경호공무원과 5급 상당 이상 별정직 국가공무원은 처장의 제청으로 대통령이 임용하도록 하고 있다. 다만, 전보·휴직·겸임·파견·직위해제·정직(停職) 및 복직에 관한 사항은 처장이 행하도록 하고 있다(대통령 등의 경호에 관한 법률 제7조 제1항).

---

26) 4급 이상의 경호공무원은 경호서기관(4급), 경호부이사관(3급), 경호이사관(2급), 관리관(1급)을 말한다(대통령 등의 경호에 관한 법률 시행령 제5조).
27) ① 본인, ② 배우자(사실상의 혼인관계에 있는 사람 포함), ③ 본인의 직계존속·직계비속(다만, 혼인한 직계비속인 여성과 외증조부모, 외조부모, 외손자녀 및 외증손자녀는 제외)(공직자윤리법 제4조 제1항).
28) 강성철 외 4인(2011), 앞의 책, p. 246.

이와 같이 원칙적으로 5급 이상의 경호공무원에 대한 임용권은 대통령이 하도록 하고 있지만, 모든 임용권을 행사하지 않고 상대적으로 중요성이 낮은 임용 사항에 대해서는 처장이 행하도록 하고 있음을 알 수 있다. 따라서 5급 이상의 경호공무원에 대해 행사하는 대통령의 임용권은 신규채용, 승진, 면직, 파면, 해임 등에 대해서 이루어진다고 볼 수 있다.

(2) 경호처장

처장은 경호공무원 및 별정직 국가공무원에 대하여 대통령이 행사하는 임용권 외(外)의 모든 임용권을 행사하도록 하고 있다(대통령 등의 경호에 관한 법률 제7조 제2항).

이에 따라 먼저, 5급 이상의 경호공무원과 5급 상당 이상 별정직 국가공무원에 대해서는 전보·휴직·겸임·파견·직위해제·정직(停職) 및 복직에 관한 사항에 대해서 임용권을 가지고 있다고 볼 수 있다. 그리고 6급 이하의 경호공무원과 별정직 국가공무원에 대한 일체(一切)의 임용권을 가지고 있음을 알 수 있다.

2) 인사관련 위원회

대통령경호처에 인사관련 위원회는 대통령 등의 경호에 관한 법률상의 징계위원회(고등·보통징계위원회)와 동법 시행령상의 인사위원회, 승진선발위원회·승진후보추천위원회 등이 있다.

(1) 징계위원회

① 징계위원회의 설치

경호처 직원의 징계에 관한 사항을 심사·의결하기 위하여 경호처에 고등징계위원회(高等懲戒委員會)와 보통징계위원회(普通懲戒委員會)를 두고 있다(대통령 등의 경호에 관한 법률 제12조 제1항). 각 징계위원회는 위원장 1명과 4명 이상 6명 이하의 위원으로 구성하도록 하고 있다(제2항).

② 징계위원회의 구성

고등징계위원회의 위원장은 경호처 차장(次長)이 되고, 위원은 3급 이상의 직원(고위공무원단에 속하는 직원을 포함)과 다음 각 호의 어느 하나에 해당하는 사람 중에서 성별을 고려하여 처장이 임명 또는 위촉하도록 하고 있다(대통령 등의 경호에 관한 법률 시행령 제29조 제1항).

- ㉠ 법관·검사 또는 변호사로 10년 이상 근무한 사람
- ㉡ 「고등교육법」 제2조에 따른 학교 또는 그 밖의 다른 법률에 따라 설립된 이에 준하는 교육기관(이하 '대학 등'이라 함)에서 법률학·행정학 또는 경호 관련 학문을 담당하는 부교수 이상으로 재직 중인 사람
- ㉢ 3급 이상의 경호공무원으로 근무하고 퇴직한 사람(퇴직일부터 3년이 지난 사람으로 한정)

그리고 보통징계위원회의 위원장은 경호지원단장이 되고, 위원은 4급 이상의 직원(고위공무원단에 속하는 직원을 포함)과 다음 각 호의 어느 하나에 해당하는 사람 중에서 성별을 고려하여 처장이 임명 또는 위촉하도록 하고 있다(제29조 제2항).

- ㉠ 법관·검사 또는 변호사로 5년 이상 근무한 사람
- ㉡ 대학등에서 법률학·행정학 또는 경호 관련 학문을 담당하는 조교수 이상으로 재직 중인 사람
- ㉢ 경호공무원으로 20년 이상 근무하고 퇴직한 사람(퇴직일부터 3년이 지난 사람으로 한정)

③ 징계위원회의 운영

경호처장은 소속 직원에게 징계사유가 있다고 인정되는 때에는 관할 징계위원회에 징계의결을 요구하도록 하고 있다(동법 시행령 제28조 제1항).

그리고 이에 따른 경호처 직원의 징계는 징계위원회의 의결을 거쳐 처장이 하도록 하고 있다. 다만, 5급 이상 직원의 파면(罷免) 및 해임(解任)은 고등징계위원회의 의결을 거쳐 처장의 제청으로 대통령이 하도록 하고 있다(동법 제12조 제3항).

한편, 고등징계위원회는 1급 내지 5급 직원에 대한 징계사건 및 6급 이하 직원에 대한 중징계 사건을 심사·의결하도록 하고 있다. 그리고 보통징계위원회는 6급 이하 직원에 대한 경징계 사건을 심사·의결하도록 하고 있다(동법 시행령 제30조 제1항, 제2항).

경호공무원 징계의 종류

「국가공무원법」상의 징계는 파면(罷免)·해임(解任)·강등(降等)·정직(停職)·감봉(減俸)·견책(譴責)으로 구분하고 있다(제79조).**29)** 이러한 징계 가운데 중징계는 파면, 해임, 강등 및 정직을 의미하고, 경징계란 감봉 및 견책을 의미한다(공무원징계령 제1조의3). 징계처분을 내리는 징계권자의 징계 종류의 선택은 '재량적'이다.**30)**

① **파면** : 파면은 경호공무원의 신분을 박탈하여 공무원관계를 배제하는 징계처분을 말한다. 파면된 경호공무원은 5년이 지나지 아니하면 임용될 수 없다(국가공무원법 제33조 제7호). 그리고 퇴직급여 및 퇴직수당의 일부 감액이 따른다(공무원연금법 제65조 제1항 제2호).**31)**

② **해임** : 해임 역시 파면과 마찬가지로 경호공무원의 신분을 박탈하여 공무원관계를 배제하는 징계처분이다. 해임된 경호공무원은 3년이 지나지 아니하면 임용될 수 없다(국가공무원법 제33조 제8호). 해임된 경우에는 퇴직급여 및 퇴직수당의 감액은 없다. 다만, 금품 및 향응수수, 공금의 횡령·유용으로 해임된 경우에는 제외된다(공무원연금법 제65조 제1항 제3호).**32)**

③ **강등** : 강등은 1계급 아래로 직급을 내리고(고위공무원단에 속하는 공무원은 3급으로 임용하고, 연구관 및 지도관은 연구사 및 지도사로 함) 공무원신분은 보유하나 3개월간 직무에 종사하지 못하며 그 기간 중 보수는 전액(全額)을 감한다(국가공무원법 제80조 제1항).

---

29) 경호처 직원의 징계와 관련하여 「대통령 등의 경호에 관한 법률 시행령」에 특별한 규정이 있는 경우를 제외하고는 「공무원 징계령」을 준용하도록 하고 있다(대통령 등의 경호에 관한 법률 시행령 제31조).
30) 공무원인 피징계자에게 징계사유가 있어 징계처분을 하는 경우 어떠한 처분을 할 것인지는 징계권자의 재량에 맡겨진 것이다. 다만 징계권자가 그 재량권의 행사로서 한 징계처분이 사회통념상 현저하게 타당성을 잃어 징계권자에게 부여된 재량권을 남용한 것이라고 인정되는 경우에 한하여 그 처분을 위법한 것이라 할 것이다. 여기에서 공무원에 대한 징계처분이 사회통념상 현저하게 타당성을 잃었다고 하려면 구체적인 사례에 따라 징계의 원인이 된 비위사실의 내용과 성질, 징계에 의하여 달성하려고 하는 행정목적, 징계양정의 기준 등 여러 요소를 종합 판단할 때에 그 징계 내용이 객관적으로 명백히 부당하다고 인정할 수 있는 경우라야 한다. 대법 2002.09.24, 2002두6620.
31) ① 파면된 자로서 재직기간이 5년 미만인 사람의 퇴직급여: 그 금액의 4분의 1, ② 파면된 자로서 재직기간이 5년 이상인 사람의 퇴직급여: 그 금액의 2분의 1, ③ 파면된 자의 퇴직수당: 그 금액의 2분의 1을 감액한다(공무원연금법 시행령 제61조 제1항 제1호).
32) 금품수수 등의 이유로 ① 해임된 자로서 재직기간이 5년 미만인 사람의 퇴직급여: 그 금액의 8분의 1, ② 해임된 자로서 재직기간이 5년 이상인 사람의 퇴직급여: 그 금액의 4분의 1, ③ 해임된 자의 퇴직수당: 그 금액의 4분의 1을 감액한다(공무원연금법 시행령 제61조 제1항 제2호).

④ **정직** : 정직은 1개월 이상 3개월 이하의 기간으로 하고, 정직 처분을 받은 자는 그 기간 중 공무원의 신분은 보유하나 직무에 종사하지 못하며 보수는 전액(全額)을 감한다(국가공무원법 제80조 제3항).

⑤ **감봉** : 감봉은 1개월 이상 3개월 이하의 기간 동안 보수의 3분의 1을 감한다(국가공무원법 제80조 제4항).

⑥ **견책** : 견책(譴責)은 전과(前過)에 대하여 훈계하고 회개하게 한다(국가공무원법 제80조 제5항).

(2) 인사위원회

① 인사위원회의 설치

대통령경호처에는 경호처 직원의 인사에 관한 정책 및 그 운용에 관한 중요사항을 심의(審議)하기 위하여 ㉠ 인사위원회와 ㉡ 인사실무위원회를 두고 있다(대통령 등의 경호에 관한 법률 시행령 제7조 제1항).

② 인사위원회의 구성

인사위원회는 위원장 1인과 5인 이상 7인 이하의 위원으로 구성하며, 위원장은 2급 이상 직원 중에서, 위원은 3급 이상 직원 중에서 각각 처장이 임명하도록 하고 있다(제7조 제2항).[33]

③ 인사위원회의 운영

인사위원회 및 인사실무위원회의 회의 기타 운영에 관하여 필요한 사항은 처장이 정한다(제7조 제3항).

(3) 승진후보추천위원회와 승진선발위원회

경호처장은 승진대상자의 추천, 심사 및 선발을 위하여 ㉠ 2개 이상의 승진후보추천위원회와 ㉡ 승진선발위원회를 각국 구성·운영할 수 있다(대통령 등의 경호에 관한 법률 시행령 제20조의2 제1항).

---

33) 인사실무위원회는 위원장 1인과 5인 이상 7인 이하의 위원으로 구성하며, 위원장은 3급 이상 직원중에서, 위원은 4급 이상 직원 중에서 각각 처장이 임명한다(대통령 등의 경호에 관한 법률 시행령 제7조 제3항).

이렇게 해서 구성된 2개 이상의 승진후보추천위원회는 상호 차단된 상태의 동일한 심사조건에서 동시에 심사하도록 하고 있다(제2항). 그리고 승진선발위원회는 승진후보추천위원회가 추천한 후보자 중에서 승진대상자를 선발하도록 하고 있다(제3항). 이러한 위원회의 구성에 관하여는 「공무원임용령」 제34조의3 제2항 및 제3항을 준용하도록 하고 있다(제4항).[34]

한편, 이상에서 규정한 사항 외에 승진후보추천위원회 및 승진선발위원회의 구성 및 운영에 필요한 사항은 처장이 정하도록 하고 있다(제5항).

제3절 경호인사관리의 과정

1. 경호공무원의 모집

1) 공무담임권의 보장

모든 국민은 법률이 정하는 바에 의하여 공무담임권(公務擔任權)을 가진다(대한민국헌법 제25조). 공무담임권은 행정부뿐만 아니라 입법부, 사법부, 지방자치단체와 기타 일체의 공공단체의 직무를 담임하는 권리를 말한다. 여기서 직무를 담당한다는 것은 모든 국민이 현실적으로 그 직무를 담당할 수 있다고 하는 의미가 아니라, 국민의 공무담임에 관한 자의적이지 않고 평등한 기회를 보장받음을 의미한다.[35]

---

34) 공무원임용령 제34조의3(보통심사위원회): ① 4급 이하 공무원(5급 공무원으로 승진임용 될 때 승진시험을 거치는 6급 공무원은 제외)을 승진임용하려는 경우에는 보통승진심사위원회의 승진심사를 거쳐야 하며, 임용권자 또는 임용제청권자는 특별한 사유가 없으면 심사 결과에 따라야 한다. ② 보통승진심사위원회는 위원장을 포함한 3명 이상의 위원으로 구성하되, 임용권자 또는 임용제청권자가 부득이하다고 인정하는 경우에는 2명 이상의 위원으로 구성할 수 있다. ③ 보통승진심사위원회의 위원장은 보통승진심사위원회가 설치된 기관의 장 또는 해당 기관의 장이 지명한 소속 공무원(정무직·별정직공무원 포함)이 되고, 위원은 승진임용예정 직급에 해당하는 계급의 상위 계급자(상위 계급에 상당하는 공무원 포함) 중에서 해당 기관의 장이 지명한 소속 공무원이 되며, 상위 계급자가 부족한 경우에는 승진임용예정 직급의 계급과 같은 계급자 중에서 지명할 수 있다. 다만, 고위공무원단 직위로 승진임용하는 경우 위원은 고위공무원 중에서 해당 기관의 장이 지명한 사람이 된다.
35) 헌재 2000.08.29, 2001얼마788 등, 헌재판례집 제14권 2집, pp. 219~224.; 김철수(2006), 앞의 책, p. 984.

2) 경호공무원의 임용자격

그렇다면, 자질을 갖추고 있는 사람이 경호공무원이 되는 것이 바람직한가? 일반적으로 공무원에게 요구되는 일반적인 자격은 두 가지를 들 수 있다. 하나는 전통적으로 요구되어 온 '전문적 지식과 기술'이며, 다른 하나는 새롭게 강조되는 '태도와 가치관'이다.[36]

경호공무원은 어떤 생산 공장에서 기계를 다루는 사람들과는 달리 경호대상자의 보호 및 국가질서의 수호라는 중요한 업무를 수행하고 있다. 더욱이 경호업무의 수행은 대부분이 평온하고 일상적인 상태에서 이루어지기보다는 갈등 또는 긴장감과 불확실한 잠재적 위험성이 상존하는 상황에서 이루어지는 것이 일반적이다. 따라서 경호공무원은 전문적 능력뿐만 아니라 자신의 일에 대한 투철한 사명감(使命感)과 희생정신(犧牲精神) 등이 요구된다.

(1) 신체 및 사상이 건전하고 품행이 바른 사람

경호처 직원은 신체 건강하고, 사상이 건전하며 품행이 바른 사람 중에서 임용한다고 규정하고 있다(대통령 등의 경호에 관한 법률 제8조 제1항).

이는 일정한 신체조건을 갖추지 못하였거나, 사상이 불건전하거나 품행이 방정하지 못한 경우에는 경호공무원으로 임용될 수 없다는 것을 의미한다.

여기에서 신체조건은 체력시험 등에 의해 객관적인 검증이 가능하다고 본다. 다만, 사상 및 품행과 관련해서는 객관성 확보에 있어서 한계가 있다고 본다. 이러한 객관성 등을 확보하기 위해 적성검사 및 면접 등의 방법을 실시하고 있다.

(2) 결격사유

경호공무원은 그 직무의 특수성을 가지고 있기 때문에 보다 엄격한 자격요건을 요구하고 있다. 이와 관련하여 구체적으로 결격사유를 명시하고 있으며, 따라서 이에 해당하는 자를 경호공무원으로 임용하는 행위는 무효(無效)에 해당한다. 결격사유와 관련하여 다음의 어느 하나에 해당하는 사람은 경호공무원으로 임용될 수 없도록 규정하고 있다(대통령 등의 경호에 관한 법률 제8조 제2항, 제3항).

---

36) 박동서(1990), 인사행정론, 서울: 법문사, p. 176.

참고　　경호공무원 결격사유

1. 대한민국의 국적(國籍)을 가지지 아니한 사람[37]

2. 「국가공무원법」 제33조 각 호의 어느 하나에 해당하는 사람
   ① 피성년후견인[38]
   ② 파산선고를 받고 복권되지 아니한 자[39]
   ③ 금고 이상의 실형을 선고받고 그 집행이 종료되거나 집행을 받지 아니하기로 확정된 후 5년이 지나지 아니한 자
   ④ 금고 이상의 형을 선고받고 그 집행유예 기간이 끝난 날부터 2년이 지나지 아니한 자
   ⑤ 금고 이상의 형의 선고유예를 받은 경우에 그 선고유예 기간 중에 있는 자[40]
   ⑥ 법원의 판결 또는 다른 법률에 따라 자격이 상실되거나 정지된 자
   ⑥의2 공무원으로 재직기간 중 직무와 관련하여 「형법」 제355조(횡령·배임) 및 제356조(업무상의 횡령과 배임)에 규정된 죄를 범한 자로서 300만원 이상의 벌금형을 선고받고 그 형이 확정된 후 2년이 지나지 아니한 자
   ⑥의3 「성폭력범죄의 처벌 등에 관한 특례법」 제2조에 규정된 죄를 범한 사람으로서 100만원 이상의 벌금형을 선고받고 그 형이 확정된 후 3년이 지나지 아니한 사람
   ⑥의4 미성년자에 대한 다음 각 목의 어느 하나에 해당하는 죄를 저질러 파

---

37) 대한민국 국적을 가지지 않은 외국인과 복수국적자도 공무원이 될 수 있다. 즉, 국가기관의 장은 경호공무원, 경찰공무원 등 국가안보 및 보안·기밀에 관계되는 분야 등을 제외하고 대통령령 등으로 정하는 바에 따라 외국인과 복수국적자를 공무원으로 임용할 수 있도록 하고 있다(국가공무원법 제 26조의3).
38) 피성년후견인(被成年後見人)은 질병, 장애, 노령, 그 밖의 사유로 인한 정신적 제약으로 사무를 처리할 능력이 지속적으로 결여된 사람에 대하여 본인, 배우자, 4촌 이내의 친족, 미성년후견인, 미성년후견감독인, 한정후견인, 한정후견감독인, 특정후견인, 특정후견감독인, 검사 또는 지방자치단체의 장의 청구에 의하여 가정법원으로부터 성년후견개시의 심판을 받은 자를 말한다. 다음백과(https://100.daum.net/encyclopedia).
39) 파산선고(破産宣告)는 파산채무자의 파산신청에 의해 법원이 채무자의 파산원인을 인증하고 파산결정을 내리는 행위를 말한다. 여기에서 '파산(破産)'은 채무자가 채권자로부터 빚을 빌린 개인이나 단체가 빚을 완전히 갚을 수 없는 상태를 말한다. 위키백과(https://ko.wikipedia.org).
40) ① 선고유예(宣告猶豫, system of the conditional release)는 범죄의 정도가 비교적 경미한 범죄인에 대해 일정한 기간 형의 선고를 유예하고, 그 유예기간을 특정한 사고 없이 경과하면 면소된 것으로 간주하는 제도를 말한다. 다음백과(https://100.daum.net/encyclopedia). ② 이와 관련하여 형법 제59조(선고유예의 요건)에서는 '1년 이하의 징역이나 금고, 자격정지 또는 벌금의 형을 선고할 경우에 제51조의 사항을 고려하여 뉘우치는 정상이 뚜렷할 때에는 그 형의 선고를 유예할 수 있다(다만, 자격정지 이상의 형을 받은 전과가 있는 사람에 대해서는 예외로 한다)'고 규정하고 있다.

면·해임되거나 형 또는 치료감호를 선고받아 그 형 또는 치료감호가 확정된 사람(집행유예를 선고받은 후 그 집행유예기간이 경과한 사람 포함)

㉠ 「성폭력범죄의 처벌 등에 관한 특례법」 제2조에 따른 성폭력범죄

㉡ 「아동·청소년의 성보호에 관한 법률」 제2조 제2호에 따른 아동·청소년 대상 성범죄

⑦ 징계로 파면처분을 받은 때부터 5년이 지나지 아니한 자

⑧ 징계로 해임처분을 받은 때부터 3년이 지나지 아니한 자

3. 위 「국가공무원법」 제33조 각호의 어느 하나에 해당하는 직원은 당연히 퇴직한다(제5호는 제외)

따라서 비록 경호공무원으로 임용되어 근무하고 있을지라도 이상과 같은 「국가공무원법」 제33조상의 결격사유가 발생한 경우에는 당연히 퇴직(退職)하도록 하고 있다(제8조 제3항).

다만, 주의할 것은 위의 내용 가운데 '⑤' 즉, '금고 이상의 형의 선고유예를 받은 경우에 그 선고유예 기간 중에 있는 자'는 당연퇴직에서 제외하고 있다는 점이다(제8조 제3항 단서). 이 경우는 다른 사유보다 상대적으로 사안이 중대하지 않기 때문에 당연퇴직에서 제외한 것이라고 볼 수 있다.

2. 경호공무원의 법적 관계의 발생

1) 신규임용: 채용

채용(採用)이라는 것은 특정인에게 경호공무원의 신분을 부여하여 근무관계를 설정하는 행위를 말한다. 이러한 채용은 임용권자와 당사자 모두의 동의를 요하는 쌍방적 행정행위라 할 수 있으며, 따라서 임용에 있어서 당사자의 동의는 절대적 요건이 되고, 임용권자와 당사자 모두 임용 거부를 할 수 있는 법적 권리가 인정된다. 상대방의 동의가 없는 임용은 무효가 됨은 물론이다. 임용은 행정행위로서 개별적·구체적 규율에 해당하며, 그 성격은 형성적 행위로서 특허(特許)에 해당된다고 할 수 있다.

이러한 경호공무원의 신규채용은 크게 공개채용(公開採用)과 특별채용(特別採用)으로 구분할 수 있다(대통령 등의 경호에 관한 법률 시행령 제10조).

(1) 공개경쟁채용

공개경쟁채용이라는 것은 말 그대로 '공개경쟁시험에 의한 채용'을 의미한다. 생각건대, 경호공무원의 채용방법은 기본적으로 실적주의(實績主義)에 의한 공개경쟁채용을 원칙으로 해야 한다고 본다. 이는 헌법이 보장하는 공무담임권(제25조)을 구체적으로 실현하는 방법이기 때문이다.

이에 따라 대통령경호처의 경호공무원 및 일반직공무원의 신규채용은 공개경쟁시험에 의하여 행하고 있다(대통령 등의 경호에 관한 법률 시행령 제10조 제1항).

(2) 경력경쟁채용

실적주의를 근간으로 하는 현대 경호인사관리에서 경호공무원의 신규채용은 공개경쟁시험에 의하는 것을 원칙으로 하고 있다고 볼 수 있다(시행령 제10조 제1항 단서).

그러나 이러한 사정에도 불구하고 다음의 어느 하나에 해당하는 경우에는 경력 등 응시요건을 정하여 같은 사유에 해당하는 다수인을 대상으로 경쟁하는 방법으로 채용하는 시험으로 경호공무원 및 일반직공무원을 신규채용할 수 있다(시행령 제10조 제2항).[41] 이는 일종의 특별채용 또는 제한적 공개채용 형식이라고 할 수 있다.

① 공개경쟁채용시험에 의한 채용이 곤란한 임용예정직에 관련된 자격증 소지자를 임용하는 경우
② 임용예정직에 상응하는 근무실적 또는 연구실적이 3년 이상인 자를 임용하는 경우
③ 임용예정직에 상응하는 전문지식·경험·기술이 있는 자를 1급 또는 2급의 경호공무원으로 임용하는 경우
④ 외국어에 능통하고 국제적 소양과 전문지식을 지닌 자를 임용하는 경우
⑤ 법 제10조 제1항 제3호의 사유로 퇴직하거나[42] 「국가공무원법」 제71조 제1항 제1호의 휴직기간 만료로 인하여 퇴직한[43] 경호공무원 또는 일반직공무원을

---

41) 다만, 이 가운데 ②, ③ 또는 ⑤의 어느 하나에 해당하는 경우로서 다수인을 대상으로 시험을 실시하는 것이 적당하지 아니한 경우에는 다수인을 대상으로 하지 아니한 시험으로 경호공무원 및 일반직공무원을 신규채용할 수 있다(대통령 등의 경호에 관한 법률 시행령 제10조 제2항 하단).
42) 직제와 정원의 개폐(改廢) 또는 예산의 감소 등에 의하여 폐직(廢職) 또는 과원(過員)이 된 때.
43) 신체·정신상의 장애로 장기 요양이 필요할 때.

퇴직한 날부터 3년 이내에 퇴직시에 재직한 직급의 직원으로 재임용하는 경우

한편, 별정직공무원의 신규채용은 비서·공보·의무·운전·사범·교관·사진 등의 특수분야를 대상으로 하고 있다(시행령 제10조 제3항).

경호공무원의 필기시험 과목표[44]

계급	채용구분			시험과목
5급 이상	공채	제1차 (객관식)	필수	헌법, 한국사, 영어
		제2차 (주관식)	필수	경호경비학, 행정학, 행정법
			선택	형법, 형사소송법, 국제법, 경영학, 정치학, 경제학, 재정학, 사회학, 심리학, 정보학, 체육학, 통신공학, 전자공학, 정보공학, 제2외국어(일어, 불어, 독어, 중국어, 노어, 스페인어, 아랍어)중 2과목
	경채 · 승진	제1차 (객관식)	필수	영어
		제2차 (주관식)	필수	경호경비학
			선택	행정법, 행정학, 형법, 형사소송법, 국제법, 경영학, 정치학, 경제학, 재정학, 사회학, 심리학, 정보학, 체육학, 통신공학, 전자공학, 정보공학, 제2외국어(일어, 불어, 독어, 중국어, 노어, 스페인어, 아랍어)중 1과목
6·7급	공채·경채		필수	언어논리영역, 자료해석영역, 상황판단영역, 영어, 한국사
8·9급	공채·경채		필수	일반상식, 영어

---

44) 대통령 등의 경호에 관한 법률 시행령 제12조 제2항 관련(별표 2).

2) 시보임용

(1) 시보임용의 의의

임용권자는 신규임용 된 경호공무원이 적절한 자격을 갖추고 있는지를 확인하기 위하여, 일정기간 동안 시험보직을 명하게 되는데 이를 시보임용(試補任用)이라고 한다. 시보임용 된 경호공무원은 시보기간이 끝난 뒤 정식공무원으로 임명된다.

시보기간은 후보자의 적격성 여부를 판정하는 선발과정의 일부이며, 시보기간 중 부적격자로 판정받은 후보자는 정규 공무원으로 임용되지 못한다.[45] 이러한 시보제도는 선발제도의 보완이라는 목적 외에 후보자에게 기초적 적응훈련을 시킨다는 부수적 목적도 지니고 있다.[46]

(2) 시보임용의 내용

5급 이하 경호공무원 또는 일반직공무원을 신규채용 하는 경우에는 1년 이내의 기간 동안 시보로 임용하고 그 기간 중에 근무성적과 교육훈련성적이 양호한 경우에 정규직원으로 임용한다(대통령 등의 경호에 관한 법률 시행령 제11조 제1항).

그리고 휴직기간, 직위해제기간 및 징계에 의하여 정직처분을 받은 기간은 위에서 규정한 시보임용기간에 산입하지 아니한다(제2항).

참고 　경호공무원의 교육훈련(대통령 등의 경호에 관한 법률 시행령 제24조)

① 처장은 직원에 대하여 직무의 능률증진을 위한 교육훈련을 실시한다.
② 처장은 필요하다고 인정하는 때에는 직원을 국내외의 교육기관 또는 연구기관에 위탁하여 교육훈련을 받게 할 수 있다.
③ 처장은 교육훈련의 성과측정을 위하여 정기 또는 수시로 평가를 실시하고 그 결과를 인사관리에 반영하여야 한다.

---

45) 시보임용 기간 중에 있는 공무원이 근무성적·교육훈련성적이 나쁘거나 이 법 또는 이 법에 따른 명령을 위반하여 공무원으로서의 자질이 부족하다고 판단되는 경우에는 제68조(의사에 반한 신분조치)와 제70조(직권면직)에도 불구하고 면직시키거나 면직을 제청할 수 있다(국가공무원법 제29조 제3항).
46) 강성철 외 4인(2011), 앞의 책, p. 269.

3. 경호공무원의 법적 관계의 변경

경호공무원의 법적 관계의 변경은 상위직위로의 변경(승진), 동일 직위 내의 변경(전보, 복직), 하위직위로의 변경(강등), 무직위로의 변경(휴직, 정직, 직위해제)을 들 수 있다.

1) 상위직위로의 변경

승진(昇進, promotion)이라는 것은 하위계급에서 상위계급으로 임용되는 것을 말한다. 승진은 일반적으로 직무의 난이도와 책임의 증대를 의미하며 보수의 증액도 함께 이루어진다. 승진은 동일한 등급 내에서 호봉만 올라가는 승급과 구분되며, 횡적 이동인 전보 등과도 구분된다.

따라서 경호조직 내에서 승진은 단순한 결원 보충의 의미를 갖는 것이 아니고, 구성원의 동기를 유발하고 사기를 진작시키는 수단이 된다는 점에서 중요한 의미를 갖는다. 따라서 합리적인 승진제도의 확립은 직업공무원제의 발전에 매우 중요한 것이다. 경호공무원의 승진에는 일반승진, 특별승진이 있다.

(1) 일반승진

경호공무원 및 일반직공무원의 승진은 근무성적 및 경력평정 기타 능력의 실증에 의하여 행하도록 하고 있다(대통령 등의 경호에 관한 법률 시행령 제20조 제1항).

이에 따라 경호처장은 승진임용에 필요한 요건을 구비한 5급 이하 경호공무원 및 일반직공무원에 대하여 근무성적평정 5할, 경력평정 1.5할, 교육훈련성적 3할, 상훈 및 신체검사 0.5할의 비율에 따라 승진심사자명부를 작성하도록 하고 있다(제2항).

한편, 승진심사는 승진심사자명부에 등재되어 있는 자를 대상으로 하고, 승진이 결정된 자는 승진 일에 승진소요 최저년수를 충족하여야 한다(제4항).[47]

(2) 특별승진

경호공무원 및 일반직공무원이 다음의 ①~⑤의 어느 하나에 해당하는 때에는 제20조(승진임용 방법) 및 제21조(승진소요 최저년수)의 규정에 불구하고 특별승진 임용할 수 있다. 다만, 이 가운데서 ①과 ③은 3급 이하 경호공무원 및 일반직공무원에게만 적

---

47) 경호공무원이 승진하려면 다음의 기간 동안 해당 계급에 재직하여야 한다. ① 3급: 2년 이상, ② 4급: 4년 이상, ③ 5급: 5년 이상, ④ 6급: 4년 이상, ⑤ 7급 및 8급: 3년 이상, ⑥ 9급: 2년 이상(시행령 제21조).

용하도록 하고 있다(시행령 제22조 제1항). 한편, 경호처 직원을 특별승진 임용하고자 할 때에는 인사위원회의 심사를 거치도록 하고 있다(제4항).

① 경호위해요소를 사전에 발견·제거하여 경호안전에 특별한 공을 세운 자
② 경호위급사태 발생시 경호대상자의 생명을 구하는데 공이 현저한 자
③ 헌신적인 직무수행으로 업무발전에 기여한 공이 현저하여 모든 직원의 귀감이 되는 자
④ 재직 중 공적이 특히 현저한 자가 공로퇴직(功勞退職)하는 때
⑤ 재직 중 공적이 특히 현저한 자가 공무로 인하여 사망한 때

2) 동일직위 내의 변경

대통령 등의 경호에 관한 법률상에서는 전보 등에 관한 규정을 별도로 두고 있지는 않다. 다만 국가공무원법에서는 '전보(轉補)란 같은 직급 내에서의 보직 변경 또는 고위공무원단 직위 간의 보직 변경을 말한다'고 규정하고 있다(제5조 제5호).

생각건대, 경호공무원 임용권자 또는 임용제청권자는 경호공무원이 동일직위에서 장기간 근무할 경우 야기되는 직무수행의 침체 현상을 방지하여 창의적이며, 활력 있는 직무성과의 증진을 기하도록 할 필요가 있다고 본다. 그러면서도 한편으로는 지나치게 잦은 전보로 인한 능률저하를 방지하여 안정적인 직무수행을 기할 수 있도록 특별한 사정이 없는 한 정기적으로 전보를 실시하는 것도 검토할 수 있을 것이다.

3) 하위직위로의 변경

(1) 강등

경호처 직원의 하위직급으로의 변경은 징계 가운데 하나인 강등(降等)을 들 수 있다. 강등은 1계급 아래로 직급을 내리는 것과 동시에 공무원의 신분은 보유하나 3개월간 직무에 종사하지 못하며(정직), 그 기간 중 보수는 '전액'을 감하도록 하는 조치(감봉)가 이루어진다(국가공무원법 제80조 제1항).[48]

이러한 강등은 계급을 구분하지 아니하는 공무원과 임기제 공무원에 대해서는 적

---

48) 과거에는 강등으로 인한 감봉은 보수의 2/3로 하였으나, 지난 2015년 12월 법개정으로 전액을 감하는 것으로 강화되었다.

용하지 아니하지만(동법 제2항), 경호공무원은 기본적으로 계급별 직급(대통령 등의 경호에 관한 법률 시행령 제5조)이 부여되기 때문에 이 규정이 적용된다고 본다.

(2) 강임

그리고 하위직위로 변경되는 것으로서 강임(降任)이 있다. 즉, 임용권자는 직제 또는 정원의 변경이나 예산의 감소 등으로 직위가 폐직(廢職)되거나 하위의 직위로 변경되어 과원이 된 경우 또는 본인이 동의(同意)한 경우에는 소속 공무원을 강임할 수 있다(국가공무원법 제73조의4 제1항).

따라서 강임된 공무원은 상위 직급 또는 고위공무원단 직위에 결원이 생기면 우선 임용된다. 다만, 본인이 동의하여 강임된 공무원은 본인의 경력과 해당 기관의 인력 사정 등을 고려하여 우선 임용될 수 있다(제2항).

그리고 주의할 것은 이러한 강임은 공무원 본인의 법규 위반이나 직무상의 의무 위반·태만 등에 의한 것이 아니기 때문에 징계에 해당하는 것은 아니라는 점이다.

4) 무직위로의 변경

무직위(無職位)라는 것은 일정한 사유가 발생한 경우 경호처 직원의 신분은 유지하되 직위를 부여하지 않는 것을 말한다. 여기에는 휴직, 징계 가운데 하나인 정직, 그리고 직위해제가 있다. 여기에서는 정직과 직위해제를 중심으로 살펴보기로 한다.

(1) 정직

경호처 직원에 대한 징계 가운데 하나인 정직을 들 수 있다. 정직(停職)은 1개월 이상 3개월 이하의 기간으로 하고, 정직 처분을 받은 자는 그 기간 중 공무원의 신분은 보유하나 직무에 종사하지 못하며 보수는 전액(全額)을 감한다(국가공무원법 제80조 제3항).[49)]

(2) 직위해제

① 직위해제의 의의

직위해제(職位解除)는 공무원 본인에게 직위(직무와 책임)를 계속 보유하게 할 수 없는

---

49) 과거에는 정직으로 인한 감봉 역시 보수의 2/3로 하였으나, 지난 2015년 12월 법개정으로 전액을 감하는 것으로 강화되었다.

일정한 귀책사유가 발생하여 일정기간 동안 직위를 부여하지 아니하는 것을 말한다. 직위해제는 휴직과는 달리 본인에게 귀책사유가 있을 때에 행하는 것이므로 일종의 '제재'(punishment)의 성격을 갖는 행정처분이라고 할 수 있다. 그리고 휴직과는 달리 복직이 보장되지 않는다.

그러나 주의할 점은 직위해제는 국가공무원법상의 '징계'(懲戒)에 해당하는 것은 아니라는 점이다.[50]

직위해제는 징계처분과 법적 기초를 달리하므로 시효(時效)의 적용을 받지 않으며, 직위해제 후 동일사유로 징계나 직권면직 처분을 하여도 일사부재리(一事不再理)의 원칙에 반하지 않는다.[51] 직위해제는 재량사항으로서 의무적 직위해제는 인정되지 않으며, 주로 지휘관 등이 직무수행 상 문제가 있을 때 징계책임을 묻는 대신에 활용하는 경우가 많다.

② **직위해제의 사유**

임용권자는 다음의 어느 하나에 해당하는 자에게는 직위를 부여하지 아니할 수 있다(국가공무원법 제73조의3 제1항).

ㄱ 직무수행 능력이 부족하거나 근무성적이 극히 나쁜 자

ㄴ 파면·해임·강등 또는 정직에 해당하는 징계 의결이 요구 중인 자

ㄷ 형사사건으로 기소된 자(약식명령이 청구된 자는 제외)

ㄹ 고위공무원단에 속하는 일반직공무원으로서 제70조의2 제1항 제2호부터 제5호까지의 사유로 적격심사를 요구받은 자

ㅁ 금품비위, 성범죄 등 대통령령으로 정하는 비위행위로 인하여 감사원 및 검찰·경찰 등 수사기관에서 조사나 수사 중인 자로서 비위의 정도가 중대하고 이로 인하여 정상적인 업무수행을 기대하기 현저히 어려운 자

---

50) 직위해제는 국가공무원법 제73조의3에서 규정한 사유에 따라 당해 공무원이 장래에 있어서 계속 직무를 담당하게 될 경우 예상되는 업무상의 장애 등을 예방하기 위하여 일시적으로 당해 공무원에게 직위를 부여하지 아니함으로써 직무에 종사하지 못하도록 하는 잠정적인 조치로서의 보직의 해제를 의미하는 것이다. 따라서 과거의 공무원의 비위행위에 대하여 질서유지를 목적으로 행해지는 징벌적 제재로서의 징계와는 그 성질이 다르다. 대법 2003.10.10, 2003두5945.

51) 직권면직처분 또는 해임처분과 이보다 앞서 행하여진 직위해제처분은 그 목적을 달리한 각 별개의 독립된 처분이라 할 것이므로 직권면직처분 또는 해임처분이 이 직위해제처분을 사유로 하였다 하더라도 일사부재리원칙에 위배되지 않는다. 대법 1983.10.25, 83누340.; 대법 1984.02.28, 83누489.

한편, 위의 ㉠의 직위해제 사유와 ㉡·㉢ 또는 ㉤의 직위해제 사유가 경합(競合)할 때에는 ㉡·㉢ 또는 ㉤의 직위해제 처분을 하여야 한다(제73조의3 제5항). 바꿔 말하면, ㉠의 직위해제 사유보다 ㉡, ㉢, ㉤의 사유가 더 심각하기 때문에 그에 따른 직위해제를 하도록 하고 있음을 알 수 있다.

③ 부가처분

위에서 설명한 직위해제 사유 가운데, '㉠'의 경우(즉, 직무수행능력이 부족하거나 근무성적이 극히 나쁜 자)에 해당하는 자에 대해서는 임용권자는 3개월의 범위 내에서 대기를 명하도록 하고 있다(국가공무원법 제73조의3 제3항).

그리고 임용권자 또는 임용제청권자는 이에 따라 대기 명령을 받은 자에게 능력회복이나 근무성적의 향상을 위한 교육훈련 또는 특별한 연구과제의 부여 등 필요한 조치를 취하도록 하고 있다(제4항).

④ 직위해제의 효과

직위가 해제되면 직무에 종사하지 못하게 된다. 따라서 출근의무도 없다. 물론, 직위해제 사유가 소멸되면 임용권자는 지체없이 직위를 부여해야 한다(국가공무원법 제73조의3 제2항).

한편, 위의 직위해제 사유 가운데, '㉠'의 사유 즉, '대기명령을 받은 기간 중 능력 또는 근무성적의 향상을 기대하기 어렵다고 인정될 때'에는 징계위원회의(懲戒委員會)의 동의를 얻어 임용권자는 직권으로 면직시킬 수 있다(국가공무원법 제70조 제1항 제5호).

이와 관련하여 「대통령 등의 경호에 관한 법률」 제10조(직권면직) 제2호와 5호에서도 규정하고 있음은 물론이다(이에 대해서는 후술하기로 한다).

4. 경호공무원의 법적 관계의 소멸

1) 당연퇴직

당연퇴직(當然退職)이라는 것은 임용권자의 의사와 관계없이 법이 정한 일정한 사유가 발생했을 경우, 당연히 경호공무원관계가 소멸되는 것을 말한다.

(1) 정년

경호공무원은 정년(停年)에 달하면 당연퇴직하게 된다. 경호공무원의 정년에는 연령정년(年齡停年)과 계급정년(階級停年)이 있다. 경호공무원의 연령정년은 ㉠ 5급 이상은 58세, ㉡ 6급 이하는 55세로 하고 있다(대통령 등의 경호에 관한 법률 제11조 제1항).

그리고 계급정년은 ㉠ 2급은 4년, ㉡ 3급은 7년, ㉢ 4급은 12년, ㉣ 5급은 16년으로 하고 있다(제2항). 여기에서 계급정년은 연령정년에 우선한다. 즉, 연령정년에 해당하지 않는다고 할지라도 계급정년에 해당하면, 당연퇴직 된다고 볼 수 있다.

한편, 경호공무원이 강임(降任)된 경우에는 계급정년의 경력을 산정할 때에 강임되기 전의 상위계급으로 근무한 경력은 강임된 계급으로 근무한 경력에 포함하도록 하고 있다(제11조 제2항).

(2) 결격사유 발생

앞에서 살펴본 바와 같이 일정한 결격사유를 가지고 있는 사람은 경호처 직원으로 채용될 수 없도록 하고 있다. 그리고 재직 중에도 그러한 결격사유(대통령 등의 경호에 관한 법률 제8조 제2항)가 발생하게 된 경우에는 당연히 퇴직하게 됨은 물론이다.

다만, 주의할 것은 이러한 결격사유 가운데 국가공무원법 제33조 제5호 즉, '금고 이상의 형의 선고유예를 받은 경우에 그 선고유예 기간 중에 있는 자'는 제외된다(제8조 제3항).

2) 면직

면직(免職)이라는 것은 특별한 행위로 경호공무원 법관계를 소멸시키는 것을 말한다. 특별한 행위에 의한다는 점에서 법정사유로 인한 당연퇴직과는 다르다. 면직에는 공무원 자신의 의사에 의한 의원면직과 자신의 의사와 관계없는 강제면직이 있다.

(1) 의원면직

의원면직(依願免職)은 경호공무원 자신의 사의표시에 의해 임용권자가 공무원관계를 소멸시키는 처분을 말한다. 헌법에서 보장하는 직업선택의 자유는 '선택의 자유' 뿐만 아니라 '사직의 자유' 또한 이에 해당하는 것이다. 따라서 경호공무원이 스스로 그만두는 경우는 전적으로 개인의 자유로운 선택에 달려있다고 본다.

한편, 의원면직의 특별한 경우로 명예퇴직(名譽退職)이 있다. 공무원으로서 20년 이상 근속한 자가 정년 전에 스스로 퇴직하면, 예산의 범위에서 명예퇴직 수당을 지급할 수 있도록 하고 있다(국가공무원법 제74조의2 제1항).

(2) 강제면직

강제면직(强制免職)이란 경호공무원 본인의 의사와 관계없이 임용권자가 일방적으로 경호공무원관계를 소멸시키는 처분을 말한다.

① 징계면직

징계면직(懲戒免職)은 경호공무원이 관계법령상 요구되는 의무를 위반했을 때, 그에 대하여 가해지는 제재로서의 징계처분에 의한 파면(罷免)과 해임(解任)을 말한다(국가공무원법 제79조).

② 직권면직

직권면직은 임용권자의 일방적 의사와 직권에 의하여 행하여지는 면직을 말한다. 이에 따라 임용권자는 경호처 직원(별정직 국가공무원 제외)이 다음의 어느 하나에 해당하면 직권으로 면직할 수 있다(대통령 등의 경호에 관한 법률 제10조 제1항).

- ㉠ 신체적·정신적 이상으로 6개월 이상 직무를 수행하지 못할 만한 지장이 있을 때
- ㉡ 직무 수행 능력이 현저하게 부족하거나 근무태도가 극히 불량하여 직원으로서 부적합하다고 인정될 때
- ㉢ 직제와 정원의 개폐(改廢) 또는 예산의 감소 등에 의하여 폐직(廢職) 또는 과원(過員)이 된 때
- ㉣ 휴직 기간이 끝나거나 휴직 사유가 소멸된 후에도 정당한 이유 없이 직무에 복귀하지 아니하거나 직무를 수행할 수 없을 때
- ㉤ 직무 수행 능력이 부족하거나 근무성적이 극히 불량하여 대통령령으로 정하는 바에 따라 대기 명령을 받은 사람이 그 기간 중 능력 또는 근무성적의 향상을 기대하기 어렵다고 인정될 때

ⓗ 해당 직급에서 직무를 수행하는 데에 필요한 자격증의 효력이 상실되거나 면허가 취소되어 담당 직무를 수행할 수 없게 되었을 때

위의 'ⓛ과 ⓜ'에 해당하여 면직하는 경우에는 대통령령으로 정하는 바에 따라 고등징계위원회(高等懲戒委員會)의 동의를 받아야 한다(제2항).[52]

그리고 위의 'ⓒ'에 해당하여 면직하는 경우에는 임용 형태, 업무실적, 직무 수행 능력, 징계처분 사실 등을 고려하여 면직 기준을 정하여야 한다.[53] 이 경우 면직된 직원은 결원이 생기면 우선하여 재임용할 수 있다(제3항).

5. 경호공무원의 퇴직관리

1) 경호공무원 연금제도

경호공무원의 인사관리는 퇴직 이후에도 계속된다고 할 수 있다. 퇴직으로 인해 비록 경호공무원의 법적 신분은 소멸되지만, 국가는 퇴직한 경호공무원들에 대한 사회보장제도로서 경호공무원 연금제도를 운용하고 있기 때문이다.

즉, 공무원의 퇴직 또는 사망과 공무(公務)로 인한 부상·질병·장애에 대하여 적절한 급여를 지급함으로써, 공무원 및 그 유족의 생활안정과 복리 향상에 이바지함을 목적으로 하고 있다(공무원연금법 제1조).[54] 이 제도는 1949년에 제정된 국가공무원법에서 관련 규정을 두고 있었으나, 1960년에 와서야 비로소 「공무원연금법」을 제정·공포하였다. 공무원 연금제도는 퇴직급여에서 출발하였는데, 우리나라는 퇴직연금(각종

---

52) 직권면직 사유 가운데 ①, ③, ④, ⑥은 객관적인 사유에 따른 것이므로 임용권자가 그러한 사실이 발생한 경우 직권으로 면직시킬 수 있다. 그러나 ②와 ⑤는 상당히 주관적인 사유의 성격을 가지고 있기 때문에 비록 임용권자라 할지라도 일정한 절차 없이 이를 직권으로 행사하는 것은 공무원의 신분을 보장하는 직업공무원제도(職業公務員制度)의 기본 취지에 반할 우려가 있다고 본다. 따라서 이 경우에는 절차적으로 고등징계위원회의 동의를 거쳐 보다 객관적으로 접근하고자 하는 것이라고 할 수 있다.

53) 이와 같은 면직 기준을 정하거나 ③ 에 따라 면직 대상자를 결정할 때에는 대통령령으로 정하는 바에 따라 인사위원회(人事委員會)의 심의·의결을 거쳐야 한다(대통령 등의 경호에 관한 법률 제10조 제4항).

54) 공무원연금법상의 공무원은 국가공무원법, 지방공무원법, 그 밖의 법률에 따른 공무원을 말한다. 그리고 이 밖에도 다른 법률에 따라 국가 또는 지방자치단체에 근무하는 직원(정규 공무원 이외의 직원, 예컨대 청원경찰, 청원산림보호직원 등)도 포함한다. 다만 군인과 선거에 의하여 취임하는 공무원(대통령, 국회의원 등)은 공무원연금법의 적용 대상에서 제외된다(동법 제3조 제1항, 동령 제2조).

퇴직급여 등)과 복리후생적 연금(재해/장해급여 및 공제제도)을 포함하고 있다.[55]

한편, 경호공무원으로서 경호대상에 대한 경호업무 수행 또는 그와 관련하여 상이(傷病)를 입고 퇴직한 사람과 그 가족 및 사망(상이로 인하여 사망한 경우 포함)한 사람의 유족(遺族)에[56] 대하여는 대통령령으로 정하는 바에 따라 「국가유공자 등 예우 및 지원에 관한 법률」 또는 「보훈보상대상자 지원에 관한 법률」에 따른 보상을 하도록 하고 있다(대통령 등의 경호에 관한 법률 제13조).

2) 경호공무원 재고용 프로그램

정부(행정자치부, 공무원연금관리공단, 고용노동부 등)는 퇴직 후 재취업을 희망하는 퇴직공무원들의 구직신청을 받아 취업 알선을 주선해 주고 있다. 공무원연금법의 적용을 받는 정년퇴직, 명예퇴직 경호공무원 등은 누구나 신청할 수 있다.

한편, 대통령경호처에 근무하다가 '직제와 정원의 개폐(改廢) 또는 예산의 감소 등에 의하여 폐직(廢職) 또는 과원(過員)이 된 때' 직권면직에 의해 퇴직 한 경우에는 퇴직시에 재직한 직급의 직원으로 재임용할 수 있다(대통령 등의 경호에 관한 법률 제10조 제1항 제3호, 동법 시행령 제10조 제1항 제5호).

그리고 국가공무원법 제71조 제1항 제1호(신체·정신상의 장애로 장기 요양이 필요할 때)의 휴직기간만료로 인하여 퇴직한 경호공무원 또는 기능직공무원을 퇴직한 날부터 3년 이내에 퇴직시에 재직한 직급의 직원으로 재임용할 수 있다(동법 시행령 제10조 제1항 제5호).

---

55) 강성철 외 4인(2011), 앞의 책, p. 465.
56) 유족(遺族)이란 공무원이거나 공무원이었던 자가 사망할 당시 그가 부양하고 있던 다음의 어느 하나에 해당하는 자를 말한다. ① 배우자(재직 당시 혼인관계에 있던 자로 한정하며, 사실상 혼인관계에 있던 자를 포함), ② 자녀(퇴직일 이후에 출생하거나 입양한 자녀는 제외하되, 퇴직 당시의 태아는 재직 중 출생한 자녀로 봄), ③ 부모(퇴직일 이후에 입양된 경우의 부모는 제외), ④ 손자녀(퇴직일 이후에 출생하거나 입양한 손자녀는 제외, 퇴직 당시의 태아는 재직 중 출생한 손자녀로 봄), ⑤ 조부모(퇴직일 이후에 입양된 경우의 조부모는 제외)(공무원연금법 제3조 제1항 제3호).

제6장

경호권한

Executive
Protection

6

제6장

경호권한

경호권한의 의의

1. 경호권한의 개념

경호공무원이 일선현장에서 관련 직무를 원활하게 수행하기 위해서는 이들에게 일정한 '권한'(權限)을 부여해 주어야 한다. '책임에 상응하는 권한'을 부여하는 것은 경호목표의 달성에 있어서 매우 중요하기 때문이다.

여기에서 경호권한(警護權限)이라는 것은 '경호공무원이 하나의 기관으로서 직접적으로는 경호대상자를 위하여, 그리고 거시적으로는 국민과 국가를 위하여, 국민주권주의에 근거한 국가의 행위로써 유효(有效)하게 관련 업무를 처리할 수 있는 능력 또는 업무의 범위·한계'라고 할 수 있다.

경호공무원이 일반시민과 동일한 위치에서는 경호목적 달성을 위한 관련업무를 원활하게 수행하기가 어렵기 때문에, 이들에게 일정한 '힘'(power)을 부여해 줄 필요가 있다. 이러한 점에서 경호권한은 경호목적달성을 위하여 특정 대상에게 명령·강제할 수 있는 합법적(合法的)인 힘을 의미하는 것이라 할 수 있다.[1]

---

1) 권력(權力, power)의 개념을 명확하게 내리는 것은 어려운데, 이를테면 '개인 또는 집단이 다른 개인 또는 집단의 행동을 자기의 뜻대로 하게 만드는 방법으로 통제하는 힘'이라고 할 수 있다. 이러한 힘이 정치적 기능을 다하기 위하여 조직되는 경우에는 정치권력이라고 하며, 단적으로 공권력(公權力) 또는 국가권력이라고도 한다. 이러한 국가권력은 경찰, 검찰, 군대, 교도소 등과 같이 구체적인 형태로 나타나는데, 근대국가 이후 법치주의 원리를 바탕으로 합법화되고 있는 점이 특색이다. 바꿔 말하면, 권력의 합법적 행사가 바로 권한(權限)인 것이다. 따라서 권력과는 달리 권한의 행사가 정당성을 갖기 위해서는 일정한 합의 또는 근거에 기초를 두어야 한다. 법치국가에서 말하는 일정한 합의는 바로 '법'에 의한 수권(授權)이라 할 수 있다. 따라서 권한이라는 것은 법에 근거를 둔 권력, 곧 '타인을 명령·강제할 수 있는 합법적인 힘'이라고 볼 수 있을 것이다.

한편, 경호공무원은 그 주어진 한계 내의 사무를 처리하는 것은 권한의 행사인 동시에 책무(責務)라 할 수 있으며, 권한을 초과하는 행위 또는 무권한(無權限)의 행위는 하자있는 행위로서, 일정한 효력이 발생하지 못하게 된다.

2. 경호권한의 특징

이러한 점에서 경호권한의 행사는 본질적으로 권력적·규제적인 특징을 가지고 있다고 볼 수 있다. 따라서 경호업무를 수행하는 경호공무원의 예방적 경호목적 달성을 위한 행정경찰권한(行政警察權限)과 사후 경호목적 달성을 위한 사법경찰권한(司法警察權限)의 행사는 권력적·규제적인 특징을 가지고 있다.

물론, 모든 경호활동이 이러한 명령·강제력을 가진 경호권한을 기초로 하여 이루어지는 것은 아니다. 경호활동 중에는 이와 같은 권력적·규제적 수단을 통해 상대방의 의사에 관계없이 국가의 의사를 관철하는 작용이 있는가 하면, 권력적·규제적 수단을 동원하지 아니하고도 달성할 수 있는 비권력적·비규제적인 요소도 존재하기 때문이다.

경호권한이 갖는 권력적·규제적 속성은 그것이 행사되는 상대방에게 복종을 요구할 수 있으며, 정당성이 부여된 권력으로서 조직 내의 공식적 역할과 결부되며, 역할 담당자들의 관계를 설정하는 변수라 할 수 있다. 따라서 어떤 면에서 권한은 분화된 조직단위와 역할들을 통합하여 조직 내의 안정된 질서를 유지하게 해주는 기능도 갖는다고 볼 수 있다.[2]

생각건대, 모든 조직에 있어서 권한 문제는 가장 핵심이 되는 쟁점 가운데 하나라고 할 수 있다. 권한이 있는 곳에 권력이 있고, 그 속에서 정치와 예산, 합법성과 위법성 등 수많은 문제가 복잡하게 얽혀 있기 때문이다. 이는 경호조직에 있어서도 예외는 아니라고 본다. 경호조직 역시 복잡한 외부환경(정치집단, 형사사법기관, 군, 국가정보원, 국민 등)과 내부 환경(계급구조, 업무구조, 혈연·지연·학연 등)에 둘러싸여 있다. 이 속에서 주어진 목표달성을 위해서는 무엇보다도 조직을 체계적으로 구조화하고, 각 구성원들에게 직위와 역할에 부합하는 일정한 권한을 부여하고, 한편으로는 이를 적절히 통제

---

2) 이종수 외(1998), 새행정학, 서울: 대영문화사, p. 341.

할 수 있는 수단이 강구되어야 한다. 경호조직의 운영에 있어서 적절한 권한설정과 배분 문제는 조직의 성패와 직결된다고 본다.

　　민간경호원(신변보호)의 권한

경비업법상의 신변보호 업무를 수행하는 민간경호원은 '민간인'(民間人)에 불과하기 때문에 특별한 권한을 가지고 있지 않다. 다만, 일반시민으로서 일정한 권한을 가지고 있다. 이는 국가 이전의 자경주의(自警主意, vigilantism) 전통과 현행법이 허용하는 합법성의 범위 안에서 자신과 고객(경호대상자)의 신체·생명·재산을 보호하기 위해 행사할 수 있는 일정한 물리적 강제력을 의미한다고 볼 수 있다. 이와 관련하여 형사사법상의 정당방위, 긴급피난, 자구행위, 현행범 체포 권한 등을 들 수 있다.[3]

① 정당방위(正當防衛) : 자기 또는 타인의 법익에 대한 현재의 부당한 침해를 방위하기 위한 행위는 상당한 이유가 있는 때에는 벌하지 아니한다(형법 제21조).

② 긴급피난(緊急避難) : 자기 또는 타인의 법익에 대한 현재의 위난을 피하기 위한 행위는 상당한 이유가 있는 때에는 벌하지 아니한다(형법 제22조).

③ 자구행위(自救行爲) : 법정절차에 의하여 청구권을 보전하기 불능한 경우에 그 청구권의 실행불능 또는 현저한 실행곤란을 피하기 위한 행위는 상당한 이유가 있는 때에는 벌하지 아니한다(형법 제23조).

④ 현행범 체포(現行犯 逮捕) : 현행범인은 누구든지 영장 없이 체포할 수 있다(형사소송법 제212조).

---

3) 이에 대한 세부적인 내용은 최선우(2019), 민간경비론, 인천: 진영사, pp. 261-270 참조.

제2절 경호권한의 유형

1. 경호행정경찰권한

1) 경호행정경찰권한의 개념

경호행정경찰권한은 범죄와 테러 등 각종 위해요소에 대한 예방차원에서 이루어지는 제반 활동이라고 할 수 있다. 경호대상자가 거주하거나 업무를 수행하는 일정한 장소(예: 대통령집무실·대통령관저 등) 및 특정한 장소의 행사(예: 독립기념관 광복절행사 등)에 대한 잠재적 위험은 상존하기 마련이다.

이러한 '장소(場所)'에서 발생 가능한 잠재적 위험에 대해 체계적이고 효율적으로 대응하기 위해서 경호구역(警護區域)을 정하고 있다. 이러한 경호구역은 이른바 '3중경호체계'에 의해 크게 안전구역(제1선), 경비구역(제2선), 경계구역(제3선)으로 구분할 수 있다.

생각건대, 경호행정경찰권한이라는 것은 이러한 각각의 경호구역에 내재하는 인적·물적·지리적 위해요소를 발견·제거하여 경호대상자에 대한 잠재적 위험을 사전에 방지하는 제반활동이라 할 수 있다. 물론, 이러한 경호행정경찰권한은 각종 관련법규의 수권(授權)에 의해 명령·강제 등의 권력적 수단뿐만 아니라 지도·계몽 등의 비권력적 수단도 함께 행사될 수 있다.

2) 경호행정경찰권한의 내용

(1) 경호구역의 지정과 경호행정경찰권한

대통령경호처장은 경호업무의 수행에 필요하다고 판단되는 경우 경호구역을 지정할 수 있도록 하고 있다. 경호구역의 지정은 경호목적 달성을 위한 '최소한의 범위'로 한정되어야 한다(대통령 등의 경호에 관한 법률 제5조 제1항).[4] 그리고 이러한 지정된 경호구역 내에서 경호공무원 등은 경호목적 달성을 위하여 일정한 행정경찰권한을 행사할

---

4) 경호구역: ① 법 제5조 제1항에 따른 대통령경호처의 경호구역 중 대통령집무실·대통령관저 등은 내곽구역과 외곽구역으로 나눈다. ② 제1항에 따른 대통령집무실·대통령관저 등을 제외한 각종 행사장·유숙지 등에 대한 경호구역은 행사의 성격, 경호위해요소 등을 고려하여 처장이 지정한다(대통령 등의 경호에 관한 법률 시행령 제4조).

수 있도록 하고 있다.

즉, 소속공무원과 관계기관의 공무원으로서 경호업무를 지원하는 사람은 경호목적상 불가피하다고 인정되는 '상당한 이유'가 있는 경우에만 경호구역에서 질서유지, 교통관리, 검문·검색, 출입통제, 위험물 탐지 및 안전조치 등 위해 방지에 필요한 안전활동을 할 수 있도록 하고 있다(제5조 제2항).[5]

참고 **대통령 경호구역 과잉지정 논란**

경찰이 서울시청 앞 광장을 '경호안전구역'으로 선포한 이후 광장 내 검문검색, 출입통제가 강화되어 경찰의 과잉대응이라는 논란이 일고 있다.

경찰이 '경호안전구역'을 선포한 다음 날인 2012년 3월 22일, 서울시청앞 광장 주변과 2호선 시청역 입구 등엔 경찰병력이 추가로 배치되어 지나가는 행인들에 대한 통제가 이뤄지기 시작하였다. 현재 13일째 서울시청앞 광장에서 농성을 진행하고 있는 '정리해고 비정규직 없는 세상을 향한 99%, 희망광장(희망광장)' 참가자인 구미 KEC 해고자 김○○씨는 이날 오전 광장을 걸어가던 중 경찰에게 가방을 열어 보여 달라는 요구를 받았다.

김씨에 따르면, 경찰은 그녀에게 희망광장 참가자냐고 물으며, 가방 검색을 요구하였다. 김씨는 경찰의 요구를 거부하며 '여자로서 개인물품을 보여주기 불쾌하니

---

5) 물론, 경호목적을 위한 행정경찰의 활동영역은 비단 경호구역에 국한되지 않는다고 본다. 국내외적으로 복잡한 정치적·경제적·사회문화적 역학관계 속에 내재하는 경호위해요소를 발견·제거하기 위해서는 보다 거시적인 관점에서 관련 예방적 활동이 이루어져야 할 것이다. 다만, 이러한 거시적 활동은 권력적이라기보다는 비권력적 차원(예컨대, 위해발생 관련 정보활동 등)에서 이루어져야 할 것이다.

여경을 불러달라'고 항의했지만 경찰은 관련법령을 근거로 가방을 보여줄 것을 요구하였다. 또한 이날 오후에는 노동조합 조끼를 입고 배낭을 멘 한 남성이 2호선 시청역 5번 출구(시청광장 방향)로 올라오던 중 바깥 출구 계단에서 가방을 열어보라고 경찰이 요구하였다. 그 남성은 경찰의 요구를 거부했지만 경찰은 역시 관련 법령을 얘기하며 가방 검색을 요구했고 통행을 제지당한 그 남성은 다시 계단을 내려가야 했다.

경찰이 행인의 가방을 검색하겠다고 내세우는 관련 법은 「대통령 등의 경호에 관한 법」 제5조 제3항으로 '경호업무를 지원하는 사람은 경호 목적상 불가피하다고 인정되는 상당한 이유가 있는 경우에만 경호구역에서 질서유지, 교통관리, 검문검색, 출입통제, 위험물 탐지 및 안전조치 등 위해 방지에 필요한 안전활동을 할 수 있다'라고 명시되어 있다.

이 조항에 따르면 경호업무를 지원하는 공무원은 경호구역 내에서 검문검색, 출입통제가 가능하다고 되어 있지만 그 대상자에 대한 기준은 명시되어 있지 않다. 오늘 이뤄진 검문검색 조치 대상자의 기준에 대한 질문에 경찰 관계자는 "기준에 대해 특별한 지시가 있는 것이 아니라 일선 경찰의 판단으로 이루어진다"며, "이 법에 의해서 즉시조치가 가능하다"고 하였다.

대통령 등의 경호에 관한 법률은 원래 대통령의 경호를 위해 만든 법인데, 2012년 2월 제5조의2(다자간 정상회의의 경호 및 안전관리)를 신설하여 다자간정상회의시 경호기구를 설치하는 근거를 만들었다. 지난 21일 서울시청앞 광장을 '경호안전구역'으로 선포한 이번 조치는 오는 26~27일로 예정된 핵안보정상회의에 앞서 시행된 조치다. 이에 대하여 '민주화를 위한 변호사모임(민변)' 소속의 한 변호사는 "경호처장의 마음대로 경호구역을 지정할 수 있게 되어 있는 조항은 명확성의 원칙에 위배된다. 회의장소인 강남구와 상당한 거리가 있는 서울시청 광장을 보호구역으로 지정한다는 것이 얼마나 자의적인 해석인가. 설사 여기 행인의 가방에 흉기가 들어있다고 해도 미사일이라면 모를까 회의장소에 어떤 영향을 끼칠 수 있단 말인가"라며 이번 조치를 이해하기 힘들다고 하였다. 또한 "이는 법률로서의 가치 기능 수행보다는 오히려 법률을 빙자해 공무원에게 무한한 권력을 부과하여 국민의 기본권인 이동권과 표현의 자유를 제한하는 위헌적 법률이다"라며 관련 법률의 위헌 요소를 지적하였다.

대통령 등의 경호에 관한 법률을 살펴보면, 기존 집회 및 시위에 관한 법률보다 우선한다거나 경호구역 내에서 집회가 금지된다거나 표현의 자유가 제한될 수 있다는 등의 특별한 근거는 찾아볼 수 없다.

지난 2010년엔 G20 정상회의를 앞두고 'G20 정상회의 경호안전을 위한 특별법'이 제정되어 경찰의 과잉대응이 논란이 된 바 있다. 이번 핵안보정상회의를 앞두고 희망광장 참가자들이 농성을 벌이고 있는 서울시청 앞 광장을 경호구역으로 지정하여 검문검색을 강화하는 등 경찰의 과잉 대응 논란이 또 다시 불거지고 있다.[6]

(2) 경호행정경찰권한 행사의 수단 예: 불심검문

불심검문(不審檢問, stop and frisk)이라는 것은 경호업무를 수행하는 경찰공무원이 경호구역 내에서 일정한 상황하에서 특정인을 대상으로 권한을 행사하는 권력적 사실행위라 할 수 있다.[7] 이러한 불심검문은 경찰관직무집행법 등에 근거를 두고 있다. 다만, 불심검문 거부시에 현행법상 처벌규정이 없어 처벌하기는 어렵다는 한계가 있다.[8]

① 불심검문 요건과 대상

현행법상 불심검문의 요건과 대상에 대해서 다음과 같이 규정하고 있다. 즉, 경찰관은 '수상한 행동 그 밖의 주위의 사정을 합리적으로 판단'하여 ㉠ 어떠한 죄를 범하였거나, ㉡ 범하려 하고 있다고 의심할 만한 상당한 이유가 있는 사람, 또는 ㉢ 이미 행하여진 범죄나 행하여지려고 하는 범죄행위에 관하여 그 사실을 안다고 인정되는 사람에 대해서 불심검문을 할 수 있다고 하고 있다(경찰관직무집행법 제3조 제1항).

따라서 불심검문의 대상은 반드시 직접적으로 범죄행위와 관련된 사람에 국한하지 않고 이에 가세하거나 또는 이를 목격한 사람 등에 대하여 광범위하게 행하여 질 수 있다고 본다. 다만, 불심검문은 경찰관이 '수상한 거동 기타 주의의 사정을 합리적으로 판단' 즉, 통상의 사회평균인이 판단할지라도 의심이 갈만한 상황이어야 하기 때문에 단순히 역이나 터미널, 노점상 등과 같은 장소에서 마구잡이식으로 이루어지는 것은 요건판단에 있어서 문제가 제기될 수 있다.

---

6) 참세상(2012. 03. 22.).
7) 불심검문은 범죄행위의 우려가 있는 경우는 물론이고, 현실적으로 범죄행위가 행하여진 이후에도 이루어지므로 행정경찰권한의 행사와 더불어 범죄수사의 전 단계로서 이루어지는 사법경찰권한의 행사라고 볼 수 있다. 다만, 여기에서는 논의의 편의상 행정경찰권한 차원에서 접근하고자 한다.
8) 홍정선(2007), 경찰행정법, 서울: 박영사, pp. 227-239.; 조철옥(2008), 경찰학개론, 서울: 대영문화사, pp. 172-174. 최선우(2017), 경찰학, 서울: 그린, pp. 462-469 재구성.

이러한 불심검문은 범죄처벌의 목적이 아니기 때문에 형사책임능력이 없는 형사미성년자(14세 미만), 심신장애자도 그 대상이 될 수 있다. 그리고 불심검문은 후술하겠지만 임의동행이나 흉기조사를 포함하며, 자동차검문도 불심검문에 해당한다고 본다.[9]

② 불심검문의 방법

경찰관직무집행법에서는 경찰관이 행사할 수 있는 불심검문의 내용으로 ㉠ 정지·질문, ㉡ 흉기소지여부 조사, ㉢ 임의동행을 기본으로 하고 있다.

그리고 정지·질문, 조사, 임의동행을 요구하는 경찰관은 당사자에게 자신의 신분을 표시하는 증표를 제시하면서 소속과 성명을 밝히고 그 목적과 이유를 설명하여야 한다(제3조 제4항). 이는 질문을 당하는 사람의 사익보호를 위한다는 취지도 아울러 가지고 있다. 따라서 이 조항에 반하는 경찰관의 직무집행 행위는 위법한 직무집행 행위가 되어 국가배상의 원인이 될 수 있다.

한편, 질문 및 흉기의 소지여부 조사, 그리고 임의동행에 의한 조사시 당사자는 형사소송에 관한 법률에 의하지 아니하고는 신체를 구속당하지 아니하며, 그 의사에 반하여 답변을 강요당하지 아니한다(제3조 제7항). 질문 자체에는 영장주의(令狀主義)가 적용되지 않지만, 신체구속에는 당연히 영장주의가 적용된다고 볼 수 있다.

생각건대, 경찰관직무집행법상의 질문은 상대방의 임의적인 협력(답변)을 전제로 하는 성격도 갖는다고 본다. 다만, 질문을 받은 당사자는 질문에 대하여 수인의 의무를 지고 정지하게 되지만, 질문에 대하여 진술의무를 부담하지는 않는다고 본다.

---

9) ① 교통법규 위반 차량이 순찰차의 정지지시를 무시하고 그 추적을 피하여 과속으로 신호를 위반하면서 도주하다가 교통사고가 발생하였다. 이 경우 교통법규 위반 차량이 정지지시를 무시하고 도주한 것은 소위 '거동수상자'로서 다른 어떤 범죄에 관계가 있는 것이라고 판단할 수 있는 상황이라고 할 수 있다. 따라서 경찰추적의 필요성 및 상당성이 인정되고 또한 사고 당시는 야간으로 인적이나 차량의 통행이 한산하여 제3의 피해가 발생할 수 있는 구체적 위험성을 예측할 수 있었다고 보기 어렵다. 그리고 다른 순찰차량과의 공조체제 등 다른 조치를 취할 가능성이 희박한 점 등을 고려할 때, 경찰관의 위 추적행위는 직무를 벗어난 위법한 과잉추적으로 보기 어렵다. 따라서 피해자에 대한 국가의 손해배상책임은 인정되지 않는다. 광주지법 1999.04.22., 97가합9989. ② 정지와 관련해서 자동차검문의 허용한계가 문제될 수 있다. 자동차검문은 교통검문(도로교통법 제43조)·경계검문·긴급수배검문이 있다. 경계검문과 긴급수배검문은 명시적인 법적 근거가 없는 까닭에 허용여부에 논란이 있으나, 전자는 경찰관직무집행법 제3조 1항에서, 후자는 형사소송법상의 임의수사에 관한 규정을 근거로 이를 허용함이 타당하다. 다만 자동차 검문시 트렁크 내부 등 눈에 보이지 않는 곳에 대한 검사는 상대방의 동의가 있는 경우에 한하여 가능하며, 자동차 검문시 정차하지 않고 도주하는 경우 준현행범으로 간주하여 형사소송법에 의한 강제가 가능하다. 조철옥(2008), 앞의 책, p. 172.

그리고 상당히 애매한 부분이지만, 질문을 하는 경찰관은 당사자에게 진술을 거부할 수 있음을 반드시 알려야 하는 것은 아니라고 본다. 다만, 범죄의 증거를 수집할 목적으로 질문한다면 진술을 거부할 수 있음을 알려야 할 것이다.

㉠ 정지·질문

가. 정지

정지는 경찰관이 거동수상자를 발견한 경우에 대상자의 본래 통행행동을 일시적으로 멈추게 하는 것을 말한다. 질문을 동반한 정지는 피질문자에게 행동의 자유의 일시정지를 가져올 수 있다. 그러나 이러한 일시정지는 침해의 경미성(輕微性)으로 인해 헌법 제12조가 보장하는 기본권인 '신체의 자유의 침해'에 해당하지 않는다.

경찰관의 정지수단으로는 보행자의 경우는 구두나 경적 등을 통하여 가던 길을 멈추게 하고, 자동차나 자전거 등은 경적과 수신호를 통하여 정차시키고 경우에 따라서는 하차시킬 수 있다.

한편, 질문을 위한 정지의 성질은 하명(下命)에 해당하지만, 이에 불응하는 경우에 대한 강제수단은 보이지 아니한다. 따라서 현행법상으로 질문을 위해 정지를 요구하였으나, 이에 불응하여도 강제적으로 정지시킬 수는 없다(형사소송절차에 따라 강제하는 것은 별개의 문제이다). 정지를 위해 경찰관이 상대방에게 가하는 행위가 '강제적인 행위'에 해당하는지의 여부는 객관적·합리적으로 판단할 사항이다.

따라서 경찰관의 정지는 원칙적으로 요구나 설득과 같은 임의수단(任意手段)에 의하나, 예외적으로 사태의 긴급성, 혐의의 정도, 필요성과 상당성 등을 고려하여 강제에 이르지 않는 정도의 유형력 행사, 즉 앞을 가로막고 정지를 시키거나 추적하거나 상대편의 팔을 잡아 정지시키는 정도는 허용된다고 할 수 있다. 그러나 실력을 행사하더라도 그것은 질문을 위한 일시적 정지에 그쳐야 한다.

나. 질문

불심검문상의 질문은 무엇인가를 알기 위한 행위(정보수집)이다. 따라서 질문은 성질상 경찰조사의 성질을 갖는다고 본다. 이러한 질문은 비권력적인 사실행위이며, 질문에 행정절차상의 사전통지가 필요한 것은 아니다.

질문은 불심검문의 핵심으로서 정지와 후술하는 동행요구는 질문을 위한 수단에 불과하다. 경찰관은 질문내용으로 거동수상자에게 성명, 주소, 행선지, 소지품의 내용 등을 물어봄으로써 의심을 풀거나 경찰목적상 필요한 사항을 알아내는 것을 말한다.

ⓒ 흉기의 소지여부 조사

경찰관은 불심검문시에 흉기의 소지여부를 조사할 수 있다(제3조 제3항). 흉기의 소지여부 조사는 당해인의 신체나 소지품에 대한 검색을 전제로 한다.

가. 신체의 자유 침해에 대한 영장주의 문제

그런데 헌법 제12조 제3항에서는 "체포·구속·압수 또는 수색(搜索)을 할 때에는 적법한 절차에 따라 검사의 신청에 의하여 법관이 발부한 영장(令狀)을 제시하여야 한다. 다만, 현행범인 경우와 장기 3년 이상의 형에 해당하는 죄를 범하고 도피 또는 증거인멸의 염려가 있을 때에는 사후에 영장을 청구할 수 있다"고 규정하고 있다.

따라서 불심검문에 의한 흉기의 소지여부 조사는 헌법에서 규정한 '신체의 자유'에 대한 침해 문제가 제기될 수 있다. 흉기의 소지여부 조사는 영장 없이 이루어지는 강제조사의 성격을 갖는다. 따라서 흉기의 소지여부 조사 역시 일종의 '수색'이기 때문에 논자에 따라 경찰관직무집행법 규정 자체에 문제가 있다고 보기도 한다. 그러나 흉기의 소지여부 조사는 상황의 긴박성·중요성(즉, 흉기의 사용으로 다시 범죄가 행해지는 것을 방지하는 의미) 차원에서 이루어지는 것이라 할 수 있다. 그리고 이로 인한 신체의 자유의 침해가 경미한 것으로 보아 영장주의의 예외로 보는 것이 타당하다고 본다.

나. 흉기의 소지여부 조사방법과 한계

흉기의 소지여부 조사와 관련하여 의사(意思)에 의한 조사는 특별한 문제가 없겠지만, 신체의 조사는 기본적으로 동성(同性)에 의해 이루어져야 한다고 본다. 그렇다면, 흉기의 소지여부 조사는 어디까지 이루어질 수 있는가? 구체적으로 본다면 신체상태 및 소지품의 외부 관찰, 소지품에 대한 질문, 흉기의 임의제시, 당사자의 의복을 가볍게 만지거나 소지품의 외부를 손으로 만지는 방법, 당사자의 승낙 없이 호주머니에 손을 넣거나 가방 등을 직접 열어보는 방법 등이 있다.

흉기의 소지여부 조사는 영장 없이 이루어지는 강제조사라고 한다면, 이러한 방법을 모두 활용할 수 있다고 본다. 그러나 그 방법의 활용에는 비례원칙(比例原則)이 준수되어 한정된 목적 범위 내에서 필요한 최소한도의 강제력이 허용된다고 본다. 바꿔 말하면, 잠재적 위험성과 흉기소지의 개연성이 클 경우 내부검사를 할 수 있는 것이지 무조건 허용될 수는 없는 것이다.

ⓒ 임의동행

가. 임의동행의 의의와 필요성

이상과 같이 경찰관은 불심검문에 의해 타인에 대해 정지·질문, 그리고 경우에 따라서는 흉기의 소지여부를 조사할 수 있다. 그런데, 그 장소에서 위와 같은 질문 등을 하는 것이 그 사람에게 불리하거나 교통에 방해가 된다고 인정되는 때에는 질문하기 위하여 부근의 경찰서·지구대·파출소 또는 출장소(지방 해양경비안전관서 포함)에 동행할 것을 요구할 수 있다. 한편, 상대방의 동의가 있는 경우에는 경찰관서가 아니라도 무방하다고 본다. 예컨대, 질문 장소가 마땅하지 않을 경우 당사자의 동의하에 인근의 다른 지역으로 장소를 옮겨 질문 할 수 있을 것이다.

나. 임의동행의 성질과 판단기준

임의동행(任意同行)은 강제(强制)가 아닌 말 그대로 '임의'(任意)에 의한 것이다. 따라서 경찰관의 동행요구가 있는 경우, 당해인은 경찰관의 동행요구를 거절할 수 있다(제3조 제2항 하단). 동행요구는 당사자의 협력을 전제로 하는 비강제적인 수단이기 때문이다.

임의동행인지 강제동행인지의 판단은 평균인을 기준으로 하여 본인의 의사로서 동행에 응하였는가 아닌가를 판단해야 한다. 따라서 경찰의 강제나 심리적 압박에 의해 동행을 승낙하고 동행하였다면, 그러한 동행은 임의동행이 아니라 강제연행으로 불법행위가 된다. 또 경찰관이 동행요구를 거부하는 자를 강제로 동행하게 한다면, 그것은 불법행위에 해당하며, 국가는 국가배상법에 따른 배상책임을 져야 한다. 따라서 강제동행에 대항하는 행위

는 공무집행방해죄를 구성하지 않는다.[10)]

다. 임의동행의 요건

먼저, 임의동행은 그 장소에서 질문하는 것이 그 사람에게 불리하거나, 교통에 방해가 된다고 인정되는 경우에 가능하다. 여기에서 주의할 것은 그 장소에서 질문하는 것이 경찰관에게 불리한 경우에는 동행요구를 할 수는 없다는 점이다. 한편 동행을 요구하는 장소는 경찰서, 지구대, 파출소, 또는 출장소와 같은 경찰관서이지만, 당사자의 동의가 있다면 그 밖의 장소에의 동행도 가능하다고 본다.

다음으로 임의동행은 전적으로 당사자의 동의(同意)를 그 요건으로 하는 것이다. 따라서 경찰관으로부터 임의동행 요구를 받은 경우 당사자는 이를 거절할 수 있을 뿐만 아니라 임의 동행 후 언제든지 경찰관서에서 퇴거할 자유가 있다.[11)]

라. 임의동행의 시간상 제한

경찰관의 동행요구에 따라 동행을 한 경우, 경찰관은 당사자를 6시간 초과

---

10) 경찰관이 임의동행을 요구하며 손목을 잡고 뒤로 꺾어 올리는 등으로 제압하자 거기에서 벗어나려고 몸싸움을 하는 과정에서 경찰관에게 경미한 상해를 입힌 경우, 위법성이 결여된 행위이다. 대법 1999.12.28, 98도138.

11) 대법 1997.08.22., 97도1240.; ① 형사소송법 제199조(수사와 필요한 조사) 제1항에서는 "수사에 관하여는 그 목적을 달성하기 위하여 필요한 조사를 할 수 있다. 다만, 강제처분은 이 법률에 특별한 규정이 있는 경우에 한하며, 필요한 최소한도의 범위 안에서만 하여야 한다"고 규정하여 임의수사의 원칙(任意搜査 原則)을 명시하고 있다. 따라서 수사관이 수사과정에서 당사자의 동의를 받는 형식으로 피의자를 수사관서 등에 동행하는 것은, 상대방의 신체의 자유가 현실적으로 제한되어 실질적으로 체포와 유사한 상태에 놓이게 된다. 이처럼 영장(令狀)에 의하지 않고 그 밖의 강제성을 띤 동행은 이를 억제할 방법도 없어서 제도적으로는 물론 현실적으로도 임의성(任意性)이 보장되지 않을 뿐만 아니라, 아직 정식의 체포·구속단계 이전이라는 이유로 상대방에게 헌법 및 형사소송법이 체포·구속된 피의자에게 부여하는 각종의 권리보장 장치가 제공되지 않는 등 형사소송법의 원리에 반하는 결과를 초래할 가능성이 크다. 따라서 수사관이 동행에 앞서 피의자의 동행을 거부할 수 있음을 알려 주었거나 동행한 피의자가 언제든지 자유로이 동행과정에서 이탈 또는 동행 장소로부터 퇴거할 수 있었음이 객관적인 사정에 의하여 명백하게 입증된 경우에 한하여, 그 적법성이 인정되는 것으로 보는 것이 타당하다. ② 형사소송법 제200조(피의자의 출석요구)에 의하여 검사 또는 사법경찰관이 피의자에 대하여 임의적 출석을 요구할 수는 있겠으나, 그 경우에도 수사관이 단순히 출석을 요구함에 그치지 않고 일정한 장소로의 동행을 요구하여 실행한다면 본 법리가 적용되어야 한다. 한편, 행정경찰 목적의 경찰활동으로 행하여지는 경찰관직무집행법 제3조(불심검문) 제2항 소정의 질문을 위한 동행요구도 형사소송법의 규율을 받는 수사로 이어지는 경우에는 역시 위의 법리가 적용되어야 한다. 대법 2006.07.06, 2005도6810.

하여 경찰관서에 머무르게 할 수 없다(제3조 제6항). 당사자의 동의가 있다고 하여 6시간을 초과하여 계속 경찰관서에 머물게 할 수 있다면, 6시간의 제한을 둔 법의 근본 취지가 사라진다고 본다. 따라서 6시간을 초과하여 당사자를 경찰관서에 머무르게 하는 것은 불법행위에 해당한다. 그리고 6시간이 경과하기 전이라도 동행사유가 소멸되면 즉시 내보내야 함은 물론이다.

바꿔 말하면, 임의동행한 경우 6시간을 초과하여 경찰관서에 머물게 할 수 없다고 규정하고 있다고 하여 그 규정이 임의동행한 자를 6시간 동안 경찰관서에 구금하는 것을 허용하는 것은 아니다.[12]

마. 가족 등에 대한 연락기회 부여 및 변호인의 조력을 받을 권리에 대한 고지

임의동행을 한 경우 경찰관은 당사자의 가족 또는 친지 등에게 동행한 경찰관의 신분, 동행 장소, 동행 목적과 이유를 고지하거나 본인으로 하여금 즉시 연락할 수 있는 기회를 부여해야 한다. 아울러 변호인(辯護人)의 조력을 받을 권리가 있음을 고지하여야 한다(제3조 제5항).

이 조항은 동행을 한 자의 인신보호(人身保護)를 위한 것으로서 경찰관의 직무상 의무로 규정하고 있다. 이 조항은 예외 없이 적용되어야 한다고 본다.[13] 경찰관이 만약 이 조항이 규정하는 직무상의 의무를 불이행하게 되면, 국가배상법상 배상책임의 문제를 가져온다.

ㄹ. 질문, 흉기소지여부의 조사 결과

경찰관이 질문(임의동행에 의한 질문 포함)과 흉기의 소지여부 등의 조사를 한 결과, 범죄를 범하였다는 사실이 밝혀진다면, 형사절차로 전환하게 될 것이다.

가. 현행범·준현행범에 대한 강제처분 가능

불심검문에 의해 경우에 따라서는 현행범(現行犯)[14] 또는 준현행범(準現行犯)

---

12) 대법 1997.08.22, 97도1240.

13) 긴급구속 당시에 헌법 및 형사소송법에 규정된 바와 같이 피의자에 대하여 범죄사실의 요지, 체포 또는 구속의 이유와 변호인을 선임할 수 있음을 말하고, 변명할 기회를 준 후가 아니면 긴급구속 할 수 없다. 따라서 이러한 절차를 준수하지 않고, 연행될 것을 명백히 거부하는 피의자를 강제로 연행한 것은 임의동행에 해당된다고 볼 수 없는 부당한 신체의 구속이라고 할 것이다. 대법 1995.05.26, 94다37226.

14) ① 범죄의 '실행 중'이거나 '실행의 즉후(卽後)'인 자를 현행범이라고 한다(형소법 제211조 제1항). 현행범인은 누구든지 영장 없이 체포할 수 있고, 긴급체포와 함께 영장주의의 예외에 속한다. 여기에서 범죄는 형법상의 구성요건에 해당하고 위법성조각사유와 책임조각사유가 없음이 명백한 경우를 가리킨다. 따라서 형사

으로 체포될 수도 있을 것이다.[15] 물론, 현행범으로 체포를 하려면 피체포자가 현행범 또는 준현행범이어야 하고, 체포사유가 있어야 하고, 현행범 체포의 비례성이 있어야 한다. 비례성 차원에서 볼 때, 경미범죄에 대해서는 인권보장 취지에서 현행범 체포가 제한된다.[16]

기타 수배자 조회 등을 통하여 긴급체포(緊急逮捕)나 사전구속영장 또는 체포영장 발부자 또는 기소중지자(起訴中止者)일 경우에도 강제수사가 가능하다.

나. 경범죄처벌법상의 처벌 가능

한편, 흉기의 소지여부 조사결과, 흉기가 발견되면 경범죄처벌법 및 폭력행위 등 처벌에 관한 법률에 근거하여 체포·처벌 할 수 있다. 경범죄처벌법에서는 "흉기의 은닉휴대: 칼·쇠몽둥이 등 사람의 생명 또는 신체에 중대한 해를 입히는 데 사용될 연장이나 쇠톱 등 집 그 밖의 건조물에 침입하는 데 사용될 연장을 정당한 이유 없이 숨기어 지니고 다니는 사람"에 대해서 10

미성년자는 현행범인으로 체포할 수 없다. 그리고 범죄의 실행의 즉후인자는 범죄행위의 실행행위를 종료한 직후의 자를 말한다. 범행직후란 범죄혐의의 명백성과 범인의 명백성이 판단될 수 있을 정도의 시간적·공간적 접착성이 있는 경우를 말한다. 배종대·이상돈·정승환(2009), 신형사소송법, 서울: 홍문사, p. 127.; ② 이와 관련하여 판례는 현행범인을 "시간적으로나 장소적으로 보아 체포를 당하는 자가 방금 범죄를 실행한 범인이라는 점에 관한 죄증(罪證)이 명백히 존재하는 것으로 인정되는 경우"라 보았다. 대법 2002.05.10, 2001도300.; 이와 관련된 사례로 중학교 교사인 甲은 자신이 근무하는 학교의 교장실에 들어가 약 5분 동안 식칼을 휘두르며 교장을 협박하는 등 소란을 피우다가 부모의 만류로 그만두었고, 그 후 40여분 정도 지나서 경찰관들이 출동하여 교장실이 아닌 서무실에서 甲을 연행하려고 하자 甲이 구속영장의 제시를 요구하면서 동행을 거부하는 것을 강제로 자동차에 태워 경찰서로 연행한 사례에 대해 대법원은 甲을 "범죄의 실행 직후"에 있는 자로 보기 어렵기 때문에 현행범체포에 해당하지 않는 것으로 판시하였다. 대법 1991.09.24, 91도1314.; 또 다른 예로 교통사고범죄를 일으킨 장소에서 '약 1km 떨어져 있고, 범죄 후 약 10분이 경과한 때'를 범행 직후에 해당하지 않는다고 하였다. 대법 2000.07.04, 99도4341.

15) 준현행범인은 현행범인은 아니지만 현행범인으로 간주되는 자를 말한다. 이에 대해 형사소송법은 ① 범인으로 호창(呼唱)되어 추적되고 있는 때, ② 장물이나 범죄에 사용되었다고 인정함에 충분한 흉기 기타의 물건을 소지하고 있는 때, ③ 신체 또는 의복류에 현저한 증적(證跡)이 있는 때, ④ 누구임을 물음에 대하여 도망하려 하는 때를 현행범인으로 간주하고 있다(제211조 제2항). 여기서 '④'의 경우는 주로 경찰관의 불심검문이 해당될 것이나 사인(私人)이 묻는 경우라도 상관없다고 본다. 다만, 이 요건은 범행에 대한 직접적인 관련성이 희박할 수 있으므로 다른 상황과 종합하여 충분히 죄를 범하였다고 인정될 만한 경우에만 준현행범인으로 간주하는 것이 옳다고 본다.

16) 다액 50만원 이하의 벌금, 구류 또는 과료에 해당하는 죄의 현행범인에 대해서는 범인의 주거가 분명하지 않을 경우에만 그 체포가 허용된다(형사소송법 제214조). 물론, 현행범체포는 구속이 아니라 구속을 포함한 수사활동 전반의 관철 가능성을 확보하기 위한 일시적인 자유박탈이므로, 구속의 비례성이 위반되는 경미한 사건에서도 현행범체포의 비례성은 충족될 수 있다. 배종대·이상돈·정승환(2009), 앞의 책, p. 129.

만원 이하의 벌금, 구류 또는 과료의 형으로 처벌할 수 있다고 규정하고 있다(제1조 제2호).

다. 폭력행위 등 처벌에 관한 법률상의 처벌 가능

또 폭력행위 등 처벌에 관한 법률은 "집단적 또는 상습적으로 폭력행위 등을 범하거나 흉기 그 밖의 위험한 물건을 휴대하여 폭력행위 등을 범한 사람 등을 처벌함을 목적"으로 하고 있다(제1조).

그리고 이 법에서 우범자(虞犯者, 범죄를 저지를 우려가 있는 자)에 대한 처벌규정을 두고 있다. 즉 "정당한 이유 없이 이 법에 규정된 범죄에 공용(供用)될 우려가 있는 흉기 기타 위험한 물건을 휴대하거나 제공 또는 알선한 자는 3년 이하의 징역 또는 300만원 이하의 벌금에 처한다"고 하고 있다(제7조).

그런데, 법적으로는 단지 '흉기의 소지여부'를 조사할 수 있다고 하고 있는데, 불심검문 자체가 범죄와 관련하여 상당한 개연성이 있는 자를 대상으로 조사를 하는 것이므로 흉기가 아닐지라도 범죄행위와 관련된 물건의 소지여부를 조사할 수 있도록 하는 규정을 두는 것도 필요하다고 본다.

참고 　대통령 등 경호를 위한 경호구역 내의 위해전파 차단의 법적 근거 관련 문제[17]

① 질의요지

「대통령 등의 경호에 관한 법률」제5조 제3항에서는 소속공무원은 경호목적상 불가피하다고 인정되는 상당한 이유가 있는 경우에 한하여 경호구역 안에서 질서유지, 교통관리, 검문·검색, 출입통제, 위험물의 탐지 및 안전조치 등 위해방지에 필요한 안전활동을 할 수 있다고 규정하고 있는바, 대통령 등의 경호를 위하여 위해전파의 차단을 목적으로 경호구역 안에서 전파를 차단하는 것이 위 규정에 따라 가능한가?

② 회답

같은 법 제4조에 정한 경호대상의 경호목적을 위해 불가피하다고 인정되는 상당한 이유가 있는 경우에 한하여 제한적으로 이루어지는 전파차단은 같은 법

---

17) 법제처(08-0092, 2008. 05. 01., 대통령경호실).

제5조 제3항에 근거하여 허용되지만, 경호대상이 소재하는 시간과 장소에 대하여 상시적으로 전파차단이 이루어지기 위해서는 「대통령 등의 경호에 관한 법률」에 그 전파차단에 관한 구체적인 근거를 두어야 한다.

③ 이유

　㉠ 같은 법 제2조 제1호에 따르면, '경호'라 함은 경호대상자의 생명과 재산을 보호하기 위하여 신체에 가하여지는 위해를 방지 또는 제거하고, 특정한 지역을 경계·순찰 및 방비하는 등의 모든 안전활동을 말하며, 같은 법 제4조 제1항에서는 경호처의 경호대상을 대통령과 그 가족...(중략)..으로 정하고 있다.

　㉡ 그리고, 같은 법 제5조 제1항에서는 경호처장은 경호업무의 수행에 필요하다고 판단되는 경우 실장의 승인을 받아 경호구역을 지정할 수 있되, 다만, 처장은 경호목적상 필요하다고 인정되는 상당한 이유가 있을 때에는 먼저 경호구역을 지정한 후 실장에게 보고할 수 있고, 같은 조 제2항에서는 제1항에 따른 경호구역의 지정은 경호목적 달성을 위한 최소한의 범위로 한정되어야 하며, 같은 조 제3항에서는 소속공무원은 경호목적상 불가피하다고 인정되는 상당한 이유가 있는 경우에 한하여 경호구역 안에서 질서유지, 교통관리, 검문·검색, 출입통제, 위험물의 탐지 및 안전조치 등 위해방지에 필요한 안전활동을 할 수 있다고 규정하고 있다.

　㉢ 한편, 전파차단과 관련된 법령을 살펴보면, 「전파법」 제29조는 무선국은 다른 무선국의 운용을 저해할 혼신 기타의 방해를 하지 아니하도록 운용하여야 한다고 규정하고 있다. 그리고 「전기통신사업법」 제50조 제1항은 누구든지 전기통신설비를 손괴하여서는 아니 되며, 이에 대한 물건의 접촉 기타의 방법으로 전기통신설비의 기능에 장해를 주어 전기통신의 소통을 방해하는 행위를 하여서는 아니 된다고 규정하고 있으며, 위에 대한 각 위반행위는 형벌이 부과되어 있다(「전파법」 제82조 제1항, 「전기통신사업법」 제69조 제2호).

　㉣ 또한 「통신비밀보호법」 제2조 제7호에서는 '감청'(監聽)이라 함은 전기통신에 대하여 당사자의 동의 없이 전자장치, 기계장치 등을 사용하여 통신의 음향, 문언, 부호, 영상을 청취 공독하여 그 내용을 지득 또는 채록하거나 전기통신의 송수신을 방해하는 것으로 정의하고 있다. 같은 법 제3조 제1항에서는 누구든지 이 법과 「형사소송법」 또는 「군사법원법」의 규정에 의하지 아니하고는 우편물의 검열, 전기통신의 감청 또는 통신, 사실확인자료의 제

공을 하거나 공개되지 아니한 타인간의 대화를 녹음 또는 청취하지 못하나, 다만, 환부우편물 등의 처리, 수출입우편물에 대한 검사, 구속 또는 복역 중인 사람에 대한 통신, 파산선고를 받은 자에 대한 통신, 혼신제거 등을 위한 전파감시의 경우에는 해당 법률이 정하는 바에 의한다고 규정하고 있고 (같은항단서각호), 같은 조 제2항에서는 우편물의 검열 또는 전기통신의 감청 (이하 '통신제한조치'라 함)은 범죄수사 또는 국가안전보장을 위하여 보충적인 수단으로 이용되어야 하며, 국민의 통신비밀에 대한 침해가 최소한에 그치도록 노력하도록 규정하고 있으며, 같은 법 제6조 내지 제9조의2에 걸쳐 통신제한조치의 요건과 절차를 정하고 있다.

ⓜ 위와 같은 법률의 규정 아래에서 「대통령 등의 경호에 관한 법률」 제4조에 정한 경호대상의 경호를 위하여 전파차단행위가 이루어질 수 있는지 여부는, 그러한 행위가 같은 법 제5조 제3항에 규정된 '안전조치 등 위해방지에 필요한 안전활동'의 범위에 포함될 수 있는지 및 「통신비밀보호법」상 전기통신의 감청이 허용되는 예외 요건에 해당하는지 여부에 달려있다고 할 것이다.

ⓗ 국민의 기본권은 국가의 안전보장, 질서유지, 공공복리를 위해 법률로써 제한할 수 있으며(「대한민국헌법」 제37조 제2항), 한편 모든 기본권 제한입법에 대하여 명확성의 원칙이 기본적으로 요구되지만, 기본권 제한입법이라 하더라도 규율대상이 지극히 다양하거나 수시로 변화하는 성질의 것이어서 입법기술상 일의적으로 규정할 수 없는 경우에는 명확성의 요건이 완화될 수 있다고 할 것이다(헌법재판소 1999. 09. 06, 선고 97헌바73 결정).

ⓢ 「대통령 등의 경호에 관한 법률」이 정한 경호대상은 헌법기관인 대통령, 전직 대통령, 대통령당선인과 그 가족, 또는 방한하는 외국의 원수 등으로서 헌정운영과 국교유지를 위하여 신변의 안전보장이 최고도로 요구되는 인물이라 할 것으로, 같은 법은 대통령 등 경호대상에 대하여 일어날 수 있는 위험을 방지함으로써 헌법기관의 정상적인 기능수행을 확보하여 국가의 안전을 보장하려는 목적이라 할 것이다.

ⓞ 그런데, 경호대상에 대한 위험발생의 시기, 수단, 방법 등은 정형화하거나 예측할 수 없으며, 이에 대비한 활동도 기밀성이 요구된다고 할 것인바, 이러한 상황에서는 경호대상에 대한 위험의 사전적 예방을 위한 안전활동을 법률로써 모두 구체화할 수는 없는 것이므로, 「대통령 등의 경호에 관한 법

률」은 위와 같은 점을 고려하여 경호에 필요한 안전활동을 포괄적으로 규정하고, 다만 국민의 자유나 권리에 대한 침해의 정도는 구체적·개별적인 상황에 따라 필요최소한으로 이루어지도록 요구하였다고 볼 것이다.

ⓩ 그리고, 전파차단이 경호대상의 경호를 위하여 이루어지는 경우가 「통신비밀보호법」 제3조 제1항 각 호상의 감청 허용 사유에 명시되어 있지는 않다고 하더라도, 헌법기관인 대통령 등 경호대상의 유고로 헌정운영의 수행 장해를 막기 위한 목적이 정당하고, 전파로 송·수신되는 내용을 지득하는 것이 아니며, 경호대상이 있는 장소와 시간 동안 일시적으로 전파가 차단되는 점을 고려하면, 그러한 안전활동이 같은 법의 취지에 반한다고 할 수는 없다고 할 것이다.

ⓩ 따라서, 「대통령 등의 경호에 관한 법률」 제4조에 정한 경호대상의 경호를 위하여 이루어지는 전파차단은 같은 법 제5조 제3항에 근거하여 이루어질 수 있다고 할 것이다.

ⓚ 그러나, 전파차단은 통신의 자유 등 국민의 기본권을 중대하게 제한하는 것이고, 「대통령 등의 경호에 관한 법률」 제5조 제3항에서도 경호목적상 불가피하다고 인정되는 상당한 이유가 있는 경우에 이루어지도록 규정하고 있으므로, 그러한 요건 아래에서 최소한으로 이루어지는 전파차단만 허용된다고 할 것이고, 이를 넘어 경호대상이 소재하는 시간과 장소에 대하여 상시적으로 전파차단을 하기 위해서는 「대통령 등의 경호에 관한 법률」에 그 전파차단에 관한 구체적인 근거를 두어야 할 것이다.

참고 ‖ **대통령경호와 전파방해[재밍(Jamming)]**

대통령 등 경호대상자의 경호를 하는데 재밍(Jamming) 즉, 전파방해 기법이 사용되기도 한다.[18] 이는 원거리 조작에 의한 폭탄테러 등과 같은 잠재적 위협으로부터 경호대상자를 보호하기 위한 하나의 기법이라 할 수 있다.

지난 2019년 2월 미국 트럼프 대통령이 베트남 하노이에서 제2차 북미정상회담을 실시한 바 있다. 당시 전세계의 많은 방송국에서 트럼프 대통령이 베트남 국제공

---

18) 재밍(Jamming)은 전파방해(電波妨害) 또는 전파교란(電波交欄)을 말한다. 초고주파 에너지를 방사함으로써 특정 주파수나 전파의 사용을 방해하는 형태 또는 허위정보를 전송하도록 하는 기만 형태의 전파를 송신하는 방법 등이 있다. 재밍은 적의 감지를 방해하는 기술에서 은밀한 기만과 유인 기술로 발전하고 있다. 다음백과(https://100.daum.net/encyclopedia).

항에 도착하여, 전용차량 '비스트'에 타고 출발하는 과정부터 생중계로 방송하였다. 그런데, 트럼프 대통령이 전용차량에 타고 출발하자 갑자기 방송화면이 정지되고 또 화면이 뭉개졌다. 다음날 트럼프 대통령이 숙소를 나설 때에도 마찬가지였다.

대통령 경호차량의 재밍 운용(좌)과 방송사고 발생(우)[19]

이처럼 대통령이 전용차량으로 이동할 때 잠재적 위해가능성을 차단하기 위해 이른바 '재밍'이 이루어지는데, 이러한 과정에서 방송사고가 발생하였다. 즉, 원격으로 시도하는 폭탄테러를 차단하기 위해 주변에 강력한 전파를 쏴 인근지역의 무선통신을 모두 불통으로 만드는 과정에서 동시에 방송사고가 난 것이다. 재밍을 위해서는 대통령을 경호하는 차량 가운데 재밍 장비를 설치한 차량이 인접해 이동하면서 이를 운용하게 되고, 이 차량이 지날 때마다 인근 30~40m 주변의 휴대전화와 통신장비가 불통된 것이다.

2018년도 싱가포르에서 제1차 북미정상회담을 실시할 때에도 재밍 차량은 있었지만, 특별한 전파방해 조치는 없었다. 그러나 이번 베트남에서 실시하는 제2차 북미정상회담에서는 전파방해 조치가 이루어졌다는 점에서 미국 측에서 대통령경호에 특별히 신경을 썼다고 볼 수 있다.

2. 경호사법경찰권한

1) 경호사법경찰권한의 개념

이상에서 범죄, 테러 등 각종 위험에 대한 예방적 활동을 주요 목표로 하는 행정경찰권한에 대해서 살펴보았다. 그런데, 이러한 잠재적·현실적인 위험을 모두 예방한

---

19) https://www.dispatch.co.kr/2008577.

다는 것은 사실상 불가능한 일이며, 따라서 각종 사건(事件)이 발생하는 것은 비일비재한 것이 현실이다.

경호사법경찰권한의 행사는 이러한 위험이 현실적으로 발생한 경우에 형사소송법 등의 수권 규정에 의하여 범죄사실을 수사하고, 범인 및 증거의 발견·수집·보전하기 위하여 행사하는 임의수단과 강제수단을 사용하는 제반 활동과 관련된 것이다.

이러한 경호사법경찰권한은 특히, 수사권(捜査權)과 관련된다. 수사라는 것은 형사절차의 제1단계로서 '범죄의 혐의 유무의 확인과 범인의 체포 및 증거수집을 위한 수사기관의 활동'을 말한다.[20] 여기에서 수사권이라는 것은 일련의 수사절차 즉, ㉠ 수사개시, ㉡ 수사진행, ㉢ 수사종결과정에서 수사기관이 행사할 수 있는 법적인 권한이라고 할 수 있다. 그리고 수사기관은 법률상 범죄수사를 할 수 있는 권한이 인정되는 국가기관을 의미한다.

2) 경호사법경찰권한의 내용

그런데, 모든 경호공무원이 수사권을 행사하는 것은 아니다. 법적으로 일정한 요건과 한계를 두고 있다.

(1) 경호공무원의 사법경찰권한 요건

경호처장의 제청으로 서울중앙지방검찰청 검사장이 지명한 경호공무원은 사법경찰권을 행사할 수 있다(대통령 등의 경호에 관한 법률 제17조 제1항).

(2) 경호공무원의 사법경찰권한 한계

그리고 이렇게 지명된 경호공무원이 모든 범죄사건에 대해서 사법경찰권한 즉, 수사권을 일반적으로 행사하는 것은 아니다. 특정범죄에 한하여 이를 허용하고 있다.

즉, '대통령 등의 경호에 관한 법률상의 경호대상' 대한 경호업무 수행 중 인지한 그 소관에 속하는 범죄에 대하여 직무상 또는 수사상 '긴급을 요하는 한도' 내에서 사법경찰관리(司法警察官吏)의 직무를 수행할 수 있도록 하고 있다(제17조 제1항 하단).

한편, 7급 이상 경호공무원은 사법경찰관의 직무를 수행하고, 8급 이하 경호공무원은 사법경찰리(司法警察吏)의 직무를 수행하도록 하고 있다(제2항).

---

20) 배종대·이상돈·정승환(2009), 앞의 책, p. 41.

3. 경호무기사용권한

1) 경호무기의 개념

대통령 등의 경호에 관한 법률상에는 '무기'(武器)의 휴대 및 사용에 대한 규정(제19조)은 있지만, 이의 개념과 유형에 대한 구체적인 규정은 없다.

이와 관련하여 「경찰관직무집행법」에서는 무기라 함은 사람의 생명이나 신체에 위해를 가할 수 있도록 제작된 권총, 소총, 도검(刀劍) 등으로 규정하고 있다(제10조의4 제2항). 그리고 「위해성 경찰장비규정」에서는 무기를 권총, 소총, 기관총(기관단총 포함), 산탄총, 유탄발사기, 박격포, 3인치포, 함포, 크레모아, 수류탄, 폭약류 및 도검으로 정의하고 있다(제2조 제2호).

한편, 대간첩·대테러작전 등 국가안전에 관련되는 작전을 수행할 때에는 개인화기(個人火器) 외에 공용화기(公用火器)를 사용할 수 있도록 하고 있다(경찰관직무집행법 제10조의4 제3항). 이러한 점에서 경호공무원은 대통령 등 경호대상자의 신변을 극단적으로 위협하는 심각한 상황에서는 개인화기 외에도 공용화기도 함께 사용할 수 있다고 본다.

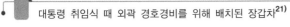
대통령 취임식 때 외곽 경호경비를 위해 배치된 장갑차[21]

---

21) http://cafe.daum.net/jumok.cafe.

2) 경호무기사용권한의 내용

그런데, 경호공무원의 경호목적 달성을 위한 무기의 사용은 사람의 생명이나 신체에 중대한 위해를 가져올 수 있으며, 특히 이를 오남용할 경우에 심각한 문제가 발생할 수 있다. 따라서 경호공무원의 무기사용에 관해서는 법률로 엄격히 규제해야 하는 것은 당연하다.

(1) 무기의 휴대

이와 관련하여 대통령 등의 경호에 관한 법률에서는 경호처장은 직무를 수행하기 위하여 '필요하다고 인정할 때'에는 소속공무원(대통령경호처 직원과 경호처에 파견된 사람)에게 무기를 휴대하게 할 수 있도록 하고 있다(제19조 제1항).

(2) 무기의 사용

위와 같은 규정에 따라 무기를 휴대하는 사람은 그 직무를 수행할 때 필요하다고 인정하는 '상당한 이유'가 있을 경우, 그 사태에 대응하여 부득이하다고 판단되는 한도 내에서 무기를 사용할 수 있다. 다만, 다음 각 호의 어느 하나에 해당할 때를 제외하고는 사람에게 위해를 끼쳐서는 아니 된다(제2항).

ㄱ)「형법」 제21조 및 제22조에 따른 정당방위와 긴급피난에 해당할 때

ㄴ) 경호대상에 대한 경호업무 수행 중 인지한 그 소관에 속하는 범죄로 사형, 무기 또는 장기 3년 이상의 징역 또는 금고에 해당하는 죄를 범하거나 범하였다고 의심할 만한 충분한 이유가 있는 사람이 소속공무원의 직무집행에 대하여 항거하거나 도피하려고 할 때 또는 제3자가 그를 도피시키려고 소속공무원에게 항거할 때에 이를 방지하거나 체포하기 위하여 무기를 사용하지 아니하고는 다른 수단이 없다고 인정되는 상당한 이유가 있을 때

ㄷ) 야간이나 집단을 이루거나 흉기나 그 밖의 위험한 물건을 휴대하여 경호업무를 방해하기 위하여 소속공무원에게 항거할 경우에 이를 방지하거나 체포하기 위하여 무기를 사용하지 아니하고는 다른 수단이 없다고 인정되는 상당한 이유가 있을 때

제3절 경호권한의 재량행위와 조리상의 한계

1. 경호권한의 재량행위

1) 경호재량행위의 의의

위에서 설명한 바와 같이 경호권한은 법적인 근거를 두고 행사되어야 한다(이른바 '법률유보원칙'). 그리고 그러한 권한행사의 법적 근거는 원칙적으로 개별적·구체적인 형태로 존재해야지 일반적·추상적인 형태로 존재해서는 안 된다.

다만, 예측 불가능한 잠재적 위해요소에 대한 방지차원에서 예외적으로 또는 불가 피하게 일반적·추상적인 형태로도 존재할 수 있다고 볼 수 있다. 이러한 상황에서 경호권한의 행사에 대한 법률유보원칙에 의한 법적인 한계뿐만 아니라 조리상의 한 계에 의한 통제는 중요한 의미를 갖는다(조리상의 한계는 후술하기로 한다).

그런데, 경호공무원은 경호목적 달성을 위해 경호권한을 행사하는 과정에서 일정 한 재량(裁量)을 가지고 있다. 비록 경호권한 행사와 관련하여 법규정과 조리에 의해 일정한 한계를 정하고 있지만, 그 속에는 상당 부분 추상적·불확정 개념이 들어있으 며, 따라서 일차적으로 그에 대한 '판단여지(判斷餘地)의 문제'가 존재하게 된다. 예컨 대, 경호공무원의 무기사용관련 규정(제19조)상의 '필요하다고 인정할 때', '상당한 이 유'와 같은 표현은 그 자체가 추상적·불확정적이며, 따라서 이에 대한 판단여지가 존 재하게 된다.[22]

한편, 행정경찰권한 관련 법규정에는 '...할 수 있다'고 하는 형식이 존재하는데, 그 자체가 경호공무원에게 재량권한을 부여한 것으로 볼 수 있다. 사법경찰권한 관련 법 규정에도 '...할 수 있다'고 하는 형식이 존재한다. 그리고 비록 사법경찰권한 관련 법 규정에서 '...하여야 한다'고 하는 형식은 재량이 아닌 법정주의(法定主義)를 표현한 것 이지만, 그 속에서도 재량의 여지가 존재한다고 본다.

어쨌든, 경호공무원은 경호목적 달성을 위하여 행사하는 행정경찰권한과 사법경찰 권한, 그리고 무기사용권한 영역에서 적지 않은 재량권을 행사할 수 있는 것이 사실

---

22) 판례는 판단여지를 재량으로 보고 있다. 즉 판례는 어떠한 불확정적인 경찰(경호) 상태를 판단하는 것 자체 까지도 재량행위의 범주로 보는 것이다. 홍정선(2007), 앞의 책, pp. 85-86.

이다. 그리고 그러한 경호권한 행사와 관련하여 법적인 한계, 조리상의 한계, 그리고 재량행위는 상호 밀접하게 관련되어 있음을 알 수 있다.

이러한 재량권과 관련하여 코헨(H. Cohen)은 '도넛 이론'(Donut Theory)을 제시하면서, "재량이란 도넛의 둥근 공간의 크기에 따른 상대적 개념으로서 도넛 주위의 테두리에 둘러싸여 있는 개방된 공간을 제외하고는 행사되지 않는다"고 하였다. 따라서 도넛의 테두리는 법과 엄격하고 구체적인 규칙에 의해서 지배되는 영역인 반면에 도넛의 테두리로 둘러싸인 둥근 공간은 역할·태도 등에 따라 재량의 여지가 있는 영역이라고 보았다.[23]

한편, 경호목적 달성을 위한 작위 또는 부작위의 행동과 관련하여 경호공무원에게 어떠한 선택의 여지를 남겨 놓을 때마다 재량권을 행사하게 된다고 보기도 한다. 이러한 점에서 어떠한 행위를 하는 것뿐만 아니라 하지 않는 것도 하나의 재량권 행사에 해당 된다고 볼 수 있다.[24]

2) 경호재량행위의 유형

주지하는 바와 같이 테러, 범죄 등 모든 종류의 위험 방지 및 제거를 위한 수단을 법률에서 개별적으로 확정해두는 것은 불가능한 일이다. 오히려 경호공무원이 각종 위험에 대해 탄력적으로 대응하도록 하기 위해 이들에게 재량권한을 부여하는 것이 효율적일 뿐만 아니라 불가피하다고 본다.

따라서 경호편의주의(警護便宜主義: 경호공무원의 권한행사는 그의 의무적합적 재량에 따른다는 것, 즉 경호대상자에 대한 위험이 존재할 경우 그에 대한 적절한 개입 및 조치 여부의 결정권은 경호공무원에게 있다는 법원칙)에 따라 경호공무원에게 허용된 재량은 두 단계로 설명할 수 있다.

경호공무원에게 허용된 재량권한은 ㉠ 특정한 상황에 개입할 것인가를 결정하는 결정재량(決定裁量)과 ㉡ 여러 가지 대안 중에서 어떤 행위를 할 것인가를 선택하는 선택재량(選擇裁量)이 바로 그것이다.

---

23) H. Cohen(1985), A Dilemma for Discretion, in Heffernan and Stroup(eds.), Police Ethics: Hard Choices in Law Enforcement, NY.: John Jay Press, pp. 5-6.
24) K. C. Davis(1969), Discretionary Justice: A Preliminary Inquiry, Louisiana: Louisiana University Press, p, 4.

(1) 결정재량

대통령 등 경호대상자에 대한 위험이 존재한다는 것이 확인된 경우, 경호공무원은 우선 자신이 개입하는 것이 경호목적 달성에 부합되는지를 판단하여, 그 판단결과에 따라 개입의 여부를 자신의 책임하에 결정할 수 있다.

(2) 선택재량

경호공무원이 위와 같은 결정재량에 근거하여 위험방지 및 제거를 위하여 개입하겠다고 결정하였다면, 이번에는 상황에 대응하는 필요한 구체적인 조치 또는 수단 가운데 어떠한 것을 선택할지를 판단해야 한다.

왜냐하면 경호공무원의 구체적인 조치 또는 수단은 여러 가지 방법으로 이루어질 수 있기 때문이다. 특히, 일반적·추상적 법규정('필요하다고 인정할 때', '상당한 이유가 있을 경우' 등)은 경호공무원에게 단지 일정한 조치를 행사할 수 있다는 것을 잠정적·포괄적으로 허용하고 있기 때문에, 주어진 상황에 대한 경호공무원의 선택재량은 구체적 사정에 따라 결정될 수밖에 없는 일이다.

이상과 같은 결정재량과 선택재량의 결과에 문제가 제기되었을 경우에는 사법심사의 대상이 됨은 물론이다. 예컨대, 여러 가지 수단 가운데 선택된 재량권한을 행사하여 무고한 시민이 피해를 당했을 경우, 법치국가의 요청인 과잉금지(過剩禁止)의 원칙(즉, 비례원칙)이 적용될 수 있을 것이다.

2. 경호권한 행사의 조리상의 한계

1) 조리상의 한계의 의의

일반적으로 강제적·규제적인 성격을 가지고 있는 경호권한 행사에 관한 내용을 법에 규정하고 있다고 할지라도 경호기관은 그러한 법령의 범위 안에서 아무런 제한 없이 자유롭게 행사할 수 있는 것은 아니다.

경호권한 행사에 대한 법규상의 한계 외에도, 일정한 한계를 정할 필요가 있는데 이것이 바로 '조리(條理)상의 한계'이다. 여기에서 '조리'(條理)라는 것은 사물의 본질적 법칙 즉, 상식이나 사회통념, 도리, 도덕, 신의성실 등을 의미하는 것으로 수많은 사람들이 인정하는 공통적인 규범이라 할 수 있다. 이 조리상의 한계 역시 경호관련 법을 지배하는 법원(法源)이라고 할 수 있으며, 따라서 이와 관련하여 상당부분이 헌법상에서 규정되어 있다.

사실, 경호법규정에 경호권한 행사와 관련된 규정들을 모두 예상하여 입법화한다는 것은 불가능하다. 그리고 앞에서 언급한 바와 같이 비록 개별적·구체적인 수권규정을 두고 있다 할지라도 각 규정을 살펴보면, '필요하다고 인정할 때', '상당한 이유가 있을 경우' 등과 같이 추상적인 규정을 하고 있는 것이 현실이다. 더욱이, 이러한 부분을 상당 부분 경호공무원의 판단에 맡기는 광범위한 재량(裁量, discretion)을 부여하지 않을 수 없는 것이 현실이다. 이러한 이유로 조리상의 한계가 요구되는 것이다.

일반적으로 조리상의 한계와 관련하여 ㉠ 소극목적의 원칙, ㉡ 공공의 원칙, ㉢ 비례의 원칙, ㉣ 평등의 원칙, ㉤ 책임의 원칙 등이 논의되고 있다.[25]

2) 조리상의 한계의 유형

(1) 경호소극목적의 원칙

소극목적의 원칙이란 경호권한은 경호대상자에 대한 위해의 방지·제거라는 소극적 목적을 위해서만 발동될 수 있다는 원칙이다.

대한민국 헌법에 의하면, 국민의 모든 자유와 권리는 국가안전보장·질서유지 또는 공공복리를 위하여 필요한 경우에 한하여 법률로써 제한할 수 있으며, 제한하는 경우에도 자유와 권리의 본질적인 내용을 침해할 수 없다고 규정하고 있다(제37조 제2항).

생각건대, 경호권한의 행사는 대통령 등 국가기관의 안전과 질서유지 등과 관련된 것이며, 따라서 필요한 경우에 한하여 법률로써 제한할 수 있다고 본다. 그러나 이러한 경호목적 달성을 위하여 적극적으로 국민의 자유와 권리를 제한할 수 있는 것은 아니라고 본다. 그렇게 되면, 국민의 자유와 권리의 본질적인 내용이 침해될 수 있기 때문이다.

---

25) 홍정선(2007), 앞의 책, pp. 268-272.; 최선우(2017), 앞의 책, pp. 441-447.; 이러한 조리상의 한계는 경찰공무원의 일반적·개괄적 수권조항과 관련된 권한 행사와 관련하여 독일에서 논의되어 온 법원칙인데, 여기에서는 경호공무원의 권한행사 관점에서 살펴보기로 한다.; 그리고 이러한 조리상의 한계 문제는 주로 행정경찰권한의 행사와 관련된 것이라고 볼 수 있다. 그러나 사법경찰권한의 행사에 있어서도 마찬가지로 적용될 수 있다고 본다. 한편, 조리상의 한계는 하나의 '원칙'(原則)이기 때문에 예외가 존재한다는 점에 주의할 필요가 있다.

따라서 앞에서 살펴본 경호권한의 행사 즉, 경호구역의 지정과 행정경찰권한, 사법경찰권한, 무기사용권한은 경호목적 달성을 위한 최소한의 범위로 허용하고 있음을 알 수 있다. 여기에서 말하는 최소한의 범위는 바로 소극목적의 원칙을 의미하는 것이다.

(2) 경호공공의 원칙

경호공공의 원칙이란 경호권한은 원칙적으로 국가기관인 경호대상자의 신변보호와 직접적으로 관련이 없는 개인의 사익(사생활·사주소·민사상의 법률관계, 통신의 비밀 등)에 대해서는 관여할 수 없다는 것을 의미한다.

이와 관련하여 사생활·사주소불가침의 원칙은 헌법상의 원칙(제16조, 제17조, 제18조 등)을 경호관련법에 적용한 것이다. 헌법에서 규정하고 있는 사주소불가침의 원칙은 특히, 형사절차와 관련된 것이다. 즉, 모든 국민은 주거의 자유를 침해받지 아니한다고 규정하고 있는데, 이를 위해 경호공무원이 사법경찰권한을 행사하여 주거에 대한 압수나 수색을 할 때에는 검사의 신청에 의하여 법관이 발부한 영장(令狀)을 제시하도록 하고 있다(헌법 제16조 단서).

따라서 경호권한이 이러한 원칙에 위반하여 행사된 경우에는 위법한 것이 되며, 경호권한이 이 한계를 벗어나 개인의 권리와 이익을 침해한 때에는 일반적으로 국가배상 등에 의하여 구제받을 수 있다.

① 사생활불가침의 원칙

경호공무원은 경호대상자의 보호 등과 직접 관계없는 개인의 사생활(私生活)이나 행동에는 간섭해서는 안 된다. 다만 개인의 사생활일지라도 정신착란 또는 음주, 그리고 전염병 등으로 인하여 자기 또는 경호대상자의 생명·신체 등에 위해를 미칠 우려가 있는 자에 대한 보호조치라든지 전염환자에 대한 강제격리·수용조치 등 경호목적 달성과 직접적인 관계가 있는 것은 예외적으로 경호권한 행사의 대상이 될 수도 있을 것이다.

② 사주소불가침의 원칙

경호공무원은 공중과 직접 접촉되지 않는 사주소(私住所) 내에서의 행동은 경호목적 달성에 직접 영향을 미치지 않는 한 관여할 수 없다. 여기에서 사주소란 개인의 주거용 가택뿐만 아니라 회사, 사무소, 창고, 연구실 등과 같이 비거주 건축물도 포함된다. 그러나 흥행장, 음식점, 여관, 역 등과 같이 항상 불특정다수인에게 이용이 개방되어 있는 장소는 사주소에 포함되지 않는다.

이 원칙은 그 행위가 만약 공공의 장소에서 행하여진다면 당연히 금지되어야 할 행동이라도 그것이 사주소 내에서 행하여진다면 원칙적으로 경호목적 달성에 영향을 미치지 아니하므로 경호권한의 행사 대상이 되지 않는다는 취지이다. 한편, 사주소불가침에도 한계가 있다. 즉, 사주소 내의 행위가 경호목적 달성에 직접적인 중대한 장해를 가져오는 경우(예: 지나친 소음, 악취, 음향의 발생 등)에는 경호권한 행사의 대상이 된다고 본다.

③ 민사관계불간섭의 원칙

민사상의 법률관계 또는 권리관계에 경호공무원은 개입할 수 없다. 그것은 직접적으로 경호목적 달성에 위해를 가하는 것은 아니기 때문이다. 즉, 민사상의 법률관계(예: 개인의 재산권의 행사, 친족권의 행사, 민사상의 계약 등)는 개인 사이의 사적인 관계에 그치고, 그 권리의 침해나 채무의 불이행에 대하여는 사법권에 의하여 보호되므로, 경호공무원이 관여할 사항이 아니라는 것을 의미한다. 따라서 예컨대, 경호공무원이 사인 간의 분쟁 또는 이권(利權)에 개입하거나, 범죄의 종료 후 범죄로 인하여 생긴 손해를 배상시키려고 중재하는 등의 행위는 그 직무상의 적법한 행위로 볼 수 없는 위법행위라 할 것이다.

참고 ┊ **경호원 '함바비리' 관련 혐의로 파면**

청와대 대통령경호실(현 경호처) 직원이 '함바(건설현장 식당) 비리' 브로커 유모씨(67)로부터 억대의 금품을 받은 정황이 드러나 파면됐다.

2013년 7월 16일 청와대 경호실에 따르면, 서기관급 직원 박모(47)씨는 지난해 4월께 유씨 측으로부터 함바 운영권 수주를 도와달라는 부탁을 받고 그 대가로 1억 2000여만원을 받은 혐의로 서울경찰청 광역수사대의 수사를 받고 있다.

경호실은 최근 이러한 사실을 파악하자 곧바로 박씨를 직위 해제했으며, 15일 징계위원회를 열어 파면 조치했다. 박씨는 전직대통령 경호요원이었으며 최근까지 김대중 전 대통령의 부인인 이희호 여사의 경호를 담당했던 것으로 알려졌다.[26]

그러나 민사상의 법률관계라 할지라도 당사자의 사익에 그치지 않고 그것이 동시에 경호목적 달성에 영향을 미치는 경우가 있다면, 그러한 때에는 개입이 가능하다고 본다.

(3) 경호비례의 원칙

① 경호비례원칙의 의의

비례원칙(比例原則)이란 경호권한 행사의 목적과 그 목적을 실현하기 위한 수단의 관계에서 그 수단은 목적을 실현하는데 ㉠ 적합하고 또한 ㉡ 최소 침해를 가져오는 것이어야 할 뿐만 아니라, 아울러 ㉢ 그 수단의 도입으로 인해 생겨나는 침해가 의도하는 이익·효과를 능가하여서는 안 된다는 원칙을 말한다.[27] 바꿔 말하면, 경호권한의 행사는 달성하려고 하는 경호목적의 필요성과 사인의 권리에 대한 침해가 비례관계를 가져야 한다는 의미를 말한다.

사실, 이러한 비례원칙은 오늘날 국가권력 행사의 모든 영역(입법·행정·사법)에서 고려되어야 할 헌법적 요청으로 이해되고 있다. 비례원칙의 대표적인 헌법적 근거는 제37조 제2항에서 말하는 '필요한 경우'에서 찾을 수 있으며, 그에 따라 비례원칙을 충족했는가 여부는 국가권력행사의 정당성을 판단하는 기준으로 작용하고 있다. 즉 기본권 제한입법과 관련하여 기본권 제한의 목적, 형식, 방법 및 내용상의 한계를 분명히 함으로써 비례원칙을 채택하고 있는 것이다.

그리고 헌법 제12조 제1항의 적법절차(適法節次) 조항에서 수사비례원칙(搜查比例原則)을 이끌어 낼 수 있다. 범죄수사에서 비례원칙은 국가권력을 제한하고 수사절차에서 관련 당사자들의 기본권 제한을 가능한 축소시키는 역할을 한다.[28]

대통령 등의 경호에 관한 법률에서도 이러한 규정이 있음은 물론이다. 예컨대, 경호구역의 지정 등(제5조)에서 '~필요하다고 판단되는 경우', '~상당한 이유', 경호공무원의 사법경찰권(제17조)에서 '~직무상 또는 수사상 긴급을 요하는 한도 내에서', 무기의 휴대 및 사용(제19조)에서 '~필요하다고 인정할 때', '~필요하다고 인정하는 상당한 이유가 있을 경우 그 사태에 대응하여 부득이하다고 판단되는 한도 내에서' 등은 비

---

26) 메트로신문(2013. 07. 16.).
27) 홍정선(2007), 앞의 책, pp. 53-54.
28) 배종대·이상돈·정승환(2009), 앞의 책, p. 90.

례원칙을 규정한 것이라고 할 수 있다.

　이러한 경호비례의 원칙과 관련하여 특히, 경호공무원의 무기의 사용은 더욱 엄격하게 적용되어야 한다고 볼 수 있다. 따라서 관련규정(제19조)에서 이와 관련하여 보다 구체적으로 명시하고 있음은 물론이다.

참고 ┊ 무기사용의 수단성(手段性)

　경호공무원의 무기사용은 그 자체가 목적이 아니라고 본다. 무기사용은 경호목적을 달성하기 위한 수단일 뿐이다. 따라서 특별한 상위가치 또는 목적달성 없는 무기사용은 예상할 수도 없으며, 이루어져서는 안 된다.

　이는 무기사용에 있어서 비례원칙(比例原則)이 반드시 적용되어야 함을 의미한다. 무기사용은 개개인의 생명과 신체의 온전성에 극단적인 위협이 되는 국가권력작용이기 때문이다.

---

② 경호비례원칙의 내용

　헌법 제37조 제2항에서 말하는 '필요한 경우'란 바로 (광의의)비례원칙(적합성의 원칙+필요성의 원칙+상당성의 원칙)을 뜻하는 것으로 경호권한 행사에서 중요한 법원칙으로서 적용된다고 본다.[29] 판례에서도 비례원칙을 인정하고 있음은 물론이다.[30]

㉠ 적합성의 원칙

　경호공무원이 도입하는 수단이 그 목적을 달성하는 데 법적으로나 사실상으로 적합해야 한다는 것을 의미한다. 경호권한의 행사는 경호대상자에 대한 위험의 방지에 적합하고, 그를 시행하는 것이 사실적 혹은 법적으로 가능하여야 한다. 즉, 경호공무원의 직무수행에 적합하지 않거나 무용한 조치, 사

---

29) 홍정선(2007), 앞의 책, pp. 55-58.
30) 경찰관은 범인의 체포 또는 도주의 방지, 타인 또는 경찰관의 생명·신체에 대한 방호, 공무집행에 대한 항거의 억제를 위하여 필요한 때에는 최소한의 범위 안에서 가스총을 사용할 수 있다. 그러나 가스총은 통상의 용법대로 사용하는 경우 사람의 생명 또는 신체에 위해를 가할 수 있는 이른바 '위해성 장비'로서 그 탄환은 고무마개로 막혀 있어 사람에게 근접하여 발사하는 경우에는 고무마개가 가스와 함께 발사되어 인체에 위해를 가할 가능성이 있다. 따라서 이를 사용하는 경찰관으로서는 인체에 대한 위해를 방지하기 위하여 상대방과 근접한 거리에서 상대방의 얼굴을 향하여 이를 발사하지 않는 등 가스총 사용시 요구되는 최소한의 안전수칙을 준수함으로써 장비사용으로 인한 사고발생을 미리 막아야 할 주의의무가 있다. 대법 2003.03.14, 2002다57218.

실적 혹은 법적으로 불가능한 조치 등은 적합성의 원칙에 반한다고 볼 수 있다.

ⓛ 필요성의 원칙

최소 침해의 원칙이라고도 하며, 이 원칙은 일정한 경호목적을 달성할 수 있는 수단이 여러 가지인 경우에 경호공무원은 개인이나 공중에게 가장 적은 침해나 부담을 주는 수단을 선택해야 한다는 것을 의미한다.

예컨대, 경호목적상 자동차에 의하여 야기된 교통체증이 자동차를 옮김으로 인하여 제거될 수 있다면 그의 견인(牽引)은 허용되지 않는다.

ⓒ 상당성의 원칙

이는 좁은 의미의 비례원칙이라고도 하는데, 경호공무원이 어떠한 권한행사가 경호목적의 실현에 적합하고 필요한 경우라고 하더라도 이를 행사함에 따른 불이익이 그것에 의해 초래되는 이익보다 큰 경우에는 그 조치를 취해서는 안 된다는 것을 의미한다(이를 균형성의 원칙이라고도 한다). "버찌나무에 앉아 있는 참새를 쫓기 위해 대포를 쏘아서는 안 된다"는 독일 고사는 이 원칙을 잘 표현하고 있다. 따라서 예컨대, 경호공무원이 경호목적상 단순한 소요행위자를 제압할 목적으로 총기를 사용하여 사망에 이르게 하였다면, 이는 상당성을 벗어난 행위라고 할 수 있다.

이러한 상당성의 원칙의 적용에 있어 요구되는 이익형량을 함에 있어서 특히, 그때그때의 위험을 받는 보호법익의 가치와 경호공무원의 개입으로 인하여 위험을 야기한 사람에게 발생할 것이 예상되는 손해의 중요도 및 손해발생의 개연성 정도로 고려되어야 한다. 그 결과, 그때그때의 위협을 받는 보호법익보다 더 고차원적인 이익이 존재하는 경우에는 경호공무원의 개입이 부적당한 것으로 해석될 수 있다.

(4) 평등의 원칙

경호평등의 원칙은 경호권한 행사에 있어서 성별, 종교, 사회적 신분 등을 이유로 차별이 있어서는 안 된다는 원칙을 말한다. 이는 헌법에서 규정하고 있는 평등의 원칙(제11조)을 경호활동 영역에서 표현한 것이다.[31]

이 헌법상의 평등의 원칙은 경호권한의 행사를 포함한 모든 국가작용에 예외 없이 적용되어야 한다. 다만, 특별한 경우(예, 대통령, 국회의원, 주한미군, 그리고 외교사절 등)에 대해서는 일정부분 예외가 허용된다고 본다.

과거에는 이 원칙은 조리상의 한계로 거론되지 않았던 것이나, 현재는 헌법상의 명시적 원칙 또는 그에서 도출되는 헌법적 효력을 가지는 일반원리로서 권력적·침해적 작용인 경호권한의 행사에 있어서 중요한 제한 원칙으로 인식되고 있다.

(5) 경호책임의 원칙

경호책임의 원칙이란 경호권한은 경호목적상 위험의 발생 또는 위험의 제거에 책임이 있는 자에게 행사되어야 한다는 원칙을 말한다. 경호책임의 유형에는 ㉠ 행위책임, ㉡ 상태책임, ㉢ 혼합책임, 그리고 ㉣ 긴급사태의 경우가 있다.

행위책임은 자연인(自然人)이나 법인(法人)이 자신의 행위나 자신을 위하여 행동하는 타인의 행위를 통해서 경호대상자 및 질서유지에 위험을 야기하였다면, 그러한 장해에 대하여 지는 책임을 말한다. 상태책임은 자기의 물건으로 인해 관련 위험을 야기하였을 때 부담하는 책임을 말한다. 혼합책임은 행위책임과 상태책임이 결합하여 위험을 가져오는 경우를 말한다.

한편, 예외적으로는 경호목적 달성상 위험의 발생과 무관한 자에게 행사되는 경우도 있다. '경호긴급사태'가 바로 그것이다. 이러한 경우, 경호공무원은 경호대상자의 보호 등을 위하여 경우에 따라서는 위험한 장해를 야기한 자가 아닌 자에 대하여 경호권한을 행사하지 않으면 안 되는 경우도 있다고 본다. 물론, 경호긴급사태에 대한 판단과 기준은 보다 엄격하여야 할 것이다.

---

31) 모든 국민은 법 앞에 평등하다. 누구든지 성별·종교 또는 사회적 신분에 의하여 정치적·경제적·사회적·문화적 생활의 모든 영역에 있어서 차별을 받지 아니한다(헌법 제11조 제1항).

제**7**장

경호현장운용의 기초이론

Executive
Protection

제7장

경호현장운용의 기초이론

제1절 경호위기관리와 경호현장운용의 의의

1. 경호위기관리

1) 경호위기의 개념

위기(危機, risk)라는 말은 우리사회에서 널리 사용하고 있는 개념으로서, 이는 '어떤 상황이나 사태가 조금의 여유 없이 위급하게 되거나 예기치 않은 일이 갑자기 발생하여 안정과 균형을 잃고 불안한 상태로 변하는 것'을 의미한다.[1]

한편, 국가위기는 '국가주권 또는 국가를 구성하는 정치·경제·사회·문화 등 국가의 핵심요소나 가치에 중대한 위해가 가해질 가능성이 있거나 가해지고 있는 상태'라고 볼 수 있다. 즉, 국가위기는 위기의 발생범위나 피해정도가 국가전체에 미치거나 대다수 국민들에게 피해를 주어 정부가 직접 나서서 필요한 제반조치를 해야 하는 상황이라고 할 수 있다.[2]

경호위기(警護危機)는 곧 국가와 같은 조직의 중추적 역할을 담당하고 있는 경호대상자에 대한 위기 또는 위해상황을 의미하는 것이다. 경호위해요소는 개인적인 차원의 범죄, 조직범죄 및 테러, 전염병, 건물붕괴 등 인위적인 것뿐만 아니라 자연적 재해(예: 화재, 지진, 해일 등)에 이르기까지 다양하고 광범위하다.

따라서 이러한 위험상황에 실제로 직면하여 적절한 대응을 하지 못하였을 때에는 조직의 유지 및 생존에 위협이 될 수 있는 심각한 결과를 초래할 수도 있다. 경호는

---

1) 강영규 외 6인 편(2008), 경찰경비총서, 경찰대학, p. 368.
2) 위의 책, p. 379.

단순히 한 사람의 생명과 재산을 보호한다는 차원의 의미를 넘어, 국가 등 특정 조직의 유지 및 생존과 직결되는 것이라 할 수 있다.[3]

2) 경호위기의 특성

일반적으로 위기는 몇 가지 특징을 가지고 있다. ㉠ 대부분의 위기는 발생하기 전에 어느 정도 사전 경고신호를 발신하거나 징후가 있으며, ㉡ 위기는 특정한 대상에 멈추지 않고 주위로 그 피해가 확산되는 경향이 있고, ㉢ 위기는 진행방향이 불확실하며 대처하는 데 어려움이 따르며, ㉣ 위기는 준비와 예측, 그리고 대응방법에 따라 긍정적인 기회로 변할 수 있는 양면성을 가지고 있다.[4] 따라서 위기의 이와 같은 본질적인 특징으로 인해 위기대응 담당자는 위기발생시 보다 신속하고 정확한 판단과 결정을 내려야 하는데 이는 결코 쉬운 일이 아니다.

경호위기의 특징도 일반적인 위기와 유사하다고 볼 수 있다. 따라서 경호업무를 수행하는 개인 및 조직은 경호위기에 내재해 있는 몇 가지 특징을 이해할 필요가 있다. 물론, 경호위기에 내재한 특징에 대해서는 보는 관점에 따라 조금씩 차이가 있다. 아래에서는 이와 관련하여 불확실성, 돌발성, 중대성, 시간제약성, 그리고 현장성 등을 중심으로 살펴보기로 한다.[5]

① 불확실성

경호위기의 첫 번째는 불확실성이라 할 수 있다. 위기가 언제, 어디서, 누구에 의해서, 어떠한 형태로 발생할지 사전에 알 수 없다. 역설적이지만 이러한 불확실한 상황 속에서도 발생가능한 우발상황을 예측하여 이에 대한 대비책을 강구해야 하는 어려움이 따른다. 결국, 경호는 보이지 않는 적과의 두뇌 싸움이라 할 수 있다.

따라서 경호과정에서 구조적·기능적으로 경호원들의 역할이 전문화되어, 신속하고 조직적인 대응체계를 갖추도록 하는 것은 무엇보다도 중요한 일이다.

---

3) 이영재·윤정원(2004), BCP입문, 서울: 디지털타임스, p. 10.; 이두석(2018), 경호학개론, 인천: 진영사, p. 152 재인용.
4) 조영갑(2000), 한국위기관리론, 서울: 팔복원, p. 37.
5) 이두석(2007), "위해사례 분석을 통한 경호 위기관리시스템 설정 방안," 용인대학교 박사학위논문, pp. 57-58.; 이두석(2018), 앞의 책, pp. 153-154.

② 돌발성

경호위기는 사전에 예고 없이 발생하게 된다. 특히, 경호대상자에게 위해를 가하려는 공격은 기습적으로 이루어질 때 성공확률이 가장 높기 때문에 위해기도자는 이를 최대한 활용할 것이다. 따라서 이러한 돌발적인 위해상황에 대비하기 위해서는 항상 그러한 상황이 언제든지 발생할 수 있다는 전제하에, 가장 불리한 조건을 염두에 두고 선제적인 경호조치를 취해야 한다.

③ 시간제약성

경호위기에 대한 경호상의 대응은 항상 시간적으로 제약을 받기 마련이다. 위해기도자의 공격을 받게 되면, 경호원의 입장에서는 발생하는 위해상황에 대처할 시간적 여유가 별로 없다. 더욱이 위해상황은 돌발적으로 발생하기 때문에 당황하기 쉽고, 따라서 무엇을 어떻게 처리해야 할지에 관한 상황판단이 쉽지 않다. 따라서 경호원들은 평상시에 체계적인 교육훈련을 반복적으로 실시함으로써, 반사적인 즉각 대응조치가 이루어질 수 있도록 해야 한다.

④ 중대성

경호위기의 결과는 경호대상자 개인이나 조직에 치명적인 결과를 초래할 가능성이 매우 높다. 최악의 경우, 경호대상자를 잃을 수도 있고, 그 조직이 와해되는 결과도 초래할 수 있다. 따라서 경호위기로 인한 피해의 심각성을 최소화하여, 개인이나 조직의 연속성을 보존하는 것이 경호의 존재 이유이자 목표라 할 수 있다.

⑤ 현장성

경호위기에 대한 대응 및 조치는 위해상황이 발생한 현장에서 즉각적으로 이루어져야 한다. 현장의 즉각적인 조치가 적절하게 이루어지지 못하게 되면, 그 피해는 더욱 심각해진다. 따라서 경호현장책임자에게 모든 최종적인 권한이 주어져야 한다. 위에서 살펴본 바와 같이, 위해공격이 발생한 상황하에서의 경호는 촌각을 다투게 된다. 위해공격에 대해 현장에서 얼마나 신속하게 대응하고, 효과적으로 조치하느냐에 따라 경호의 성패가 달려있다.

3) 경호위기관리 중요성

오늘날 국가나 민간조직은 수많은 위험 또는 위기에 직면해 있다. 이러한 상황에서 조직이 생존 발전하기 위해서는 그에 상응하는 적절한 위기관리(危機管理, Risk Management)가 이루어져야 한다는 것에는 이론의 여지가 없다.

위기관리란 '때와 장소를 가리지 않고 생각지도 않은 형태로 발생하는 위해·위협 등에 의한 긴급사태를 미리 알고 예방하는 것이며, 만일 그러한 사태가 발생했다 하더라도 신속하게 대응해서 그 피해를 최소화하는 것'이라고 할 수 있다.

따라서 경호위기관리는 위기상황을 초래하는 위해·위협을 예방하고, 감소시키며, 위기발생시 신속한 문제해결 및 대처를 하고, 위기발생의 결과 예상되는 피해를 최소화하는 제반활동이라고 할 수 있다.[6] 경호조직은 경호목적의 달성 및 경호조직의 존립·연속성을 보장하기 위해서 철저하게 이러한 위기상황의 발생요인을 평가·분석하고, 그에 대한 사전계획을 체계적으로 수립해서 실행해야 할 것이다.

경호위기관리체계

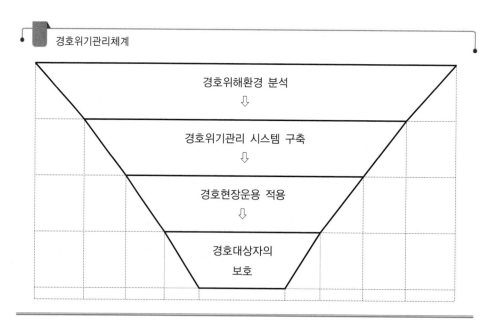

경호위해환경 분석

⇩

경호위기관리 시스템 구축

⇩

경호현장운용 적용

⇩

경호대상자의
보호

---

6) 위의 책, p. 142.

2. 경호현장운용의 의의

1) 경호현장운용의 개념

경호현장운용은 위에서 살펴본 경호위기 및 경호위기관리의 구체적·직접적인 대응방식이라고 할 수 있다. 이는 정적이고 단절된 것이 아니라 일련의 '연속된 과정'(continuous process)에서 경호목적을 달성하기 위해 동적(動的)으로 이루어지는 제반활동을 의미한다.

그리고 경호현장운용의 활동 규모 및 수준은 거시적인 차원의 경호위해환경 요인의 분석과 평가, 그에 대한 위기관리시스템의 구축, 그리고 구체적인 경호행사의 특징과 위험성 등을 토대로 하여 결정된다고 본다.

사실, 경호현장운용이라는 것은 대통령 등 경호대상자를 보호하기 위한 실질적인 활동이라고 할 수 있기 때문에 이의 중요성은 이론의 여지가 없다고 본다. 보다 구체적으로 본다면, 경호대상자의 평상시 집무실과 거주지의 활동, 출퇴근, 여가생활, 각종 외부행사의 참여 등에서 절대적 안전과 심적 평온함을 확보·유지하는 것이라 할 수 있다.

따라서 경호현장운용이 성공적으로 이루어지기 위해서는 이에 적용되는 기본이론 및 원리를 연구·개발하고, 이를 경호원들이 끊임없는 교육훈련과 시뮬레이션을 통해 체득(體得)할 수 있도록 해야 할 것이다.

또 경호현장운용은 앞에서 살펴본 경호의 의의 및 이념, 그리고 경호제도 및 법적 권한 등을 토대로 하여 실제 경호현장에서 이를 어떻게 실현시키느냐 하는 것과도 관련된다. 바꿔 말하면 경호현장운용에 대한 체계적인 접근을 위해서는 이러한 기본적인 요소들을 인식하고 있어야 한다는 것을 의미한다.

2) 경호현장운용의 기본요소

경호현장운용 즉, 경호작용(警護作用) 또는 경호활동(警護活動)에 있어서 기본적으로 고려되어야 할 것으로 ㉠ 계획수립, ㉡ 책임분배, ㉢ 자원동원, ㉣ 정보수집 및 보안유지 등을 들 수 있다.[7] 이는 성공적인 경호가 되기 위한 기본조건이라고 볼 수 있다.

---

7) 김두현(2013), 경호학개론, 서울: 엑스퍼트, pp. 232-233.

(1) 계획수립

경호활동에 있어서 사전계획은 경호의 성패와 직결되는 중요한 요소이다. 따라서 모든 형태의 경호활동은 사전에 신중하게 계획되어야 하되, 예기치 않은 변화의 가능성을 고려하여 '융통성'(融通性)을 가지고 있어야 한다.

따라서 경호계획 전담요원으로 하여금 체계적인 계획을 수립하도록 해야 할 것이다. 물론, 이러한 경호계획은 단순히 탁상공론(卓上空論)으로 수립되는 것은 아니다. 따라서 경호계획 수립시 경호현장답사 및 선발경호 등이 요구되며, 아울러 경호업무를 수행하는 경호원과 행사 주관부서, 그리고 관계기관과의 협조 등과 관련된 요소 등이 필수적으로 고려되어야 한다.

(2) 책임분배

경호활동은 단일기관이 아닌 여러 관계기관의 참여 속에서 이루어지기 때문에 책임을 명확하게 부여해야 한다. 아울러 경호를 담당하는 요원들 역시 각각의 임무형태에 대한 책임이 명확하게 부여되어야 한다. 이러한 경호상의 책임분배하에 경호대상자가 참석할 예정인 특정행사를 주관하는 주최측의 행사진행과정은 경호목적 달성에 부합되도록 이루어져야 한다.

한편, 경호대상자에 대한 완벽한 경호를 달성하기 위해서는 이들 관계기관간의 긴밀한 협조가 이루어져야 함은 물론이다. 또 2인 이상의 경호대상자가 동일한 행사에 참석하게 되면 서열이 높은 경호대상자에 대한 경호가 다른 경호대상자보다 우선하여 이루어져야 한다.

(3) 자원동원

경호활동이 성공적으로 이루어지기 위해서는 그에 필요한 인적·물적 자원(資源) 등이 적절하게 동원되어야 한다. 경호활동에 소요되는 자원의 규모는 행사규모 및 행사 지속시간, 경호대상자의 대중에 대한 노출 정도, 기동방법, 지리적 특성 등 제반 환경적 여건, 그리고 경호정보활동 등을 통해 획득한 '잠재적인 위험의 수준' 등에 따라 결정되어야 한다는 의미이다.

바꿔 말하면, 단순히 공식, 비공식 등 경호대상자가 참석하는 행사의 성격에 의해 자원이 결정되는 것이 아니라 여러 경로를 통해 수집·분석한 잠재적 위험의 발생가능성과 심각성 등에 따라 자원소요가 결정되어야 할 것이다.

(4) 정보수집 및 보안유지

마지막으로 경호활동이 성공적으로 이루어지기 위해서는 정보수집 및 보안유지가 매우 중요하다. 정보활동을 통해 경호위해요소를 사전에 파악하여 제거 및 감소토록 하는 것은 무엇보다도 중요한 일이다. 그리고 경호대상자와 경호원, 행사 세부일정, 그리고 적용되는 경호경비 상황 등에 관한 보안유지를 통해 인가된 자 이외에는 엄격하게 통제되어야 한다.

참고 : 경호정보관리와 보안관리의 중요성

경호현장운용이 성공적으로 이루어지기 위해서는 단순히 경호대상자의 신변 등을 직접적으로 보호하는 근접경호와 같은 미시적(微視的) 접근 방식만으로는 한계가 있다. 이는 위해요소가 과거에 비해 매우 치명적이고, 예측 불가능한 형태로, 장소·거리개념을 초월하여 이루어질 수 있기 때문이다.
따라서 보다 거시적인 차원에서 경호활동이 이루어져야 하며, 이의 핵심이 바로 경호정보관리와 보안관리라 할 수 있다. 성공적인 경호현장운용을 위해서는 기본적으로 위기상황뿐만 아니라 평상시에도 경호정보활동을 실시하여 경호대상자의 신변에 위해를 끼칠 수 있는 잠재적 위해요소를 지속적으로 분석·평가해야 한다. 그리고 경호보안활동을 통해서 경호대상자에 내재한 취약요소가 외부에 노출되지 않도록 체계적·지속적으로 관리되어야 한다. 이는 위해환경에 대한 체계적인 위기관리시스템이 상시 가동되어야 한다는 것을 의미한다.

---

3) 경호현장운용의 기본과정

경호활동의 기본은 위험이 발생하기 전에 관련 위해요소를 확인하고 제거하는 것이다. 즉, 예방경호(豫防警護)가 경호의 최우선 목표가 되어야 한다. 그리고 경호현장에서는 다양한 변수와 그에 따른 우발상황이 발생할 수 있기 때문에, 체계적·효율적으로 위해상황에 대응 할 수 있어야 한다.

경호현장운용의 과정을 크게 본다면, 예방작용과 대응작용으로 구분할 수 있다. 그리고 좀 더 이를 세분하면, ㉠ 준비 → ㉡ 대비 → ㉢ 대응 → ㉣ 평가과정으로 구분할 수 있을 것이다(이에 대한 세부적인 내용은 제8장, 제9장, 제10장, 제11장 등에서 살펴보기로 하고 여기에서는 간략하게 설명하고자 한다).[8]

경호현장운용 과정

과정	주요활동	활동내용	세부활동 사항
준비단계	정보활동 및 경호계획	경호안전환경 조성	• 법과 제도의 정비 • 관계기관 협조체계 구축 • 우호적인 대중관계 구축
		정보수집·분석·평가	• 거시적·평상시 정보활동 • 미시적·구체적 정보활동 • 위해요소 평가 및 대책
		경호계획수립	• 관계부서와의 협조 • 현장답사 • 경호계획서 작성 및 브리핑
대비단계	선발경호의 안전활동	경호작전체계	• 경호팀 경호지휘소 설치 • 지휘협조체계 구축 • 경호구역 설정 • 통합·세부경호계획 수립
		정보·보안활동	• 구체적·직접적 위해요소 파악 및 대책 • 보안대책
		통제·안전대책	• 경호통제대책 • 경호안전(검측 등)대책
		경호비상·응급대책	• 비상사태 대책 • 응급사태 대책
대응단계	수행경호 활동	경호실시	• 근접경호, 기동경호 • 경호구역 통제 및 경계
		비상대응	• 비상·응급사태 발생시 대응 • 긴급협조·연락체계
		즉각조치(우발상황)	• 경고, 방호 및 대피 • 대적
평가단계	경호활동 평가 및 환류	평가 및 자료 존안	• 행사결과 평가 및 보고서 작성 • 자료 존안
		교육훈련	• 새로운 교육프로그램 준비 • 교육훈련 실시 및 평가
		적용	• 새로운 경호이론 및 기법정립·전파 • 차기 행사에의 적용

8) 이두석(2018), 앞의 책, pp. 156-158 재구성.

(1) 경호준비단계

경호준비단계는 예방경호의 첫 단계라고 할 수 있다. 이러한 경호준비단계는 크게 두 가지 차원 즉, ㉠ 거시적 관점과 ㉡ 미시적 관점에서 접근할 수 있다.

거시적인 관점에서 본다면, 경호준비단계는 경호 관련법과 제도를 정비하여 우호적인 경호환경(경호지원시스템 구축 및 대중적인 관심과 지원 등)을 조성하는 것을 말한다. 그리고 특정 경호행사와 직접적인 관련이 없는 평상시의 정보활동 등을 통해서 경호위해요소를 발견·제거하는 과정이라고 할 수 있다.

미시적 관점의 경호준비단계는 구체적인 관점에서 접근하는 것이라 할 수 있다. 이는 어떠한 특정행사(공식, 비공식 행사 등) 일정이 잡히면, 그에 따른 경호대상자의 경호와 관련된 정보를 수집·분석(현장답사 등 실시)하여 잠재적인 경호위해요소 평가하고, 이를 통하여 기본적인 경호계획(警護計劃)을 수립하여 대응책을 강구하는 경호준비과정이라고 할 수 있다.

(2) 경호대비단계

경호대비단계는 예방경호의 두 번째 단계라고 할 수 있다. 이는 안전활동단계로서 경호가 실제 이루어지기 전(예: 7~10일)에 이루어지는 '선발경호'(先發警護, the Advancing)가 이루어지는 단계를 말한다.

경호대비단계에서는 준비단계에서 수립된 경호계획을 바탕으로 행사보안 유지와 위해요소에 대한 정보활동을 전개하며, 행사장의 취약요소에 대한 제반 안전대책(安全對策)을 직접적이고, 구체적으로 수립하는 업무를 수행하게 된다.

아울러 경호대비단계에서는 곧이어 이루어질 경호대응단계(즉, 실질적인 경호실시)에서 발생할 수 있는 경호위해상황을 대비한 비상대책 및 대응활동을 마련해 놓아야 한다. 경호대비단계에서 경호실시과정에서 나타날 수 있는 다양한 돌발변수의 발생 가능성을 고려하여 철저한 준비를 해 놓아야 실제로 그러한 문제에 직면했을 때, 당황하지 않고 신속하고 체계적인 대응이 가능한 것이다.

(3) 경호대응단계

경호대응단계는 경호가 실제로 이루어지는 경호실시단계를 의미한다. 이 단계에서는 잠재적인 위해기도자에게 공격의 기회를 주지 않게 하기 위하여 경호원들을 적재적소에 배치하여 지속적인 경호·경계활동을 실시해야 한다. 아울러 예기치 못한 상황에서 발생한 경호위기상황에 신속하게 대응·조치하는 즉각적인 활동을 하도록 한다.

(4) 경호평가단계

경호대상자가 참여하는 어떠한 행사에 대한 경호가 실행된 다음에는 항상 그 결과에 대한 평가 및 분석이 이루어져야 한다. 경호평가단계에서는 이러한 평가결과를 통해서 나타난 경호상의 문제점을 보완하는 과정을 말한다.

사실, 경호상의 문제점은 경호대응단계뿐만 아니라 준비단계 또는 대비단계에서 비롯된 것 일수도 있다.

따라서 평가단계에서는 각 단계에서 도출된 문제점들을 분석하여 반드시 차기 행사에 반영(feedback)될 수 있도록 해야 시행착오를 줄일 수 있을 것이다. 그리고 이러한 문제점들을 보완하기 위하여 경호원들에 대한 적절한 교육훈련 등을 실시하는 것은 매우 중요한 일이다.

▨ 제2절 경호현장운용의 기본체계와 원리

1. 경호현장운용의 기본체계: 3중경호이론

1) 3중경호이론의 개념

경호현장운용에 있어서 어떠한 절대적인 경호법칙이 존재하는 것은 아니다. 따라서 주어진 상황에 적합한 최선의 경호방법을 선택·적용해야 한다. 그런데, 모든 경호환경에 적용되는 절대적인 것은 없지만 최선의 경호현장운용을 도모하는 데 기초가 되는 이론 내지 원리가 존재한다. 그 대표적인 것이 바로 '3중경호이론'(三重警護理論)이라 할 수 있다.[9]

---

9) 임금님이 머무는 장소를 '9중심처'(九重深處) 또는 '9중궁궐'(九重宮闕)이라 하였다. '9중'(九重)이라는 것은 임금님이 머무는 장소는 매우 중요하기 때문에 아홉 겹으로 둘러싸여 있다는 의미이다. 이는 관념적(觀念的)이면서도 실질적(實質的)인 개념이라 할 수 있다. 어떻게 보면, 3중경호이론은 이를 현대적 관점에서 재해석·적용한 것이라 할 수 있다.

3중경호는 경호현장운용상의 가장 기본적인 틀(framework)을 제공해준다. 여기에서 말하는 '3중'은 지리적·공간적 관점에서 경호구역을 크게 제1선 안전구역(내부, Inner Ring), 제2선 경비구역(내곽, Middle Ring), 그리고 제3선 경계구역(외곽, Outer Ring)으로 구분한 것을 말한다.

3중경호이론의 기본구조

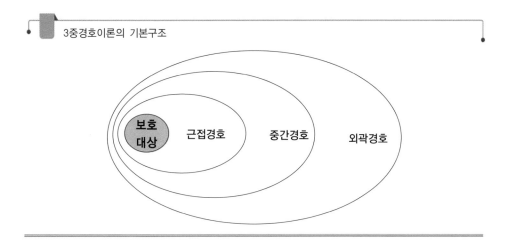

3중경호는 이렇게 구분된 경호구역별로 '차등화'(差等化)된 경호조치를 취함으로써, 경비효과를 극대화하기 위한 개념이다.

또 3중의 경호막을 통해서 '조기경보체제'(早期警報體制)를 구축하고, 위해요소의 침투를 중첩(重疊)되게 차단하여, 공간적·시간적·대상별로 차등화 된 통제를 통하여 완벽한 경호를 구축하는 데 있다. 조기경보체제를 갖춘다는 것은 위해요소나 위해동향에 대한 정보를 빠른 시간 내에 입수하여 그에 대한 대비책을 마련하고, 대응할 수 있는 시간적 여유를 갖기 위한 것이다.

먼저, 3중경호의 제일 바깥에 위치한 제3선 경계구역(외곽경호)은 인원이나 물품의 자유로운 왕래를 허용하는 가운데, 불심검문(不審檢問) 등을 통한 적절한 검문검색을 통하여 경호대상자에게 위해가 되거나 위해를 가할 가능성이 있는 요소나 움직임을 사전에 발견·제거하는 등의 역할을 하게 된다. 중간에 위치한 제2선 경비구역(중간경호)은 출입요소에 대한 제한적 통제를 통하여 위해요소의 접근을 차단하고, 끝으로 제1선 안전구역(근접경호)은 조그마한 빈틈도 허용하지 않는 최후의 방어선 역할을 하게 된다.

이러한 각 경호구역별 위해요소의 감시 및 탐색, 제한적 통제, 그리고 완벽한 통제는 모두 주도면밀한 정보활동(情報活動)으로 구축된 조기경보시스템에 의한 것이다.

한편, 3중경호의 적절한 운용은 경호자원(警護資源)의 효율적 운용 및 시민의 자유와 권리보호와도 관련된다. 이를 통해 경호에 동원된 인적·물적 자원의 낭비적 요소를 제거하고, 더 나아가 행사와 관계없는 일반시민들에 대한 불필요한 통제를 최소화하는 목적도 아울러 가지고 있기 때문이다.

2) 3중경호이론의 정립과 체계화

(1) 영국의 3중경호이론의 정립

19세기~20세기 초 서구유럽의 근대국가 형성·발전과정에서 영국이 차지하는 정치적 위상은 매우 높다고 볼 수 있다. 빅토리아여왕이 통치하였던 이른바 '빅토리아 시대'(Victorian era, 1837~1901)에 영국은 산업혁명(産業革命)의 경제발전을 토대로 뛰어난 해군력과 국가정책으로 오대양 육대주의 중요지역을 통치하면서 정치적으로 명실상부한 대영제국(British Empire)의 전성기를 강구하였다.

당시 영국이 차지하는 정치적·경제적·사회적 위상과 더불어 영국여왕과 총리 등에 대한 잠재적 공격위험성은 상존하고 있었기 때문에 이에 대한 안전한 경호·경비는 매우 중요한 국가적 관심사항이 되었던 것이다. 그리고 그 결과로서 정립된 것이 바로 '3중경호·경비이론'(이하 '3중경호이론'이라 함)이라고 할 수 있다.

한편, 이러한 시대적 배경 속에서 서구 근대경찰 역시 1829년 영국에서 시작되었다고 볼 수 있다.[10] 따라서 영국의 3중경호이론은 서구에서 근대화가 가장 먼저 시작된 영국경찰의 발전과 더불어 그 실질적인 운용이 이루어졌다고 볼 수 있다.

당시에 영국의 3중경호이론은 ㉠ 장기적 정보분석과 예측, ㉡ 중기적 위해요소 발견과 제거, ㉢ 단기적 현장경호가 결합된 경호운영원리 또는 운영모델(Operational Model)이라고 할 수 있다.

그리고 이 3중경호이론을 지역적 관점에서 하나의 동심원(Ring)으로 본다면, 경호대

---

10) Richard J. Terril(1999), World Criminal Justice System, Cincinnati: Anderson Publishing Company, pp. 11-13.

상이 위치하여 가장 엄중한 경호가 요구되는 근접경호(Inner Ring), 중간경호(Middle Ring), 외곽경호(Outer Ring)로 구분하고 그에 따른 경호원 배치 및 적절한 관련 임무를 부여하였다.[11]

따라서 3중경호이론의 관점에서 영국총리에 대한 경호를 살펴보면, 먼저 근접경호로서 총리집무실을 중심으로 신변보호 및 관저경비가 이루어진다. 중간경호에서는 정복경찰관이 일상적인 경찰업무, 교통질서 정리, 그리고 주변관찰 및 통신활동 등을 통해 이루어진다. 그리고 외곽경호는 정보수집, 항만관리, 위험인물 작성, 사건발생소지의 사전 제거 등을 통한 예방정보 차원의 활동이 이루어진다.

그런데 당시에 3중경호에 입각하여 경호업무를 수행하는 경호기관(런던수도경찰)은 각 요소에 대해서 기본적으로 동일한 비중을 두고 접근하면서, 한편으로는 외곽경호(정보수집·분석활동 등) 요소에 더 비중을 두기도 하였다.

이러한 점에서 볼 때, 영국의 3중경호이론 속에는 경호대상자를 중심으로 하여 거리 및 지역을 고려한 것이기는 하나 정보수집·분석 차원에서 볼 때에는 단순한 거리·공간을 초월한 실천적이면서도 관념적인 경호철학(警護哲學)이 존재하고 있음을 알 수 있다.

따라서 외곽경호와 관련하여, 영국총리가 집무실에 있을 때, 이란에서 일어나고 있는 루시디(S. Rushidie)의 소설에 항의하는 시위와 테러, 스칸디나비아반도 해상에서 발생하는 소련의 핵 잠수함 화재사건 등이 발생했을 때, 그것을 총리에게 가해질 수 있는 '잠재적 위해요인'(potential feasible threats)으로 연계하여 분석하는 것이다. 이는 카오스이론(Chaos Theory)적 접근이라고 볼 수 있다. 이러한 분석과정을 거쳐 위해의 구체적인 발생가능성이 있다고 판단되었을 때, 이에 대한 적절한 대응책(제거, 감소, 회피 등)을 모색하게 된다.

이처럼, 영국총리에 대한 외곽경호는 이란의 테헤란, 스칸디나비아반도의 핀란드, 소련의 모스크바에 이르는 각 영역을 고려하는 다분히 정보·전략적 차원에서 이루어지는 것이다.

---

11) 최평길(1989), "3중 경비·경호이론," 서재근박사 화갑기념논문집, pp. 95-97 재구성.

참고 외곽경호의 정보수집활동 사례 : 이슬람과 「악마의 시」사건

1988년 9월 인도 출신의 영국 국적의 작가 살만 루시디(Salman Rushidie, 1947~)가 「악마의 시」(the Satanic Verse)라는 소설을 출판하였다. 그런데, 이 책에는 이슬람을 모독하는 내용 즉, 이슬람교를 희화화하고 무함마드의 부인들을 창녀로 묘사하는 부분이 들어있다고 한다.

무함마드(Muhammad)는 이슬람교(A.D 610년)의 창시자로 마호메트라고도 한다. 그는 630년부터 군사적 원정을 통해 아라비아반도를 통일하고 이슬람 제국을 설립하는 등 이슬람에서는 절대적으로 신성시되는 인물이다.

이러한 사실을 보고 받은 이란의 정치·종교지도자 이맘 호메이니는 1989년 2월에 누구든지 무슬림이라면 이슬람의 이름으로 그를 처형하라는 '파트와'(Fatwa : 알라 즉, '신'(神)의 이름으로 내린 명령)를 내렸고, 이후 300만 달러의 현상금을 내걸었다. 그때부터 그는 약 10년 가까이 영국경찰의 보호를 받으며 도피생활을 시작하였다.

이슬람권에서는 각국에서 이 책을 금서로 공포하고 영국과 파키스탄 그리고 인도 등지에서 루시디를 성토하는 과격시위가 발생하기 시작하였다. 파키스탄에서는 경찰과 시위대가 충돌하여 6명이 사망하는 사건이 발생하였고, 인도의 봄베이에서는 과격 시위대에 경찰이 발포하여 12명이 사망하고 17명이 부상하는 사고가 발생하였다. 또 파키스탄 내 영국 도서관과 영국과 미국 여러 서점에서 폭탄테러가 자행되었고, 각국의 유명서점에서는 이 책을 진열장에서 제외시켰다. 미국 뉴욕에서는 루시디를 지지한다는 사설을 게재한 신문사가 폭파되기도 하였다.

1989년 6월 처형 명령을 내린 이맘 호메이니는 사망하였지만, 이후에도 테러는 그치지 않았다. 영국에서 그 책을 출판한 펭귄사 소유의 각 지역 서점에서 폭탄테러가 연이어 발생한 것이다. 이에 대해 세계 각국의 문학인 160명은 루시디를 지지하는 성명을 발표했다. 그러나 1991년 이탈리아에서 이 책을 번역한 작가는 칼에 찔려 중상을 입었고, 일본에서 이 책을 번역한 교수는 목이 잘려 피살된 시체로 발견되었다.

1993년 터키에서는 이 책을 번역한 작가가 투숙한 호텔에 화재가 발생하여 그는 경미한 화상을 입고 화염 속에서 탈출했지만, 이 화재로 인해 35명이 사망하고 60여 명이 화상을 입었다. 한편, 1998년 파키스탄 법정에서 루시디를 옹호했다는 죄

목으로 한 카톨릭 신자는 신성모독죄로 사형언도를 받았고, 이 판결에 항의하였으나 들어주지 않자 존 주조지프 주교는 법정에서 권총 자살을 하였다.

이러한 상황에서 1998년 10월 이란정부 차원에서 10년이 넘도록 이 문제로 인하여 꼬리를 물고 발생하는 사건의 종지부를 찍는 결정을 내리게 되었다. 영국을 비롯한 유럽 각국은 이란과 외교관계를 끊고 유럽공동체에서는 이란에 경제적·외교적 제재를 가하기 시작했기 때문이다. 즉, 이란 테헤란 주재 영국대사관이 루시디의 사형 명령을 철회하지 않으면 외교관계를 단절하겠다고 선언하며 이란에서 철수했으며, 유럽 각국의 대사관들이 동반 철수하기로 합의한 것이다.

이렇게 해서 공식적으로 이 사건은 종결되었지만, 이후에도 일부 이슬람 원리주의자들은 그에 대한 응징 의지를 거두지 않고 있다. 그 예로 1999년 이란의 한 단체는 루시디의 목숨에 280만 달러의 현상금을 내걸기도 하였다.[12]

다음으로 중간경호는 테헤란, 핀란드, 모스크바에서 발생된 위해요인이 영국 내부로, 그리고 직접적으로 영국총리를 향한다고 판단되었을 때, 일정한 경호조치가 이루어질 것이다. 즉, 테헤란 공항, 북구해역, 모스크바공항, 소련해역, 그리고 구체적으로는 런던의 히드로우(heathrow) 국제공항이 중간경호의 활동영역으로 적절히 통제될 수 있을 것이다.

이처럼 외곽경호가 정보·전략적 차원에서 이루어지는 것이라면, 중간경호는 현장정보와 함께 구체적·직접적인 사전예방 경호활동으로 이루어지는 개념이라고 볼 수 있다.

마지막으로 근접경호는 위와 같은 상황에서 직접적으로 영국총리의 신변을 보호하는 현실적인 경호활동이라고 할 수 있다. 근접경호는 실질적으로 경호원들이 순발력, 기민한 판단력, 강인한 물리력으로 경호대상자를 보호하기 위한 최종적인 제반활동을 의미하는 것이라 할 수 있다.[13]

(2) 미국의 3중경호이론의 체계화

이상에서 살펴본 바와 같이 영국의 3중경호이론은 거시적인 관점을 바탕으로 접근하였기 때문에 다소 철학적·관념적인 면이 없지 않다고 볼 수 있다.

---

12) 이만석칼럼(http://www.smileman.info).; 위키백과(https://ko.wikipedia.org).
13) 최평길(1981), "국가원수 경호관리의 정책연구," 문교부정책연구, pp. 50-55.

　이와는 달리 미국에서는 영국의 3중경호이론을 구체적으로 체계화하여 운용하고 있는 점이 특징이다. 3중경호이론에서 특히, 근접경호(近接警護)에 더욱 중요성을 두고 이를 위한 수많은 경호기법을 개발하여 적용하고 있다. 그리고 이러한 체계화된 3중경호이론과 경호기법은 대한민국을 위시한 많은 국가에서 이를 받아들여 자국의 상황에 맞게 적용·발전시키고 있다.[14] 민간차원에서도 이러한 경호기법을 토대로 활용하고 있음은 물론이다.

(3) 3중경호이론의 통합적 발전

　영국의 3중경호이론은 상대적으로 외곽경호에 주안점을 두면서, 단순히 지리적·공간적인 것뿐만 아니라 시간적으로 장기적·중기적·단기적 관점에서 접근하고 있다고 볼 수 있다.

　이에 비해 미국에서 체계화된 3중경호이론은 여러 가지 경호기법들을 토대로 근접경호(제1선 안전구역)에 초점을 두면서 구체적인 지리적·공간을 확대(2선 경비구역, 3선 경계구역)하여 접근하고 있다고 볼 수 있다.

　그러나 앞에서 언급한 바와 같이, 구체적인 지리적·공간적 관점을 초월한 거시적인 정보수집·분석은 매우 중요하며, 실제로도 이를 중요하게 고려해야 함은 물론이다. 경호위해환경을 거시적 관점에서 접근해야 보다 종합적인 분석과 판단이 가능하기 때문이다.

　한편, 어떠한 사건 또는 위해요인이라는 것은 그 원인이 최근에 것에서 비롯된 것일수도 있지만, 경우에 따라서는 오래된 과거에서 비롯된 것 일수도 있다. 따라서 거시적인 정보수집·분석은 복잡한 시간적·공간적 역학관계를 고려하여 이들 간의 연결점을 찾는 것이 중요하다고 본다.

　오늘날과 같이 지역화·세계화된 국제사회 속에서 개인과 집단의 지역이기주의와 세계적인 보편화논리 속에서 나타나는 국가간의 그리고 지역간의 정치적·경제적·사회문화적 갈등은 양적·질적으로 심화하고 있다. 또 이러한 갈등으로 표출된 범죄와 테러는 갈수록 상상을 초월하는 방향으로 고도화·지능화·과학화되고 있다.

　즉, 전혀 예상하지 못한 공격방법을 동원하고 있기 때문에 이에 대한 예측 및 대응

---

14) 최평길(1989), 앞의 논문, p. 97.

은 갈수록 어려워지고 있는 것이 현실이다. 예컨대, 2001년에 발생한 9.11테러와 같이 민간항공기(기름을 가득 채운)를 납치하여 그것을 하나의 '공격무기'로 사용하여 테러를 자행하리라는 것을 예측하고, 또 설혹 그러한 공격 가능성을 예측한다고 할지라도 그에 대한 대응책을 마련하는 것 또한 쉬운 일이 아니다.

이 경우, 사전에 철저한 정보수집·분석을 통한 근원적인 위해요인의 발견 및 제거 (즉, 항공기 납치 자체를 통제하는 일)는 무엇보다도 중요한 일이라고 본다.

① 경호구역의 다원화

3중경호이론은 경호대상자를 보호하기 위해서는 위해요소에 상응하는 1중, 2중, 3중의 방어막을 형성해야 한다는 원리를 제시하고 있다. 다만, 이러한 '3중경호'라는 것은 하나의 방어원리를 제시해주는 것으로서, 절대적인 개념은 아니라고 본다. 3중이라는 관념 속에는 일종의 '중첩경호'(重疊警護)를 의미하는 것으로서 한 겹이 아닌 여러 겹의 방어막을 형성하면 형성할수록 좋다는 것을 의미한다. 따라서 경호대상자가 차지하는 중요성에 따라 가능하다면 3중 이상(4중·5중·6중 등)의 방어막을 관념적·실질적으로 형성해야 한다고 본다.[15]

경호임무를 수행하는 경호조직의 입장에서는 중첩경호를 통한 가능한 한 많은 '방어공간'(防禦空間)을 확보·형성하게 되면, 공격의 기회와 피해의 정도를 최소화할 수 있을 것이다. 반면, 공격자의 입장에서는 방어막이 많이 형성되어 있을수록 공격 기회가 줄어들고, 또 공격을 시도한다고 해도 성공할 가능성이 낮아진다고 본다.

이와 관련하여 딘글(J. Dingle)은 보다 중요한 경호 또는 보안요소일수록 보다 많은 방어막을 형성해야 한다는 이른바 '동심원영역론'(同心圓領域論, Concentric Zone Theory)을 제시한 바 있다. 그것은 경호대상자를 중심으로 해서 각각의 동심원 층 속에 단계별로 인적, 물리적, 지역적 방어요소를 적재적소에 배치했을 때 가능하게 된다.[16]

---

15) 북한에서는 4중경호체계를 도입·적용하고 있는 것으로 나타났다. 이는 어떻게 보면, 영국과 미국의 3중경호이론을 통합한 것이라고 볼 수 있다. 4중경호체계를 보면, 1·2선의 호위는 호위사가 담당하고, 3선은 호위사의 직할부대, 4선은 국가안전보위부와 사회안전부가 담당하도록 하고 있다. 이와 관련하여 다중이 참석하는 일반경기장을 예로 들면, ① 1선은 경호대상자의 신변을 절대적으로 안전하게 확보해야 하는 핵심방어지역으로서 경기장 핵심구역, ② 2선은 공격자의 침투를 원천봉쇄·차단하는 주방어지역으로서 경기장 내곽, ③ 3선은 공격자의 접근 및 침투를 조기에 탐지·경보하는 경계지대로서 외곽, 그리고 ④ 4선은 공격자 및 공격단체의 징후에 대한 첩보·정보를 수집하고 분석하는 첩보·정보활동으로 이루진다. 김두현 (2013), 앞의 책, p. 348.

② 입체적 종심방어

3중경호는 단순히 '평면적'인 경호개념이 아닌 공중과 지하를 포함하는 '입체적' 경호개념으로 이해된다. 이러한 점에서 3중경호는 '입체적 종심방어'(立體的 縱深防禦) 체제를 구축하여 위해기도자의 접근을 모든 방향에서 경계·대응할 수 있도록 해야 한다.[17]

9.11테러와 같이, 경호현장운용에 있어서 위해기도자의 공격을 방어하기가 가장 어려운 것 가운데 하나가 바로 공중공격이라 할 수 있다. 공중공격은 지상 미사일 공격, 전투기의 공격, 드론(Drone)과 같은 원격조정 비행물체, 그리고 심지어는 비행기 자체를 하나의 무기로 삼아 공격도 할 수 있기 때문에, 이를 효율적으로 방어하는 것은 쉬운 일이 아니라고 본다. 비행기를 이용한 자살공격의 경우, 이를 격추시킴으로써 경호대상자를 보호할 수는 있으나, 주변 일반시민의 수많은 인명피해를 감수해야 할 것이다.

3) 3중경호의 구성요소

아래에서는 이상에서 살펴본 3중경호이론의 운용체계를 구체적으로 살펴보기로 한다. 3중경호이론체계는 보호대상인 경호대상자(VIP)의 지리적·공간적 위치를 중심으로 제1선(내부) 안전구역, 제2선(내곽) 경비구역, 그리고 제3선(외곽) 경계구역으로 구분된다.[18]

여기에서 1선, 2선, 3선의 거리개념은 행사장의 특징이나 지형적인 특성을 고려하

---

16) J. Dingle(1991), "Back to the Basics," Security Technology and Design, p. 75.; K. Hess. and H. Wroblewski(1996), Introduction to Private Security, N.Y.: West Publishing Company, pp. 97-98.

17) 여기에서 '종심'(縱深)이라는 것은 방어선에 배치된 경호원의 최전선에서 후방까지의 세로의 '선(線)'을 말한다. 종대로 본다면 경우에는 최선두(最先頭)의 경호원에서 최후미(最後尾)의 경호원까지의 거리를 말한다. 요약건대, 종심은 안전구역-경비구역-경계구역에 이르는 '경호거리'를 의미한다고 볼 수 있다. 3중경호구역을 설정하는 데 있어서 일정한 종심이 형성되어야 하는 것은 중요한 일이다. 즉, 1선과 2선, 2선과 3선 간에 적절한 거리가 확보됨으로써 어떠한 공격에 대해 각 경호구역이 일종의 완충 장치로서 기능을 하는 동시에 각 경호구역 간에 원활한 유기적 연계를 도모하기 위한 것이라 할 수 있다.

18) 우리나라의 대통령 등 갑호경호와 외빈 A·B·C·D등급에 대한 경호의 경우, 안전구역(제1선)은 대통령경호처에서 담당하고, 경찰은 경비구역(제2선, 군부대 내에서는 군이 담당)과 경계구역(제3선)을 담당하며, 행사장 제1선과 제2선 내에서는 경찰의 총기휴대가 금지된다. 한편, 을호·병호 및 외빈 E·F등급을 경호하는 경우에는 경찰책임하에 실시하고 이때에는 경찰은 총기휴대 및 근접경호를 실시할 수 있다. 조철옥(2011), 경찰학각론, 경기: 21세기사, p. 368.

여 정할 수 있으나, 일반적으로 1선은 권총 등의 유효사거리를 고려한 건물 내부, 2선은 소총 등의 유효사거리를 고려한 울타리 내곽, 그리고 3선은 소구경 곡사화기의 유효사거리를 고려한 외곽의 개념으로 설정하고 있다.

3중경호의 구역설정과 특징

제1선(내부): 안전구역	제2선(내곽): 경비구역	제3선(외곽): 경계구역
• 절대통제구역 • 경호대상자(피경호자)가 위치하는 구역 • 내부의 경우 건물자체 외부의 경우 본부석 • 권총 유효사거리 • 피경호자에게 직접적인 위해를 가할 수 있는 구역 • 금속탐지기(MD)설치·운용 • 비표확인, 출입자 감시 • 사전 폭발물 등에 대한 완벽한 검측실시 등	• 부분통제구역 • 소총 유효사거리 • 바리케이트 등 장애물 설치 • 돌발사태를 대비한 비상통로 확보 • 소방차, 구급차 대기 등	• 감시구역 • 소구경 곡사화기 유효사거리 • 주변지역 동향파악 및 행사장을 직시할 수 있는 고층건물 등 주변 감제고지 확보 • 도보순찰 및 기동순찰 등을 통한 행사장 주변 관찰·감시 • 거동이 수상한 자에 대한 불심검문 등 실시

(1) 안전구역

안전구역(安全區域)은 경호대상자(피경호인)가 위치하고 있는 구역을 말한다. 시설물 내부일 경우에는 건물 자체를 의미하며, 외부일 경우에는 본부석 등이 이에 해당한다. 여기에는 승하차 지점과 동선(動線)이 포함된다고 본다. 모든 경호구역은 경호대상자를 중심으로 한 것이기 때문이다.

이러한 안전구역은 권총 등에 의한 경호대상자에게 직접적인 위해를 가할 수 있는 지역이기 때문에 이에 대한 근접경호는 매우 중요하다. 따라서 안전구역은 완벽한 통제가 이루어져야 하며, 따라서 경호원의 확인을 거치지 않은 인원의 출입과 물품의 반·출입은 금지된다. 이를 위해 인적·물적 요소의 출입시 금속탐지기(MD) 등을 설치·운용하고, 비표확인 등을 통한 감시 및 관찰이 철저하게 이루어져야 한다.

참고 **청와대 보안손님 아닌 유령손님**

지난 박근혜정부의 국정농단으로 논란의 중심에 있는 최모씨·정모씨가 출입증을 받지 않고 이른바 '유령 손님' 형태로 청와대를 출입했던 것으로 알려졌다. 이와 관련하여 지난 2016년 12월 14일 최모씨 국정조사특별위원회 3차 청문회에서 박근혜대통령이 김모씨 등으로부터 비선 진료를 받은 것으로 확인되었다. 이들은 "별다른 신원 확인 없이, 청와대에 미리 인적 정보를 알려주고 들어갔다"고 증언하였다. '보안손님'에 대한 개념은 아직까지도 베일에 싸여 있다.

전·현직 경호실(현 경호처) 관계자들에 따르면 보안손님이란 '청와대 초소에 인적 정보를 남기지 않는 출입자'를 의미한다고 한다. 전직 청와대 관계자는 "경호실 운영 지침에는 '보안 출입자 '에 관한 규정이 있다"고 밝혔다. 즉, 보안손님은 적법한 손님인 셈이다. 주로 제2부속실에서 지정해서 경호실에 통보하는 형식이다. 박근혜정부에서는 전 비서관인 안모씨가 보안손님을 지정 관리한 것으로 알려졌다. 외부인이 청와대 관저를 가려면 먼저 11문(정문) 초소에서 출입 신청을 하고 출입증(비표)을 받아야 한다. 하지만 보안손님은 이 과정이 생략된다. 관저 데스크에서 '0000번 차량, 보안손님 3명'이라고 11문에 사전 통보하면 실제 차량번호와 인원수가 맞는지만 확인한 후 통과시킨다.

그런데 아무리 보안손님이라도 대통령의 '집'인 관저 데스크에서는 반드시 신원 확인과 검문·검색을 받아야 한다. 이때는 출입증(비표)을 받으면서 기록이 남는다. 전직 청와대 관계자들에 따르면 박근혜정부에서는 '보안손님' 규정이 제대로 지켜지지 않았다는 것이다. 한 관계자는 "최모씨는 관저에서도 '출입증(비표)'을 받지 않았다"고 폭로하였다. 규정 내의 '보안손님'이 아닌, 불법 '유령 손님'이었단 얘기다. 이 문제를 지적했던 한 경호실 관계자는 한직으로 좌천되기도 했다고 한다. 한편 최모씨뿐만 아니라 전 남편인 정모씨도 청와대를 출입한 것으로 전해졌다. 청와대 전 관계자는 "정모씨가 부속실 소유 차량을 타고 '유령손님' 형태로 드나들었다"라고 폭로하였다.[19]

---

19) 2016년 12월 18일 JTBC의 한 방송에서는 보안손님의 실체와 역대 정권의 보안손님들을 추적하였다. JTBC 방송 관계자는 "역대 보안손님은 주로 대통령 측근이나 멘토들이었다"면서 "최모씨 측근들이 유령같이 청와대를 드나들면서 대통령을 독대했다면 이는 경호상의 심각한 국기 문란"이라고 지적하였다. 이데일리 (2016. 12. 19.).

(2) 경비구역

경비구역(警備區域)은 경호대상자가 머무르는 안전구역을 보호하기 위한 2차적인 경호구역이라 할 수 있다. 그러면서도 경호대상자의 신변안전과 행사에 직·간접적인 영향을 미칠 수 있는 구역이라 할 수 있다. 이 구역에서는 소총 등에 의한 직접적인 위해공격도 가능하고, 문제 발생시 행사에 심각한 영향을 미칠 수도 있기 때문이다.

이 경비구역에서는 부분적인 통제가 이루어지는데, 경호원의 확인을 거치지 않은 인원이나 물품도 감시의 영역을 벗어나서는 안 된다. 그리고 바리케이트 등의 장벽을 설치하고, 돌발사태 대비 예비대를 운영하고, 소방차·구급차 등을 대기시켜 유사시에 대응할 수 있도록 해야 한다.

(3) 경계구역

경계구역(警戒區域)은 안전구역과 경비구역을 보호하며, 동시에 가장 외곽에서 경계·경비활동을 수행하는 곳이라 할 수 있다. 경계구역은 소구경 곡사화기의 유효사거리를 고려한 구역이라 할 수 있는데, 일반적으로 경호대상자의 안전에 직접적인 위협은 되지 않으나, 행사에 간접적인 영향을 미칠 수 있는 영향권을 말한다.

이 경계구역에서는 주변지역의 동향을 파악하고 주변 감제고지(瞰制高地: 주위가 두루 내려다보여 적의 활동을 감시하기에 적합한 높은 장소)를 확보하는 일이 중요하다. 여기에 감시조, 기동순찰조를 운영하고, 거동수상자에 대한 불심검문 및 차단활동 등의 업무를 수행하면서 주변에 대한 제한적 통제를 하게 된다.

2. 경호현장운용의 기본원리와 기법

경호현장운용의 기본원리(basic principles)와 기법은 위에서 논의한 3중경호이론의 체계 속에서 적용되는데, 특히 안전구역 내의 근접경호(近接警護)를 실시하는 과정에서 주로 적용되는 원리라고 볼 수 있다.

1) 경호현장운용의 기본원리

(1) 방벽효과의 원리

방벽이라는 것은 위해기도자의 공격을 막아내는 방어벽 또는 방호벽을 말한다. 경호대상자는 경호원들이 형성하는 자연적인 방벽에 의해서 보호된다. 위해기도자 입장에서 경호대상자를 공격할 수 있는 수단은 여러 가지가 있겠지만, 여기에서는 총기로 공격한다는 것을 가상해보기로 한다.

이 경우, 위해기도자의 입장에서는 공격하고자 하는 경호대상자 사이에 위치한 경호원에 의해 공간적인 방해를 받게 된다. 위해기도자는 방해물인 경호원을 피해서 공격할 것이므로, 경호대상자 주변에 있는 근접경호원들은 서있는 자신들의 신체가 일종의 '자연적 방벽효과'를 제공해 준다고 볼 수 있다.

그리고 이러한 자연적 방벽효과는 경호원들이 양자의 사이(즉, 경호대상자와 위해기도자)에서 어느 곳에 위치하느냐에 따라서 경호대상자를 보호하는 범위의 크기 즉, 방벽효과에 차이가 있게 된다.[20]

① **수평적 방벽효과**

경호원들이 자연적 방벽 역할을 한다고 볼 때, 여기에서 수평적 방벽은 경호원들의 몸 넓이와 관련된다. 아래 표에서 보는 바와 같이 한국 성인 남성의 평균 체위 면적을 전(후)면과 측면에서 볼 때, 각각 50cm, 20cm라고 한다.

한국 성인남성의 평균 체위 면적			
체위	정(후)면	측면	대각면
넓이	50cm	20cm	30cm

출처 : 양재열(2012), 경호학원론, 서울 : 박영사, p. 149 재인용.

㉠ 위해기도자가 고정된 위치에서 공격할 때 방벽효과

그림에서 보는 바와 같이 경호대상자와 위해기도자와의 거리가 10m이고, 경호대상자로부터 A경호원은 2m 떨어진 곳에 위치해 있고, B경호원은 4m 떨어진 곳에 위치해 있다고 가정해 보자. 이 경우, 어떠한 곳에 위치해 있을 때 방벽효가가 더 크다고 생각하는가?[21]

---

20) 이하 이두석(2018), 앞의 책, pp. 162-164 재인용.
21) 경호원의 기본체위 면적을 50cm라고 한다면, ① A경호원이 형성하는 방벽의 크기는 62.5cm(0.5:x = 8:10)가 되고, ② B경호원이 형성하는 방벽의 크기는 83cm가 된다.

수평적 방벽효과(1)

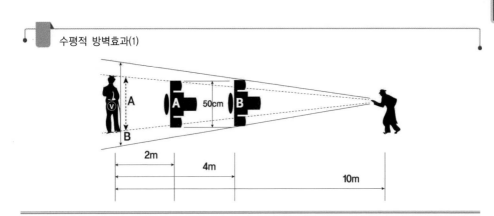

출처 : 이두석(2018), 경호학개론, 인천 : 진영사, p. 162.

위해기도자가 고정된 위치에서 경호대상자를 공격할 때에는 B경호원의 방벽이 A경호원의 방벽보다 더 크다는 것을 알 수 있다. 따라서 이러한 경우에는 경호원의 위치가 위해기도자와 가까울수록 방벽효과는 증대됨을 알 수 있다.

ⓛ 위해기도자가 이동하면서 공격할 때 방벽효과

그런데, 위해기도자가 이동하는 상태에서 공격할 때에는 어떠한 곳에 위치해 있을 때 방벽효가가 더 크다고 생각하는가?[22]

수평적 방벽효과(2)

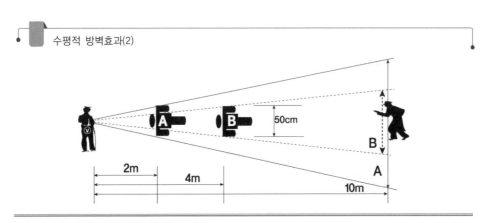

출처 : 이두석(2018), 경호학개론, 인천 : 진영사, p. 163.

22) ① A경호원으로 인한 위해기도자의 이동거리는 2.5m(0.5:x = 2:20)가 되고, ② B경호원으로 인한 이동거리는 1.25m(0.5:x = 4:10)가 된다.

이 경우에는 반대로 경호원의 위치가 경호대상자와 가까울수록 위해기도자는 더 많은 거리를 이동해야만 목표물 즉, 경호대상자를 시야에 확보하여 공격을 가할 수 있다는 것을 알 수 있다.

따라서 이상과 같이 경호원의 위치에 따른 수평적 방벽효과는 상대적인 차이가 있음을 알 수 있다. 예컨대, 개활지(開豁地: 넓게 트인 광장) 등에서 위해기도자의 위치를 모르는 경우에는 경호원이 경호대상자와 가까이 위치할수록 위해기도자의 이동요구거리를 증대시키기 때문에 효과가 있다고 본다. 그러면서도 경호원은 우발상황 발생시 신속히 경호대상자를 대피시켜야 한다는 점을 고려할 때, 경호원은 경호대상자와 일정한 적정 거리를 항상 유지하고 있어야 한다.

요약건대, 경호원은 경호대상자의 활동공간을 충분히 확보해주면서 우발상황 발생시 신속히 대응도 할 수 있는 최적의 위치를 확보할 필요가 있다. 이를 위해서는 위해기도자가 위치하고 있을 만한 장소를 충분히 고려하여, 그 일직선(一直線)상에서 자신의 위치를 선정해야 한다. 그러나 고정된 위치가 아니라, 이동하는 경호대상자를 보호하는 과정에서는 위치를 알 수 없는 위해기도자와의 사이에서 수평적 방벽효과를 기대하는 것은 어려운 일이다. 따라서 경호원은 항상 주어진 상황에 맞게 상호간의 유기적인 관계를 토대로 자신들의 신체를 이용하여 자연스럽게 방벽을 형성하여 경호대상자를 보호할 수 있는 위치를 선정해야 할 것이다.

한편, 경호대상자에게 근접할수록 경호대상자의 행동의 자유를 제한하거나 불편하게 할 수 있기 때문에, 특별한 경우가 아닌 경우에는 적절한 거리를 유지하는 것이 바람직하다. 경호대상자의 자유스러운 행동도 보장하고 우발상황 발생시 경호원으로서 적절한 위치에서 즉각적인 방호조치를 취할 수 있는 가장 이상적인 거리는 2m를 기준으로 하여 설정하는 것이 바람직하다고 보며, 이는 후술하는 수직적 방벽에서도 마찬가지로 적용된다고 본다.[23]

② 수직적 방벽효과

위해기도자가 높은 곳이나 고층건물 등에서 공격을 시도한다고 가정할 경우, 경호대상자와 가까이 위치한 경호원이 그보다 멀리 떨어져 있는 경호원보다 높은 방벽효과를 제공한다고 볼 수 있다.

---

23) 양재열(2012), 경호학원론, 서울: 박영사, p. 152.

수직적 방벽효과

■ A의 방벽효과 > B의 방벽효과

출처 : 이두석(2018). 경호학개론. 인천 : 진영사. p. 164.

이 경우 경호원의 신장(身長)은 중요한 역할을 하게 된다. 일반적으로 경호대상자 주변에서 근접경호를 실시하고 있는 경호원의 체위(전면과 측면 등)는 기본적으로 큰 차이가 없으나 신장은 각 개인에 따라 차이가 있다. 그 신장의 차이는 수평적 방벽효과보다는 수직적 방벽효과 면에서 영향을 미치게 된다.

따라서 경호활동시 근접경호와 방벽효과 면에서 볼 때, 경호원은 일정 수준의 체격이 있어야 한다. 그리고 특히, 신장이 큰 경호원은 우발상황 발생시 경호대상자에게 수직적 방벽효과를 보다 제공할 수 있다고 본다. 이러한 점에서 경호원은 우발상황 발생시, 수직적 방벽효과를 높이기 위해서는 가능한 한 무릎을 굽히거나 몸을 움츠리거나 은폐시켜서는 안 된다. 자신의 체위를 최대한 확장하여 경호대상자에 대한 방벽효과를 극대화시키면서 공격방향으로 대응해야 한다는 의미이다.[24]

(2) 주의력효과와 대응력효과의 원리

주의력효과와 대응력효과는 경호대상자를 보다 효과적으로 보호하기 위해 일반군중과 경호원과의 적절한 '거리'(distance)를 확보하는 원리를 제시해 준다. 오늘날 대통령 등 중요 인물은 국민과 끊임없이 접촉하며 대중적 지지를 획득하는 것이 중요하다. 그리고 다수의 국민 또는 군중과 접촉하는 과정에서 위해기도자가 경호대상자에 대한 공격을 목적으로 접근할 수 있다고 가한다고 가정할 때, 근접경호원들은 이에 신속하게 대응할 수 있어야 한다.[25]

---

24) 위의 책, pp. 151-152.

여기에서 주의력(注意力, attentiveness)이라는 것은 경호원이 이상 징후를 포착하기 위하여 기울이는 힘을 말한다. 이는 위해기도자를 사전에 발견하기 위한 노력이라 할 수 있다. 그런데, 최대한 자신을 은폐하고 접근하면서, 공격의 성공확률을 높이려는 위해기도자를 찾아내기란 결코 쉬운 일이 아니다. 따라서 이에 대한 철저하고 예리한 사주경계(四周警戒)가 요구된다.

한편, 대응력(對應力, countermeasure)이란 위해기도에 반응하여 취하는 태도나 행동능력을 말한다. 위해기도자가 공격을 감행할 경우, 경호원들은 신속하고 효과적으로 경호대상자를 보호하여 대피시켜야 하는데 이를 위해서는 무조건 반사적이고 기민한 행동이 요구된다.[26]

여기에서 경호원의 주의력을 높이기 위해서는 경계대상인 군중을 보다 잘 살필 수 있도록 경계대상과의 거리를 좁히는 것이 효과적이다. 그러나 이렇게 되면 자연히 경호대상자와의 거리는 멀어지게 되어 경호대응력은 떨어지게 된다. 이처럼 주의력효과와 대응력효과는 서로 상반된 개념이기 때문에, 경호원은 주의력효과와 대응력효과를 모두 고려한 위치를 선정하는 것이 중요하다.

군중 속에 있는 미국 오바바 전대통령(좌)과 지미카터 전대통령(우)[27]

(3) 이격거리의 원리

이처럼 경호의 주의력효과를 높이기 위해서는 경호원이 경계대상인 군중과 밀착하여 있는 것이 효과적이나, 대응력효과는 떨어지기 때문에 이 경우 위해기도자의 공격

---

25) 위의 책, p. 160.
26) 이두석(2018), 앞의 책, p. 165.
27) http://blog.naver.com/bamboosalt64/220896920820.

을 효율적으로 막아내는 데는 어려움이 따른다. 따라서 경호원은 위해기도자와 경호대상자와의 사이에서 적정한 간격을 두고 위치해야 하는데, 이를 '이격거리'(離隔距離, distance length)라고 한다.

근접경호의 중요한 임무는 무엇보다도 경호대상자와 군중 사이를 차단하는 것이라 할 수 있다. 그렇다면, 경호원과 경호원을 연결하는 보이지 않는 경호막(protective bubble)을 형성하고 군중과 어느 정도 거리를 두고 있어야 할 것인가? 또 경호원과 경호대상자와는 어느 정도 거리를 두고 있어야 할 것인가? 이에 대한 법적인 규정은 있는 것은 아니지만 인간의 신체감응시간과 질주 거리, 그리고 경호대상자의 자유로운 활동 보장 등을 고려하여 설정할 수 있을 것이다.

① **경호원과 군중과의 이격거리**

인간의 신체감응시간은 외부의 자극에 대하여 위협을 인지하고 뇌의 판단과 명령을 통하여 신체적 반응을 개시할 때까지의 시간을 말한다. 일반적으로 성인의 평균 신체감응시간은 0.3초가 소요되는 것으로 알려져 있으며, 20대 초반 성인 남성이 이 시간에 질주해서 도달할 수 있는 거리는 평균 약 2m 내외라고 한다. 또 제자리 멀리 뛰기는 평균 2.25m라고 한다.[28]

이는 무엇을 의미하는가? 이는 달려 나오는 위해기도자를 경호원이 감응 또는 포착하는 순간 그 위해기도자는 이미 경호대상자에게 2m를 더 접근할 수 있다는 것이다. 바꿔 말하면 2m 이하로 군중과 가까이 위치한 경호원은 범인을 저지할 수 없기 때문에 효과적인 경호대상자 보호를 위해서는 군중과 경호원의 거리는 2m 이상 확보해야 한다는 논리가 나온다.

> **참고** 위해기도자의 총기에 의한 경호대상자 공격과 대응방법
>
> 경호원이 사건 발생시 즉각적인 대응으로 자신의 총집에서 총을 뽑아 목표물(위해기도자)을 겨냥, 발사하는 시간은 평균 2.5초라고 한다. 이 2.5초의 시간이라면, 적어도 약 17m를 이동할 수 있는 시간이다.
>
> 사실, 위해기도자가 총격을 처음으로 가할 때, 이를 사전에 발견하여 제지하는 것

---

28) 양재열(2012), 앞의 책, p. 160.; 이두석(2018), 위의 책, pp. 166-167.

은 쉬운 일이 아니다. 범행시기는 위해기도자가 먼저 선택하여 공격하기 때문에 위해기도자의 초탄 발사 후 경호원은 비로소 행동으로 옮기게 된다. 따라서 초탄으로 경호대상자를 명중시켰을 때에는 사후 대응만이 가능할지도 모른다. 그러나 위해기도자가 초탄으로 경호대상자를 명중시키지 못했을 때 어떻게 대응할 것인가? 총기를 사용하여 제압할 것인가? 아니면 육탄으로 보호를 할 것인가? 위해기도자가 총기를 사용하여 경호대상자를 공격할 경우, 경호원이 총기를 사용한다는 것은 경호대상자 보호에 성공적인 조건이 결코 되지 못한다. 또 위해기도자가 초탄 발사 전에 발견한다 할지라도 사격소요시간 즉, 2.5초보다 더 적은 시간 내에 사격을 하여 위해기도자를 제압한다는 것은 사실상 불가능하다.

이러한 점에서 경호원이 사격을 가하는 그 시간에 몸을 날려 경호대상자에 대한 신속한 방호를 하는 것이 경호대상자 보호에 성공적인 조건이 된다. 경호원들은 경호대상자와 2m 정도의 거리에 위치하고 있으며, 따라서 총기에 의한 방호보다는 육탄방호가 훨씬 효과적이기 때문이다. 이러한 이유로 미국 '레이건 대통령 저격 미수사건'(1981) 때에도 비밀경호국 경호원들은 범인 힝클리를 향해 총 한방 쏘지 않고 신속하게 대통령 방호 및 대피에 주력했던 것이다.[29]

② 경호원과 경호대상자와의 이격거리

경호대상자는 자신의 신변보호를 위해서 경호원들이 활동하는 것은 필요로 하지만 자신들의 개인공간(personal space)이 침해당하는 것을 좋아할 사람은 없을 것이다. 물론 상황에 따라 경호대상자와 경호원과의 거리는 달라진다. 군중이 가까이 있다면, 경호대상자와 경호원과의 거리도 가까워질 것이나, 위해요소가 없다고 판단된다면, 경호대상자에게 최대한의 개인공간을 확보해주는 것이 바람직하다.

어쨌든, 중요한 점은 경호원은 경호대상자가 경호원에게 신경 쓰지 않고 자신의 일을 할 수 있는 활동공간을 확보해주는 것과 동시에 위해상황 발생시 신속하게 경호대상자를 보호할 수 있는 위치에 있어야 한다는 것이다.

이러한 개인공간과 관련하여 홀(Hall)은 약 2.1m~3.6m의 거리가 다른 사람에게 신경 쓰지 않고 자기 일을 할 수 있으며, 남에게 폐가 되지 않는 거리라고 하였다. 경호원과 경호대상자의 관계가 여기에 해당한다고 볼 수 있다.[30]

---

29) 양재열(2012), 앞의 책, pp. 158-159 재구성.
30) 이두석(2018), 앞의 책, p. 168 재인용.

③ 군중과 경호대상자와의 이격거리

따라서 경호원은 경계대상인 군중과의 거리를 2m 이상 유지하면서, 경호대상자와의 거리도 2m 이상을 유지해야 위해기도자의 공격에 대비하고 동시에 경호대상자의 활동에도 방해가 되지 않다는 결론에 도달하게 된다.

요약건대, 통상적으로 군중과 경호대상자와의 거리는 적어도 4m 이상을 확보·유지해야 한다는 것을 의미한다.[31]

(4) 촉수거리와 체위확장의 원리

① 촉수거리의 원리

촉수거리(觸手距離, arm's reach)는 팔을 뻗어 닿을 수 있는 거리를 말한다. 따라서 촉수거리의 원리 또는 원칙이란 우발상황시 경호원이 자신의 팔을 뻗어 닿을 수 있을 정도로 가까이에 있는 대상자(경호대상자 또는 위해기도자)를 선택하고, 위해기도자와 촉수거리에 있을 정도로 가까이에 있는 경호원이 위해기도자를 대적해야 한다는 것을 말한다.[32]

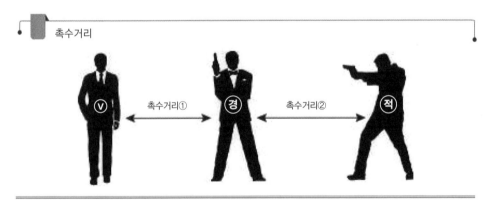

출처 : 이두석(2018), 경호학개론, 인천 : 진영사, p. 171.

위해상황 발생시 경호원은 경호대상자의 신변보호를 위해서 경호대상자를 방호할 것이냐, 아니면 위해기도자를 제압할 것이냐 하는 선택의 문제에 직면하게 된다. 이때에 경호원에게 중요한 판단적 근거를 제시해주는 것이 바로 촉수거리이다.

---

31) 양재열(2012), 앞의 책, p. 161.
32) 이두석(2018), 앞의 책, p. 171.

기본적으로 위해기도자의 거리보다 경호대상자와의 거리가 더 가깝다면 경호원은 경호대상자를 방호해서 신속히 현장을 벗어나는 것이 효과적이다. 그러나 경호는 방어개념이고 경호의 주요임무가 경호대상자의 신변보호지만, 위해기도자와의 거리가 경호대상자와의 거리보다 더 가깝고 촉수거리에 위치한다면, 경호원은 과감하게 위해기도자를 제압함으로써 경호대상자도 보호하고 위해기도 역시 무력화시키는 것이 바람직하다고 본다.[33]

② 체위확장의 원리

체위확장의 원리(body expansion principle)은 우발상황 발생시 경호원 자신의 몸을 최대한 확장시켜 경호대상자에 대한 방호효과를 극대화해야 한다는 것을 말한다. 사실, 인간은 본능적으로 위험한 상황에 노출되면 자기 자신을 보호하기 위해서 몸을 움츠리거나 바닥에 엎드리는 등 위험회피행동을 하게 된다.[34]

체위확장

출처 : 이두석(2018), 경호학개론, 인천 : 진영사, p. 173.

그러나 위해상황에서 경호대상자를 보호해야 하는 경호원은 이러한 보호본능에 반(反)하는 행동을 해야만 한다. 두 팔과 상체를 최대한 크게 벌려서 신체에 의한 자연적 방벽효과를 극대화하고, 위해기도자의 공격선상에서 위해공격을 몸으로 막아 냄으로써 가능한 한 경호대상자를 보호할 수 있도록 노력해야 한다. 뒤에서 살펴보겠지

---

33) R.L. Oatman(1997), The Art of Executive Protection, Baltimore: Noble House, p. 54.; 이두석(2018), 앞의 책, p. 172.
34) 위의 책, p. 173.

만, 체위확장은 경호원의 자기희생(自己犧牲)을 요구하는 것이며, 본능에 반하는 것이기 때문에 부단한 훈련과 자기암시를 통해서 가능하다.[35]

2) 경호현장운용의 기법

(1) 노출경호와 비노출경호

① 노출경호

노출경호는 경호원들의 위세를 외부로 과시함으로써 위해기도자의 위해기도 자체를 사전에 억제하는 방법이다. 이러한 점에서 노출경호를 위력경호(威力警護)라고도 한다. 따라서 노출경호는 경호원이나 경호장비를 의도적으로 노출시키거나, 경호원의 수를 필요 이상으로 많이 배치하기도 하고, 동일한 복장을 입은 경호원들을 배치하거나, 중무장한 경호원들을 노출시켜 상대방에게 위압감을 주기도 한다. 또 지나치다 싶을 정도의 교통통제나 통행의 제한을 통하여 위해기도자의 접근을 차단하는 방법 등을 취한다.

이러한 노출경호는 경호대상자의 신변안전을 최우선 가치에 둔 경호조치로서 행사가 경호위주로 이루어짐은 물론, 일사불란한 경호지휘체계와 지원체제의 구축으로 강력한 경호가 가능하다.

그러나 노출경호는 경호대상자와 사람들과의 소통단절을 가져올 뿐만 아니라 불필요한 통제로 인한 불편을 초래하기도 하고, 또 이로 인해 오히려 경호대상자의 위치를 노출시켜 위험한 상황에 빠질 수도 있다.[36]

② 비노출경호

비노출경호는 경호원이나 경호장비의 노출을 최대한 억제함으로써 거부감 없는 자연스러운 경호를 구현하는 것을 말한다. 근접경호 있어서 항상 노출경호가 요구되는 것은 아니다. 위에서 살펴본 바와 같이, 지나친 규모의 노출경호는 사람들과의 단절을 초래할 수도 있고, 결국 이에 대한 부정적인 이미지를 형성할 수도 있다. 또 경호

---

35) 경호원의 체위확장 또는 신체확장 자세는 비단 위해상황에서만 요구되는 것은 아니다. 경호원은 항상 허리를 펴고 고개를 들고 가슴을 활짝 편 바른 자세를 통하여 자연방벽효과를 자연스럽게 최대한 살리는 것은 물론이고, 그러한 자세를 통하여 경호원의 자신감과 당당함을 보여줄 수 있어야 한다. 위의 책, p. 173.
36) 위의 책, p. 175.

대상자 역시 부담감을 가질수도 있다. 비노출 경호는 이러한 점을 고려하여 경호원이나 관련장비를 가능한 한 외부에 노출되지 않도록 한다.

　따라서 비노출경호를 할 필요가 있는 행사의 경우에는 경호원이 외부로 노출된 무전기나 비표의 패용을 지양하고, 주변사람들이 경호원이라는 인식을 하지 않도록 보호색의 원리에 입각한 복장과 자연스러운 행동을 하도록 한다.

참고 : 위장경호

> 경호원이나 경호장비의 노출을 최소화하기 위한 비노출경호의 한 가지 방법으로 위장경호(僞裝警護, disguise protection)가 있다. 위장경호는 경호원의 신분을 노출시키지 않기 위해 경호원을 행사의 성격이나 행사장에 어울리는 사람으로 위장시켜 자연스럽게 경호업무를 수행하도록 하는 방법이다. 예컨대, 오찬행사시에 웨이터 등 서빙요원으로 근무하거나, 운동경기 참관 행사시에는 심판 등으로 위장하는 방법 등을 들 수 있다.[37]

대통령 야구장 시구와 위장경호의 예[38]

---

37) 위의 책, p. 177.
38) 박근혜 대통령이 프로야구 시구에 참석하였는데, 만일의 사태에 대비하기 위해 경호원들은 각각 두산과 삼성의 마스코트인 곰 탈인형과 사자 탈인형을 쓰고 근접경호를 실시하고 있는 장면이다. 위 사진에는 나타나 있지 않지만, 다른 경호원들도 다소 먼 거리에서 위아래가 검은색인 심판 복장을 한 채 경호업무를 수행하고 있다. 조선일보(2013. 10. 27).

(2) 기만경호

기만경호(欺瞞警護, deception protection)는 위해기도자로 하여금 행사상황을 오판하도록 유도하여 위해기도가 실패하도록 실제상황을 은폐하고, 허위상황을 제공하는 경호기법이다. 그리고 기만경호의 성패는 이러한 작전이 노출되지 않도록 철저한 보안유지를 하는 데 있다.

오늘날 경호대상자에 대한 많은 정보는 여러 매체 등을 통해 공개되고 있는 것이 적지 않다. 또 경호대상자의 일상적인 활동이나 행사에 참여하는 패턴이 일정하고, 경호작전 역시 한정되어 있는 것이 사실이다. 그런데, 위해기도자는 이러한 '공개된 정보' 또는 '반복된 패턴'을 기회로 삼아 공격을 감행할 가능성이 없지 않다는 점이다.[39]

따라서 경호대상자에 대한 기만경호의 필요성과 중요성은 더욱 높아지고 있다. 기만경호 방법에는 인물기만, 기동기만(예: 기동수단, 기동로, 기동대형, 기동시간 등), 장소기만 등이 있다.

참고　　**주요 기동기만 전술**

① 경호대상자가 앉는 좌석 위치를 주기적으로 바꾼다.
② 경호차량의 위치를 수시로 바꾼다.
③ 경호차량의 종류를 수시로 바꾼다.
④ 경호차량 운행시 기만대형(decoy motorcade)을 운용한다.
⑤ 경호본대는 그냥 보내고, 별도의 차량으로 은밀히 이동한다.
⑥ 경호차량의 번호판을 수시로 교체한다.
⑦ 경호관련 기만통신을 한다.[40]

---

39) 미국 레이건 대통령에 대한 피습사건(1981년 3월 30일)은 힐튼호텔에서 노동조합원들에게 연설하고, 호텔 VIP 출입구를 빠져나오는 과정에서 발생하였다. 당시 범인 힝클리는 경호본대 차량이나 기자단 등을 보고 어렵지 않게 대통령이 어디로 나오는지를 알 수 있었다. 이 사건 이후, 미국 비밀경호국은 대통령의 승하차 지점을 후문이나 주차장, 주방 연결 통로 등 경호대상자의 안전이 보장된다고 생각되는 곳을 찾아 불규칙적으로 사용하였다. 이두석(2018), 앞의 책, p. 179.
40) 위의 책, p. 178 재인용.

(3) 사주경계

사주경계(四周警戒)는 경호대상자를 중심으로 한 모든 방향(동·서·남·북, 상·하)에 대한 감시활동을 통해서 인적·물적·장소적 위해요인을 사전에 인지하기 위한 제반활동을 말한다.

따라서 경호원들은 사주경계를 통해서 의심이 가는 위험인물 등 위해요소를 인지하고, 지속적·반복적인 관찰을 통해서 위해성 여부를 판단하여 그에 상응하는 적절한 경호조치를 취해야 한다. 위해기도자는 공격행동을 하기 전에 공격을 준비하기 위한 예비행동을 취하거나 생리적 변화가 있게 된다.[41] 따라서 경호원은 항상 긴장상태 속에서 위기의식과 문제의식을 가지고 사주경계를 해야 한다.

이러한 사주경계는 인체의 다섯 가지 감각기관 즉, 오관(五官: 눈, 귀, 코, 혀, 피부)과 육감(六感, the six sense)을 최대한 활용하여 이루어져야 한다. 육감은 그 실체가 모호하지만 본능적으로 위해요소를 예견하고 신속한 대응을 하는 능력이라 할 수 있다.[42]

한편, 오감 가운데 특히, 시각이 중요한 역할을 한다고 볼 수 있다.[43] 따라서 경호원들의 시선은 항상 주변의 잠재적인 위해요소인 군중을 향하고 있어야 한다. 시각적인 관점에서 사주경계를 한다면, 먼저 전체적인 윤곽을 잡아 주변을 관찰하고, 한 곳에 2초 이상 머물지 않도록 하는 것이 중요하다. 또 주변 상황에 의문을 두고, 사람들의 눈과 손, 품속, 행동, 그리고 소리 등에 대해서 끊임없이 자문자답(自問自答)하면서 경계활동을 수행해야 한다.

---

41) 사람은 불안한 상태 또는 긴장한 상태에 놓이게 되면, 생리적·신체적, 그리고 행동상의 변화가 나타난다. 즉, 심장 박동수와 호흡에 변화(호흡수 증가 및 가슴으로 큰 숨을 쉬는 등)가 일어난다. 아울러 손바닥에 땀이 나고, 입술이 마르고, 침을 삼키고, 기침을 하기도 한다. 또 근육이 경직되어 자세를 연신 바꾸고, 손을 비비고, 귓불을 잡아 당기고, 턱을 어루만지고, 손가락으로 머리를 훑고, 주변 물건을 주무르거나 만지작거리기도 한다. 그리고 말을 빠르게 하고 더듬기도 하고, 질문에는 느리게 답하기도 한다. 피터 콜릿/박태선 역(2004), 몸은 나보다 먼저 말한다, 서울: 청림출판, pp. 256-281.; 이두석(2018), 앞의 책, p. 184 재인용.

42) 육감은 신체에 갖추어진 눈, 귀, 코, 혀, 피부로 느끼는 오감(五感) 이외에 그 실체는 모호하지만 존재한다고 생각되는 감각을 말하는데, 이는 분석적인 사고가 아닌, 직관적(直觀的)으로 사태의 진상을 알아차리는 정신 작용을 말한다. http://dic.daum.net/word.

43) 인간의 정보수집 능력은 시각에 의해서 83%, 청각 11%, 후각 3.5%, 촉각 1.5%, 미각 1.0%의 비율로 이루어진다고 한다. 이러한 점에서 시각이 중요한 역할을 한다는 것을 알 수 있다. 그러나 나머지 요소 역시 결코 간과되어서는 안 된다. 이는 시각뿐만 아니라 나머지 감각적 요소들을 종합적으로 분석·판단할 수 있는 다면적 사고(多面的 思顧)를 갖추고 잠재적 위해요소에 대해서 접근해야 한다는 것을 의미한다. 그리고 이러한 신체적 오감에 더하여 본능과 경험에서 나오는 육감 속에서 위해요소를 예측하고 발견하여, 신속히 대처할 수 있어야 한다. 이상철(2012), 경호현장운용론, 인천: 진영사, p. 45.

참고　사주경계의 대상 : 위험징후

· 위해기도자는 심리적으로 첫 번째 줄보다는 두 번째 또는 세 번째 줄에 서려는 경향이 있다.
· 공격목표를 이미 마음속으로 정한 사람은 대개 목표를 집중하여 주시하며, 몸을 움직이지도 않고 웃지도 않으며 얼굴이 굳어 있다.
· 권총이나 무기를 은닉하고 있는 사람은 무의식적으로 무기를 직접 확인해보려는 행동을 취한다.
· 군중 속에서 유난히 떠들거나, 아니면 침묵하며 땀을 많이 흘리는 사람은 공격 전의 긴장상태로 의심해 볼 수 있다.
· 주변상황과 날씨 등에 전혀 어울리지 않은 복장을 한 사람에 대해서도 주의할 필요가 있다.
· 장애자용 기구를 사용하는 사람, 붕대를 감은 사람, 모자를 쓴 사람, 썬글라스를 착용한 사람 등은 가식적인 행동의 소유자일 수 있다.
· 의식적으로 행사장이 아닌 다른 방향을 유난히 살피는 사람, 벽에 기대어 경호대형을 살피는 사람, 가까운 거리에서 서성이는 사람은 주목해야 한다.
· 양손이 모두 가려져 있어 보이지 않는 사람은 주의하도록 한다.
· 행사장 참석시 유난히 소지품이 많은 사람은 의심할 필요가 있다.
· 고위층이나 경호원을 잘 안다고 허풍을 떨거나, 행사에 대해서 지나치게 잘 아는 사람도 관찰대상이 된다.
· 행사 직전에 허겁지겁 도착하여 입장을 시도하려는 사람에 유의한다.
· 행사 직전에 반입되는 물건이나 우편물은 의심을 갖고 확인하도록 한다.[44]

(4) 통제점의 단일화

경호현장운용상에서 통제점(출입통로)을 하나만 운용한다는 것은 경호원의 확인과정을 거치지 않고는 경호대상자에 접근할 수 없다는 것을 의미한다. 이를 '하나의 지점을 통한 접근의 원리'라고도 한다.

통제점이 분산되어 있게 되면, 경호력이 분산되고 주의집중이 분산된다는 것으로, 그만큼 경호상의 취약요소도 증가한다고 볼 수 있다. 이는 위해기도자가 경호대상자에게 접근하여 공격할 수 있는 기회를 증대시켜 줄 수 있다는 의미이다.

---

44) 이두석(2018), 앞의 책, pp. 183-184.

　　따라서 경호대비단계(즉, 선발경호활동)에서는 가능하면, 주행사장으로 통하는 출입통로는 최소화하여 불필요한 출입요소를 차단하거나 출입요소의 확인을 철저히 해야 한다. 물론, 출입통로는 행사참석자의 규모를 고려하여 적정 개수를 운용하여 효율적인 경호가 되도록 한다. 그리고 경호대상자에게 접근할 수 있는 사람은 담당 경호원의 확인과정을 거쳐 최종적으로 경호책임자(警護責任者)의 판단하에 접근 여부를 결정하도록 한다.[45]

📎 제3절　경호현장운용상의 경호원의 자세와 행동원칙

1. 경호원의 자세

　　경호원은 자기 자신보다는 경호대상자를 보호해야만 하기 때문에 직업에 대한 윤리관 그리고 전문성을 갖추고 있어야 한다. 경호대상자의 절대적인 신변상의 안전확보는 물론이거니와 이들의 정치적 · 경제적 · 사회적 위상에 손상을 가져다줄 수 있는 행동을 해서는 결코 안 된다. 이러한 경호원의 자세 및 직업의식은 다음과 같은 관점에 논의될 수 있다.[46]

1) 임무의 숭고성

　　일차적으로 경호원은 모든 위험과 곤경으로부터 경호대상자를 안전하게 보호해야 한다. 경우에 따라서는 나 자신보다는 경호대상자를 위해 목숨까지 희생할 수도 있어야 한다. 물론, 다른 국가기관 역시 국가와 국민을 위하여 기꺼이 희생하지만 경호는 이러한 성격이 강하다고 볼 수 있다. 생명을 담보로 일하는 조직, 따라서 경호는 임무 자체가 숭고한 가치를 지니고 있다고 본다.

2) 신뢰관계의 형성

　　공조직이든 민간조직이든 간에 주체와 객체 간의 가장 중요한 요소 가운데 하나가

---

45) 위의 책, p. 186.
46) 이하 양재열(2012), 앞의 책, pp. 58-61 재구성.

바로 신뢰의 형성이라고 할 수 있다. 그리고 특히, 경호는 불확실한 위해상황 속에서 극단적으로는 경호대상자에게 치명적인 결과를 초래할 수도 있기 때문에 상호간의 신뢰가 구축되지 않은 상황에서는 경호목적을 달성하는 데 한계가 있다. 따라서 경호원과 경호대상자와의 신뢰, 경호원과 경호원 상호간의 신뢰, 경호원과 유관기관과의 신뢰, 더 나아가 경호원과 일반 국민과의 신뢰관계를 구축하는 것은 매우 중요한 일이다.

참고   훈훈한 감동

지난 2013년 7월 미국의 41대 대통령이었던 조지 H.W 부시(92) 전 대통령의 삭발 사진이 공개되어 언론을 깜짝 놀라게 했다. 일각에서 건강상의 문제가 있는 것이 아니냐는 의문도 제기됐지만, 이에 얽힌 사연이 알려지면서 전세계에 큰 감동을 안겼다.

화제의 사진에서 부시 전 대통령이 안고 있는 손주뻘 소년의 이름은 패트릭이다. 2살 나이에 백혈병을 앓고 있던 패트릭은 치료 때문에 머리카락이 모두 빠진 상태였다. 부시 전 대통령이 삭발한 것은 어린 패트릭에게 힘을 실어주기 위한 응원의 행동이었던 것이다. 언론보도에 따르면 패트릭은 부시 전 대통령의 경호원 아들로 다른 동료 경호원들 역시 모두 삭발에 동참해 힘을 보탰다.

그로부터 3년 후인 지난 21일(현지시간) 부시 전 대통령의 트위터에 흥미로운 사진이 게재됐다. 바로 부시 전 대통령과 이제는 건강해진 패트릭 사진이다. 부시 전 대통령은 "용감한 어린 소년이 (둘 다 머리카락이 자란 채로) 나와 함께 있다"면서 "과거와 비교해 훨씬 더 좋아 보인다"고 트위터에 적었다. 부시 전 대통령은 이제는 머리카락이 모두 있는 두 사람이 환하게 웃고 있는 모습과 3년 전 머리를 **빡빡** 민 둘의 모습을 나란히 실었다.

사진상에서 부시 전 대통령은 환하게 웃고 있지만 사실 그에게는 자식을 잃은 슬픈 과거가 있다. 부시 부부는 지난 1953년 둘째 자녀이자 조지 W 부시 전 대통령의 여동생인 로빈 부시(당시 4세)를 백혈병으로 잃은 아픔을 겪은 바 있다.[47]

3) 보안의식의 생활화

경호라는 것은 잠재적 위해요소로부터 경호대상자를 안전하게 보호하는 일이다. 따라서 경호대상자와 관련된 '보안유지'는 경호원의 생명이라고 할 수 있다. 특히, 경호원과 경호대상자 간의 신뢰구축의 제1단계가 바로 보안유지이다. 이러한 이유로 대통령 등의 경호에 관한 법률에서도 특별히 강조하고 있는 경호원의 의무 가운데 하나가 바로 '비밀엄수의 의무'이다(제9조).

경호원은 경호업무를 수행하는 과정에서 경호대상자의 일정, 동정, 접견대상, 주요 활동 등을 근접에서 접할 수 있기 때문에 경호대상자에 대한 기본정보를 자연스럽게 획득하게 된다(이러한 이유로 위에서 언급한 신뢰관계의 형성도 매우 중요한 일이다). 이러한 상황에서 경호원은 경호대상자와의 관계에서 획득한 사실과 내용은 무덤까지 가져가야 한다는 투철한 직업의식과 보안의식이 생활화되어 있어야 한다.

4) 비상식적 생각과 습관의 생활화

위해기도자는 자신들의 공격목표를 달성하기 위한 최선의 방법을 강구하고자 할 것이다. 이를 위해서 위해기도자는 전혀 예상하지 못한 상황에서 전혀 예상하지 못한 방법으로 공격을 감행할 수도 있다.

따라서 경호원들도 일상적·상식적인 관점에서 사물과 사람에 대해서 경계하기보다는 의구심을 갖고 반대로 생각하는 습관을 가지고 있어야 한다. 따라서 예컨대, 외견상으로 "식빵이다, 도시락이다, 환자다, 장애인이다, 경찰이다, 군인이다"라고 성급하게 판단하는 것은 지극히 위험한 생각이다.

---

47) 서울신문(2016. 11. 27.).

5) 본능에 역행하는 훈련의 생활화

대부분의 사람은 위험상황 또는 우발상황이 발생하게 되면, 자신도 모르게 본능적으로 몸을 은폐, 엄폐하게 되어 있다. 또 전투에서도 자신의 몸을 최대한 은폐, 엄폐한 상황에서 공격을 감행하여 최대의 성과를 내는 것이 공격전술의 기본이라고 할 수 있다. 그러나 경호는 공격전술이 아니라 방어전술(防禦戰術)이다.

따라서 경호원은 위험한 방향(예: 총소리)으로 자신의 몸을 최대한 확장하여 경호대상자에 대한 방호효과를 극대화하며 대응해야 한다. 이를 위해 평소의 사격훈련 자세도 무릎을 구부리거나 엎드려서 쏘는 자세가 아니라 꼿꼿이 서서 쏘는 자세를 취하는 등 체위확장을 해야 한다.

이러한 본능에 반하는 행위는 한순간에 나타날 수 있는 것이 결코 아니다. 자신도 모르게 조건 반사적이고 무의식적으로 본능에 역행하는 행동이 나오기 위해서는 끊임없는 반복훈련을 했을 때 가능한 일이다.

2. 경호원의 행동원칙

경호원의 경호활동은 자신감, 예리한 판단력, 신속하고 과감한 대처능력 등을 바탕으로 이루어져야 한다. 특히, 긴박한 위해상황 속에서도 경호원은 자신감을 가지고 단호하게 행동함으로써 위해기도자에게 위압감을 줄 수 있어야 한다. 또 짧은 시간에 벌어지는 위해상황을 정확히 판단하고 대응하기 위해서는 상황을 읽는 정확한 눈과 상황을 해석하는 판단력을 갖추고 있어야 한다. 그리고 시간적 여유가 없기 때문에 자신의 판단에 따라 과감하게 대처할 수 있어야 한다.

이러한 경호원의 행동은 경호원의 자세와 직업의식을 바탕으로 경호현장운용과정에서 실질적으로 요구되는 것이라 할 수 있는데, 이를 다음과 같은 몇 가지 관점에서 살펴보기로 한다.[48]

1) 목표물 보존의 원칙

목표물 보존의 원칙은 목표물 즉, 경호대상자를 위해기도자로부터 가능한 한 멀리 떼어 놓아야 한다는 것을 말한다. 이러한 점에서 '상호격리의 원칙'이라고도 한다.

---

48) 김두현(2013), 앞의 책, pp. 51-54.; 이두석(2015), 앞의 책, pp, 187-190 재구성.

이러한 목표물 보존의 원칙은 다음과 같은 두 가지 의미를 모두 가지고 있다. 하나는 어떠한 희생을 무릅쓰고라도 경호대상자를 보호해야 한다는 의미이고, 다른 하나는 경호원은 끝까지 경호대상자 곁을 지켜야 한다는 의미이다.

따라서 어떻게 보면, 경호원의 행동원칙 가운데 가장 포괄적인 것이 바로 목표물 보존의 원칙이라고 할 수 있다(이하에서 설명하는 경호원의 행동원칙들은 결과적으로 경호대상자라는 목표물을 안전하게 보호하기 위한 것이라 할 수 있기 때문이다).

참고 **방어경호의 실패 사례**

1974년 8월 15일 국립극장에서의 광복절 기념행사에서 범인 문세광이 박정희대통령 암살에 실패하고, 육영수여사를 사망하게 한 사건이 발생하였다.[49] 당시 문세광이 쏜 제2탄이 연대에 맞은 후, 박종규 경호실장이 대적에 나섰으나 그보다는 육영수여사를 방호했어야 했다. 당시 박정희대통령은 방탄연대 뒤로 피신한 상태였다. 또한 육영수여사는 범인이 초탄 발사(오발) 7초 후에 쏜 제4탄에 맞는데, 이때까지도 경호원들은 대응태세를 갖추지 못했다. 경호원들의 위기대응 능력의 부족으로 즉각적인 대응에 실패함으로써 경호대상자를 제대로 방호하지 못한 것이다.

---

49) http://blog.daum.net/qkdidi/13417032.; 문세광(文世光)은 재일 한국인으로 대한민국에 입국한 뒤 1974년 8월 15일 광복절 경축행사가 열린 국립극장에서 박정희대통령을 저격하려 했으나 실패하고 영부인 육영수여사를 저격하였다. 당시 대한민국 중앙정보부는 문세광이 국내 잠입하기 전부터 알고 있었는데도 그가 국립극장 입장을 막지 않은 것도 의문으로 남아 있다. 또한 행사 전날 갑자기 청와대 경호실에서 행사입장객들의 소지품 검색을 하지 말라는 명령이 떨어졌다. 그리고 행사 전 문세광은 행사초대 리본부표가 없어 경호관에게 발각되어 행사장 로비로 쫓겨났으나 경호계장이 그걸 보고 장관을 만나러 온 사람이라고 하면서 그를 다시 행사장 안으로 입장시켰다. 만약 그를 입장 시키지 않았으면 영부인의 저격사건은 없을 것이라는 증언이 있었다. 또한 저격사건 후 그가 쏜 총알 4발과 다른 곳에서 나온 총알 2발이 나왔는데도 국내 신문들은 그를 범인으로 지목하고 신문언론에서 대서특필 하였다. 중앙정보부는 일본부터 국내 잠입 전에도 그를 알고 있음에도 왜 행사장에 잠입시켰고, 아직도 그가 육영수여사를 저격했는지는 의문으로 남아있다. 위키백과(https://ko.wikipedia.org).

목표물인 경호대상자가 안전하게 보호되기 위해서는 원칙적으로 경호대상자의 예정된 행사일시, 장소, 이동경로 등이 알려지지 않는 것이 좋다. 물론, 일반대중과의 회합이나 중요한 공개적 행사 등과 같이 행사일시와 장소를 비공개하기가 어려운 경우가 있다. 이처럼 공개적 행사의 경우에는 경호대상자의 잠재적 위험성이 더 크다고 볼 수 있기 때문에 이동경로 등에 있어서 신중을 기하고 행사장소의 안전성 확보가 중요한 요소가 될 것이다.

따라서 습관적으로 동일한 시간과 장소에 대한 이동은 위험하기 때문에 수시로 변경시키는 것이 좋으며, 대중에게 노출된 도보이동은 가급적 제한적으로 이루어지는 것이 바람직하다.

한편, 공개적인 행사를 하는 경우 군중들과 경호대상자 간에 일정한 간격을 두어야 한다. 아울러 참석자들에 대한 철저한 출입통제를 통해서 위해기도자가 행사장에 참석하는 것을 사전에 발견·제거해야 한다.

2) 방어경호의 원칙

경호란 위해기도자를 공격하는 것이 아니라 이로부터 경호대상자를 보호하기 위한 방어행위이다. 따라서 경호원은 최후의 방어수단인 자신의 몸으로 경호대상자를 안전하게 보호하는 것이 최우선이며, 결코 위해기도자를 공격하거나 제압하는 것이 1차적 목표는 아니다.

이러한 방어경호의 목적을 달성하기 위해 선발경호단계에서는 위해기도자의 예상되는 공격이나 침투로부터 행사장을 안전하게 확보하여 위해기도자의 침투에 대비한 거부작전을 실시하는 것이다. 또한 근접경호는 위해공격을 받은 상황에서도 위해기도자에 대한 대적이나 제압이 아닌, 경호대상자의 신속한 방호와 안전한 구역으로 대피하는 것을 최우선으로 한다.

다만, 근접경호시 시간상으로나 거리상으로 경호대상자보다 위해기도자가 더 가까이 있어서, 위해기도자를 제압하는 것이 경호대상자를 보호하는 데 효과적이라고 판단할 경우(촉수거리의 원리)에는 위해기도자를 제압할 수 있다.

3) 두뇌경호의 원칙

경호현장운용에 있어서 경호원의 신체적·육체적 조건은 중요하다. 그러나 그러한 신체를 움직이는 두뇌의 역할은 무엇보다도 중요하다. 위해상황에 대한 예측과 대응, 그리고 우발상황 발생시 예리한 판단력, 신속하고 과감한 대처능력은 모두 두뇌작용에 따른 것이다. 따라서 두뇌경호(頭腦警護)라는 것은 완력보다는 머리를 써서 경호현장에 적합한 대응을 해야 한다는 의미이다.

4) 은밀경호의 원칙

경호라는 것은 은밀하게 실시하는 것이 일반적이다. 은밀경호(隱密警護)는 경호대상자의 존재뿐만 아니라 경호원의 노출을 최대한 억제하여 경호대상자에게 불필요한 주의가 끌리지 않도록 경호조치를 취하는 경호활동을 말한다. 따라서 경호업무를 수행하는 경호인원 및 장비 등 경호규모는 비공개로 하고, 기만경호와 같은 방법으로 위해기도자로 하여금 공격목표를 달성하지 못하도록 하는 것도 모두 여기에 해당된다 볼 수 있다.

과거 위해기도자의 공격시도를 살펴보면, 군중 속에서 발생하는 경우가 많았다. 정치인, 경제인, 연예인 등 유명인사들은 군중과 함께 행동할 수밖에 없고, 군중이나 취재진들은 이들과 같은 유명인사 주변에 모여들게 되어 있다. 그러나 경호입장에서 볼때, 군중은 항상 위험하고, 특히 경호대상자가 누구이건 그 인기가 높을수록 위해가능성은 높아진다는 점을 인식할 필요가 있다. 노출을 전제로 하는 위력경호는 경우에 따라서는 오히려 위해기도자에게 공격목표가 되는 경호대상자를 동시에 노출시켜주는 결과를 초래할 수도 있기 때문이다.

이러한 은밀경호는 특히, 경호규모·기능이 부족할 경우에 적절하게 운용하면 효과적이라고 할 수 있다. 주의할 것은 은밀경호는 경호의 범위 및 규모가 제한적이기 때문에 다른 관계기관과의 협조체제를 구축하고, 동시에 잠재적 위해기도자에 대한 정보기능을 강화하여 미연의 사태에 대응할 수 있어야 한다.

경호대상자의 이동 보안성을 극대화하기 위한 은밀경호가 이루어지기 위해서는 첫째, 경호대상자가 대중의 관심(예: 고급차량 등)을 끌지 않도록 해야 한다. 둘째, 경호대상자와 경호원들의 눈에 띄는 차림새(예: 화려한 복장 및 장신구 등)는 지양해야 한다. 셋째,

경호대상자의 지위 및 신분 등을 나타내는 표시는 하지 않도록(예: 호텔 또는 식당 예약시 가명 사용 등) 해야 한다. 마지막으로 보안에 유의해야 한다.[50] 경호대상자와 관련된 일정이 노출되지 않도록 하고, 경우에 따라서는 허위일정을 공표함으로써 보안을 강화하도록 한다.

5) 자기담당구역 책임의 원칙

자기담당구역 책임의 원칙은 경호원은 자신이 맡은 자기 담당구역 안에서 일어나는 어떠한 상황에 대해서도 반드시 자신만이 책임을 지고 해결해야 한다는 것을 말한다. 이를 바꿔 말하면, 자기담당구역이 아닌 다른 구역의 상황은 결코 책임질 수도 없고, 따라서 비록 인근구역에서 위급한 상황이 발생한다고 해서 자신이 책임지고 있는 구역을 이탈해서는 안 된다는 것을 의미한다.

경호현장운용은 한 사람이 하건 다섯 사람이 하건 경호원 각자에게는 자신이 처리해야 하는 임무와 지켜야 하는 담당구역이 부여된다. 따라서 경호원은 자신의 책임하에 주어진 임무를 완수하고 담당구역을 지켜야 한다. 경호는 어느 한 곳이라도 잘못되면, 곧바로 전체의 경호 실패로 이어질 가능성이 높기 때문이다. 생각건대, 위해기도자는 상대적으로 취약한 시간과 공간을 이용한다고 볼 수 있다. 따라서 경호원이 자기 담당구역을 비우거나 경계를 소홀히 하는 순간, 위해기도자는 그곳에 순간적으로 공격을 가할 가능성이 높다고 본다.[51]

---

50) Corwin K. Noble.(1997), The Executive Protection Manual, Austin: Thomas Investigative Publications Inc., pp. 87-89.

51) 링컨 대통령 암살사건(1865) 당시 관람석에는 '존 프레드릭 파커'라는 경찰관 한 명이 경호를 담당하도록 되어 있었다. 그러나 이 경찰관은 연극 중간에 자리를 빠져나와 링컨의 하인과 마부를 데리고 근처의 술집에 술을 마셨다. 결국 경호가 허술해진 것이다. 물론 주변에 아무런 경호가 없었던 것은 아니지만 암살의 핵심 인물이었던 존 윌스크 부스는 당시 유명한 배우로서 경호의 허술한 틈과 자신의 지위를 이용하여 대통령 관람석에 접근할 수 있었고, 이어 암살하는 데 성공하였다. 부스의 암살은 링컨 대통령의 남북전쟁 및 노예 정책에 대한 반감 등에서 비롯된 것이라 할 수 있다. http://widerstand365.tistory.com/342.

자기담당구역 책임의 성공과 실패 사례

1950년 11월 미국의 트루먼 대통령을 암살하기 위하여 두 명의 위해기도자(푸에르
토리코 민족주의자)가 대통령 숙소 영빈관에 침입하였다. 당시 대통령 경호원들은 죽
음을 무릅쓰고 범인들과 총격전을 벌이며 자기 담당구역을 사수하고 경호대상자
인 대통령을 보호하였다. 이 사건으로 경호초소를 지키던 경호원 코펠트(L. Cofelt)
는 총상을 입은 상황에서도 대응하였고, 결국은 그날 밤 사망하였다. 암살공격으
로 사망한 최초의 경호원이었다.

한편, 1995년 4월 이스라엘 라빈수상은 10만 명의 군중들이 참석한 시청 앞 광장
에서 군중대회를 마치고 차량에 탑승하려는 순간, 암살자가 약 2~3m 거리에서 권
총을 발사하여 1발이 등에 명중되었고, 총리 뒤에서 수행하던 경호원이 총성 직후
총리를 차안으로 밀어 넣는 순간 2발은 어깨 부분에 맞았다. 수상은 곧바로 인근
병원으로 이송되어 수술받았으나, 피격 1시간 만에 사망하였다. 당시 수상의 신변
을 경호하던 경호원들은 모두 앞쪽에 위치하여 뒤에서 접근·공격한 암살자를 막
을 수 없었다.[52]

6) 자기희생의 원칙

경호대상자는 어떠한 상황에서도 절대적으로 보호되어야 한다. 따라서 자기희생(自
己犧牲)의 원칙은 경호원은 자신을 희생해서라도 경호대상자를 안전하게 보호해야 한
다는 것을 의미한다. 따라서 극단적인 상황에서도 경호원은 경호대상자가 신변의 위
험에 처하게 되었을 때 살신성인(殺身成仁)의 정신으로 보호해야 한다.

사실, 경호는 방어행위이기 때문에 일단 위해기도자에 의한 공격을 받게되면 피해
가 발생할 수밖에 없다. 이러한 상황에서도 경호원은 자신을 희생해서라도 경호대상
자의 신변을 안전하게 보호해야 한다. 경호원인 나 자신을 희생해서 경호대상자를 살
리는 것이 경호원의 임무이자 존재 이유이다.

따라서 경호원은 사격훈련시에도 꼿꼿한 자세로 사격함으로써 위해기도자의 총탄
을 피하지 않고 몸으로 받아내겠다는 자세를 유지하고, 방호훈련을 할 때에도 체위(體
位)를 확장하면서 몸을 날리는 훈련을 반복하는 것도 바로 이러한 까닭이다. 절체절

52) http://cafe.daum.net/DKBOODYGUARD/V4Gf.

명의 위기 순간에 경호원이 살겠다고 몸을 낮추면 경호대상자가 희생되는 결과가 초래될 것이며, 이는 경호원에게는 결코 있을 수 없는 행동인 것이다.

참고 자기희생의 성공사례

1981년 3월 미국의 레이건 대통령이 워싱턴 힐튼호텔에서 노동조합원 연설을 마치고 호텔 문을 나서는 도중에 총격 피습을 당했다. 당시 주변의 사람들은 모두 몸을 움츠렸으나 맥카시(T. McCarthy) 경호원은 똑바로 선 자세에서 공격방향을 향해 체위를 확장하여 총탄을 자신의 몸으로 받아냄으로써 대통령을 성공적으로 보호한 모범이 되고 있다.[53]

---

53) http://law2.umkc.edu/faculty/projects/ftrials/hinckley/mccarthy.htm.; 이 사건은 경호팀에게 경각심을 일깨워 주는 중요한 사건이 되었다. 대통령의 외부행사가 빈번하게 이루어짐에 따라 경호팀의 대통령에 대한 경호가 다소 긴장감 없이 이루어진 부분이 없지 않았기 때문이다. 대통령이 위치한 가까운 거리까지 위해기도자가 총기를 가지고 접근하였고, 6발의 총성이 들릴 때까지 제대로 대응(맥카시는 세 번째 총알을 맞음)을 하지 못한 까닭이다. 그리고 이 사건 이후 대통령은 정문 출입보다는 사람들의 왕래가 없는 후문 등을 이용하는 계기가 되었다.

경호준비단계

Executive
Protection

8

제8장

경호준비단계

1. 경호준비의 개념

경호조직은 안전한 경호환경을 조성함과 동시에 위해행위의 발생을 사전에 예방하기 위하여 평상시에 체계적인 정보활동(情報活動)과 보안활동(保安活動)을 실시해야 한다. 그리고 공식적·비공식적인 특정행사에 대한 경호현장운용시 이러한 정보활동과 보안활동을 바탕으로, 경호계획(警護計劃)을 수립해야 한다.

이러한 위해발생의 예방을 목적으로 체계적인 정보활동에 기초하여 경호계획을 수립하는 단계를 경호준비단계라고 한다. 경호준비는 예방경호 첫 번째 단계라 할 수 있다. 경호준비는 광의의 관점과 협의의 관점에서 설명할 수 있다.

1) 광의의 경호준비

광의의 경호준비 개념은 단기간 내에 실시되는 특정행사와 관련된 경호준비뿐만 아니라 장기적 관점에서 경호준비태세를 갖추는 것을 포함한다고 볼 수 있다. 따라서 평상시에 경호와 관련된 법과 제도를 정비하고, 이를 통해 경호지원시스템(대통령경호처, 경찰, 국가정보원, 군 등 관계기관의 유기적 연계)을 구축하는 것도 이에 포함된다.

그리고 평상시의 우호적인 대중과의 관계를 형성하는 것도 이에 해당한다. 우호적인 대중관계를 형성하는 것은 단기간 내에 이루어질 수 있는 것이 아니라고 본다. 이는 평상시에 많은 활동(예: 홍보, 현장견학, 봉사활동 등)을 통해 국민 또는 시민들의 관심과 지원을 이끌어낼 수 있어야 한다는 것을 의미한다. 이러한 점에서 본다면, 광의의 경

호준비는 '직접경호'(直接警護)뿐만 아니라 '간접경호'(間接警護)로서의 의미도 갖는다고 본다.[1]

이러한 광의의 경호준비를 위해서는 경호와 관련된 기관들과의 협조를 통한 경호 정보네트워크를 구축하여 지속적으로 관련 정보를 수집·생산해야 한다. 이를 통해 잠재적인 위해요소를 분석·평가하고 그에 대한 대책을 모색해야 한다.

2) 협의의 경호준비

협의의 경호준비는 단기적 관점에서 경호준비태세를 구축하는 것을 말한다. 여기 에서 말하는 단기적 관점이라는 것은 '특정한 기간' 동안 '특정한 장소'에서 진행예정 인 공식적·비공식적 행사에 대한 경호임무를 수령하게 되면, 작성된 경호계획에 따 라 그에 대한 제반 경호조치를 취하는 것을 말한다.

협의의 경호준비 역시 광의의 경호준비와 마찬가지로 관련 기관들과의 유기적인 연계 및 경호정보네트워크를 구축하여 지속적으로 관련 정보를 수집·생산해야 한다. 그리고 특히, 진행예정인 특정행사와 관련하여 내재하는 잠재적 위해요소에 보다 주 안점을 두고 구체적인 정보활동을 실시하고 그에 대한 대책을 세워야 할 것이다. 아 울러 특정행사에 경호대상자의 참석과 관련된 세부 사항이 외부로 유출되지 않도록 보안유지에도 만전을 기해야 한다.

한편, 협의의 경호준비 단계에서는 이러한 정보활동을 바탕으로 특정 행사에 대한 경호계획서(警護計劃書)를 작성·수립해야 한다. 이러한 점에서 경호준비는 경호계획에 따라 경호현장(즉, 행사장)에서 하나하나 경호조치(警護措置)를 취하는 과정이라 할 수 있 다. 경호대상자의 집무실 출발에서부터 행사장 도착, 그리고 행사를 끝마치고 집무실 에 도착하기까지의 모든 과정을 단계별로 확인하면서 취약점을 찾아내고, 미비점을 보완하는 과정인 것이다.[2]

끝으로 경호준비단계에서는 이러한 경호계획서에 따른 경호계획 브리핑(briefing)이

---

1) 앞에서 설명한 바와 같이, 경호는 직접경호와 간접경호로 나눌 수 있다. 직접경호는 특정행사와 관련하여 인적·물적·지리적 위해요소를 예방·제거하는 제반활동을 말한다. 반면, 간접경호는 평상시의 치안활동 등 을 통해 위해요소를 사전에 예방·제거하는 것과 관련된다.

2) 경호계획서에 의한 경호조치에서는 이밖에도 태양과 조명 등의 위치, 주변의 소음유발 요인, 정전, 단수, 문 턱이나 미끄러운 곳, 주변의 도로공사 등 행사에 영향을 미칠 수 있는 모든 요인을 점검하고 대책을 강구해 야 한다. 이두석(2018), 경호학개론, 인천: 진영사, p. 194.

이루어진다. 경호행사에 대한 브리핑은 작전명령(作戰命令)을 의미하는 것이다. 이를 통해 경호계획서의 내용이 관련 모든 경호원에게 정확히 전달될 수 있도록 해야 한다.

요약건대, 협의의 경호준비단계는 ㉠ 예정된 행사에 대한 임무를 수령하게 되면, ㉡ 그와 관련된 행사자료와 해당지역의 경호관련 자료를 수집·분석하고, ㉢ 행사장에 대한 현장답사(現場踏査)를 통하여 이를 확인하고, ㉣ 관계기관과 협조된 내용을 토대로 모든 발생 가능한 상황을 고려하여 경호계획을 수립하여, ㉤ 행사 관계요원들에게 개인적인 임무 및 정보·보안사항을 공유하는 행사 브리핑을 함으로써 앞으로 있을 예정인 경호행사를 준비하는 과정이라고 할 수 있다.[3]

광의·협의의 경호준비 개념

광의의 경호준비(평상시)	협의의 경호준비(특정행사)
• 경호지원시스템구축(법·제도 등) • 우호적인 대중관계 형성 • 거시적 정보활동 및 보완활동 • 거시적 위협의 분석·평가 및 대책수립	• 경호지원시스템구축 • 구체적 정보활동 및 보완활동 • 구체적 위협의 분석·평가 및 대책수립 • 경호계획서의 작성 • 경호브리핑

2. 경호준비의 중요성

경호대상자에 대한 경호는 어떠한 외부행사뿐만 아니라 집무실 등에서도 일반적으로 이루어진다. 이러한 점에서 본다면, 경호는 1년 365일 1일 24시간 지속적으로 이루어지는 셈이다. 그러나 일반적으로 경호대상자가 집무실을 떠나 외부행사를 수행할 때 위험요소는 많이 잠재되어 있다고 본다.[4] 집무실은 장시간 지속적·체계적으로 경호원들에 의해 통제되고 있기 때문에 그만큼 외부공격에 의한 위해의 성공가능성

---

3) 위의 책, p. 194.
4) 국내외에서 발생한 주요 위해사건(200건)을 발생장소별로 분석한 결과, 행사장 94건(47%), 이동간 60건 (30%), 숙소 34건(17%), 그리고 집무실 12건(6%)에 이르는 것으로 나타났다. 이두석(2010), "위해범죄 사례 분석을 통한 경호효율화 방안," 한국치안행정논집, 7(3), p. 262.

은 낮다고 본다. 그러나 외부행사의 경우에는 그 주변환경에 대한 통제가 익숙하지 않고, 또 행사기간이라는 특정시간 동안에만 경호활동이 이루어지기 때문에 사전에 지속적인 통제가 쉽지 않다.

생각건대, 경호라는 것은 경호대상자의 신변안전을 확보하기 위해서 보이지 않는 공격자들과 벌이는 일종의 '두뇌게임'이라고 할 수 있다. 누구인지도 알기 어려운 위해기도자가 언제, 어디서, 어떻게, 그리고 왜 공격하는지를 예측하는 것은 쉬운 일이 아니다. 따라서 성공적인 경호를 위해서는 발생 가능한 모든 잠재적 위해요소를 고려해서 하나하나 체계적으로 대응할 수 있는 대책을 마련해야 한다.

그리고 잠재적 위해요소를 예측하기 위해서는 무엇보다도 '정보'(情報, Intelligence)가 핵심이라고 할 수 있다. 정보가 많을수록 간과될 수 있는 위해요소에 대한 예측도 가능하게 된다. 이러한 경호정보활동을 통해 예측되는 위해요소는 범죄와 테러뿐만 아니라 질병, 사고, 자연재해 등 모든 것을 포함한다.

경호계획이라는 것은 정보활동을 통해 예측된 위해요소에 대비하기 위한 것으로 특정 행사에 대한 계획수립을 바탕으로 적절한 경호대책을 마련하게 된다. 따라서 경호계획은 모든 위해요소가 발생할 수 있다는 가정하에 작성되어야 하며, 이는 발생 가능한 만일의 모든 사태에 대비해야 한다는 것을 의미한다.

제2절 경호정보활동과 위해요소의 평가

1. 경호정보활동

1) 경호정보의 의의

경호정보라는 것은 경호의 목적달성 즉, 경호대상자의 안전한 신변보호 등을 위해 요구되는 새로운 소식, 자료, 지식 등의 총체라고 볼 수 있다. 이러한 점에서 볼 때 경호정보는 특히, 경호대상자의 신변을 위협하는 잠재적 위해요소와 관련된다고 볼 수 있다. 따라서 경호정보활동이라는 것은 이러한 잠재적 위해요소를 수집·분석, 그리고 평가하는 등의 제반활동이라고 볼 수 있다(경호보안활동에 대해서는 제9장에서 살펴보기로 한다).

대통령 등 공경호의 경우, 경호정보는 국가정보기관이 수집·분석·생산·배포하는 전략적·전술적 정보를 의미한다고 볼 수 있다. 여기에서 국가정보기관은 단일기관을 의미하는 것은 아니다. 국가정보는 가급적 다양한 채널을 통해서 수집될 경우 그 가치가 높기 때문에 여러 기관에서 수집된 정보를 체계적으로 수집하여 분석하는 것은 무엇보다도 중요한 일이다. 따라서 경호정보는 대통령경호처뿐만 아니라 국가정보원, 외교부, 법무부, 국방부, 경찰청, 검찰청 등 수많은 국가기관에서 취합된 정보를 바탕으로 한다.[5]

경호정보는 경호준비의 관점에서 볼 때, 광의의 경호정보와 협의의 경호정보로 구분할 수 있다.[6] 앞에서 경호준비단계를 광의의 경호준비와 협의의 경호준비로 구분한 바 있는데, 이는 바로 '광의의 경호정보'와 '협의의 경호정보'와 관련된 것이다.

(1) 광의의 경호정보

광의의 경호정보는 간접적인 위해정보로서 예컨대, 평상시의 국내외의 정치·경제·사회문화적인 역학관계에 따른 긴장상태, 테러리즘과 범죄동향, 그리고 각종 재난발생 등이 포함된다고 본다. 따라서 간접적인 위해정보가 경호대상자의 대내외적인 활동이나 신변안전에 어떠한 영향을 미칠 수 있는지를 분석해야 한다.

(2) 협의의 경호정보

협의의 경호정보는 경호대상자의 정치적·사회적 활동 및 개인적인 관계로 인해서 발생될 가능성이 있는 위해정보를 말한다. 특히, 경호대상자가 참여하는 특정행사와 관련된 것으로서 이는 직접적인 위해정보라고 할 수 있다. 이러한 협의의 경호정보 즉, 직접적인 위해정보는 그 내용이 현실적·구체적인 형태를 띠고 있기 때문에 위해 가능성이 보다 높다고 볼 수 있다. 따라서 이러한 직접적인 위해정보는 중요하게 다루어야 함은 물론이다.

---

5) 경호정보를 수집하는 대표적인 국가기관은 「대통령 등의 경호에 관한 법률」상의 규정된 대통령경호안전대책위원회를 구성하는 국가기관이라고 할 수 있다(제16조). 그리고 이에 따른 세부적인 경호정보활동의 내용은 「대통령경호안전대책위원회규정」에 규정되어 있다.
6) 이두석(2018), 앞의 책, pp. 207-208.

2) 경호정보의 분류

경호정보는 경호에 영향을 미치는 요소에 따라 크게 인물정보, 물질정보, 그리고 지리정보로 구분할 수 있다.[7] 여기에 교통정보, 기상정보, 행사정보 등이 포함된다. 주의할 것은 이러한 정보는 단순히 사람, 물건, 장소, 행사장, 교통상황, 날씨에 관한 것이 아니라 경호대상자에게 '위해'(危害)를 가할 수 있는 잠재적 위험요소로서의 가능성을 열어두고 접근해야 한다는 점이다.

(1) 인물정보

인물정보는 경호대상자에게 위해를 가할 수 있는 개인 또는 단체의 동향에 관한 정보를 말하며, 경호정보활동에 있어서 가장 중요한 요소가 된다. 모든 위해요소는 대부분 '사람'에서 비롯되기 때문이다.

따라서 인물정보는 경호대상자 본인에 관한 정보는 물론, 적대적인 주변인물 정보, 비밀관계에 있는 인물정보, 그리고 심지어는 우호적인 주변인물까지도 포함된다. 인물정보의 내용으로는 기본적인 현재와 과거의 신상정보, 최근동향 등이 포함된다.

(2) 물질정보

물질정보는 위해수단으로 사용될 가능성이 있는 물질의 움직임에 관한 정보를 말한다. 여기에는 총포, 화약류, 도검류, 그리고 독극물 등의 거래나 소유관계 등에 관한 정보를 들 수 있다. 그리고 행사장 내에서 사용하는 전기, 가스, 유류 등에 대한 관리 및 안전상태에 관한 정보도 포함된다.

참고 ┊┊┊ **강화도 해병대 총기탈취사건과 대통령후보자 경호**

2007년 12월 6일 오후 5시 경에 조모씨(피의자, 사건 당시 35세)는 경계근무를 마치고 귀대 중인 해병대원을 코란도 승용차로 친 뒤 P모 상병(피해자, 사건 당시 20세)을 흉기로 살해하고 L모 병장(사건 당시 20세)에게 중상을 입히고 달아난 사건이 발생하였다. 이 사건에서 범인 조모씨는 K-2 소총과 실탄 75발, 수류탄 1발, 수류탄과 비슷한 위력을 갖는 유탄 6발을 탈취하였다.

---

7) 장기붕(2007), 근접경호론, 서울: 홍익출판사, pp. 67-68.

사건발생 후, 약 5일이 지난 12월 12일 오후 3시에 서울 종로3가 단성사 앞에서 그를 검거하였는데, 그러한 과정에서 경찰의 검문검색 등에서 많은 허점을 보여 비난을 받기도 하였다. 당시 조모씨는 11일 백양사 휴게소에 총기를 버렸다며, 부산의 한 우체통에 편지로 남겼다. 경찰이 그곳으로 갔을 때에는 이미 범인은 서울로 진입한 것이다. 또 앞서 6일에는 서서울 요금소를 조모씨가 지나간 4분 후에야 서서울 요금소에 검문을 시작하며, 용의 차량과 같은 번호의 자동차가 지나간다는 시민의 제보에도 불구하고 우물쭈물하다가 결국 검거할 기회를 놓치기도 하였다.[8]

한편, 총기탈취사건과 시기적으로 인접한 2007년 12월 19일은 대한민국 제17대 대통령을 선출하기 위한 선거(이명박 당선)가 있었다. 선거를 앞둔 당시에 대통령후보자들 간에 많은 갈등이 적지 않게 표면화된 상황이었다. 따라서 경호 관점에서 본다면, 강화도 총기탈취사건이 대통령후보자에 대한 잠재적 위해요소로도 작용할 수 있다는 가능성은 충분히 있다고 볼 수 있다.

특히, 당선 가능성이 유력한 후보들에 대해 보다 신중한 경호활동이 요구되었다고 볼 수 있다. 물론, 조모씨를 검거하여 조사한 결과, 총기탈취 목적이 대통령후보자에 대한 암살이 아닌 변심한 애인에게 심리적 고통을 주려고 범행을 저질렀다고 자백하였다.

(3) 지리정보

지리정보는 경호대상자가 참석하는 행사장이나 이동로 등에 관한 지리적 정보를 말한다. 여기에는 행사장을 직접 바라볼 수 있는 주변의 고층건물 및 수림지 등이 포함된다. 또 위해기도자가 공격장소로 이용할 수 있는 이동로 주변의 감제고지(瞰制高地: 주위가 두루 내려다보여 어떠한 활동을 감시하기에 적합한 고지), 곡각지점, 열차 건널목, 교량, 강 등의 취약요소에 대한 정보도 중요하다.

(4) 행사정보

경호대상자가 참석하는 행사정보는 행사에 관한 행사진행순서, 의전계획, 참석자

---

8) 이듬해인 2008년 4월 3일 군용물 탈취 및 초병 살해 등의 혐의로 구속기소된 조모씨에게 1심 군사법원은 사형을 선고했으나, 8월 12일 2심 재판부는 초병임을 인지하고 고의로 살해했다는 증거가 부족하다고 판단하여 징역 15년으로 감형하였다. 군검찰과 조모씨는 항소심 판결에 불복해 대법원에 쌍방 상고하였으나, 12월 18일 대법원은 조모씨에게 징역 15년을 선고한 원심을 확정하였다. 위키백과(https://ko.wikipedia.org).

입장계획 및 안내계획, 주차계획 등 행사 전반에 관한 정보를 말한다. 이러한 행사상
황과 진행과정은 경호현장운용에서 핵심이 되기 때문에, 주도면밀하게 파악하여 적
절한 경호계획을 수립해야 한다. 그리고 각 경호원은 행사내용에 대해서 정확히 숙지
하고, 그에 맞는 적절한 경호조치를 할 수 있어야 한다.

(5) 교통정보 등

교통정보는 행사장으로 연결되는 도로의 구간별 교통상황, 사고, 공사 등 경호대상
자의 기동경호에 영향을 줄 수 있는 여러 가지 정보를 말한다. 이러한 교통정보는 기
동경호의 이동소요시간을 산출하거나 이동로상의 취약요소를 파악하는 데 중요하다.
따라서 사전에 답사를 통하여 파악하거나, 선발대 이동간 필요한 사항을 파악하여 전
파하고, 실시간 교통상황을 파악하는 등 단계별로 상황을 점검해야 한다.

한편, 기상정보는 기상보도, 일기예보, 기상경보 등 기상 상태에 관한 지식이나 상
태에 관한 것을 말한다. 이러한 기상정보는 경호 이동수단 및 행사 진행상에 많은 영
향을 미치기 때문에 수시로 확인해야 한다.

3) 경호정보의 질적 요건

정보라는 것은 목적성(目的性)을 가지고 있다. 경호정보활동이라는 것도 경호대상자
의 보호라는 목적을 가지고 이루어지는 것이다. 따라서 여기에서 말하는 경호정보의
질적 요건(質的 要件)은 이러한 경호목적에 부합되는 가치 있는 정보로서 평가받기 위
해 갖추어야 할 조건을 의미한다고 볼 수 있다. 바꿔 말하면, 정보(情報, intelligence)로서
요건을 갖추지 못한 지식 또는 자료는 첩보(諜報, information) 수준에 머무르며 정보로서
의 가치는 약하게 된다.

일반적으로 논의되고 있는 정보의 질적 요건의 3요소로는 ㉠ 정확성, ㉡ 적시성,
㉢ 완전성을 들고 있는데, 여기에 적실성, 필요성, 객관성 등을 아울러 거론하기도
한다.[9]

(1) 정확성

정확성(正確性, accuracy)은 정보가 사실과 일치되는 성질을 말한다. 정보가 사실일 때

---

9) 박노철 편(2008), 치안정보론(Ⅰ), 경찰대학, pp. 16-19.

이를 정확한 정보라고 평가하고 사실과 불일치할 경우, 이는 부정확하기 때문에 정보로서 가치가 떨어진다고 볼 수 있다. 이때 사실과 부합되는지의 여부를 평가하는 방법은 기존 정보나 다른 정보와 해당 정보를 비교하는 것이 가장 일반적이다.

정보가 정확성을 갖기 위해서는 수집에서 생산에 이르는 정보활동의 모든 단계에 걸쳐 정확성을 기준으로 한 품질관리가 이루어져야 한다. 정확하지 못한 첩보의 수집, 또는 정확하지 못한 분석이 이루어지는 경우, 그 최종 산물인 정보의 정확성은 떨어지고, 결과적으로 경호계획의 수립 등에 있어서 착오가 발생하게 된다.

(2) 적시성

적시성(適時性, timeliness)은 정보가 정책결정 또는 의사결정을 하는 '시점'(timing)에서 가장 적절한 시기에 존재하는 성질을 말한다. 따라서 정책결정이 이루어지기 전에 제공되는 정보는 정책결정의 시점에 정책결정자가 필요로 하는 모든 정보를 포함하지 못한다는 한계가 있다. 반면, 정책결정이 이루어진 이후에 제공되는 정보는 결국 그 정책결정에 반영되지 못하기 때문에 한계가 있다.

물론, 정보를 가공하고 분석하는 과정에서 일정한 시간이 요구되기 때문에 정보가 정책결정이 이루어지는 시점과 정확하게 일치하는 시기에 제공된다는 것은 결코 쉬운 일이 아니다.

(3) 완전성

완전성(完全性, completeness)은 정보가 그 자체로서 정책결정에 필요한, 가능한 모든 내용을 망라하고 있는 성질을 말한다. 그 정보를 해석하거나 해당 정책과 관련된 의사결정을 하는데, 추가적인 정보를 필요로 하지 않는 상태를 의미하는 것이다.

완전성은 하나의 정보가 독립적이고 고유한 정책결정의 투입요소로서의 가치를 가지고 있는지를 평가하는 기준이 된다. 따라서 위에서 설명한 정확성, 적시성 등 질적 요건을 충족하는 경우라고 하더라도 완전성을 결여하게 되면 정보의 수준에 이르지 못한 첩보로서 평가되어야 한다. 이러한 점에서 완전성은 첩보와 정보를 구분하는 기준이 되는 성질이라고 할 수 있다.

4) 경호정보의 순환과정

경호정보는 경호기관이 이를 필요로 한다고 해서 일순간에 생산되는 것은 아니다. 이는 여러 유관기관(예: 대통령경호안전대책위원회에 속한 국가기관 등)과의 긴밀한 상호연계 및 협력에 의해 생산된 결과물이라고 할 수 있다. 따라서 경호기관이 경호정보를 실제적으로 이용하기까지는 일정한 단계적인 절차를 거치게 된다.

이처럼 여러 정보기관이 가공된 정보를 생산하는 과정을 지칭하여 '정보의 순환'(intelligence cycle)이라고 한다(정보의 순환은 경호정보뿐만 아니라 모든 기관에서 일반적으로 나타나는 구조화된 과정이라고 할 수 있다).

이러한 정보의 세부적인 순환과정은 논자에 따라 다소 차이가 있지만, 일반적으로 ㉠ 경호정보의 요구단계 → ㉡ 경호첩보(警護諜報)의 수집단계 → ㉢ 경호정보의 생산 단계 → ㉣ 경호정보의 배포단계로 구분할 수 있다.[10]

(1) 경호정보 요구단계

경호정보의 요구단계는 정보사용자가 필요로 하는 정보내용이 무엇인지를 파악하고 각급 사용자가 필요로 하는 시기에 정확한 정보가 제공될 수 있도록 적절한 운용계획을 수립(기획)하여, 수집기관에 '첩보'의 수집을 명령(지시)하는 단계로 정의할 수 있다.[11]

정보요구단계는 정보순환과정의 출발점인 동시에 이전에 생산 및 배포된 정보에 입각한 추가 정보요구인 경우에는 이전에 이루어진 정보순환과정의 마지막 단계의 연장선이 될 수도 있다. 수요자에게 배포된 정보가 활용과정에서 관련정보의 추가적 필요성이 제기될 경우에는 다시 새로운 정보수요로 전환되는 것이다.

이러한 정보의 요구방법은 그 형식에 따라 구두(口頭)와 서면(書面)으로 나눌 수 있다. 그러나 이러한 정보요구의 형식보다 더 중요한 것은 정보요구의 분류를 통하여 수집의 우선순위를 확정하는 것이라 할 수 있다. 이처럼 다양한 정보요구 가운데 어떠한 것을 우선 수집할 것인가를 결정하는 것은 제한적인 인적·물적 자원을 활용하

---

10) 국가정보포럼(2006), 국가정보학, 서울: 박영사, pp. 36-37.; 박노철 편(2008), 앞의 책, pp. 53-97 재구성.
11) 정보를 산출하기 위하여 사용하는 자료를 첩보(諜報, information)라고 하고, 그 자료에 의해 산출된 결과물을 정보(情報, intelligence)라고 한다. 바꿔 말하면, 첩보란 평가·해석되지 않은 정보자료이며, 정보는 첩보의 평가·해석 결과로 얻은 완전한 지식이라고 할 수 있다.

여 최대의 효과를 달성해야 하는 정보수집기관으로서는 아주 중요한 문제라고 할 것이다. 아래에서는 국가차원에서 관련정보를 요구하는 기본방법을 설명한 것이다. 이러한 방법을 경호정보 관점에서 응용·적용할 수 있을 것이다.

① 국가의 정보목표 우선순위

국가마다 필요로 하는 국가정보의 우선순위를 정하는 방법은 서로 다르다. 그러나 대부분의 경우, 국가정보기관이 주관하여 '국가의 정보목표 우선순위'(PNIO: Priority of National Intelligence Objectives)를 작성하게 된다.[12]

PNIO란 '국가안전보장이나 정책에 관련되는 국가의 정보목표 우선순위'로서 정부에서 기획된 연간 기본정책을 수립하는데 필요로 하는 자료들을 목표로 하여 선정된다. PNIO를 작성하는데, 우선 정부 각 부처가 각자의 임무수행을 위해서 필요한 정보의 내용의 대강을 정부에 보고하는 작업이 선행된다. 이후 이를 통해 취합된 정부 각 부처의 요구되는 정보의 내용, 정보기관의 정보수집 역량 등을 감안하여 우선순위를 결정하게 된다.[13]

② 첩보의 기본요소

일단 PNIO가 결정되면 경찰과 같은 정보기관은 소속 하위기관에 대한 세부적인 첩보수집 임무(예: 경호관련 정보 등)를 부여하게 되며, 각 하위기관은 '첩보기본요소'(EEI: Essential Elements for Information)를 작성하여 수집에 임하게 된다. EEI란 '해당 부서의 정보 활동을 위한 일반적인 지침'으로서 계속적·반복적으로 수집되어야 할 사항을 요구하는 방법이다.

따라서 1회의 정보수집으로 정보수요가 충족된다든지 정보수요가 발생한 배경이 일시적이거나 특정지역에 국한되는 사안이어서, 정보수집의 필요성이 비항구적인 경우에는 EEI 형식의 정보를 요구하지 않는다. 이러한 점에서 후술하는 특별첩보요구(SRI)는 일회적인 성격을 가지고 있기 때문에 EEI와의 관계에 있어서 상대적인 개념으로 이해되기도 한다.

---

12) 「정보 및 보안업무 기획·조정규정」(대통령령)에 국정원장이 정보 및 보안업무에 관하여 행하는 기획업무 범위와 관련하여 '국가 정보목표 우선순위의 작성'이 규정되어 있다(제4조 제3호).
13) 문정인 외(2002), 국가정보론, 서울: 박영사, p. 87.

③ 특별첩보요구

국가정보기관의 PNIO나 하위 정보기관의 EEI가 미래의 정보수요를 완전히 예측한다는 것은 현실적으로 불가능한 일이다. '특별첩보요구'(SRI: Special Requirements for Information)란 이런 경우에 대비하여 '특정지역의 특별한 긴급사항에 대한 단기적 해결을 위하여 필요한 범위 내에서 임시적이고 단편적인 첩보를 요구하는 방법'으로 활용된다.

예컨대, 대통령이 공식적으로 특정 국가를 방문한다든지, 비공식적으로 특정지역을 방문한다면, 그에 따른 사전 특별첩보가 필요할 것이다. 따라서 SRI로 요청된 첩보는 그 단기적 효용으로 인해 다른 첩보들에 비해 가장 우선적으로 수집되어야 할 필요성이 있다.

기본적으로 경찰 등 첩보 수집기관은 전술한 PNIO나 EEI에 의해 국가의 정보목표를 달성하기 위한 일상적인 수집임무를 수행하게 된다. 그러나 이러한 지침 또는 계획은 경호정책 결정자가 필요로 하는 정보수요를 매일 매일 예상하여 충족시켜 줄 것으로 기대하는 것은 불가능한 일이다.

따라서 경호정책결정자의 정보요구에 따라 첩보수집을 하는 방법 가운데 가장 실용적인 것이 SRI라고 할 수 있다. 이러한 SRI를 하달할 때에는 정보수요가 발생한 배경이 되는 지식, 수집하여야 할 첩보의 내용, 첩보의 수집 가능성 등을 기준으로 한 수집기관별 주요목표, 첩보의 보고시기 등을 명확히 정해줄 필요가 있다.

④ 기타 정보요구

위에서 살펴본 바와 같이 국가의 정보목표 우선순위는 PNIO에 의해 결정된다. 그러나 각 정부부처가 PNIO 결정에 참여하는 과정에서 미래에 발생할 모든 정보수요를 예측한다는 것을 불가능한 일이다. 이에 따라 PNIO 결정과정에서 미처 고려하지 못한 정보수요가 대두될 경우 '기타 정보요구'(OIR: Other Intelligence Requirements)의 필요성이 있게 된다. 예컨대, 테러의 증가로 인한 급변하는 치안정세 등의 변화에 따라 현재의 PNIO로서는 충족시키지 못하는 정보목표의 필요성이 대두되는 경우 새로운 정보목표가 확립되어야 하는 것이다.

어떻게 보면 OIR은 PNIO에 포함되어 있지 않았거나 포함되어 있더라도 후순위의 요소로 취급되고 있어서 그 우선순위의 상향조정이 필요한 경우의 정보요구 방법이라 할 수 있다. 따라서 OIR은 PNIO에 우선하여 작성되어야 하는 정보목표라는 점에 유의할 필요가 있다. 한편, OIR은 전국가적이고 장기적인 정보목표라는 점에서 일시적이고 국지적인 성격을 나타내는 SRI와 구별된다.

(2) 경호첩보의 수집단계

경호첩보의 수집단계는 경호정보 생산에 필요한 자료를 수집하는 단계라 할 수 있다. 이는 경호정보로서 요구되는 정확성, 적시성, 완전성이 아직 충족되지 못한 상태이지만 나름대로 가치를 가지고 있는 자료를 수집하는 과정이라 할 수 있다. 이러한 과정은 경호계획, 경호정책 결정 및 집행을 지원하는 경호정보의 생산을 위한 전단계(前段階)로서 반드시 필요하다.

효과적인 첩보자료를 수집하기 위해서는 다양한 첩보의 출처를 개척·관리하고, 첩보 보고서 양식, 보고서 작성상의 표현 능력 등이 중요하다.[14] 첩보를 수집하는 방법은 사람을 활용하는 방법, 기술적인 수단에 의한 방법, 그리고 공개적인 수집방법 등으로 구분된다.

(3) 경호정보의 생산단계

수집된 경호첩보가 하나의 경호정보로서 가치를 지니기 위해서는 앞에서 설명한 정확성, 적시성, 완전성 등을 갖추고 있어야 한다(정보의 3요소). 사실, 수집된 경호첩보는 수집자의 보고내용이므로 수집자의 주관적 의사가 개입할 가능성이 높다.

그러므로 수집된 경호첩보는 과학적 원리와 사회통념에 가장 타당한 형태로 선택·가공되는 과정을 거쳐야 한다. 경호첩보내용은 그 자체만으로는 단편적, 비논리적, 부정확한 지식을 포함하고 있기 때문에 정보요구자의 의도에 맞춰 6하원칙(누가, 언제, 어디서, 무엇을, 어떻게, 왜)에 의한 '논리성과 진실성'(정확성과 완전성)을 갖출 수 있도록 해야 한다.

그리고 모든 경호정보는 특히, '시간과의 상관성'(적시성)이 매우 중요하기 때문에 수집이나 보고에 있어서 실기(失機)하지 않고 가치와 효용을 극대화할 수 있도록 적시성을 가지고 있어야 한다.

---

14) 김충남(2008), 경찰학개론, 서울: 박영사, pp. 523-524.

(4) 경호정보의 배포단계

경호정보의 배포단계는 최종적으로 생산된 정보가 정보의 요구자 또는 사용자에게 전달되는 과정을 말한다. 배포단계는 정보순환과정의 마지막 단계인 동시에 출발점인 요구단계로 환류(feedback)가 이루어지는 연결단계이기도 하다. 전달은 일정한 형식을 필요로 하지 않으며, 구두, 브리핑, 도표, 사진, 각서, 전화, 서면 등의 다양한 방법으로 이루어진다. 다만, 비밀로 분류된 정보내용에 대해서는 특별한 주의와 관리가 필요하다.

그런데, 경호정보의 배포단계에서 고려해야 할 점은 '어떤 정보를 누구에게 얼마만큼, 어느 시기에 어떻게 전파해야 하느냐'하는 것이다. 정보는 알 필요가 있는 자에게만 알려야 하며, 사용자에게 필요한 시기에 전달되고, 사용자에게 필요한 만큼만 전달되어야 한다는 의미이다.

2. 경호위해요소의 평가

1) 경호위해요소 평가의 의의

이상과 같은 경호정보활동을 통한 경호위해요소의 분석 및 평가는 경호현장운용의 기초라고 할 수 있다. 앞에서 살펴본 바와 같이, 경호위해요소와 관련된 경호정보는 인물, 물질, 장소, 행사장, 교통상황, 기상여건 등 모든 것을 포함한 것이다.

경호는 경호대상자의 절대적인 안전을 확보하면서 동시에 그의 자유로운 활동을 최대한 보장하는 것이라 할 수 있다. 그런데, 예측하기 어려운 수많은 위해요소로부터 경호대상자를 막연하게 보호해야 한다는 것은 비효과적이고 비능률적이다. 비효과적이라는 것은 경호대상자의 보호라는 본연의 목표달성이 제대로 이루어지기 어렵다는 것이며, 비능률적이라는 것은 그러한 경호목표 달성에 투입된 인적·물적 자원상의 낭비가 초래될 수 있다는 의미이다.

따라서 경호활동이 효율성(效率性: 효과성+능률성)을 갖기 위해서는 주도면밀한 경호정보활동을 통한 위해요소에 대한 적절한 평가가 선행되어야 한다. 이는 경호위해요소의 실체를 정확히 인식하고, 가용 자원의 효율적인 운용을 도모하기 위한 것이기 때문에 매우 중요하다. 이러한 점에서 경호위해요소의 평가는 경호업무의 출발점인 셈이다.

참고 | 경호위해요소의 분석

위해기도자는 성공가능성이 가장 높은 최상의 표적을 선정하여 공격을 감행하고자 할 것이다. 그런데, 위해기도자가 특정 표적만을 고집한다면 목표물 선정기준을 무시해도 되겠지만, 이렇게 되면 위해기도자 역시 높은 실패확률을 감수해야 할 것이다. 따라서 위해기도자는 공격목표물의 선정기준으로서 ㉠ 접근성, ㉡ 취약성, ㉢ 중대성 및 회복성을 고려할 것이다.[15]

첫째, 목표물을 선정하여 공격하기 위해서는 목표물에 도달하기 위한 방어선을 뚫고 접근할 수 있어야 한다. 둘째, 목표물에 접근했다 할지라도 목표물이 공격할 만큼 취약한가도 고려할 것이다. 셋째, 공격의 결과 목표물에 심각한 타격을 주고, 더 나아가 회복 불가능할 정도의 타격을 가할 수 있다면 최상의 목표물이 될 것이다.

따라서 경호위해요소의 분석은 이상과 같이 위해기도자의 관점이 충분히 고려되어야 할 것이다. 위해기도자가 누구인지, 어떠한 방식으로 접근할 수 있는지, 이들이 노리고자 하는 것이 무엇인지, 이들의 공격을 받을 경우, 얼마나 취약하고 결과가 심각한지 등을 분석할 수 있어야 한다. 이를 위해서는 거시적·미시적 관점에서 경호위해요소를 분석할 수 있는 시스템적 역량을 갖추고 있어야 한다.

한편, 경호위해요소에 대한 분석 못지않게 중요한 것이 경호대상자에 대한 정보수집이다. 여기에서 주의할 점은 경호원의 입장에서 바라보는 경호대상자의 약점을 파악하는 것이 아니라 위해기도자의 입장에서 이를 파악해야 한다는 점이다. 따라서 예컨대, 위해기도자의 입장에서 경호대상자의 일상생활에 관한 정보를 획득하는 것은 매우 의미가 있을 것이다. 경호대상자(가족 포함)가 특정시간대에 특정장소에 따라 이동한다는 것은 위해기도자 입장에서는 목표물의 움직임에 대한 예측가능성을 높일 수 있고, 따라서 공격의 성공 가능성도 높기 때문이다.

경호대상자의 일상생활과 관련하여, 예컨대, 김영삼 전 대통령은 대통령 재직시 매일 조깅으로 하루를 시작하였다고 한다. 당시 새벽조깅을 하는 대통령을 경호하기 위해서 경호원들 역시 그 이전(2시간 전)에 현장준비를 하였다. 그리고 더욱 힘든 것은 대통령이 지역순방, 그리고 심지어 해외 순방시에도 조깅을 하였기 때문에 경호원들의 입장에서는 적지 않은 경호부담이 있었다고 한다. 따라서 이에 대한 철저한 경호계획수립과 장소선정, 그리고 특히 보안유지에 만전을 기하였다고 한다.[16]

---

15) 이두석(2018), 앞의 책, pp. 213-214 재인용.
16) 대통령경호처(http://www.pss.go.kr/site/program/board/videoboard).

2) 경호위해요소의 평가 기준

(1) 위해요소의 위험성 정도

경호위해요소의 평가 기준으로서 먼저, 위해요소의 위험성 정도를 평가해야 한다. 이러한 위험성은 위험인물별, 위험물질별, 위험장소별, 행사성격별, 참석인원수 및 참석자 성향별 등으로 구분하여 평가해야 한다. 이렇게 평가된 위험성은 그 수준을 등급화(A: 치명적 위험성, B: 위험성 높음, C: 위험성 있음, D: 위험성 약함, E: 위험성 거의 없음, F: 위험성 없음 등)하여 적용해야 한다.[17]

(2) 위해요소의 발생가능성 정도

이상과 같은 위해요소의 위험성 수준을 평가하는 것과 함께 그러한 위험성의 발생가능성에 대해서도 평가해야 한다. 위험성 수준과 마찬가지로 위험성 발생가능성도 그 수준을 등급화(예컨대, A: 실제로 확실함, B: 가능성 높음, C: 가능성 있음, D: 가능성 약함, E: 가능성 거의 없음, F: 가능성 없음 등)하여 적용해야 한다.

이러한 위험성 수준과 발생가능성은 당시의 국내외 상황, 현장답사, 관계기관과의 협의, 여론 등을 종합하여 분석·평가하고 가능한 한 계량화하여 과학적으로 관리할 수 있어야 한다.

아래 표는 이러한 평가 매트릭스(matrix)를 간단하게 보여주고 있다. 예컨대, 평가 매트릭스에서 표시된 위험요소 A는 치명적인 위험성과 함께 발생가능성이 거의 확실한 경우이다. 위험요소 B는 위험성은 높지만 발생가능성은 거의 없는 경우이다. C는 위험요소도 없고 발생가능성도 없는 경우이다.

---

17) 이두석(2018), 앞의 책, pp. 215-219 재구성.

위해요소의 위험성/발생가능성 정도의 평가 매트릭스(예)

위험성						
치명적 위험성						A
위험성 높음		B				
위험성 있음						
위험성 약함						
위험성 거의없음						
위험성 없음	C					
	가능성 없음	가능성 거의 없음	가능성 약함	가능성 있음	가능성 높음	실제로 확실함	발생 가능성

🖊제3절 경호계획의 수립

1. 경호계획의 의의

앞에서 살펴본 바와 같이 경호준비단계의 근간이라 할 수 있는 정보활동을 통해서 잠재적 위해요소 등을 분석·평가하고, 이러한 위해요소와 예정된 행사의 전반적인 상황 등을 고려하여 경호계획(警護計劃)을 수립하게 된다. 여기에서 경호계획은 경호대 상자를 보호하기 위하여 경호대의 편성과 임무부여, 경호작전의 절차 방법 등을 기술한 기본지침 또는 기본계획을 말한다.

경호계획을 수립하기 위한 정보활동은 다양한 방법으로 이루어진다. 평상시의 잠재적 위해요소에 대한 정보활동도 중요하지만, 더욱 중요한 것은 예정된 행사와 직접 관련된 정보활동이라고 할 수 있다. 따라서 경호계획은 예정된 행사와 관련하여 경호임무에 대한 명령을 수령하고, 주최측 등 관계부서와의 협의를 거쳐 세부일정을 확보하고, 행사장에 대한 '현장답사'(現場踏査)를 통하여 행사장에 대한 정보를 획득하는 등의 과정을 거쳐 수립되는 것이다. 행사장에 대한 사전 현장답사는 가능한 한 도보(徒步, walking)로 하도록 한다.

물론, 이러한 경호계획을 바탕으로 곧바로 경호실시가 되는 것은 아니다. 대통령 등 경호대상자가 행사장에 참석하기 전에 행사장에 대한 사전 안전조치가 충분히 이루어져야 하기 때문이다. 이러한 사전 안전조치를 '선발경호'(先發警護, the Advancing)라고 한다. 이들 선발경호팀은 행사에 앞서 행사장에 대한 보다 구체적인 정보·보안활동 및 안전대책활동을 통해 행사장의 위해요소를 사전에 발견·제거해야 한다(선발경호에 대해서는 제9장에서 살펴보기로 한다).

2. 경호계획서의 구성

체계적으로 잘 수립된 경호계획은 경호원들이 효율적으로 관련업무를 수행할 수 있는 바탕이 되지만, 그렇지 못한 경우에는 오히려 경호작전의 실패를 초래할 수도 있다. 따라서 경호계획은 한 치의 빈틈이 생기지 않도록 모든 잠재적 위해가능성을 염두에 두고 주도면밀하게 작성되어야 한다. 그리고 경호계획서의 작성시 무엇보다도 중요한 것은 가용인력과 자원을 어떻게 하면 효율적으로 배분하고 운용할지를 결정하는 일일 것이다.

다음과 같은 항목이 경호계획서에 포함되어 실질적이고 구체적으로 경호지침이 제시될 때, 경호목적이 효과적으로 달성될 수 있을 것이다.[18]

---

18) 양재열(2012), 경호학원론, 서울: 박영사, pp. 270-272; 이두석(2018), 앞의 책, p. 226.

경호계획서의 구성(예)

① 경호상황
  ㉠ 행사개요: 행사일정, 장소, 참석자 현황, 세부진행순서
  ㉡ 경호방침: 경호정보(위해요소) 사항, 안전대책 사항 등

② 경호임무
  ㉠ 경호인력과 장비 규모
  ㉡ 선발경호(행사장별 임무 부여)
  ㉢ 수행경호(근접경호의 차량대형 및 행차코스) 등

③ 경호실시
  ㉠ 근무방침
  ㉡ 경호인력 배치계획(경호구역별 구체적 경호임무 부여)
  ㉢ 관계기관 협조계획
  ㉣ 검측·검색·검식계획
  ㉤ 출입자 통제(참석자 입장, 주차장, 비표 및 MD운용 등)계획
  ㉥ 비상(우발상황)대비계획
  ㉦ 언론보도 계획
  ㉧ 기타 참고사항 등

④ 경호행정 및 지원
  ㉠ 행사장 배치도(내부, 내곽, 외곽) 및 일반(시설물 등) 현황
  ㉡ 경호이동 및 대형(숙소, 행사장 등), 철수계획
  ㉢ 경호복장, 장비, 식사, 숙박계획 등

⑤ 경호지휘 및 통신
  ㉠ 경호지휘
  ㉡ 사용주파수 및 통신망 등

3. 경호계획의 브리핑

경호계획의 브리핑(briefing)은 경호작전 명령을 의미한다. 따라서 경호계획서의 세부적인 내용이 모든 경호원들에게 정확하게 전달되어야 한다. 경호계획의 브리핑은 경호작전의 개시를 알리는 작전명령임과 동시에, 모든 경호원에게 경호상황을 이해시키고, 경호원 개인별 임무를 부여하고, 나아가 경호협력관계 등을 확인·조정함으로써 경호목적을 달성하는 데 있다.

경호계획의 브리핑은 작성된 경호계획서를 바탕으로 이루어진다. 행사안내, 경호대상자의 일정, 행사성격과 정보판단에 따른 근무방침, 지원부서와의 협조관계 및 책임한계, 경호원 개개인의 명확한 임무부여와 협조관계, 근접경호계획, 선발경호원과 근접경호원간의 협력관계, 출입통제계획, 비상대책 및 비상시 행동절차, 이동 및 철수계획, 통신계획 등이 포함된다.

한편, 경호계획의 브리핑은 경호원뿐만 아니라 경호대상자에게도 실시될 수 있으며, 이렇게 할 경우, 효과적인 성과를 거둘 수 있다. 특히, 경호대상자가 정치적·경제적 목적 등으로 위험지역의 행사에 참여하게 될 경우, 경호원과 경호대상자 상호간의 긴밀한 협조 및 신뢰관계의 형성은 매우 중요하다.

이렇게 함으로써 경호원은 경호대상자의 의도를 충분히 이해하여 경호작전을 준비하고, 경호대상자도 경호의 필요성을 이해하고 협조함으로써 위해요소를 감소시킬 수 있고, 특히 우발상황에 신속하게 대처할 수 있을 것이다.

경호대비단계: 선발경호

Executive
Protection

제9장

경호대비단계: 선발경호

제1절　선발경호의 의의

1. 선발경호의 개념

앞장에서 살펴본 바와 같이, 경호준비단계는 예방경호의 첫 단계로서 모든 경호원이 행사와 행사장, 그리고 위해가능성 등에 대한 충분한 정보자료를 수집·분석하고, 행사장에 대한 현장답사를 통하여 확인한 내용과 관계기관과의 협의된 내용을 바탕으로 신중하게 경호계획을 수립해야 한다. 그리고 이러한 경호계획을 토대로 경호원들에게 임무를 부여하고, 정보·보안사항을 공유하는 경호브리핑을 실시함으로써 경호행사를 준비해야 한다.

이처럼 경호준비단계의 경호계획수립은 주로 서류상으로 행사를 준비하는 단계였다면, 선발경호(先發警護, the Advancing)는 실제 행동으로 임박한 경호행사를 대비하는 단계라고 할 수 있다. 경호의 목표는 행사장과 행차로에 대한 사전 안전조치를 통하여 위해요인을 사전에 제거하거나 무력화킴으로써 예방경호를 실현하는 데 있다. 따라서 선발경호는 예방경호의 일환으로 경호대상자가 예정된 행사장에 도착하기 전에 현장에 출동하여, 사전에 안전조치(安全措置)를 취하는 제반활동을 말한다.[1]

---

1) 경호활동과 관련하여 '예방이 최선의 방어'라는 명언을 구체화하기 위한 작업이 바로 '선발경호'이다. 어떠한 국가 및 기업활동에 있어서 문제에 대한 사전의 예방조치는 손실의 발생가능성을 최소화하는 핵심전략 가운데 하나이다. 이러한 조직행정·경영과 관련하여 쥬란(J.M. Juran)박사는 「1:10:100의 원리」를 제시한 바 있다. 그에 따르면, 어떤 조직활동의 문제점을 해결하는 데 예방비용, 평가비용, 실패비용이라는 세 가지 범주의 비용이 발생하며, 이 세 가지 비용의 상대적 규모가 1:10:100이라는 것이다. 경호활동을 이에 적용한다면, 초기 예방경호에서 문제점을 발견하고 대책을 마련하면 1이라는 비용과 노력이 들지만, 경호실시과정에서 문제점을 발견하고 대책을 마련하는 것은 10이라는 비용과 노력이 소요되고, 마지막으로 경호실패

이러한 선발경호에 대해서 미국 비밀경호국(Secret Service)에서는 "경호대상자가 행사장에 도착하기 전에 현장에 출동하여 실시하고, 효과적인 경호협조 및 준비를 하고, 특히 경호정보활동을 통한 위해요소의 통제 및 제거활동"이라고 정의하고 있다.[2]

참고 예방경호의 원칙

선발경호는 예방경호의 원칙하에 실시되어야 한다. 효율적인 예방경호가 이루어지기 위해서는 일련의 단계를 통해서 위해요소를 순차적으로 감소시키고, 궁극적으로 완벽한 예방경호를 실현해야 한다. 이러한 예방경호활동의 4단계는 행사의 성격, 행사장의 특성, 첩보·정보 등 경호환경에 따라 융통성 있게 적용될 수 있으나 가능한 순차적인 단계를 적용하는 것이 바람직하다고 본다.[3]

① 예견(Anticipation)단계

경호에 영향을 주는 위해요소는 현존하고 있거나, 예측하기 어려운 상황에서 나타나기도 한다. 따라서 예견단계에서는 경호대상자에게 영향을 줄 수 있는 사람, 물건, 그리고 지형적·자연적 취약요소에 대한 다양한 첩보·정보활동을 통해 수집·분석해야 한다.

② 인식(Recognition)단계

인식단계에서는 예견단계에서 수집된 첩보·정보의 내용 중 위해가능성이 있는지를 확인하고 파악하는 과정이다. 이는 제한된 자원을 가지고 실질적인 위해요소에 대한 예방 방안을 찾아내는 매우 중요한 단계이다. 이 단계에서는 정확하고 신속하며, 종합적인 고도의 판단력이 요구된다.

③ 조사(Investigation)단계

조사단계에서는 위해 가능성이 있다고 판단되는 위해요소를 추적하고, 사실 여부를 확인하는 과정이다. 위해 가능성을 직접 확인해야 하고, 그 결과에 따라 위해 요소에 대한 실제 안전조치 여부를 판단해야 하므로 과학적·체계적인 접근이 요구된다.

로 인해 문제가 발생한 뒤에 이를 회복 및 보완하기 위해서는 100이라는 비용과 노력이 소요된다는 것이다. 이두석(2018), 경호학개론, 인천: 진영사, p. 252 재인용.

2) 양재열(2005), "대통령 경호시스템의 변화와 개선방안 연구," 명지대학교 박사학위논문, p. 147.
3) 양재열(2012), 경호학원론, 서울: 박영사, pp. 109~110.

④ 무력화(Neutralization)단계

무력화단계에서는 조사단계에서 확인된 실제 위해요소를 경호대상자 주변에 접근하지 못하도록 차단하거나 무력화시키는 과정이다. 이 과정은 예방경호의 마지막 단계로써 각종 위해요소가 경호대상자의 신변안전에 영향을 미치지 못하도록 사전에 안전조치를 하는 것이다.

사실, 1년 365일 동안 대통령 등 경호대상자가 외부행사에 참여하는 일은 비일비재하다. 따라서 여러 외부행사 일정이 구체적으로 잡히면, 각각의 행사가 진행되기 직전에 각각의 선발경호팀이 현장에 출동하여 모든 안전조치를 수행해야 한다.

예컨대, 미국의 부시대통령이 2004년 루이지애나 주립대학교 졸업식에 참석할 예정이었는데, 당시 선발경호팀은 행사직전 '5일 전'에 행사장에 출동하여 안전확보를 위한 제반조치를 하였다. 이러한 선발경호팀의 현장출동 일정은 행사지역의 특성(즉, 잠재적 위해요소의 발생가능성 등)에 따라 달라질 수 있을 것이다.

요약건대, 선발경호는 선발활동을 통하여 경호와 관련된 첩보 및 정보를 획득·전파함으로써 행사지역의 인적·물적·지리적 위해요소를 사전에 제거 또는 감소시키고, 이를 통해 행사장에 대한 안전성을 확보하고, 행사종료(行事終了) 시점까지 행사장의 안전을 유지하는 제반활동이라고 할 수 있다. 선발경호는 이러한 목적을 달성하기 위하여 다음과 같은 주요활동을 수행한다고 볼 수 있다.

참고 선발경호의 주요활동

① 경호작전체계의 확립
② 경호정보·보안대책
③ 경호통제대책
④ 경호안전검측·검색·검식 및 유지대책
⑤ 경호비상·구급대책
⑥ 선발경호 활동보고서 : 통합세부경호계획서의 작성 등[4]

---

4) 경호준비단계에서 작성된 경호계획은 한계가 있다. 이 단계에서 작성된 경호계획서는 현장답사가 이루어지지만 이는 제한적이며, 대부분 사무실에서 주어진 정보와 지도상의 자료 등에 의해 판단한 자료만을 가지고 작성된 것이기 때문에 현지의 구체적인 상황과는 차이가 있기 마련이다. 선발경호는 이러한 차이점을

2. 선발경호의 특징

선발경호의 역할은 경호임무에 동원되는 제반 요소를 하나의 지휘체제로 통합하여 경호력을 증대시키고, 경호대상자의 안전이나 행사에 영향을 주는 위해상황이 발생하지 않도록 필요한 예방조치를 하는 것이라 할 수 있다. 이러한 선발경호는 다음과 같은 특징을 갖는다.[5]

1) 예방성

선발경호의 임무이자 경호의 목표라 할 수 있는 예방경호는 위해요소를 사전에 발견·제거하고, 위해요소의 침투 가능성을 거부함으로써 경호행사를 안전한 환경 속에서 치르기 위함이다. 이러한 선발경호의 예방활동은 경호대상자에 대한 직접적인 위해행위뿐만 아니라 간접적인 시설물의 불완전성 및 많은 참석자로 인한 혼잡과 사고의 개연성에 대비하기 위한 것이다.

그러나 이러한 예방경호의 실현을 위하여 많은 인적·물적 자원을 동원하여 경호활동을 하고 있음에도 불구하고, 그동안 수많은 위해기도 사건이 발생하였고, 경우에 따라서 암살 및 폭탄테러 등 성공한 사례가 적지 않다. 이처럼 선발경호를 통한 예방경호는 어렵고, 그렇기 때문에 매우 중요한 경호요소인 것이다.

따라서 선발경호에 의해서 행해지는 예방적 경호조치는 경호원의 입장이 아닌 암살 등을 시도하는 위해기도자의 입장에서 면밀히 분석되고 적절한 조치가 이루어져야 한다. 위해시기 및 방법, 장소 등을 위해기도자의 입장에서 분석하여 취약점을 보완하고 대비책을 강구해야 한다는 의미이다. 그리고 만에 하나, 우발상황이 발생했을 경우를 대비하여 그에 상응하는 비상경호대책을 마련해 두어야 할 것이다.

2) 통합성

예정된 특정 행사에 참여하는 경호대상자에 대한 경호활동은 각각의 고유한 기능과 임무를 가지고 있는 소속이 다른 여러 기관이 참여하여 이루어진다. 그러나 각 기관의 경호 및 경호지원활동은 서로 분리된 별개의 것이 아니다. 이들 각 기관들은 예

보완하고 새롭게 취한 경호조치 등을 경호본부에 보고해야 한다. 이렇게 함으로써 선발경호팀과 행사 당일 수행경호(근접경호)를 실시하는 경호팀이 통일된 자료를 가지고 효율적인 경호활동을 할 수 있는 것이다.
5) 이두석(2018), 앞의 책, pp. 254-255.

방경호의 실현이라는 경호목적을 달성하는 데 필요한 일부분이며, 따라서 이들 각 기관들이 하나가 되어 제기능을 할 때, 통합된 힘을 발휘할 수 있는 것이다.

바꿔 말하면, 여러 기관이 수행하는 경호기능 가운데 어느 하나라도 잘못되어 빈틈을 보이면, 위해기도자에게 좋은 공격기회를 제공하게 되고, 결과적으로 경호는 실패하게 될 가능성이 높아지게 된다. 따라서 경호임무에 동원된 모든 기관은 하나의 지휘체계 아래에 통합되어 상호 보완적·협력적 관계에서 주어진 임무를 수행해야 한다.

이와 관련하여 예컨대, 대통령경호의 경우, 대통령경호처장은 대통령경호안전대책위원회 위원장이 되어 관계기관 상호간의 책임한계 및 원활한 협조체계를 구축하는 데 통합·조정자로서의 역할을 하게 된다.

3) 안전성

선발경호의 임무는 무엇보다도 경호대상자를 포함한 행사장의 안전을 확보하는 일이라고 할 수 있다. 이를 위해서는 3중경호이론의 관점에서 행사장을 구역별(안전구역, 경비구역, 경계구역)로 구분하여 구역별 특성에 맞는 '차별화된 경호조치'를 마련해야 한다.

이러한 구역별 경호조치를 통해서 행사와 관계없는 사람의 출입을 통제하고, 행사장 내 제반 시설물과 반출입물품에 대한 검측, 그리고 행사장에 출입하는 사람(관계자, 언론기자 등)에 대한 검색을 실시하며, 그렇게 확보한 행사장의 안전상태는 행사종료시까지 지속될 수 있도록 유지되어야 한다.

4) 예비성·대비성

모든 일에는 예외가 있듯이 경호행사가 항상 계획되고 예상된 대로만 진행되는 것은 아니다. 예컨대, 예기치 못한 기상상태의 변화로 행사에 차질이 생길수도 있고, 또 경호대상자의 예정된 행동범위를 벗어난 돌발적인 행동으로 인해 경호원들을 당황하게 할 수도 있다. 더욱이, 경호대상자를 공격하고자 하는 잠재적 위해기도자의 공격수단을 사전에 완벽하게 파악할 수는 없기 때문에 선발경호에 의한 경호조치에는 항상 허점이 생기게 마련이다.

따라서 이러한 허점을 뚫고 발생하는 우발상황에 신속히 대처하고, 만약의 상황에 대비하기 위한 비상대책은 항상 준비되어야 한다. 선발경호과정에서 사전에 현지의 상황에 맞는 대응 및 대피계획을 수립하여 비상상황에 대비해야 한다는 의미이다. 경호는 항상 가장 최악의 상황을 염두에 두고, 그에 대한 대책을 마련해야 하는 것이다.

제2절 경호작전체계의 확립

1. 경호작전체계의 의의

1) 경호작전체계의 개념

경호대상자의 보호라는 경호목적을 달성하기 위해서는 다양한 경호작전이 이루어져야 하며, 이러한 경호작전요소들을 하나로 통합·조정할 수 있는 경호작전체계(警護作戰體系)가 확립되어야 한다.

경호작전체계는 단일화(單一化)된 지휘체계를 바탕으로 각 경호담당 기관 및 부서에게 역할에 대한 책임과 권한을 명확히 부여해 주고, 한편으로는 이들 기관 및 부서간의 유기적인 협조가 이루어질 수 있도록 통합·조정하는 메커니즘(mechanism)이라고 할 수 있다.

선발경호는 사전에 행사장에 출동하여 기본적으로 경호작전체계를 확립하여 위해요소를 예방하고, 예기치 못한 위기상황 발생시 이에 대한 사전 대응능력을 향상시키는 활동 또는 과정이라고 할 수 있다.[6] 한편, 경호작전체계 속에서 효율적인 경호업무를 수행하기 위해서 경호구역(警護區域)을 설정·운용하게 된다. 이 경호구역은 3중경호이론에 입각해서 행사의 특성과 행사장의 구조 및 지형을 종합적으로 분석하여 설정하도록 한다(이에 대해서는 후술하기로 한다).

---

6) 경호작전체계는 경호조직의 규모나 능력에 따라 각 기능을 수행하는 전담부서를 둘 수도 있고, 그렇지 않고 예컨대, 민간차원의 작은 규모의 경호조직이라면, 각 경호원이 2~3개의 경호작전 기능을 동시에 수행할 수도 있을 것이다.

2) 경호지휘소의 설치 및 경호지휘협조체계 구축

(1) 선발경호팀의 구성과 경호지휘소의 설치

경호준비단계에서 경호계획수립과 경호브리핑 등을 통해 만반의 준비를 마친 경호조직은 다음 단계로서 일정한 선발경호팀을 행사장에 파견하여 본격적인 경호대비단계에 들어간다.

선발경호팀은 행사장에 도착함과 동시에 경호지휘소(CP: Command Post)를 설치·운영토록 한다. 이후부터는 행사와 관련된 모든 경호업무는 경호지휘소를 통해 통합·조정·협의된다. 이러한 경호지휘소는 경호본대(수행경호팀)가 경호임무를 종료하고 행사장 지역을 벗어나 안전지역으로 이동할 때까지 운영함을 원칙으로 하며, 선발경호팀 책임자의 명령에 따라 철수토록 한다.[7]

(2) 경호지휘협조체계의 구축

성공적인 경호가 이루어지기 위해서는 선발경호 단계에서 여러 관계기관과의 유기적인 연락 및 협조체계를 구축하여 본격적으로 경호작전을 준비하여야 한다. 그러나 여러 관계기관 즉, 경호작전요소들은 저마다 소속이 다르고 업무도 다르기 때문에(경우에 따라서는 업무의 유사성으로 인한 업무배분상의 혼선도 생김), 상호간의 유기적인 연계가 이루어지지 않거나 역할갈등 문제가 나타날 수도 있다.

따라서 이러한 다양한 경호작전요소들을 하나로 통합하기 위한 시스템(System)의 확립이 필요하다. 앞에서 살펴본 바와 같이 선발경호의 특성 가운데 '통합성'(統合性)이라는 것이 있다. 경호행사에 참가한 모든 관계기관의 특성과 역할을 명확히 하여 하나의 조직처럼 통합·조정시킬 수 있을 때, 그 역량은 극대화되어 완벽한 경호임무의 수행이 가능한 것이다. 이러한 점에서 경호지휘협조체계(警護指揮協助體系)를 적절하게 구축하는 것은 매우 중요한 일이다.

---

7) 행사의 규모 등이 큰 경우(예: 국제행사 등)에는 경호규모 역시 그에 비례해서 이루어진다. 이러한 경우, 모든 행사지역을 총괄하는 경호상황본부와 각각의 행사장을 담당하는 경호상황실을 구분·운영하여, 선발경호 책임자에게 경호작전과 관련된 시의적절한 정보를 제공할 수 있도록 한다. 그리고 경호관련 상황의 접수, 보고, 전파, 기록 등은 유지하도록 한다. 이러한 경호지휘소(경호상황본부와 경호상황실)는 사전에 작성된 행사경호계획을 검토하면서, 경호지원수단에 대해서 점검하고, 유관기관 지휘관회의 등을 통해 경호구역에 대한 통제 및 협조체계를 구축하도록 한다. 이상철(2012), 경호현장운용론, 인천: 진영사, p. 43.

　　이러한 경호지휘협조체계를 바탕으로 한 경호작전은 크게 예방과 대응이라는 두 가지 방향으로 이루어진다. 위험의 발생 소지를 사전에 차단하여 예방경호를 실현하기 위한 경호조치(경호정보·보안, 출입통제, 안전검측 등)를 강구하고, 발생한 위험에 효과적으로 대처할 수 있는 대응경호를 위한 경호조치(경호비상대책)를 아울러 마련하는 것이다.

3) 경호작전별 업무분담

　　선발경호팀은 경호작전체계에 의해서 각각의 업무를 분담하고, 맡은바 영역에서 관련업무를 충실히 수행해야 한다. 아래 표에서 보는 바와 같이 선발경호팀의 역할을 분담하여 배치할 수 있을 것이다.[8]

> **참고**　선발경호 분야별 업무담당 내용
>
> ① 작전 담당 : 작전구역별 특성에 맞도록 병력운용계획 및 각 대별 비상대책체제 구축, 부가적으로 시간사용계획, 관계기관회의시 주요지침 사항, 예상문제점, 참고사항 등 계획, 임무별 진행사항 점검 등(통합세부계획서 작성).
>
> ② 안전대책 담당 : 안전구역확보계획 검토, 건물의 안전성 여부, 상황별 비상대피로 구상, 행사장 취약시설물, 최기병원, 비상 및 일반예비대 운용방법, 직시건물, 공중감시 대책 등 확인하여 작전에게 전달 등.
>
> ③ 출입통제 담당 : 참석대상 성격분석, 구역별 비표구분, 시차별 입장계획, 주차장 운용계획, MD, 비표설치장소, 중간집결지 운용, 상주자 및 민원인 대책, 야간근무자 등의 통제계획을 작전에게 전달 등.
>
> ④ 차량 담당 : 선발대 및 본대 사용차량 배정, 이동수단별 인원·코스·휴게실 등을 계획하여 작전에게 전달 등.
>
> ⑤ 보도 담당 : 행사성격에 맞는 언론보도 및 통제수준 검토, 참석하는 보도요원의 확인 및 행동통제 등.
>
> ⑥ 행정 담당 : 출장여비신청 및 수령, 각 대의 숙소 및 식사장소 선정, 선발팀의 숙소배정, 연락망 구축 등.

---

8) 위의 책, pp. 40-43.

⑦ 승하차 및 정문 담당 : 진입로 취약요소 파악 및 확보계획 수립. 정문 출입요소 파악, 비상 및 일반 예비대 대기장소 확인 등.

⑧ 행사내부 담당 : 경호대상자 동선 및 좌석위치에 따른 비상대책 강구, 근무자의 위치선정, 행사장 내 각종 시설, 물품 및 집기류 최종 점검, 정전 등 우발상황 대비 등.

⑨ 행사외부 담당 : 안전구역 내 단일 출입로 설정, 외곽 감제고지 및 직시건물 안전조치, 비상차량 운영계획, 경비 및 경계구역에 대한 안전조치, 차량 및 공중강습에 대한 대비책 강구 등.

2. 경호구역의 설정

1) 경호구역의 개념

경호구역(警護區域, protecting area)은 경호작전 수행을 위해 필요한 일정한 지리적·공간적 영역을 말한다. 이는 일종의 경호목적달성을 위한 '통제선'(統制線) 또는 '방어공간'(防禦空間, Defensible Space)이라고 할 수 있다.

이와 관련하여 현행 대통령 등의 경호에 관한 법률에서는 경호구역이란 '소속공무원과 관계기관의 공무원으로서 경호업무를 지원하는 사람이 경호활동을 할 수 있는 구역'이라고 정의를 내리고 있다(제2조 제2호).

성공적인 경호업무의 수행을 위해서는 해당 지리적·공간적 영역 안에서 경호원들은 일정한 권한(權限)을 행사할 수 있어야 한다. 이러한 점에서 경호구역은 경호원들이 경호업무를 수행하기 위하여 일반인 등에게 일정한 물리적 강제력 등을 행사할 수 있는 영역 즉, 권한이 미치는 범위라고도 할 수 있다.

따라서 경호구역의 지정은 경호활동의 법적 근거가 되는 동시에, 2중·3중의 방어선을 구축하여 경호의 효율성을 제고하는 데 목적이 있다고 본다. 아울러 경호구역별 차등화(差等化)된 경호조치를 취함으로써 인력과 자원의 낭비를 최소화하며, 일반인에 대한 불필요한 통제를 최소화하고, 경호부서별 담당구역을 명확히 함으로써 책임경호를 실현하는 데 목적이 있다.

이러한 경호구역은 기본적으로 3중경호이론에 근거하여 행사의 특성과 행사장 구조 및 지형을 종합적으로 분석하여 설정하는 것이 요구된다. 경호구역은 가용인력을 고려하여 적정거리를 확보하되, 경호구역이 너무 넓으면, 경호인력이 많이 필요하게 되므로 인적낭비와 경호의 질적 저하를 초래할 우려가 있다. 반면에 경호구역이 너무 좁으면 종심(縱深, 경호구역에 배치된 경호원의 최전선에서 후방선까지의 세로의 선)의 확보가 안되어 위험의 조기 차단 및 대응에 어려움이 있어 위험을 자초할 가능성이 있다.[9]

2) 경호구역의 지정

(1) 경호구역 지정의 법적 근거

국가차원에서 이루어지는 공경호(公警護)는 경호목적상 공적 공간에 대해서 일정한 경호구역을 지정할 수 있다.[10] 공경호의 경호대상자는 국가목적(國家目的)상의 일정한 신분과 지위를 가지고 있기 때문에 이들에 대해서는 특별한 보호조치가 요구되는 것이다. 국가목적상의 일정한 신분과 지위를 가지고 있는 자는 헌법과 법률상의 국가기관장 및 국제법상의 중요 관계자 등(예: 대통령, 국회의장, 대법원장, 외국수반 등)이 이에 해당할 것이다.

이와 같이 국가차원에서 이루어지는 공경호의 경호구역 지정과 관련된 일반법(一般法)으로서 「대통령 등의 경호에 관한 법률」을 들 수 있다. 이 법의 '경호구역의 지정'에 관한 규정은 2005년에 신설된 것(당시의 대통령경호실법)이다. 이로써 경호구역에 관한 법적 근거가 마련되었다고 볼 수 있다. 따라서 대통령 등의 경호에 관한 법률에 근거하여 대통령경호처장은 경호업무의 수행에 필요하다고 판단되는 경우 경호구역을 지정할 수 있도록 하고 있다(제5조 제1항). 그리고 경호구역을 지정할 때에는 경호업무 수행에 대한 위해 요소와 구역이나 시설의 지리적·물리적 특성 등을 고려해 지정하도록 하고 있다(동법 시행령 제4조).

---

9) 이두석(2018), 앞의 책, p. 261.
10) 민간차원에서는 경호대상자의 사적 공간(private area; 소유 건물 및 시설 등)에 대해서 개인 또는 기업의 소유권(所有權) 또는 관리권(管理權)의 범위 내에서 경호목적상의 경호구역을 설정할 수 있다고 본다. 다만 경호구역의 지정과 관련하여 어떠한 법적 근거가 구체적으로 마련되어 있는 것은 아니다. 한편, 일반 개인 또는 기업이 공적 공간(public area)에 대해 경호목적상 일반인의 자유를 제한하는 어떠한 물리적 강제력을 행사할 수 있는 경호구역을 공식적으로 설정하는 것은 어렵다고 본다. 공적 공간에서 특정 개인의 자유와 권리보호를 위해서 타인의 자유와 권리를 침해할 수는 없는 까닭이다.

참고 ## 경호·경비목적상의 옥외집회와 시위 금지 장소

경호대상자에 대한 경호·경비목적 차원에서 「집회 및 시위에 관한 법률」에서는 '누구든지 다음의 어느 하나에 해당하는 청사 또는 저택의 경계 지점으로부터 100미터 이내의 장소에서는 옥외집회 또는 시위를 하지 못하도록' 금지하고 있다 (제11조).[11]

① 국회의사당 : 다만, 다음 각 목의 어느 하나에 해당하는 경우로서 국회의 기능 이나 안녕을 침해할 우려가 없다고 인정되는 때에는 그러하지 아니하다.
　ㄱ 국회의 활동을 방해할 우려가 없는 경우
　ㄴ 대규모 집회 또는 시위로 확산될 우려가 없는 경우

② 각급 법원, 헌법재판소 : 다만, 다음 각 목의 어느 하나에 해당하는 경우로서 각 급 법원, 헌법재판소의 기능이나 안녕을 침해할 우려가 없다고 인정되는 때에 는 그러하지 아니하다.
　ㄱ 법관이나 재판관의 직무상 독립이나 구체적 사건의 재판에 영향을 미칠 우 려가 없는 경우
　ㄴ 대규모 집회 또는 시위로 확산될 우려가 없는 경우

---

11) ① 집회 및 시위에 관한 법률(2020. 6. 9. 법률 제17393호로 개정된 것) 제11조 제3호 중 '대통령 관저(官邸)' 부분 및 제23조 제1호 중 제11조 제3호 가운데 '대통령 관저(官邸)'에 관한 부분은 헌법에 합치되지 아니한다. 위 법률조항은 2024. 5. 31.을 시한으로 개정될 때까지 계속 적용된다. 헌법불합치, 2018헌바48, 2019헌가1(병합), 2022.12.22. ② 집회 및 시위에 관한 법률(2020. 6. 9. 법률 제17393호로 개정된 것) 제11조 제3호 중 '국회의장 공관'에 관한 부분 및 제23조 제3호 중 제11조 제3호 가운데 '국회의장 공관'에 관한 부분은 헌법에 합치되지 아니한다. 위 법률조항은 2024. 5. 31.을 시한으로 개정될 때까지 계속 적용된다. 헌법불합치, 2021헌가1, 2023.3.23. ③ 용산에 위치한 대통령 집무실은 '대통령 관저'가 아니기 때문에 100m 이내에서 집회를 하더라도 '집회 및 시위에 관한 법률' 제11조 제3호를 위반하지 않는다. 대법원 2023두62335, 2024.4.12. ④ 대법원에서 판결한 주요 쟁점은 '대통령 집무실'이 '대통령 관저'에 포함되는지의 여부인데, 법원은 집무실은 관저로 볼 수 없다고 판단하였다. 즉, 국민의 의사에 귀 기울이는 것이 대통령의 주요 업무이므로, 집무실을 주거공간인 관저와 동일시 할 수 없다는 것이다. 따라서 대법원 결정으로 용산 대통령 집무실 인근에서 평화로운 집회는 가능하다. 한편, 헌법재판소에서 대통령 관저 주변에 대해서도 집회금지에 대한 헌법불합치 판결을 내린 이유는 다음과 같이 요약할 수 있다. 첫째, 소규모 평화집회의 경우 대통령의 헌법적 기능을 직접 위협할 가능성이 낮다. 둘째, 집회 및 시위에 관한 법률상 다른 규제수단(경비경찰기능 등)과 다른 법률(대통령 등의 경호에 관한 법률)로도 대통령 경호가 가능하다. 셋째, 대통령 관저 인근이 국민의 의사전달이 가장 효과적인 집회장소라 할 수 있다. 넷째, 대통령 관저 인근 집회의 전면 금지는 집회의 자유 본질적 부분을 제한하는 과잉조치이다. 다만, 헌법재판소는 2024년 5월 31일까지 해당 조항의 개정 시한을 주며, 잠적 적용을 결정하였다.

③ 대통령 관저(官邸), 국회의장 공관, 대법원장 공관, 헌법재판소장 공관

④ 국무총리 공관 : 다만, 다음 각 목의 어느 하나에 해당하는 경우로서 국무총리 공관의 기능이나 안녕을 침해할 우려가 없다고 인정되는 때에는 그러하지 아니하다.

　㉠ 국무총리를 대상으로 하지 아니하는 경우

　㉡ 대규모 집회 또는 시위로 확산될 우려가 없는 경우

⑤ 국내 주재 외국의 외교기관이나 외교사절의 숙소 : 다만, 다음 각 목의 어느 하나에 해당하는 경우로서 외교기관 또는 외교사절 숙소의 기능이나 안녕을 침해할 우려가 없다고 인정되는 때에는 그러하지 아니하다.

　㉠ 해당 외교기관 또는 외교사절의 숙소를 대상으로 하지 아니하는 경우

　㉡ 대규모 집회 또는 시위로 확산될 우려가 없는 경우

　㉢ 외교기관의 업무가 없는 휴일에 개최하는 경우

생각건대, 대통령경호 차원에서 볼 때, 대통령 집무실·관저와 같은 공간보다는 외부 행사장의 경우에 그 위험성이 높다고 본다. 경호대상자가 일상적으로 머무르는 공간은 경호원들에 의해 체계적이고, 지속적인 통제가 이루어지기 때문에, 위해기도자의 입장가 어떠한 빈틈을 발견하여 성공적으로 공격하는 것이 쉽지 않다고 본다.

반면, 외부행사장은 특정 시기에 사용되는 곳으로서 생소한 곳이며, 따라서 경호하는 입장에서도 지속적이고 빈틈없는 통제대책을 세우는 것이 그만큼 어렵다고 본다. 이러한 점에서 위해기도자의 입장에서는 외부행사장에서 어떠한 공격을 감행하는 것이 성공확률이 높다고 볼 수 있다.

(2) 경호구역 지정의 법적 한계

그런데, 이러한 경호구역의 지정은 경호목적 달성을 위한 '최소한의 범위'로 한정하도록 하고 있다(대통령 등의 경호에 관한 법률 제5조 제2항). 여기에서 '최소한의 범위'로 한정한 것은 이를 적극적으로 확대 적용할 경우, 이로 인해 개인의 자유와 권리가 침해될 가능성이 높기 때문이다.

이에 따라 지정된 경호구역 내에서 "소속공무원과 관계기관의 공무원으로서 경호업무를 지원하는 사람은 '경호목적상 불가피하다고 인정되는 상당한 이유가 있는 경

우'에만 경호구역에서 질서유지, 교통관리, 검문·검색, 출입통제, 위험물 탐지 및 안전조치 등 위해 방지에 필요한 안전 활동을 할 수 있다"고 규정하고 있다(제5조 제3항). 이러한 경호구역 내의 행정경찰권한 등의 내용과 한계는 앞에서 살펴본 바 있다.

한편, 그동안 대통령경호처 및 경찰 등에서 실제로 경호구역을 지정하여 운용하는 것을 보면, 국민의 일상생활을 지나치게 제한하는 경우도 없지 않았다고 본다.

참고 ┊ 경호구역 지정관련 특별법 제정 사례

국가차원의 특별한 국제행사 등을 안전하게 유치·진행하기 위해 별도의 특별법(特別法)에 근거를 두고 경호구역을 지정하기도 하였다.

이와 관련하여 「G20 경호안전을 위한 특별법」(2010.10.01 시행~11.15 종료)이 제정된 바 있다. 당시 G20 정상회의(2010.11.11~12)에는 회원국 정상 20명을 포함해 국가원수급만 30명 이상이 방한하였다. 이 특별법에 의해 행사장인 서울 코엑스 반경 2㎞를 집회·시위가 금지되는 경호안전구역으로 정하고 코엑스 건물외곽에 3중경호벽을 적용하였다.

지난 2000년 11월 서울에 전세계 25개국 정상이 방한하였던 제3차 서울 아셈(ASEM)회의를 성공적으로 개최한 이래로 그동안 '다자간 정상회의' 경험이 많지 않았던 당시의 경호처, 국가정보원, 경찰, 군 등 경호유관 기관들은 안전하게 대회를 유치하기 위해 특별법을 마련하고 회의 1년 전부터 코엑스 아셈빌딩에 경호안전통제단(단장 대통령실 경호처장, 현 대통령경호처장)을 구성하여 총력 경호태세를 확립하고자 하였던 것이다.

그런데, 이 특별법은 경호안전업무에 관하여 다른 법률에 우선하여 적용하도록 하였고(제2조 단서), 이에 따라 집회 및 시위에 관한 법률에도 불구하고 집회시위에 대한 엄격한 제한 및 유사시에 통합방위법에 의한 군대의 동원 가능성까지 규정(제8조, 제9조)하고 있어 많은 논란이 제기되었다. 사실, 대통령 등의 경호에 관한 법률상의 '경호구역의 지정' 규정과 형사법, 그리고 집회 및 시위에 관한 법률 등을 적절하게 적용했어도 크게 문제될 것은 없었다고 보는데, 정부의 입장에서는 안전한 국제행사를 위하여 다소 무리수를 둔 점이 없지는 않다고 본다.

3) 경호구역의 지정 및 운용 사례

일반적으로 행사장을 기준으로 했을 때, 경호구역은 ㉠ 행사장 내부를 안전구역(安全區域)인 제1선, ㉡ 내곽은 경비구역(警備區域)인 제2선, ㉢ 외곽은 경계구역(警戒區域)인 제3선으로 하고 있다. 다만, 이러한 경호구역의 지정은 상대적이다. 이는 행사장의 범위를 어디까지로 하느냐에 따라 달려있기 때문이다.

이러한 경호구역의 지정 및 운용과 관련하여 지난 2012년 3월 26일(월)~27일(화)에 서울 코엑스(COEX)에서 개최된 「2012 서울 핵안보정상회의」를 중심으로 살펴보기로 하자.[12]

당시 2일 동안 진행되는 행사의 경호안전을 위하여 경호안전통제단장(현 대통경경호처장)은 10일 전인 2012년 3월 16일부터 3월 27일까지 12일간 정상회의장(COEX) 주변지역(1.1km~2.2km)을 경호구역으로 지정하였다.

(1) 행사장 내부 : 안전구역

안전구역은 경호대상자가 머무르는 공간으로 안전이 절대적으로 확보되어야 하는 구역을 말한다. 일반적으로 단독건물의 경우에는 건물 자체가 1선인 행사장 내부가 되고, 고층건물의 경우에는 대개 행사층의 상하층을 묶어서 안전구역인 내부로 설정한다.[13]

그러나 이러한 기준은 다소 상대적이다. 경호대상자들의 정치적 위상 및 행사의 규모, 그리고 건물의 구조적 특성 등에 따라 건물 여러 동이 안전구역으로 설정될 수도 있고, 또 고층건물 전체를 하나의 안전구역으로 설정할 수도 있을 것이다. 오늘날

---

12) 2001년에 발생한 9/11테러 이후 핵을 이용한 테러의 가능성이 현실적으로 증대되고 있어, 핵물질이 테러집단에 의해 악용되지 못하도록 핵안보(necular security) 강화에 대한 논의의 필요성이 크게 대두되고 있다. 이러한 시대적 배경하에서 미국 오바마대통령이 2009년 '핵 없는 세상'을 위한 프라하 선언을 한 이래로 2010년 4월 미국 워싱턴에서 제1차 핵안보정상회의가 개최되었고, 2012년 3월에 개최되는 제2차 회의는 대한민국이 주최국으로 선정되었다. 이 「2012 서울 핵안보정상회의」는 전세계 53개국 및 4개 국제기구 수장(首長)이 참가하여 ① 핵 테러 차단을 위한 국제 공조, ② 핵물질과 시설의 안전한 방호, ③ 핵물질의 불법적인 거래 차단이라는 3개 의제를 가지고 국제적인 협력방안을 논의하기 위한 안보분야 최대 규모의 정상회의이다. 위키백과(http://ko.wikipedia.org).

13) 고층건물에서 안전구역으로 설정된 층을 제외한 곳은 행사장 외부로 부르며, 행사장 외부는 안전구역으로의 연결이 가능하고, 안전구역의 안전을 위협할 수 있는 취약요소들이 산재해 있기 때문에 보다 강화된 경비활동이 요구된다. 이두석(2018), 앞의 책, pp. 261-262.

범죄자 및 테러리스트들의 공격수단과 위험의 광범위성은 과거와는 비교할 바가 아니기 때문이다. 따라서 정상회의가 이루어지는 코엑스(COEX) 건물 및 직접 인접지역이 안전구역에 해당한다고 볼 수 있다.

안전구역인 행사장 내부로 통하는 출입구는 최소화하고, 3중경호에 의한 제1선의 통제선(統制線)이 설치된다. 각 출입구는 출입통제점이 되어 내부로 들어가는 모든 인적·물적 요소의 신분확인과 검색이 이루어진다. 이에 따라 아래 그림에서 보는 바와 같이 코엑스(COEX) 건물 및 직접 인접한 지역을 안전구역으로 설정하고 거기에 제1선인 통제선으로 펜스 및 바리케이트를 설치하여 출입통제가 이루어진다.

서울 핵안보정상회의 경호구역

(2) 행사장 내곽 : 경비구역

일반적으로 내곽(內廓)은 행사장 내부 밖의 공간으로서 경비구역이라 불린다. 이러한 경비구역에는 제2선의 통제선이 설치된다. 내곽에서는 경호대상자의 승·하차시 직접적인 위해도 가능하고, 내부의 행사장에 영향을 미칠 각종 시설물 등이 위치하고 있기 때문에, 시설물에 대한 안전대책과 출입자에 대한 통제대책이 강구되어야 한다.

아래 그림에서 보는 바와 같이, 제2선인 통제선에도 펜스 및 바리케이트를 설치하여 일반차량에 대한 교통통제가 이루어지도록 하고 있다. 이러한 제2선인 내곽의 정·후문의 통제점에서는 초청장이나 입장권 등을 확인하여 출입하는 인원이나 차량을 통제함으로써 일반인의 출입은 제한되고, 외부로부터의 차량강습이나 시위대 등의 공격에 대비한 차단대책이 강구된다.

서울 핵안보정상회의 행사장 주변 경호구역(안전구역·경비구역)[14]

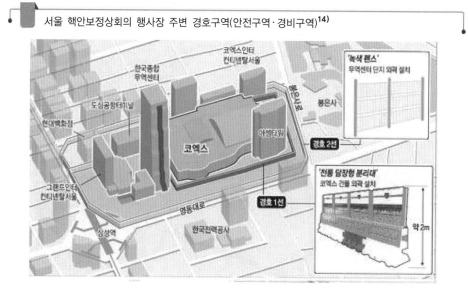

---

14) 연합뉴스(2012. 03. 13.).

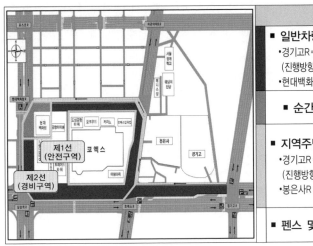

범　　례
■ **일반차량 교통통제 구역**
•경기고R ⇒ 코엑스R ⇒ 삼성역R ⇒ 현대백화점R (진행방향) •현대백화점R ⇔ 봉은사R ⇔ 코엑스R(양방향)
■ **순간 교통통제 가능 구역**
■ **지역주민, 상가기업체 상근자 통행로**
•경기고R ⇒ 코엑스R ⇒ 봉은사R, 하위 1차로 (진행방향) •봉은사R ⇒ 현대백화점R, 하위 1차로(진행방향)
■ **펜스 및 바리케이트 설치구역**

(3) 행사장 외곽 : 경계구역

외곽(外廓)은 경비구역 밖의 경계구역(제3선)에 해당하며, 별도의 가시적인 통제선(예: 펜스 및 바리케이트 등)을 설치하지는 않는다. 그러나 행사장 주변의 지형적 특성과 행사에 미치는 영향 등을 고려하여 일정구역을 경계구역으로 설정한다. 앞의 그림에서 보는 바와 같이 「2012 서울 핵안보정상회의」에서는 제3선인 경계구역을 정상회의장 (COEX) 주변지역(1.1km∼2.2km)에 경호구역을 설정하였음을 알 수 있다.

이러한 제3선인 경계구역은 경호대상자에 대한 직접적인 위해의 범위에서는 벗어나 있으나, 소란행위와 같은 행사 방해행동을 통하여 경호대상자의 기동이나 행사진행에 장애를 초래하는 등 경호안전에 압박 요인으로 작용할 수 있는 구역이다. 따라서 이러한 경호구역에서는 질서유지나 교통관리를 위해 '집회 및 시위'가 제한될 수 있다.

그리고 이러한 경계구역에 대해서는 정보사찰조나 순찰조를 운용하여 조기경보체제를 구축함으로써 위험징후나 기타 경호에 영향을 미치는 위해요소의 발생에 대비하도록 하고 있다.

그런데 제3선인 경계구역의 영역은 위와 같이 구체적으로 설정되고 있지만, 한편으로는 매우 광범위하고 추상적이다. 거시적으로 본다면, 직접적인 경계구역은 위와 같은 일정구역을 중심으로 설정되지만, 간접적인 경계구역은 대한민국 전역, 더 나아가 다른 나라까지 고려 대상이 될 수 있다고 본다. 따라서 예컨대, 「2012 서울 핵안보 정상회의」 전후에 지정된 경호구역과 전혀 무관한 부산항에서의 무기밀반입이나 또는 요주의 인물의 대한민국 입국, 그리고 다른 나라에서 테러사건이 발생하였다면, 이 역시 경계대상으로 고려해야 할 것이다.

제3절 경호안전대책

1. 경호안전대책의 의의

이상과 같이 경호구역을 지정하고 각 구역에 대한 경호안전대책(警護安全對策)을 수립해야 한다. 이를 위하여 기본적으로 경호구역에 대한 지속적인 경호정보·보안활동을 실시하여 위해기도자의 위해가능성을 줄이도록 해야 한다. 앞에서도 살펴본 바와 같이, 경호정보·보안활동은 모든 경호활동에서 있어서 기본이 되는 것이다. 따라서 경호준비단계(평상시의 안전한 경호환경 조성 및 경호계획수립과정)에서도 경호정보·보완활동은 이루어진다. 그리고 경호대비단계인 선발경호에서는 보다 구체적·직접적인 경호위해요소를 파악하여 이를 최소화하기 위한 정보·보안활동이 요구되는 것이다.

이러한 정보·보안대책을 바탕으로 하여, 선발경호의 가장 중요한 경호안전조치는 행사장의 인적 위해요소, 물적 위해요소, 그리고 지리적 위해요소에 대한 관리 및 통제를 통하여 행사장의 안전을 확보하는 일이라고 할 수 있다.[15]

먼저, 인적 위해요소에 대한 통제는 참석자 입장 및 주차계획, 본인 여부 확인 및 비표운용 등을 통하여 위해기도자의 행사장 내 침투 및 접근을 차단하도록 한다. 다음으로 폭탄과 같은 물적 위해요소에 대한 통제는 안전검측 등을 통하여 발견·제거하고, 또 총기 등은 금속탐지기 등을 이용한 검색을 통하여 행사장 내로 반입되지 못하도록 통제하여야 한다. 지리적 위해요소에 대해서는 경비구역에 대한 수색 및 감시

---

15) 이두석(2018), 앞의 책, p. 260.; 물론, 위해요소에 대한 접근은 비단 인적·물적·지리적인 것에 국한되지 않는다. 이는 위해기도자가 자신을 은폐할 만한 장소, 공격지점으로 삼을만한 장소나 시설물, 공격이 예상되는 시기와 공격수단, 위해기도자 자신을 위장하기 위한 방법이나 침투방법, 기타 요소 등 모든 것을 망라해야 한다.

활동을 통하여 위해기도자의 은신 및 위해기도를 사전에 차단하도록 한다.

이처럼 선발경호에서는 보다 구체적인 차원에서 경호안전대책이 요구됨을 알 수 있다. 특히, 일정한 기간 동안 이루어지는 대규모 행사의 경우에는 행사 전부터 지속적인 안전조치가 요구된다. 위에서 설명한 인적·물적·지리적 경호위해요소에 대한 경호안전대책과 관련하여 중요한 3가지 요소는 ㉠ 경호통제대책, ㉡ 경호안전검측(검색·검식 등 포함) 및 안전유지대책, 그리고 ㉢ 경호비상(돌발상황 및 응급상황 등) 대책을 강구하는 것이라 할 수 있다.[16] 요약건대, 경호안전대책은 기본적으로 경호정보·보안대책을 수립하면서, 이러한 3가지 안전대책을 마련하는 것이라 할 수 있다.

2. 경호정보·보안대책

1) 경호정보대책

경호정보활동에 대한 내용은 이미 제8장에서 살펴본 바와 같다.[17] 그런데, 사실 경호정보활동은 경호목적의 달성을 위하여 1년 365일, 1일 24시간 항상 이루어지는 활동이다. 특정한 경호단계에서만 이루어지는 것은 아니라는 점이다(이는 보안활동도 마찬가지이다). 다만, 각 단계마다 일정한 특성이 있다.

경호준비단계(경호계획수립 등)에서의 경호정보는 광범위하고 간접적이라면, 경호대비단계(선발경호)에 의한 현장에서의 위해동향 정보는 보다 구체적이고 직접적이다.

그리고 경호준비단계에서는 경호위해정보뿐만 아니라 경호계획을 수립하고, 경호의 방향을 결정하는 데 필요한 행사와 행사장 또는 교통과 기상여건 등과 관련된 다양한 정보가 요구된다. 반면에 경호대비단계의 현장정보는 직접적인 위해요소나 행사 방해행위에 관한 정보활동에 초점을 둔다. 따라서 경호대상자에 대한 직접적인 위

---

16) 양재열(2004), 앞의 논문, p. 34.
17) 이 책의 제8장에서 경호정보 요구방법으로 크게 ① 국가 정보목표 우선순위(PNIO), ② 첩보기본요소(EEI), ③ 특별첩보요구(SRI), 그리고 ④ 기타 정보요구(OIR)에 대해서 설명한 바 있다. 경호대비단계 즉, 선발경호에서 이루어지는 경호정보활동은 이 가운데서 특별첩보요구(SRI)의 성격을 갖는다고 볼 수 있다. 특별첩보요구는 '특정 지역의 특별한 상황에 대해 단기적으로 문제해결을 위해 필요한 범위 내에서 임시적이고, 단편적인 첩보를 요구하는 방법'으로 이해되고 있다. 그리고 특별첩보요구는 그 단기적 효용으로 인해 다른 첩보들에 비해 가장 우선적으로 수집되어야 한다는 특징이 있다. 선발경호는 특정행사장에 대한 특별한 위해요소를 중심으로 한다는 점에서 이와 그 맥락을 같이 한다고 본다.

해기도나 행사에 영향을 줄만한 집회시위나 위해물질의 이동 등에 관한 구체적인 움직임을 파악하여, 전파하고 이에 대한 대비책을 마련해야 한다.

따라서 경호대비단계의 선발경호팀에 의한 현장 정보활동은 위해나 행사 방해책동이 예상되는 인물이나 단체에 대한 추적감시는 물론이고, 때로는 그들과 직접 타협하거나 협상을 벌여야 할 필요성도 있다.

2) 경호보안대책

경호목적을 달성하기 위해서는 경호대상자의 신변상의 정보 및 행사진행에 대한 세부정보가 적절하게 통제되어야 한다. 보안(保安)은 위해기도자의 공격준비에 도움이 되는 정보를 제한 또는 통제하는 것을 말한다.[18] 이와 같은 경호상의 보안은 다음과 같은 몇 가지 원칙이 있다.[19]

(1) 경호보안의 원칙

① 알 사람만 알아야 하는 원칙

먼저, 알 사람만 알아야 하는 원칙이다. 이는 경호상의 보안이 요구되는 정보는 이를 꼭 필요로 하는 사람에게만 전달되어야 한다는 것을 말한다. 바꿔 말하면, 알 필요성이 없는 사람은 경호대상자 등에 관한 정보에 접근하게 해서는 안 된다.

② 적당성의 원칙

경호상의 정보는 이를 사용하는 사용자에게 필요한 만큼 적당한 양이 전달되어야 한다는 것을 말한다. 정보가 부족해도 임무수행에 장애가 되지만, 잡다하게 많은 정보 역시 경호조치에 혼란만 증대시킬 우려가 있다.

---

18) 보안의 개념은 소극적 의미와 적극적 의미가 있다. 소극적 의미는 '국가안전과 관련되는 인원, 문서, 시설, 지역, 통신 등 각종 침해행위로부터 보호하기 위해 취해지는 일체의 수단과 방법'을 의미한다. 적극적 의미는 소극적 의미의 보안과 같이 '방어'(防禦)적인 것뿐만 아니라 '공격'(攻擊)적인 의미를 갖는다. 즉, '국가안전과 관련되는 위해요소의 공격 또는 책동을 방지하며, 더 나아가 이러한 위해요소를 탐지·조사·제거하는 등의 적극적인 예방활동'을 말한다. 그런데, 보안의 개념을 적극적으로 해석하게 되면, 정보개념이 된다. 거시적인 관점에서 본다면, 보안과 정보는 '동전의 양면'인 셈이다. 따라서 여기에서는 보안을 소극적인 의미로 접근하여 살펴보고자 한다.

19) 강욱·김석범·성홍재(2008), 경찰경무론, 경찰대학, p. 317.

③ 부분화의 원칙

정보의 내용과 가치의 정도에 따라 이를 분리하여, 다른 정보를 통해서 해당 정보를 취득할 수 없도록 독립시켜야 한다는 것을 말한다. 대량의 정보를 한 번에 얻을 수 있게 되면, 원치 않는 정보가 유출될 가능성이 높다.

④ 보안과 능률의 조화 원칙

보안을 지나치게 강조하는 경우, 생산된 정보가 사용자에게 제대로 전달되지 않아 경호정책결정에 사용하지 못할 우려가 있다. 이처럼 보안과 능률은 반비례관계가 있기 때문에 양자의 적절한 조화를 유지하는 방법이 요구된다.

(2) 경호보안의 대상

경호의 관점에서 본다면, 경호대상자의 이익을 위해 필요한 유형·무형의 모든 것이 보안의 대상이 되며 크게 인원, 문서, 시설·지역 및 장비, 통신 등으로 구분할 수 있다.[20]

① 인원보안

인원보안은 경호업무를 수행하는 주체(경호원)와 객체(경호대상자)를 모두 포함한 관련자들을 말한다. 경호주체인 경호원의 현황 및 작전 규모, 경호객체인 경호대상자의 특징 등은 모두 보안대상이 된다. 대통령 등의 경호에 관한 법률 제4조의 경호대상은 대표적인 인원보안 대상이라고 할 수 있다.

② 문서보안

보안의 대상이 되는 문서는 비단 비밀문서에 국한되는 것은 아니며, 일반문서 모두를 포함한다. 경호현장운용 관련 일반문서라 할지라도 그것이 위해기도자에게 유출되었을 경우, 악용될 수 있기 때문에 철저한 관리가 요구된다. 따라서 선발경호팀이 현장운용을 위해서 설치한 경호지휘소(CP: Command Post) 구역 내의 모든 사소한 것들 역시 외부로 유출 또는 노출되어서는 안 된다.

---

20) 위의 책, p. 319-331.

③ 시설·지역 및 장비보안

보안의 대상이 되는 시설·지역은 경호구역으로 지정된 일정한 장소라고 할 수 있다. 한편, 경호구역과 함께 국가중요시설 및 장비 역시 중요한 보안대상이 된다.

예컨대, 각국의 정상들이 참석하는 '다자간 정상회의'(핵안보 정상회의 등)가 이루어지는 동안 위해기도자는 경호행사장뿐만 아니라 국가중요시설(國家重要施設) 등에 대해서도 동시다발적으로 공격을 감행할 수 있고, 따라서 이에 대한 보다 철저한 안전 및 보안관리가 요구된다.[21]

참고   국가중요시설의 보안

경호·안전 대책기구의 장(경호처장)은 다자간 정상회의의 경호 및 안전관리를 위하여 필요하면 관계기관의 장과 협의하여 「통합방위법」 제2조 제13호에 따른 국가중요시설과 불특정 다수인이 이용하는 시설에 대한 안전관리를 위하여 필요한 인력을 배치하고 장비를 운용할 수 있도록 하고 있다(대통령 등의 경호에 관한 법률 제5조의2 제5항).

그리고 이에 따른 경호인력 배치 및 장비 운용은 위와 같은 협의를 거친 후 경호구역 내에서는 경호·안전 대책기구의 장이, 경호구역 외의 지역에서는 해당 국가중요시설 또는 불특정 다수인이 이용하는 시설의 안전관리를 담당하는 관계기관

---

21) 보호지역: ① 각급기관의 장과 관리기관 등의 장은 국가안전보장에 관련되는 인원·문서·자재·시설의 보호를 위하여 필요한 장소에 일정한 범위의 보호지역을 설정할 수 있다. ② 제1항에 따라 설정된 보호지역은 그 중요도에 따라 제한지역(制限地域), 제한구역(制限區域) 및 통제구역(統制區域)으로 나눈다. ③ 보호지역에 접근하거나 출입하려는 사람은 각급기관의 장 또는 관리기관 등의 장의 승인을 받아야 한다. ④ 보호지역을 관리하는 사람은 제3항에 따른 승인을 받지 않은 사람의 보호지역 접근이나 출입을 제한하거나 금지할 수 있다(보안업무규정 제 34조 각항).
보호지역의 구분(보안업무규정 시행규칙 제54조)

제한지역	비밀 또는 국·공유재산의 보호를 위하여 울타리 또는 방호·경비인력에 의하여 영(보안업무규정) 제34조 제3항에 따른 승인을 받지 않은 사람의 접근이나 출입에 대한 감시가 필요한 지역
제한구역	비인가자가 비밀, 주요시설 및 Ⅲ급 비밀 소통용 암호자재에 접근하는 것을 방지하기 위하여 안내를 받아 출입하여야 하는 구역
통제구역	보안상 매우 중요한 구역으로서 비인가자의 출입이 금지되는 구역

의 장이 각각 주관하여 실시하도록 한다. 다만, 이러한 경호인력 배치 및 장비 운용 기간은 다자간 정상회의별로 6개월을 초과할 수 없다(동법 시행령 제4조의4).

④ 통신보안

경호통신 역시 보안의 중요한 대상이 된다. 여기에서 경호통신은 경호현장운용을 하는 데 필요한 정보교환을 하는 유선 또는 무선장비를 말한다. 이러한 경호통신은 경호본부와 경호선발대, 경호원과 경호원 상호간을 연결하는 신경선(神經線)으로서 경호활동의 생명선과도 같은 중요한 기능을 하기 때문에 철저한 보안이 요구된다.

특히, 무선통신은 보안성이 가장 취약한 통신망이므로 긴급하거나 유선통신이 불가능할 경우 사용하여야 하고, 반드시 보안대책을 강구하여 사용하여야 한다. 따라서 무선통신은 최소한의 필요한 사항만을 교신하고, 무선용어는 무선약호를 최대한 활용하여 간명하게 사용하여야 하며, 무전기 운용자는 자국 및 상대국 호출부호를 명확히 사용하여야 한다. 한편, 경호활동에 사용되는 모든 주파수는 담당기관의 통제를 받아 관리 · 운용되어야 한다.

(3) 경호보안의 방법

이러한 보안대상을 적절하게 보호하기 위해서는 일정한 비밀등급을 정하여 특별한 방법에 따라 보호해야 한다. 이와 관련해서 「보안업무규정」에서는 '비밀'(秘密, secret)이란 「국가정보원법」에 따른 국가기밀을 말한다고 규정하고 있다(제2조 제1호).[22]

한편, 「보안업무규정」에서는 그 비밀은 그 중요성과 가치의 정도에 따라 다음과 같이 구분하고 있다(제4조 각호).

---

22) 국가기밀: 국가의 안전에 대한 중대한 불이익을 피하기 위하여 한정된 인원만이 알 수 있도록 허용되고 다른 국가 또는 집단에 대하여 비밀로 할 사실 · 물건 또는 지식으로서 국가기밀로 분류된 사항만을 말한다(국가정보원법 제4조 제1항 제2호 단서).

Ⅰ급 비밀	누설될 경우 대한민국과 외교관계가 단절되고 전쟁을 일으키며, 국가의 방위계획·정보활동 및 국가방위에 반드시 필요한 과학과 기술의 개발을 위태롭게 하는 등의 우려가 있는 비밀
Ⅱ급 비밀	누설될 경우 국가안전보장에 막대한 지장을 끼칠 우려가 있는 비밀
Ⅲ급 비밀	누설될 경우 국가안전보장에 해를 끼칠 우려가 있는 비밀

한편, 보안상의 비밀은 적절한 분류원칙에 의해서 분류하도록 하고 있다(보안업무규정 제12조 각항). 첫째, 비밀은 적절히 보호할 수 있는 최저등급으로 분류하되, 과도하거나 과소하게 분류해서는 안 된다(과도 또는 과소 분류금지의 원칙). 둘째, 비밀은 그 자체의 내용과 가치의 정도에 따라 분류하여야 하며, 다른 비밀과 관련하여 분류해서는 안 된다(독립분류의 원칙), 셋째, 외국 정부나 국제기구로부터 접수한 비밀은 그 생산기관이 필요로 하는 정도로 보호할 수 있도록 분류해야 한다(외국비밀의 존중의 원칙).

3. 경호통제대책

행사장에 도착한 선발경호팀의 가장 중요한 경호안전상의 조치는 행사장의 인적·물적·지리적 위해요소에 대한 통제를 적절하게 하는 것이라 할 수 있다. 행사장의 위해요소에 대한 통제는 기본적으로 출입통제(出入統制)를 통해서 이루어진다.[23]

따라서 출입통제는 행사장의 안전을 확보하기 위한 가장 기본적인 경호조치라고 할 수 있다. 출입통제를 위해서는 우선적으로 3중경호이론의 관점에서 경호구역(안전구역, 경비구역, 경계구역)을 설정하고, 그에 따라 각 구역별 통제의 범위를 결정해야 한다.

여기에서 특히, 제1선인 안전구역은 행사와 무관한 사람들의 행사장 출입을 통제해야 하는데, 그 효과를 극대화하기 위해서 가능한 한 출입구는 단일화 또는 최소화하는 것이 바람직하다. 제2선인 경비구역은 행사참석자를 비롯한 모든 출입요소의 1차 통제지점이 된다. 따라서 경비근무 등 직무수행 담당자 이외에 용무가 없는 사람들의 출입을 가급적 제한하도록 한다.

---

23) 양재열(2012), 경호학원론, 서울: 박영사, p. 256.; 김두현(2013), 경호학개론, 서울: 엑스퍼트, pp. 239-240.; 이두석(2018), 앞의 책, pp. 265-268.

한편, 이러한 출입통제대책은 입장계획, 주차계획, 비표운용계획, 금속탐지기 운용계획 등 보다 구체적인 계획수립 및 운용을 통해서 가능하게 된다.

1) 입장계획

먼저, 선발경호팀은 행사장의 출입통제를 위해서 참석자 등에 대한 입장계획을 세워둬야 한다. 그리고 이러한 입장계획을 통해서 행사장에서의 혼잡을 방지하고, 참석자들의 동선(動線)을 원활하게 유도할 수 있어야 한다.

입장계획에 따른 행사장 출입통제 및 혼잡방지 방법 가운데 하나로는 '중간집결지'를 운영하여, 버스 등을 이용한 단체입장 방식을 들 수 있다. 그리고 '시차별 입장'을 통하여 인원을 분산시키는 것도 검토할 수 있다.

한편, 차량이 출입하는 곳과 도보로 출입하는 곳을 구분하여 운용할 필요가 있다. 그리고 참석자들이 서로 뒤엉키는 상황이 발생하지 않도록, 내부 참석위치에 따라 출입구를 지정하여 동선이 서로 교차하지 않도록 하는 방법도 검토할 수 있다.

물론, 이상과 같은 참석자 입장계획은 철저한 신분확인 및 검색과 직결되며, 따라서 참석자 입장과정에서 이러한 신분확인 및 검색이 자연스럽게 이루어져야 한다. 이를 위해서는 행사장 정문 근무자는 행사장 주최 측과 협조하여 초청장발급·비표패용 여부를 확인하고, 거동수상자와 정문 주변에서 비표 없이 배회하는 자는 철저히 검문 검색해야 한다.

2) 주차계획

다음으로 출입통제대책 가운데 하나인 주차계획은 입장계획과 연계하여 검토할 필요가 있다. 즉, 주차장별로 승차입장카드를 구분하여 운용하고, 하차하는 지점과 주차장소에 대한 안내표지판 등을 설치하여 참석자들을 안내하도록 한다.

행사장에서의 혼잡상황을 예방하거나 행사장 주변에 주차장이 충분하지 않을 경우에는 중간집결지를 운용하여 단체버스로 이동시키고, 개별 승용차의 행사장 입장을 가급적 제한하도록 한다. 그리고 차량과 도보 입장 동선이 뒤엉켜 혼잡스러운 상황이 발생하지 않도록 해야 한다.

3) 비표운용계획

비표(祕標)는 행사참석자를 비롯한 출입인원, 장비 및 차량 등의 모든 인적·물적 출입요소의 인가 및 확인여부를 표시하기 위하여 사용되는 중요한 수단이다. 이러한 점에서 비표관리는 행사참석자의 신원확인 및 활동범위를 지정해주는 중요한 통제수단이라고 할 수 있다. 비표의 종류에는 리본, 배지, 명찰, 모자, 조끼, 승차입장카드 및 스티커 등이 있다. 경호목적상 비표는 다음과 같은 관점에서 운용·관리되어야 한다.

ㄱ 비표는 행사장 모든 참가자에게 운용함을 원칙으로 한다. 다만, 행사성격을 고려하여 일부 제한된 행사에 대해서는 지침에 따라 운용하지 않을 수 있다.

ㄴ 비표는 제작할 때부터 보안에 신경써야 하며, 따라서 비표 분실사고 발생시에는 즉각 보고하여 전체 비표를 무효화하고 새로운 비표를 해당자 전원에게 지급해야 한다.

ㄷ 비표의 종류는 적을수록 좋고, 행사참석자를 위한 비표는 구역별로 그 색상을 달리하면 식별 및 통제가 용이하다.

ㄹ 비표는 그 모양이나 색상이 원거리에서도 식별이 용이하도록 단순하고 선명하게 제작하도록 한다.

한편, 행사장 내로 반입되는 물품이나 창고와 같이 행사시 사용할 필요가 없는 공간에는 확인증이나 점검 필증과 같은 스티커를 부착하거나 봉인(封印)하여, 해당 물품이나 시설물의 안전성 및 이상 유무를 표시하도록 한다.

4) 금속탐지기 등의 운용계획

금속탐지기(MD: Metal detector)는 인적·물적 출입요소의 이상 유무와 위해성을 확인하는 것인데, 금속성 물질에만 제한적으로 반응하는 특징이 있다. 이러한 금속탐지기는 크게 문형 금속탐지기와 휴대용 금속탐지기로 구분할 수 있다.

이러한 금속탐지기는 행사장의 구조적 특징, 행사의 성격, 행사 참석자의 규모 및 성향 등을 고려하여 통제가 용이하고 공간이 확보된 장소에 설치하여 운용하도록 한다.[24] 일반적으로 금속탐지기를 2대 이상 운용시에는 최소 3m 이상의 거리를 유지하고, 검색요령으로는 통과 입장객이 최소 1.5m 거리의 개인 간격을 유지하도록 하여 보통 걸음으로 통과하도록 하고, 대상자가 소지한 휴대품은 별도로 검색하도록 한다.

한편, 금속탐지기를 설치·운용할 때에는 이의 검색능력(검색대상의 종류 및 검색용량 등)을 고려하여 이의 설치장소 및 대수를 판단하고, 행사의 성격에 따라 X-Ray 또는 물품보관소를 같이 운용하도록 한다.

4. 경호안전검측·검색·검식과 안전유지대책

1) 안전검측·검색·검식

(1) 안전검측

① 안전검측의 개념

행사장의 안전을 확보하기 위한 검측활동은 경호행사의 필수불가결한 전제조건이라 할 수 있다. 안전검측(安全檢測, security inspection)은 행사장 내의 물적 위해요소를 탐지하여 필요한 안전조치를 취하고, 이와 관련된 비상대책을 강구하는 안전활동을 말한다.

이러한 검측활동의 목적은 폭발물(爆發物)과 같은 물적 위해요소를 이용한 위해행위를 차단하고, 화재나 정전 등과 같은 사고에 대비하며, 기타 우발상황을 미연에 방지하기 위한 것이다. 따라서 검측활동은 시설물의 안전진단에서부터 은닉된 위해물질의 수색, 냉난방시설이나 가스시설의 안전점검, 화재시에 대비한 소방시설 점검, 정

---

24) 금속탐지기(金屬探知器)는 어떠한 대상의 쉽게 보이지 않는 금속 물질을 탐지하기 위해 만든 도구이다. ① 최초의 금속탐지기는 미국의 발명가 알렉산더 그레이엄 벨(A.G. Bell)에 의해 만들어졌다. 1881년 7월 2일, 미국의 대통령인 가필드(J.A. Garfield)는 모교 윌리엄스대학 방문 중 개인적인 원한을 산 기토(C. J. Guiteau)에게 저격당하는 사건이 발생하였다. 가필드는 자신의 몸에 박힌 납 탄환 때문에 그의 건강이 악화되었는데, 의사들은 이 탄환을 찾지 못하였다. 이때 금속탄환을 찾기 위해 벨이 발명한 금속탐지기를 사용하고자 하였는데, 테스트에서는 잘 작동했지만 대통령의 몸에 박힌 탄환을 찾는 데에는 장치의 오작동으로 인해 실패하였다. 벨은 대통령이 누워있던 침대의 뼈대가 금속이기 때문에 금속 재질이 아닌 침대로 올려달라고 부탁했지만 무시당했다. 가필드 대통령은 결국 이 후유증으로 80일 만에 세상을 떠났다. ② 한편, 1969년 12월 11일, 강릉에서 서울로 향하던 대한항공 소속 여객기가 공중에서 납치되어 북한으로 끌려간 사건이 발생하였다. 이 사건 이후로 국내의 모든 공항에 금속탐지기가 설치되었다. 대한민국 공항에서 승객에 대한 보안 검색 업무가 본격적으로 강화된 것은 이때부터이다. 위키백과(https://ko.wikipedia.org).

전에 대비한 전기시설의 점검은 물론이며, 승강기 안전에 이르기까지 광범위하게 진행된다.[25]

최근에는 급조된 사제폭발물(IED: Improvised Explosive Device) 관련 사고가 크게 늘어나고 있어 이에 대한 각별한 주의가 요구된다. 사제폭발물은 우리 주변의 생활도구를 이용하여 다양한 형태와 크기로 제작되기 때문에 폭발물이라고 판단하는 데 어려움이 따르고, 내부에 금속성 물질을 사용하지 않고 플라스틱이나 액체폭약을 사용하는 경우에는 금속탐지기에 의한 검색의 어려움이 따른다. 또한 군용 폭발물에 비해 불안정하기 때문에 폭발의 위험성이 따르고, 폭발 스위치 제작방법이 다양하여 이동 및 처리에 많은 어려움이 있다.

참고   사제폭발물(IED)

사제폭발물(IED : Improvised Explosive Device)은 정해진 규격 없이 사적으로 만들어진 폭탄을 말한다. 한편, 차량에 폭발물을 탑재하고 돌진하는 방식은 'VBIED(Vehicle-Borne IED)'라고 한다.

IED는 적은 비용으로 만들 수 있는 것이 특징이며, 제작 방식과 형태가 다르기 때문에 이에 대한 대비가 어렵다. IED 사용방법은 직접 투척하거나 전화기 같은 무선도구를 이용한 원격 폭발, 타이머를 이용한 폭발, 구리선 같은 것을 건드리면 폭발하는 방법 등 다양하다.

  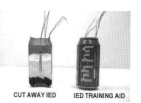

이라크 전쟁(2003~2011)에서 사망한 연합군의 60% 정도가 IED에 당한 것으로 알려졌다. 최근에는 무장단체에서 민간인을 대상으로 한 테러에 IED를 사용하는 경우도 많다. 2015년 11월에는 이슬람 수니파 무장단체 IS가 자신들의 영문 홍보잡지

---

25) 이두석(2018), 앞의 책, pp. 269-271.

다비크를 통해 이를 소개하기도 했다. 해당 폭발물은 비교적 단순한 형태로 음료수 캔과 뇌관, 기폭장치로 구성되었다. IS는 2015년 10월 발생한 러시아 여객기 테러에 IED를 사용했다고 주장하였다. 당시 러시아 여객기는 시나이 반도 상공에서 추락했으며 200명 이상의 탑승자 전원이 사망하였다.

IED는 이라크나 아프카니스탄 등에서만 볼 수 있는 것은 아니다. 전세계 어느 나라든지 이러한 공격으로부터 자유로울 수는 없다고 본다.[26]

② 안전검측의 기본원칙

위해기도자는 인간의 습성(예: 위를 보지 않는 습성, 더러운 곳을 싫어하는 습성, 공기가 탁한 곳을 싫어하는 습성 등)을 최대한 활용하여 공격하려는 성향이 있기 때문에 안전검측시에도 이러한 점에 주의를 해야 한다. 따라서 안전검측은 다음과 같은 원칙에 입각하여 상하좌우 빠지는 부분이 없도록 반복, 중첩(重疊)되게 실시하는 것이 바람직하다.[27]

- ㉠ 검측은 타 업무보다 우선하여 예외를 불허(不許)하고, 인원 및 장소를 최대한 지원받아 실시한다.
- ㉡ 위해기도자 즉, 적(敵)의 입장에서 설치장소를 의심하며 추적한다.
- ㉢ 아래에서 위로, 좌에서 우로 등 일정한 방향으로 체계적으로 실시한다.
- ㉣ 점과 선에서 실시하되, 가까운 곳에서 먼 곳으로, 밖에서 안으로 끝까지 추적하여 확인한다.
- ㉤ 통로보다는 양 측면을 점검하고, 책임구역을 명확히 구분하여 의심나는 곳은 반복하여 실시한다.
- ㉥ 장비를 이용하되 오감(五感)을 최대한 활용하여 실시한다.
- ㉦ 회의실, 오찬장, 휴게실 등 경호대상자가 장시간 머물러 있는 곳을 먼저 실시하고, 통로·현관 등 경호대상자가 움직이는 경로를 순차적으로 실시한다.
- ㉧ 전자제품은 분해하여 확인하고, 확인 불가능한 것은 현장에서 제거하거나 따로 보관한다.
- ㉨ 검측은 공식행사에서 실시함을 원칙으로 하며, 비공식행사시에는 비노출 검

---

26) http://cafe.daum.net/ilovenba/34Xk.; http://blog.naver.com/jwbaik/140049585326.;
다음백과(http://100.daum.net/encyclopedia).
27) 이상철(2012), 앞의 책, pp. 73-74.

측활동을 실시할 수 있다.

ⓒ 검측대상은 외부, 내부, 공중지역, 연도 등으로 구분하여 실시한다.

ⓚ 검측실시 후 현장 확보상태에서 지속적인 안전유지를 하도록 한다.

(2) 안전검색

① 안전검색의 개념

안전검색(安全檢索, security search)은 경호대상자에게 위해를 줄 수 있는 물체를 찾아내기 위한 활동으로, 주로 행사에 참석하는 사람들의 안전성 여부를 확인하기 위한 과정을 말한다. 행사에 참석하는 사람들에 대한 안전검색은 주로 금속탐지기를 이용하여 위해에 사용될 수 있는 무기나 위해물질을 찾아내기 위한 작업이다.

다만, 안전검색은 사람들의 몸이나 소지품을 확인하는 과정이기 때문에, 참석자들이 불쾌감을 갖지 않도록 태도와 언행에 유념하고, 소지품이 파손되지 않도록 주의해야 한다.

② 안전검색의 기본원칙

행사에 참석하는 사람들에 대한 안전검색은 철저하고, 예외 없이 이루어져야 하며, 일반적으로 다음과 같은 기본원칙에 입각해서 실시하도록 한다.[28]

ㄱ 참석자의 동태 및 표정을 살핀다.

ㄴ 비표 패용여부를 확인한다.

ㄷ 은닉 및 위장 가능성이 있는 물품에 유념해서 검색한다. 필기구나 전자제품은 개방해서 정상 작동여부를 확인한다.

ㄹ 개방이나 작동이 불가능한 물품, 파손 우려가 있는 물품이나 내부 확인이 곤란한 물품 등은 X-Ray를 이용하여 검색한다.

ㅁ 액체 및 캔류는 그 내용물을 확인한다.

ㅂ 금속탐지기에서 경보음이 작동하는 경우, 그 발생 원인을 끝까지 추적하여 확인한다.

---

28) 이두석(2018), 앞의 책, p. 271.

한편, 금속탐지기는 비교적 정확하기는 하지만, 기계장치이기 때문에 오작동이나 오차가 생길 수 있다. 따라서 검색과정에서 금속탐지기에 전적으로 의존해서는 안 되며, 근무자의 오관과 육감(六感)을 최대한 이용하여 검색활동에 만전을 기해야 한다.

(3) 안전검식

안전검식(安全檢食)은 경호대상자에게 제공되는 음식물의 안전을 확인하고 점검하는 활동을 말한다. 이러한 검식활동을 통해 경호대상자 등에게 제공되는 음식물의 이상 유무(위해성, 위생상태, 조리상태, 양, 맛, 모양, 온도 등)를 검사하고 확인하도록 한다.

따라서 식재료의 안전성은 물론 조리과정의 위생상태도 점검해야 하며, 경호대상자에게 음식료가 제공될 때까지의 안전상태를 지속적으로 확인해야 한다. 그리고 출처가 불분명한 음식료가 경호대상자에게 제공되어서는 안 된다.

2) 안전유지대책

안전유지(安全維持)라는 것은 이상에서 실시한 안전검측, 안전검색, 안전검식 등 제반 검사활동을 실시하여 그에 대한 안전조치(위해요소의 발견·제거 등)가 이루어진 상태를 행사가 끝날 때까지 계속 유지 및 통제하는 것을 말한다.

참고 　체첸공화국 카디로프 대통령 암살사건

2004년 5월 9일 아마드 카디로프(52세) 체첸공화국 대통령이 폭탄테러로 사망하였다. 정부 고위관리들이 대거 참석한 가운데 수도의 한 경기장에서 열린 '러시아 제2차 세계대전 승전 제59주년 기념행사'에서 카디로프 대통령은 군(軍) 분열식이 시작되는 오전 10:35경 귀빈석 밑에 장착된 폭발물이 터져 온몸에 파편을 맞고 인근병원으로 후송되었지만 30여분 만에 사망하였다.

이 사건으로 고위관료 및 기자 등 총 32명이 숨지고 46명의 부상자가 발생하였다. 카디로프 대통령은 체첸반군과 러시아군 간의 충돌에서 러시아 입장을 지지해 온 친(親)러시아계 인물로 체첸반군의 암살대상 1호로 지목되어 왔다.

이번 암살에 사용된 폭탄은 행사 3개월 전부터 제작된 단상의 귀빈석 밑에 이미 설치됨으로써 탐지에 걸리지 않았으며, 체첸 내무부는 귀빈석 근처에서 폭발하지 않는 폭탄을 추가로 발견, 제거했다고 발표했다.

한편, 사건 직후 작업에 종사하였던 인부들이 신원이나 소재도 파악되지 않았다고 한다. 사실, 모든 행사장에 대해서 수개월 전부터 이의 안전성을 확보·유지하는 것은 결코 쉬운 일이 아니다. 그러나 사망한 카디로프 대통령이 참석한 행사계획에 대한 보안유지가 허술하였고, 또 이후의 안전유지활동이 제대로 이루어지 않았음을 확인할 수 있다.[29]

5. 경호비상·구급대책

끝으로 선발경호팀에 의한 출입통제 대책과 안전검측·검색·검식 등에 의한 안전확보 및 유지에 의한 안전대책이 완벽히 계획되고, 시행된 후, 마지막으로 각종 비상상황에 대한 대책을 마련해야 한다.[30]

선발경호단계에서 비상상황에 대한 사전 준비 및 대비를 하지 않게 되면, 만약에 경호실시과정에서 예기치 못한 우발상황이 발생할 경우, 모두가 우왕좌왕하기 쉽다. 그리고 이로 인해 경호대상자에게 치명적인 결과가 초래될 수도 있다. 따라서 경호대비단계인 선발경호단계에서 발생 가능한 잠재적 위해상황을 염두에 두고 사전에 약속된 행동지침과 시나리오에 따라 일사분란하게 대응할 수 있는 '경호비상·구급대책'을 마련해 두어야 한다.

경호비상 · 구급대책

	비상대피로	위험발생 현장을 벗어나기 위한 대피통로
비상대피계획	비상대피소	잠시 안전하게 머무를 수 있는 장소
	비상대기차량	별도로 사용할 수 있는 예비차량
	예비도로	주도로 사용 불가시 사용할 수 있는 우회도로
비상대응계획	소방대책	화재경보 및 진압을 위한 장비 및 계획
	전기대책	정전시 대비책(비상전원, 플래시 등)
	구조대책	승강기 고장 또는 고층건물에서의 탈출계획 등
	구급대책	응급처치를 위한 의료장비와 약품, 최기병원

출처 : 이두석(2018). 경호학개론. 인천 : 진영사. p. 280.

---

29) 위의 책, p. 274.
30) 양재열(2012), 앞의 책, p. 260.

따라서 경호조직 내부적으로는 우발상황이 발생할 경우를 대비하여 방호와 대적, 통로 및 탈출구 개척 등의 임무가 명확히 구분되고, 상황에 따른 대피계획이 사전에 수립되어 있어야 한다. 그리고 외부적으로는 각 관계부서 간의 역할이 분담되고, 지휘체계가 확립되어 있어야 한다(경호비상·구급대책에 대한 자세한 내용은 제10장에서 살펴보기로 한다).[31]

참고   이스라엘 라빈총리 암살사건

1995년 11월 4일 이스라엘 라빈수상은 10만 여명이 참석한 '텔아비브 시청 앞'(왕들의 광장)에서 '중동평화 정착계획 지지 군중대회'를 마치고 시청 계단을 내려와 차량에 탑승하려는 순간, 범인은 약 2~3m 거리에서 9미리 권총을 발사하였다. 이로 인해 1발이 라빈총리 등에 명중되었고, 2발은 총리 뒤에서 수행하던 경호원이 총성 직후 총리를 차 안으로 밀어 넣는 순간 어깨 부분에 맞았다. 라빈수상은 곧바로 인근 병원으로 옮겨져 수술을 받았으나 피격 1시간 만에 사망하였다.

그런데, 당시 라빈수상의 피격상황이 일선 경찰에 제대로 전달되지 않아, 병원으로 이동하는 과정에서 수차례 경찰의 검문검색을 받아야 했다. 이는 비상 상황에 대응하는 경호조직 및 관계기관간의 지휘·연락체계가 제대로 확립되지 않아 발생한 것이라 할 수 있다.

---

31) 이두석(2018), 앞의 책, p. 277.

경호대응단계: 근접경호

Executive
Protection

제10장

경호대응단계: 근접경호

제1절　근접경호의 의의

1. 근접경호의 개념

제8장에서는 경호준비단계로서 기본적인 경호계획을 수립하였다면, 제9장에서는 경호대비단계로서 선발경호를 통해서 보다 구체적인 경호안전대책을 수립하였다고 볼 수 있다.

이 장에서는 이러한 경호준비(경호계획) 및 경호대비(선발경호)를 토대로 실제 경호대상자가 집무실 또는 자택 등을 출발하여 행사장에 참석하여 일정한 행사를 마치고 다시 집무실 또는 자택으로 귀가하는 과정에서 이루어지는 실질적인 경호활동에 대해서 살펴보기로 한다. 이는 경호원들이 직접적으로 경호대상자에 대한 경호를 실시한다는 점에서 경호실시단계 또는 경호대응단계라고 부른다.

또한 경호원들이 근거리에서 직접적으로 경호대상자를 계속 따라다니면서 경호활동을 한다는 점에서 근접경호(近接警護) 또는 수행경호(隨行警護)라고도 한다(이하 '근접경호'라고 부르기로 한다).[1] 이를 위해 근접경호원들은 경호대상자가 행사장 또는 숙소에

---

1) 한편, 근접경호와 수행경호를 구분하여 설명하기도 한다. 근접경호는 경호대상자의 지근거리에서 실시하는 호위행위로 개념화하고, 반면 수행경호는 경호대상자를 따라다니며 경호한다는 의미로서 근접경호와 기동경호가 이에 해당한다고 보고 있다. 이러한 점에서 근접경호는 수행경호의 일부라는 것이다. 이두석(2018), 경호학개론, 인천: 진영사, p. 292.; 이러한 견해는 근접경호는 주로 도보(徒步)를 이용하는 과정에서 이루어지는 제반경호활동으로 이해하는 것이라고 할 수 있다. 그러나 도보를 이용하는 경호뿐만 아니라 차량 등을 이용하는 기동경호(機動警護) 역시 근접(近接)에서 이루어진다는 점에서는 차이가 없다고 본다. 따라서 통상적으로 수행경호를 근접경호라고 사용해도 무방하다고 본다. 여러 경호학 관련서적에서도 이러한 관점에서 접근하고 있다. 김두현(2013), 경호학개론, 서울: 엑스퍼트, p. 244.; 양재열(2012), 경호학원론, 서울: 박영사, p. 85.

머물거나 도보 또는 차량 등의 기동수단을 이용하여 이동하는 경우 근접(近接)에서 제반 경호활동을 수행하게 된다.[2] 이러한 근접경호작용은 제7장에서 논의한 경호의 기본원리 및 행동원칙에 기초를 두고 있음은 물론이다.

근접경호는 행사의 성격이나 주변의 상황에 유연하게 유지되어야 하고, 근접경호원의 움직임이나 존재가 경호대상자의 행동에 장애가 되거나 방해가 되어서도 안 된다. 즉, 경호대상자의 공적인 업무나 사적인 업무가 방해를 받지 않도록 근접경호원의 존재나 행동은 항상 있으면서 없는 듯, 없으면서 있는 듯 자연스러워야 한다.

그리고 근접경호원은 항상 경호대상자가 자신의 시야 안에 확보된 상태에서 시선은 위해요소(군중 및 주변상황 등)를 향하고 있어야 하며, 육감(六感)을 이용한 느낌과 근접경호원 상호간의 네트워크가 치밀하게 형성되어 있어야 한다.[3]

2. 근접경호의 특성

근접경호를 실시하는 경호원들은 이의 특성을 숙지하고, 그에 맞게 행동하고 유사시에 적절한 조치를 취할 수 있어야 한다. 근접경호는 경호대상자와 혼연일체가 되어 위험에 대비해야 함은 물론이다. 근접경호원은 있어야 할 때 있어야 하고, 있어야 할 장소에 있어야 한다. 근접경호원은 위험이 있는 곳에, 위험이 있는 시간에, 정확히 그 자리에 있어야 한다. 이러한 근접경호는 다음과 같은 특성을 가지고 있다.[4]

(1) 노출성

경호대상자의 도보이동이나 차량이동과 같은 일거수일투족은 외부에 노출될 수밖에 없다. 경호대상자를 근접에서 호위하는 근접경호원 역시 아무리 위장을 하고 은밀하게 경호를 한다고 하여도 노출된 경호대상자를 근접에서 호위하다 보면, 일반인은 물론 경호대상자의 생명을 위협하는 위해기도자의 눈에는 완벽하게 노출된다고 보아야 한다.

---

2) 위의 책, p. 85.
3) 이두석(2018), 앞의 책, p. 292.
4) 김두현(2013), 앞의 책, pp. 244-245.; 이두석(2018), 앞의 책, pp. 294-295.

(2) 기동 및 유동성

상대적으로 선발경호는 사전에 행사장에 도착하여 안전을 확보하는 정적(靜的)인 개념의 경호활동인데 반해, 근접경호는 경호대상자의 이동을 따라 '움직이는 경호막'을 형성하는 동적(動的)인 개념의 경호활동이라 할 수 있다. 근접경호원은 경호대상자가 차량이나 항공기, 그리고 도보 등으로 이동할 때, 경호대상자를 따라 항상 움직이면서 변화하는 경호상황에 능동적으로 대처해야 한다.

(3) 방벽성

경호대상자의 지근거리에서 경호대상자를 보호해야 하는 근접경호원은 기본적으로 자신의 신체를 이용하여 경호대상자를 보호하게 된다. 근접경호원의 신체로 방벽을 형성하기도 하나, 가장 기본적인 것은 경호원의 신체인 만큼 방탄복 등을 착용하여 자신의 신체를 보호해야 한다. 경호원이 살아야 경호대상자도 살 수 있다는 사실을 명심해야 한다.

(4) 방호 및 대피성

근접경호원은 사전의 예방경호가 실패하였을 경우 즉, 최악의 상황을 가정하여 그에 대한 대비책을 마련해야 한다. 따라서 예방경호에 실패하여 일단 공격을 받게 되면, 경호대상자를 보호하여 사전에 준비한 장소로 신속히 대피함으로써 경호대상자의 생명과 신체를 보전하는 것이 무엇보다도 중요하다. 경호는 위해기도자와의 대적이 아니라 경호대상자의 보호가 주요임무이다.

(5) 기만성

위해기도자는 우발적으로 공격을 감행하기도 하지만, 공격의 성공률을 높이기 위하여 목표로 삼은 경호대상자의 생활패턴을 세밀히 관찰하고 추적하여 공격계획을 수립할 것이다. 또한 통상적인 경호기법 등을 연구하여 그 허점을 파고들 것이다. 따라서 경호팀은 위해기도자에게 허위 정보를 제공하거나 허위상황을 연출하여 위해기도자의 추격 및 공격을 회피하는 기만전술을 적절히 구사하여 경호의 효율성을 높이는 방법도 검토할 필요가 있다.

(6) 최후의 방어수단

끝으로 근접경호는 경호대상자를 보호하는 최후의 방어선이라는 점에서 매우 중요한 의미를 갖는다. 이 근접경호가 뚫리면 곧바로 경호대상자는 치명적인 위험에 놓이게 됨은 물론이다. 따라서 근접경호원과 근접경호원을 연결하는 보이지 않는 경호막(protective bubble)은 경호대상자를 중심으로 물방울처럼 항상 유연하게 유지되어야 한다. 이러한 경호막은 근접경호원들이 형성하는 인적방벽인 경호대형으로 완성되며, 따라서 근접경호대형의 형성에 허점이 생기지 않도록 유의해야 한다.

제2절　근접경호의 방법

제2장에서 살펴본 바와 같이 근접경호는 이동수단, 장소, 그리고 행사 성격 등에 따라 일정한 특징을 가지고 이루어진다고 볼 수 있다. 물론, 근접경호의 본질적인 사항(즉, 경호대상자의 안전한 보호 등)에는 변함이 없지만 이의 목적달성을 위한 경호방법 또는 수단은 각각의 상황에 따라 차이가 있다고 본다. 이 가운데 아래에서는 가장 일반적으로 제시되는 근접경호의 이동수단인 도보경호와 차량경호를 중심으로 살펴보기로 한다.

1. 도보이동 근접경호

1) 도보이동 근접경호의 개념

도보경호(徒步警護)는 경호대상자가 도보를 이용하여 이동하는 동안에 이루어지는 근접경호활동을 말한다.

도보경호는 차량이동 등을 이용한 기동경호(機動警護)에 비하여 이동속도가 느리기 때문에 자연히 외부에 노출되는 시간이 길어지고, 결국 위해기도자가 공격할 수 있는 기회가 많아지게 된다. 그리고 경호목적을 위해 도보대형을 형성하게 되면, 결과적으로 주변의 시선을 끌게 된다. 건물내부나 차량 안에서 밖으로 나오게 되면, 그로 인한 방벽효과가 사라짐으로써 상대적으로 경호대상자가 위험에 노출되게 된다.

이에 대한 보완대책으로는 가급적이면 이동속도를 빠르게 하면서 단거리 직선통로를 이용하여 이동거리를 줄이고, 각각의 상황에 맞는 적절한 도보대형을 형성하여 방벽효과를 높일 필요가 있다. 그리고 경호대상자의 신체적 조건 및 건강상태 등을 고려하여 도보대형을 형성 운용해야 함은 물론이다.

2) 도보이동 근접경호대형의 형성

도보이동을 하는 과정에서 형성되는 근접경호대형은 경호대상자의 성향 및 주변의 상황 등을 고려하여 운용된다.[5]

먼저, 경호대상자의 성향은 근접경호대형의 형성에 영향을 미친다. 경호대상자가 내성적인지 외향적인지, 은둔형인지 과시형인지 등에 따라 경호대형이 결정된다고 볼 수 있다. 또한 행사의 성격(공식, 비공식 행사 등), 행사장 안전도 및 취약성, 행사참석자의 수 및 성향(우호적 또는 적대적), 그리고 인적·물적 취약요소의 위치와 지리적 취약성 등에 따라 경호대형의 형태와 규모가 다양하게 변화된다.

한편, 도보이동 근접경호대형을 형성할 때 어느 정도의 경호원을 동원하는 것이 적절한지에 대해 검토할 필요가 있다. 근접경호대형 형성시에 지나치게 많은 경호원을 동원하게 되면, 방벽효과를 높일 수 있을지는 모르나, 그렇게 되면 경호대상자의 활동이 제약받게 되고, 대외적으로 좋은 이미지를 주기 어렵다고 본다. 따라서 근접경호대형은 경호대상자의 활동을 최대한 보장할 수 있는 선에서 전방위에 대한 사주경계와 신변안전을 보장할 수 있는 적정인원으로 형성하는 것이 바람직하다고 본다.[6]

그리고 근접경호대형을 형성하는 경호원들은 자신들에게 부여된 담당 위치를 중심으로 사주경계를 하되, 이의 범위는 '중첩'(重疊)되게 설정하여, 사각(死角)이 발생하지 않도록 해야 한다.[7]

---

5) 이두석(2018), 앞의 책, p. 298.
6) 위의 책, p. 299.
7) 한편, 엘리베이터 탑승시와 같이 특별한 대형의 형성이 무의미한 경우에는 '경호원은 위험이 있는 곳에 위치한다'는 원칙하에 행동하면 무난하다. 즉, 경호원이 확인한 곳에 경호대상자가 위치하고, 경호원이 밟은 곳을 경호대상자가 밟는다면 1단계 경호안전조치는 이루어진 셈이다. 위의 책, p. 299.

이상에서 근접경호대형의 형성과 관련하여 몇 가지 주요 사항을 살펴보았는데, 이러한 근접경호대형은 ㉠ 기본대형, ㉡ 응용대형, ㉢ 방호대형으로 구분할 수 있다(방호대형에 관한 내용은 경호비상대응 부분에서 살펴보기로 한다).[8]

(1) 기본대형

기본대형은 경호원의 수에 따라 1인 대형, 2인 대형, 3인 대형, 4인 대형, 5인 또는 6인 대형 등으로 운용이 가능하다. 그리고 경호원이 형성하는 경호대형의 모양에 따라 쐐기대형, 마름모대형, 사각대형, 원형대형 등으로 부르기도 하는데, 이는 가용한 인원수와 상황에 따라 선택적으로 적용한다.

① 1인 경호와 2인 경호대형

㉠ 1인 경호

1인 경호는 근접경호의 특징인 방벽효과를 제대로 제공하지 못할 뿐만 아니라 위해기도자와의 대적과 대피의 임무분담도 이루어지기 어렵기 때문에 한계가 있다. 사실 '대형'(隊形)이라는 것은 여러 사람이 질서 있게 정렬한 형태를 의미하기 때문에 1인 경호는 경호대형의 형태라고 할 수 없으며, 경호적 관점에서도 맞지 않는 경호방식이라 할 수 있다.

이는 취약요소 또는 위해요소가 거의 없는 안전이 확보된 장소에서 선택할 수 있는 경호방식이라고 볼 수 있다. 1인 경호가 불가피한 상황이라면, 경호원은 경호대상자의 좌우측 후방 1~2m 지점에 위치하여, 경호대상자와의 촉수거리를 유지함으로써 위험상황에 대비해야 한다.

㉡ 2인 경호

2인 경호는 기본적으로 경호대상자의 전방과 후방에서 경계활동을 수행하는 최소단위의 경호대형이라고 할 수 있다. 이러한 2인 경호는 안전한 지역에서 취할 수 있는 경호대형으로 좁은 실내나 복잡한 장소 이동시에 적합하다고 볼 수 있다. 비교적 위험요소가 적거나 시선을 덜 끄는 경호대상자에게 적용할 수 있다. 그리고 기본적으로 전방과 후방의 대각선으로 형성된 경호대형은 상황에 따라 적절하게 위치해야 한다.

---

8) 위의 책, pp. 301-323.

② 삼각대형과 역삼각대형

　㉠ 삼각대형

　　삼각대형 또는 쐐기대형(Wedge Formation)은 전방에 1인을 두고, 그 외의 경호원은 경호대상자의 측방이나 후방에 위치하는 대형이다. 이러한 삼각대형은 3~4명으로 형성된다. 4명일 경우에는 3명의 경호원은 경호대형을 형성하고 팀장(L)은 경호대상자의 촉수거리(觸手距離)에서 전체상황을 통제하면서 수행하게 된다.

　　이러한 삼각대형은 경호원 간에 적절한 경계구역 할당이 이루어지고, 위해상황 발생시 방호와 대피, 그리고 대적의 임무분담이 가능하다. 그리고 경호대상자를 경호원이 만드는 삼각형의 안전구역 안에 둠으로써, 근접경호의 효과를 높일 수 있다.

3인 삼각대형(좌)과 4인 삼격대형(우)

출처 : 이두석(2018), 경호학개론, 인천 : 진영사, p. 303.

　㉡ 역삼각대형

　　역삼각형 대형은 'V'자 형태로 전방에 경호원을 2명 두고, 후방에 1명을 두는 형태이다. 이는 진행방향인 전방에 위해요소가 있다고 예상되는 경우 취하는 경호형태라고 할 수 있다. 예컨대, 전방에 오솔길, 곡각지(曲角地: 도로의 휘어진 부분이나 꺾인 부분) 등과 같이 지리적인 취약점이 있을 경우, 전방에 대한 사주경계를 강화하면서 경호업무를 수행하게 한다.[9]

그런데, 역삼각 대형은 경호 측면에서 볼 때, 경호대상자의 바로 전방에 경호원이 위치하지 않고, 전방 좌우에 위치하기 때문에 경호대상자의 전방은 개방되어 있는 형태이다. 따라서 역삼각형 대형은 외부로부터 위험요소가 없다고 판단되거나, 대외적인 이미지를 중시하는 경우에 고려되기도 한다. 예컨대, 경호대상자가 안전이 확보된 행사장에 입장하는 경우, 또는 경호대상자가 주인공으로서 스포트라이트를 받는 경우 등 적용이 가능하다.[10]

③ 마름모대형과 사각대형

㉠ 마름모대형

마름모대형 또는 다이아몬드대형(Diamond Formation)은 4~5명의 경호원이 마름모꼴로 경호대형을 형성하여 중앙인 안전구역에 경호대상자를 두고 전후좌우 사방에 대한 사주경계가 가능하다는 특징을 갖는다. 특히, 5인으로 형성된 마름모 대형은 가장 기본적인 경호대형으로써, 팀장을 제외한 4명의 경호원이 각각의 위치에서 경호업무를 수행하게 된다. 이 대형은 군중이 밀집해 있는 통로, 혼잡한 복도 등에서와 같이 근접경호가 요구되는 상황에서 적합한 대형이다.[11]

한편, 경호대상자를 근접에서 보호하기 위한 경호대형은 상황과 인원수에 따라 대형의 형태나 규모를 융통성 있게 운용할 수 있을 것이다. 다만, 근접경호원이 너무 많으면 경호대상자의 본연의 활동이나 대외적인 이미지 제고에 장애가 될 수 있고, 반면 경호원이 너무 적으면 우발상황에 적절한 대응이 어려울 수 있다.

㉡ 사각대형

사각대형(Box Formation)은 전통적인 경호대형인 마름모대형의 변형이라고 할 수 있다. 기본적으로 경호대형은 삼각대형과 마름모대형과 같이 경호원이 전방에 위치하여 사주경계를 해야 한다.

다만, 마름모대형을 형성하여 이동하는 과정에서 좁은 통로나 계단 등을 만

9) 이상철(2012), 경호현장운용론, 인천: 진영사, p. 146.
10) 이두석(2018), 앞의 책, p. 308.
11) 이상철(2012), 앞의 책, pp. 146-147.

나는 경우, 좁은 종대대형으로 전환하여 사각대형을 유지하도록 한다. 그리고 사각대형은 연도 경호시 도로 양편에 군중이 운집해 있을 경우, 전방을 열어주고 군중이 밀집해 있는 측방에 대한 경계를 강화할 필요가 있을 경우에 사용하게 된다.

(2) 응용대형

아래에서는 경호대상자가 이동하는 과정에서 직면하게 되는 특정한 상황에 대해서 각각의 적절한 경호조치가 이루어져야 한다. 이와 관련하여 악수시의 경호, 계단이동시의 경호, 에스컬레이터 이동시의 경호, 엘리베이터 이동시의 경호, 출입문 통과시의 경호 등을 중심으로 살펴보기로 한다.[12]

① 악수시의 경호

악수는 신원이 확인되고 친분이 있는 사람과 할 수도 있지만, 신원이 불투명한 불특정 다수인과 최근접 거리에서 신체적 접촉이 이루어진다. 그리고 이러한 과정에서 위해기도자가 공격할 수 있는 기회에 가장 많은 노출이 될 수 있기 때문에 이에 대한 경계를 강화해야 한다.

따라서 경호원들은 악수하는 자와 악수를 마친 자들에 대한 경계를 강화해야 한다. 그리고 악수를 위해 대기하고 있는 사람들의 수상한 행동, 눈빛, 손을 감시하면서 우발상황 발생시 방어와 대적업무를 수행할 수 있는 준비를 하고 있어야 한다.

② 계단 이동시의 경호

계단을 오르고 내려가는 때에도 적절한 경호대형을 형성하여 경호대상자가 항상 계단의 '중앙부'에 위치하도록 하여 여유 공간을 확보하도록 해야 한다. 다만, 경호대상자가 노약자이거나 높은 구두를 신은 여성인 경우에는 계단 측면의 손잡이를 잡고 이동할 수 있도록 해야 하며, 이때의 위치는 좌·우측 가운데 외부노출이 적은 쪽의 손잡이를 이용하도록 유도한다.

한편, 계단 형태(직선형, 나선형, 외부노출 개방형 등)에 따라 이동방법은 달리할 수 있는데, 중요한 것은 경호대상자를 주변의 시선으로부터 피할 수 있는 곳에 위치시키고,

---

12) 위의 책, pp. 153-157 재구성.

여유 공간을 확보하는 것이 중요하다. 그리고 특히, 계단을 올라가거나 내려와 계단이 끝나는 개방된 장소로 이동할 때 전체적인 경계가 이루어져야 한다. 따라서 예컨대, 계단을 올라갈 때, 전방경호원은 계단이 끝나는 지점에서 평지에 대한 경계와 감시를 하고, 안전이 확인된 후에 경호대상자가 올라오게 한 후, 정상적인 도보대형을 형성한 후 이동하도록 한다.

③ 에스컬레이터 이동시의 경호

에스컬레이터를 이용하여 경호대상자가 이동하는 것은 다른 이동수단으로 이동하는 것에 비해 상대적으로 취약하다. 그 이유는 경호대상자가 상하, 좌우 등 주변에 쉽게 노출되고, 이동속도가 느려서 노출시간이 길고, 우발상황 발생시 신속한 대응이 어렵기 때문이다.

따라서 다른 층으로 이동할 경우, 에스컬레이터를 이용하는 것보다 계단이나 엘리베이터를 이용하는 것이 안전하다. 만약 다른 선택의 여지가 없어서 에스컬레이터를 이용해야 할 경우, 에스컬레이터에서도 걸음을 멈추지 않고 계속 이동하는 것이 바람직하다.

한편, 에스컬레이터가 갑작스럽게 멈추었을 때, 관성의 법칙에 의해 몸의 중심이 흔들려 쉽게 균형을 잃게 된다. 따라서 올라갈 때는 경호대상자의 몸이 뒤로 쏠리는 것에 유의해야 하고, 내려갈 때는 앞으로 쏠려 넘어지는 사고 등이 발생할 수 있기 때문에 경호원들은 적절한 위치를 확보하여 이에 대비해야 한다.

④ 엘리베이터 탑승시의 경호

엘리베이터는 건물 내에서 이동할 때 가장 많이 이용되는 수단이지만, 경호활동시에는 취약요소로 간주된다. 따라서 가능한 한 일반인과 같이 사용하지 않도록 별도의 전용 엘리베이터를 선정해 놓는 것이 안전하다.

그리고 엘리베이터 문이 열렸을 때, 경호대상자가 외부인의 시야에 바로 노출되지 않는 곳에 위치하도록 한다. 따라서 엘리베이터를 탈 때, 전방을 담당하는 경호원이 내부를 점검하고 목표층을 누르면, 경호대상자를 내부 안쪽 코너 부분에 탑승시킨 후 방벽을 형성하고 경계임무를 수행하도록 한다.

⑤ 출입문 통과시의 경호

경호대상자가 이동시에 접하게 되는 출입문, 특히 닫혀 있는 출입문은 경호활동 상의 장애물이기 때문에 이에 대한 적절한 통제가 이루어져야 한다. 따라서 문의 개 방방법, 그리고 문 뒤의 상황 등에 대해서 경호원들은 적절하게 파악하여 대응해야 한다.

한편, 가능한 한 회전문을 사용하지 않는 것이 바람직하나 부득이한 경우에는 경 호원이 먼저 탑승하여 작동여부와 내부 위해요소에 대한 경계를 하고, 경호대상자와 1칸의 간격으로 접근하여 들어와서 정상적인 도보대형을 형성한 후 이동하도록 한다.

⑥ 공중화장실 이용시의 경호

행사장이나 이동로 주변에 공중화장실을 사전에 파악해 두어야 하고, 공중화장실 을 이용할 경우, 약간 멀더라도 일반인이 통제된 곳 또는 일반인이 많지 않은 곳으로 유도하도록 한다. 소변기를 사용할 경우에는 문을 열었을 때, 바로 경호대상자가 시 야에 노출되지 않는 쪽을 사용하도록 한다. 대변기를 사용할 경우에는 안쪽 끝의 벽 면이 붙어 있는 곳을 사용하지 않도록 한다.

2. 차량이용 기동경호

1) 기동경호의 의의

기동경호(機動警護)는 경호대상자가 차량, 선박, 항공기 등 각종 기동수단을 이용하 는 동안에 이루어지는 근접경호활동을 의미한다. 기동경호는 기동간에 범죄자나 테 러리스트 등 위해기도자의 공격이나 예기치 못한 사고의 위험성을 최소화하고, 경호 대상자가 계획된 시간에 행사장 등 목적지에 안전하게 도착하도록 하는데 그 목적이 있다. 이러한 기동경호 가운데 가장 중요하고 일반적인 것이 차량에 의한 기동경호라 할 수 있다. 따라서 여기에서는 차량경호를 중심으로 살펴보기로 한다.

차량에 의한 기동경호는 그 이동속도가 빠르고, 또 차체(車體)와 같은 외부 보호장 치에 의해 경호대상자가 보호받기 때문에 위해를 받을 가능성이 낮다고 보기도 한다. 그러나 차량의 고장이나 교통사고 등의 취약성이 있다. 또 특정인의 특정한 차량은 외부인에게 이미 노출되어 있을 수도 있고, 한 장소에서 다른 장소로 이동하는데 이용할 수 있는 기동로 자체가 제한적이다. 그리고 차량을 타고 내릴 때 일정한 취약성을 안고 있다. 끝으로 이동하는 과정에서 교차로나 모퉁이 등에서는 서행하거나 정차할 수 밖에 없는 상황적 취약성도 안고 있다.[13]

2) 기동경호의 운용방법

차량을 이용한 기동경호는 도보경호에 비해서 안전성이 있다고는 하지만 기동보안이 노출될 경우, 또는 기동경호가 적절하게 이루어지지 못할 경우에는 치명적인 취약성을 안고 있다.

따라서 차량을 이용한 기동경호시에는 적절한 차량대형을 형성하여 방어태세를 유지하며, 경호원들은 기동간에 철저한 사주경계를 지속적으로 실시해야 한다. 그리고 가급적이면 방탄차량을 사용하는 등 차량방호대책을 마련하는 것이 바람직하다. 그리고 가능하면 기만기동과 무정차기동으로 적에게 공격기회를 주지 않는 것도 검토할 수 있을 것이다.

미국 케네디(J. F. Kennedy) 대통령의 암살사건(1963)에서 알 수 있듯이, 차량이 기동하는 연도는 위해기도자의 접근이나 은폐가 용이하기 때문에, 적지 않은 경호인력을 배치한다 할지라도 근접경호가 허술해질 우려가 있다. 그리고 연도는 유동적인 군중들에 대한 통제가 어렵고, 이러한 분위기 속에서 위해기도자는 원거리 저격이 가능한 총기나 살상력 높은 폭발물 등을 사용하여 공격을 가할 가능성이 높다고 볼 수 있다. 따라서 차량기동의 취약성에 대비한 경호대책으로써 무엇보다도 행차로에 대한 보안유지가 필수적이다.

(1) 경호대상자차량 및 경호차량의 선정

① 경호대상자차량의 선정

경호대상자가 거의 매일 사용하는 자동차는 편안하고 안전한 휴식공간이면서 동시에 업무공간이기도 하다. 따라서 경호대상자의 차량을 선정할 때에는 이러한 기능과 목적에 부합되도록 하는 것이 바람직하다. 고도의 안락한 승차감, 넉넉한 실내 공간, 충분한 차체 방어력(防禦力), 그리고 강한 엔진 등의 성능 등을 갖추고 있어야 한다.

---

13) 이두석(2018), 앞의 책, p. 328.

이러한 이유로 경호대상자가 사용하는 자동차는 어느 정도까지는 클수록 유리하다고 볼 수 있다. 다만, 리무진과 같은 대형차량은 외부의 시선을 끌 수도 있을 뿐만 아니라, 긴급피난을 해야 할 경우 덩치가 너무 커서 기동력이 떨어지는 단점이 있다(국내외 대통령 등 경호대상자차량은 개조된 리무진차 등이 많이 사용되고 있다).

② 경호차량의 선정

경호임무를 수행하는 경호차량은 경호대상자가 탑승하는 차량의 성능에 필적할만한 차량을 선정해야 한다. 경호차량은 경호대상자차량을 안전하게 보호하면서 목적지까지 안내해야 하기 때문이다. 이러한 점에서 경호차량은 다음과 같은 사항들이 고려되어야 한다.[14]

    ㉠ 경호대상자차량과 마찬가지로 경호차량 역시 외부의 시선을 집중시키는 차종이나 색상은 지양하도록 한다.

    ㉡ 경호의 목적에 맞는 차종을 선택한다. 경호원들이 타고 내리기에 편해야 하며, 위해기도자의 차량공격을 차체로 충분히 저지할 수 있을 만큼 튼튼한 차체와 가속력을 갖추고 있어야 한다.

    ㉢ 기만효과를 거두기 위해서는 경호대상자차량과 동종의 차종을 선정하는 것이 바람직하다. 특히, 후미의 경호차량은 경호대상자차량이 고장 날 경우, 예비차량의 임무를 수행할 수도 있는 만큼, 가급적이면 경호대상자차량과 동일한 차종을 선정하는 것이 바람직하다.

    ㉣ 우발상황 발생시 긴급한 회피기동을 할 수 있는 엔진성능과 기동력을 갖춘 차량을 선정하도록 한다.

(2) 경호기동로의 선정

차량을 이용한 기동경호에 있어서 기동로(機動路)는 이동의 편의성과 경호의 안전성 등을 결정짓는 중요한 요소이다. 도로의 상태나 교통상황은 쾌적하고 안락한 기동과 정확하고 안전한 상황을 확보하는 데 중요한 영향을 미치게 된다.

따라서 경호기동로는 가급적 교통의 흐름이 원활한 최단거리의 대로를 사용하는

---

14) 이두석(2018), 앞의 책, pp. 329-330.

것이 바람직하다. 교통이 혼잡하거나 곡선도로 등은 잠재적 위해기도자의 공격을 받았을 경우 대응이 어려울 수 있고, 또 예정된 시간에 목적지에 정확하게 도착하는 것이 어려울 수 있기 때문에 가급적이면 피하도록 한다. 또한 주기동로와 연결된 예비도로를 확인하여 피습이나 차량정체 등 우발상황을 대비하도록 해야 한다.

이처럼 경호기동로를 제대로 파악하여 선정하기 위해서 기동경호 담당 경호원은 직접적인 사전답사(事前踏査)를 통하여 도로의 상태를 확인하고 사용여부를 결정해야 한다. 기동경호에 사용되는 행·환차로를 답사할 때에는 다음과 같은 사항들이 고려되어야 한다.[15]

  ㉠ 행차로 및 환차로(이동코스)의 선정
  ㉡ 거리 측정
  ㉢ 소요시간 판단(소요시간 = 거리/속도)
  ㉣ 도로 상황(차선, 포장 상태, 공사 상황, 터널, 암거,[16] 폐건물, 교통체증지역 등)
  ㉤ 통행인 수
  ㉥ 구급병원 위치
  ㉦ 예비도로
  ㉧ 비상대피소 등

생각건대, 기동경호의 중요한 임무 중의 하나는 경호대상자를 계획된 장소에 계획된 시간에 안전하고 정확하게 도착할 수 있도록 조치하는 것이라 할 수 있다. 이러한 점에서 도로에 대한 현장답사는 경호대상자를 행사장에 계획된 시간에 안전하고 정확하게 도착시키기 위한 준비과정인 것이다. 도로답사를 통하여 기동로가 선정되면, 실제 행차시에 사용할 이정표를 작성하도록 한다.[17]

---

15) 위의 책, p. 330.
16) 암거(暗渠, closed conduit)는 철도나 도로 등의 아래에 인공수로를 만들기 위해 매설하는 구조물을 말한다. 다음백과(http://100.daum.net/encyclopedia).
17) 이정표(里程表, a table of distances)에는 출발지점, 각각의 통과지점, 그리고 목적지점에 이르기까지 통과거리, 통과시간, 주행속도, 특이사항, 조치사항 등을 기록하도록 한다. 이러한 이정표를 통하여 현재의 경호본대 위치와 계획된 시간대로의 진행여부를 판단하게 되기 때문에, 정확하게 작성해야 행사에 실수가 없게 된다. 이두석(2018), 앞의 책, p. 331.

(3) 운전요원의 고려사항

경호대상자차량 및 경호차량을 운전하는 운전요원은 차량 자체의 기능적·기계적인 한계와 도로 및 주변에 적지 않은 위험상황이 잠재해 있다는 점을 인식하고 있어야 한다.

따라서 주행시에 나만 안전하게 운행한다고 되는 것도 아니기 때문에 방어운전을 기본으로 하면서 도로 및 주변상황을 충분히 파악하는 것은 중요한 일이다. 그리고 운전요원과 경호원 특히, 경호대상자차량의 운전요원과 경호원은 한 팀으로, 원활한 통신과 협조를 통하여 마치 한 사람처럼 생각하고 기동해야 한다. 그리고 운전요원은 특히, 안전벨트를 반드시 착용하고 근무해야 한다. 안전벨트를 매지 않고 기동간 근무하다가 충돌이나 추돌시 부상을 당하게 되면 다음 상황에 대처하지 못하게 되며, 이는 치명적인 결과를 가져다줄 수 있기 때문이다.

경호대상자차량을 운전하는 운전요원은 주행전, 주행중, 대기시(주·정차시)에 다음과 같은 사항들을 고려해서 대비해야 한다.[18]

① 주행전

㉠ 차량을 최적의 상태로 유지하며, 운전 전 모든 계기를 작동하여 이상 유무를 파악한다.

㉡ 차량대형 등 기동간 경호계획을 숙지한다.

㉢ 예정된 코스(주코스와 예비코스)를 숙지하고, 아울러 교통상황과 도로상황을 파악한다.

㉣ 불필요한 적재물을 최소화하고, 비상용품(소화기, 구급약품 등)을 비치·점검한다.

② 주행중

㉠ 경호팀장의 신호와 지시에 따라 기동한다.

㉡ 수시로 통근길이나 주행로를 변경하도록 하고, 변경사항을 경호대상자 및 경호원에게 알려주도록 한다.

---

18) 이상철(2012), 앞의 책, pp. 203-205. 이두석(2018), 앞의 책, pp. 332-333.

ⓒ 주행은 항상 도로의 중앙차선을 이용하고, 차 문은 항상 잠가 두어야 한다.

ⓒ 전방을 주시하면서 도로상황과 교통상황에 주의하고, 우발상황(수상한 차량이나 오토바이 등의 공격 등)에 대비한다.

ⓓ 경호대상자차량과 경호차량 사이에 다른 차량이 끼어들지 못하도록 차량간 격을 유지한다.

ⓑ 신호 대기시에는 좌우의 차량을 경계하고, 회피공간을 확보하고 정차한다.

③ 대기시(주·정차시)

㉠ 경호팀장의 지시 없이 차량을 떠나지 않는다.

㉡ 차문이나 창문을 항상 잠그고, 불순분자의 접근을 경계한다.

㉢ 즉시 출발할 수 있는 상태로 대기한다. 따라서 교통상황의 변화나 신호 대기 시에 정차하더라도 바로 출발할수록 기어를 '출발'(Drive)상태로 유지한다.

㉣ 차의 정면이 출입로를 향하게 하여 항시 출발할 수 있도록 한다.

㉤ 주차장소가 획일적이면 위해기도자의 공격을 받을 가능성이 높기 때문에 가 능한 한 자주 변경하거나 개방된 곳이 아닌 곳을 이용하도록 한다.

㉥ 야간 주차시에는 밝은 곳에 주차하도록 한다.

(4) 기동경호대형

기동경호대형은 기동간 경호대상자차량의 앞이나 뒤, 또는 앞과 뒤 모두에서 경호 차량으로 방호대형을 형성하여 경호대상자차량을 보호하기 위한 차량대형을 말한다. 차량대형은 기동로상의 장애물이나 대형 내로 접근하는 각종 위해요소를 차단하고, 우발상황 발생시 경호대상자차량이 신속히 현장을 이탈할 수 있도록 구성하고 조치 한다.

차량대형은 행사의 성격, 잠재적 위해요소의 발생 가능성, 도로상황, 교통상황, 그 리고 경호대상자의 성향 등을 고려하여 결정하도록 한다. 이러한 점을 고려하여 차량 대형은 크게 간편대형, 기본대형, 확장대형(날개대형) 등으로 나눌 수 있다.[19]

---

19) 위의 책, pp. 334-336.

① 간편대형

간편대형은『경호대상자차(P) - 경호차(F)』로 구성되는 대형을 말한다. 경호대상자차량이 선두에서 진행하고, 경호차량이 후미에서 경호하는 형태이다. 위해기도자의 공격은 후방에서 이루어질 경우, 예방 및 대응이 어렵기 때문에 경호차는 우선적으로 후미를 방호할 필요가 있다고 본다.

이 경우, 경호대상자차량의 운전요원은 앞에서 길을 안내하는 선도경호차량이 없기 때문에 목적지에 이르는 도로에 대한 정보에 정통해야 하고, 후미경호차량과의 연락체계가 확보되어 긴밀한 협조와 팀워크가 이루어져야 한다.

여기에서 후미경호차량은 경호대상자차량보다 차폭의 1/2 우측(right)을 주행하여, 방어공간을 확대하고, 경호대상자차량과의 간격을 속도에 맞게 유지하여 일반차량의 끼어들기 등을 방지하고, 도로상황 변화에 따른 즉각 대응태세를 유지하도록 한다.

물론, 간편대형은 그대로 유지되는 것이 아니라 상황에 맞게 유동적으로 운용되어야 한다. 예컨대, 경호대상자차량의 운전요원이 길을 잘 모르거나 전방에 위험이 예상될 경우에는 경호차량을 경호대상자차량의 앞에 위치시키는 등 대형의 변화를 꾀할 수 있을 것이다.

② 기본대형

기본대형은『선도경호차(L) - 경호대상자차(P) - 후미경호차(F)』로 구성되는 대형을 말한다. 이 경우 선도경호차량은 대형을 이끌어 계획된 시간에 목적지에 도착할 수 있도록 속도를 조절하고, 주행간 전방상황에 대처하도록 한다.

이 경우 선도경호차량은 주행간 반대차선 방향의 차량공격에 대비하여 경호대상자차량보다 차폭의 1/2만큼 좌측(left)으로 주행하도록 한다. 그리고 차량간의 간격(전장기준)도 속도에 맞게 유지하여 일반차량의 끼어들기 등을 방지하고, 도로상황 변화에 따라 즉각 대응할 수 있어야 한다.

마찬가지로 후미경호차량 역시 차폭의 1/2만큼 우측(right)으로 주행하여 후방의 공격 등에 대해 대비하고, 차량간의 간격도 속도에 맞게 유지하면서 진행해야 한다.

후미경호차량은 기동간 이동지휘소로서, 경호팀장은 앞좌석 운전자 옆에 탑승하여 기동간 차량대형의 운용이나 속도 등을 통제하고 지휘하도록 한다.

이러한 후미경호차량은 경호원이나 의료진의 이동 수단이 될 뿐만 아니라, 경호대
상자차량 기능고장 등과 같은 비상시에는 예비차량으로서의 임무를 수행하도록 한
다. 그리고 후미경호차량은 기동간 일반차량의 끼어들기나 차량공격 등을 막아내는
역할을 수행함은 물론이다.

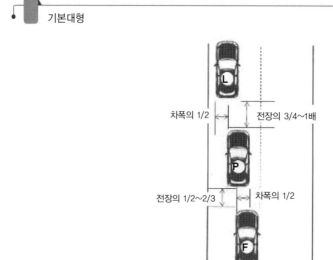

기본대형

차폭의 1/2   전장의 3/4~1배

전장의 1/2~2/3   차폭의 1/2

출처 : 이두석(2018), 경호학개론, 인천 : 진영사, p. 335.

③ 확장대형

확장형 차량대형은 예컨대, 대통령 취임식 등 카퍼레이드(car parade)의 일환으로 하
는 경우와 같이 대규모의 완전 공식 국가행사시에 사용하는 차량대형이다. 확장대형
은 좌우에 날개가 있는 형태와 비슷하여 날개대형이라고 부르기도 한다. 이 대형은
도보경호대형과 같은 삼각대형(쐐기대형) 또는 사각대형과 같은 형태로 전개되며, 이
경우 일반적으로 도로가 통제된 상태에서 이루어진다.

삼각대형은『선도경호차－경호대상차－후미경호차 2대』, 사각대형은『선도경호차 2
대－경호대상차－후미경호차 2대』로 운용된다. 이 경우 경호지휘차량은 우측 후미경
호차량이 된다.

(5) 기동간 상황조치

차량기동간에는 다양한 위험상황이 발생할 수 있기 때문에 철저한 사주경계와 주의가 요구된다. 차량경호가 이루어지는 과정에서 가장 취약한 경우는 경호대상자가 승하차할 경우와 경호대상자차량이 주·정차하고 있거나 서행(徐行, go slow)할 때라고 볼 수 있다. 바꿔 말하면, 이러한 상황은 위해기도자에게 가장 공격하기 좋은 기회를 제공해 준다고 볼 수 있다.[20]

① 승·하차시의 경호

ㄱ 승차시의 경호

경호원은 경호대상자가 승차를 위해 건물 밖으로 나올 때는 건물 밖의 상황과 직시건물, 기타 위해요인에 대한 경계임무를 수행하면서 이동해야 한다. 이때, 운전요원은 차량에 시동을 건 상태에서 경호대상자가 탑승시 즉시 출발할 수 있도록 완벽한 준비상태를 유지하도록 한다. 경호대상자가 차량에 도착하면, 경호팀장의 지휘하에 경호대상자가 차량에 탑승하도록 유도하고, 맨 마지막에 탑승하여 신속히 현장을 벗어나도록 한다.

ㄴ 하차시의 경호

하차지점에 도착하면, 하차지점의 상황을 경계하면서 서서히 접근하되, 주위상황이 좋지 않다고 판단되면 주저하지 말고 그 지점을 벗어나도록 해야 한다. 그리고 하차지점에 정차할 때에는 우발상황시 차량을 급히 출발시킬 수 있도록 여유 공간을 확보하면서 정차하고, 선도경호원이 신속하게 하차하여 경호대상자 탑승 문으로 이동하여 사주경계를 실시하고, 다른 경호원들도 경호대상자차량의 전방, 후미, 좌우측에서 경계임무를 수행하도록 한다.

이렇게 해서 주위상황이 안정되고 위해요소가 없다고 판단되었을 때, 경호팀장은 탑승문의 잠금장치를 열고 경호대상자가 하차하도록 한다. 경호대상자가 차량에서 내리면 선도경호원이 안내를 하면서 근접에 의한 도보경호를 실시하면서 건물 내로 들어가도록 한다.

20) 이상철(2012), 앞의 책, pp. 207-212.; 이두석(2018), 앞의 책, pp. 337-342.

이때, 운전요원은 시동을 건채 경호대상자가 건물 내로 안전하게 들어갈 때까지 차내에서 대기하도록 한다.

② **교차로에서의 경호**

　㉠ 교차로 정차시

　　교차로(Intersection)는 둘 이상의 도로가 만나 교차하는 지점(예: 삼거리, 사거리 등)의 접속점을 말한다. 이러한 교차로에서는 교통신호 등의 요소에 의해 정차하게 되는 경우가 있는데, 이 경우 경호대상자차량의 안전에 만전을 기해야 한다.

　　이를 위해 교차로에서 맨 앞에 정차해야 할 경우에는 정지선에서 어느 정도 떨어져서 정차함으로써 안전공간을 확보하도록 하고, 또 다른 차량의 뒤에 정차할 경우에는 앞차의 뒷바퀴가 보일 정도로 충분한 여유를 두고 정차하도록 한다. 앞차와의 공간을 두는 것은 기동공간을 확보하여 우발상황 발생시에 일반차량 사이에 갇힐 가능성을 배제하기 위한 조치이다.

　　한편, 정차시에 옆 차선의 다른 차량의 탑승자가 경호대상자차량의 내부를 볼 수 없도록 경호대상자차량의 앞 범퍼가 옆 차 뒷문의 중간 정도에 오도록 할 필요가 있다. 아울러 옆 차로부터 직접적인 공격에 대해서도 대비해야 한다.

　㉡ 교차로 방향 회전

　　교차로에서 좌·우 방향 회전을 하는 경우에도 적절한 경호조치가 이루어져야 한다. 교차로에서의 방향 회전시에는 길 바깥쪽으로 원심력(遠心力)이 작용하여 차량이 전복되거나 전도되는 사고가 발생하고, 핸들 과대 조작으로 중앙선을 침범하여 마주 오는 차량과 충돌할 가능성도 있으므로 유의해야 한다.

　　따라서 교차로 회전시에는 진입하기 전에 충분히 감속해서 커브에 맞는 속도를 조절하면서 직선에 가까운 코스를 유지하도록 하고, 회전 정점을 지나면 다시 가속페달을 밟아 빠져나가도록 한다.

교차로에서 정상적인 방향 회전시 경호

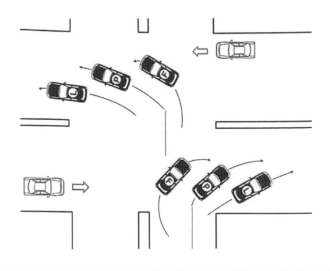

출처 : 이두석(2018), 경호학개론, 인천 : 진영사, p. 340.

먼저, 기본대형(선도경호차-경호대상자차-후미경호차)으로 정상적인 우회전을 할 경우, 선도경호차량은 안쪽을 방호하면서 인도로부터의 공격이나 행인이 뛰어 들어오는 상황에 대비하도록 한다. 반면, 후미경호차량은 경호대상자차량의 왼쪽(즉, 바깥쪽)으로 크게 회전하면서 직진차량이나 좌회전 차량의 공격이나 충돌상황에 대비하도록 한다.

마찬가지로 기본대형으로 좌회전할 경우, 선도경호차량은 중앙선에 접근하여 회전하면서 반대방향의 과속 및 공격차량에 대한 방호를 하도록 한다. 반면, 후미경호차량은 경호대상자차량의 우측으로 크게 회전하면서 방호임무를 수행하도록 한다.

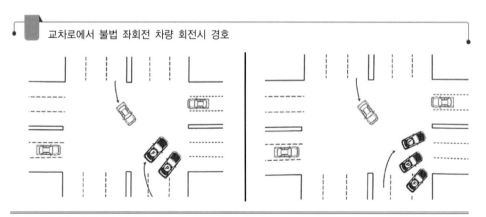

교차로에서 불법 좌회전 차량 회전시 경호

출처 : 이두석(2018), 경호학개론, 인천 : 진영사, p. 339.

한편, 간편대형(경호대상자차-후미경호차) 또는 기본대형(선도경호차-경호대상자차-후미경호차)으로 교차로에서 우회전할 경우, 불법으로 좌회전하는 차량에 주의하도록 한다. 경호차량의 임무는 경호대상자차량의 방호에 있기 때문에, 경호차량은 경호대상자차량의 바깥 쪽을 크게 회전함으로써 경호대상자차량에게 안전한 회전공간을 제공해주어야 한다.

기본대형 즉, 선도경호차량 운용시에는 선도경호차량이 추진하여 불법 좌회전 차량을 차단하고, 후미경호차량은 안쪽을 방호하면서 방향을 전환한다. 그리고 간편대형시에는 후미경호차량이 추진하여 불법 좌회전 차량을 차단하도록 한다.

③ 지선도로의 차량 진입시

경호차량은 지선도로(支線道路, branch line road)나 골목길 등에서 간선도로(幹線道路, principal road: 주도로)에 진입하는 다른 일반차량에 대해 각별한 주의를 해야 한다. 지선도로나 골목길에서 나오는 일반차량이 간선도로를 주행하는 경호대상자차량을 못 볼수도 있고, 조금만 틈이 있어도 밀고 들어올 수도 있다. 또 잠재적 위해기도차량이 이러한 곳에서 공격을 가할 수도 있기 때문이다.

지선도로의 차량 진입시 경호

출처 : 이두석(2018), 경호학개론, 인천 : 진영사, p. 338

기본대형(선도경호차-경호대상자차-후미경호차)으로 운용하는 경우, 선도경호차량은 지선 도로를 차단하고 경호대상자차량이 통과한 후에 추진하여 본래의 위치에서 다시 경 호업무를 수행하도록 한다.

④ 차선 변경 및 유지

차선 변경시에는 후미경호차량이 먼저 차선을 바꾸어 차선을 확보한 후에 경호대 상자차량이 안전하게 진입하도록 한다. 그리고 일반적으로 고속도로 등을 주행할 때 에는 2차선을 주행하는 것이 가장 바람직하다. 1차선이나 제일 바깥 차선은 자칫 기 동이 제한 받을 경우에는 그대로 갇히게 될 가능성이 있기 때문이다. 한편, 고속도로 에서 차량속도가 느려지는 것을 감지하면 즉시 노견(路肩) 즉, 갓길과 인접한 제일 바 깥 차선으로 차선을 변경하여 차량대형이 안쪽에서 갇혀 꼼짝 못하게 되는 경우를 배제하도록 한다.

⑤ 신호등 대기시 및 톨게이트 통과시 경호

㉠ 신호등 대기시

신호등 대기시 선도경호차량은 대형 전체가 같이 통과할 수 있는지를 판단 하고, 대형 전체가 통과하지 못할 때에는 중앙차선에 접근해서 정차하도록 한다. 경호대상자차량은 선도경호차량과 2~3m의 간격을 유지시킨 상태에 서 선도경호차량의 우측의 1차로에 정차하며, 후미경호차량은 경호대상자차량의 우측 2차로에 정차하여 경호대상자차량의 노출을 방지하면서 방호업무를 수행하도록 한다.

ⓒ 톨게이트 통과시

톨게이트 통과시 선도경호차량은 좌측 게이트를 이용하여 진입하면서 이상유무를 파악하고, 경호대상자차량은 선도경호차량의 후미를 따라 신속하게 통과하도록 한다. 후미경호차량은 경호대상자차량이 통과한 게이트의 우측 게이트를 이용하여 통과한 후 신속히 본 대형을 갖추도록 한다.

참고 　　숙소경호

숙소경호는 경호대상자가 숙소나 그 외 장소에서 유숙하기 위하여 머물고 있을 때 실시하는 제반 경호활동을 말한다. 숙소경호를 위해서는 그 지역 내의 인적·물적·지리적 위해요소를 사전에 탐지·제거하여 안전을 확보해야 한다. 이러한 숙소경호는 다음과 같은 특징을 가지고 있다.[21]

① 혼잡성 : 숙소의 종류 및 시설물들은 복잡하고 많은 위험요소가 내포되어 있으며, 지역내 출입하는 인원 및 종사자의 통제가 쉽지 않다.

② 고정성·지속성 : 동일한 장소에 경호대상자가 장시간 체류하게 되므로 위해기도자의 입장에서는 용이한 공격 장소로 선택할 수 있다.

③ 보안 취약성 : 경호대상자의 차량이나 인원의 이동으로 주변에 자연스럽게 노출되고, 또 경우에 따라서는 언론에도 노출될 가능성이 높다.

④ 방어의 취약성 : 자택이나 공관을 제외한 숙소(호텔 등)는 방어개념에 입각하여 만들어진 건축물이 아니기 때문에 위해기도자의 공격에 취약하다.

---

21) 위의 책, pp. 277-278 재구성.

제3절 경호비상대응

1. 경호우발상황

1) 경호우발상황의 의의

(1) 경호우발상황의 개념

외부로 노출된 위험은 일반적으로 사전에 대비하고 대응할 시간적 여유가 있다. 오히려 위험한 상황의 발생 가능성과 정도를 모를 때 더욱 위험하다고 볼 수 있다. 이러한 예측하기 어려운 위험을 '우발적 위험'이라고 하는데, 이는 다음과 같은 세 가지 불확실성 중에서 하나 이상의 불확실성을 가지고 있는 위험을 말한다.[22] 첫째, 발생 시기를 모르는 위험이다. 둘째, 발생 여부를 모르는 위험이다. 셋째, 피해 정도를 모르는 위험이다.

따라서 경호상의 '우발상황'(偶發狀況)이라는 것은 '위해기도 또는 행사 방해책동 등과 관련하여 발생 시기나 발생 여부 및 그로 인한 피해의 정도를 모르는 우발적 위험이 발생한 상황'이라고 할 수 있다.

이러한 우발상황을 좀 더 구체적으로 살펴보면 먼저, 위해기도자에 의한 계획적 우발상황이 있다. 다음으로 전기장치의 조작실수 등 부주의에 의한 우발상황이 있다. 또 교통사고로 인한 도로정체 등 예기치 못한 우발상황이 있다. 마지막으로 홍수나 폭설 등 천재지변에 의한 우발상황을 들 수 있다.

여기에서 주의할 것은 우발상황이 위해기도자의 계획에 의한 것이든 시설담당자의 부주의한 조치에 의한 것이든, 아니면 불가항력적인 상황이건 간에 경호원은 그러한 상황을 예방하고 적절한 조치를 해야 할 책임과 의무가 있다는 점이다.

(2) 경호우발상황의 특징

경호상의 우발상황은 다음과 같은 특징을 가지고 있다.[23] 이는 제7장에서 설명한 경호위기 특징의 대표적인 예로써, 첫째, 불확실성(不確實性)을 들 수 있다. 특정한 상황의 발생이 확실하다면 그에 대한 대비가 어느 정도 가능하나, 우발상황이라는 것은

---

22) 이두석(2018), 앞의 책, p. 343.
23) 위의 책, p. 344.

말 그대로 예측이 곤란하기 때문에 발생 가능한 모든 우발상황을 고려해 두어야 한다.

둘째, 돌발성(突發性)을 들 수 있다. 일반적으로 위험 등을 내포한 우발상황은 특정한 조짐이 나타나면서 서서히 단계적으로 진행되는 것이 아니라, 예고 없이 돌발적으로 발생한다는 점이다.

셋째, 시간제약성(時間制弱性)을 들 수 있다. 우발상황은 돌발적으로 발생하기 때문에 그에 대처할 충분한 시간적 여유가 없다. 따라서 경호원들은 평소에 충분한 훈련과 대책을 마련하여 본능적으로 그에 대처할 수 있어야 한다.

넷째, 중대성(重大性) 또는 심각성을 들 수 있다. 우발상황은 경호대상자의 안전이나 행사에 치명적인 영향을 끼칠 수 있는 상황을 말한다.

마지막으로 현장성(現場性)을 들 수 있다. 일반적으로 우발상황은 경호대상자의 신변에 위협이 되거나 행사진행에 방해가 되는 상황들이다. 따라서 이러한 우발상황에 대한 경호상의 대응도 현장에서 조치하고 문제가 해결되어야 한다.

2) 경호우발상황에 대한 즉각조치

(1) 즉각조치의 개념

즉각조치(卽刻措置)는 우발상황이 발생했을 경우, 경호대상자를 위험으로부터 보호하기 위한 일련의 순간적인 경호조치를 말한다. 어떻게 보면, 근접경호의 가장 중요한 존재 이유 가운데 하나는 이러한 우발상황에 대한 즉각조치를 성공적으로 수행하는 것이라고 할 수 있다. 즉각조치의 적절성 여부가 경호대상자의 생사를 좌우할 수도 있기 때문이다. 우발상황이 발생하면, 최초로 위협을 인지한 순간부터 경호대상자를 대피시킬 때까지 겨우 4초(golden time)밖에 안 걸린다고 한다.[24]

따라서 우발상황이 발생하면, 맨 처음에 정확하고 적절하게 대응해야 한다는 것이 핵심이다. 위험한 것을 위험하지 않은 것으로 판단하면 자칫 치명적인 결과를 초래할 수도 있고, 반대로 위험하지 않은 것을 위험한 것으로 판단하여 행사장을 혼란에 빠뜨리거나 행사를 망칠 수도 있다는 점을 명심해야 한다.

---

24) P. Melanson(1988), The Polices of Protection, Massachusetts University, p. 172.; 이두석(2018), 앞의 책, p. 345.

(2) 즉각조치의 단계

이러한 우발상황에 대응할 경우, 경호원의 최우선 과제는 공격이 아니라 방어에 있다. 단계적으로 본다면, 이러한 우발상황에 대한 즉각조치는 '인지-경고-방호-대피-대적'의 과정을 거친다.[25)]

그러나 주의할 것은 이는 시간차를 두고 순차적으로 이루어지기보다는 거의 동시에 이루어지기 때문에 '일체적 개념'(一切的 概念)으로 파악해야 한다. 물론, 경고-방호-대피가 대적보다 우선이며, 우발상황 발생시 제2, 제3의 공격을 당하지 않도록 신속히 현장을 이탈해야 한다.

① 경고(S)

경고(警告, Sound Off)는 위해상황을 가장 먼저 인지(認知)한 경호원이 주변 경호원들에게 상황내용을 간단명료하게 전파하는 것을 말한다. 사실, 우발상황에서 경고가 가장 중요하다. 위해기도자는 은밀하고, 신속하게 취약한 특정부분으로 공격을 해오기 때문에 그러한 공격요소를 모든 경호원이 인지하는 경우는 거의 없다고 본다. 따라서 처음으로 상황을 인지한 경호원이 '경고'를 함으로써 다른 경호원 특히, 경호대상자 주변에 있는 근접경호원들이 신속하게 행동을 취할 수 있게 된다.

경고는 최초로 위해상황을 인지한 경호원이 육성 또는 무전으로 전파하고, 간단명료한 지향성 용어를 사용하며, 가능하면 방향이나 위치를 제시함으로써 공격의 내용을 동시에 전달하도록 한다. '3시 총!', '정문 차량 강습!' 등이 바로 그러한 예이다.

그리고 이러한 위해상황을 최초로 인지한 경호원은 이러한 상황에 대해 경고하고, 위해요소에 가장 근접한 경호원은 상황에 따라서는 그와 동시에 자신의 몸을 던져 공격선을 차단하도록 해야 한다.

② 방호(C)

우발상황 발생시 위해상황을 처음 인지 또는 목격한 경호원이 '경고'를 하게 되면, 경호대상자 주변의 근접경호원은 이와 동시에 신속히 경호대상자를 보호하기 위하여 방벽을 형성하는 것을 방호(防護, Cover)라고 한다. 방호는 경호원이 자신들의 몸으로

---

25) 우발상황에 대한 기본적 경호대응을 'SCE원칙'이라고 부르기도 한다. SCE원칙은 경고(Sound off), 방호(Cover), 대피(Evacuate)의 영문자 이니셜을 가지고 명명한 것이다. 양재열(2012), 앞의 책, pp. 170-184.

경호대상자를 보호하는 것으로 말 그대로 '총알받이'가 되는 것을 말한다.

따라서 경호대상자나 대형 그 자체에 대하여 공격이 가해지는 상황이 발생하게 되면, 가장 가까운 지점에 있던 경호원이 대응하고, 기타 경호원들은 대응하고 있는 경호원에 의해 발생된 공백을 메꾸기 위해 최초의 위치를 조정하게 된다.

그리고 여기에서 주의할 것은 경호원이 위해요소에 대응할 때 또는 다른 경호원을 지원해 주려고 경호대상자를 보호하지 않은 채로 남겨두어서는 결코 안 된다는 점(자기담당구역 책임의 원칙)이다.

　㉠ 밀착대형

　　경호대형의 선택이나 경호원의 이격거리는 어떤 규격화된 틀에 얽매이기보다는 상황에 따라 융통성 있게 가변적으로 운영되어야 한다.

　　근접경호과정에서 위험이 예상되어 경호대상자의 노출을 최소화할 필요가 있는 상황에서는 경호원 상호간의 간격을 좁히는 좁힌대형 즉, 밀착대형을 형성하여 방벽효과를 극대화시킬 필요가 있다. 이 대형은 위해요소의 존재나 위치가 불명확한 옥외행사시나 위해기도가 예상되는 상황에서 좁은 안전구역(경호막)을 유지할 필요가 있을 경우에 취하게 된다. 반면에 위험이 전혀 예상되지 않는 안전한 상황이라면 경호원 상호간의 간격을 벌리는 벌린대형을 형성하도록 한다.

　　이처럼 경호대상자와 밀착하면 즉각조치가 용이한 장점은 있으나 경호대상자의 활동공간이 좁아지는 단점이 있고, 경호대상자의 활동공간을 넓히려다 보면 우발상황시 즉각조치가 어렵다는 단점이 있다.

　㉡ 방어적 원형대형

　　경호행사시 경호대상자가 군중 속에 갇히게 되는 경우가 있다. 이 때 경호대상자와 군중과의 사이에는 최소한의 안전구역이 확보되어야 한다.

　　방어적 원형대형은 경호원들이 강력한 스크럼(scrum)을 형성하여 경호대상자를 보호하면서 군중 속을 헤치고 나아가는 방법이다. 이를 위해 경호원들은 각자 왼쪽에 있는 경호원의 벨트 뒤쪽을 꽉 잡아서 경호원으로 인간 고리를 형성하여 경호대상자를 보호하도록 한다. 사람들이 일반적으로 오른손잡이인 관계로, 오른손은 군중이 경호대상자에게 접근하지 못하도록 저지하거나 통로 확보를 하기 위해 사용한다.

ⓒ 함몰대형

함몰대형은 경호대상자가 수류탄 등 폭발물에 의한 공격을 받았을 경우, 경호대상자를 육탄으로 방호하기 위한 대형이다. 폭발물 공격시 폭발물을 처음 발견한 경호원은 경고와 함께 폭발물을 자신의 몸으로 덮침과 동시에, 다른 경호원들은 신속히 경호대상자를 쪼그려 앉히거나 엎드리게 하여 최대한 바닥에 밀착시킨 후, 그 위를 경호원들의 신체를 이용하여 이중 삼중으로 방호한다.

③ 대피(E)

우발상황 발생시 위해기도자의 표적이 되는 경호대상자를 안전지역으로 이동시키는 행위를 대피(待避, Evacuate)라고 한다. 우발상황 발생시 단순한 사건이 아닌 비상사태로 발전하여 경호원의 즉각적인 조치가 요구될 때에는 경호대상자를 현장에서 이동시켜야 한다.

사실, 경호대상자에 대한 위해의 경우 단독범행도 있지만 공범도 적지 않으며, 이는 제2, 제3의 공격으로 이어질 수 있다는 것을 의미하기 때문에 이러한 우발상황에서는 경호대상자의 대피가 가장 중요하다. 이러한 대피는 공격의 역방향(逆方向)으로, 비상차량이나 비상대피소가 있는 안전한 지역이나 장소(부상시에는 병원)로 신속히 이동시켜야 한다.

참고 | 경호대피대형

위험이 예상되는 상황에서는 좁힌 대형 즉, 밀착대형을 형성하여 위험에 대비하고, 위협의 압박이 가중되어 더 이상 현장에 머무를 수 없는 상황이 되거나 총기류, 폭발류 등에 의한 심각한 위해공격이 발생한 상황이라면, 즉시 경호대상자를 보호하여 현장을 신속하게 이탈해야 한다.

이 경우, 경호원들은 경호대상자를 감싸서 위험에의 노출을 최소화하고, 위해자의 공격과 반대방향으로 신속히 대피하게 되는데, 이때 취하는 대형을 대피대형(Emergency Cover Formation)이라고 한다.

출처 : 이두석(2018), 경호학개론, 인천 : 진영사, p. 321.

위 그림에서 보는 바와 같이 경호팀장인 ⓛ과 ③번 경호원은 신속히 경호대상자를 밀치거나 잡아당겨서 사선에서 이탈시킨다. 동시에 한 손으로는 경호대상자의 배를 감싸서 잡아당기고, 다른 한 손으로는 경호대상자의 머리를 감싸거나 양복 깃을 잡고 세게 아래로 눌러 내려서, 경호대상자의 자세를 가능한 한 낮추어 경호대상자가 작은 표적이 되도록 한다. 동시에 공격 반대방향으로 방향을 바꾸면서 경호원은 서로 밀착대형을 형성하여 경호대상자의 뒤쪽을 방호하도록 한다.

여기에서 ④번 경호원은 전방을 경계하면서 통로를 개척한다. 그리고 ②번 경호원은 경호팀장 ⓛ과 ③번 경호원 사이의 빈 공간을 엄호하면서 후방을 경계하도록 한다. 한편, 이러한 과정에서 ①번 경호원은 적과 대적하도록 한다.

④ 대적

앞에서 살펴본 바와 같이, 우발상황에 대한 즉각조치과정은 크게 '경고-방호-대피'의 순서로 이루어진다. 대적 여부는 경호원의 행동원칙 가운데 '촉수거리의 원칙'에 따라 판단한다. 대적의 목적은 위해기도자의 공격선을 차단하여 경호대상자를 보호하기 위한 것이다. 따라서 대적을 하는 경호원은 경호대상자를 등지고 공격방향으로 몸을 던져 위해공격을 몸으로 차단하도록 한다.

대적시에는 경고와 동시에 위해기도자와 가장 가까이에 있는 경호원이 자신의 체위를 최대한 확장하면서 신속하고 과감히 몸을 던져 위해기도자의 공격선을 차단하거나 공격방향을 편향시키고 제압함으로써 더 이상의 피해를 막아야 한다.

여기에서 주의해야 할 점은 만약 경호원이 경호대상자와 위해기도자의 사선(斜線:

비스듬한 선) 방향에 위치해 있는 상황이라면, 위해기도자가 경호대상자를 용이하게 공격할 수 있는 기회를 제공하게 된다. 따라서 경호원은 몸을 이동하여 이들 양자의 사이에 '일직선'(一直線)상에 위치시킴으로써 공격방향을 차단함과 동시에 방호효과를 극대화시켜야 한다. 이는 경호대상자를 위해 경호원 자신이 희생하면서 대응해야 한다는 것을 의미하는 것이기도 하다.[26]

사선방향에서 일직선 방향으로 이동하면서 대적

한편, 위해기도자가 권총과 같은 무기를 사용하여 공격할 경우 가장 가까운 거리에 있는 경호원은 신속하게 몸을 움직여, 위해기도자의 무기를 움켜잡고 아래 또는 옆으로 힘을 가해 경호대상자에게 지향된 총구의 방향을 바꾸도록 해야 한다.

총구의 방향을 아래로 눌려야 하는 이유는 다음과 같다. 첫째, 위로 채는 것보다 아래로 누르는 것이 위해기도자의 팔 힘의 저항력을 덜 받게 된다. 둘째, 치명적인 부위인 머리에 명중시킬 수 있는 가능성을 최소화할 수 있다. 셋째, 경호원이 위해기도자의 팔과 무기를 제압하기가 훨씬 용이하다.

그리고 총구의 방향을 옆으로 비껴야 하는 이유는 다음과 같다. 첫째, 치명적인 부위에 지향되는 것을 보다 빨리 피할 수 있다. 둘째, 치명적인 부위는 가로가 세로보다 그 폭이 훨씬 좁다.

이상과 같이 위해기도자의 무기에 의한 공격방향을 아래나 옆으로 가해 공격의

---

26) 양재열(2012), 앞의 책, pp. 188-190.

방향을 바꾼 다음, 위해기도자의 무장해제가 중요하다. 여기에서 주의해야 할 것은 경호원이 영화의 한 장면처럼 무도의 술기를 발휘하여 무기를 잡고, 꺽고, 돌리고 하는 것은 매우 위험하기 때문이다. 이러한 과정에서 다른 총알이 발사되어 경호대상자 및 주변의 다른 사람에 대한 피해가 예상되기 때문이다. 따라서 가능한 한 이러한 점을 고려하면서 무기를 빼앗아 무장해제 시켜 제2, 제3의 공격을 방지하도록 해야 한다.

경호는 방어적 개념의 신변보호활동이라는 점을 명심해야 한다. 위해상황 발생시에는 경호대상자를 위험으로부터 신속히 분리시키는 것이 위험과 맞서 싸우는 것보다 덜 위험하다. 위해자를 제압하는 경우에도 가능하면 총기 사용을 자제하고, 경호원의 신체를 이용하여 제압하도록 한다.

1974년에 발생한 '8.15사건'(재일교포 문세광이 박정희대통령을 암살하려다 실패하고, 육영수여사를 저격하여 사망하게 한 사건)의 예와 같이 위험에 맞서 싸우면 일반인이 다칠 가능성(이 사건에서 합창단원이었던 여고생이 총탄에 맞아 희생됨)도 있다는 점을 명심할 필요가 있다.

2. 경호응급처치

경호원은 외부의 물리적 공격으로부터 경호대상자를 보호해야 할 뿐만 아니라 그러한 공격으로 인한 상해 등에 대해서도 신속하고 적절한 구급조치를 취할 수 있어야 한다. 그리고 평상시에 경호대상자가 앓고 있는 개인적인 병력(病歷)을 숙지하여 위급상황시 적절한 조치를 해야 한다. 이를 위해서 경호원은 행사장, 숙소, 연도상에서 발생하는 구급상황에 신속하게 의료지원을 할 수 있는 구급병원(최기병원)을 확보하고, 연락체계를 구축하여 유사시에 대응할 수 있어야 한다.

한편, 경호원은 경호대상자가 입은 상해 등에 대해 최기병원에 도착하는 동안 또는 상황이 불가피하여 현장 이동이 불가능한 상황에서 의료지원을 기다리는 동안에는 적절한 응급처치를 해야 한다. 경호대상자가 심각한 상해 등을 입은 경우에는 적절한 응급처치의 실시여하에 따라 생사가 결정되기 때문에 경호원의 기초적인 응급처치는 매우 중요하다.

따라서 경호원은 경호대상자의 위급상황에 대비하여 가능하다면 필요한 혈액과 비상약품함, 경호대상자의 진료기록 카드, 화재에 대비한 휴대용 공기호흡기, 그리고 제세동기 등이 구비되어 있어야 할 것이다.

1) 응급처치의 의의

(1) 응급처치의 개념

응급처치(應急處置, first aid)라는 것은 응급의료행위의 하나로, 응급환자(부상당한 사람 또는 급성질환자)에게 사고 현장에서 즉시 조치하는 것을 말한다. 이는 보다 나은 병원 치료를 받을 때까지 일시적으로 도와주는 것일 뿐만 아니라 적절한 조치로 회복상태에 이르는 것을 포함한다.

예컨대, 위급한 상황에서 전문적인 치료를 받을 수 있도록 119에 연락하는 것부터 부상이나 질병을 의학적 처치 없이도 회복할 수 있도록 도와주는 행위도 포함된다.[27]

(2) 응급처치상의 주의사항

그런데 말 그대로 '응급처치'이며, 경호원은 전문의료인이 아니기 때문에 손상을 입은 경호대상자의 '생사의 판정'은 하지 않도록 한다. 경호대상자에 대한 생사의 판정은 전문의료진이 하도록 하고, 경호원은 경호대상자가 살아 있다는 가정하에 최선의 회복노력을 계속해야 한다.

따라서 응급상황 발생시에 의료진이 현장에 도착하거나, 또는 최기병원에 도달하기 전까지 경호원은 상황이 악화되지 않도록 조치를 하고 나머지는 전문의료진에게 맡기는 것이 바람직하다고 본다.

그리고 응급처치를 실시하는 경호원은 원칙적으로 의약품을 사용하지 않도록 한다. 경호원이 의약품을 잘못 사용하였을 경우 오히려 사태를 악화시킬 우려가 있기 때문이다. 따라서 이를 사용하는 것에 신중할 필요가 있다. 다만, 간단한 외부상처 치료 목적이거나 또는 경호대상자의 부상 정도 및 상황에 따라 평소의 처방에 의한 의약품 등은 적절하게 사용될 수 있다고 본다.

---

27) 박상규 외 4인(2014), 응급처치, 서울: 라이프사이언스, p. 19.

2) 응급처치의 과정

경호원은 경호업무수행 도중 경호대상자에게 발생한 응급상황에서 당황하지 말고 다음과 같은 적절한 상황파악 및 조치를 해야 한다.[28]

(1) 응급현장의 안전 확인 및 확보

먼저 응급현장의 상황 및 주변환경이 안전한지를 파악하도록 한다. 현장 주변에 기름이나 가스와 같은 위험물질이 있는지, 위해기도자의 공격시 제2의 공격이 발생할 가능성은 없는지 등을 확인해야 할 것이다. 그리고 위험요소의 제거가 안전하게 이루어질 수 있다면 즉시 제거하는 것도 고려할 수 있을 것이다.

일반적으로 응급상황에서 응급처치를 실행하는 본인의 안전을 확보하는 것은 중요한 일이다. 그러나 경호원이 경호대상자에 대한 응급처치를 하는 과정에서는 경호대상자의 생명과 신체의 보호가 우선시되어야 한다고 본다. 응급상황에서도 경호원의 자기희생원칙은 적용되기 때문이다.

(2) 경호대상자의 상태 확인

다음으로 응급상황이 발생하게 되면 경호원은 먼저 경호대상자자가 의식(意識)이 있는지 없는지의 여부, 피해상황이 어느 정도 인지를 확인해야 한다. 따라서 경호원은 "제 말 들리세요?", "괜찮으세요?", "어디가 불편하신지요?" 등과 같은 질문을 크게 소리쳐서 반응을 확인하도록 한다. 이에 대해서 경호대상자가 반응이 없으면 의식이 없는 것으로 간주할 수 있을 것이다.

만약 크게 불러도 반응이 없다면, 두 어깨를 두드리는 등의 조치를 하도록 한다(영아의 경우에는 발바닥을 때려 확인한다). 다만, 목이나 머리에 외상을 받은 사람이라면, 움직임으로 인해 치명적인 손상이 있을 수 있으므로 주의해야 한다.

이러한 경호대상자의 상태 확인 과정에서 기도(A: Airway)가 열려있고, 정상적으로 호흡(B: Breathing)을 하고 있는지, 그리고 심장이 제대로 박동하여 혈액이 순환(C: Circulation)하고 있는지를 살펴보는 것은 매우 중요한 일이다. 한편, 경호대상의 정상적

---

28) Emergency First Response Corp.(2013), Emergency First Response: Primary and Secondary Care Participant Manual.; 대한심폐소생학회(http://www.kacpr.org).

인 호흡 여부뿐만 아니라 어떠한 응급 증상(예: 상처와 출혈, 쇼크, 골절 등)을 입고 있는지도 정확하게 파악해야 한다.[29]

(3) 응급구조 연락

경호원은 경호대상자의 상태를 적절하게 파악하여, 응급상황이라고 판단한 상황에서는 먼저 신속하게 주위에 도움을 요청하고, 아울러 응급전화(최기병원 또는 119 등)를 할 필요가 있다.[30]

경호원은 전문의료인이 아니기 때문에 환자를 옮기지 못하는 경우(예: 척추 손상 등)에는 현장을 안전하게 통제하면서 전문의료진의 출동을 요청하고, 또 현장을 이탈하는 경우에는 최기병원 등에 경호대상자의 상태를 알려서 신속하게 대응할 수 있도록 해야 할 것이다.

(4) 응급처치의 실시

일반적으로 응급상황이 발생하여 경호원이 경호대상자의 상태(의식확인, 기도·호흡확인, 손상정도 등)를 확인하고, 응급구조를 요청하여 전문의료진의 지원을 받기까지는 오랜 시간이 걸리지 않는다고 본다.

그러나 이러한 짧은 시간은 매우 중요하다. 이 짧은 시간 동안 경호대상자의 생사(生死)가 결정될 수도 있기 때문이다. 따라서 경호원은 자신이 평소에 배운 훈련대로 경호대상자에게 적절한 응급처치를 할 필요가 있다.[31]

---

29) 중앙응급의료센터(http://www.medcity.com) 관련자료 재구성.
30) 일반적으로 전화로 도움을 요청할 때에는 ① 전화 건 사람의 이름 및 신분, ② 전화를 건 사람의 전화번호, ③ 사건·사고의 발생장소(예, 주소나 거리 이름, 눈에 잘 띄는 대표적인 유명한 장소를 기준), ④ 사건·사고의 상황(예, 교통사고인데, 두 차가 충돌하였고, 도로는 막혔으며, 세 명이 차 안에 있음 등), ④ 희생자들의 수, 성별 및 대략의 나이와 기타 희생자들의 상황에 대한 가능한 정보, ⑤ 위험물질 및 위해상황에 대한 자세한 정보(피해상황 등) 등을 알려주도록 한다.
31) Emergency First Response Corp.(2013), Emergency First Response: Primary and Secondary Care Participant Manual, pp. 26-27 재구성.

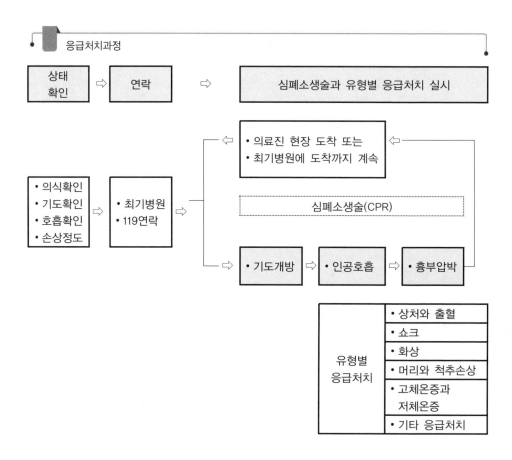

응급처치과정

| 상태 확인 | ⇒ | 연락 | ⇒ | 심폐소생술과 유형별 응급처치 실시 |

• 의식확인
• 기도확인
• 호흡확인
• 손상정도

⇒

• 최기병원
• 119연락

⇒

• 의료진 현장 도착 또는
• 최기병원에 도착까지 계속

심폐소생술(CPR)

• 기도개방 ⇒ • 인공호흡 ⇒ • 흉부압박

유형별 응급처치	• 상처와 출혈
	• 쇼크
	• 화상
	• 머리와 척추손상
	• 고체온증과 저체온증
	• 기타 응급처치

① **기본인명구조술(심폐소생술)의 중요성**

응급처치에 있어서 기본인명구조술(basic life support)은 갑작스러운 심장마비나 사고로 인해 심장과 폐의 활동이 멈추었을 때, 인위적으로 호흡과 혈액순환을 도와 몸속의 산소공급을 유지하여 사태가 악화되는 것을 방지하는 활동을 의미한다.

이러한 심장 박동의 정지('심정지')는 다양한 원인에 의해 야기되는데, 이러한 심정지가 발생한 직후부터 사망의 과정이 시작된다. 이러한 사망의 과정은 임상적 사망과 생물학적 사망으로 나눌 수 있다.[32]

---

32) ① 임상적 사망은 심정지가 발생한 직후부터 호흡, 순환, 뇌기능이 정지된 상태를 말한다. 즉, 숨을 쉬지 않고 맥박이 뛰지 않으며, 아무리 불러보고 흔들어 보아도 반응이 없는 상태이다. 다만, 혈액순환이 회복되면 심정지 이전의 중추신경기능을 회복할 수 있는 상태를 말한다. ② 생물학적 사망은 신체 내의 대부분의 세포가 비가역적인 손상을 받아 다시 소생될 수 없는 상태를 말한다. 다만, 주의할 것은 임상적 사망상태에서

10

심정지 후 뇌손상 시간

구 분	시 간(분)	내 용
임상적 사망	0~4분	두뇌손상의 가능성 없음
	4~6분	두뇌손상의 가능성 높음
생물학적 사망	6~10분	두뇌손상의 가능성 확실
	10분 이상	심한 뇌손상, 뇌사

기본인명구조술로서 심폐소생술(CPR: Cardiopulmonary Resuscitation)의 주된 목적은 우리 몸에 가장 기본이 되는 장기인 심장, 뇌, 그리고 그 외의 장기에 산소를 공급하자는 데 있다. 이때 가장 중요한 것은 이를 시행하는 속도이며, 이것이 또한 심폐소생술의 성공여부를 결정하는 중대한 열쇠이다.

심장마비가 일어난 후에도 우리 몸속의 폐와 혈관 내에는 약 6분 정도까지는 생명을 유지시킬 수 있는 산소의 여분이 있다. 만약 숨이 먼저 그쳐도 수 분 동안은 심장이 뛰게 되어 폐 속의 산소는 계속 이용되게 된다.

그러나 심장이 멈추게 되면 폐와 혈관 속의 여분의 산소가 더 이상 순환될 수가 없으므로 이때 심폐소생술이 그 위력을 발휘할 수 있다. 심장과 폐가 멎고 나서 즉시 4분 이내에 심폐소생술이 시행되면 거의 대부분에서 완전소생의 기회가 높다. 그렇지만 4~6분 이상 혈액순환이 안 되면 뇌에 손상이 올 가능성이 크다. 6분 이상 이러한 상태가 계속되면 거의 전부에서 뇌의 기능이 완전히 정지되고 생명을 잃게 된다.[33]

이러한 이유에서 유사시에는 무엇보다도 중요한 것이 바로 심폐소생술을 해야 하는지의 여부를 파악해야 하고, 필요한 경우로 판단되면 즉시 올바른 심폐소생술을 실시하여 환자를 소생시키거나, 혹은 전문의료진이 도착할 때까지 생명을 연장하는 일이다.

심폐소생술이 시행되지 않고 4~6분이 지나면 생물학적인 사망으로 진행되지만, 환자의 연령과 신체상태에 따라 진행속도가 달라질 수 있다는 점이다. 박상규 외 4인(2014), 앞의 책, pp. 28-29.

33) http://www.medcity.com/jilbyung/eunggup/simpe.html.

② 유형별 응급처치의 실시

기본인명구조술을 통해 경호대상자가 정상적으로 호흡을 하는 경우에는 더 이상 심폐소생술을 실시할 필요는 없다. 이후에는 발생한 유형별 응급처치를 해야 한다. 즉, 상처와 출혈, 쇼크(shock), 화상, 머리와 척추손상, 고체온증과 저체온증 등이 발생했을 때 그에 따른 적절한 응급처치가 요구된다.

여기에서 주의할 것은 정상적으로 호흡하지 않는 환자에게는 심폐소생술을 계속 실시해야 한다는 점이다. 바꿔 말하면, 심폐소생술을 그만두고 심각한 출혈, 쇼크, 척추부상치료를 하려고 하지 말아야 한다는 점이다. 물론, 도움을 줄 수 있는 사람이 주변에 있는 경우에는 심폐소생술을 하는 과정에서 출혈에 대한 치료를 할 수 있을 것이다.

3) 응급처치의 주요 내용

위에서 살펴본 바와 같이 경호대상자에 대한 모든 응급처치 과정은 응급현장의 안전확인 및 확보, 경호대상자의 상태확인, 응급구조 연락 등을 취하고 나서 실시하도록 한다.

(1) 심폐소생술

① 심폐소생술의 개념

종래의 심폐소생술은 '심정지 환자를 소생시키기 위하여 환자의 흉부를 압박하고 인공호흡을 실시하는 치료술기'로 정의되었다. 그러나 점차 심정지 환자의 치료방법이 발달하면서 심폐소생술은 단순히 흉부압박과 인공호흡을 의미하는 용어가 아니라 심정지 환자를 소생시키기 위한 모든 치료방법을 의미하는 용어가 되었다.[34]

위에서 살펴본 바와 같이 심정지가 발생한 직후인 임상적 사망상태의 환자는 심폐소생술에 의하여 소생될 수 있다. 그러나 임상적 사망상태에서 심폐소생술이 시행되지 않거나 심폐소생술에 의해서 심박동이 회복되지 않으면 생물학적 사망에 이르게 된다.

---

34) 박상규 외 4인(2014), 앞의 책, p. 30.

② 심폐소생술의 실시과정

경호대상자에 대해 심폐소생술을 실시하기 위해서는 우선 딱딱하고 평평한 바닥에 눕히도록 한다. 얼굴이 바닥을 향해 엎드리고 있을 때에는 천천히 환자의 상태를 파악하면서 몸을 돌려 눕히도록 한다.[35]

㉠ 기도의 유지 및 호흡확인

의식이 없는 환자는 혀가 말려 들어가 기도를 막을 수 있으므로 기도 유지를 해줘야 한다. '머리 젖히기-턱 들어올리기(head tilt-chin lift)'로 기도를 유지하도록 한다. 한 손으로 이마 부분을 눌러 머리를 젖히고, 다른 손으로 턱의 뼈 부분을 가볍게 들어 올리도록 한다. 이때 턱 밑의 연부조직은 누르지 않도록 조심해야 한다. 턱 밑 연부조직을 누르면 기도폐쇄의 원인이 될 수 있기 때문이다.[36]

호흡확인은 기도 유지를 한 상태에서 환자의 입과 코에 자신의 귀를 대고 5초 이상 10초 이내에 확인한다. 확인하는 방법은 환자의 가슴이 오르내리는지 눈으로 확인하고 호흡음이 있는지 듣고 공기의 흐름이 있는지 느끼는 방법으로 시행한다.

기도유지

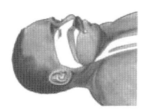 

---

35) 황정연 역(2015), 응급처치와 심폐소생술(First Aid, CPR, and AED), 서울: 한미의학, pp. 34-35.
http://blog.naver.com/pakim777.
36) 한편, 머리 또는 목에 외상이 의심되는 환자의 경우 '턱 밀어 올리기법'으로 기도를 개방하여 목의 움직임을 최소화함으로써 신경손상을 예방할 수 있다. 그러나 턱 밀어 올리기법은 전문적인 기술이 필요하므로, 응급구조사 및 의료인에 의하여 시행되어야 하며, 일반인은 외상과 관계없이 '머리 젖히고 턱 들어주기 방법'으로 기도를 개방하는 것이 바람직하다. 박상규 외 4인(2014), 앞의 책, p. 36.

ⓛ 인공호흡

기도를 유지하고 호흡을 확인한 결과, 호흡이 없거나 비정상적인 호흡으로 판단되면 인공호흡을 실시하도록 한다. 기도를 유지한 상태에서 머리를 밀고 있는 손의 엄지와 검지로 코를 막고 구조자의 입으로 환자의 입을 완전히 덮은 다음 1초 동안 가슴이 올라올 정도로 2회 불어 넣도록 한다.

주의할 것은 기도를 유지하지 않은 상태로 인공호흡을 하면 공기가 폐로 들어가지 않으므로 반드시 기도유지를 하고 실시해야 한다.

인공호흡

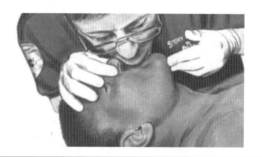

그리고 너무 빠르고 강한 호흡은 공기가 위장으로 들어갈 수 있기 때문에 피하도록 한다. 과거에는 숨을 깊게 들어 마신 후 1−2초에 걸쳐서 인공호흡을 실시하도록 하였으나, 최근에는 평소 호흡대로 1초 동안 실시하도록 하고 있다(평소 호흡량으로만 해도 충분하고, 과도하게 숨을 넣을 경우 위장으로 들어가게 될 우려가 있다).

첫 번째 인공호흡시 가슴이 올라오지 않는다면 다시 기도유지를 하고 두 번째 인공호흡을 한다. 그러나 흉부압박이 지연되지 않게 하기 위하여, 비록 인공호흡이 제대로 안되었다 할지라도 2회를 초과하지 않도록 한다.[37]

---

37) 최근 연구에 심폐소생술 환자에게 입과 입 인공호흡을 시행하지 않고 흉부압박만을 시행하였을 경우에도 인공호흡을 함께 한 경우와 유사한 생존율이 나타나는 것으로 보고되었다. 위의 책, p. 37.; 따라서 응급처치를 실시하는 경호원이 인공호흡을 제대로 하지 못하거나 경호대상자가 이를 원하지 않는 상황이면 인공호흡을 생략하고 흉부압박으로 넘어가도록 한다.

ⓒ 흉부압박

흉부압박을 실시하는 경호원은 경호대상자의 가슴 옆에 무릎을 꿇는 자세를 취하도록 한다. 흉부압박을 실시하는 위치는 흉골 아래쪽 절반부위(양쪽 젖꼭지 연결선과 가운데 흉골이 만나는 지점)에 한쪽 손바닥의 두툼한 아랫부분을 놓고 그 위에 다른 손바닥을 평행하게 겹쳐 두 손으로 압박하도록 한다.

이때, 아래쪽 손의 손가락은 가슴에 닿지 않도록 하고, 팔꿈치를 펴고 팔을 바닥에 수직을 이루도록 하여 체중을 이용하여 압박하도록 한다. 흉부압박을 실시하는 경우 합병증(合倂症)이 발생할 우려가 높기 때문에 이를 적절히 실시하는 것은 중요하다.[38]

흉부압박의 위치와 방법

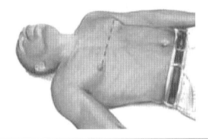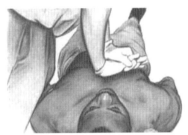

흉부압박은 분당 100회 속도로 약 4~5cm 깊이로 압박하며 압박과 이완시간은 같은 정도로 하고 각각의 압박 후에는 가슴이 완전히 올라오도록 해야 한다(여기에서 100회라는 것은 실제 숫자를 채우는 것보다는 그만큼 빠르게 하는 것이 중요하다는 의미이다). 흉부압박의 중단을 최소화하기 위해서 흉부압박과 인공호흡의 비율은 30:2로 한다.

---

38) 흉부를 압박하는 중에는 처치자의 손가락이 환자의 가슴에 닿지 않도록 주의해야 흉부압박에 의한 합병증을 줄일 수 있다. 이러한 합병증의 상당 부분이 잘못된 흉부압박의 위치, 손의 모양 및 자세에서 발생하게 된다. 조사에 의하면, 심폐소생술이 시행된 환자의 약 25%에서 심각한 합병증이 발생하며, 약 3%에서 치명적인 손상이 발생하는 것으로 나타났다. 가장 흔히 발생하는 합병증은 주로 늑골골절로서 약 40%에서 발생한다. 이러한 늑골골절과 연관되어 기흉(폐에 구멍이 생겨 공기가 새고, 이로 인해 늑막강 내에 공기가 차는 것), 심장눌림증, 폐출혈, 폐좌상이 발생할 수 있다. 흉골골절도 많이 발생하는 합병증이며, 자동흉부압박기 등의 기구를 사용할 경우에는 이의 발생빈도가 높다. 그 외에도 대동맥손상, 심근좌상, 비장 또는 간의 파열 등의 합병증이 발생하기도 한다. 한편, 심폐소생술이 정상적으로 시행되어도 늑골(갈비뼈)골절이나 흉골골절 등은 발생할 수 있는 합병증이라 할 수 있다. 위의 책, p. 43.

심폐소생술의 중단과 지속

심폐소생술 중에는 흉부압박의 중단을 최소화해야 한다. 흉부압박은 자동제세동기(除細動器, Defibrillato)를 사용해야 할 경우를 제외하고는 10초 이상 중단해서는 안 된다.[39] 그리고 심폐소생술이 계속되어야 하는 상황에서는 부득이한 경우를 제외하고는 환자를 이동시키는 것은 바람직하지 않다.

따라서 일단 심폐소생술을 실시한 후에는 ① 응급구조사 및 전문의료인이 전문 심폐소생술을 하기 전까지, ② 자발적인 순환의 회복(의식이 돌아옴), ③ 구조자가 지치거나 위험한 특수상황에 빠진 경우를 제외하고는 심폐소생술을 계속 시행해야 한다.

(2) 상처와 출혈

① 상처

㉠ 상처의 개념

상처는 피부나 체표면에 발생한 비정상적인 균열을 말한다. 상처의 대부분은 몸 밖으로 개방되어 있으므로 혈액이나 체액을 인체에서 빠져나가게 하고, 세균이 침범하여 염증을 일으키기도 한다. 손상이 유발되는 상황에 따라 발생하는 상처의 종류가 다르며, 따라서 이에 따라 치료법에도 차이가 있다.[40]

㉡ 상처의 종류

상처에는 찰과상, 타박상(멍), 절상, 열상, 자상, 총상 등이 있다. 먼저 찰과상(擦過傷)은 긁힌 상처를 말하며, 가장 경미한 상처이다. 이 경우 손상된 피부가 깨끗하지 않고, 다양한 깊이로 손상을 입고, 표피의 손상을 가져오는 상

39) 심장의 박동은 심장의 동방(洞房) 결절·방실(房室) 결절 즉, 페이스메이커(Pacemaker)가 내보내는 전류 신호에 의해 통제되는데, 심장의 세포 중 하나가 제멋대로 전류를 내보내는 경우와 같이 이 전류 신호가 꼬여버려 심장 전체에 혼란이 발생해 제대로 박동하지 않고 가늘게 떨리는(세동) 심실세동이 발생했을 때 순간적으로 강한 직류 전류를 흘려서 심장의 박동을 완전히 멈추게 한 후(제세동) 페이스메이커가 전류 신호가 완전히 끊어진 상태에서 다시 작동해서 전류 신호를 정상화하도록 하는 기계이다. 예컨대, 꼬마들이 맨 앞 사람의 구령에 맞춰서 똑같이 걷다가 걸음이 각자 제 멋대로가 되었을 때 선생님이 갑자기 소리를 꽥 지르면 애들이 놀라서 전부 멈췄다가 다시 구령에 맞춰 걷기 시작하는 것을 상상하면 될 것 같다. http://mirror.enha.kr/wiki.
40) 박상규 외 4인(2014), 앞의 책, pp. 117-121.

처이다. 찰과상의 경우 출혈은 심하지 않으나 염증을 유발하여 세균에 감염되기 쉽다.

타박상(打撲傷)은 외부 충격으로 발생하여 출혈이 내부에 있어서, 피부 표면에 멍이 든 상태를 말한다. 외상에 따라 가볍거나 심할 수 있다. 주로 둔한 가격이 원인이며 피부밑의 모세혈관을 파열시키면서 멍이 생긴다. 멍이 심한 경우에는 골절이나 내부출혈 같은 심부조직 손상을 의심해야 한다.

절상(切傷)은 칼, 면도날 또는 유리조각 등의 날카로운 물체에 벤 상처로 이 상처는 잘 감염되지는 않으나 대부분 혈관이 절단되어서 출혈량이 많고, 손, 발 등의 손상시에는 힘줄 등 심부조직 절단이 동반하는 경우도 있다.

열상(裂傷)은 짓눌리거나 마찰에 피부가 심하게 박탈된 상처를 말하며, 기계나 물건에 타박 또는 압박되거나 또는 부딪혔을 때, 울퉁불퉁하게 찢긴 상처를 말한다. 상처에 따라 출혈의 정도가 차이가 나며, 상처가 울퉁불퉁해 깨끗이 씻어내는 것이 어려우므로 세균 감염성이 크고, 염증이 잘 발생한다.

자상(刺傷)은 못, 바늘, 철사, 칼 등에 찔린 상처와 같이 조직을 뚫고 나가는 입구는 작지만 내부 손상이 깊은 상처이다. 자상은 그 부위가 좁고 깊어 소독하기가 어렵다. 상처 속으로 더러운 물질과 세균이 유입되기 쉬우므로 감염 가능성이 크다. 그리고 이러한 세균 감염으로 인한 심각한 상태가 되어 생명에 위험이 미치기도 한다.

마지막으로 총상(銃傷)은 총알 등이 체내에 박히거나 관통한 상태로 심한 내부 손상과 세균 오염을 유발한다. 상처 입구는 작고 깨끗하지만 출구는 크고 지저분하다.

ⓒ 상처의 처치

상처부위를 만지기 전에 비누로 손을 깨끗이 씻는다. 가능하다면 1회용 장갑을 사용하도록 한다. 이것은 응급처치자 자신의 감염 방지를 위한 것이라 할 수 있다. 상처 부위에 먼지나 기타 더러운 것이 묻어 있을 때에는 상처 부위를 흐르는 물에 가볍게 씻고, 물로 헹구어 낸다. 그냥 담그는 것보다는 효과적이다.

참고 상처 응급처치시 주의사항

① 큰 상처나 팔다리의 오염, 생명에 위협을 주는 상처(동물에 물린 상처, 깊은 관통상 등)
는 세척하지 않는다. 병원에서 세척하게 한다.

② 상처를 문지르지 않는다. 상처를 문지르면 조직을 파괴할 수 있다.

③ 베타딘이나 소독용 알코올로 세척하지 않는다. 이러한 약품은 세균뿐만 아니라
피부의 세포까지 손상시킨다. 사람에 따라서는 베타딘에 알레르기가 있을 수
있다.

④ 과산화수소는 사용하지 않는다. 병균을 죽이지 않고, 오히려 모세혈관의 혈액
흐름을 방해하고, 상처 치유기간이 늘어난다.

⑤ 봉합이 필요한 상처나 관통상에는 항생제 연고를 사용하지 않는다(상처에서 분비
물 배출을 방해하기 때문이다). 항생제연고는 찰과상과 같은 깊지 않은 상처에만 사
용한다.[41]

그리고 가시, 못, 침 등에 찔렸을 경우에는 핀셋 등으로 뽑아낸다. 그 후에 상처 주
위를 눌러 피와 함께 세균을 짜낸다. 그러나 상처에 박혀 있는 이물질을 무리하게 빼
내려다 더 많은 출혈이 생길 수 있으므로 무리하게 제거해서는 안 된다. 이때에는 이
물질의 양쪽을 눌러서 지혈하고, 이물질 주변을 거즈로 싸서 세균침입을 최소화하도
록 한다. 이런 경우 전문의료진의 진찰을 받아 파상풍을 예방해야 한다.

한편, 상처가 경미하면 그냥 노출해도 무방하나, 큰 상처인 경우에는 멸균된 거즈
와 붕대 등으로 덮고, 반창고로 고정하며 지혈하도록 한다. 타박상의 경우 손상부위
를 차게 하여 통증을 완화하도록 한다. 찬물에 적신 수건을 상처부위에 대주고 상처
부위를 심장보다 높게 해주도록 한다.

② **출혈**

 ㉠ 출혈의 개념

  출혈은 혈액이 동맥, 모세혈관, 정맥에서 밖으로 유출되는 것을 말하며, 이는
  외부출혈과 내부출혈로 나뉜다. 사람의 혈액량은 체중 1kg당 80ml 정도이다.
  동맥출혈(動脈出血)은 산소가 풍부하기 때문에 대부분 선홍색을 띠며, 동맥

---

41) 황정연 역(2015), 앞의 책, p. 61.

자체의 압력이 높기 때문에 분출하듯이 출혈이 되며, 출혈시 지혈하기가 어렵기 때문에 급히 지혈해 주어야 한다.

정맥출혈(靜脈出血)은 동일한 강도와 속도로 흘러나온다. 이미 세포에 산소를 제공하고 이산화탄소와 노폐물을 받았기 때문에 대개 색은 검붉은 색이나 적갈색을 띤다. 정맥은 압력이 낮은 상태에서 혈액을 심장으로 다시 보내기 때문에 비록 많은 양의 출혈이라도 비교적 지혈하기가 쉽다. 그러나 쉽게 팽창되기 때문에 혈액이 잘 고이므로 큰 정맥이 잘린 곳에서 출혈이 심해 위험하다.

또 공기방울이나 색전이 심장에 들어가 규칙적인 심장박동을 저해하거나 정지시킬 수 있다. 또한 공기방울이 뇌나 폐에 박히면 뇌나 폐조직을 손상시킬 수 있다.

모세혈관출혈(毛細血管出血)은 혈관의 크기가 작고 압력도 낮기 때문에 서서히 방울져서 스며 나온다. 처음에 출혈이 심하게 보여도 출혈량을 대부분 적어 저절로 그치는 것이 보통이며, 압박으로 간단히 지혈된다.

ⓒ 심각한 외부출혈에 대한 처치

응급치료 순서를 혼동할 정도로 외부출혈이 심해도 응급처치자는 항상 심폐소생술 초기 단계를 먼저 생각해야 한다. 즉, 숨을 잘 쉴 수 있게 기도가 잘 개방되어 있는지, 호흡을 잘하고 있는데 맥박과 심장이 뛰고 있는지를 먼저 생각해야 한다는 것이다.

심각한 외부출혈시에는 출혈이 목이나 기도를 막을 수 있기 때문에 주의해야 한다. 심각한 외부출혈에는 다음과 같은 응급처치방법이 있다.[42]

• 직접압박법 : 이 방법은 외부출혈의 지혈을 위한 가장 보편적이고 효율적인 방법으로 붕대만를 이용하거나 압박드레싱과 붕대를 함께 사용할 수 있다. 주의할 것은 붕대를 너무 세게 감으면 순환이 원활하지 못해서 상처 아래 부위에 괴사가 일어나 더 큰 사고를 유발할 수 있기 때문에 너무 세게 조이지 않도록 한다. 그리고 붕대 밖으로 혈액이 새어 나오면 붕대를 풀지 말고 그 위에 거즈를 덧대도록 한다.

---

42) 박상규 외 4인(2014), 앞의 책, pp. 126-130.

- 거상법 : 거상법(擧上法)은 중력을 이용하여 혈압을 낮게 하여 출혈의 속도를 저하시키는 방법이다. 이는 직접압박과 함께 사용하며, 손상부위를 심장보다 높게 들어주도록 한다. 주의할 것은 골절 및 척추손상 등이 의심되는 환자는 사용하지 않도록 한다. 그리고 이물질이 박힌 경우에도 사용하지 않도록 한다.
- 압박점 사용법 : 압박점은 큰 동맥(動脈)이 신체 표면 가까이에서 직접 뼈 위를 지나가는 부위를 말한다. 직접압박 상태에서 거상하는 방법으로 지혈이 되지 않으면, 압박점을 사용하도록 한다. 이러한 압박점은 상완동맥 지혈점과 대퇴동맥 지혈점이 있다.[43] 주의할 것은 반드시 직접압박법과 거상법으로 지혈되지 않을 경우에만 사용해야 하며, 압박점을 정확히 알아야 실행이 가능하다.
- 지혈대 사용법 : 지혈대는 사지로 들어오고 나가는 혈액을 모두 차단하는 장비이다. 지혈대는 직접압박, 거상법, 압박점 사용법 등이 모두 실패해 환자의 생명이 위험할 때 마지막으로 사용하는 최후의 수단이다. 지혈대는 너비 10cm의 두께 6~8겹 정도여야 하며, 응급시에는 옷 등을 이용해서 사용할 수 있다. 주의할 것은 지혈대는 최후의 수단으로서, 이것을 사용한 후 신경, 근육, 혈관의 영구적인 손상을 초래할 수 있으며, 사지를 잃을 수도 있다.

지혈대 사용법 예[44]

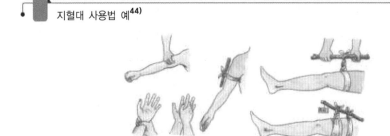

43) 상완동맥 지혈점은 팔꿈치와 겨드랑이 사이에 움푹 들어간 곳을 말하며, 대퇴동맥 지혈점은 몸통의 하부와 만나는 대퇴부 전방 내측에 위치한다.
44) https://blog.naver.com/akb9042/220395966937.

(3) 쇼크

① 쇼크의 개념

순환계는 혈액을 전신으로 보내 산소와 영양분을 조직으로 전달하는 기능을 한다. 쇼크(Shock)는 순환계의 기능에 장애가 생기면서, 몸의 조직이 산소가 포함된 혈액을 충분히 받지 못했을 때 일어나게 된다. 쇼크로 인한 손상은 어느 신체 부위에 얼마나 오랜 시간 동안 산소가 공급되지 않았느냐에 따라 다르다. 예컨대, 산소결핍시 뇌는 4~6분, 복부 장기는 45~90분, 피부와 근육세포는 3~6시간 이내 회복할 수 없게 손상된다.

② 쇼크의 원인

쇼크를 이해하기 위해서는 인체의 순환계를 세 가지 요소로 이해해야 한다. 펌프 작용을 하는 심장, 연결관인 혈관, 그리고 펌프작용에 의해 연결관으로 흐르는 충분한 양의 체액(혈액)이 바로 그것이다. 이 세 요소는 '관류삼각형'이라고도 하며, 셋 중에 하나라도 손상되면 조직 내 혈액이 손실되어 쇼크가 일어나게 된다. 따라서 쇼크 환자라면 이 세 요소 중 하나 이상이 제대로 작동하지 않은 것이다.[45]

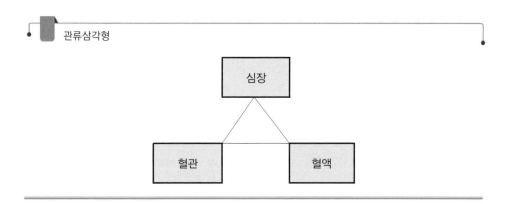

관류삼각형

㉠ 심장의 펌프기능 부전

심장이 손상되면, 펌프로서의 충분한 혈액을 공급할 수 없게 된다. 이를 심인성 쇼크라고 한다. 예컨대, 심장마비는 심장근육의 손상으로 심장이 수축

---

45) 황정연 역(2015), 앞의 책, pp. 72-73.

하지 못하여 혈액을 혈관으로 내보내지 못하게 되어 일어나게 된다.

ⓛ 혈관확장

전체적인 혈액량은 충분하지만 혈관이 갑자기 확장되어 혈액이 혈관을 충분히 채울 수 없게 되는 경우로 신경계가 손상되었을 때 일어나게 된다. 이와 관련하여 예컨대, 척추손상은 신경계에서 혈관 굵기와 근육탄력을 조절하는 부분을 손상시킬 수 있다. 이로 인해 신경성 쇼크가 발생하게 된다.

ⓒ 저혈량성·저체액성 쇼크

흔히 발생하는 쇼크로서, 과다출혈 등으로 혈관 내 혈액량이 손실을 보면서 발생하게 된다. 내외출혈, 외상, 구토나 설사로 인한 심한 탈수와 화상으로 인한 혈장손실, 개방성 골절 등이 주원인이 된다.

ⓔ 패혈성 쇼크

혈관과 혈액의 기능이상이 혼합되어 쇼크가 발생하기도 한다. 즉, 심각한 독성을 가진 세균에 감염되면 패혈성 쇼크가 발생한다. 패혈성 쇼크는 일반적으로 심각한 질병, 부상, 수술합병증, 의료사고 등으로 일어나게 된다.

ⓜ 과민성 쇼크

인체의 면역체계는 자연스럽게 모든 이물질에 반응하여 이물질을 제거하거나 중화시켜서 인체를 보호하려고 한다. 그런데, 때로는 이러한 면역반응이 지나치게 반응하게 되는데, 이러한 반응을 과민성반응 또는 알레르기반응이라고 한다.

일부의 사람들은 특정 물질(예: 페니실린·아스피린 등 약물, 갑각류·견과류 등 음식, 곤충에 물렸거나 쏘였을 때 등)과 접촉하게 되면 정도 이상의 면역반응을 보이는데 이것을 과민성 쇼크라고 한다. 이는 경우에 따라서는 심각한 반응을 보일수도 있으며, 예민한 사람은 몇 초나 몇 분 안에도 매우 위험한 치명적인 상황으로 발달할 수 있다.

③ 쇼크의 증상

쇼크 환자는 대부분 비슷한 증상을 보이는데, 이의 증상으로는 다음과 같은 것을 들 수 있다.

얼굴이 창백해지고, 식은땀이 나며 현기증을 일으킨다. 메스꺼움을 느끼며, 구토나 헛구역질을 한다. 맥박이 약하거나 때로는 빠르다. 호흡이 불규칙하게 된다. 심하면 의식을 잃게 된다. 빛에 대한 동공반사가 느리다. 체액이 소실되어 갈증을 일으킨다.

④ 쇼크의 처치

쇼크환자의 응급처치법은 모든 형태의 쇼크에서 거의 대동소이하다. 즉, 환자에게 산소를 더 많이 공급하고 뇌와 심장으로 가는 혈액순환을 더 원활하게 해주는 것이다. 이를 위해 심장이나 뇌로 피가 많이 가도록 머리를 낮추고 발을 올린 자세로 눕히도록 한다.

다만, 이러한 일반적인 쇼크자세에서 호흡이 어렵거나 머리나 목에 상처가 있을 때에는 환자 몸을 수평으로 해주거나 머리를 약간 높여 주도록 한다. 그리고 환자에게 압박을 가하는 꽉 끼는 옷이나 가죽 띠, 벨트 등을 느슨하게 한다. 환자가 토할 때에는 토사물이 폐로 흘러 들어가지 않도록 얼굴을 옆으로 하고 토사물을 곧바로 깨끗이 닦아 주도록 한다. 아울러 쇼크환자가 움직이지 않도록 하고, 만약 목이 마르다고 하면, 물로 환자의 입을 살짝 축여주도록 한다.

한편, 혈액순환 장애시 체온손실이 일어나면 상태가 악화되기 쉽다. 체온손실을 막는 것은 쇼크로 진행되는 것을 예방하는 데 중요하므로 이불 등으로 따뜻하게 보온을 해주도록 한다. 그리고 호흡, 맥박, 의식을 자주 확인하고 필요하면 즉시 심폐소생술을 시작할 수 있도록 준비한다.

(4) 화상

화상(火傷)의 정도는 화상의 넓이와 깊이에 따라 일반적으로 1도 화상, 2도 화상, 3도 화상으로 구분된다.[46] 그리고 그 원인에 따라 뜨거운 열에 의한 열화상, 화학물질(산, 알칼리, 유기화합물 등)에 의한 화학화상, 전기화상으로 분류할 수 있다.

① 1도 화상과 응급처치

1도 화상(표피화상)은 피부 바깥층(표피)에 화상을 입는 경우로, 피부가 빨갛게 되고 약간 부어오르며 압통(누르거나 만지면 통증이 있음)과 통증이 있는 것이 특징이다. 1도 화상은 치료 후 흉터가 남지 않으며, 전신이 침범되더라도 위험하지는 않다.

---

46) 박상규 외 4인(2014), 앞의 책, pp. 143-154.; 황정연 역(2015), 앞의 책, pp. 83-93.

1도 화상의 경우 통증이 없을 때까지 찬물이나 찬 수건으로 통증을 감소시키고 화상을 가라앉히도록 한다. 통증과 염증을 감소시키기 위해 진통소염제를 사용할 수도 있다. 화상을 입은 팔과 다리는 올려주도록 한다.

② 2도 화상과 응급처치

2도 화상(부분층화상)은 피부 바깥층이 완전히 손상되고, 피부 속(진피)까지 손상을 입은 경우를 말한다. 물집, 부종, 진물, 심한 통증이 특징이다. 진피의 모세혈관이 손상되어 진물이 나온다. 터지지 않은 물집(수포)은 무균상태이며, 외부로부터 보호막 역할을 한다. 그러나 일단 물집이 터지면 상처에서 진물이 나오고 감염의 위험성이 증대된다. 이러한 2도 화상은 성인의 경우 체표면적 20% 이상 침범되면 중상으로 위험하며, 영·유아는 성인보다 훨씬 작은 범위의 화상에서도 생명이 위험한 경우가 있다.

2도 화상의 경우에도 1도 화상과 마찬가지로 찬물이나 찬 수건으로 통증을 감소시키고, 진통소염제 등을 사용하도록 한다. 화상이 식은 경우에는 바시트라신(Bacitracin)과 같은 국소항생제를 사용하여 세균의 침입을 방지하도록 한다. 그리고 화상부위를 마른 거즈나, 달라붙지 않는 멸균 드레싱 또는 깨끗한 천으로 덮어 주도록 한다. 화상부위를 덮어주면, 노출된 신경 끝이 공기와 접촉되지 않아, 통증을 줄일 수 있다. 그리고 메스꺼움이 생기지 않는 한 많은 물을 마시도록 한다. 한편, 2도 화상에서 생긴 물집은 터트리지 않도록 한다. 터지지 않은 물집은 훌륭한 화상드레싱의 기능을 하기 때문이다.

③ 3도 화상과 응급처치

3도 화상은 모든 피부층은 물론 피하지방과 근육층까지 손상된 심한 화상을 말한다. 피부는 가죽처럼 보이거나 진주처럼 회색으로 보이고, 때로는 숯처럼 보인다. 모세혈관이 파괴되어 더 이상 체액이 통하지 않기 때문에 화상 부위는 건조하고, 진물이 나오지 않는다.

3도 화상은 통증을 느끼지 못한다. 이는 신경세포가 완전히 파괴되었기 때문이다. 3도 화상은 환자는 죽은 세포를 제거하고 피부이식 수술이 필요하다. 이러한 3도 화상은 체표면적 10% 이상 침범되면 중상으로 위험하며, 영·유아는 성인보다 훨씬 작은 범위의 화상에서도 생명이 위험한 경우가 있다.

3도 화상의 경우에는 마른 거즈나 달라붙지 않는 멸균드레싱 또는 깨끗한 천으로 상처를 덮도록 한다. 다리를 올리고, 깨끗한 시트나 모포로 체온을 유지하여 쇼크에 대비하도록 한다. 빠른 시간 내에 병원치료를 받도록 하는 것이 바람직하다.

(5) RICE 응급처치법

① RICE 응급처치의 개념

염좌(捻挫, sprain)는 등산, 운동 등을 하는 과정에서 하관절이 운동범위를 벗어나 심하게 움직여서 관절을 지탱하는 인대의 섬유가 늘어나거나 찢어진 상태를 말한다.[47]

RICE 응급처치법은 이러한 염좌에 대한 조치로서 안정(Rest), 얼음 대주기(ICE), 압박하기(Compression), 올려주기(Elevation)의 첫 글자를 따온 것이다. 모든 팔다리의 뼈, 관절, 근육이 다쳤을 때, 이러한 응급처치를 해준다면 통증을 없애거나 줄일 수 있다. 한편, 이 방법에 추가하여 골절과 탈구 등에는 다친 부위를 움직이지 않도록 하기 위해서 부목을 대도록 한다.[48]

② RICE 응급처치의 과정

　　㉠ 안정

　　　다친 곳을 안정시키면 빨리 회복된다. 안정이라는 것은 다친 사람이 다친 부위를 쓰지 않고 두는 것이다. 인체는 어느 부분이든지 사용하면 할수록 혈액순환이 증가하게 되고, 이로 인해 다친 부위가 더 붓게 된다. 따라서 예컨대, 다친 다리를 안정시키는 데 목발을 이용할 수 있다.

　　㉡ 얼음 대주기

　　　얼음팩은 처음 24~48시간 동안은 2~3시간마다 20~30분씩 대주도록 한다. 다친 부위에 찬 것을 대주면, 혈관이 수축되고, 부종과 염증이 줄어드는 동시에 통증과 근육경련이 줄어든다. 만약에 방금 다친 부위를 따뜻하게 해주면, 오히려 혈액순환이 많아져서 심한 부종과 통증을 일으킨다.[49]

---

47) 다음백과(https://100.daum.net/encyclopedia).
48) 황정연 역(2015), 앞의 책, pp. 128-130.
49) 따라서 얼음찜질을 너무 빨리 중지하지 않도록 한다. 온찜질을 너무 일찍 시작하는 경우가 많이 있는데, 이러한 처치는 오히려 부종과 통증을 유발하게 된다. 얼음찜질은 부상 후 첫 24시간 내에 하루 3~4회 실시하며, 온찜질을 하기 전, 다친 후 48시간까지는 얼음찜질을 하는 것이 좋다. 손상이 심하면 72시간까지 얼음

다만, 주의할 것은 동상이나 신경 손상의 위험이 있기 때문에 한 번에 20~30분 이상의 얼음팩 등을 대지 않도록 한다. 그리고 순환계 질병이 있거나 찬 것에 비정상적으로 민감한 경우에는 얼음찜질을 하지 않도록 한다.

ⓒ 압박하기

다친 부위의 압박은 체액과 부스러기를 다친 부위 밖으로 짜주는 효과가 있다. 압박은 피부와 기타 조직이 확장되는 것을 제한시키고, 내부출혈을 줄여주는 효과가 있다. 이러한 압박은 부종을 예방하는 효과적인 방법이다. 따라서 탄력붕대는 첫 18~24시간 동안(얼음팩을 댈 때를 제외하고) 감아두어야 하며, 밤에는 조금 느슨하게 해주되 제거하지는 않도록 한다. 그리고 붓지 않을 정도로 붕대를 감되 혈액순환을 방해할 정도로 세게 감지는 않도록 한다.

ⓔ 올려주기

중력으로 인해 인체의 아래쪽에서 심장으로 혈액이 돌아오게 하는 데 시간이 걸린다. 일단 손이나 발에 체액이 남게 되면, 갈 곳이 없어져 그 부분에서 부종이 일어난다. 다친 부분을 올려주고 얼음팩과 압박을 함께 해주면, 다친 부위로 혈액이 덜 가게 되어 내부 출혈이 억제되고, 부종이 줄어든다.

참고 경호평가단계

① 경호활동 평가의 중요성

이상에서 경호대응단계(근접경호)를 실시하는 과정에서 이루어질 수 있는 제반 경호활동 및 경호조치에 대해서 살펴보았다. 그런데, 이러한 근접경호활동이 항상 계획된 대로 진행되는 것은 아니다. 항상 예기치 못한 우발상황이 잠재해 있으며, 그것은 경미한 사건에서부터 극단적인 경우에는 경호대상자 및 주변사람들의 생명을 앗아가는 결과에 이르기도 한다. 이는 과거의 사건들을 통해서 충분히 인식할 수 있을 것이다.

따라서 경호행사가 종료된 후에는 반드시 최초의 계획과 경호실시과정에서 변경된 사항이나 대응조치 사항 등을 반드시 비교평가 하는 과정을 거칠 필요가 있는 것이다. 이러한 과정을 통해서 경호계획에 차질이 생긴 원인을 규명하고, 개선책이 마련되어야 한다.

찜질을 하는 것이 권장된다.

② 경호활동 평가의 방법

이러한 경호실시 결과에 대한 평가는 경호활동 최종단계로서, 평가가 실질적이고 효과적으로 이루어지기 위해서는 가능한 한 경호임무가 종료된 직후에 실시되는 것이 바람직하다. 경호평가의 목적은 경호임무 수행과정에서 문제점을 도출하고, 개선방안을 모색하는 데 있다. 따라서 경호목적 달성을 위해 조치한 내용과 방법 등을 경호원 개인별 체크리스트(checklist)와 작전일지를 통하여 비교 검토하는 등의 방법을 사용하도록 한다.

③ 경호활동 결과보고서의 작성 및 자료보관

경호실시 후에는 경호결과보고서를 작성하도록 한다. 여기에는 경호활동 당시의 상황 및 경호 내용을 있는 그대로 담도록 한다. 경호결과보고서에는 실시간 행사진행 상황 및 경호 조치사항, 계획변경 사항, 발생한 문제점, 관련 교육훈련 사항, 개선사항 등이 포함되어야 한다.

한편, 경호행사 후에는 경호행사와 관련된 모든 자료를 충실히 보관하여 차후 행사의 바탕이 되도록 해야 한다. 이러한 행사자료는 경호결과보고서를 비롯하여, 경호계획서, 주최측 행사계획서, 지원부서 경호경비 계획서, 선발활동보고서, 개인별 체크리스트 및 관련 지도사항 등이 포함되며, 이러한 자료들은 날짜별로, 행사장별로 또는 행사별로 구분하여 보관하도록 한다.

④ 경호교육훈련의 실시와 평가

경호교육훈련은 지속적으로 실시되어야 한다. 이는 경호원들의 기본적인 자질을 함양하고, 경호실시과정에서 나타나는 문제점들을 해결하기 위한 과정이며, 또 예상되는 문제점들에 대한 대응방안을 마련하는 과정이기 때문에 매우 중요하다.

이러한 경호교육훈련은 단순한 탁상공론이 아닌 경호대상자의 실질적인 보호와 매우 직결되는 것이기 때문에 다양한 시뮬레이션을 통해 실시되어야 한다. 따라서 과거 경호과정에서 나타난 성공사례와 실패사례 등을 분석하여, 그에 대한 대응책을 개발하고 그러한 내용을 교육훈련에 실제 적용하는 것은 매우 중요하다고 본다. 그리고 이러한 경호교육훈련에 대한 평가 역시 다양한 관점에서 실시하도록 한다.

⑤ 새로운 경호기법의 적용

한편, 경호환경이 불확실하고 위해요소가 양적·질적으로 심화되는 과정에서 경호대상자를 안전하게 보호하기 위해서는 새로운 경호기법의 개발 및 이의 적용은 매우 중요한 일이다. 따라서 새로운 경호기법을 개발하여, 교육훈련과정에서 이를 충분히 체득하고, 실제 경호현장에 적용하면서, 이의 타당성 및 유효성 등을 다각도에서 평가해야 한다.

요약건대, 경호현장운용이라는 일련의 과정이 끊임없이 환류하면서, 적용보완되었을 때 경호의 목적달성은 보다 성과가 있다고 본다.

제**11**장

경호복장·장비와 의전

Executive Protection

제11장

경호복장·장비와 의전

경호복장과 장비

1. 경호복장

1) 경호복장의 의의

경호업무를 수행하는 경호원은 복장과 용모, 그리고 행동을 단정히 하여 전문경호원으로서의 품위를 갖추고 있어야 한다. 이는 비단 경호원 자신뿐만 아니라 경호대상자의 권위와 품위를 유지해 주는 중요한 역할을 한다고 본다. 따라서 예컨대, 경호업무를 담당하는 대통령경호처 소속공무원이 복장과 용모를 단정히 하지 못하여 품위를 손상하는 경우에는 징계(懲戒)사유가 된다고 본다.[1] 민간경호원의 경우에도 경호원으로서 품위를 손상하여, 경호조직의 이미지를 떨어뜨리는 것도 마찬가지일 것이다.

일반적으로 경호원은 행사의 성격에 따라 주변 환경과 조화되도록 복장을 착용하여, 자신의 신분이 노출되지 않도록 한다. 다만, 노출경호가 필요한 경우에는 지정된 복장을 착용하도록 한다.

일반적으로 비공식적인 행사(예: 대통령의 재래시장 방문 등)의 경우에는 은밀하게 경호를 하는 경우가 많기 때문에 경호원들이 주변환경과 조화되는 복장을 착용하는 것이 바람직하다. 반면, 공식적인 행사(예: 대통령 취임식 등)의 경우에는 경호대상자의 의전과 권위유지 등을 고려하여 지정된 복장을 착용하는 것이 바람직하다고 본다. 다만, 공

---

[1] 공무원은 직무의 내외를 불문하고 그 품위가 손상되는 행위를 하여서는 아니 된다(국가공무원법 제63조). 공무원이 직무의 내외를 불문하고 그 체면 또는 위신을 손상하는 행위를 한 때에는 징계 의결을 요구하여야 하고 그 징계 의결의 결과에 따라 징계처분을 하여야 한다(동법 제78조).

식적 행사에서도 비노출경호가 필요하고, 비공식적 행사에서도 필요에 따라서는 노출경호가 적용되는 경우도 있음은 물론이다.

2) 경호복장의 법적 근거

(1) 대통령경호처

대통령경호처 경호원의 복장과 관련하여 경호처장은 '필요하다고 인정하는 경우' 직원에게 제복을 지급할 수 있도록 하고 있다(대통령 등의 경호에 관한 법률 시행령 제34조 제1항). 그리고 직원의 복제에 관하여 필요한 사항은 경호처장이 정하도록 하고 있다(제2항).

한편, 대통령경호처에서 파견되어 근무하는 경찰공무원의 복식(服飾)에 관해서도 마찬가지로 경호처장이 정하도록 하고 있다(경찰복제에 관한 규칙 제11조).[2)]

(2) 경찰공무원

① 제복의 착용 의무

원칙적으로 경찰공무원은 제복(制服)을 착용해야 한다(경찰공무원법 제20조 제1항). 그리고 경찰공무원은 복장과 용모를 단정히 하고, 항상 품위를 유지하여야 한다(경찰복제에 관한 규칙 제2조 제2항).

② 사복의 착용

한편, 경찰공무원은 사복(私服)을 착용할 수 있다. 일정한 업무(예: 규제개혁법무, 감찰, 대변인, 교통조사, 여성청소년, 수사, 정보, 보안 또는 외사업무)에 종사하는 경찰공무원과 그 밖에 경찰청장이 지정하는 경찰공무원은 근무 중 사복을 착용할 수 있다(경찰복제에 관한 규칙 제18조 제1항). 그리고 경찰복식을 착용하여야 하는 경찰공무원이 부득이한 사유가 있는 경우에는 소속 경찰기관의 장의 승인을 받아 일시적으로 사복을 착용할 수 있다(제2항).

---

2) 경찰복식은 경찰모(警察帽), 경찰제복, 경찰화(警察靴), 계급장, 경찰장견장, 휘장(徽章) 및 그 부속물로 구분한다(경찰복제에 관한 규칙 제3조).

사복경찰의 경호를 받는 국회의원(2016)[3]

(3) 청원경찰

청원경찰 역시 근무지 내에서 「경찰관직무집행법」에 근거하여 직무를 수행하고, 따라서 근무지역 안에서 경호업무를 수행할 수 있음은 물론이다.

① 제복의 착용 의무 등

청원경찰은 근무 중 제복을 착용하여야 한다(청원경찰법 제8조 제1항). 그리고 청원경찰의 복제에 대해서 필요한 사항은 대통령령(청원경찰법 시행령)으로 정하도록 하고 있다(제8조 제3항). 이에 따라 청원경찰의 복제(服制)는 제복·장구(裝具: 허리띠, 경찰봉, 호루라기 및 포승) 및 부속물(모자표장, 가슴표장, 휘장, 계급장 등)로 구분하고 있다(청원경찰법 시행령 제14조 제1항).

그리고 청원경찰은 평상근무 중에는 정모, 근무복, 단화, 호루라기, 경찰봉 및 포승을 착용하거나 휴대하여야 한다(청원경찰법 시행규칙 제9조 제3항 상단). 다만 교육훈련이나 그 밖의 특수근무 중에는 기동모, 기동복, 기동화 및 휘장을 착용하거나 부착하되, 허리띠와 경찰봉은 착용하거나 휴대하지 아니할 수 있다(제3항 하단).

② 특수복장의 착용

청원경찰이 그 배치지의 특수성 등으로 특수복장을 착용할 필요가 있을 때에는 청원주는 시·도경찰청장의 승인을 받아 특수복장을 착용하게 할 수 있도록 하고 있다(청원경찰법 시행령 제14조 제3항).

---

3) 연합뉴스(2016. 05. 23.).

③ 경찰공무원 또는 군인 제복과의 명확한 구분

청원경찰의 제복의 제식 및 재질은 청원주가 결정하되, 경찰공무원 또는 군인 제복의 색상과 명확하게 구별될 수 있어야 하며, 사업장별로 통일하도록 하고 있다(청원경찰법 시행규칙 제9조 제2항 제1호). 다만 장구(허리띠, 경찰봉, 호루가기 및 포승)의 제식과 재질은 경찰 장구와 같이 하도록 하고 있다(제2호).

(4) 민간경비원(신변보호)

① 경찰공무원·군인 제복과의 명확한 구분 및 제복의 착용

기본적으로 「경비업법」상의 민간경비원은 제복을 착용하도록 하고 있다. 그리고 이들 경비원의 복장은 경찰공무원 또는 군인과 명확히 구분되도록 하고 있다.

이에 따라 경비업자는 경찰공무원 또는 군인의 제복과 색상 및 디자인 등이 명확히 구별되는 소속 경비원의 복장을 정하고 이를 확인할 수 있는 사진을 첨부하여 주된 사무소를 관할하는 시·도경찰청장에게 행정안전부령으로 정하는 바에 따라 신고(申告)하도록 하고 있다(경비업법 제16조 제1항).

이처럼 민간경비원의 복장이 경찰공무원 및 군인과 유사할 경우 일반시민이 이들을 경찰공무원 또는 군인으로 오인하거나, 또는 이들이 경찰공무원 등을 사칭하여 위법행위를 저지를 가능성이 있기 때문에 이를 사전에 방지하기 위한 것이라 할 수 있다.

한편, 경비업자는 경비업무 수행시 경비원에게 소속 경비업체를 표시한 이름표를 부착하도록 하고, 신고된 동일한 복장을 착용하게 하여야 하며, 복장에 소속 회사를 오인할 수 있는 표시를 하거나 다른 회사의 복장을 착용하지 못하도록 하고 있다(제16조 제2항).

② 민간경비(신변보호)의 사복 착용

그런데, 경비업자가 경비원의 제복을 정하고, 이에 대한 신고 등의 의무는 원칙적으로 시설경비, 호송경비, 기계경비, 특수경비에 적용되고 신변보호는 그 업무의 특성상 이의 적용을 받지 않는다.

이와 관련하여 경비업법에서는 집단민원현장이 아닌 곳에서 신변보호업무를 수행하는 경우 또는 경비업무의 성격상 부득이한 사유가 있어 관할 경찰관서장이 허용하는 경우에는 제복을 착용하지 않을 수 있다고 하고 있다(제16조 제2항 하단). 즉, 신변보호의 경우에는 사복을 착용할 수 있다는 의미이다. 다만, 이 규정에 따르면, 반대로 집단민원현장인 곳에서 신변보호업무를 수행하는 경우는 제복을 착용해야 한다고 해석할 수도 있을 것이다.

한편, 「경비업법」 및 「경비업법 시행령」상의 경비업무 허가요건 가운데, 다른 경비업무(시설, 호송, 기계, 특수경비, 혼잡·교통유도)는 일정한 제복을 갖출 것을 요구하고 있다. 그러나 신변보호는 그러한 제복을 허가조건으로 하고 있지 않다.[4]

2. 경호장비

1) 경호장비의 개념

경호장비(警護裝備)는 경호대상자를 보호하는 데 필요한 제반 장비를 말한다. 이는 크게 호신장비, 방호장비, 기동장비, 검측장비, 감시장비, 통신장비 등으로 구분할 수 있다.

오늘날 치안환경은 악화되고 있으며, 이에 따른 범죄 및 테러의 위협 가능성은 증대하고 있으며, 그 수법은 과학화·지능화되고 있다. 따라서 단순히 경호원의 육체적 대응만으로는 한계가 있으며, 이를 극복하기 위한 전문 경호장비의 적절한 활용은 매우 중요하다.

2) 경호장비의 유형

(1) 호신장비

호신장비(護身裝備)는 자신과 타인의 생명 및 신체가 위험한 상태에 놓여 있을 때, 이를 보호하는 데 사용되는 도구를 말한다.[5] 경호원은 경호대상자 등을 보호하기 위해서 이러한 호신장비를 착용하고 적절하게 사용할 수 있어야 한다. 이러한 호신장비는 권총·소총과 같은 무기에서부터 분사기, 가스총, 전자충격기, 경봉, 삼단봉 등에 이르기까지 다양하다.

그런데, 호신장비를 부적절하게 사용하였을 경우, 타인의 자유와 권리를 침해하는

---

4) 경비업법 시행령 제3조 제2항에 따른 경비업의 시설 등의 기준(별표 1) 참조.
5) 김두현(2013), 경호학개론, 서울: 엑스퍼트, p. 396.

경우도 발생하게 된다. 따라서 법적으로 이에 대해서 엄격하게 규제하고 있음은 물론이다.

① 대통령경호처 경호원의 호신장비

「대통령 등의 경호에 관한 법률」상에서는 호신장비와 관련하여 무기(武器)에 대한 규정을 두고 있다. 이에 따르면, 경호처장은 직무를 수행하기 위하여 '필요하다고 인정할 때'에는 소속공무원(경호처직원과 경찰 등 경호처에 파견된 사람)에게 무기를 휴대하게 할 수 있다(제19조 제1항)(무기의 사용요건에 대해서는 앞장의 '경호원의 권한과 책임'에서 설명한 바 있다).

한편, 권총과 같은 무기 외에도 방탄복·방검복 등은 중요한 호신장비라고 할 수 있다.[6] 이는 경호원 자신의 생명을 보호하기 위해서도 필요하고, 경호대상자를 보호하기 위해서도 필요한 것이다. 그리고 경호원 자신의 신체를 보호하는 것은 지속적으로 경호임무를 수행하기 위해서 절대적으로 필요한 것이라 할 수 있다. 따라서 다소 불편함이 있을 수 있지만 반드시 이를 착용하고 임무를 수행하는 것이 요구된다. 아울러 위협에 많이 노출되어 있는 경호대상자라면 공공장소에 나갈 때만이라도 이를 착용하는 것이 바람직하다.

② 경호경찰의 호신장비

경찰 역시 경호대상자에 대한 경호경찰로서의 책임을 지고 직무를 수행하고 있다. 법적으로 경호경찰이 사용하는 호신장비의 유형은 좀 더 세분화하여 구체적으로 규정하고 있다.

이에 대해서 일반법으로서 「경찰관직무집행법」의 제10조(장비의 사용 등)에서 규정하고 있다. 그리고 이 법에 따른 경찰장비 가운데 '위해성 경찰장비'는 「위해성 경찰장비의 사용기준 등에 관한 규정」(대통령령)에서 별도로 규정하고 있다. 위해성 경찰장비는 '사람의 생명이나 신체에 위해를 끼칠 수 있는 경찰장비'를 말한다(제2조).[7]

---

6) 이두석(2018), 경호학개론, 인천: 진영사, pp. 237-239.
7) 위해성 경찰장비의 종류는 다음과 같다. ① 경찰장구: 수갑·포승(捕繩)·호송용포승·경찰봉·호신용경봉·전자충격기·방패 및 전자방패. ② 무기: 권총·소총·기관총(기관단총을 포함)·산탄총·유탄발사기·박격포·3인치포·함포·크레모아·수류탄·폭약류 및 도검. ③ 분사기·최루탄등: 근접분사기·가스분사기·가스발사총(고무탄 발사겸용 포함) 및 최루탄(그 발사장치 포함). ④ 기타장비: 가스차·살수차·특수진압차·물포·석궁·다목적발사기 및 도주차량차단장비(위해성 경찰장비의 사용기준 등에 관한 규정 제2조).

⑦ 무기

경호경찰은 관련 경호업무를 수행하는 과정에서 필요하다고 인정되는 상당한 이유가 있을 때에는 그 사태를 합리적으로 판단하여 필요한 한도 내에서 무기를 사용할 수 있다(경찰관직무집행법 제10조의4 제1항).

여기에서 무기는 인명 또는 신체에 위해를 가할 수 있도록 제작된 '권총·소총·도검 등'을 말한다. 한편, 대간첩·대테러작전 등 국가안전에 관련되는 작전을 수행할 때에는 개인화기 외에 공용화기(유탄발사기, 박격포 등)를 사용할 수 있도록 하고 있다(동조 제2항, 제3항).

⑧ 분사기, 경찰봉, 전자충격기 등

그리고 경호경찰은 필요하다고 인정되는 상당한 이유가 있을 때에는 그 사태를 합리적으로 판단하여 필요한 한도 내에서 분사기, 경찰봉, 전자충격기 등을 사용할 수 있다(경찰관직무집행법 제10조의2, 제10조의3).

그런데, 이상과 같은 장비를 '위해성 경찰장비'(危害性 警察裝備)라고 규정한 이유는 범죄 및 질서유지 과정에서 이러한 장비를 잘못 사용하였을 경우 인권침해 가능성이 높기 때문이다. 다만, 이러한 위해성 경찰장비가 필요한 것은 그에 상응하는 위해요소가 존재한다는 것을 의미한다.

사실, 경호차원에서 볼 때, 잠재적 위해기도자의 물리적·치명적인 공격에 적절하게 대응할 장비를 갖추고 있어야 한다. 이러한 점에서 이러한 위해성 경찰장비는 반대로 경호업무를 수행하는 과정에서는 경호대상자의 신변을 보호하는 호신장비로서의 기능을 동시에 한다고 볼 수 있다.

참고　　경찰의 무기·탄약의 회수 및 보관(경찰장비관리규칙 제120조, 2023. 10 개정)

① 경찰기관의 장은 무기를 휴대한 자 중에서 다음 각 호에 해당하는 자가 발생한 때에는 '즉시' 대여한 무기·탄약을 회수해야 한다. 다만, 대상자가 이의신청을 하거나 소속 부서장이 무기 소지 적격 여부에 대해 심의를 요청하는 경우에는 '무기 소지 적격 심의위원회'의 심의를 거쳐 대여한 무기·탄약의 회수여부를 결정한다.

　　　⊙ 직무상의 비위 등으로 인하여 중징계(重懲戒) 의결 요구된 자
　　　ⓛ 사의를 표명한 자

② 경찰기관의 장은 무기를 휴대한 자 중에서 다음 각 호에 해당하는 자가 있을
　때에는 심의위원회의 '심의'를 거쳐 대여한 무기·탄약을 회수할 수 있다. 다만,
　심의위원회를 개최할 시간적 여유가 없거나 사고 방지 등을 위해 신속한 회수
　가 필요하다고 인정되는 경우에는 대여한 무기·탄약을 즉시 회수할 수 있으
　며, 회수한 날부터 7일 이내에 심의위원회를 개최하여 회수의 타당성을 심의하
　고 계속 회수 여부를 결정한다.
　　　⊙ 직무상의 비위 등으로 인하여 감찰조사의 대상이 되거나 경징계의결 요구
　　　　또는 경징계 처분 중인 자
　　　ⓛ 형사사건의 수사 대상이 된 자
　　　ⓒ 경찰공무원 직무적성검사 결과 고위험군에 해당되는 자
　　　ⓔ 정신건강상 문제가 우려되어 치료가 필요한 자
　　　ⓜ 정서적 불안 상태로 인하여 무기 소지가 적합하지 않은 자로서 소속 부서장
　　　　의 요청이 있는 자
　　　ⓗ 그 밖에 경찰기관의 장이 무기 소지 적격 여부에 대해 심의를 요청하는 자

③ 경찰기관의 장은 제1항과 제2항에 규정한 사유들이 소멸되면 직권 또는 당사
　자 신청에 따라 무기 소지 적격 심의위원회의 심의를 거쳐 무기 회수의 해제
　조치를 할 수 있다.

④ 경찰기관의 장은 무기를 휴대한 자 중에서 다음 각 호에 해당하는 경우에는 대
　여한 무기·탄약을 무기고에 보관하도록 해야 한다.
　　　⊙ 술자리 또는 연회장소에 출입할 경우
　　　ⓛ 상사의 사무실을 출입할 경우
　　　ⓒ 기타 정황을 판단하여 필요하다고 인정되는 경우

③ 청원경찰의 호신장비

「청원경찰법」상 청원경찰의 호신장비는 무기, 가스분사기, 그리고 경봉 등을 들 수
있다.

㉠ 무기

시·도경찰청장은 청원경찰이 직무를 수행하기 위하여 필요하다고 인정하면, 청원주의 신청을 받아 관할 경찰서장으로 하여금 청원경찰에게 무기를 대여하여 지니게 할 수 있다(청원경찰법 제8조 제2항).[8]

청원주가 청원경찰이 휴대할 무기를 대여 받으려는 경우에는 관할 경찰서장을 거쳐 시·도경찰청장에게 무기대여를 신청하여야 한다(동법 시행령 제16조 제1항). 무기대여 신청을 받은 시·도경찰청장이 무기를 대여하여 휴대하게 하려는 경우에는 청원주로부터 국가에 기부채납(寄附採納)된 무기에 한정하여 관할 경찰서장으로 하여금 무기를 대여하여 휴대하게 할 수 있다(제2항).[9] 그리고 무기를 대여하였을 때에는 관할 경찰서장은 청원경찰의 무기관리 상황을 수시로 점검하도록 하고 있다(제3항).

참고 청원주 및 청원경찰의 무기관리(청원경찰법 시행규칙 제16조, 2022. 11 개정)

① 청원경찰법 시행령 제16조에 따라 무기와 탄약을 대여받은 청원주는 다음 각 호에 따라 무기와 탄약을 관리해야 한다.
  ㉠ 청원주가 무기와 탄약을 대여받았을 때에는 경찰청장이 정하는 무기·탄약 출납부 및 무기장비 운영카드를 갖춰 두고 기록하여야 한다.
  ㉡ 청원주는 무기와 탄약의 관리를 위하여 관리책임자를 지정하고 관할 경찰서장에게 그 사실을 통보하여야 한다.
  ㉢ 무기고 및 탄약고는 단층에 설치하고 환기·방습·방화 및 총받침대 등의 시설을 갖추어야 한다.
  ㉣ 탄약고는 무기고와 떨어진 곳에 설치하고, 그 위치는 사무실이나 그 밖에 여러 사람을 수용하거나 여러 사람이 오고 가는 시설로부터 격리되어야 한다.
  ㉤ 무기고와 탄약고에는 이중 잠금장치를 하고, 열쇠는 관리책임자가 보관하

---

8) 대통령경호처의 소속공무원은 경찰과 마찬가지로 경호업무 수행과정에서 사용하는 무기는 개인화기뿐만 아니라 공용화기를 모두 포함한다고 볼 수 있다. 그런데 「청원경찰법」과 특히, 「청원경찰법시행규칙」 제16조 상의 무기 사용 및 관리수칙을 보면, 청원경찰이 사용하는 무기는 권총과 소총으로 국한된다고 볼 수 있다.

9) 기부채납(寄附採納)은 국가나 지방자치단체가 무상(無償)으로 재산을 받아들이는 것을 말한다. 「공유재산 및 물품관리법」에 의하면, 기부채납이란 지방자치단체 외의 자가 공유재산의 소유권을 무상으로 지방자치단체에 이전하여 지방자치단체가 이를 취득하는 것을 말한다(제2조 제3호).

되, 근무시간 이후에는 숙직책임자에게 인계하여 보관시켜야 한다.

ⓑ 청원주는 경찰청장이 정하는 바에 따라 매월 무기와 탄약의 관리 실태를 파악하여 다음 달 3일까지 관할 경찰서장에게 통보하여야 한다.

ⓢ 청원주는 대여받은 무기와 탄약이 분실되거나 도난당하거나 빼앗기거나 훼손되는 등의 사고가 발생했을 때에는 지체 없이 그 사유를 관할 경찰서장에게 통보해야 한다.

ⓞ 청원주는 무기와 탄약이 분실되거나 도난당하거나 빼앗기거나 훼손되었을 때에는 경찰청장이 정하는 바에 따라 그 전액을 배상해야 한다. 다만, 전시·사변·천재지변이나 그 밖의 불가항력적인 사유가 있다고 시·도경찰청장이 인정하였을 때에는 그렇지 않다.

② 시행령 제16조에 따라 무기와 탄약을 대여받은 청원주가 청원경찰에게 무기와 탄약을 출납하려는 경우에는 다음 각 호에 따라야 한다. 다만, 관할 경찰서장의 지시에 따라 ⓛ에 따른 탄약의 수를 늘리거나 줄일 수 있고, 무기와 탄약의 출납을 중지할 수 있으며, 무기와 탄약을 회수하여 집중관리할 수 있다.

㉠ 무기와 탄약을 출납하였을 때에는 무기·탄약 출납부에 그 출납사항을 기록하여야 한다.

㉡ 소총의 탄약은 1정당 15발 이내, 권총의 탄약은 1정당 7발 이내로 출납하여야 한다. 이 경우 생산된 후 오래된 탄약을 우선하여 출납하여야 한다.

㉢ 청원경찰에게 지급한 무기와 탄약은 매주 1회 이상 손질하게 하여야 한다.

㉣ 수리가 필요한 무기가 있을 때에는 그 목록과 무기장비 운영카드를 첨부하여 관할 경찰서장에게 수리를 요청할 수 있다.

③ 청원주로부터 무기와 탄약을 지급받은 청원경찰은 다음 각 호의 사항을 준수하여야 한다.

㉠ 무기를 지급받거나 반납할 때 또는 인계인수할 때에는 반드시 '앞에 총' 자세에서 '검사 총'을 하여야 한다.

㉡ 무기와 탄약을 지급받았을 때에는 별도의 지시가 없으면 무기와 탄약을 분리하여 휴대하여야 하며, 소총은 '우로 어깨 걸어 총'의 자세를 유지하고, 권총은 '권총집에 넣어 총'의 자세를 유지하여야 한다.

㉢ 지급받은 무기는 다른 사람에게 보관 또는 휴대하게 할 수 없으며 손질을

의뢰할 수 없다.

㉣ 무기를 손질하거나 조작할 때에는 반드시 총구를 공중으로 향하게 하여야 한다.

㉤ 무기와 탄약을 반납할 때에는 손질을 철저히 하여야 한다.

㉥ 근무시간 이후에는 무기와 탄약을 청원주에게 반납하거나 교대근무자에게 인계하여야 한다.

④ 청원주는 다음 각 호의 어느 하나에 해당하는 청원경찰에게 무기와 탄약을 지급해서는 안 되며, 지급한 무기와 탄약은 즉시 회수해야 한다.

㉠ 직무상 비위(非違)로 징계 대상이 된 사람

㉡ 형사사건으로 조사 대상이 된 사람

㉢ 사직 의사를 밝힌 사람

㉣ 치매, 조현병, 조현정동장애, 양극성 정동장애(조울병), 재발성 우울장애 등의 정신질환으로 인하여 무기와 탄약의 휴대가 적합하지 않다고 해당 분야 전문의가 인정하는 사람

㉤ ㉠부터 ㉡까지의 규정 중 어느 하나에 준하는 사유로 청원주가 무기와 탄약을 지급하기에 적절하지 않다고 인정하는 사람

㉡ 가스분사기와 경봉 등

청원주는 「총포·도검·화약류 등의 안전관리에 관한 법률」에 따른 분사기의 소지허가를 받아 청원경찰로 하여금 그 분사기를 휴대하여 직무를 수행하게 할 수 있다(청원경찰법 시행령 제15조). 이 「총포·도검·화약류 등의 안전관리에 관한 법률」에 따라 분사기를 소지하려는 경우에는 주소지를 관할하는 경찰서장의 허가를 받도록 하고 있다(제12조 제1항 제3호).[10]

한편, 청원경찰은 평상근무 중에 경찰봉 등을 휴대하도록 하고 있는데(청원경찰법 시행규칙 제9조 제3항),[11] 이 역시 호신장비라고 볼 수 있다.

---

10) 분사기는 사람의 활동을 일시적으로 곤란하게 하는 최루 또는 질식 등의 작용제를 내장된 압축가스의 힘으로 분사하는 기기로서 다음에 해당하는 것으로 한다. 다만, 살균·살충용 및 산업용 분사기를 제외한다. ① 총포형 분사기, ② 막대형 분사기, ③ 만년필형 분사기, ④ 기타 휴대형 분사기(동법 시행령 제6조의2).

11) 청원경찰은 평상근무 중에는 경찰봉 및 포승을 착용하거나 휴대하여야 하고, 총기를 휴대하지 아니할 때에는 분사기를 휴대하여야 하며, 교육훈련이나 그 밖의 특수근무 중에는 기동모, 기동복, 기동화 및 휘장을 착

④ 민간경비원

「경비업법」상의 경비원이 휴대할 수 있는 장비의 종류는 경적·단봉·분사기 등 행정안전부령(경비업법 시행규칙)으로 정하되, 근무 중에만 이를 휴대할 수 있다(제16조의2 제1항). 여기에서 경비업자가 경비원으로 하여금 분사기를 휴대하여 직무를 수행하게 하는 경우에는 「총포·도검·화약류 등의 안전관리에 관한 법률」에 따라 미리 분사기의 소지허가를 받도록 하고 있다(제2항).

한편, 「경비업법 시행규칙」에서는 이에 따라 경비원은 근무 중 경적, 단봉, 분사기, 안전방패, 무전기 및 그 밖에 경비 업무 수행에 필요한 것으로서 공격적인 용도로 제작되지 아니하는 장비를 휴대할 수 있으며, 안전모 및 방검복 등 안전장비를 착용할 수 있도록 하고 있다(제20조). 여기에서 안전방패, 안전모, 방검복 등 안전장비도 호신장비의 하나라고 볼 수 있다. 그리고 무전기 등은 후술하는 통신장비에 해당된다고 볼 수 있다.

(2) 방호장비

방호장비(防護裝備)는 일정한 방벽을 형성하여 경호대상자 및 경호대상자가 사용하는 시설물을 보호하기 위한 장비 또는 장치 등을 말한다.

① 사람에 대한 방호장비

경호대상자에 대한 총포와 도검류 등에 의한 공격, 돌멩이나 오물과 같은 투척물에 의한 공격을 막는 방패나 방탄가방을 들 수 있다. 또 폭발물로부터 경호대상자를 보호하기 위한 방폭담요, 화생방 상황 및 화재시에 유독가스 등으로부터 보호하는 방독면 등을 들 수 있다.

그리고 강렬한 태양광선, 가스분사기 등 화학물질의 공격, 비산먼지로부터 눈을 보호하기 위한 선글라스와 같은 보호안경도 중요한 방호장비의 하나라고 볼 수 있다. 한편, 경호원이 선글라스를 착용함으로써 잠재적 위해기도자에게 경호원 자신의 의도는 숨긴 채, 사주경계 등을 할 수 있다.

그리고 엄밀한 의미에서 '장비' 또는 '장치'에 해당하는 것은 아니지만 경호원들 스

용하거나 부착하되, 허리띠와 경찰봉은 착용하거나 휴대하지 아니할 수 있다(청원경찰법 시행규칙 제9조 제3항).

스로가 인간방벽을 형성하여 위해기도자의 공격으로부터 경호대상자를 보호할 수도 있을 것이다.

② 시설에 대한 방호장비

숙소나 행사장 등 시설물 접근로에 설치·운용하는 바리케이트나 차량 스파이크 트랩(spike trap) 등은 일종의 물리적 장벽으로써 위해기도자가 차량 등을 이용하여 돌진하는 공격을 차단하는 데 사용된다.

(3) 기동장비

기동장비는 경호대상자의 경호를 위하여 사용하는 차량, 항공기, 선박, 열차 등의 기동수단을 말한다. 이 가운데서 차량은 거의 모든 행사마다 사용하는 기동수단이라고 할 수 있을 것이다.

따라서 앞 장의 경호대응단계(기동경호)에서 살펴본 바와 같이, 경호대상자의 안전성을 확보하는 동시에 승차감과 편리성을 동시에 제공하는 경호차량을 선택·운용하는 것은 중요한 일이다. 아울러 경호업무를 수행하는 경호차량의 적절한 선택·운용 역시 중요하다.

(4) 검색장비

검색장비는 위해요소에 대한 분석과 판단으로 적절한 조치를 마련하여 위해요소를 사전에 제거하는 작용에 활용되는 장비를 말한다.[12] 이러한 검색장비에는 금속탐지기, X-Ray 수화물 검색기, 가스탐지기, 폭발물 탐지기 등이 있다.

주지하는 바와 같이, 위해기도자는 온갖 수단을 동원하여 경호대상자 및 행사장에 공격(예: 암살, 폭발 등)을 가하려고 하기 때문에 검색은 동원 가능한 요원을 모두 투입하여 여러 차례 반복해서 빈틈없이 실시해야 한다. 아래에서는 금속탐지기를 중심으로 살펴보기로 한다.

---

12) 검색(檢索)이라는 용어 외에도 상황에 따라 검측, 탐색, 탐지, 안전점검 등의 용어로 사용되기도 한다. 여기에서는 통합적인 관점에서 '검색'이라는 용어를 사용하기로 한다. 김두현(2013), 앞의 책, p. 399.

① 금속탐지기 유형과 설치방법

㉠ 금속탐지기 유형

금속탐지기(MD: Metal Detector)는 전자기유도와 전류를 이용하여 쉽게 보이지 않는 금속성 물질을 탐지하기 위한 장치이다. 이에는 휴대용 금속탐지기, 문형 금속탐지기, 봉형 금속탐지기 등이 있다.

휴대용 금속탐지기는 출입자의 소지품 및 소형물품 등을 검색하는 데 사용된다. 문형 금속탐지기는 출입자가 많은 행사장 및 공항 등에서 문처럼 생긴 탐지기를 통과하도록 함으로써 한 번에 검색할 수 있다. 그리고 봉형 금속탐지기는 지하매설물 등에 대해 최대 60~70cm 깊이까지 탐지가 가능하다.

㉡ 금속탐지기 설치 및 검색요령

문형 금속탐지기와 같은 검색장비의 설치상 유의할 점으로서는 사용 전 반드시 전원을 확인할 것, 무리한 힘을 가하거나 충격을 주지 말 것, 정밀장비이므로 취급시 운반에 주의할 것, 에어컨 등 전압변동이 심한 곳을 피하여 설치할 것, 고압전류가 흐르는 곳은 가급적 피할 것, 금속탐지기를 2대 이상 운용시 최소 3m 이상 거리를 유지할 것 등이다.

검색요령으로는 통과 입장객이 최소 1.5m 거리의 개인 간격을 유지하도록 하여 보통 걸음으로 통과하도록 하고, 대상자가 소지한 휴대품은 별도로 검색하도록 한다. 또한 무전기와 같은 통신장비 등을 탐지기로부터 3m 이상 거리를 유지하게 하며, 대상자가 움직이거나 탐지기를 건드린 때에는 다시 검색하도록 해야 한다.[13]

(5) 감시 및 감지장비

감시장비는 경호임무를 수행하는 과정에서 잠재적 위해기도자의 공격 등을 감시하기 위한 장비를 말한다. 이러한 감시장비에는 망원경이나 쌍안경, CCTV, 열상감시장비(TOD: Thermal Observation Device),[14] 그리고 화재 및 불법침입 등을 열·진동·적외선·초

---

13) 일반적으로 문형 금속탐지기는 1인 검색에 소요되는 시간이 3초 내외로 빠른 편이나, 1대만 운용할 경우 한 사람씩 검색해야 하는 관계로 동시에 많은 사람을 검색할 수 없다는 단점이 있다. 따라서 짧은 시간 내에 인원에 많은 인원을 검색하기는 어렵기 때문에, 참석자의 규모를 고려하여 금속탐지기를 설치·운용해야 한다.
14) 열상감시장비(熱像監視裝備)란 물체가 발산하는 적외선 에너지를 포착해 영상으로 재현하는 전자광학장치

음파 등으로 감지하는 각종 감지시스템이 있다.

그러나 주의할 것은 아무리 최첨단 감시 및 감지장비를 동원할지라도, 그 장비를 운용하는 것은 인간이다. 따라서 이를 운용하는 경호요원들의 전문성과 성실한 근무 태도는 매우 중요하다.

(6) 통신장비

경호통신은 경호활동을 수행하는 데 필요한 정보교환을 하는 유선 또는 무선장비를 말한다. 유선통신은 전화기, 팩시밀리, 컴퓨터 통신 등이 있다. 무선통신은 휴대용 무전기, 차량용 무전기, 인공위성 등이 있다. 특히, 인공위성을 이용한 GPS(Global Positioning System)는 경호차량의 위치를 추적하여 교통량에 따른 기동로와 이동속도의 통제가 가능하게 하였다.[15]

경호통신은 경호본부와 경호선발대, 경호원과 경호원 상호간을 연결하는 신경선으로서 경호활동의 생명선과도 같은 중요한 기능을 한다. 따라서 경호대상자의 생명과 재산 등을 보호하기 위해서는 경호통신은 신속성(迅速性), 신뢰성(信賴性), 정확성(正確性), 안전성(安全性)이 확보되어야 함은 물론이다.

제2절 경호의전

1. 경호의전의 의의

인간은 사회적 동물이다. 따라서 태어나서 죽는 순간까지 사회적 영향을 받을 수밖에 없으며, 그 사회 속에서 공동생활을 영위해 나가기 위해서는 무엇인가 통일적인 질서가 있지 않으면 안 된다. 이러한 여러 가지 질서 가운데 하나가 의전(儀典, protocol)이라고 할 수 있다.

여기에서 의전이라는 것은 좁은 의미에서는 국가행사, 외교통상, 국가원수 및 고위

를 말한다. 가시광선이 아닌 적외선을 감지하므로 어두운 곳이나 사각지대에 있는 생물이나 물체의 위치와 움직임을 확인할 수 있다. 이 장비는 열영상관측장비, 열영상탐지기, 전방감시용 열상장비 등 다양한 이름으로 불리고 있다. 다음백과(http://100.daum.net/encyclopedia).
15) 이두석(2015), 경호학개론, 인천: 진영사, pp. 354-355.

급 인사의 방문과 영접에서 행해지는 국제적 예의(국가의전)를 의미하지만 넓게는 사회구성원으로서 개개인이 지켜야 할 건전한 상식에 입각한 예의범절(사교의례)을 포함한다.[16)

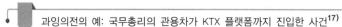
과잉의전의 예: 국무총리의 관용차가 KTX 플랫폼까지 진입한 사건[17)

주지하는 바와 같이 경호의 목적으로서 경호대상자에 대한 안전한 신변보호는 무엇보다도 중요한 일이다. 이와 더불어 경호업무를 수행하는 과정에서 경호대상자 및 관계자들에 대한 의전 역시 중요하다고 본다. 적절한 경호의전을 통해서 경호대상자의 권위와 품위를 유지할 수 있도록 해주고, 더 나아가 국위를 선양하는 데 기여할 수 있기 때문이다.

반대로 지나친 의전이나 의전상의 실수가 발생할 경우에는 국내외적으로 망신을 사기도 한다.[18) 따라서 경호원은 경호대상자에 대한 경호업무를 수행하는 과정에서 경호의전과 예절에 대해서도 정통하고 있어야 함은 물론이다.[19)

---

16) 외교부: 의전과 의례(http://www.mofa.go.kr/trade/beforejustice/courtesy).
17) http://adnoong.tistory.com/339.
18) 예컨대, 지난 2016년 3월 국무총리의 관용차가 KTX 플랫폼까지 진입하는 일이 발생하여 과잉의전이라는 논란이 제기된 바 있다. 총리실에서는 경호목적상 이렇게 하였다고 하는데, 국민들의 입장에서는 납득하기 어렵다며 적지 않은 비난이 일어났다.
19) 김두현(2013), 앞의 책, p. 264.

2. 경호의전 서열

정부의 관리 또는 그 대표자가 참석하는 행사에 있어서 참석자의 서열(序列)을 존중하여야 한다는 것은 의전에 있어서 가장 중요한 원칙 가운데 하나이다. 이러한 원칙은 공식행사 또는 연회 등에 참석하는 관리 및 일반 내객의 좌석 등을 정하는 데에도 적용되어야 한다.[20]

이러한 서열의 중요한 원칙으로서 '서열에 유의함'(Rank Conscious), '숙녀는 항상 상석인 우측'(Lady on the Right), '대접을 받으면 그에 상응한 답례'(Reciprocate), '현지의 관행이 우선'(Local Custom Respected)[21] 등을 들 수 있다.

1) 공식 서열과 비공식 서열

(1) 공식 서열

공식 서열은 한 나라에서 공식적으로 인정된 서열을 의미하는데, 이는 국가에 따라 서로 다르다. 국가의 의전서열은 경호의전의 하나로써, 이를 정함에 명문의 규정은 없으나 나라마다 관행적으로 적용하고 있다. 우리나라에서도 공식적으로 국가 의전서열을 정해놓고 있다.

참고　　공식적 국가 의전서열

1. 대통령
2. 국회의장
3. 대법원장
4. 헌법재판소장
5. 국무총리

---

20) 위의 책, pp. 280-282 재구성.
21) '로마에 가면 로마법을 따라야 한다'(When in Rome do as the Romans do)라는 말이 있다. 따라서 외국방문시의 의전관행은 항상 자국관행보다 방문국의 관행을 우선하도록 한다.

(2) 비공식 서열

비공식 서열은 공식적인 지위를 가지고 있지 않은 일반인에게 사회생활에서 의례적으로 정하여지는 서열을 말한다. 이와 같은 서열을 정함에 있어서는 다음과 같은 원칙을 따르도록 한다.

    ㉠ 지위가 비슷한 경우 여자는 남자보다, 연장자는 연소자보다, 외국인은 내국인보다 상위이다.

    ㉡ 여자들 간의 서열은 기혼 부인, 미망인, 이혼 부인 및 미혼자의 순위로 하고, 기혼부인 간의 서열은 남편의 지위에 따르도록 한다.

    ㉢ 공식적인 서열을 가지지 않은 사람이 공식행사 또는 연회에 참석할 경우의 좌석은 당사자의 개인적, 사회적 지위 및 연령 등을 고려하도록 한다.

    ㉣ 그리고 원만하고 조화로운 좌석배치를 위하여 서열 결정상의 원칙은 다소 조정될 수 있다.

    ㉤ 남편이 국가 대표로서의 자격을 가지고 있는 경우 등에는 'Lady First'의 원칙은 적용되지 않아도 좋다.

    ㉥ 한사람이 2개 이상의 사회적 지위를 가지고 있을 때에는 원칙적으로 상위직을 기준으로 하되, 행사의 성격에 따라 행사와 관련된 직위를 적용하여 조정하는 등 일반 원칙이 존중되도록 한다.

2) 외교관 및 영사의 서열

외교사절(外交使節)로서 대사와 공사가 있다. 먼저, 대사(大使, Ambassador)는 외교사절의 최고 계급이며, 외국에 상주하는 외교사절단의 최고 장(長)으로써 국가를 대표하는 외교교섭과 함께 자국민에 대한 보호와 감독의 임무를 수행한다. 공사(公使, Minister) 역시 국가를 대표하여 파견되는 외교사절을 의미하며, 대사 다음으로 제2계급의 외교사절로서 정식명칭은 특명전권공사이다.[22]

---

22) 대사와 공사의 자리 순서 배치나 공식행사와 관련된 경우를 제외한다면 큰 차이가 없다. 국제법상의 외교특권 및 면제에 대해서도 동일하며, 공사의 임무는 접수국과의 교섭과 파견국의 이익 옹호, 접수국의 정보를 파견국으로 송부, 양국 간의 우호 증진 등의 일을 하고 있다. 최선우(2017), 경찰학, 서울: 그린출판사, p. 750.

한편, 영사(領事, Consul)는 외국에 있으면서 외교통상부장관과 특명전권대사 또는 공사의 지시를 받아 자국의 무역통상 이익을 도모하며, 주재국(駐在國)에 있는 자국민 보호를 하는 것이 주요 임무이다. 영사는 총영사, 영사, 부영사, 영사대리 등으로 분류가 된다. 외교사절은 본국을 대표하는 기관이므로 광범위한 특권과 면제가 인정되지만, 영사는 본국을 대표하는 것이 아니기 때문에 특권과 면제가 다소 제한적이다. 이러한 외교관 및 영사의 서열은 다음과 같이 정할 수 있다.

㉠ 공관장인 대사 및 공사 상호간의 서열은 신임장 제정 순서에 따른다.

㉡ 대사대리 상호간의 서열은 그의 계급에 상관없이 지명통보가 접수된 순서에 따른다(경우에 따라서는 3등 서기관이 참사관보다 서열이 앞설 수도 있다).

㉢ 공관장 이외의 외교관은 외교관 계급에 따르고, 동일 계급간에는 착임(着任, 취임) 순서에 따른다.

㉣ 같은 계급에 있어서 외교관은 무관보다 앞서고, 무관은 타 주재관보다 앞선다.

㉤ 외빈(外賓) 방문시 같은 나라 주재 자국대사가 귀국하였을 때는 주재 외국대사 다음으로 할 수 있다.[23]

㉥ 국가원수를 대리하여 참석하는 정부 각료는 외국대사보다 우선한다.

㉦ 우리나라가 주최하는 연회에서는 자국 측 빈객은 동급의 외국 측 빈객보다 하위에 둔다.

㉧ 공관장이 여성일 경우, 그의 남편은 공식 행사 등에서는 예외에 속한다.

3. 경호예절

1) 소개 및 인사 예절

(1) 소개 예절

연장자나 상급자에 대해 그의 이름 또는 직위를 부른 후, 연소자나 하급자를 소개하도록 한다. 그리고 일반적으로 남성을 여성에게 소개하도록 하는데, 상대방(남성)이 성직자나 고관인 경우에는 그들에게 여성을 소개하도록 한다.[24]

---

23) 예컨대, 미국대통령이 대한민국 방문시, 주미 한국대사가 같이 귀국하였을 때는 주한 미국대사 다음으로 할 수 있다.

(2) 인사 예절

① 악수

악수는 상호 대등한 의미이지만, 먼저 청하는 데에는 일정한 순서가 있다. 그 기준은 다음과 같다. 물론, 국가원수, 왕족, 성직자 등은 이러한 기준에서 예외가 될 수 있다.[25]

> ㉠ 윗사람이 아랫사람에게 먼저 청한다.
> ㉡ 여성이 남성에게 먼저 청한다.
> ㉢ 상급자가 하급자에게 먼저 청한다.
> ㉣ 선배가 후배에게 먼저 청한다.
> ㉤ 기혼자가 미혼자에게 먼저 청한다.

악수할 때는 반드시 일어서서 상대방의 눈을 보면서 해야 한다. 상대방의 눈을 보지 않고 하는 악수는 큰 실례가 된다. 그리고 부드럽게 미소를 지은 채, 손을 팔꿈치 높이만큼 올려서 잠시 상대방의 손을 꼭 잡았다가 놓는다. 이때 형식적으로 손끝만 잡는다거나 또 자기 손끝만을 내미는 일은 실례가 되고, 너무 세게 잡아서도, 또 잡은 손을 상하로 지나치게 흔들어서도 안 된다. 그리고 아는 사람을 만났을 때는 악수에 대비해서 오른손에 들었던 물건을 왼손에 미리 고쳐 들고, 왼손잡이도 악수는 오른손으로 하는 것이 예의이다.

그리고 동양인 중에는 악수하면서 절을 하는 사람들이 적지 않은데, 악수가 바로 서양식 인사이므로 절까지 할 필요는 없다. 두 가지를 함께 하려고 하면, 비굴한 인사가 되고 만다. 특히, 외국인과 악수할 때는 상대방이 '절'이라는 인사법을 모른다는 것을 명심하고 허리를 꼿꼿하게 세워 상호 대등하게 악수를 나누는 것이 좋다.

상대방이 웃어른이라면, 먼저 절을 하고 난 다음에, 어른의 뜻에 따라 악수하도록 한다. 이때에도 허리를 굽힌다거나 두 손으로 손을 감싸 안을 필요는 없다.

---

24) 외교부: 의전과 의례(http://www.mofa.go.kr/trade/beforejustice/courtesy).
25) 이상철(2012), 경호현장운용론, 인천: 진영사, p. 538.

② 명함

명함은 원래 남의 집을 방문하였다가 주인을 만나지 못하였을 때, 자신이 다녀갔다는 증거로 남기고 오는 쪽지에서 유래되었다. 이 같은 습관은 현재 많이 변모하여, 선물이나 꽃을 보낼 때, 소개장, 조의나 축의 또는 사의를 표하는 메시지 카드로 널리 사용되고 있다.

우리나라처럼 상대방과 인사하면서 직접 명함을 내미는 관습은 서양에는 없으나 명함을 내밀 때는 같이 교환 하는 것이 예의이다.[26) 이러한 명함교환 전후해서 다음과 같은 예절을 갖추도록 한다.[27)

⊙ 자기 명함을 줄 때는 반드시 일어서서, 오른손으로 주고, 받을 때도 일어서서 두 손으로 받는다.

ⓒ 읽을 수 없는 한자 등이 있을 때는 물어보는 것이 좋다.

ⓒ 명함을 받자마자 보지도 않고 바로 집어넣지 않도록 해야 하며, 명함을 내밀 때 딴전을 피우지 말아야 한다.

ⓔ 상대방 명함을 손에 쥔 채, 만지작거리거나 탁자를 툭툭 치는 등 산만한 행동을 보여서는 안 된다.

ⓜ 명함을 건넬 때는 오른손에 들고 상대의 위치에서 바로 읽을 수 있도록 가슴 높이에서 이름을 밝히면서 건넨다.

ⓗ 상대가 다수일 경우에는 상대방 중 지위가 높은 사람부터 명함을 교환한다.

ⓢ 명함을 동시에 교환하는 경우, 자신의 명함을 오른손으로 내밀면서 상대방의 명함은 왼손으로 받아서 오른손바닥으로 받쳐 들고 인사를 한다.

2) 탑승예절

(1) 자동차

자동차의 탑승예절은 운전기사가 있는 경우, 차주인이 직접 운전하는 경우(자가운전), 그리고 지프(Jeep)차의 경우를 들 수 있다.[28) 여성과 동승할 때, 승차시에는 여성

---

26) 외교부: 의전과 의례(http://www.mofa.go.kr/trade/beforejustice/courtesy).
27) 이상철(2012), 앞의 책, pp. 541-542.

이 먼저 타고, 하차시에는 남성이 먼저 내려 문을 열어주도록 한다. 상급자와 하급자가 승용차에 동승할 때, 승차시에는 상급자가 먼저 타고, 하차시는 반대로 하급자가 먼저 내리는 것이 관습이다.

① 운전기사가 있는 경우

아래의 그림과 같이 자동차 좌석의 서열은 뒷좌석 오른쪽(①)이 상석이고, 그다음이 뒷좌석 왼쪽(②), 운전석 옆자리(③), 그리고 뒷좌석 가운데(④) 순이다.

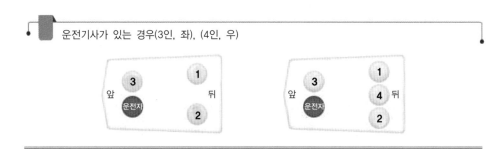

운전기사가 있는 경우(3인, 좌), (4인, 우)

② 차주인이 직접 운전할 경우

서양에서는 주인이 직접 자동차를 운전하는 경우가 많다. 이 경우, 운전석 옆자리(①)가 상석이며, 뒷좌석 오른쪽(②), 뒷좌석 왼쪽(③), 그리고 뒷좌석 가운데 순이다.

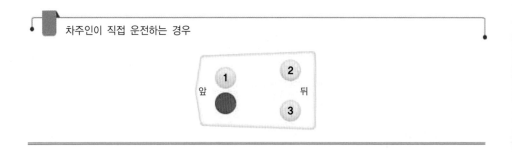

차주인이 직접 운전하는 경우

---

28) 외교부: 의전과 의례(http://www.mofa.go.kr/trade/beforejustice/courtesy).; 김두현(2013), 앞의 책, p. 284.

③ 지프차의 경우

지프차의 경우에는 운전자 옆자리가 언제나 상석이다.

(2) 기차, 비행기, 선박

① 기차

기차의 경우, 두 사람이 나란히 앉는 좌석에서는 창가 쪽이 상석이다. 네 사람이 마주 앉는 좌석에서는 기차가 진행하는 방향의 창가 좌석이 가장 상석이고, 그 맞은 편, 상석의 옆 좌석, 그 앞좌석 순이다. 한편, 침대차의 경우에는 아래쪽 침대가 상석이다.[29]

② 비행기

비행기를 타고 내릴 때, 상급자가 나중에 타고 먼저 내리는 것이 순서이다. 비행기에서는 객석 양측 창문가 좌석이 상석이고, 통로 쪽이 차석, 상석과 차석 사이가 말석이다.

③ 선박

선박은 일반적으로 상급자가 나중에 타고 먼저 내린다. 그러나 함정의 경우에는 상급자가 먼저 타고 먼저 내린다. 선박 내의 객실에서는 객실의 등급이 정해져 있으면 그에 따르고, 그렇지 않은 경우에는 선체의 중심부가 상석이 된다.

(3) 엘리베이터와 에스컬레이터

① 엘리베이터

엘리베이터를 타고 내릴 때, 안내자가 있는 경우에는 상급자가 먼저 타고, 먼저 내린다. 안내하는 사람이 없는 경우에는 하급자가 먼저 타서 조작하고, 상급자는 뒤에 타고 먼저 내린다.

② 에스컬레이터

에스컬레이터는 올라갈 때, 상급자가 먼저 올라가고, 내려올 때, 하급자가 먼저 내려온다. 여성의 경우에도 마찬가지이다.

---

29) 이상철(2012), 앞의 책, pp. 560-562.

4. 국기에 대한 의전

대한민국의 국기는 태극기(太極旗)로 한다. 국기는 한 나라를 상징하는 것으로서 국기에 대한 인식의 제고 및 존엄성의 수호를 통하여 애국정신을 고양함을 목적으로 한다.

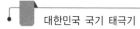
대한민국 국기 태극기

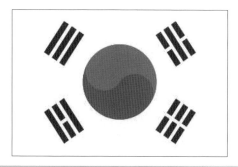

1) 국기에 대한 경례

국기에 대한 경례를 할 때, 선 채로 국기를 향하여 오른손을 펴서 왼편 가슴에 대고 국기를 주목(注目)하거나 거수경례를 한다(대한민국 국기법 제6조). 이에 대한 구체적인 사항은 다음과 같다(동법 시행령 제3조).

ㄱ 제복을 입지 아니한 국민은 국기를 향하여 오른손을 펴서 왼쪽 가슴에 대고 국기를 주목(注目)한다.

ㄴ 제복을 입지 아니한 국민 중 모자를 쓴 국민은 국기를 향하여 오른손으로 모자를 벗어 왼쪽 가슴에 대고 국기를 주목한다. 다만, 모자를 벗기 곤란한 경우에는 'ㄱ'의 방법에 따를 수 있다.

ㄷ 제복을 입은 국민은 국기를 향하여 거수경례를 한다.

국기에 대한 경례를 할 때, 다음의 맹세문을 낭송하되, 애국가를 연주하는 경우에는 낭송하지 아니한다. "나는 자랑스러운 태극기 앞에 자유롭고 정의로운 대한민국의 무궁한 영광을 위하여 충성을 다할 것을 굳게 다짐합니다." 이러한 맹세문 낭송은 녹음물·영상물 등 시청각 자료를 활용하여 실시할 수 있다(동법 시행령 제4조).

2) 국기의 게양일과 시기·시각

국기를 게양하여야 하는 날은 다음과 같다(대한민국 국기법 제8조 제1항). 물론, 이러한 규정에 불구하고 국기는 매일·24시간 게양할 수 있다(8조 제2항).

(1) 국기의 게양일

① 「국경일에 관한 법률」 제2조의 규정에 따른 국경일(國慶日)

　　㉠ 3·1절(3월 1일)

　　㉡ 제헌절(7월 17일)

　　㉢ 광복절(8월 15일)

　　㉣ 개천절(10월 3일)

　　㉤ 한글날(10월 9일)

② 「각종 기념일 등에 관한 규정」의 규정에 따른 기념일 중 현충일(6월 6일) 및 국군의 날(10월 1일).

③ 「국가장법」에 따른 국가장(國家葬) 기간[30]

④ 정부가 따로 지정한 날

⑤ 지방자치단체가 조례 또는 지방의회의 의결로 정하는 날

(2) 국기의 게양 시기

① 연중 게양

국가, 지방자치단체 및 공공기관의 청사 등에는 국기를 연중 게양해야 한다(대한민국 국기법 제8조 제3항).

---

30) 국가장(國家葬)이라는 것은 국가가 맡아 진행하는 장례를 말한다. 2014년 11월 19일 시행된 「국가장법」에 따라 행하고 있다. 국가장의 대상은 전·현직 대통령과 대통령 당선인, 국가 또는 사회에 현저한 공훈을 남겨 국민의 추앙을 받는 사람이다. 이에 해당하는 사람이 서거한 경우, 유족의 의견을 고려해 행정안전부장관의 제청으로 국무회의 심의를 거쳐 대통령 결정으로 국가장을 시행한다.
다음백과(http://100.daum.net/encyclopedia).

② 가능한 한 연중 게양

그리고 다음의 장소에는 가능한 한 연중 국기를 게양해야 하며, 이 경우 야간에는 적절한 조명을 해야 한다(제8조 제3항 하단).

ㄱ 공항·호텔 등 국제적인 교류장소

ㄴ 대형건물·공원·경기장 등 많은 사람이 출입하는 장소

ㄷ 주요 정부청사의 울타리

ㄹ 많은 깃대가 함께 설치된 장소

ㅁ 그 밖에 대통령령이 정하는 장소

③ 주간 게양과 게양의 제한

각급 학교 및 군부대의 주된 게양대에는 국기를 매일 낮에만 게양한다(제8조 제4항). 그리고 국기가 심한 눈·비와 바람 등으로 그 훼손이 우려되는 경우에는 이를 게양하지 않도록 한다(제8조 제5항).

(3) 국기의 게양·강하 시각

국기를 매일 게양·강하하는 경우에는 다음의 구분에 따른 시각에 국기를 게양·강하하도록 한다(대한민국 국기법 시행령 제12조 제1항).[31]

ㄱ 게양 시각 : 오전 7시

ㄴ 강하 시각 : 3월부터 10월까지는 오후 6시, 11월부터 다음 해 2월까지는 오후 5시

한편, 재외공관의 국기게양 및 강하 시각 등은 주재국의 관례에 따른다(시행령 제23조). 예컨대, 미국에 있는 대사관의 경우에는 미국의 관례에 따르도록 한다.

---

31) 한편, 다음의 어느 하나에 해당하는 경우에는 위의 국기게양 및 강하 시각을 달리 할 수 있다. ① 야간행사 등에 국기를 게양할 필요가 있는 경우. ② 「국가장법」에 따른 국가장 등 조기(弔旗)를 게양하여야 하는 경우. ③ 그 밖에 특별한 사유로 인하여 중앙행정기관의 장이 행정안전부장관과 협의하여 정한 경우(제12조 제2항).

3) 국기의 게양 방법과 위치

(1) 국기의 게양 방법

국기는 ㉠ 경축일 또는 평일에는 깃봉과 깃면의 사이를 떼지 아니하고 게양하도록 하고, ㉡ 현충일·국가장(國家葬) 기간 등 조의를 표하는 날에는 깃봉과 깃면의 사이를 깃면의 너비만큼 떼어 조기(弔旗)를 게양하도록 한다(대한민국 국기법 제9조).

국기 다는 법[32]

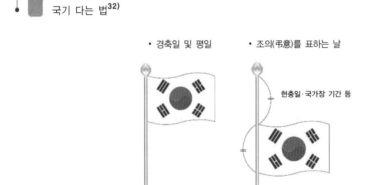

- 경축일 및 평일
- 조의(弔意)를 표하는 날

현충일·국가장 기간 등

일반적으로 국기는 깃대 또는 국기게양대에 게양한다. 다만, 일정한 경우에는 국기를 벽면 등에 게시할 수 있다.[33]

① **국기와 다른 기의 게양 및 강하 방법**(대한민국 국기법 시행령 제15조)

㉠ 국기와 다른 기를 같이 게양할 때에는 국기를 가장 높은 깃대에 게양한다. 다만, 2개 이상의 게양대 높이가 동일한 때에는 게양하는 기의 수가 홀수인 경우에는 국기를 중앙에, 그 수가 짝수인 경우에는 앞에서 바라보아 왼쪽 첫 번째에 게양한다.

---

32) 태극기를 조기로 게양할 경우에는 함께 게양하는 다른 기도 조기로 게양한다. 차량이나 보행자의 통행에 지장을 줄 우려가 있거나 깃대가 짧아 조기로 게양할 수 없는 등 부득이한 사유가 있는 경우에는 조기임을 알아볼 수 있을 정도로 최대한 내려 단다. 행정안전부(http://www.moi.go.kr).

33) ① 실내 여건, 교육 목적 등으로 실내 벽면에 국기를 게시하는 경우. ② 경축 등의 목적으로 건물의 벽면 등에 대형국기를 게시하는 경우(대한민국 국기법 시행령 제13조 제1항).

ⓒ 국기와 다른 기를 같이 게양할 경우에 다른 기는 국기게양과 동시에 또는 그 이후에 게양하며, 강하할 경우에는 다른 기는 국기강하와 동시에 또는 그 이전에 강하한다.

② **국기와 외국기의 게양 방법**(대한민국 국기법 시행령 제16조)

ⓐ 외국기는 우리나라를 승인한 나라만 게양한다. 다만, 국제회의 · 체육대회 등에 있어서는 우리나라를 승인하지 아니한 국가의 국기도 게양할 수 있다.

ⓑ 국기와 외국기를 게양할 때(국기의 수가 홀수인 경우와 짝수인 경우)에는 아래 그림과 같이 하며, 국기와 외국기는 그 크기와 높이를 같게 게양한다. 이 경우 외국기의 게양 순서는 외국 국가 명칭의 영문 알파벳 순서(A, B, C)에 따른다.

여러 외국기와 함께 게양할 경우(앞에서 바라보는 경우)

① 게양할 기의 총수가 홀수인 경우 국기 위치(중앙)

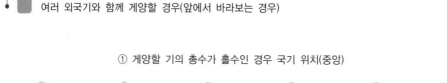

② 게양할 기의 총수가 짝수인 경우 국기 위치(왼쪽)

ⓒ 국기와 외국기를 교차시켜 게양하는 경우에는 앞에서 바라보아 국기의 깃면
이 왼쪽에 오도록 하고, 그 깃대는 외국기의 깃대 앞쪽에 오도록 한다.

국기와 외국기를 교차하여 게양하는 방법

③ **국기와 유엔기의 게양 방법**(대한민국 국기법 시행령 제17조)

국기와 유엔기를 게양할 경우에는 앞에서 바라보아 왼쪽에 유엔기를, 오른쪽에 국
기를 게양한다. 국기·유엔기 및 외국기를 함께 게양할 경우에는 유엔기·국기 및 외
국기의 순서로 게양한다.

(2) 국기의 게양 위치

국기는 다음의 위치에 게양하도록 한다. 다만, 건물 또는 차량의 구조 등으로 인하
여 부득이한 경우에는 국기의 게양 위치를 달리할 수 있다(시행령 제18조).

① 단독주택의 대문과 공동주택 각 세대의 난간에는 중앙이나 앞에서 바라보아 왼
쪽에 국기를 게양한다.

② 위의 주택을 제외한 건물에는 앞에서 바라보아 지면의 중앙이나 왼쪽, 옥상의
중앙, 현관의 차양시설 위 중앙 또는 주된 출입구의 위 벽면 중앙에 국기를 게양한다.

③ 건물 안의 회의장·강당 등에서는 그 내부의 전면을 앞에서 바라보아 그 전면의
왼쪽 또는 중앙에 국기가 위치하도록 한다.

④ 차량에는 그 전면을 앞에서 바라보아 왼쪽에 국기를 게양한다(따라서 예컨대, 외국
원수가 방한하여 우리 대통령과 동승시 앞에서 보아 태극기는 왼쪽, 외국기는 오른쪽에 위치하도록 한다).

제**12**장

경호와 대테러정책

Executive
Protection

제12장

경호와 대테러정책

제1절 테러리즘의 의의

1. 테러리즘의 개념

1) 테러와 테러리즘의 개념 논의

심리학적으로 본다면 '테러'(Terror)라는 것은 '특정한 위협이나 공포로 인해 모든 인간이 심리적으로 느끼는 극단적인 두려움의 근원이 되는 것'이라고 하고 있다.

그러나 이러한 테러리즘의 위험성에도 불구하고 이에 대한 명확한 개념정의를 내리는 것은 쉬운 일이 아니다.[1] 테러리즘은 그 양상(목적·동기, 대상, 주체, 방법 등)이 시대와 장소에 따라 서로 다르고, 가변적이기 때문이다. 따라서 그동안의 여러 학자 및 국가차원에서 이의 개념정의를 시도하고 있지만, 보는 관점에 따라 이의 개념정의는 상대적이기 때문에 어떠한 획일적인 개념정의를 내리기보다는 공격수단 및 공격대상의 특성을 가지고 다양한 관점에서 설명하고 있다.

테러리즘의 개념에 대한 종래의 논의 등을 종합해 볼 때, '주권국가 또는 특정 단체가 정치, 사회, 종교, 민족주의적인 목표 달성을 위해 조직적·지속적인 폭력(暴力)을 사용하거나, 이를 수단으로 한 협박(脅迫)으로 광범위한 공포 분위기를 조성하여 특정 개인, 단체, 사회, 그리고 정부의 인식변화와 정책변화를 유도하는 상징적·심리적 폭력행위의 총칭'이라고 할 수 있다.

---

1) 테러(Terror)와 테러리즘(Terrorism)의 용어가 혼용되기도 하는데, 테러는 개별행위나 사건을 표현하는 의미하고, 테러리즘은 테러를 통한 목적달성이라는 '노선'(路線)이나 '주의'(主義)을 의미하는 것으로 볼 수 있다. 최진태(2006), 테러리즘의 이론과 실제, 서울: 대영문화사, p. 24.

2) 테러리즘의 3대 구성요소

한편, 테러리즘의 '3대 구성요소'로서 ㉠ 테러의 주체, ㉡ 테러의 객체, 그리고 ㉢ 테러의 수단을 들 수 있다.[2]

테러의 주체는 특정 목적을 달성하기 위해 테러를 적극적이고 주도적으로 수행하는 당사자 즉, 테러를 수행하는 테러조직을 말한다. 이러한 테러의 주체는 국가 또는 단체뿐만 아니라 테러를 수행하는 개인도 테러의 주체(이른바 '외로운 늑대')가 될 수 있다. 세계 각국에서 활동하고 있는 테러의 주요 주체인 테러조직은 일반적으로 비밀스럽고, 점조직으로 구성되어 있어서 그들의 실체를 파악하기가 매우 어렵다.

테러의 객체는 테러 주체의 상대방 즉, 테러의 주체가 공격하고자 하는 대상을 의미한다. 과거에는 특정인(예: 정치적 주요 인사 등)이 테러의 객체가 되었다면, 오늘날에는 그 대상이 거의 무제한적이라고 할 수 있다. 따라서 테러의 객체를 특정인으로 한정하기보다는 테러의 주체가 가지고 있는 특징을 체계적으로 분석하여, 그것을 바탕으로 테러의 객체를 파악하는 것이 바람직하다고 본다.

끝으로 테러의 수단은 테러의 주체가 테러의 객체를 공격하는 데 동원되는 모든 공격수단을 의미하는 것이다.

따라서 테러리즘의 3대 구성요소 가운데 테러의 주체인 테러조직의 존재가 테러리즘의 출발점이라고 할 수 있다. 이것은 테러의 주체에 대한 정확한 정보의 파악이 중요하다는 것을 의미한다.

참고 | 뉴테러리즘

오늘날 '뉴테러리즘'(New Terrorism)이라는 개념이 새롭게 등장하고 있다. 1995년 일본에서 독가스 테러가 발생한 이래로 새로운 양상의 테러리즘이 등장하기 시작한 것이다.
이러한 양상은 2001년 9월 11일 세계무역센터와 펜타곤에 자행된 항공기 납치 동시다발 테러(일명 '9.11테러')와 연이은 탄저균 테러 등 이전과는 전혀 다른 형태로 나타났다. 이후 2002년 10월과 2005년 10월에 있었던 인도네시아 발리섬 폭탄테러, 2004년 3월 스페인의 열차 폭탄테러, 2005년 런던 지하철 동시다발 폭탄테러에서도

---

2) 위의 책, pp. 79-80.

이러한 새로운 형태의 테러리즘 특징을 찾아 볼 수 있다.

2017년 6월 영국 런던에서 발생한 테러도 마찬가지이다. 당시 3명의 용의자(무슬림)가 렌터카 승합차를 타고 런던교(London Bridge)를 시속 50마일로 달리다가 인도를 올라 무차별적으로 시민들을 차로 치는 공격을 하였다. 이어서 런던교 남단까지 주행하여 한 가게를 들이받고, 용의자들은 차에서 내려 근무 중이던 교통경찰관 1명을 포함해 주변 시민들에게 흉기 공격을 가하였다. 이 사건으로 9명이 사망(경찰에 사살당한 용의자 3명 포함)하고, 최소 20여 명이 부상을 당하였다.

영국 런던교(London Bridge) 테러 현장(2017)³⁾

이러한 뉴테러리즘은 다음과 같은 특징을 갖는다.[4]

① 전통적인 테러리즘은 그 주체와 목표를 뚜렷이 밝히고, 요인암살 등 상징성을 띤 대상을 공격하여 자신들의 대의명분을 선전한다. 반면, 뉴테러리즘은 테러단체와 비호세력의 보호 및 공포 효과를 극대화하기 위해 요구조건의 제시가 없고, 정체도 밝히지 않는 이른바 '얼굴 없는 테러'를 자행함으로써 테러단체의 색출 및 근절이 어렵다.

② 불특정 다수인에 대한 대량살상 등 그 피해가 상상을 초월한다.

③ 테러조직이 여러 국가와 지역에 걸쳐 연결된 이념 결사체로서 존재함으로써 조직중심이 다원화되어 조직의 무력화가 어렵다.

④ 테러수단이 폭탄, 미사일뿐만 아니라 우리 주변에서 항상 존재하는 특정되지 않는 수단과 방법(예: 비행기 납치 및 자폭 등)을 사용하여 색출 및 대응이 어렵다.

⑤ '빈자(貧者)의 핵무기'라 불리는 생화학무기와 같이 제작이 쉽고, 비용이 적게 드

---

3) 연합뉴스(2017. 03. 23.).
4) 강영규 외 6인 편(2008), 경찰경비총서, 경찰대학, p. 261; 주승희(2015), "신종테러범죄, 이른바 뉴테러리즘(New Terrorism)에 대한 국내외 연구현황," 비교형사법연구 17(4), pp. 574-575.

는 반면 증거인멸이 쉬운 대량살상 효과가 있는 무기가 사용될 가능성이 높다.
⑥ 테러 현장의 생생한 화면이 실시간 전 세계에 보도됨으로써 테러범이 노리는 공포가 최고로 확산되며, 사고의 대형화로 피해국가의 정치적 부담이 증대된다.

한편, 상대방의 컴퓨터나 정보기술을 해킹하거나 악성 프로그램을 의도적으로 깔아 놓는 등 컴퓨터시스템과 정보통신망을 무력화하는 사이버테러리즘(Cyber Terrorism) 역시 뉴테러리즘의 한 형태로 볼 수도 있을 것이다.

3) 테러방지법상의 테러 개념 등

(1) 테러 개념

2016년 3월에 「국민보호와 공공안전을 위한 테러방지법」(일명, '테러방지법')이 제정(시행 2016.6.4.) 되었다.

이 테러방지법에서는 테러의 개념에 대해서 '국가·지방자치단체 또는 외국 정부(외국 지방자치단체와 조약 또는 그 밖의 국제적인 협약에 따라 설립된 국제기구를 포함)의 권한행사를 방해하거나 의무 없는 일을 하게 할 목적 또는 공중을 협박할 목적으로 하는 일정한 행위를 말한다'고 규정하고 있다(제2조 제1호).

이처럼 테러방지법상의 테러개념은 특정 개인이 아닌 국가·지방자치단체 또는 외국정부의 정상적인 기능을 방해 또는 장애를 가할 목적으로 사람 또는 시설 등에 위해를 가하는 행위와 관련됨을 알 수 있다. 개인적 법익보다는 국가적 법익의 보호차원에서 접근하고 있음을 알 수 있다.

이러한 테러 행위의 유형은 아래에서 보는 바와 같이 테러방지법상에서 구체적으로 열거하고 있다(제2조 제1호 각목).

참고 「테러방지법」상의 테러 행위

① 사람을 살해하거나 사람의 신체를 상해하여 생명에 대한 위험을 발생하게 하는 행위 또는 사람을 체포·감금·약취·유인하거나 인질로 삼는 행위
② 항공기(「항공안전법」상의 항공기)와 관련된 다음의 어느 하나에 해당하는 행위
　㉠ 운항중(「항공보안법」제2조 제1호의 운항중을 의미)인 항공기를 추락시키거나 전복·

파괴하는 행위, 그 밖에 운항중인 항공기의 안전을 해칠 만한 손괴를 가하는 행위

ⓛ 폭행이나 협박, 그 밖의 방법으로 운항중인 항공기를 강탈하거나 항공기의 운항을 강제하는 행위

ⓒ 항공기의 운항과 관련된 항공시설을 손괴하거나 조작을 방해하여 항공기의 안전운항에 위해를 가하는 행위

③ 선박(「선박 및 해상구조물에 대한 위해행위의 처벌 등에 관한 법률」상의 선박) 또는 해상구조물(같은 법상의 해상구조물)과 관련된 다음의 어느 하나에 해당하는 행위

ⓖ 운항 중인 선박 또는 해상구조물을 파괴하거나, 그 안전을 위태롭게 할 만한 정도의 손상을 가하는 행위(운항 중인 선박이나 해상구조물에 실려 있는 화물에 손상을 가하는 행위 포함)

ⓛ 폭행이나 협박, 그 밖의 방법으로 운항 중인 선박 또는 해상구조물을 강탈하거나 선박의 운항을 강제하는 행위

ⓒ 운항 중인 선박의 안전을 위태롭게 하기 위하여 그 선박 운항과 관련된 기기·시설을 파괴하거나 중대한 손상을 가하거나 기능장애 상태를 일으키는 행위

④ 사망·중상해 또는 중대한 물적 손상을 유발하도록 제작되거나 그러한 위력을 가진 생화학·폭발성·소이성(燒夷性) 무기나 장치를 다음의 어느 하나에 해당하는 차량 또는 시설에 배치하거나 폭발시키거나 그 밖의 방법으로 이를 사용하는 행위

ⓖ 기차·전차·자동차 등 사람 또는 물건의 운송에 이용되는 차량으로서 공중이 이용하는 차량

ⓛ 위에 해당하는 차량의 운행을 위하여 이용되는 시설 또는 도로, 공원, 역, 그 밖에 공중이 이용하는 시설

ⓒ 전기나 가스를 공급하기 위한 시설, 공중이 먹는 물을 공급하는 수도, 전기통신을 이용하기 위한 시설 및 그 밖의 시설로서 공용으로 제공되거나 공중이 이용하는 시설

ⓔ 석유, 가연성 가스, 석탄, 그 밖의 연료 등의 원료가 되는 물질을 제조 또는 정제하거나 연료로 만들기 위하여 처리·수송 또는 저장하는 시설

ⓜ 공중이 출입할 수 있는 건조물·항공기·선박으로서 ⓖ부터 ⓛ까지에 해당하는 것을 제외한 시설

⑤ 핵물질(「원자력시설 등의 방호 및 방사능 방재 대책법」상의 핵물질), 방사성물질(「원자력안전법」상의 방사성물질) 또는 원자력시설(「원자력시설 등의 방호 및 방사능 방재 대책법」상의 원자력시설)과 관련된 다음의 어느 하나에 해당하는 행위

    ㉠ 원자로를 파괴하여 사람의 생명·신체 또는 재산을 해하거나 그 밖에 공공의 안전을 위태롭게 하는 행위

    ㉡ 방사성물질 등과 원자로 및 관계 시설, 핵연료주기시설 또는 방사선발생장치를 부당하게 조작하여 사람의 생명이나 신체에 위험을 가하는 행위

    ㉢ 핵물질을 수수(授受)·소지·소유·보관·사용·운반·개조·처분 또는 분산하는 행위

    ㉣ 핵물질이나 원자력시설을 파괴·손상 또는 그 원인을 제공하거나 원자력시설의 정상적인 운전을 방해하여 방사성물질을 배출하거나 방사선을 노출하는 행위

(2) 테러단체 등

테러방지법에서는 테러단체, 테러위험인물, 외국인 테러전투원, 테러자금에 대해서 다음과 같이 규정하고 있다(제2조 제2호~제5호).

① 테러단체

테러단체란 국제연합(UN)이 지정한 테러단체를 말한다(제2호).

② 테러위험인물

테러위험인물이란 테러단체의 조직원이거나 테러단체 선전, 테러자금 모금·기부, 그 밖에 테러 예비·음모·선전·선동을 하였거나 하였다고 의심할 상당한 이유가 있는 사람을 말한다(제3호).

③ 외국인 테러전투원

외국인 테러전투원이란 테러를 실행·계획·준비하거나 테러에 참가할 목적으로 국적국이 아닌 국가의 테러단체에 가입하거나 가입하기 위하여 이동 또는 이동을 시도하는 내국인·외국인을 말한다(제4호).

④ 테러자금

테러자금이란 「공중 등 협박목적 및 대량살상무기 확산을 위한 자금조달행위의 금지에 관한 법률」에 따른 '공중 등 협박목적을 위한 자금'을 말한다(제5호).[5]

(3) 대테러활동 등

테러방지법에서는 대테러활동, 관계기관, 대테러조사에 대해서 다음과 같이 규정하고 있다(제2조 제6호~제8호).

① 대테러활동

대테러활동이란 테러 관련 정보의 수집, 테러위험인물의 관리, 테러에 이용될 수 있는 위험물질 등 테러수단의 안전관리, 인원·시설·장비의 보호, 국제행사의 안전확보, 테러위협에의 대응 및 무력진압 등 테러 예방과 대응에 관한 제반 활동을 말한다(제6호).

② 관계기관

관계기관이란 대테러활동을 수행하는 국가기관, 지방자치단체, 그 밖에 대통령령으로 정하는 기관을 말한다(제7호).

③ 대테러조사

대테러조사란 대테러활동에 필요한 정보나 자료를 수집하기 위하여 현장조사·문서열람·시료채취 등을 하거나 조사대상자에게 자료제출 및 진술을 요구하는 활동을 말한다(제8호).

2. 테러리즘의 발생원인

테러리즘은 국가와 민족, 그리고 종교 등 복잡한 역학관계 속에서 발생하는 것이라고 볼 수 있다. 그렇다면, 폭력을 본질로 하는 테러리즘을 수단으로 선택하고, 그 구성원들이 폭력적인 행동을 자행하는 이유는 무엇인가? 이를 파악하는 것은 쉬운 일

---

5) 공중 등 협박목적을 위한 자금(공중협박자금)이란 국가·지방자치단체 또는 외국정부(외국지방자치단체와 조약 또는 그 밖의 국제적인 협약에 따라 설립된 국제기구 포함)의 권한행사를 방해하거나 의무 없는 일을 하게 할 목적으로 또는 공중에게 위해를 가하고자 하는 등 공중을 협박할 목적으로 행하는 일정한 행위에 사용하기 위하여 모집·제공되거나 운반·보관된 자금이나 재산을 말한다(세부 내용은 동법 제2조 이하 참조).

이 아니다. 이와 관련하여 아래에서는 상대적 박탈감이론과 동일시이론을 중심으로 살펴보기로 한다.

1) 상대적 박탈감이론

거(T.R. Gurr)가 체계화한 '상대적 박탈감이론'(Relative Deprivation Theory)은 사회심리적 관점에서 테러리즘의 발생원인을 설명하고 있다.[6] 좌절−공격이론(Frustration-Aggression Theory)으로도 지칭되는 상대적 박탈감이론은 '이상과 현실간의 괴리'에 대한 인식을 말하며, 이러한 박탈감은 개인적이거나 집단적으로 나타날 수 있다고 보고 있다.

널리 알려진 바와 같이 제2차 세계대전(1939~1945) 이후 강대국의 식민 지배에서 벗어나 독립한 신생국가들이 정치적 독립과 근대화의 과정에서 급격한 정치·경제·사회적 변화를 겪으면서 다양한 문제 즉, 이상과 현실 사이의 불일치를 경험하게 된 것이다. 여기에서 이상은 구성원들이 원하는 기대치로서, 그들이 당연히 향유해야 한다고 생각하는 삶의 조건이나 가치를 의미한다. 따라서 상대적 박탈감은 누구나 마땅히 누려야 한다고 생각하는 이상적인 삶의 조건과 실제로 그들이 직면하는 현실적 조건 간의 격차에서 비롯된 사회심리적 긴장을 말하는 것이다.

이러한 상대적 박탈감을 초래하는 유형은 점감적(漸減的, decremental) 박탈감, 열망적(熱望的, aspirational) 박탈감, 점진적(漸進的, progressive) 박탈감 등 세 가지 모델로 나눌 수 있다. 물론, 각각의 박탈감이 때와 장소에 따라 명확히 구분되는 것은 아니며, 일정부분은 어떠한 상황에서나 어느 정도 내재해 있다고 본다. 다만, 논의의 편의상 이를 구분하여 살펴보기로 한다.

① 점감적 박탈감

점감적 박탈감은 국민의 기대 수준이 급격하게 높아진 것이 아님에도 불구하고, 그들의 기대를 받쳐 줄 국가의 능력이 점차 퇴보하는 상황에서 나타나는 박탈감이다. 예컨대, 과거에는 100이라는 가치를 누려 왔는데, 국가의 가치제공 능력이 줄어들어 국민이 70의 가치 정도만 누리게 되는 경우이다. 이러한 상황에 직면하게 되면, 지금까지 누려 온 또는 당연히 누릴 것으로 기대하고 있던 가치의 상실에서 심한 분노감

---

6) T. R. Gurr(1974), Why Men Rebel, N.J.: Princeton University Press, pp. 22-58.; 이하 최진태(2006), 앞의 책, pp. 55-58 재구성.

으로 이어지고, 결국은 폭력적인 성향이 나타난다는 관점이다.

② 열망적 박탈감

열망적 박탈감은 시간의 흐름에 따라 국민의 기대치는 계속 상승하는데, 이 기대치를 만족시켜 줄 수 있는 능력이 한정적인 것에서 비롯되는 박탈감이다. 예컨대, 국가의 가치 제공능력은 100인데 비해 국민의 기대치는 100 이상이거나 계속 증가하는 경우에 나타난다. 이처럼 국민의 기대치가 국가의 가치제공 능력을 크게 앞서는 경우에도 가치 박탈감을 느끼게 되고, 결국 폭력적인 성향으로 나타난다는 관점이다.

③ 점진적 박탈감

점진적 박탈감은 적어도 일정 기간 삶의 조건이 개선되어 왔고, 앞으로도 점진적 개선이 이루어질 것으로 기대하고 있으나, 더 이상의 점진적 개선이 실제로 불가능하다는 것을 인지했을 때 나타나는 박탈감이다. 예컨대, 국가의 가치제공 능력이 100에서 110, 110에서 120, 120에서 130으로 점진적 개선이 이루어진다면, 국민의 기대치도 이에 따라 계속 높아질 것이다. 그러나 국가의 가치제공 능력이 지속적으로 개선되기는 어렵다고 본다. 국내외적 상황에 따라 일정한 한계수준에 도달하게 되면, 어느 순간 정체되기 마련이다. 그런데, 국민은 점진적으로 향상된 기대치에 익숙해지게 되고, 따라서 국가의 가치제공 능력이 정체 혹은 떨어지게 되면, 국민은 이에 대한 박탈감을 느끼게 되고, 결국 폭력적인 성향으로 나타난다는 관점이다.

이상에서 살펴본 바와 같이, 거(Gurr)의 상대적 박탈감이론은 사회적 욕구 형성도가 사회적 욕구 만족도를 훨씬 초과할, 경우 사회·심리적으로 좌절감이 형성되고, 이것이 곧 테러와 같은 폭력적 사태로 발전될 가능성이 있다는 것으로 요약할 수 있다. 이러한 상대적 박탈감은 국가와 국가 간에, 그리고 국가 내의 계층 간에 모두 형성될 수 있는 문제이며, 우리사회가 경험하고 있는 수많은 테러리즘의 원인을 설명해 줄 수 있는 좋은 근거라고 볼 수 있다.

2) 동일시이론

동일시(同一視, identification)란 사회심리학에서 개인에 의해 다른 사람의 행위에 영향을 미치는 영향력을 설명하는데 사용되는 용어이다. 동일시이론(同一視理論)은 일단의 개인이 테러리즘을 선택하는 것을 심리적 측면에서 설명하는 것이 가능하다고 보고 있다.[7] 이러한 동일시이론은 크게 1차적 동일시와 2차적 동일시로 구분할 수 있다.

① 1차적 동일시

1차적 동일시는 주(主)와 객(客)이 아직 갈라지지도 않았고, 완전히 미분화되어 주객 구별이 없는 것도 아닌 상태에서 나타나는 근원적인 감정의 연결을 의미한다. 이러한 것은 예컨대, 갓난아이와 엄마와의 관계와 같다. 아이는 자기와 어머니를 구별하지 못하나 감정적 유대가 연결되어 있는 것을 말한다. 여기에서 아이는 하나의 이성적인 인격체로서 정상적인 판단력을 가지고 있지는 못한 상태이다.

그리고 일반적으로 이와 같은 아이와 같은 미숙한 상태의 동일시 즉, 1차적 동일시에 의해서 테러리즘이 발생한다고 보기는 어렵다. 테러리스트들은 일종의 '확신범'(確信犯)으로서 자신들의 행위에 대해 일정한 정치적·종교적 신념 등을 가지고 있기 때문이다.

② 2차적 동일시

2차적 동일시는 주객의 구별이 있는 대인관계에서 일어난다. 한 개인이 어떠한 조건(예: 개인적 동기에 의한 정신적 감화 등)에 의해서 감정적으로 연결이 되고, 이것을 바탕으로 타인의 인격적 특성들을 본보기로 삼아 자기 속에 끌어들여 독립된 인격을 만드는 무의식적인 심리과정을 말한다. 이러한 2차적 동일시는 테러리즘의 발생 원인으로 설명된다.[8]

따라서 2차적 동일시의 주체는 1차적 동일시의 주체인 어린아이의 상태와는 다르다고 본다. 2차적 동일시의 주체는 이성적이고 정상적인 판단을 할 수 있기 때문이다. 그런데, 이처럼 이성적이고 정상적인 판단을 할 수 있음에도 불구하고 일부의 사람들은 어떠한 개인이나 단체에 같이 소속하거나 똑같이 되려는 태도 또는 열망을 보인다. 그리고 자신과 동일시하는 대상 간에 어떠한 유사성(예, 신념 등)이 있다고 생각하게 된다. 이러한 점에서 동일시 대상은 일종의 '롤모델'(role model)로 인식될 수도 있을 것이다.

---

7) 위의 책, pp. 58-59.
8) A. P. Schmid and A. J. Jongman(1988), Political Terrorism: A New Guide to Actors, Authors, Concepts, Data Bases, Theories, and Literature, Amsterdam: SWIDOC, pp. 92-98.; 최진태(2006), 앞의 책, p. 59 재인용.

그런데, 동일시되는 롤모델은 항상 긍정적인 대상(예: 종교인, 경제인, 법조인, 경찰, 스포츠맨, 연예인 등)만 존재하는 것이 아니라는 점이다.

이 세상에는 절대적인 진리는 존재하기 어렵다. 따라서 보편적으로 옳지 못하다고 생각하는 것(예: 조직폭력배, 테러조직 등)에 대해서도 일부의 사람들은 자신들만의 신념을 가지고 그것을 선망하고, 모방하려 하고, 더 나아가 동일시하려는 태도와 행동을 보이게 된다.

최근 국제사회에서 가장 심각한 테러조직으로 논란이 되는 'IS'(Islamic State, 이슬람국가)에 국적 등을 불문하고 많은 젊은이가 가입하는 것은 바로 이러한 데서 찾을 수 있을 것이다.[9] 그리고 일부의 사람들이 부정적인 동일시를 극단적으로 추구하는 계기는 앞에서 살펴본 점감적·열망적·점진적 박탈감 등이 사회심리적으로 작동한 것에서 비롯된 것이라 할 수 있을 것이다.

IS에 가담한 독일 형제[10]

---

9) IS는 수니파 이슬람 극단주의 무장단체로서 오늘날 전세계적으로 가장 악명 높은 테러조직으로 불리고 있다. IS는 아부 바르크 알바그다디가 이끄는 조직으로 알카에다 이라크지부에서 출발해 시리아와 이라크 일부 지역을 점령하고 '이슬람국가'(IS: Islamic State)를 자처하고 있다. 이들은 인질 살해, 폭탄테러 등 잔혹한 행위를 서슴없이 저지르고 있고, 이러한 장면을 인터넷에 공개하여 선전책으로 이용하고 있다. 이들이 장악한 지역에 미군의 공습이 이루어지고 있으며, 이라크 정부군 등과도 교전 중이다.
다음백과(http:// 100.daum. net/encyclopedia/view).
10) 독일 출신의 형제들이 IS에 가담해 이라크 정부군에 자살폭탄테러를 벌인 것에 대해 최근 IS가 자신들의 영문 인터넷 기관지 다비크(Daviq)에 자랑스럽게 실었다. http://blog.naver.com/rlarbgus44/220373212662.

한편, 이성적 판단력을 가진 사람들일지라도 부정적인 동일시가 가능한 이유는 IS와 같은 테러조직이 종교적 명분, 거짓 선전, 정신적 세뇌교육 등을 전략적·전술적으로 채택·활용하여 이성적으로 완벽하지 못한 개개인의 내면에 침투함으로써 가능하다고 본다(실제, IS의 실체를 제대로 알지 못하고 가입한 후, 생명이 위태롭거나 후회하는 경우도 적지 않다).

참고 | 동일시이론의 적용

① 스톡홀름증후군

스톡홀름증후군(Stockholm Syndrome)은 인질이 인질범에게 동화되는 현상 즉, 인질이 인질사건 과정에서 테러범을 이해하는 마음이 생겨 동화되는 것을 말한다. 스웨덴 스톡홀름에서 은행강도에게 인질로 잡혀 있던 여인이 인질범과 사랑에 빠진 것이다.

이것을 심리학에서는 '오귀인효과'(誤歸因, Mis-attribution Effect)라고 부르기도 한다. 어떤 두려운 상황의 생리적 흥분이 사랑의 감정과 비슷하기 때문에 두려움에서 오는 근육의 긴장, 호흡의 가속화 등 생리적 현상이 사랑을 느낄 때의 생리적 현상과 거의 비슷하기 때문에 이를 사랑으로 착각한 것이다.

② 리마증후군

리마증후군(Lima Syndrome)은 반대로 인질범이 인질에게 동화되는 현상을 말한다. 페루 일본대사관에 침입하여 인질사건을 벌인 테러범이 시간이 지날수록 인질의 입장을 이해하고 호의를 베풀며 동화된 것에서 유래되었다.

③ 런던증후군

런던증후군(London Syndrome)은 인질사건의 협상단계에서 통역이나 협상자가 인질범 사이에 생존동일시 현상이 일어난 것에서 유래되었다.

④ 항공기피증후군

항공기기피증후군은 9.11테러 이후 사람들이 항공기의 이용을 기피하는 현상을 말한다. 이는 일종의 '외상 후 스트레스장애'(PTSD : Post Traumatic Stress Disorder)에 의한 동일시라고 할 수 있다.

즉, 테러리스트에 의해 납치된 비행기가 빌딩과 충돌하여 폭발한 상황을 목격한 사람들이 이후, 비행기를 탔을 경우 그러한 상황을 겪게 될지도 모른다는 생명을 위협할 정도의 극심한 스트레스(정신적 외상)를 받게 된다는 것이다.

3. 국제테러조직과 공격수단

1) 국제테러조직

(1) 테러조직의 현황

앞에서 언급한 바와 같이 테러리즘 또는 테러에 대한 개념정의가 명확하지 않기 때문에, 테러조직의 현황을 파악하는 일은 쉬운 일이 아니다. 그리고 테러조직은 적게는 수명으로 구성된 소규모 조직에서부터 수만 명의 조직원을 거느린 거대 조직에 이르기까지 다양하다. 아래에서는 대륙별 즉, ㉠ 중동지역, ㉡ 구주지역, ㉢ 아태지역, ㉣ 아주지역, ㉤ 미주지역으로 구분하여 대표적인 테러조직을 간략히 살펴보고자 한다.[11]

대륙	국가	주요 테러조직
중동	레바논	헤즈볼라(Hezbullah), 파타 알 이슬람(FAI), 준드 알 샴(JAS), 아스밧 알 안사르(AAA), 압둘라 아잠 여단(AAB)
	리비아	리비아 이슬람 전투그룹(LIFG)
	시리아	알 누스라 전선(Al Nusrah Front)
	알제리	알 카에다 마그렙지부(AQIM), 무장 이슬람그룹(GIA), 알 무라비툰(Al-Mourabitoune)
	예 맨	후티 반군(Al Houtis), 예멘군 여단(SBY), 예멘 알 카에다(AQAP), 아덴 – 아비안 이슬람 軍(AAIA)
	이라크	이라크 알 카에다(AQI), 이라크 마흐디 軍, 안사르 알 이슬람(AAI), 안사르 알 순나(AAS), 아사이브 알 하크(AAH), 약속의 날 여단(PDB), 카타이브 헤즈볼라(KH), 이슬람 국가(IS)
	이 란	준드 알라(JA)
	이집트	무슬림 형제단(MB)
	팔레스타인	하마스(HAMAS), 팔레스타인 해방인민전선(PFLP), 알 아크사 순교자 여단(AAMB), 아부니달 기구(ANO), 팔레스타인 이슬람 지하드(PIJ)
구주	그리스	혁명투쟁(RS), 11.17혁명기구(N17)
	러시아	특수목적 이슬람 연대(SPIR), 이슬람 국제평화유지 여단(IIPB), 카프카즈 에미레이트(Caucasus Emirate)

---

11) 국가정보원(http://www.nis.go.kr).

	스페인	바스크 조국해방(ETA)
	아일랜드	Continuity 아일랜드 공화군(CIRA)
	영 국	리얼 아일랜드 공화군(RIRA)
	우즈베키스탄	이슬람 지하드연합(IJU), 우즈벡 이슬람운동(IMU)
	터 키	쿠르드 노동자당(PKK), 인민혁명해방군/전선(DHKP/C)
아태	네 팔	네팔 공산 반군(CPN-M), 네팔 방위군(NDA)
	미얀마	카렌민족연합(KNU), 카친독립군(KIA)
	방글라데시	자마툴 무자헤딘 방글라데시(JMB), 자마테 이슬라미(Jel) 방글라데시
	스리랑카	타밀엘람 해방 호랑이(LTTE)
	아프가니스탄	탈레반(Taliban), 알 카에다(AQ), 하카니 네트워크(HQN), 히즈비 이슬라미 굴부딘(HIG)
	인 도	인도 마오이스트 공산당(CPI-M), 아삼해방전선(ULFA), 反포스코 투쟁위원회(PPSS), 인도 무자헤딘(IM)
	인도네시아	제마 이슬라미야(JI), 자마 안샤루트 타우히드(JAT), 자유파푸아운동(OPM)
	중 국	東투르키스탄 해방기구(ETLO), 東투르키스탄 이슬람운동(ETIM)
	태 국	바리산 민족혁명전선(BRN), 파타니연합해방기구(PULO)
	파키스탄	파키스탄 탈레반 운동(TTP), 발로치스탄 해방군(BLA), 라쉬카르 에 타이바(LeT), 라쉬카르 에 장비(LeJ), 제이쉬 에 모하메드(JeM), 하라카툴 지하드 알 이슬라미(HUJI)
	필리핀	아부 사야프그룹(ASG), 신인민군(NPA), 모로 이슬람 해방전선(MILF), 뱅사모로 이슬람자유전사(BIFF)
아주	나이지리아	니제르델타 해방운동(MEND), 니제르델타 자경단(NDV), 보코하람(Boko Haram), 안사루(ANSARU)
	니제르	니제르 정의운동(MNJ)
	말 리	안사르 알 딘(AAD)
	소말리아	알 샤바브(AS)
	우간다	신의 저항군(LRA)
미주	콜롬비아	민족해방군(ELN), 콜롬비아 무장혁명군(FARC)
	페 루	빛나는 길(SL)

지난 프랑스 대혁명 기념일인 지난 2016년 7월 14일 프랑스 니스지역 해변의 한 거리에서 불꽃놀이를 구경하러 모인 군중들에게 트럭을 몰고 돌진하였다. 이 공격으로 84명이 사망하고, 300명이 넘는 사람들이 다쳤다.

이 트럭테러를 자행한 범인 모하메드 라후에유 부렐(31)은 공범 5명과 수개월 전부터 범행을 계획한 것으로 드러났다. 테러 조사를 총괄하는 프랑수아 물랭 검사는 21일 프랑스 파리에서 기자회견을 열고 남성 4명과 여성 1명에게 살인 및 테러 모의 등 혐의를 적용할 예정이라고 밝혔다. 이들은 니스테러 며칠 뒤, 체포되어 조사를 받았다. 처음에 수사당국은 부렐이 특별히 종교에 심취하지 않았고, 테러 몇 주 전부터 갑자기 급진적으로 되었다고 판단했지만, 휴대전화와 컴퓨터의 기록을 조사한 결과는 이와 달랐다.

부렐의 전화기에선 지난해 프랑스대혁명 기념일 행사에서 군중을 클로즈업해 찍은 사진이 나왔다. 그는 지난해 5월에는 이슬람국가(IS) 전투원들이 사용하는 것으로 알려진 마약류 '캡타곤'에 대한 기사를 찍어 두기도 했다. 테러 이후 IS는 부렐을 '우리 조직의 전사'라고 공표했지만, 물랭 검사는 아직까지 부렐과 공범들이 테러리스트 조직과 연계된 증거는 나오지 않았다고 밝혔다.

공범 가운데 튀니지 출신의 모하메드 우알리드 G(40)는 프랑스 이중국적자로, 부렐과 지난해 7월부터 1년 간 1,278차례 연락을 주고받은 것으로 조사됐다. 우알리드가 범행에 쓰인 트럭 안에서 찍은 사진도 나왔다. 그는 공격 다음 날 의료진과 취재진으로 북적이는 참사 현장을 사진으로 찍어 남겼다.

지난해 1월 우알리드는 부렐에게 "나는 샤를리가 아니다…나는 그들이 알라의 전사들을 데려와 그 일을 완수한 것이 행복하다"라는 내용의 메시지를 보냈다. 당시는 샤를리 에브도 테러 직후로 많은 사람이 '나는 샤를리다'라는 구호로 연대를 표시하고 희생자를 애도하던 시기다.

한편, 지난 4월 튀니지 국적의 공범 쇼크리 C(38)가 부렐에게 보낸 페이스북 메시지도 발견됐다. 그는 부렐에게 "트럭을 철 2000t으로 채우고…브레이크를 풀어 친구, 내가 지켜볼게"라고 조언했다. 범행 3시간 전쯤 부렐과 함께 트럭을 타고 프롬나드 데장글레를 방문한 모습도 감시카메라에 찍혔다. 그리고 니스에서 태어난 프랑스·튀니지 이중국적자인 람지 A(22)는 부렐에게 무기를 구해준 것으로 조사되었다. 부렐은 트럭을 몰고 돌진하기 몇 분 전 람지에게 "무기를 구해줘서 고맙다"는 문자를 보냈다. 부렐은 이 총으로 경찰들을 쏘았다. 알바니아 출신 프랑스 이

중국적자인 아르탄 H(38)와 엔켈레자 Z(42)는 부부로, 부렐에게 7.65구경 자동권총을 구해준 혐의를 받고 있다. 이들은 모두 정보당국의 테러용의 선상에는 없었던 인물이다. 강도와 마약 전과가 있는 람지 A 한 명을 제외하면 전과도 없었다.[12]

(2) 테러조직의 구조적 형태

테러조직은 테러를 주요 수단으로 하며, 일반적으로 2명 이상의 다수인으로 구성되고 내부적으로 일정한 지휘·통솔체계를 갖춘 지속적인 결합체라고 할 수 있다. 테러조직이 일반 범죄조직과 다른 점은 범죄조직은 주로 경제적 이익을 추구하는 반면, 테러조직은 경제적 이익을 추구하는 경우도 있지만 이 밖에도 정치적·사회적 또는 민족적·종교적인 목적 또한 중요한 비중을 차지한다는 점이다.

테러조직은 지속력 있는 조직의 생존성을 갖기 위해 일반적으로 동심원(同心圓) 형태의 구조를 가지고 있는데, 원점을 기준으로 하여 지도자 조직, 행동조직(핵심세력), 직접적 지원조직, 전문적 지원조직, 수동적 지원조직, 그리고 적극적 지원조직으로 구성되어 있다.[13]

① 지도자 조직

지도자조직은 테러조직의 최고 지휘조직으로서 조직의 전략적·전술적 두뇌 역할을 한다. 이들은 테러조직의 정치적인 방향을 제시하고 이에 따른 정책수립, 계획, 통제 및 집행업무를 총괄적으로 운영·관리한다고 볼 수 있다.

② 행동조직

행동조직은 공격현장에서 직접적으로 테러를 자행하는 핵심요원 또는 핵심세력이라 할 수 있다. 이들은 테러행위에 있어서 실질적으로 가장 중요한 핵심요소이며, 한편으로는 테러행위를 실시하는 과정에서 가장 많은 피해를 당한다고 볼 수 있다. 따라서 이들 핵심세력은 생명에 대한 위협이 크지만, 순교자적 행위를 통해 잠재적인 명예를 얻음으로써 궁극적 만족을 추구하는 집단이라 할 수 있다.

---

12) 경향신문(2016. 07. 22.).; 뉴시스(2016. 07. 22.).
13) 김두현(2013), 경호학개론, 서울: 엑스퍼트, pp. 429-430 재구성.

③ 직접적 지원조직

직접적 지원조직은 핵심요원인 행동조직에게 직접적·계속적으로 전술작전을 지원하는 중추적인 조직이라 할 수 있다. 이들은 대피소, 공격용 차량의 준비와 관리, 핵심요원들의 교육훈련, 테러 대상에 대한 정보의 제공과 감시, 무기 및 탄약 등을 지원한다.

④ 전문적 지원조직

전문적 지원조직은 특정 분야에 지속적인 지원을 해주는 조직이라 할 수 있다. 이들은 테러조직의 목표를 수립하는 데 필요한 참고자료나 정보를 제공해 준다. 그리고 체포된 테러범들에 대한 비호, 은닉 또는 유리한 알리바이 등을 제공하고, 이들에 대한 법적인 지원 및 의료지원 등을 제공하는 역할을 한다.

⑤ 적극적 지원조직

적극적 지원조직은 테러리스트들에게 직접적으로 상당한 정도의 지원을 해주는 사람들이나 조직을 말한다. 이 같은 조직은 선전효과 증대, 자금획득, 조직의 확대에 기여함으로써 테러활동에 중요한 역할을 한다. 이 조직은 일반적으로 테러조직과의 관계에 대해 충분한 인식을 하고 있는 것이 보통이지만, 경우에 따라서는 자신들의 행위가 테러조직이나 폭력행위에 관여되고 있다는 것을 인식하지 못하는 경우도 있다.

⑥ 수동적 지원조직

수동적 지원조직은 테러집단의 생존기반을 형성해주는 정치적 전위집단 또는 후원자 역할을 한다. 기존정부에 환멸을 느끼거나 불만을 가진 집단으로 직접적으로 테러조직과는 무관하나, 반정부시위나 집단행동에서 다수의 위력을 구성하는 데 도움을 주어 테러조직에게는 없어서는 안 될 존재로 인식된다.

2) 테러조직의 공격수단

현대사회의 '환경적 특성' 자체가 테러를 공격수단으로 선택하게 되는 중요한 요인으로 보기도 한다. 이러한 환경적 특성으로서는 고도화된 도시집중화 현상,[14] 과학기

---

14) 고도로 집중화된 현대도시는 테러리스트에게 무제한적으로 공격표적을 제공해주고, 공격 후 은신처를 제공해준다. 그리고 자신들이 자행한 테러를 신속하게 전파할 수 있는 대중이 거주하고 있기 때문에 테러리스

술에 따른 교통체계와 대중매체 그리고 무기체계의 발달, 그리고 테러리즘에 대한 주권국가 차원의 묵인 현상의 존재 등을 들 수 있다. 그리고 이러한 환경적 특성하에서 테러조직이 공격수단으로 삼는 것은 폭탄공격, 무장공격, 인질납치, 암살, 하이재킹, 사이버테러, 생화학테러 등을 들 수 있다.[15] 그리고 이러한 공격이 동시에 이루어질 수 있음은 물론이다.

(1) 폭탄공격

폭탄공격(bombing)은 폭발물을 이용하여 사람을 살상하거나 건물 등 시설물과 비행기 등 장비를 파괴하는 전술형태를 말한다. 폭탄공격은 폭발물을 제조할 수 있는 구성물들을 용이하게 입수 제조할 수 있기 때문에 국제테러범들이 오래전부터 이용해 왔던 전술형태라 할 수 있다. 따라서 오늘날 가장 빈번한 공격형태로 활용되고 있다. 또한 폭탄테러는 대량살상, 대량파괴, 극단적인 심리적 위협효과를 가져다주고, 아울러 증거인멸이 상대적으로 쉽기 때문에, 자행 테러범뿐만 아니라 배후세력을 색출하는 것도 어렵다.

또한 오늘날 대도시의 인구 집중 현상과 복잡성으로 인해 피해 및 혼란 효과의 극대화를 가져올 수 있으며, 아울러 폭발물의 운반 도구로 사용되는 자동차의 대중화는 폭탄테러를 증대시키고 있다. 한편, 과학기술의 발달로 폭탄의 소형화·정밀화가 가능하여 원격조정 장비 및 시한폭탄의 제조, 우편물 및 소포를 이용한 폭파, 그리고 최근 자폭테러 등 가히 상상을 초월한 수법들이 자행되고 있다.

(2) 무장공격

무장공격(armed attack)은 테러 공격대상에 권총, 기관총, 로켓포, 미사일 등을 발사하고 수류탄 등을 투척함으로써 시설물을 파괴하거나 인명을 살상하는 전술형태를 의미한다. 이러한 무장공격은 방법 면에서 잔인성과 대담성을 보여주고 있어 공포심과

트의 활동무대가 되고 있다. 즉, 도시에는 시민들의 일상생활에 필수적인 불특정 다수가 이용하는 지하철과 대중버스, 도시가스 저장소, 발전시설, 대형건물, 공공건물 등 공격표적이 산재해 있다. 그리고 이들 시설에 접근하는 것도 매우 용이하다. 또한 TV, 신문, 특히 인터넷 등의 발달은 테러리즘을 자행한 테러리스트가 의도한 목적(공포 등)을 일반대중에게 실시간으로 신속하고 정확하며, 그리고 생생하게 전달해준다. 이제 아무런 시간적·공간적 제약 없이 테러조직의 의도한 목적의 전파가 가능하게 된 것이다. 최진태(1997), 테러, 테러리스트 & 테러리즘, 서울: 대영문화사, p. 67.

15) 최진태(2006), 앞의 책, pp. 90-98.; 김두현(2013), 앞의 책, pp. 430-509.

사회혼란을 최대한 조성해 보겠다는 의도에서 이루어지는 경우가 많다. 또한 원거리 공격이 가능하고 대량살상이 가능하기 때문에 테러조직이 폭탄테러 다음으로 무장공격을 많이 하고 있음을 알 수 있다.

(3) 인질납치와 암살

인질납치(kidnapping)는 테러공격 대상인물을 비밀리에 강제적·물리적 수단에 의해 유괴, 납치하는 등 비합법적이고 반인륜적인 방법으로 잡아두는 것을 말한다. 인질납치는 통상적으로 상징성이 있는 인물을 대상으로 주로 저질러지며, 정치적 선전이 주된 목적이나 테러조직의 운영자금을 조달하기 위한 수단으로 이용되기도 한다. 따라서 테러조직은 인질을 납치한 후 석방에 대한 대가로 고액을 요구하는 형태로 자행되기도 한다. 그러나 테러조직은 인질납치를 통해서 자신들의 목적을 달성한 경우라도 인질을 살해하는 경우도 적지 않다.

한편, 암살(assassination)은 정치적 적대관계에 있는 정적이나 사회적 또는 국제적으로 저명한 지위에 있는 사람들을 제거하기 위해 취하는 공격방법을 말한다. 암살은 주요 인사에 대해 한 명 또는 두 명의 테러범이 한 조를 이루어 자행하는 방법에서부터 폭발물을 설치하여 살해하는 방식이 주를 이룬다.

> **참고** 　 **암살의 동기**
>
> 암살은 여러 요인이 복합적으로 작용하여 나타나는 것이기 때문에 그 동기를 파악하는 것은 쉬운 일이 아니다. 다만, 암살의 동기를 부여하는 요소를 살펴보면, 다음의 몇 가지로 구분될 수 있다.[16]
>
> ① 정치적 동기 : 현존하는 정권을 바꾸려는 욕망이나 정부를 재구성하는 욕망에 사로잡힌 개인 또는 집단이 정부의 수반(首班) 등을 제거하기 위해 암살을 하게 된다.
> ② 개인적 동기 : 복수, 증오, 분노, 불만 등 지극히 개인적인 감정에 의해서 암살이 이루어지기도 하는데, 이러한 동기는 실제적이거나 상상적인 것이다.
> ③ 이념적 동기 : 자신들이 지극히 중요하다고 생각하는 이념이나 사상(思想)을 암

---

16) 위의 책, pp. 412-413.

살대상자들이 위태롭게 하고 있다고 생각하는 경우에 암살을 하게 된다.

④ 경제적 동기 : 민족, 특수집단, 암살자 자신 또는 그의 가족에 악영향을 미치는 경제적 불황의 타개 및 금전적인 보상을 위하여 암살이 이루어지기도 한다.

⑤ 심리적 동기 : 정신분열증, 편집증, 조울증, 치매 등의 요소 가운데 한 가지 또는 그 이상의 요소들이 복합적으로 작용하여 암살을 하기도 한다.

⑥ 적대적 동기 : 전쟁 중이거나 상호 적대관계에 있는 적국의 지도자를 제거함으로써 승전으로 이끌 수 있거나 사회혼란을 조성, 전쟁발발의 호기를 포착할 수 있다는 전략적 판단하에 암살이 이루어지기도 한다.

(4) 하이재킹

하이재킹(hijacking)은 운행 중인 육상차량, 선박, 항공기, 그 밖의 운송 수단에 대한 불법적인 납치 행위를 말한다. 20세기 말에 와서는 하이재킹이라는 용어가 항공기를 공중납치 하여 납치범이 원하는 목적지로 항로를 강제 변경하는 경우에 가장 빈번하게 쓰이고 있다.

(5) 생화학공격

생화학공격은 세균 등 생물학적 요인과 화학물질을 공격수단으로 사용하여 살상 및 무능화 등의 효과를 거두고자 하는 것을 말한다. 생화학무기는 핵무기나 방사능무기와 함께 대량살상무기(WMD, Weapons of Mass Destruction)에 속한다. 대량살상무기란 말 그대로 한 번에 많은 인간을 살상할 수 있는 무기를 말한다.[17]

생물무기는 인명 살상이 목적이지만 때에 따라 식량을 고갈시킬 목적으로 사용하기도 한다. 대개 잠복기가 짧고 살상력과 전염력이 강한 매개체가 사용된다. 이러한 생물무기를 살포하여 공격하는 방법을 '바이오 테러리즘'(Bioterrorism)이라고 한다. 생물무기는 전염되는 만큼 적은 양으로도 큰 피해가 일어날 수 있어 위험하다. 특성상 통제가 어려워 아군도 전염 대상이 될 수 있으며, 살포 후 변이가 일어난다면 적·아군

---

17) 전 세계적으로 생화학무기 제조를 금지·제한하고 있다. 1975년 생물무기 및 독소무기의 개발과 생산 및 비축 금지와 폐기에 관한 협약인 생물무기금지협약(BWC, Biological Weapons Convention)이 발효되었다. 한국은 1987년 6월 가입했으며, 2015년 기준으로 가맹국은 182개국에 이르고 있다. 1997년에는 한국을 포함한 65개국이 비준한 화학무기금지협약(CWC: Chemical Weapons Convention)이 발효되었다. 화학무기금지협약은 화학무기의 개발과 비축, 사용을 금지하는 국제 협약이다.
다음백과(http://100.daum.net/encyclopedia).

관계없이 대규모 인명피해가 일어날 수 있다. 생물무기로 사용 가능한 범주에는 탄저균과 천연두, 콜레라, 에볼라와 같은 바이러스성 출혈열 등이 있으며, 병원균 등에서 추출한 독소도 생물무기에 포함된다.

한편, 화학무기는 화학물질을 사용해 인명을 살상하는 무기로서 이른바 독가스라 불리는 기체 형태가 일반적이다. 강한 유독성 물질로 마시거나 피부에 닿으면 사망하거나 합병증을 포함한 심각한 장애를 일으킨다. 토양에 흡수된 이후에도 쉽게 사라지지 않아 지하수로 인해 피해가 일어날 수 있다. 살충제 등 일반 생활에 쓰이는 성분도 많으며 제조도 쉬운 편이다. 다만 생물무기와 마찬가지로 서로 화학무기를 사용할 경우 양쪽 모두 심각한 인명피해가 있을 수 있다.

(6) 사이버공격

사이버공격 또는 사이버테러는 컴퓨터·인터넷시스템을 이용하여 국가와 기업, 그리고 개인의 정보시스템을 파괴하는 등의 행태를 말한다. 이러한 사이버공격은 기존의 테러리즘에 의한 물리적 시설의 파괴보다도 훨씬 결정적인 손실을 가져다주기도 한다.[18)]

사이버테러리즘은 다음과 같은 특징을 갖는다. 첫째, 범행을 사전에 파악 및 방지하기가 어렵다. 둘째, 범행기도자의 죄의식이 희박하다. 셋째, 정보의 유출 등은 조직 내부인 이거나 내부인과 결탁하여 이루어지는 경우가 많다. 넷째, 범행 후 그 증거를 발견하기가 어렵다. 마지막으로 불법적인 침투방법을 한번 터득하게 되면 새로운 보안시스템이 개발되기 전까지 반복적·연속적으로 이루어질 가능성이 높다. 아래에서는 이러한 사이버테러의 유형과 특징을 살펴보기로 한다.[19)]

① 컴퓨터 바이러스

컴퓨터 바이러스(computer virus)는 스스로를 복제하여 컴퓨터를 감염시키는 컴퓨터 프로그램을 말한다. 복제 기능이 없는 다른 종류의 악성 코드, 애드웨어, 스파이웨어와 혼동하여 잘못 쓰이는 경우도 있다. 바이러스는 한 컴퓨터에서 다른 컴퓨터로(일부 형식의 실행 코드로) 확산할 수 있다. 이를테면 사용자는 인터넷이나 네트워크를 통하여,

---

18) 김두현(2013), 앞의 책, pp. 451-454.
19) 이하 다음백과(http://100.daum.net/encyclopedia).; 위키백과(https://ko.wikipedia.org).

또는 플로피 디스크, CD, DVD, USB 드라이브와 같은 이동식 매체를 통하여 바이러스를 전파할 수 있다. 바이러스는 네트워크 파일 시스템이나, 다른 컴퓨터를 통해 접근하는 파일 시스템상의 파일을 감염시킴으로써 여러 컴퓨터로의 확산 가능성을 높일 수 있다.[20]

② 논리폭탄

논리폭탄(logic bomb)은 보통의 컴퓨터 프로그램에 오류를 발생시키는 프로그램 루틴을 무단으로 삽입하여 특정한 조건의 발생이나 특정한 데이터의 입력을 기폭제로 컴퓨터에 부정한 행위를 실행시키는 것을 말한다. 프로그램이 전혀 예상하지 못한 파국적인 오류를 범하게 한다. 일반적으로 전자 우편 폭탄(mail bomb), 전자 편지 폭탄(letter bomb), 컴퓨터 바이러스 등과 같이 인터넷 등 컴퓨터 통신망을 이용한 범죄나 사이버테러리즘의 수법으로 사용된다. 오류를 발생시키는 부호의 삽입에는 일반적으로 트로이목마(Trojan horse)를 응용한다.

실질적인 물리적 테러가 행해지기 전에 공항과 항구, 운송시설, 군이나 행정기관 및 경호관련 기관의 컴퓨터시스템에서 논리폭탄이 일제히 터진다면, 전산망과 통신망 등이 마비될 수 있기 때문에 그 파괴력은 상상을 초월한다고 볼 수 있다.

③ 트로이 목마

트로이 목마(Trojan horse)는 악성 루틴이 숨어 있는 프로그램으로, 겉보기에는 정상적인 프로그램으로 보이지만 실행하면 악성 코드를 실행한다. 이 이름은 트로이 목마 이야기에서 따온 것으로, 겉보기에는 평범한 목마 안에 사람이 숨어 있었다는 것에 비유한 것이다. 트로이 목마는 쉽게 발견하기는 어렵지만, 무거워진 CPU와 네트워크 사용으로 시스템이 느려지는 현상이 나타날 수 있다. 컴퓨터 바이러스나 웜과는 달리, 트로이 목마는 보통 다른 파일에 삽입되거나 스스로 전파되지 않는다.

---

20) 스스로 복제를 하지 못하는 경우에는 트로이 목마로 불리며, 프로그램 복제가 아니라 네트워크를 통해 감염되는 경우는 컴퓨터 웜(Worm)으로 불린다. 좀 더 정확히 이야기하면, 숙주인 컴퓨터 내부에서만 증식을 하는 악성코드를 바이러스라고 하며, 숙주 컴퓨터가 필요 없이 네트워크상에서 계속 증식이 가능한 악성 코드를 웜이라고 한다. 요즈음은 웜과 바이러스의 특징을 결합하여 프로그램에 기생하며 네트워크로도 감염시키는 웜 바이러스들도 많이 생겨나고 있다.

④ 서비스거부

서비스 거부(DoS: Denial of Service)는 정보시스템의 데이터나 자원을 정당한 사용자가 적절한 대기 시간 내에 사용하는 것을 방해하는 행위를 말한다. 주로 시스템에 과도한 부하를 일으켜 정보시스템의 사용을 방해하는 공격 방식이다.

한편, 분산 서비스 거부(DDos: Distributed denial of service attack/DDoS)는 한 단계 더 나아가 외부 컴퓨터 사용자가 공격 명령을 실행할 수 있는 컴퓨터 프로그램, 즉 악성 코드를 불특정 다수의 개인용 컴퓨터에 감염시켜서 특정 사이트들을 공격하도록 명령하는 기법을 말한다.

⑤ 슈퍼재핑

컴퓨터가 고장으로 가동이 불가능할 때 비상용으로 쓰이는 프로그램이 슈퍼잽(Super Zap)이다. 따라서 불순한 의도를 가진 자가 슈퍼잽 수행 시에 호텔의 만능키처럼 패스워드나 각종 보안장치 기능을 상실시켜 컴퓨터의 기억장치에 수록된 모든 파일에 접근해 자료를 복사해 갈 수 있다. 따라서 외부에서 출입해 컴퓨터 수리를 할 경우 입회하여 감독하고, 테이프나 디스크팩, 디스켓 반출시에 내용을 확인하고, 고장 내용이 수록된 파일을 복사해 가지고 나갈 경우 내용을 복사하여 증거물을 남기는 등의 관리를 해야 한다. 이 방법은 거의 직접적인 수법이기에 계속 지키고 확인하는 수밖에 없다.

⑥ 살라미기법

살라미기법(salami techniques)은 눈치채지 못할 정도의 소액을 많은 사람들로부터 사취하는 컴퓨터 해킹수법의 하나이다. 이탈리아 음식 살라미소시지를 조금씩 얇게 썰어 먹는 모습을 연상시킨다고 해서 붙은 이름이다. 전형적인 예로는 은행 등 금융기관의 금리계산 프로그램의 개발을 담당한 자가 프로그램에 손질을 해서 휴면계좌의 작은 단위의 금액을 한 계좌로 몰아넣게 해서 빼내는 수법을 들 수 있다.

4. 주요국가의 대테러 특수부대

1960년대 이후 다양한 형태의 테러리즘으로 각국은 많은 피해를 겪게 되었다. 특히 항공기 납치, 주요 시설물 점거, 인질납치 사건의 경우 폭탄공격이나 요인 암살과 같이 공격의 시작이 공격의 종결로 이어지는 것이 아니고 일정기간 대치상황으로 이어졌다. 따라서 이에 대한 위기관리가 적절히 이루어지지 않을 경우, 그 파급효과는 해당 정부에 커다란 정치적 부담으로 작용되었다. 따라서 오늘날 각 나라에서는 이러한 테러위협에 직접적인 대응을 할 수 있는 특수부대를 창설하여 운용하고 있다.[21]

1) 영국의 SAS

영국 대테러 특공대의 대명사인 SAS(Special Air Service)는 원래 제2차 세계대전(1939~1945) 당시 군사적인 목적을 수행하기 위해 창설(1941년)되었는데,[22] 이후 개편되어 세계 각 지역의 공산주의자들의 반란진압과 테러진압 작전에 투입되었다. 그리고 SAS는 1960년대 말까지 우방국 국가수장의 경호를 맡은 경호원에게 경호전략과 전술을 전수하였다. SAS는 1980년 런던 주재 이란대사관 인질 억류사건을 성공적으로 진압하여 최고의 대테러 특공대로서의 명성을 얻게 되었다.

이와 같은 명성과 활약으로 인해 전 세계 각국의 대테러 특공대 창설의 모델이 되었으며, 따라서 미국의 델타포스(Delta Force) 역시 SAS의 도움으로 창설되었다. 오늘날까지도 SAS가 최고의 대테러 특공대로서 명성을 유지하고 있는 요인은 SAS 내에 운용하고 있는 작전연구팀(Operational Research Team)에서 대테러작전에 필요한 특수장비를 끊임없이 개발하여 현장에 적용하고 있다는 점이다. 또한 미국, 독일 등 서방국가의 대테러 특공대와 긴밀한 협력관계를 통해 대테러 전술을 개발하고 지속적인 훈련 등을 실시하고 있기 때문이라 할 수 있다.

2) 독일의 GSG-9

테러에 대한 위기관리 부재를 최초로 여실히 드러낸 대표적인 사건은 1972년에 발생한 독일 뮌헨올림픽 테러사건을 들 수 있다. 1972년 9월 5일 새벽 5시 30분경 자동소총으로 중무장한 테러조직 '검은 9월단' 소속 테러리스트 8명이 올림픽 선수촌에 침입하여 몇 명의 코치와 선수를 살해하고, 인질극을 벌였다. 이후 테러리스트와 경찰 간의 총격전이 벌어지면서 인질들을 포함하여 양측 간에 적지 않은 사상자가 발생하였다.

---

21) 최진태(2006), 앞의 책, pp. 286-300.
22) http://meloyou.com/54.

이 사건을 계기로 서독정부는 테러리즘의 발생시 효과적으로 대처할 수 있는 특공대의 필요성을 절감하게 되었고, 이에 따라 연방국경경찰(Federal Border Police) 예하에 특공대를 창설하게 되었다. 이때 창설된 서독의 대테러특공대가 'GSG-9'이다. 당시 서독은 과거 나치독일의 군조직에 대한 반감이 적지 않게 남아 있었기 때문에 군조직에 특공대를 창설하지 않았던 것이다.

3) 프랑스의 GIGN

프랑스에서 대테러 특공대를 창설하게 된 직접적인 계기는 1973년 9월에 발생한 프랑스 주재 사우디아라비아 대사관을 5명의 테러리스트가 점거하여 13명의 인질을 억류한 사건에서 비롯되었다. 이 사건 당시 여러 아랍국가의 대사들이 협상 조정자로 나서서 평화적으로 사건을 해결하였고, 프랑스 정부는 대테러에 대한 아무런 위기관리 능력을 보여주지 못했다.

따라서 프랑스 정부는 이 사건 직후인 1973년 11월 대테러 특공대 GIGN을 창설하기에 이르렀다. 이후 GIGN은 프랑스 정부의 전폭적인 지원하에 수차례 대테러 작전을 성공리에 수행하여 오늘에 이르고 있다. 이 가운데서 지금까지 가장 널리 알려진 GIGN 작전은 1994년 발생한 에어 프랑스 항공기 납치사건의 구출작전이다. 이 사건에 170명의 인질을 성공적으로 구출함으로써 전세계적으로 명성을 얻게 되었다.

4) 미국의 델타포스와 SWAT

미국의 대테러 특공대인 델타포스(Delta Force)는 1977년 11월에 창설되었다. 델타포스의 창설계기는 독일의 대테러 특공대인 GSG-9이 '모가디슈 인질납치 사건'을 성공적으로 수행(항공기의 인질 91명을 성공적으로 구출)하여 세계적인 이목을 집중시키자, 미국 역시 대테러 특공대의 필요성을 인식하게 된 것이다. 이에 따라 미국 합동참모부에 이를 창설하기에 이르렀다.

한편, 미국의 수많은 자치경찰조직에도 경찰특공대가 존재한다. 이 가운데서 가장 현대적인 경찰특공대의 효시는 1967년에 창설된 로스엔젤레스 경찰국(LAPD)의 SWAT (Special Weapons And Tactics)를 들 수 있다. 이후 SWAT 및 이와 유사한 경찰특공대가 각 지역의 경찰조직에 창설되었다. 이들은 강력범죄 및 대테러작전과 장비, 그리고 기법 등을 개발하여 실제상황에 적용하면서 성과를 거둠에 따라, 미국전역과 세계의 주목을 받으며 오늘에 이르고 있다.[23]

5) 이스라엘의 샤이렛 매트칼

1960년대 이후 팔레스타인 해방기구(PLO)는 정규전으로는 이스라엘에 대항할 수 없다는 것을 인식하게 되고, 그 대안으로 테러리즘을 자행하기 시작하였다. 이에 대응하기 위해 이스라엘 정부는 육군 정보국 산하에 샤이렛 매트칼(Sayaret Matkal)을 창설하였다.[24]

샤이렛 매트칼은 빈번하게 발생하는 자국 비행기에 대한 납치에 대항하기 위해 항공기 보안요원으로 모든 여객기에 탑승하여 항공기 납치 예방에 크게 기여하고 있다. 이와 관련하여 1972년 5월 검은 9월단 소속 테러리스트들에 의해 발생한 여객기 납치사건을 성공적으로 진압하여 100명의 인질을 구출하였다. 이는 최초의 성공적인 항공기 납치 구출작전으로 기록되고 있다. 샤이렛 매트칼의 제반 활동에 대한 구체적인 내용은 널리 알려져 있지 않았지만, 이스라엘군에 엄청난 영향을 미치고 있음은 주지의 사실이다.[25]

6) 한국의 707 특임대와 KNP-868

한국의 대테러특공대는 크게 군과 경찰특공대로 구성되어 있다. 군의 경우는 육군 소속의 707 대테러 특수부대를 들 수 있다. 707 특수부대는 1968년 북한에서 남파된 김신조 일당의 청와대 습격사건을 계기로 창설되었다. 707특수부대는 1988년 88서울 올림픽을 계기로 민간에 처음 공개되었고, 영화 '쉬리'에 나오면서 널리 알려졌다.

한편, 경찰청 소속 대테러특공대인 KNP-868은 86아시안게임과 88올림픽이 확정되면서 북한 특수부대에 의한 테러리즘과 국제 테러리즘에 효과적으로 대응하기 위

---

23) http://cafe.daum.net/knp868/CLoG.; 위키백과(https://ko.wikipedia.org).
24) 이스라엘은 각 여단마다 '샤이렛'(Sayaret)이라는 특수부대를 두고 있다. 그 중 유명한 특수부대로는 육군의 샤이렛 매트칼, 샤이렛 콜라니, 해군의 샤이렛 13, 공군의 샤이렛 샬덕 등이 있다.
http://blog.naver.com/chyeon5567/40172814043.
25) 샤이렛 매트칼은 오늘날까지도 전세계의 많은 대테러 특수부대에서 사용하고 있는 총신이 짧고, 가벼우며, 성능이 좋은 우지 기관단총(Uzi submachine gun)을 제작하였다.
다음백과(http://100.daum.net/encyclopedia).

하여 1983년에 창설되었다. 이 경찰청 소속 대테러특공대는 2002년 월드컵을 대비하여 각 지방경찰청에 추가적으로 창설되어, 성공적인 월드컵행사에 도움을 주었음은 물론이고, 테러예방 및 각종 강력사건의 진압에도 중요한 역할을 하고 있다.

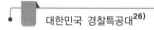
대한민국 경찰특공대[26)]

제2절 한국 대테러조직과 대응체계

1. 테러방지대책의 근거와 책무

1) 테러방지대책의 근거: 테러방지법

최근 국내에서는 국제테러조직 또는 과격사상 추종자들에 의한 직접적인 테러사건은 없었으나 북한의 끊임없는 도발과 위협, 이슬람 극단주의자들의 활동 징후도 계속 포착되는 등 이의 잠재적 위험성은 존재하고 있다.[27)]

테러의 잠재적 위협에 효율적으로 대응하기 위하여 그동안 많은 논의와 논란을 거친 끝에 대테러관련 단일 법률「국민보호와 공공안전을 위한 테러방지법」(이른바 '테러방지법')이 2016년 3월 3일에 제정(시행 2016년 6월 4일)되었다. 이 법에 따라 대테러활동에 관하여 다른 법률에 우선하여 적용하도록 하고 있다(테러방지법 제4조).

---

26) https://life-plus.tistory.com/6.; https://blog.naver.com/snow119999/222122498772.
27) 경찰청(2020), 경찰백서, p. 301.

2) 테러방지대책을 위한 국가의 책무

테러방지법상의 테러라는 것은 '국가 · 지방자치단체 또는 외국 정부(외국 지방자치단체와 조약 또는 그 밖의 국제적인 협약에 따라 설립된 국제기구 포함)의 권한행사를 방해하거나 의무 없는 일을 하게 할 목적 또는 공중을 협박할 목적으로 하는 일정한 행위를 말한다(제2조 제1호).

따라서 국가 및 지방자치단체는 이러한 테러로부터 국민의 생명 · 신체 및 재산을 보호하기 위하여 테러의 예방과 대응에 필요한 제도와 여건을 조성하고 대책을 수립하여 이를 시행하도록 하고 있다(제3조 제1항). 그리고 주의할 것은 국가 및 지방자치단체는 이러한 테러 대책을 강구할 때 국민의 기본적 인권(人權)이 침해당하지 아니하도록 최선의 노력을 하도록 하고 있다(제2항). 따라서 이 법을 집행하는 공무원은 헌법상 기본권을 존중하여 이 법을 집행하여야 하며 헌법과 법률에서 정한 적법절차를 준수할 의무가 있다(제3항).

2. 테러대책 및 대응조직

테러방지법에 따른 테러대책 및 대응조직으로는 ㉠ 국가테러대책위원회, ㉡ 대테러센터, 그리고 ㉢ 전담조직 등으로 구성된다.

1) 국가테러대책위원회

(1) 설치 및 운영

① 설치

㉠ 위원장과 위원

대테러활동에 관한 정책의 중요사항을 심의 · 의결하기 위하여 국가테러대책위원회(이하 '대책위원회'라 함)를 두도록 하고 있다(테러방지법 제5조 제1항). 대책위원회는 국무총리 및 관계기관의 장 중 '대통령령으로 정하는 사람'으로 구성하고 위원장은 국무총리(國務總理)로 한다(제2항).

대책위원회 위원으로서 '대통령령으로 정하는 사람'은 기획재정부장관, 외교부장관, 통일부장관, 법무부장관, 국방부장관, 행정안전부장관, 산업통상자원부장관, 환경부장관, 국토교통부장관, 해양수산부장관, 국가정보원장, 국무조정실장, 금융위원회 위원장, 원자력안전위원회 위원장, 대통령경호처장, 관세청장, 경찰청장, 소방청장, 질병관리청장 및 해양경찰청장을 말한다(테러방지법 시행령 제3조 제1항).

한편, 대책위원회의 위원장(즉, 국무총리)은 안건 심의에 필요한 경우에는 위에서 정한 위원 외에 관계기관의 장 또는 그 밖의 관계자에게 회의 참석을 요청할 수 있다(시행령 제3조 제2항).

ⓒ 간사

대책위원회의 사무를 처리하기 위하여 간사를 두되, 간사는 대테러센터의 대테러센터장이 된다(시행령 제3조 제3항).

② 운영

대책위원회는 다음 각 호의 사항을 심의·의결한다(테러방지법 제5조 제3항).

㉠ 대테러활동에 관한 국가의 정책 수립 및 평가
㉡ 국가대테러 기본계획 등 중요 중장기 대책 추진사항
㉢ 관계기관의 대테러활동 역할 분담·조정이 필요한 사항
㉣ 그 밖에 위원장 또는 위원이 대책위원회에서 심의·의결할 필요가 있다고 제의하는 사항

대책위원회 회의는 위원장이 필요하다고 인정하거나 대책위원회 위원 과반수의 요청이 있는 경우에 위원장이 소집한다(시행령 제4조 제1항). 대책위원회는 재적위원 과반수의 출석으로 개의(開議)하고, 출석위원 과반수의 찬성으로 의결한다(제2항). 그리고 대책위원회의 회의는 공개하지 아니한다. 다만, 공개가 필요한 경우 대책위원회의 의결로 공개할 수 있다(제3항). 한편, 위에서 규정한 사항 외에 대책위원회 운영에 관한 사항은 대책위원회의 의결을 거쳐 위원장이 정한다(제4항).

(2) 테러대책 실무위원회의 구성

대책위원회를 효율적으로 운영하고 대책위원회에 상정할 안건에 관한 전문적인 검토 및 사전 조정을 위하여 대책위원회에 테러대책 실무위원회(이하 '실무위원회'라 함)를

두도록 하고 있다(시행령 제5조 제1항).

실무위원회에 위원장 1명을 두며, 실무위원회의 위원장은 대테러센터장이 된다(시행령 제5조 제2항). 실무위원회 위원은 국가테러대책위원회의 위원이 소속된 관계기관 및 그 소속기관의 고위공무원단에 속하는 일반직공무원(이에 상당하는 특정직·별정직 공무원 포함) 중 관계기관의 장이 지명하는 사람으로 한다(제5조 제3항). 이상에서 규정한 사항 외에 실무위원회 운영에 관한 사항은 대책위원회의 의결을 거쳐 위원장이 정하도록 한다(제5조 제4항).

(3) 대테러 인권보호관의 배치

관계기관(대테러활동을 수행하는 국가기관, 지방자치단체, 그 밖에 대통령령으로 정하는 기관)의 대테러활동으로 인한 국민의 기본권 침해 방지를 위하여 대책위원회 소속으로 대테러 인권보호관 1명을 두도록 하고 있다(테러방지법 제7조 제1항).

① 인권보호관의 자격 및 임기

대테러 인권보호관은 다음의 어느 하나에 해당하는 대한민국 국민 중에서 위원장이 위촉한다(테러방지법 시행령 제7조 제1항).

- ㉠ 변호사 자격이 있는 사람으로서 10년 이상의 실무경력이 있는 사람
- ㉡ 인권 분야에 전문지식이 있고 「고등교육법」 제2조 제1호에 따른 학교에서 부교수 이상으로 10년 이상 재직하고 있거나 재직하였던 사람
- ㉢ 국가기관 또는 지방자치단체에서 3급 상당 이상의 공무원으로 재직하였던 사람 중 인권 관련 업무 경험이 있는 사람
- ㉣ 인권분야 비영리 민간단체·법인·국제기구에서 근무하는 등 인권 관련 활동에 10년 이상 종사한 경력이 있는 사람

이러한 인권보호관의 임기는 2년으로 하고, 연임(連任)할 수 있다(시행령 제7조 제2항). 그리고 인권보호관은 다음의 경우를 제외하고는 그 의사에 반하여 해촉되지 아니한다(제3항).

- ㉠ 「국가공무원법」 제33조 각 호의 결격사유에 해당하는 경우

ⓛ 직무와 관련한 형사사건으로 기소된 경우

ⓒ 직무상 알게 된 비밀을 누설한 경우

ⓔ 그 밖에 장기간의 심신쇠약으로 인권보호관의 직무를 계속 수행할 수 없는 특별한 사유가 발생한 경우

② 인권보호관의 직무 등

인권보호관은 다음의 직무를 수행한다(테러방지법 시행령 제8조 제1항).

ⓖ 대책위원회에 상정되는 관계기관의 대테러정책·제도 관련 안건의 인권 보호에 관한 자문 및 개선 권고

ⓛ 대테러활동에 따른 인권침해 관련 민원의 처리

ⓒ 그 밖에 관계기관 대상 인권 교육 등 인권 보호를 위한 활동

인권보호관은 이상과 같은 직무수행 중 인권침해 행위가 있다고 인정할 만한 상당한 이유가 있는 경우에는 위원장에게 보고한 후 관계기관의 장에게 시정을 권고할 수 있다(시행령 제9조 제1항). 이에 따른 권고를 받은 관계기관의 장은 그 처리 결과를 인권보호관에게 통지하여야 한다(제2항).

한편, 인권보호관은 위의 ⓛ에 따른 민원을 접수한 날부터 2개월 내에 처리하여야 한다. 다만, 부득이한 사유로 정해진 기간 내에 처리하기 어려운 경우에는 그 사유와 처리 계획을 민원인에게 통지하여야 한다(시행령 제8조 제2항).

그리고 대책위원회 위원장은 인권보호관이 직무를 효율적으로 수행할 수 있도록 필요한 행정적·재정적 지원을 할 수 있다(제8조 제3항). 아울러 대책위원회는 인권보호관의 직무 수행을 지원하기 위하여 지원조직을 둘 수 있으며, 필요한 경우에는 관계 중앙행정기관 소속 공무원의 파견을 요청할 수 있다(제4항).

③ 인권보호관의 의무

인권보호관은 재직 중 및 퇴직 후에 직무상 알게 된 비밀을 엄수하여야 한다(테러방지법 시행령 제10조 제1항). 따라서 인권보호관은 법령에 따른 증인, 참고인, 감정인 또는 사건 당사자로서 직무상의 비밀에 관한 사항을 증언하거나 진술하려는 경우에는 미리 위원장의 승인을 받아야 한다(제2항).

2) 대테러센터

대테러활동과 관련하여 아래의 사항을 수행하기 위하여 국무총리 소속으로 관계기관 공무원으로 구성되는 대테러센터를 두도록 한다(테러방지법 제6조 제1항). 그리고 대테러센터의 업무의 특성상 소속 직원의 인적사항은 공개하지 아니할 수 있다(제6조 제3항).

    ㉠ 국가 대테러활동 관련 임무분담 및 협조사항 실무 조정
    ㉡ 장단기 국가대테러활동 지침 작성·배포
    ㉢ 테러경보 발령
    ㉣ 국가 중요행사 대테러안전대책 수립
    ㉤ 대책위원회의 회의 및 운영에 필요한 사무의 처리
    ㉥ 그 밖에 대책위원회에서 심의·의결한 사항

한편, 이상과 같은 직무를 수행하기 위해 대테러센터장은 관계기관의 장에게 직무수행에 필요한 협조와 지원을 요청할 수 있도록 하고 있다(테러방지법 시행령 제6조 제2항).

3) 전담조직

관계기관(대테러활동을 수행하는 국가기관, 지방자치단체, 그 밖에 대통령령으로 정하는 기관)의 장은 테러 예방 및 대응을 위하여 필요한 전담조직을 둘 수 있다(테러방지법 제8조 제1항).
이러한 전담조직은 관계기관 합동으로 구성하거나 관계기관의 장이 설치하는 아래와 같은 전문조직(협의체 포함)으로 한다(테러방지법 시행령 제11조 제1항 및 제12조~제21조).

    ㉠ 지역 테러대책협의회
    ㉡ 공항·항만 테러대책협의회
    ㉢ 테러사건 대책본부
    ㉣ 현장지휘본부
    ㉤ 화생방테러 대응지원본부
    ㉥ 테러복구지원본부
    ㉦ 대테러특공대

◎ 테러대응구조대

ⓩ 테러정보통합센터

ⓩ 대테러합동조사팀

관계기관의 장은 이러한 전담조직 외에 테러 예방 및 대응을 위하여 필요한 경우에는 대테러업무를 수행하는 하부조직을 전담조직으로 지정·운영할 수 있다(시행령 제11조 제2항).

아래에서는 이상과 같은 전담조직 가운데, 테러사건 대책본부, 화생방테러 대응지원본부, 대테러특공대, 테러정보통합센터 등을 중심으로 살펴보기로 한다.

(1) 테러사건 대책본부

외교부장관, 국방부장관, 국토교통부장관, 경찰청장 및 해양경찰청장은 테러가 발생하거나 발생할 우려가 현저한 경우(국외테러의 경우는 대한민국 국민에게 중대한 피해가 발생하거나 발생할 우려가 있어 긴급한 조치가 필요한 경우에 한함)에는 다음의 구분에 따라 테러사건 대책본부를 설치·운영해야 한다(테러방지법 시행령 제14조 제1항).

㉠ 외교부장관 : 국외테러사건 대책본부

㉡ 국방부장관 : 군사시설테러사건 대책본부

㉢ 국토교통부장관 : 항공테러사건 대책본부

㉣ 경찰청장 : 국내일반 테러사건 대책본부

㉤ 해양경찰청장 : 해양테러사건 대책본보

대책본부를 설치한 관계기관의 장은 그 사실을 즉시 위원장에게 보고하여야 하며, 같은 사건에 2개 이상의 대책본부가 관련되는 경우에는 위원장이 테러사건의 성질·중요성 등을 고려하여 대책본부를 설치할 기관을 지정할 수 있다(제14조 제2항).

대책본부의 장은 대책본부를 설치하는 관계기관의 장(군사시설테러사건 대책본부의 경우에는 합동참모의장)이 된다(제3항).

한편, 대책본부의 장은 테러사건이 발생한 경우 사건 현장의 대응 활동을 총괄하기 위하여 현장지휘본부를 설치할 수 있도록 하고 있다(시행령 제15조 제1항). 현장지휘본부의 장은 대책본부의 장이 지명한다(제2항).

(2) 화생방테러대응 지원본부

환경부장관, 원자력안전위원회 위원장 및 질병관리청장은 화생방테러사건 발생 시 대책본부를 지원하기 위하여 다음의 구분에 따른 분야별로 화생방테러대응 지원본부를 설치·운영하도록 하고 있다(테러방지법 시행령 제16조 제1항).

    ㉠ 환경부장관 : 화학테러 대응 분야
    ㉡ 원자력안전위원회 위원장 : 방사능테러 대응 분야
    ㉢ 질방관리청장 : 생물테러 대응 분야

한편, 국방부장관은 관계기관의 화생방테러 대응을 지원하기 위하여 대책위원회의 심의·의결을 거쳐 오염 확산 방지 및 독성제거 임무 등을 수행하는 대화생방테러 특수임무대를 설치하거나 지정할 수 있다(제16조 제3항).

(3) 대테러특공대

국방부장관, 경찰청장 및 해양경찰청장은 테러사건에 신속히 대응하기 위하여 대테러특공대를 설치·운영하도록 하고 있다(테러방지법 시행령 제18조 제1항). 그리고 국방부장관, 경찰청장 및 해양경찰청장은 대테러특공대를 설치·운영하려는 경우에는 대책위원회의 심의·의결을 거치도록 하고 있다(제2항). 이러한 대테러특공대는 다음의 임무를 수행한다(제3항).

    ㉠ 대한민국 또는 국민과 관련된 국내외 테러사건 진압
    ㉡ 테러사건과 관련된 폭발물의 탐색 및 처리
    ㉢ 주요 요인 경호 및 국가 중요행사의 안전한 진행 지원
    ㉣ 그 밖에 테러사건의 예방 및 저지활동

한편, 국방부 소속 대테러특공대의 출동 및 진압작전은 군사시설(軍事施設) 안에서 발생한 테러사건에 대하여 수행한다. 다만, 경찰력의 한계로 긴급한 지원이 필요하여 대책본부의 장이 요청하는 경우에는 군사시설 밖에서도 경찰의 대테러작전을 지원할

수 있다(시행령 제18조 제4항).

(4) 테러정보통합센터

국가정보원장은 테러 관련 정보를 통합관리하기 위하여 관계기관 공무원으로 구성되는 테러정보통합센터를 설치·운영한다(테러방지법 시행령 제20조 제1항). 테러정보통합센터는 다음의 임무를 수행한다(제20조 제2항).

    ㉠ 국내외 테러 관련 정보의 통합관리·분석 및 관계기관에의 배포
    ㉡ 24시간 테러 관련 상황 전파체계 유지
    ㉢ 테러 위험 징후 평가
    ㉣ 그 밖에 테러 관련 정보의 통합관리에 필요한 사항

한편, 국가정보원장은 관계기관의 장에게 소속 공무원의 파견과 테러정보의 통합관리 등 업무수행에 필요한 협조를 요청할 수 있다(제20조 제3항).

3. 테러대응절차

1) 테러경보의 발령

대테러센터장은 테러 위험징후를 포착한 경우 테러경보 발령의 필요성, 발령 단계, 발령 범위 및 기간 등에 관하여 실무위원회의 심의를 거쳐 테러경보를 발령한다. 다만, '긴급한 경우' 또는 '주의 이하'(즉, 관심과 주의 단계)의 테러경보 발령시에는 실무위원회의 심의 절차를 생략할 수 있다(테러방지법 시행령 제22조 제1항).

이러한 테러경보는 테러위협의 정도에 따라 관심·주의·경계·심각의 4단계로 구분 한다(시행령 제22조 제2항).

대테러센터장은 테러경보를 발령하였을 때에는 즉시 위원장에게 보고하고, 관계기관에 전파하여야 한다(시행령 제22조 제3항). 이상과 같은 사항 외에 테러경보 발령 및 테러경보에 따른 관계기관의 조치사항에 관하여는 대책위원회 의결을 거쳐 위원장이 정한다(제3항).

단계별 테러경보 내용 [28)]

관심단계	테러 관련 상황의 전파, 관계기관 상호간 연락체계의 확인, 비상연락망의 점검 등
주의단계	테러대상 시설 및 테러에 이용될 수 있는 위험물질에 대한 안전관리의 강화, 국가 중요시설에 대한 경비강화, 관계기관별 자체 대비태세의 점검 등
경계단계	테러취약요소에 대한 경비 등 예방활동의 강화, 테러취약시설에 대한 출입통제의 강화, 대테러 담당공무원 비상근무 등
심각단계	대테러 관계기관 공무원의 비상근무, 테러유형별 사건대책본부 등 사건대응조직의 운영준비, 필요 장비·인원의 동원태세 유지 등

2) 상황 전파 및 초동조치

관계기관의 장은 테러사건이 발생하거나 테러 위협 등 그 징후를 인지한 경우에는 관련 상황 및 조치사항을 관련기관의 장과 대테러센터장에게 즉시 통보하여야 한다(테러방지법 시행령 제23조 제1항). 관계기관의 장은 테러사건이 발생한 경우 사건의 확산 방지를 위하여 신속히 다음의 초동 조치를 하여야 한다(제2항).

ㄱ 사건 현장의 통제·보존 및 경비 강화
ㄴ 긴급대피 및 구조·구급
ㄷ 관계기관에 대한 지원 요청
ㄹ 그 밖에 사건 확산 방지를 위하여 필요한 사항

한편, 국내 일반테러사건의 경우에는 대책본부가 설치되기 전까지 테러사건 발생 지역 관할 경찰관서의 장이 초동조치를 지휘·통제하도록 한다(제23조 제3항).

3) 테러사건의 대응

대책본부의 장은 테러사건에 대한 대응을 위하여 필요한 경우 현장지휘본부를 설치하여 상황 전파 및 대응 체계를 유지하고, 조치사항을 체계적으로 시행하도록 한다(테러방지법 시행령 제24조 제1항).

그리고 대책본부의 장은 테러사건에 신속히 대응하기 위하여 필요한 경우에 관계

---

28) 국가정보원(http://www.nis.go.kr).

기관의 장에게 인력·장비 등의 지원을 요청할 수 있다. 이 경우 요청을 받은 관계기관의 장은 특별한 사유가 없으면 요청에 따라야 한다(제24조 제2항).

외교부장관은 해외에서 테러가 발생하여 정부 차원의 현장 대응이 필요한 경우에는 관계기관 합동으로 정부 현지대책반을 구성하여 파견할 수 있다(제3항). 그리고 지방자치단체의 장은 테러사건 대응 활동을 지원하기 위한 물자 및 편의 제공과 지역주민의 긴급대피 방안 등을 마련하여야 한다(제4항).

4. 테러예방을 위한 안전관리 대책

1) 국가정보원장의 테러위험인물에 대한 정보수집 등

국가정보원장은 테러위험인물에 대하여 출입국·금융거래 및 통신이용 등 관련 정보를 수집할 수 있다. 이 경우 출입국·금융거래 및 통신이용 등 관련 정보의 수집은 「출입국관리법」, 「관세법」, 「특정 금융거래정보의 보고 및 이용 등에 관한 법률」, 「통신비밀보호법」의 절차에 따른다(테러방지법 제9조 제1항).

국가정보원장은 이에 따른 정보수집 및 분석의 결과, 테러에 이용되었거나 이용될 가능성이 있는 금융거래에 대하여 지급정지 등의 조치를 취하도록 금융위원회 위원장에게 요청할 수 있다(제2항).

국가정보원장은 테러위험인물에 대한 개인정보(「개인정보 보호법」상 민감정보를 포함)와 위치정보를 「개인정보 보호법」상의 개인정보처리자와 「위치정보의 보호 및 이용 등에 관한 법률」상의 개인위치정보사업자 및 사물위치정보사업자에게 요구할 수 있다(제3항).

그리고 국가정보원장은 대테러활동에 필요한 정보나 자료를 수집하기 위하여 대테러조사 및 테러위험인물에 대한 추적을 할 수 있다. 이 경우 사전 또는 사후에 대책위원회 위원장에게 보고하여야 한다(제4항).

2) 관계기관장의 테러예방을 위한 안전관리대책의 수립

관계기관의 장은 대통령령으로 정하는 국가중요시설과 많은 사람이 이용하는 시설 및 장비(즉, 테러대상시설)에 대한 테러예방대책과 테러의 수단으로 이용될 수 있는 폭발물·총기류·화생방물질(즉, 테러이용수단), 국가 중요행사에 대한 안전관리대책을 수립하여야 한다(테러방지법 제10조 제1항).

여기에서 말하는 국가중요시설과 많은 사람이 이용하는 시설 및 장비는 다음과 같다(테러방지법 시행령 제25조 제1항).

① 국가중요시설 : 「통합방위법」에 따라 지정된 국가중요시설 및 「보안업무규정」에 따른 국가보안시설
② 많은 사람이 이용하는 시설 및 장비(즉, 다중이용시설)
   이는 다음의 시설과 장비 중 관계기관의 장이 소관업무와 관련하여 대테러센터 장과 협의하여 지정하는 시설을 말한다.

   ㉠ 「도시철도법」에 따른 도시철도
   ㉡ 「선박안전법」에 따른 여객선
   ㉢ 「재난 및 안전관리 기본법 시행령」에 따른 건축물 또는 시설
   ㉣ 「철도산업발전기본법」에 따른 철도차량
   ㉤ 「항공법」에 따른 항공기

3) 테러취약요인 사전제거

테러대상시설 및 테러이용수단의 소유자 또는 관리자는 보안장비를 설치하는 등 테러취약요인 제거를 위하여 노력하여야 한다(테러방지법 제11조 제1항). 국가는 테러대상 시설 및 테러이용수단의 소유자 또는 관리자에게 필요한 경우 그 비용의 전부 또는 일부를 지원할 수 있다(제2항).

4) 테러선동·선전물 긴급 삭제 등 요청

관계기관의 장은 테러를 선동·선전하는 글 또는 그림, 상징적 표현물, 테러에 이용될 수 있는 폭발물 등 위험물 제조법 등이 인터넷이나 방송·신문, 게시판 등을 통해 유포될 경우 해당 기관의 장에게 긴급 삭제 또는 중단, 감독 등의 협조를 요청할 수 있다(테러방지법 제12조 제1항). 이러한 협조를 요청받은 해당 기관의 장은 필요한 조치를 취하고 그 결과를 관계기관의 장에게 통보하여야 한다(제2항).

5) 외국인테러전투원에 대한 규제

관계기관의 장은 외국인테러전투원으로 출국하려 한다고 의심할 만한 상당한 이유가 있는 내국인·외국인에 대하여 일시 출국금지를 법무부장관에게 요청할 수 있다(테러방지법 제13조 제1항). 이에 따른 일시 출국금지 기간은 90일로 한다. 다만, 출국금지를 계속할 필요가 있다고 판단할 상당한 이유가 있는 경우에 관계기관의 장은 그 사유를 명시하여 연장을 요청할 수 있다(제2항).

그리고 관계기관의 장은 외국인테러전투원으로 가담한 사람에 대하여 「여권법」에 따른 여권의 효력정지 및 재발급 제한을 외교부장관에게 요청할 수 있다(제13조 제3항).

6) 형사처벌

(1) 테러단체 구성죄 등

① 테러단체 구성

테러단체를 구성하거나 구성원으로 가입한 사람은 다음의 구분에 따라 처벌한다(테러방지법 제17조 제1항).

> ㉠ 수괴(首魁)는 사형·무기 또는 10년 이상의 징역
> ㉡ 테러를 기획 또는 지휘하는 등 중요한 역할을 맡은 사람은 무기 또는 7년 이상의 징역
> ㉢ 타국의 외국인테러전투원으로 가입한 사람은 5년 이상의 징역
> ㉣ 그 밖의 사람은 3년 이상의 징역

이상과 같은 범죄의 경우, 미수범은 처벌한다(제17조 제4항). 그리고 이러한 죄를 범할 목적으로 예비 또는 음모한 사람은 3년 이하의 징역에 처한다(제5항).

② 테러자금 조달·알선·보관 등 테러단체 지원

테러자금임을 알면서도 자금을 조달·알선·보관하거나 그 취득 및 발생 원인에 관한 사실을 가장하는 등 테러단체를 지원한 사람은 10년 이하의 징역 또는 1억원 이하의 벌금에 처한다(제17조 제2항).

이상과 같은 범죄의 경우, 미수범은 처벌한다(제17조 제4항). 그리고 이러한 죄를 범할 목적으로 예비 또는 음모한 사람은 3년 이하의 징역에 처한다(제5항).

③ 테러단체 가입지원 및 권유 · 선동

테러단체 가입을 지원하거나 타인에게 가입을 권유 또는 선동한 사람은 5년 이하의 징역에 처한다(제3항).

이상과 같은 테러방지법상에서 규정한 죄는 대한민국 영역 밖에서 범한 외국인에게도 국내법을 적용한다(테러방지법 제19조, 세계주의).

(2) 무고 및 날조

타인으로 하여금 형사처분을 받게 할 목적으로 위와 같은 죄(즉, 테러방지법 제17조상의 죄)에 대하여 무고 또는 위증을 하거나 증거를 날조 · 인멸 · 은닉한 사람은 「형법」 제152조부터 제157조까지에서 정한 형에 2분의 1을 가중하여 처벌한다(테러방지법 제18조 제1항).

한편, 범죄수사 또는 정보의 직무에 종사하는 공무원이나 이를 보조하는 사람 또는 이를 지휘하는 사람이 직권을 남용하여 무고 및 날조의 행위를 한 때에도 마찬가지이다. 다만, 그 법정형의 최저가 2년 미만일 때에는 이를 2년으로 한다(제18조 제2항).

(3) 세계주의

위에서 설명한 테러방지법 제17조에 해당하는 죄는 대한민국 영역 밖에서 저지른 외국인에게도 국내법을 적용한다(테러방지법 제19조).[29]

---

29) 세계주의(世界主義, Cosmopolitanism)는 ① 전쟁 도발, 국제 테러 등 국제사회의 공존 질서를 침해하는 범죄, ② 통화 위조, 마약 밀수 등 다수 국가의 공동 이익에 반하는 범죄, ③ 민족 학살, 인신매매 등 인간의 존엄을 직접 침해하는 반인도적 범죄의 경우, 그 범죄가 누가 어디에서 누구에게 행하여졌는지 관계하지 않고 자국의 형법을 적용하는 원칙을 말한다. https://dic.daum.net/word/view.

부록

Executive Protection

1. 대통령 등의 경호에 관한 법률(약칭: 대통령경호법)

[시행 2017. 7. 26.] [법률 제14839호, 2017. 7. 26., 타법개정]

제1조(목적) 이 법은 대통령 등에 대한 경호를 효율적으로 수행하기 위하여 경호의 조직·직무범위와 그 밖에 필요한 사항을 규정함을 목적으로 한다.

제2조(정의) 이 법에서 사용하는 용어의 뜻은 다음과 같다. <개정 2017. 7. 26.>

1. "경호"란 경호대상자의 생명과 재산을 보호하기 위하여 신체에 가하여지는 위해(危害)를 방지하거나 제거하고, 특정 지역을 경계·순찰 및 방비하는 등의 모든 안전 활동을 말한다.

2. "경호구역"이란 소속공무원과 관계기관의 공무원으로서 경호업무를 지원하는 사람이 경호활동을 할 수 있는 구역을 말한다.

3. "소속공무원"이란 대통령경호처(이하 "경호처"라 한다) 직원과 경호처에 파견된 사람을 말한다.

4. "관계기관"이란 경호처가 경호업무를 수행함에 있어 필요한 지원과 협조를 요청하는 국가기관, 지방자치단체 등을 말한다.

제3조(대통령경호처장 등) ① 대통령경호처장(이하 "처장"이라 한다)은 대통령이 임명하고, 경호처의 업무를 총괄하며 소속공무원을 지휘·감독한다. <개정 2017. 7. 26.>

② 경호처에 차장 1명을 둔다. <개정 2017. 7. 26.>

③ 차장은 1급 경호공무원 또는 고위공무원단에 속하는 별정직 국가공무원으로 보하며, 처장을 보좌한다. <개정 2017. 7. 26.>

제4조(경호대상) ① 경호처의 경호대상은 다음과 같다. <개정 2017. 7. 26.>

1. 대통령과 그 가족

2. 대통령 당선인과 그 가족

3. 본인의 의사에 반하지 아니하는 경우에 한정하여 퇴임 후 10년 이내의 전직 대통령과 그 배우자. 다만, 대통령이 임기 만료 전에 퇴임한 경우와 재직 중 사망한 경우의 경호 기간은 그로부터 5년으로 하고, 퇴임 후 사망한 경우의 경호 기간은 퇴임일부터 기산(起

算)하여 10년을 넘지 아니하는 범위에서 사망 후 5년으로 한다.

4. 대통령권한대행과 그 배우자

5. 대한민국을 방문하는 외국의 국가 원수 또는 행정수반(行政首班)과 그 배우자

6. 그 밖에 처장이 경호가 필요하다고 인정하는 국내외 요인(要人)

② 제1항 제1호 또는 제2호에 따른 가족의 범위는 대통령령으로 정한다.

③ 제1항 제3호에도 불구하고 전직 대통령 또는 그 배우자의 요청에 따라 처장이 고령 등의 사유로 필요하다고 인정하는 경우에는 5년의 범위에서 같은 호에 규정된 기간을 넘어 경호할 수 있다. <신설 2013. 8. 13., 2017. 7. 26.>

제5조(경호구역의 지정 등) ① 처장은 경호업무의 수행에 필요하다고 판단되는 경우 경호 구역을 지정할 수 있다. <개정 2017. 7. 26.>

② 제1항에 따른 경호구역의 지정은 경호목적 달성을 위한 최소한의 범위로 한정되어야 한다.

③ 소속공무원과 관계기관의 공무원으로서 경호업무를 지원하는 사람은 경호 목적상 불가피하다고 인정되는 상당한 이유가 있는 경우에만 경호구역에서 질서유지, 교통관리, 검문·검색, 출입통제, 위험물 탐지 및 안전조치 등 위해 방지에 필요한 안전 활동을 할 수 있다.

제5조의2(다자간 정상회의의 경호 및 안전관리) ① 대한민국에서 개최되는 다자간 정상회의에 참석하는 외국의 국가원수 또는 행정수반과 국제기구 대표의 신변(身邊)보호 및 행사장의 안전관리 등을 효율적으로 수행하기 위하여 대통령 소속으로 경호·안전 대책기구를 둘 수 있다.

② 경호·안전 대책기구의 장은 처장이 된다. <개정 2017. 7. 26.>

③ 경호·안전 대책기구는 소속공무원 및 관계기관의 공무원으로 구성한다.

④ 제1항에 따른 경호·안전 대책기구의 구성시기, 구성 및 운영 절차, 그 밖에 필요한 사항은 대통령령으로 정한다.

⑤ 경호·안전 대책기구의 장은 다자간 정상회의의 경호 및 안전관리를 위하여 필요하면 관계기관의 장과 협의하여 「통합방위법」 제2조 제13호에 따른 국가중요시설과 불특정 다수인이 이용하는 시설에 대한 안전관리를 위하여 필요한 인력을 배치하고 장비를 운용할 수 있다.[본조신설 2012. 2. 2.]

제6조(직원) ① 경호처에 특정직 국가공무원인 1급부터 9급까지의 경호공무원과 일반직 국가공무원을 둔다. 다만, 필요하다고 인정할 때에는 경호공무원의 정원 중 일부를 일반직 국가공무원 또는 별정직 국가공무원으로 보할 수 있다. <개정 2017. 7. 26.>

② 경호공무원 각 계급의 직무의 종류별 명칭은 대통령령으로 정한다.

제7조(임용권자) ① 5급 이상 경호공무원과 5급 상당 이상 별정직 국가공무원은 처장의 제청으로 대통령이 임용한다. 다만, 전보·휴직·겸임·파견·직위해제·정직(停職) 및 복직에 관한 사항은 처장이 행한다. <개정 2017. 7. 26.>

② 처장은 경호공무원 및 별정직 국가공무원에 대하여 제1항 외의 모든 임용권을 가진다. <개정 2017. 7. 26.>

③ 삭제 <2013. 3. 23.>

④ 고위공무원단에 속하는 별정직공무원의 신규채용에 관하여는 「국가공무원법」 제28조의6 제3항을 준용한다.

제8조(직원의 임용 자격 및 결격사유) ① 경호처 직원은 신체 건강하고 사상이 건전하며 품행이 바른 사람 중에서 임용한다. <개정 2017. 7. 26.>

② 다음 각 호의 어느 하나에 해당하는 사람은 직원으로 임용될 수 없다.

1. 대한민국의 국적을 가지지 아니한 사람

2. 「국가공무원법」 제33조 각 호의 어느 하나에 해당하는 사람

③ 제2항 각 호(「국가공무원법」 제33조 제5호는 제외한다)의 어느 하나에 해당하는 직원은 당연히 퇴직한다.

제9조(비밀의 엄수) ① 소속공무원[퇴직한 사람과 원(原) 소속기관에 복귀한 사람을 포함한다. 이하 이 조에서 같다]은 직무상 알게 된 비밀을 누설하여서는 아니 된다.

② 소속공무원은 경호처의 직무와 관련된 사항을 발간하거나 그 밖의 방법으로 공표하려면 미리 처장의 허가를 받아야 한다. <개정 2017. 7. 26.>

제10조(직권면직) ① 임용권자는 직원(별정직 국가공무원은 제외한다. 이하 이 조에서 같다)이 다음 각 호의 어느 하나에 해당하면 직권으로 면직할 수 있다.

1. 신체적·정신적 이상으로 6개월 이상 직무를 수행하지 못할 만한 지장이 있을 때

2. 직무 수행 능력이 현저하게 부족하거나 근무태도가 극히 불량하여 직원으로서 부적합하다고 인정될 때

3. 직제와 정원의 개폐(改廢) 또는 예산의 감소 등에 의하여 폐직(廢職) 또는 과원(過員)이 된 때

4. 휴직 기간이 끝나거나 휴직 사유가 소멸된 후에도 정당한 이유 없이 직무에 복귀하지 아니하거나 직무를 수행할 수 없을 때

5. 직무 수행 능력이 부족하거나 근무성적이 극히 불량하여 대통령령으로 정하는 바에 따라 대기 명령을 받은 사람이 그 기간 중 능력 또는 근무성적의 향상을 기대하기 어렵다고 인정될 때

6. 해당 직급에서 직무를 수행하는 데에 필요한 자격증의 효력이 상실되거나 면허가 취소되어 담당 직무를 수행할 수 없게 되었을 때

② 제1항 제2호·제5호에 해당하여 면직하는 경우에는 대통령령으로 정하는 바에 따라 고등징계위원회의 동의를 받아야 한다.

③ 제1항 제3호에 해당하여 면직하는 경우에는 임용 형태, 업무실적, 직무 수행 능력, 징계처분 사실 등을 고려하여 면직 기준을 정하여야 한다. 이 경우 면직된 직원은 결원이 생기면 우선하여 재임용할 수 있다.

④ 제3항의 면직 기준을 정하거나 제1항 제3호에 따라 면직 대상자를 결정할 때에는 대통령령으로 정하는 바에 따라 인사위원회의 심의·의결을 거쳐야 한다.

제11조(정년) ① 경호공무원의 정년은 다음의 구분에 따른다.

1. 연령정년

　가. 5급 이상: 58세

　나. 6급 이하: 55세

2. 계급정년

　가. 2급: 4년

　나. 3급: 7년

　다. 4급: 12년

　라. 5급: 16년

② 경호공무원이 강임(降任)된 경우에는 제1항제2호에 따른 계급정년의 경력을 산정할 때에 강임되기 전의 상위계급으로 근무한 경력은 강임된 계급으로 근무한 경력에 포함한다.

③ 경호공무원은 그 정년이 된 날이 1월부터 6월 사이에 있는 경우에는 6월 30일에, 7월부터 12월 사이에 있는 경우에는 12월 31일에 각각 당연히 퇴직한다.

④ 삭제 <2013. 8. 13.>

⑤ 삭제 <2013. 8. 13.>

제12조(징계) ① 직원의 징계에 관한 사항을 심사·의결하기 위하여 경호처에 고등징계위원회와 보통징계위원회를 둔다. <개정 2017. 7. 26.>

② 각 징계위원회는 위원장 1명과 4명 이상 6명 이하의 위원으로 구성한다.

③ 직원의 징계는 징계위원회의 의결을 거쳐 처장이 한다. 다만, 5급 이상 직원의 파면 및 해임은 고등징계위원회의 의결을 거쳐 처장의 제청으로 대통령이 한다. <개정 2017. 7. 26.>

④ 징계위원회의 구성 및 운영 등에 필요한 사항은 대통령령으로 정한다.

제13조(보상) 직원으로서 제4조제1항 각 호의 경호대상에 대한 경호업무 수행 또는 그와 관련하여 상이(傷痍)를 입고 퇴직한 사람과 그 가족 및 사망(상이로 인하여 사망한 경우를 포함한다)한 사람의 유족에 대하여는 대통령령으로 정하는 바에 따라 「국가유공자 등 예우 및 지원에 관한 법률」 또는 「보훈보상대상자 지원에 관한 법률」에 따른 보상을 한다.

제14조(「국가공무원법」과의 관계 등) ① 직원의 신규채용, 시험의 실시, 승진, 근무성적평정, 보수 및 교육훈련에 관한 사항은 대통령령으로 정한다.

② 직원에 대하여는 이 법에 특별한 규정이 있는 경우를 제외하고는 「국가공무원법」을 준용한다.

③ 직원에 대하여는 「국가공무원법」 제17조 및 제18조를 적용하지 아니한다.

제15조(국가기관 등에 대한 협조 요청) 처장은 직무상 필요하다고 인정할 때에는 국가기관, 지방자치단체, 그 밖의 공공단체의 장에게 그 공무원 또는 직원의 파견이나 그 밖에 필요한 협조를 요청할 수 있다. <개정 2017. 7. 26.>

제16조(대통령경호안전대책위원회) ① 제4조제1항 각 호의 경호대상에 대한 경호업무를 수행할 때에는 관계기관의 책임을 명확하게 하고, 협조를 원활하게 하기 위하여 경호처에 대통령경호안전대책위원회(이하 "위원회"라 한다)를 둔다. <개정 2017. 7. 26.>

② 위원회는 위원장과 부위원장 각 1명을 포함한 20명 이내의 위원으로 구성한다.

③ 위원장은 처장이 되고, 부위원장은 차장이 되며, 위원은 대통령령으로 정하는 관계기

관의 공무원이 된다. <개정 2017. 7. 26.>

④ 위원회는 다음 각 호의 사항을 관장한다.

    1. 대통령 경호에 필요한 안전대책과 관련된 업무의 협의

    2. 대통령 경호와 관련된 첩보·정보의 교환 및 분석

    3. 그 밖에 제4조제1항 각 호의 경호대상에 대한 경호에 필요하다고 인정되는 업무

⑤ 위원회의 구성 및 운영에 필요한 사항은 대통령령으로 정한다.

제17조(경호공무원의 사법경찰권) ① 경호공무원(처장의 제청으로 서울중앙지방검찰청 검사장이 지명한 경호공무원을 말한다. 이하 이 조에서 같다)은 제4조 제1항 각 호의 경호대상에 대한 경호업무 수행 중 인지한 그 소관에 속하는 범죄에 대하여 직무상 또는 수사상 긴급을 요하는 한도 내에서 사법경찰관리(司法警察官吏)의 직무를 수행할 수 있다. <개정 2017. 7. 26.>

② 제1항의 경우 7급 이상 경호공무원은 사법경찰관의 직무를 수행하고, 8급 이하 경호공무원은 사법경찰리(司法警察吏)의 직무를 수행한다.

제18조(직권 남용 금지 등) ① 소속공무원은 직권을 남용하여서는 아니 된다.

② 경호처에 파견된 경찰공무원은 이 법에 규정된 임무 외의 경찰공무원의 직무를 수행할 수 없다. <개정 2017. 7. 26.>

제19조(무기의 휴대 및 사용) ① 처장은 직무를 수행하기 위하여 필요하다고 인정할 때에는 소속공무원에게 무기를 휴대하게 할 수 있다. <개정 2017. 7. 26.>

② 제1항에 따라 무기를 휴대하는 사람은 그 직무를 수행할 때 필요하다고 인정하는 상당한 이유가 있을 경우 그 사태에 대응하여 부득이하다고 판단되는 한도 내에서 무기를 사용할 수 있다. 다만, 다음 각 호의 어느 하나에 해당할 때를 제외하고는 사람에게 위해를 끼쳐서는 아니 된다.

  1. 「형법」 제21조 및 제22조에 따른 정당방위와 긴급피난에 해당할 때

  2. 제4조 제1항 각 호의 경호대상에 대한 경호업무 수행 중 인지한 그 소관에 속하는 범죄로 사형, 무기 또는 장기 3년 이상의 징역 또는 금고에 해당하는 죄를 범하거나 범하였다고 의심할 만한 충분한 이유가 있는 사람이 소속공무원의 직무집행에 대하여 항거하거나 도피하려고 할 때 또는 제3자가 그를 도피시키려고 소속공무원에게 항거할 때에 이를 방지하거나 체포하기 위하여 무기를 사용하지 아니하고는 다른 수단

이 없다고 인정되는 상당한 이유가 있을 때

3. 야간이나 집단을 이루거나 흉기나 그 밖의 위험한 물건을 휴대하여 경호업무를 방해하기 위하여 소속공무원에게 항거할 경우에 이를 방지하거나 체포하기 위하여 무기를 사용하지 아니하고는 다른 수단이 없다고 인정되는 상당한 이유가 있을 때

제20조 삭제 <2011. 4. 28.>

제21조(벌칙) ① 제9조 제1항, 제18조 또는 제19조 제2항을 위반한 사람은 5년 이하의 징역이나 금고 또는 1천만원 이하의 벌금에 처한다.

② 제9조 제2항을 위반한 사람은 2년 이하의 징역·금고 또는 500만원 이하의 벌금에 처한다.

2. 대통령 등의 경호에 관한 법률 시행령(약칭: 대통령경호법 시행령)

[시행 2023. 6. 5.] [대통령령 제33382호, 2023. 4. 11., 타법개정]

제1조(목적) 이 영은 「대통령 등의 경호에 관한 법률」에서 위임된 사항과 그 시행에 필요한 사항을 규정함을 목적으로 한다.

제2조(가족의 범위) 「대통령 등의 경호에 관한 법률」(이하 "법"이라 한다) 제4조 제1항 제1호 및 제2호에 따른 가족은 대통령 및 대통령당선인의 배우자와 직계존비속으로 한다.

제3조(전직대통령 등의 경호) 법 제4조 제1항 제3호에 따라 전직대통령과 그 배우자의 경호에는 다음 각호의 조치를 포함한다.

1. 경호안전상 별도주거지 제공(별도주거지는 본인이 마련할 수 있다)

2. 현거주지 및 별도주거지에 경호를 위한 인원의 배치, 필요한 경호의 담당

3. 요청이 있는 경우 대통령전용기, 헬리콥터 및 차량 등 기동수단의 지원

4. 그 밖에 대통령경호처장(이하 "처장"이라 한다)이 관계기관과 협의하여 정한 사항

제3조의2(경호등급) ① 처장은 법 제4조 제1항 제5호 및 제6호에 따른 경호대상자의 경호임무를 수행하기 위하여 해당 경호대상자의 지위와 경호위해요소, 해당 국가의 정치상황, 국제적 상징성, 상호주의 측면, 적대국가 유무 등 국제적 관계를 고려하여 경호등급을 구분하여 운영할 수 있다.

② 제1항에 따라 경호등급을 구분하여 운영하는 경우에는 외교부장관, 국가정보원장 및 경찰청장과 미리 협의하여야 한다.

③ 제1항의 경호등급과 관련하여 필요한 사항은 처장이 따로 정한다.

제3조의3(경호업무 수행 관련 관계기관 간의 협조 등) ① 처장은 법 제4조에 규정된 경호대상에 대한 경호를 위하여 필요한 경우 대통령비서실, 국가안보실 및 경호·안전관리 업무를 지원하는 관계기관에 근무할 예정인 사람에게 신원진술서 및 「가족관계의 등록 등에 관한 법률」에서 정하는 증명서와 그 밖에 필요한 자료의 제출을 요구할 수 있다. 이 경우 처장은 제출된 자료의 내용을 확인하기 위하여 관계기관에 조회 또는 그 밖에 필요한 협조를 요청할 수 있다.

② 처장은 법 제5조 제3항에 따른 안전 활동 등 경호업무를 효율적으로 수행하기 위하여 필요한 경우에는 관계기관에 대하여 경호구역에 출입하려는 사람의 범죄경력 조회 또는 사실 증명 등 필요한 협조를 요청할 수 있다.

③ 처장은 경호업무를 효율적으로 수행하기 위해 필요한 경우 관계기관의 장과 협의하여 법 제15조에 따라 경호구역에서의 경호업무를 지원하는 인력·시설·장비 등에 관한 사항을 조정할 수 있다. <신설 2023. 5. 16.>

제4조(경호구역의 지정) 법 제5조 제1항에 따라 경호구역을 지정할 때에는 경호업무 수행에 대한 위해 요소와 구역이나 시설의 지리적·물리적 특성 등을 고려해 지정한다.

제4조의2(경호·안전 대책기구의 구성시기 및 운영기간) ① 법 제5조의2 제1항에 따른 경호·안전 대책기구(이하 "경호·안전 대책기구"라 한다)의 구성시기 및 운영기간은 다자간 정상회의의 규모·성격, 경호 환경 등을 고려하여 처장이 정한다.

② 경호·안전 대책기구의 운영기간은 다자간 정상회의별로 1년 6개월을 초과할 수 없다.

제4조의3(경호·안전 대책기구의 구성 및 운영 등) ① 경호·안전 대책기구의 장은 다자간 정상회의의 경호 및 안전관리 활동에 관한 업무를 총괄한다.

② 경호·안전 대책기구는 소속공무원과 관계기관에서 파견된 공무원으로 구성한다.

③ 제1항 및 제2항에서 규정한 사항 외에 경호·안전 대책기구의 구성 및 운영에 필요한 사항은 경호·안전 대책기구의 장이 관계기관의 장과 협의하여 정한다.

제4조의4(국가중요시설 등에 대한 인력 배치 등) ① 법 제5조의2 제5항에 따른 인력 배치 및 장비 운용은 같은 항에 따른 협의를 거친 후 경호구역 내에서는 경호·안전 대책기구의 장이, 경호구역 외의 지역에서는 해당 국가중요시설 또는 불특정 다수인이 이용하는 시설의 안전관리를 담당하는 관계기관의 장이 각각 주관하여 실시한다.

② 법 제5조의2 제5항에 따른 인력 배치 및 장비 운용 기간은 다자간 정상회의별로 6개월을 초과할 수 없다.

제4조의5(과학경호 발전방안의 수립·시행) 처장은 다음 각 호의 업무를 효율적으로 수행하기 위해 필요한 경우 독자적 또는 산학협력 등을 통한 경호연구개발사업의 수행으로 첨단과학기술을 활용한 과학경호 발전방안을 수립·시행할 수 있다.

1. 경호구역에서의 경호업무

2. 법 제5조 제3항에 따른 안전 활동 업무

3. 법 제5조의2 제1항에 따른 신변보호 및 행사장의 안전관리 등의 업무

4. 그 밖에 경호업무의 효율적 수행을 위해 처장이 필요하다고 인정하는 업무 [본조신설 2023. 5. 16.]

제5조(직급) 경호공무원의 계급별 직급의 명칭은 별표 1과 같다.

제6조 삭제 <2008. 2. 29>

제6조의 2 삭제 <2008. 2. 29>

제7조(인사위원회의 설치) ① 대통령경호처(이하 "경호처"라 한다) 직원의 인사에 관한 정책 및 그 운용에 관한 중요사항을 심의하기 위하여 인사위원회 및 인사실무위원회를 둔다. <개정 2022. 5. 9.>

② 인사위원회는 위원장 1인과 5인 이상 7인 이하의 위원으로 구성하며, 위원장은 2급 이상 직원중에서, 위원은 3급 이상 직원중에서 각각 처장이 임명한다.

③ 인사실무위원회는 위원장 1인과 5인 이상 7인 이하의 위원으로 구성하며, 위원장은 3급 이상 직원중에서, 위원은 4급 이상 직원중에서 각각 처장이 임명한다.

④ 인사위원회 및 인사실무위원회의 회의 기타 운영에 관하여 필요한 사항은 처장이 정한다.

제8조(인사위원회의 직무 등) 인사위원회는 인사에 관하여 인사실무위원회와 관계부서에서 제안한 인사정책 및 그 운용에 관한 사항등을 심의하여 처장에게 건의한다.

제9조(임용) 경호처 직원의 임용은 학력·자격·경력을 기초로 하며, 시험성적·근무성적, 그 밖의 능력의 실증에 의하여 행한다.

제9조의2(임용 직원의 임용 자격 확인 등) ① 처장은 법 제8조 제1항에 따라 직원을 임용할 때에는 임용 대상자의 건강 상태, 사상의 건전성, 품행 및 제9조의 학력·자격·경력을 확인하기 위하여 임용 대상자에게 신원진술서, 학력증명서, 경력증명서, 건강진단서, 「가족관계의 등록 등에 관한 법률」에서 정하는 증명서와 그 밖에 필요한 자료의 제출을 요구할 수 있다.

② 처장은 제1항의 자료의 내용을 확인하기 위하여 관계기관에 조회 또는 그 밖에 필요한 협조를 요청할 수 있다.

③ 제1항 및 제2항에서 규정한 사항 외에 임용 직원의 임용 자격 확인 등에 필요한 사항은 처장이 정한다.

제10조(신규채용) ①경호공무원 및 일반직공무원의 신규채용은 공개경쟁채용시험으로 한다.

② 제1항에도 불구하고 다음 각 호의 어느 하나에 해당하는 경우에는 경력 등 응시요건을 정하여 같은 사유에 해당하는 다수인을 대상으로 경쟁하는 방법으로 채용하는 시험으로 경호공무원 및 일반직공무원을 신규채용할 수 있다. 다만, 제2호, 제3호 또는 제5호의 어느 하나에 해당하는 경우로서 다수인을 대상으로 시험을 실시하는 것이 적당하지 아니한 경우에는 다수인을 대상으로 하지 아니한 시험으로 경호공무원 및 일반직공무원을 신규채용할 수 있다.

1. 공개경쟁채용시험에 의한 채용이 곤란한 임용예정직에 관련된 자격증 소지자를 임용하는 경우

2. 임용예정직에 상응하는 근무실적 또는 연구실적이 3년 이상인 자를 임용하는 경우

3. 임용예정직에 상응하는 전문지식·경험·기술이 있는 자를 1급 또는 2급의 경호공무원으로 임용하는 경우

4. 외국어에 능통하고 국제적 소양과 전문지식을 지닌 자를 임용하는 경우

5. 법 제10조 제1항 제3호의 사유로 퇴직하거나 「국가공무원법」 제71조 제1항 제1호의 휴직기간만료로 인하여 퇴직한 경호공무원 또는 일반직공무원을 퇴직한 날부터 3년 이내에 퇴직시에 재직한 직급의 직원으로 재임용하는 경우

③ 별정직공무원의 신규채용은 비서·공보·의무·운전·사범·교관·사진 등의 특수분야를 대상으로 한다.

제11조(시보임용) ① 5급 이하 경호공무원 또는 일반직공무원을 신규채용하는 경우에는 1년 이내의 기간동안 시보로 임용하고 그 기간중에 근무성적과 교육훈련성적이 양호한 경우에 정규직원으로 임용한다.

② 휴직기간, 직위해제기간 및 징계에 의하여 정직처분을 받은 기간은 제1항의 규정에 의한 시보임용기간에 산입하지 아니한다.

제12조(시험) ①직원의 임용을 위한 시험은 이를 직급별로 실시한다.

②시험은 공개경쟁채용시험, 제10조 제2항 각 호 외의 부분 본문 및 단서에 따른 시험(이하 "경력경쟁채용시험등"이라 한다) 및 승진시험으로 구분하여 처장이 실시하며, 경호공무원의 필기시험과목은 별표 2와 같다.

③별정직·일반직공무원에 대하여는 신규채용의 경우를 제외하고는 시험을 과하지 아니한다.

④처장은 시험에 관한 출제·채점·면접시험·실기시험 및 기타 시험에 필요한 사항을 담당하게 하기 위하여 시험위원을 임명 또는 위촉할 수 있다.

⑤필기시험의 출제 및 채점에 있어서는 과목당 2인 이상의 시험위원이 임명 또는 위촉되어야 하며, 면접시험에 있어서는 3인 이상의 시험위원이 임명 또는 위촉되어야 한다.

⑥이 영에 규정된 사항외에 시험에 관하여 필요한 사항은 처장이 정한다.

제13조(공개경쟁채용시험) ① 공개경쟁채용시험은 필기시험·면접시험·신체검사 및 체력검정으로 실시한다. 다만, 처장이 필요하다고 인정하는 경우에는 실기시험·지능검사·인성검사 및 적성검사의 전부 또는 일부를 병행하여 실시할 수 있다.

② 경호공무원의 공개경쟁채용시험의 대상이 되는 계급은 5급·7급 및 9급으로 하고, 일반직공무원의 공개경쟁채용시험의 대상이 되는 계급은 9급으로 한다.

제14조(경력경쟁채용시험등) ① 경력경쟁채용시험등은 필기시험·면접시험 및 신체검사로 실시하며, 서류전형·실기시험·체력검정·지능검사·인성검사 및 적성검사의 전부 또는 일부를 병행하여 실시할 수 있다. <개정 2023. 5. 16.>

② 제1항의 시험에 있어 처장이 필요하다고 인정하는 자에 대하여는 필기시험의 전부 또는 일부를 면제할 수 있다.

제15조(승진시험) ① 6급 경호공무원을 5급 경호공무원으로 승진임용하려는 경우에는 승진시험을 병행할 수 있다.

② 제1항에 따른 승진시험은 필기시험으로 실시하되, 실기시험을 병행할 수 있다.

제16조(근무성적평정 및 경력평정의 실시) 직원의 복무능률의 증진과 인사관리의 적정을 기하기 위하여 근무성적평정과 경력평정을 한다. 다만, 별정직공무원에 대하여는 경력평정을 하지 아니한다.

제17조(평정기준) ① 근무성적평정은 일정한 기간중 당해 직원의 직무수행의 성과·능력·태도, 청렴도 및 직무에의 적합성 기타 직무수행에 필요한 사항에 관하여 행한다.

② 경력평정은 당해 직원의 경력이 직급별로 그 담당직무수행과 관련되는 정도를 기준으로 행하여야 한다.

제18조(근무성적평정) ① 근무성적평정은 3급 이하의 직원을 대상으로 하여 정기평정과 수시평정으로 나누어 실시하되, 정기평정은 연 1회 실시한다.

② 근무성적평정의 방법·시기·절차 등에 관하여 필요한 사항은 처장이 정한다.

제19조(경력평정) ① 제21조 제1항의 승진소요최저연수에 도달한 5급 이하 경호공무원과 일반직공무원에 대하여는 그 경력을 평정하여 승진임용에 반영하여야 한다.

② 경력평정은 해당 직급, 하위직급 및 차하위직급의 재직기간을 평정기간으로 한다.

③ 휴직기간, 직위해제기간 및 정직기간은 제2항의 경력평정 대상기간에 포함하지 아니한다. 다만, 「공무원임용령」 제31조 제2항 제1호 및 제2호에 따라 승진소요최저연수에 포함하는 휴직기간과 직위해제기간은 각각 휴직 또는 직위해제 당시의 직급 또는 계급의 직무에 종사한 기간으로 보아 제2항의 경력평정 대상기간에 포함한다.

④ 경력평정의 시기·방법·절차 등에 관하여 필요한 사항은 처장이 정한다.

제20조(승진임용 방법) ① 경호공무원 및 일반직공무원의 승진은 근무성적 및 경력평정 기타 능력의 실증에 의하여 행한다.

② 처장은 승진임용에 필요한 요건을 구비한 5급 이하 경호공무원 및 일반직공무원에 대하여 근무성적평정 5할, 경력평정 1.5할, 교육훈련성적 3할, 상훈 및 신체검사 0.5할의 비율에 따라 승진심사자명부를 작성하여야 한다.

③ 제2항의 승진심사자명부에 등재하는 대상은 승진심사일이 속하는 달의 다음달 말일까지 승진소요최저연수를 충족하는 자를 포함한다.

④ 승진심사는 승진심사자명부에 등재되어 있는 자를 대상으로 하고, 승진이 결정된 자는 승진일에 승진소요최저연수를 충족하여야 한다.

⑤ 이 영에 규정된 사항외에 승진임용에 관하여 필요한 사항은 처장이 정한다.

제20조의2(승진선발위원회 등) ① 처장은 승진대상자의 추천, 심사 및 선발을 위하여 다음 각 호의 위원회를 각각 구성·운영할 수 있다.

1. 2개 이상의 승진후보추천위원회

2. 승진선발위원회

② 제1항 제1호에 따른 2개 이상의 승진후보추천위원회는 상호 차단된 상태의 동일한 심사조건에서 동시에 심사한다.

③ 승진선발위원회는 승진후보추천위원회가 추천한 후보자 중에서 승진대상자를 선발한다.

④ 제1항 각 호의 위원회의 구성에 관하여는 「공무원임용령」 제34조의3 제2항 및 제3항을 준용한다.

⑤ 제1항부터 제4항까지에서 규정한 사항 외에 승진후보추천위원회 및 승진선발위원회

의 구성 및 운영에 필요한 사항은 처장이 정한다.

제21조(승진소요최저연수) ① 경호공무원이 승진하려면 다음 각 호의 기간 동안 해당 계급에 재직하여야 한다.

1. 3급: 2년 이상

2. 4급: 4년 이상

3. 5급: 5년 이상

4. 6급: 4년 이상

5. 7급 및 8급: 3년 이상

6. 9급: 2년 이상

② 삭제 <2014. 12. 8.>

제22조(특별승진) ① 경호공무원 및 일반직공무원이 다음 각 호의 어느 하나에 해당하는 때에는 제20조 및 제21조의 규정에 불구하고 특별승진 임용할 수 있다. 다만, 제1호 내지 제3호는 3급 이하 경호공무원 및 일반직공무원에게만 적용한다.

1. 경호위해요소를 사전에 발견·제거하여 경호안전에 특별한 공을 세운 자

2. 경호위급사태 발생시 경호대상자의 생명을 구하는데 공이 현저한 자

3. 헌신적인 직무수행으로 업무발전에 기여한 공이 현저하여 모든 직원의 귀감이 되는 자

4. 재직중 공적이 특히 현저한 자가 제26조의 규정에 의하여 공로퇴직하는 때

5. 재직중 공적이 특히 현저한 자가 공무로 인하여 사망한 때

② 제1항의 규정에 의하여 특별승진임용하는 경우에는 공무원임용령 제32조 제1항의 규정에 의한 승진임용의 제한을 받지 아니한다.

③ 제1항 제1호 내지 제3호의 규정에 의하여 특별승진임용하는 경우에는 제21조의 규정에 의한 승진소요최저연수를 1년 단축할 수 있고, 동항제4호의 규정에 의하여 특별승진임용하는 경우에는 공로퇴직일 전일까지 당해 계급에서 1년 이상 재직하여야 하며, 동항 제5호의 규정에 의하여 특별승진임용하는 경우에는 승진소요최저연수의 적용을 받지 아니한다.

④ 직원을 특별승진임용하고자 하는 때에는 인사위원회의 심의를 거쳐야 한다.

제23조(별정직국가공무원의 근무상한연령) 별정직국가공무원의 근무상한연령은 경호공무원의 정년과 균형을 유지하는 범위안에서 처장이 정한다.

제24조(교육훈련 등) ① 처장은 직원에 대하여 직무의 능률증진을 위한 교육훈련을 실시한다.

② 처장은 필요하다고 인정하는 때에는 직원을 국내외의 교육기관 또는 연구기관에 위탁하여 교육훈련을 받게 할 수 있다.

③ 처장은 교육훈련의 성과측정을 위하여 정기 또는 수시로 평가를 실시하고 그 결과를 인사관리에 반영하여야 한다.

④ 제2항의 규정에 의하여 6월 이상 국외에서 교육훈련을 받은 직원에 대하여는 6년의 범위안에서 교육훈련기간의 2배에 상당하는 기간, 6월 이상 국내에서 교육훈련을 받은 직원에 대하여는 6년의 범위안에서 교육훈련기간과 동일한 기간(일과후에만 실시하는 국내훈련의 경우에는 훈련기간의 5할에 해당하는 기간)을 복무하도록 하여야 한다. 다만, 복무의무를 부과하기 곤란하거나 복무의무를 부과한 후 이를 이행할 수 없는 특별한 사유가 있어 처장이 복무의무를 면제한 경우에는 그러하지 아니하다.

⑤ 제4항의 규정에 의한 의무복무를 이행하지 아니한 자는 교육훈련을 위하여 소요된 경비의 전액 또는 일부를 반납하여야 한다.

⑥ 처장은 경호공무원으로 20년 이상 근무한 후 퇴직하고자 하는 자에 대하여 퇴직후 사회적응능력의 배양을 위하여 1년 이내의 범위에서 연수를 실시할 수 있다. 이 경우 처장은 연수기간중 당해 연수자의 직급에 해당하는 정원이 따로 있는 것으로 보고 결원을 보충할 수 있다.

제25조(보수) ① 처장의 보수는 「공무원보수규정」에 따른 차관의 보수와 같은 금액으로 한다.

② 기타 직원의 보수에 관하여는 「공무원보수규정」에 따른다.

제26조(공로퇴직) ① 경호공무원으로 10년 이상 성실하게 근무한 후 퇴직하는 자에 대하여는 예산의 범위안에서 공로퇴직수당(이하 "수당"이라 한다)을 지급할 수 있다.

② 제1항의 수당지급액은 다음의 산식에 의하여 산출한 금액의 범위안으로 한다.

$$\text{퇴직당시 봉급월액} \times \{36 + (33 - \text{근속연수}) \times 2/3\}$$

③ 수당의 지급절차 기타 수당지급에 관하여 필요한 사항은 기획재정부장관 및 인사혁신처장과 협의하여 처장이 정한다.

제27조(직권면직 등) ① 임용권자는 법 제10조 제1항 제2호·제5호 및 같은 조 제2항에 따라 직권면직에 대한 동의를 받아야 하는 경우에는 법 제12조제1항에 따른 고등징계위원

회(이하 "고등징계위원회"라 한다)에 직권면직 동의 요구서로 동의를 요구해야 한다.

② 처장은 법 제10조 제1항 제5호에 따라 직무 수행 능력이 부족하거나 근무성적이 극히 불량하여 「국가공무원법」 제73조의3 제1항 제2호에 따라 직위해제된 사람에게 3개월의 범위에서 대기를 명해야 한다.

③ 처장은 제2항에 따라 대기 명령을 받은 사람에게 능력 회복이나 근무성적의 향상을 위한 교육훈련 또는 특별한 연구과제 부여 등 필요한 조치를 해야 한다.

제28조(징계의결의 요구) ① 처장은 소속 직원에게 징계사유가 있다고 인정되는 때에는 관할징계위원회에 징계의결을 요구하여야 한다.

② 처장은 경호처에 파견되어 근무중인 직원에 대하여 징계사유가 있다고 인정되는 때에는 파견직원의 원소속기관의 장에게 그 사유를 통보하여야 한다.

③ 제1항의 규정에 의하여 징계의결을 요구하는 때에는 미리 당해 직원의 징계사유에 대하여 충분히 조사하고 입증자료를 첨부하여 징계의결요구서에 의하여 이를 행하여야 한다.

제29조(징계위원회의 구성 등) ① 고등징계위원회의 위원장은 차장이 되고, 위원은 3급 이상의 직원(고위공무원단에 속하는 직원을 포함한다)과 다음 각 호의 어느 하나에 해당하는 사람 중에서 성별을 고려하여 처장이 임명 또는 위촉한다.

1. 법관·검사 또는 변호사로 10년 이상 근무한 사람

2. 「고등교육법」 제2조에 따른 학교 또는 그 밖의 다른 법률에 따라 설립된 이에 준하는 교육기관(이하 "대학등"이라 한다)에서 법률학·행정학 또는 경호 관련 학문을 담당하는 부교수 이상으로 재직 중인 사람

3. 3급 이상의 경호공무원으로 근무하고 퇴직한 사람(퇴직일부터 3년이 지난 사람으로 한정한다)

② 법 제12조 제1항에 따른 보통징계위원회(이하 "보통징계위원회"라 한다)의 위원장은 기획관리실장이 되고, 위원은 4급 이상의 직원(고위공무원단에 속하는 직원을 포함한다)과 다음 각 호의 어느 하나에 해당하는 사람 중에서 성별을 고려하여 처장이 임명 또는 위촉한다. <개정 2023. 5. 16.>

1. 법관·검사 또는 변호사로 5년 이상 근무한 사람

2. 대학등에서 법률학·행정학 또는 경호 관련 학문을 담당하는 조교수 이상으로 재직 중인 사람

3. 경호공무원으로 20년 이상 근무하고 퇴직한 사람(퇴직일부터 3년이 지난 사람으로 한정한다)

③ 제1항 및 제2항에 따라 위촉되는 위원의 수는 위원장을 제외한 위원 수의 각각 2분의 1 이상이어야 한다.

④ 제1항 및 제2항에 따라 위촉되는 위원의 임기는 3년으로 하며, 한 차례만 연임할 수 있다.

⑤ 처장은 제1항 및 제2항에 따라 위촉되는 위원이 다음 각 호의 어느 하나에 해당하는 경우에는 해당 위원을 해촉(解囑)할 수 있다. 다만, 제4호에 해당하는 경우에는 해촉하여야 한다.

1. 심신장애로 인하여 직무를 수행할 수 없게 된 경우

2. 직무와 관련된 비위사실이 있는 경우

3. 직무태만, 품위손상이나 그 밖의 사유로 인하여 위원으로 적합하지 아니하다고 인정되는 경우

4. 「공무원 징계령」 제15조 제1항에 해당하는 데에도 불구하고 회피하지 아니한 경우

5. 위원 스스로 직무를 수행하는 것이 곤란하다고 의사를 밝히는 경우

제30조(징계위원회의 관할·운영 등) ① 고등징계위원회는 1급 내지 5급 직원에 대한 징계사건 및 6급 이하 직원에 대한 중징계 사건을 심사·의결한다.

② 보통징계위원회는 6급 이하 직원에 대한 경징계 사건을 심사·의결한다.

③ 징계위원회의 관할이 다른 상하직위자가 관련된 징계사건은 제1항 및 제2항의 규정에 불구하고 고등징계위원회에서 심사·의결한다. 다만, 하위직위자에 대한 징계를 분리하여 심사·의결하는 것이 타당하다고 인정되는 때에는 고등징계위원회의 의결로써 하위직위자에 대한 징계사건을 보통징계위원회에 이송할 수 있다.

제31조(「공무원 징계령」의 준용) 직원의 징계에 관하여 이 영에 특별한 규정이 있는 경우를 제외하고는 「공무원 징계령」 제9조 내지 제15조, 제17조 내지 제25조를 준용한다.

제32조(보상) ① 법 제13조에 따른 상이(傷痍)를 입고 퇴직한 사람과 그 가족은 「국가유공자 등 예우 및 지원에 관한 법률」 제6조의4 또는 「보훈보상대상자 지원에 관한 법률」 제6조에 따른 상이등급에 해당하는 신체의 상이를 입고 퇴직한 사람과 그 가족으로 한다.

② 법 제13조에 따른 사망(상이로 인하여 사망한 경우를 포함한다)한 사람의 유족은 직

원의 사망 당시 「국가유공자 등 예우 및 지원에 관한 법률」 제5조 또는 「보훈보상대상자 지원에 관한 법률」 제3조에 해당하는 사람으로 한다.

③ 제1항에 해당하는 사람은 「국가유공자 등 예우 및 지원에 관한 법률」 제4조 제1항 제4호·제6호 또는 「보훈보상대상자 지원에 관한 법률」 제2조 제1항 제2호에 따른 전상군경(戰傷軍警), 공상군경(公傷軍警) 또는 재해부상군경과 그 가족으로 보고, 제2항에 해당하는 사람은 「국가유공자 등 예우 및 지원에 관한 법률」 제4조 제1항 제3호·제5호 또는 「보훈보상대상자 지원에 관한 법률」 제2조 제1항 제1호에 따른 전몰군경(戰歿軍警), 순직군경(殉職軍警) 또는 재해사망군경의 유족으로 보아 「국가유공자 등 예우 및 지원에 관한 법률」 또는 「보훈보상대상자 지원에 관한 법률」에 따른 보상을 실시한다.

④ 제3항에 따른 보상을 받으려는 사람은 「국가유공자 등 예우 및 지원에 관한 법률」 제6조 또는 「보훈보상대상자 지원에 관한 법률」 제4조에 따라 국가보훈부장관에게 등록을 신청하여야 한다. 이 경우 등록신청서에는 처장이 발급한 상이확인증명서 또는 사망확인증명서를 첨부하여야 한다. <개정 2017. 7. 26., 2023. 4. 11.>

⑤ 처장은 「국가유공자 등 예우 및 지원에 관한 법률 시행령」 제9조 제2항 또는 「보훈보상대상자 지원에 관한 법률 시행령」 제6조 제2항에 따라 국가보훈부장관으로부터 국가유공자 또는 보훈보상대상자 요건과 관련된 사실의 확인에 대한 요청을 받으면 그 요건과 관련된 사실을 확인하여 국가보훈부장관에게 통보하여야 한다. <개정 2023. 4. 11.>

제33조 삭제 <2008. 2. 29.>

제34조(복제) ① 처장은 필요하다고 인정하는 경우 직원에게 제복을 지급할 수 있다.

② 직원의 복제에 관하여 필요한 사항은 처장이 정한다.

제35조(준용) 경호처의 직원에 관하여 이 영에 특별한 규정이 있는 경우를 제외하고는 「공무원임용령」 및 「국가공무원 복무규정」을 준용한다.

제35조의2(민감정보 및 고유식별정보의 처리) ① 처장은 다음 각 호의 업무를 수행하기 위하여 불가피한 경우 「개인정보 보호법 시행령」 제18조 제2호에 따른 범죄경력자료에 해당하는 정보, 같은 조 제3호에 따른 특정 개인을 알아볼 목적으로 일정한 기술적 수단을 통해 생성한 정보(제1호의 업무를 수행하는 경우로 한정한다)나 같은 영 제19조에 따른 주민등록번호, 여권번호, 운전면허의 면허번호 또는 외국인등록번호가 포함된 자료를 처리할 수 있다. <개정 2022. 5. 9.>

1. 법 및 이 영에 따른 경호업무

2. 법 제8조 및 이 영 제9조·제9조의2에 따른 임용 직원의 임용 자격 확인 등에 관한 업무

② 다음 각 호의 조회 또는 협조 요청을 받은 관계기관의 장은 그 조회 또는 협조 업무를 수행하기 위하여 불가피한 경우 「개인정보 보호법 시행령」 제18조 제2호에 따른 범죄경력자료에 해당하는 정보, 같은 조 제3호에 따른 특정 개인을 알아볼 목적으로 일정한 기술적 수단을 통해 생성한 정보(제1호의 업무를 수행하는 경우로 한정한다)나 같은 영 제19조에 따른 주민등록번호, 여권번호, 운전면허의 면허번호 또는 외국인등록번호가 포함된 자료를 처리할 수 있다. <개정 2022. 5. 9.>

1. 제3조의3에 따른 경호업무 수행과 관련한 조회 또는 협조

2. 제9조의2에 따른 임용 직원의 임용 자격 확인 등과 관련한 조회 또는 협조

제36조(위임사항) 이 영의 시행에 관하여 필요한 사항은 처장이 정한다.

3. 경찰관 직무집행법

[시행 2024. 9. 20.] [법률 제20374호, 2024. 3. 19., 일부개정]

제1조(목적) ① 이 법은 국민의 자유와 권리 및 모든 개인이 가지는 불가침의 기본적 인권을 보호하고 사회공공의 질서를 유지하기 위한 경찰관(경찰공무원만 해당한다. 이하 같다)의 직무 수행에 필요한 사항을 규정함을 목적으로 한다. <개정 2020. 12. 22.>

② 이 법에 규정된 경찰관의 직권은 그 직무 수행에 필요한 최소한도에서 행사되어야 하며 남용되어서는 아니 된다.

제2조(직무의 범위) 경찰관은 다음 각 호의 직무를 수행한다.

1. 국민의 생명·신체 및 재산의 보호

2. 범죄의 예방·진압 및 수사

2의2. 범죄피해자 보호

3. 경비, 주요 인사(人士) 경호 및 대간첩·대테러 작전 수행

4. 공공안녕에 대한 위험의 예방과 대응을 위한 정보의 수집·작성 및 배포

5. 교통 단속과 교통 위해(危害)의 방지

6. 외국 정부기관 및 국제기구와의 국제협력

7. 그 밖에 공공의 안녕과 질서 유지

제3조(불심검문) ① 경찰관은 다음 각 호의 어느 하나에 해당하는 사람을 정지시켜 질문할 수 있다.

1. 수상한 행동이나 그 밖의 주위 사정을 합리적으로 판단하여 볼 때 어떠한 죄를 범하였거나 범하려 하고 있다고 의심할 만한 상당한 이유가 있는 사람

2. 이미 행하여진 범죄나 행하여지려고 하는 범죄행위에 관한 사실을 안다고 인정되는 사람

② 경찰관은 제1항에 따라 같은 항 각 호의 사람을 정지시킨 장소에서 질문을 하는 것이 그 사람에게 불리하거나 교통에 방해가 된다고 인정될 때에는 질문을 하기 위하여 가까운 경찰서·지구대·파출소 또는 출장소(지방해양경찰관서를 포함하며, 이하 "경찰관서"

라 한다)로 동행할 것을 요구할 수 있다. 이 경우 동행을 요구받은 사람은 그 요구를 거절할 수 있다.

③ 경찰관은 제1항 각 호의 어느 하나에 해당하는 사람에게 질문을 할 때에 그 사람이 흉기를 가지고 있는지를 조사할 수 있다.

④ 경찰관은 제1항이나 제2항에 따라 질문을 하거나 동행을 요구할 경우 자신의 신분을 표시하는 증표를 제시하면서 소속과 성명을 밝히고 질문이나 동행의 목적과 이유를 설명하여야 하며, 동행을 요구하는 경우에는 동행 장소를 밝혀야 한다.

⑤ 경찰관은 제2항에 따라 동행한 사람의 가족이나 친지 등에게 동행한 경찰관의 신분, 동행 장소, 동행 목적과 이유를 알리거나 본인으로 하여금 즉시 연락할 수 있는 기회를 주어야 하며, 변호인의 도움을 받을 권리가 있음을 알려야 한다.

⑥ 경찰관은 제2항에 따라 동행한 사람을 6시간을 초과하여 경찰관서에 머물게 할 수 없다.

⑦ 제1항부터 제3항까지의 규정에 따라 질문을 받거나 동행을 요구받은 사람은 형사소송에 관한 법률에 따르지 아니하고는 신체를 구속당하지 아니하며, 그 의사에 반하여 답변을 강요당하지 아니한다.

제4조(보호조치 등) ① 경찰관은 수상한 행동이나 그 밖의 주위 사정을 합리적으로 판단해 볼 때 다음 각 호의 어느 하나에 해당하는 것이 명백하고 응급구호가 필요하다고 믿을 만한 상당한 이유가 있는 사람(이하 "구호대상자"라 한다)을 발견하였을 때에는 보건의료기관이나 공공구호기관에 긴급구호를 요청하거나 경찰관서에 보호하는 등 적절한 조치를 할 수 있다.

1. 정신착란을 일으키거나 술에 취하여 자신 또는 다른 사람의 생명·신체·재산에 위해를 끼칠 우려가 있는 사람

2. 자살을 시도하는 사람

3. 미아, 병자, 부상자 등으로서 적당한 보호자가 없으며 응급구호가 필요하다고 인정되는 사람. 다만, 본인이 구호를 거절하는 경우는 제외한다.

② 제1항에 따라 긴급구호를 요청받은 보건의료기관이나 공공구호기관은 정당한 이유 없이 긴급구호를 거절할 수 없다.

③ 경찰관은 제1항의 조치를 하는 경우에 구호대상자가 휴대하고 있는 무기·흉기 등 위험을 일으킬 수 있는 것으로 인정되는 물건을 경찰관서에 임시로 영치(領置)하여 놓을

수 있다.

④ 경찰관은 제1항의 조치를 하였을 때에는 지체 없이 구호대상자의 가족, 친지 또는 그 밖의 연고자에게 그 사실을 알려야 하며, 연고자가 발견되지 아니할 때에는 구호대상자를 적당한 공공보건의료기관이나 공공구호기관에 즉시 인계하여야 한다.

⑤ 경찰관은 제4항에 따라 구호대상자를 공공보건의료기관이나 공공구호기관에 인계하였을 때에는 즉시 그 사실을 소속 경찰서장이나 해양경찰서장에게 보고하여야 한다.

⑥ 제5항에 따라 보고를 받은 소속 경찰서장이나 해양경찰서장은 대통령령으로 정하는 바에 따라 구호대상자를 인계한 사실을 지체 없이 해당 공공보건의료기관 또는 공공구호기관의 장 및 그 감독행정청에 통보하여야 한다.

⑦ 제1항에 따라 구호대상자를 경찰관서에서 보호하는 기간은 24시간을 초과할 수 없고, 제3항에 따라 물건을 경찰관서에 임시로 영치하는 기간은 10일을 초과할 수 없다.

제5조(위험 발생의 방지 등) ① 경찰관은 사람의 생명 또는 신체에 위해를 끼치거나 재산에 중대한 손해를 끼칠 우려가 있는 천재(天災), 사변(事變), 인공구조물의 파손이나 붕괴, 교통사고, 위험물의 폭발, 위험한 동물 등의 출현, 극도의 혼잡, 그 밖의 위험한 사태가 있을 때에는 다음 각 호의 조치를 할 수 있다.

1. 그 장소에 모인 사람, 사물(事物)의 관리자, 그 밖의 관계인에게 필요한 경고를 하는 것
2. 매우 긴급한 경우에는 위해를 입을 우려가 있는 사람을 필요한 한도에서 억류하거나 피난시키는 것
3. 그 장소에 있는 사람, 사물의 관리자, 그 밖의 관계인에게 위해를 방지하기 위하여 필요하다고 인정되는 조치를 하게 하거나 직접 그 조치를 하는 것

② 경찰관서의 장은 대간첩 작전의 수행이나 소요(騷擾) 사태의 진압을 위하여 필요하다고 인정되는 상당한 이유가 있을 때에는 대간첩 작전지역이나 경찰관서·무기고 등 국가중요시설에 대한 접근 또는 통행을 제한하거나 금지할 수 있다.

③ 경찰관은 제1항의 조치를 하였을 때에는 지체 없이 그 사실을 소속 경찰관서의 장에게 보고하여야 한다.

④ 제2항의 조치를 하거나 제3항의 보고를 받은 경찰관서의 장은 관계 기관의 협조를 구하는 등 적절한 조치를 하여야 한다.

제6조(범죄의 예방과 제지) 경찰관은 범죄행위가 목전(目前)에 행하여지려고 하고 있다고

인정될 때에는 이를 예방하기 위하여 관계인에게 필요한 경고를 하고, 그 행위로 인하여 사람의 생명·신체에 위해를 끼치거나 재산에 중대한 손해를 끼칠 우려가 있는 긴급한 경우에는 그 행위를 제지할 수 있다.

제7조(위험 방지를 위한 출입) ① 경찰관은 제5조제1항·제2항 및 제6조에 따른 위험한 사태가 발생하여 사람의 생명·신체 또는 재산에 대한 위해가 임박한 때에 그 위해를 방지하거나 피해자를 구조하기 위하여 부득이하다고 인정하면 합리적으로 판단하여 필요한 한도에서 다른 사람의 토지·건물·배 또는 차에 출입할 수 있다.

② 흥행장(興行場), 여관, 음식점, 역, 그 밖에 많은 사람이 출입하는 장소의 관리자나 그에 준하는 관계인은 경찰관이 범죄나 사람의 생명·신체·재산에 대한 위해를 예방하기 위하여 해당 장소의 영업시간이나 해당 장소가 일반인에게 공개된 시간에 그 장소에 출입하겠다고 요구하면 정당한 이유 없이 그 요구를 거절할 수 없다.

③ 경찰관은 대간첩 작전 수행에 필요할 때에는 작전지역에서 제2항에 따른 장소를 검색할 수 있다.

④ 경찰관은 제1항부터 제3항까지의 규정에 따라 필요한 장소에 출입할 때에는 그 신분을 표시하는 증표를 제시하여야 하며, 함부로 관계인이 하는 정당한 업무를 방해해서는 아니 된다.

제8조(사실의 확인 등) ① 경찰관서의 장은 직무 수행에 필요하다고 인정되는 상당한 이유가 있을 때에는 국가기관이나 공사(公私) 단체 등에 직무 수행에 관련된 사실을 조회할 수 있다. 다만, 긴급한 경우에는 소속 경찰관으로 하여금 현장에 나가 해당 기관 또는 단체의 장의 협조를 받아 그 사실을 확인하게 할 수 있다.

② 경찰관은 다음 각 호의 직무를 수행하기 위하여 필요하면 관계인에게 출석하여야 하는 사유·일시 및 장소를 명확히 적은 출석 요구서를 보내 경찰관서에 출석할 것을 요구할 수 있다.

1. 미아를 인수할 보호자 확인
2. 유실물을 인수할 권리자 확인
3. 사고로 인한 사상자(死傷者) 확인
4. 행정처분을 위한 교통사고 조사에 필요한 사실 확인

제8조의2(정보의 수집 등) ① 경찰관은 범죄·재난·공공갈등 등 공공안녕에 대한 위험의

예방과 대응을 위한 정보의 수집·작성·배포와 이에 수반되는 사실의 확인을 할 수 있다.
② 제1항에 따른 정보의 구체적인 범위와 처리 기준, 정보의 수집·작성·배포에 수반되
는 사실의 확인 절차와 한계는 대통령령으로 정한다.

제8조의3(국제협력) 경찰청장 또는 해양경찰청장은 이 법에 따른 경찰관의 직무수행을 위
하여 외국 정부기관, 국제기구 등과 자료 교환, 국제협력 활동 등을 할 수 있다.

제9조(유치장) 법률에서 정한 절차에 따라 체포·구속된 사람 또는 신체의 자유를 제한하는
판결이나 처분을 받은 사람을 수용하기 위하여 경찰서와 해양경찰서에 유치장을 둔다.

제10조(경찰장비의 사용 등) ① 경찰관은 직무수행 중 경찰장비를 사용할 수 있다. 다만,
사람의 생명이나 신체에 위해를 끼칠 수 있는 경찰장비(이하 이 조에서 "위해성 경찰장
비"라 한다)를 사용할 때에는 필요한 안전교육과 안전검사를 받은 후 사용하여야 한다.
② 제1항 본문에서 "경찰장비"란 무기, 경찰장구(警察裝具), 경찰착용기록장치, 최루제
(催淚劑)와 그 발사장치, 살수차, 감식기구(鑑識機具), 해안 감시기구, 통신기기, 차량·선
박·항공기 등 경찰이 직무를 수행할 때 필요한 장치와 기구를 말한다. <개정 2024. 1.
30.>
③ 경찰관은 경찰장비를 함부로 개조하거나 경찰장비에 임의의 장비를 부착하여 일반적
인 사용법과 달리 사용함으로써 다른 사람의 생명·신체에 위해를 끼쳐서는 아니 된다.
④ 위해성 경찰장비는 필요한 최소한도에서 사용하여야 한다.
⑤ 경찰청장은 위해성 경찰장비를 새로 도입하려는 경우에는 대통령령으로 정하는 바에
따라 안전성 검사를 실시하여 그 안전성 검사의 결과보고서를 국회 소관 상임위원회에
제출하여야 한다. 이 경우 안전성 검사에는 외부 전문가를 참여시켜야 한다.
⑥ 위해성 경찰장비의 종류 및 그 사용기준, 안전교육·안전검사의 기준 등은 대통령령으
로 정한다.

제10조의2(경찰장구의 사용) ① 경찰관은 다음 각 호의 직무를 수행하기 위하여 필요하다
고 인정되는 상당한 이유가 있을 때에는 그 사태를 합리적으로 판단하여 필요한 한도에
서 경찰장구를 사용할 수 있다.
1. 현행범이나 사형·무기 또는 장기 3년 이상의 징역이나 금고에 해당하는 죄를 범한 범
인의 체포 또는 도주 방지
2. 자신이나 다른 사람의 생명·신체의 방어 및 보호

3. 공무집행에 대한 항거(抗拒) 제지

② 제1항에서 "경찰장구"란 경찰관이 휴대하여 범인 검거와 범죄 진압 등의 직무 수행에 사용하는 수갑, 포승(捕繩), 경찰봉, 방패 등을 말한다.

제10조의3(분사기 등의 사용) 경찰관은 다음 각 호의 직무를 수행하기 위하여 부득이한 경우에는 현장책임자가 판단하여 필요한 최소한의 범위에서 분사기(「총포·도검·화약류 등의 안전관리에 관한 법률」에 따른 분사기를 말하며, 그에 사용하는 최루 등의 작용제를 포함한다. 이하 같다) 또는 최루탄을 사용할 수 있다.

1. 범인의 체포 또는 범인의 도주 방지

2. 불법집회·시위로 인한 자신이나 다른 사람의 생명·신체와 재산 및 공공시설 안전에 대한 현저한 위해의 발생 억제

제10조의4(무기의 사용) ① 경찰관은 범인의 체포, 범인의 도주 방지, 자신이나 다른 사람의 생명·신체의 방어 및 보호, 공무집행에 대한 항거의 제지를 위하여 필요하다고 인정되는 상당한 이유가 있을 때에는 그 사태를 합리적으로 판단하여 필요한 한도에서 무기를 사용할 수 있다. 다만, 다음 각 호의 어느 하나에 해당할 때를 제외하고는 사람에게 위해를 끼쳐서는 아니 된다.

1. 「형법」에 규정된 정당방위와 긴급피난에 해당할 때

2. 다음 각 목의 어느 하나에 해당하는 때에 그 행위를 방지하거나 그 행위자를 체포하기 위하여 무기를 사용하지 아니하고는 다른 수단이 없다고 인정되는 상당한 이유가 있을 때

　가. 사형·무기 또는 장기 3년 이상의 징역이나 금고에 해당하는 죄를 범하거나 범하였다고 의심할 만한 충분한 이유가 있는 사람이 경찰관의 직무집행에 항거하거나 도주하려고 할 때

　나. 체포·구속영장과 압수·수색영장을 집행하는 과정에서 경찰관의 직무집행에 항거하거나 도주하려고 할 때

　다. 제3자가 가목 또는 나목에 해당하는 사람을 도주시키려고 경찰관에게 항거할 때

　라. 범인이나 소요를 일으킨 사람이 무기·흉기 등 위험한 물건을 지니고 경찰관으로부터 3회 이상 물건을 버리라는 명령이나 항복하라는 명령을 받고도 따르지 아니하면서 계속 항거할 때

3. 대간첩 작전 수행 과정에서 무장간첩이 항복하라는 경찰관의 명령을 받고도 따르지 아니할 때

② 제1항에서 "무기"란 사람의 생명이나 신체에 위해를 끼칠 수 있도록 제작된 권총·소총·도검 등을 말한다.

③ 대간첩·대테러 작전 등 국가안전에 관련되는 작전을 수행할 때에는 개인화기(個人火器) 외에 공용화기(共用火器)를 사용할 수 있다.

제10조의5(경찰착용기록장치의 사용) ① 경찰관은 다음 각 호의 어느 하나에 해당하는 직무 수행을 위하여 필요한 경우에는 필요한 최소한의 범위에서 경찰착용기록장치를 사용할 수 있다.

1. 경찰관이 「형사소송법」 제200조의2, 제200조의3, 제201조 또는 제212조에 따라 피의자를 체포 또는 구속하는 경우

2. 범죄 수사를 위하여 필요한 경우로서 다음 각 목의 요건을 모두 갖춘 경우

　가. 범행 중이거나 범행 직전 또는 직후일 것

　나. 증거보전의 필요성 및 긴급성이 있을 것

3. 제5조제1항에 따른 인공구조물의 파손이나 붕괴 등의 위험한 사태가 발생한 경우

4. 경찰착용기록장치에 기록되는 대상자(이하 이 조에서 "기록대상자"라 한다)로부터 그 기록의 요청 또는 동의를 받은 경우

5. 제4조제1항 각 호에 해당하는 것이 명백하고 응급구호가 필요하다고 믿을 만한 상당한 이유가 있는 경우

6. 제6조에 따라 사람의 생명·신체에 위해를 끼치거나 재산에 중대한 손해를 끼칠 우려가 있는 범죄행위를 긴급하게 예방 및 제지하는 경우

7. 경찰관이 「해양경비법」 제12조 또는 제13조에 따라 해상검문검색 또는 추적·나포하는 경우

8. 경찰관이 「수상에서의 수색·구조 등에 관한 법률」에 따라 같은 법 제2조제4호의 수난구호 업무 시 수색 또는 구조를 하는 경우

9. 그 밖에 제1호부터 제8호까지에 준하는 경우로서 대통령령으로 정하는 경우

② 이 법에서 "경찰착용기록장치"란 경찰관이 신체에 착용 또는 휴대하여 직무수행 과정을 근거리에서 영상·음성으로 기록할 수 있는 기록장치 또는 그 밖에 이와 유사한 기능

을 갖춘 기계장치를 말한다.

제10조의6(경찰착용기록장치의 사용 고지 등) ① 경찰관이 경찰착용기록장치를 사용하여 기록하는 경우로서 이동형 영상정보처리기기로 사람 또는 그 사람과 관련된 사물의 영상을 촬영하는 때에는 불빛, 소리, 안내판 등 대통령령으로 정하는 바에 따라 촬영 사실을 표시하고 알려야 한다.

② 제1항에도 불구하고 제10조의5제1항 각 호에 따른 경우로서 불가피하게 고지가 곤란한 경우에는 제3항에 따라 영상음성기록을 전송·저장하는 때에 그 고지를 못한 사유를 기록하는 것으로 대체할 수 있다.

③ 경찰착용기록장치로 기록을 마친 영상음성기록은 지체 없이 제10조의7에 따른 영상음성기록정보 관리체계를 이용하여 영상음성기록정보 데이터베이스에 전송·저장하도록 하여야 하며, 영상음성기록을 임의로 편집·복사하거나 삭제하여서는 아니 된다.

④ 그 밖에 경찰착용기록장치의 사용기준 및 관리 등에 필요한 사항은 대통령령으로 정한다.

[본조신설 2024. 1. 30.]

제10조의7(영상음성기록정보 관리체계의 구축·운영) 경찰청장 및 해양경찰청장은 경찰착용기록장치로 기록한 영상·음성을 저장하고 데이터베이스로 관리하는 영상음성기록정보 관리체계를 구축·운영하여야 한다.

[본조신설 2024. 1. 30.]

제11조(사용기록의 보관) 제10조제2항에 따른 살수차, 제10조의3에 따른 분사기, 최루탄 또는 제10조의4에 따른 무기를 사용하는 경우 그 책임자는 사용 일시·장소·대상, 현장책임자, 종류, 수량 등을 기록하여 보관하여야 한다.

제11조의2(손실보상) ① 국가는 경찰관의 적법한 직무집행으로 인하여 다음 각 호의 어느 하나에 해당하는 손실을 입은 자에 대하여 정당한 보상을 하여야 한다.

1. 손실발생의 원인에 대하여 책임이 없는 자가 생명·신체 또는 재산상의 손실을 입은 경우(손실발생의 원인에 대하여 책임이 없는 자가 경찰관의 직무집행에 자발적으로 협조하거나 물건을 제공하여 생명·신체 또는 재산상의 손실을 입은 경우를 포함한다)

2. 손실발생의 원인에 대하여 책임이 있는 자가 자신의 책임에 상응하는 정도를 초과하는 생명·신체 또는 재산상의 손실을 입은 경우

② 제1항에 따른 보상을 청구할 수 있는 권리는 손실이 있음을 안 날부터 3년, 손실이 발생한 날부터 5년간 행사하지 아니하면 시효의 완성으로 소멸한다.

③ 제1항에 따른 손실보상신청 사건을 심의하기 위하여 손실보상심의위원회를 둔다.

④ 경찰청장, 해양경찰청장, 시·도경찰청장 또는 지방해양경찰청장은 제3항의 손실보상심의위원회의 심의·의결에 따라 보상금을 지급하고, 거짓 또는 부정한 방법으로 보상금을 받은 사람에 대하여는 해당 보상금을 환수하여야 한다. <개정 2024. 3. 19.>

⑤ 보상금이 지급된 경우 손실보상심의위원회는 대통령령으로 정하는 바에 따라 국가경찰위원회 또는 해양경찰위원회에 심사자료와 결과를 보고하여야 한다. 이 경우 국가경찰위원회 또는 해양경찰위원회는 손실보상의 적법성 및 적정성 확인을 위하여 필요한 자료의 제출을 요구할 수 있다. <신설 2024. 3. 19.>

⑥ 경찰청장, 해양경찰청장, 시·도경찰청장 또는 지방해양경찰청장은 제4항에 따라 보상금을 반환하여야 할 사람이 대통령령으로 정한 기한까지 그 금액을 납부하지 아니한 때에는 국세강제징수의 예에 따라 징수할 수 있다. <신설 2024. 3. 19.>

⑦ 제1항에 따른 손실보상의 기준, 보상금액, 지급 절차 및 방법, 제3항에 따른 손실보상심의위원회의 구성 및 운영, 제4항 및 제6항에 따른 환수절차, 그 밖에 손실보상에 관하여 필요한 사항은 대통령령으로 정한다.

제11조의3(범인검거 등 공로자 보상) ① 경찰청장, 해양경찰청장, 시·도경찰청장, 지방해양경찰청장, 경찰서장 또는 해양경찰서장(이하 이 조에서 "경찰청장등"이라 한다)은 다음 각 호의 어느 하나에 해당하는 사람에게 보상금을 지급할 수 있다. <개정 2024. 3. 19.>

1. 범인 또는 범인의 소재를 신고하여 검거하게 한 사람

2. 범인을 검거하여 경찰공무원에게 인도한 사람

3. 테러범죄의 예방활동에 현저한 공로가 있는 사람

4. 그 밖에 제1호부터 제3호까지의 규정에 준하는 사람으로서 대통령령으로 정하는 사람

② 경찰청장등은 제1항에 따른 보상금 지급의 심사를 위하여 대통령령으로 정하는 바에 따라 각각 보상금심사위원회를 설치·운영하여야 한다. <개정 2024. 3. 19.>

③ 제2항에 따른 보상금심사위원회는 위원장 1명을 포함한 5명 이내의 위원으로 구성한다.

④ 제2항에 따른 보상금심사위원회의 위원은 소속 경찰공무원 중에서 경찰청장등이 임명한다. <개정 2024. 3. 19.>

⑤ 경찰청장등은 제2항에 따른 보상금심사위원회의 심사·의결에 따라 보상금을 지급하고, 거짓 또는 부정한 방법으로 보상금을 받은 사람에 대하여는 해당 보상금을 환수한다. <개정 2024. 3. 19.>

⑥ 경찰청장등은 제5항에 따라 보상금을 반환하여야 할 사람이 대통령령으로 정한 기한까지 그 금액을 납부하지 아니한 때에는 국세강제징수의 예에 따라 징수할 수 있다. <개정 2024. 3. 19.>

⑦ 제1항에 따른 보상 대상, 보상금의 지급 기준 및 절차, 제2항 및 제3항에 따른 보상금 심사위원회의 구성 및 심사사항, 제5항 및 제6항에 따른 환수절차, 그 밖에 보상금 지급에 관하여 필요한 사항은 대통령령으로 정한다.

제11조의4(소송 지원) 경찰청장과 해양경찰청장은 경찰관이 제2조 각 호에 따른 직무의 수행으로 인하여 민·형사상 책임과 관련된 소송을 수행할 경우 변호인 선임 등 소송 수행에 필요한 지원을 할 수 있다.

제11조의5(직무 수행으로 인한 형의 감면) 다음 각 호의 범죄가 행하여지려고 하거나 행하여지고 있어 타인의 생명·신체에 대한 위해 발생의 우려가 명백하고 긴급한 상황에서, 경찰관이 그 위해를 예방하거나 진압하기 위한 행위 또는 범인의 검거 과정에서 경찰관을 향한 직접적인 유형력 행사에 대응하는 행위를 하여 그로 인하여 타인에게 피해가 발생한 경우, 그 경찰관의 직무수행이 불가피한 것이고 필요한 최소한의 범위에서 이루어졌으며 해당 경찰관에게 고의 또는 중대한 과실이 없는 때에는 그 정상을 참작하여 형을 감경하거나 면제할 수 있다.

1. 「형법」 제2편제24장 살인의 죄, 제25장 상해와 폭행의 죄, 제32장 강간과 추행의 죄 중 강간에 관한 범죄, 제38장 절도와 강도의 죄 중 강도에 관한 범죄 및 이에 대하여 다른 법률에 따라 가중처벌하는 범죄

2. 「가정폭력범죄의 처벌 등에 관한 특례법」에 따른 가정폭력범죄, 「아동학대범죄의 처벌 등에 관한 특례법」에 따른 아동학대범죄

제12조(벌칙) 이 법에 규정된 경찰관의 의무를 위반하거나 직권을 남용하여 다른 사람에게 해를 끼친 사람은 1년 이하의 징역이나 금고 또는 300만원 이하의 벌금에 처한다. <개정 2024. 1. 30.>

제13조 삭제 <2014. 5. 20.>

4. 국민보호와 공공안전을 위한 테러방지법(약칭: 테러방지법)

[시행 2024. 2. 9.] [법률 제19580호, 2023. 8. 8., 타법개정]

제1조(목적) 이 법은 테러의 예방 및 대응 활동 등에 관하여 필요한 사항과 테러로 인한 피해보전 등을 규정함으로써 테러로부터 국민의 생명과 재산을 보호하고 국가 및 공공의 안전을 확보하는 것을 목적으로 한다.

제2조(정의) 이 법에서 사용하는 용어의 뜻은 다음과 같다.

1. "테러"란 국가·지방자치단체 또는 외국 정부(외국 지방자치단체와 조약 또는 그 밖의 국제적인 협약에 따라 설립된 국제기구를 포함한다)의 권한행사를 방해하거나 의무 없는 일을 하게 할 목적 또는 공중을 협박할 목적으로 하는 다음 각 목의 행위를 말한다.

　　가. 사람을 살해하거나 사람의 신체를 상해하여 생명에 대한 위험을 발생하게 하는 행위 또는 사람을 체포·감금·약취·유인하거나 인질로 삼는 행위

　　나. 항공기(「항공안전법」 제2조제1호의 항공기를 말한다. 이하 이 목에서 같다)와 관련된 다음 각각의 어느 하나에 해당하는 행위

　　　　1) 운항중(「항공보안법」 제2조제1호의 운항중을 말한다. 이하 이 목에서 같다)인 항공기를 추락시키거나 전복·파괴하는 행위, 그 밖에 운항중인 항공기의 안전을 해칠 만한 손괴를 가하는 행위

　　　　2) 폭행이나 협박, 그 밖의 방법으로 운항중인 항공기를 강탈하거나 항공기의 운항을 강제하는 행위

　　　　3) 항공기의 운항과 관련된 항공시설을 손괴하거나 조작을 방해하여 항공기의 안전운항에 위해를 가하는 행위

　　다. 선박(「선박 및 해상구조물에 대한 위해행위의 처벌 등에 관한 법률」 제2조제1호 본문의 선박을 말한다. 이하 이 목에서 같다) 또는 해상구조물(같은 법 제2조제5호의 해상구조물을 말한다. 이하 이 목에서 같다)과 관련된 다음 각각의 어느 하나에 해당하는 행위

　　　　1) 운항(같은 법 제2조제2호의 운항을 말한다. 이하 이 목에서 같다) 중인 선박 또는 해상구조물을 파괴하거나, 그 안전을 위태롭게 할 만한 정도의 손상을 가하는 행위(운항

중인 선박이나 해상구조물에 실려 있는 화물에 손상을 가하는 행위를 포함한다)

　2) 폭행이나 협박, 그 밖의 방법으로 운항 중인 선박 또는 해상구조물을 강탈하거나 선박의 운항을 강제하는 행위

　3) 운항 중인 선박의 안전을 위태롭게 하기 위하여 그 선박 운항과 관련된 기기·시설을 파괴하거나 중대한 손상을 가하거나 기능장애 상태를 일으키는 행위

　라. 사망·중상해 또는 중대한 물적 손상을 유발하도록 제작되거나 그러한 위력을 가진 생화학·폭발성·소이성(燒夷性) 무기나 장치를 다음 각각의 어느 하나에 해당하는 차량 또는 시설에 배치하거나 폭발시키거나 그 밖의 방법으로 이를 사용하는 행위

　1) 기차·전차·자동차 등 사람 또는 물건의 운송에 이용되는 차량으로서 공중이 이용하는 차량

　2) 1)에 해당하는 차량의 운행을 위하여 이용되는 시설 또는 도로, 공원, 역, 그 밖에 공중이 이용하는 시설

　3) 전기나 가스를 공급하기 위한 시설, 공중이 먹는 물을 공급하는 수도, 전기통신을 이용하기 위한 시설 및 그 밖의 시설로서 공용으로 제공되거나 공중이 이용하는 시설

　4) 석유, 가연성 가스, 석탄, 그 밖의 연료 등의 원료가 되는 물질을 제조 또는 정제하거나 연료로 만들기 위하여 처리·수송 또는 저장하는 시설

　5) 공중이 출입할 수 있는 건조물·항공기·선박으로서 1)부터 4)까지에 해당하는 것을 제외한 시설

　마. 핵물질(「원자력시설 등의 방호 및 방사능 방재 대책법」 제2조제1호의 핵물질을 말한다. 이하 이 목에서 같다), 방사성물질(「원자력안전법」 제2조제5호의 방사성물질을 말한다. 이하 이 목에서 같다) 또는 원자력시설(「원자력시설 등의 방호 및 방사능 방재 대책법」 제2조제2호의 원자력시설을 말한다. 이하 이 목에서 같다)과 관련된 다음 각각의 어느 하나에 해당하는 행위

　1) 원자로를 파괴하여 사람의 생명·신체 또는 재산을 해하거나 그 밖에 공공의 안전을 위태롭게 하는 행위

　2) 방사성물질 등과 원자로 및 관계 시설, 핵연료주기시설 또는 방사선발생장치를 부당하게 조작하여 사람의 생명이나 신체에 위험을 가하는 행위

　3) 핵물질을 수수(授受)·소지·소유·보관·사용·운반·개조·처분 또는 분산하는 행위

4) 핵물질이나 원자력시설을 파괴·손상 또는 그 원인을 제공하거나 원자력시설의 정상적인 운전을 방해하여 방사성물질을 배출하거나 방사선을 노출하는 행위

2. "테러단체"란 국제연합(UN)이 지정한 테러단체를 말한다.

3. "테러위험인물"이란 테러단체의 조직원이거나 테러단체 선전, 테러자금 모금·기부, 그 밖에 테러 예비·음모·선전·선동을 하였거나 하였다고 의심할 상당한 이유가 있는 사람을 말한다.

4. "외국인테러전투원"이란 테러를 실행·계획·준비하거나 테러에 참가할 목적으로 국적국이 아닌 국가의 테러단체에 가입하거나 가입하기 위하여 이동 또는 이동을 시도하는 내국인·외국인을 말한다.

5. "테러자금"이란 「공중 등 협박목적 및 대량살상무기확산을 위한 자금조달행위의 금지에 관한 법률」 제2조제1호에 따른 공중 등 협박목적을 위한 자금을 말한다.

6. "대테러활동"이란 제1호의 테러 관련 정보의 수집, 테러위험인물의 관리, 테러에 이용될 수 있는 위험물질 등 테러수단의 안전관리, 인원·시설·장비의 보호, 국제행사의 안전확보, 테러위협에의 대응 및 무력진압 등 테러 예방과 대응에 관한 제반 활동을 말한다.

7. "관계기관"이란 대테러활동을 수행하는 국가기관, 지방자치단체, 그 밖에 대통령령으로 정하는 기관을 말한다.

8. "대테러조사"란 대테러활동에 필요한 정보나 자료를 수집하기 위하여 현장조사·문서열람·시료채취 등을 하거나 조사대상자에게 자료제출 및 진술을 요구하는 활동을 말한다.

제3조(국가 및 지방자치단체의 책무) ① 국가 및 지방자치단체는 테러로부터 국민의 생명·신체 및 재산을 보호하기 위하여 테러의 예방과 대응에 필요한 제도와 여건을 조성하고 대책을 수립하여 이를 시행하여야 한다.

② 국가 및 지방자치단체는 제1항의 대책을 강구할 때 국민의 기본적 인권이 침해당하지 아니하도록 최선의 노력을 하여야 한다. <개정 2020. 6. 9.>

③ 이 법을 집행하는 공무원은 헌법상 기본권을 존중하여 이 법을 집행하여야 하며 헌법과 법률에서 정한 적법절차를 준수할 의무가 있다.

제4조(다른 법률과의 관계) 이 법은 대테러활동에 관하여 다른 법률에 우선하여 적용한다.

제5조(국가테러대책위원회) ① 대테러활동에 관한 정책의 중요사항을 심의·의결하기 위하여 국가테러대책위원회(이하 "대책위원회"라 한다)를 둔다.

② 대책위원회는 국무총리 및 관계기관의 장 중 대통령령으로 정하는 사람으로 구성하고 위원장은 국무총리로 한다.

③ 대책위원회는 다음 각 호의 사항을 심의·의결한다.

1. 대테러활동에 관한 국가의 정책 수립 및 평가

2. 국가 대테러 기본계획 등 중요 중장기 대책 추진사항

3. 관계기관의 대테러활동 역할 분담·조정이 필요한 사항

4. 그 밖에 위원장 또는 위원이 대책위원회에서 심의·의결할 필요가 있다고 제의하는 사항

④ 그 밖에 대책위원회의 구성·운영 등에 필요한 사항은 대통령령으로 정한다.

제6조(대테러센터) ① 대테러활동과 관련하여 다음 각 호의 사항을 수행하기 위하여 국무총리 소속으로 관계기관 공무원으로 구성되는 대테러센터를 둔다.

1. 국가 대테러활동 관련 임무분담 및 협조사항 실무 조정

2. 장단기 국가대테러활동 지침 작성·배포

3. 테러경보 발령

4. 국가 중요행사 대테러안전대책 수립

5. 대책위원회의 회의 및 운영에 필요한 사무의 처리

6. 그 밖에 대책위원회에서 심의·의결한 사항

② 대테러센터의 조직·정원 및 운영에 관한 사항은 대통령령으로 정한다.

③ 대테러센터 소속 직원의 인적사항은 공개하지 아니할 수 있다.

제7조(대테러 인권보호관) ① 관계기관의 대테러활동으로 인한 국민의 기본권 침해 방지를 위하여 대책위원회 소속으로 대테러 인권보호관(이하 "인권보호관"이라 한다) 1명을 둔다.

② 인권보호관의 자격, 임기 등 운영에 관한 사항은 대통령령으로 정한다.

제8조(전담조직의 설치) ① 관계기관의 장은 테러 예방 및 대응을 위하여 필요한 전담조직을 둘 수 있다.

② 관계기관의 전담조직의 구성 및 운영과 효율적 테러대응을 위하여 필요한 사항은 대통령령으로 정한다.

제9조(테러위험인물에 대한 정보 수집 등) ① 국가정보원장은 테러위험인물에 대하여 출입국·금융거래 및 통신이용 등 관련 정보를 수집할 수 있다. 이 경우 출입국·금융거래 및 통신이용 등 관련 정보의 수집은 「출입국관리법」, 「관세법」, 「특정 금융거래정보의 보고

및 이용 등에 관한 법률」, 「통신비밀보호법」의 절차에 따른다. <개정 2020. 6. 9.>

② 국가정보원장은 제1항에 따른 정보 수집 및 분석의 결과 테러에 이용되었거나 이용될 가능성이 있는 금융거래에 대하여 지급정지 등의 조치를 취하도록 금융위원회 위원장에게 요청할 수 있다.

③ 국가정보원장은 테러위험인물에 대한 개인정보(「개인정보 보호법」상 민감정보를 포함한다)와 위치정보를 「개인정보 보호법」 제2조의 개인정보처리자와 「위치정보의 보호 및 이용 등에 관한 법률」 제5조제7항에 따른 개인위치정보사업자 및 같은 법 제5조의2 제3항에 따른 사물위치정보사업자에게 요구할 수 있다. <개정 2018. 4. 17.>

④ 국가정보원장은 대테러활동에 필요한 정보나 자료를 수집하기 위하여 대테러조사 및 테러위험인물에 대한 추적을 할 수 있다. 이 경우 사전 또는 사후에 대책위원회 위원장에게 보고하여야 한다.

제10조(테러예방을 위한 안전관리대책의 수립) ① 관계기관의 장은 대통령령으로 정하는 국가중요시설과 많은 사람이 이용하는 시설 및 장비(이하 "테러대상시설"이라 한다)에 대한 테러예방대책과 테러의 수단으로 이용될 수 있는 폭발물·총기류·화생방물질(이하 "테러이용수단"이라 한다), 국가 중요행사에 대한 안전관리대책을 수립하여야 한다.

② 제1항에 따른 안전관리대책의 수립·시행에 필요한 사항은 대통령령으로 정한다.

제11조(테러취약요인 사전제거) ① 테러대상시설 및 테러이용수단의 소유자 또는 관리자는 보안장비를 설치하는 등 테러취약요인 제거를 위하여 노력하여야 한다.

② 국가는 제1항의 테러대상시설 및 테러이용수단의 소유자 또는 관리자에게 필요한 경우 그 비용의 전부 또는 일부를 지원할 수 있다.

③ 제2항에 따른 비용의 지원 대상·기준·방법 및 절차 등에 필요한 사항은 대통령령으로 정한다.

제12조(테러선동·선전물 긴급 삭제 등 요청) ① 관계기관의 장은 테러를 선동·선전하는 글 또는 그림, 상징적 표현물, 테러에 이용될 수 있는 폭발물 등 위험물 제조법 등이 인터넷이나 방송·신문, 게시판 등을 통해 유포될 경우 해당 기관의 장에게 긴급 삭제 또는 중단, 감독 등의 협조를 요청할 수 있다.

② 제1항의 협조를 요청받은 해당 기관의 장은 필요한 조치를 취하고 그 결과를 관계기관의 장에게 통보하여야 한다.

제13조(외국인테러전투원에 대한 규제) ① 관계기관의 장은 외국인테러전투원으로 출국하려 한다고 의심할 만한 상당한 이유가 있는 내국인·외국인에 대하여 일시 출국금지를 법무부장관에게 요청할 수 있다.

② 제1항에 따른 일시 출국금지 기간은 90일로 한다. 다만, 출국금지를 계속할 필요가 있다고 판단할 상당한 이유가 있는 경우에 관계기관의 장은 그 사유를 명시하여 연장을 요청할 수 있다.

③ 관계기관의 장은 외국인테러전투원으로 가담한 사람에 대하여 「여권법」 제13조에 따른 여권의 효력정지 및 같은 법 제12조의2에 따른 재발급 제한을 외교부장관에게 요청할 수 있다. <개정 2023. 8. 8.>

제14조(신고자 보호 및 포상금) ① 국가는 「특정범죄신고자 등 보호법」에 따라 테러에 관한 신고자, 범인검거를 위하여 제보하거나 검거활동을 한 사람 또는 그 친족 등을 보호하여야 한다.

② 관계기관의 장은 테러의 계획 또는 실행에 관한 사실을 관계기관에 신고하여 테러를 사전에 예방할 수 있게 하였거나, 테러에 가담 또는 지원한 사람을 신고하거나 체포한 사람에 대하여 대통령령으로 정하는 바에 따라 포상금을 지급할 수 있다.

제15조(테러피해의 지원) ① 테러로 인하여 신체 또는 재산의 피해를 입은 국민은 관계기관에 즉시 신고하여야 한다. 다만, 인질 등 부득이한 사유로 신고할 수 없을 때에는 법률관계 또는 계약관계에 의하여 보호의무가 있는 사람이 이를 알게 된 때에 즉시 신고하여야 한다.

② 국가 또는 지방자치단체는 제1항의 피해를 입은 사람에 대하여 대통령령으로 정하는 바에 따라 치료 및 복구에 필요한 비용의 전부 또는 일부를 지원할 수 있다. 다만, 「여권법」 제17조제1항 단서에 따른 외교부장관의 허가를 받지 아니하고 방문 및 체류가 금지된 국가 또는 지역을 방문·체류한 사람에 대해서는 그러하지 아니하다.

③ 제2항에 따른 비용의 지원 기준·절차·금액 및 방법 등에 관하여 필요한 사항은 대통령령으로 정한다.

제16조(특별위로금) ① 테러로 인하여 생명의 피해를 입은 사람의 유족 또는 신체상의 장애 및 장기치료가 필요한 피해를 입은 사람에 대해서는 그 피해의 정도에 따라 등급을 정하여 특별위로금을 지급할 수 있다. 다만, 「여권법」 제17조제1항 단서에 따른 외교부

장관의 허가를 받지 아니하고 방문 및 체류가 금지된 국가 또는 지역을 방문·체류한 사람에 대해서는 그러하지 아니하다. <개정 2020. 6. 9.>

② 제1항에 따른 특별위로금의 지급 기준·절차·금액 및 방법 등에 관하여 필요한 사항은 대통령령으로 정한다.

제17조(테러단체 구성죄 등) ① 테러단체를 구성하거나 구성원으로 가입한 사람은 다음 각 호의 구분에 따라 처벌한다.

1. 수괴(首魁)는 사형·무기 또는 10년 이상의 징역

2. 테러를 기획 또는 지휘하는 등 중요한 역할을 맡은 사람은 무기 또는 7년 이상의 징역

3. 타국의 외국인테러전투원으로 가입한 사람은 5년 이상의 징역

4. 그 밖의 사람은 3년 이상의 징역

② 테러자금임을 알면서도 자금을 조달·알선·보관하거나 그 취득 및 발생원인에 관한 사실을 가장하는 등 테러단체를 지원한 사람은 10년 이하의 징역 또는 1억원 이하의 벌금에 처한다.

③ 테러단체 가입을 지원하거나 타인에게 가입을 권유 또는 선동한 사람은 5년 이하의 징역에 처한다.

④ 제1항 및 제2항의 미수범은 처벌한다.

⑤ 제1항 및 제2항에서 정한 죄를 저지를 목적으로 예비 또는 음모한 사람은 3년 이하의 징역에 처한다.

⑥ 「형법」 등 국내법에 죄로 규정된 행위가 제2조의 테러에 해당하는 경우 해당 법률에서 정한 형에 따라 처벌한다.

제18조(무고, 날조) ① 타인으로 하여금 형사처분을 받게 할 목적으로 제17조의 죄에 대하여 무고 또는 위증을 하거나 증거를 날조·인멸·은닉한 사람은 「형법」 제152조부터 제157조까지에서 정한 형에 2분의 1을 가중하여 처벌한다.

② 범죄수사 또는 정보의 직무에 종사하는 공무원이나 이를 보조하는 사람 또는 이를 지휘하는 사람이 직권을 남용하여 제1항의 행위를 한 때에도 제1항의 형과 같다. 다만, 그 법정형의 최저가 2년 미만일 때에는 이를 2년으로 한다.

제19조(세계주의) 제17조의 죄는 대한민국 영역 밖에서 저지른 외국인에게도 국내법을 적용한다.

5. 국민보호와 공공안전을 위한 테러방지법 시행령

[시행 2022. 11. 1.] [대통령령 제32968호, 2022. 11. 1., 타법개정]

제1장 총칙 및 국가테러대책기구

제1조(목적) 이 영은 「국민보호와 공공안전을 위한 테러방지법」에서 위임된 사항과 그 시행에 필요한 사항을 규정함을 목적으로 한다.

제2조(관계기관의 범위) 「국민보호와 공공안전을 위한 테러방지법」(이하 "법"이라 한다) 제2조제7호에서 "대통령령으로 정하는 기관"이란 다음 각 호의 기관 또는 단체를 말한다.

1. 「공공기관의 운영에 관한 법률」 제4조에 따른 공공기관

2. 「지방공기업법」 제2조제1항제1호부터 제4호까지의 사업을 수행하는 지방직영기업, 지방공사 및 지방공단

제3조(국가테러대책위원회 구성) ① 법 제5조제2항에서 "대통령령으로 정하는 사람"이란 기획재정부장관, 외교부장관, 통일부장관, 법무부장관, 국방부장관, 행정안전부장관, 산업통상자원부장관, 환경부장관, 국토교통부장관, 해양수산부장관, 국가정보원장, 국무조정실장, 금융위원회 위원장, 원자력안전위원회 위원장, 대통령경호처장, 관세청장, 경찰청장, 소방청장, 질병관리청장 및 해양경찰청장을 말한다.

② 법 제5조에 따른 국가테러대책위원회(이하 "대책위원회"라 한다)의 위원장(이하 "위원장"이라 한다)은 안건 심의에 필요한 경우에는 제1항에서 정한 위원 외에 관계기관의 장 또는 그 밖의 관계자에게 회의 참석을 요청할 수 있다.

③ 대책위원회의 사무를 처리하기 위하여 간사를 두되, 간사는 법 제6조에 따른 대테러센터(이하 "대테러센터"라 한다)의 장(이하 "대테러센터장"이라 한다)이 된다.

제4조(대책위원회의 운영) ① 대책위원회 회의는 위원장이 필요하다고 인정하거나 대책위원회 위원(이하 "위원"이라고 한다) 과반수의 요청이 있는 경우에 위원장이 소집한다.

② 대책위원회는 재적위원 과반수의 출석으로 개의(開議)하고, 출석위원 과반수의 찬성으로 의결한다.

③ 대책위원회의 회의는 공개하지 아니한다. 다만, 공개가 필요한 경우 대책위원회의 의

결로 공개할 수 있다.

④ 제1항부터 제3항까지에서 규정한 사항 외에 대책위원회 운영에 관한 사항은 대책위원회의 의결을 거쳐 위원장이 정한다.

제5조(테러대책 실무위원회의 구성 등) ① 대책위원회를 효율적으로 운영하고 대책위원회에 상정할 안건에 관한 전문적인 검토 및 사전 조정을 위하여 대책위원회에 테러대책 실무위원회(이하 "실무위원회"라 한다)를 둔다.

② 실무위원회에 위원장 1명을 두며, 실무위원회의 위원장은 대테러센터장이 된다.

③ 실무위원회 위원은 제3조제1항의 위원이 소속된 관계기관 및 그 소속기관의 고위공무원단에 속하는 일반직공무원(이에 상당하는 특정직·별정직 공무원을 포함한다) 중 관계기관의 장이 지명하는 사람으로 한다.

④ 제1항부터 제3항까지에서 규정한 사항 외에 실무위원회 운영에 관한 사항은 대책위원회의 의결을 거쳐 위원장이 정한다.

제6조(대테러센터) ① 대테러센터는 국가 대테러활동을 원활히 수행하기 위하여 필요한 사항과 대책위원회의 회의 및 운영에 필요한 사무 등을 처리한다.

② 대테러센터장은 관계기관의 장에게 직무 수행에 필요한 협조와 지원을 요청할 수 있다.

제2장 대테러 인권보호관

제7조(대테러 인권보호관의 자격 및 임기) ① 법 제7조제1항에 따른 대테러 인권보호관(이하 "인권보호관"이라 한다)은 다음 각 호의 어느 하나에 해당하는 대한민국 국민 중에서 위원장이 위촉한다.

1. 변호사 자격이 있는 사람으로서 10년 이상의 실무경력이 있는 사람

2. 인권 분야에 전문지식이 있고 「고등교육법」 제2조제1호에 따른 학교에서 부교수 이상으로 10년 이상 재직하고 있거나 재직하였던 사람

3. 국가기관 또는 지방자치단체에서 3급 상당 이상의 공무원으로 재직하였던 사람 중 인권 관련 업무 경험이 있는 사람

4. 인권분야 비영리 민간단체·법인·국제기구에서 근무하는 등 인권 관련 활동에 10년 이상 종사한 경력이 있는 사람

② 인권보호관의 임기는 2년으로 하고, 연임할 수 있다.

③ 인권보호관은 다음 각 호의 경우를 제외하고는 그 의사에 반하여 해촉되지 아니한다.

1. 「국가공무원법」 제33조 각 호의 결격사유에 해당하는 경우

2. 직무와 관련한 형사사건으로 기소된 경우

3. 직무상 알게 된 비밀을 누설한 경우

4. 그 밖에 장기간의 심신쇠약으로 인권보호관의 직무를 계속 수행할 수 없는 특별한 사유가 발생한 경우

제8조(인권보호관의 직무 등) ① 인권보호관은 다음 각 호의 직무를 수행한다.

1. 대책위원회에 상정되는 관계기관의 대테러정책·제도 관련 안건의 인권 보호에 관한 자문 및 개선 권고

2. 대테러활동에 따른 인권침해 관련 민원의 처리

3. 그 밖에 관계기관 대상 인권 교육 등 인권 보호를 위한 활동

② 인권보호관은 제1항제2호에 따른 민원을 접수한 날부터 2개월 내에 처리하여야 한다. 다만, 부득이한 사유로 정해진 기간 내에 처리하기 어려운 경우에는 그 사유와 처리 계획을 민원인에게 통지하여야 한다.

③ 위원장은 인권보호관이 직무를 효율적으로 수행할 수 있도록 필요한 행정적·재정적 지원을 할 수 있다.

④ 대책위원회는 인권보호관의 직무 수행을 지원하기 위하여 지원조직을 둘 수 있으며, 필요한 경우에는 관계 중앙행정기관 소속 공무원의 파견을 요청할 수 있다.

제9조(시정 권고) ① 인권보호관은 제8조제1항에 따른 직무수행 중 인권침해 행위가 있다고 인정할 만한 상당한 이유가 있는 경우에는 위원장에게 보고한 후 관계기관의 장에게 시정을 권고할 수 있다.

② 제1항에 따른 권고를 받은 관계기관의 장은 그 처리 결과를 인권보호관에게 통지하여야 한다.

제10조(비밀의 엄수) ① 인권보호관은 재직 중 및 퇴직 후에 직무상 알게 된 비밀을 엄수하여야 한다.

② 인권보호관은 법령에 따른 증인, 참고인, 감정인 또는 사건 당사자로서 직무상의 비밀에 관한 사항을 증언하거나 진술하려는 경우에는 미리 위원장의 승인을 받아야 한다.

제3장 전담조직

제11조(전담조직) ① 법 제8조에 따른 전담조직(이하 "전담조직"이라 한다)은 제12조부터 제21조까지의 규정에 따라 테러 예방 및 대응을 위하여 관계기관 합동으로 구성하거나 관계기관의 장이 설치하는 다음 각 호의 전문조직(협의체를 포함한다)으로 한다.

1. 지역 테러대책협의회

2. 공항·항만 테러대책협의회

3. 테러사건대책본부

4. 현장지휘본부

5. 화생방테러대응지원본부

6. 테러복구지원본부

7. 대테러특공대

8. 테러대응구조대

9. 테러정보통합센터

10. 대테러합동조사팀

② 관계기관의 장은 제1항 각 호에 따른 전담조직 외에 테러 예방 및 대응을 위하여 필요한 경우에는 대테러업무를 수행하는 하부조직을 전담조직으로 지정·운영할 수 있다.

제12조(지역 테러대책협의회) ① 특별시·광역시·특별자치시·도·특별자치도(이하 "시·도"라 한다)에 해당 지역에 있는 관계기관 간 테러예방활동에 관한 협의를 위하여 지역 테러대책협의회를 둔다.

② 지역 테러대책협의회의 의장은 국가정보원의 해당 지역 관할지부의 장(특별시의 경우 대테러센터장을 말한다. 이하 같다)이 되며, 위원은 다음 각 호의 사람이 된다.

1. 시·도에서 대테러업무를 담당하는 고위공무원단 나급 상당 공무원 또는 3급 상당 공무원 중 특별시장·광역시장·특별자치시장·도지사·특별자치도지사(이하 "시·도지사"라 한다)가 지명하는 사람

2. 법무부·환경부·국토교통부·해양수산부·국가정보원·식품의약품안전처·관세청·검찰청·경찰청 및 해양경찰청의 지역기관에서 대테러업무를 담당하는 고위공무원단 나급 상당 공무원 또는 3급 상당 공무원 중 해당 관계기관의 장이 지명하는 사람

3. 지역 관할 군부대 및 국군방첩부대의 장

4. 지역 테러대책협의회 의장이 필요하다고 인정하는 관계기관의 지역기관에서 대테러업무를 담당하는 공무원 중 해당 관계기관의 장이 지명하는 사람 및 국가중요시설의 관리자나 경비·보안 책임자

③ 지역 테러대책협의회는 다음 각 호의 사항을 심의·의결한다.

1. 대책위원회의 심의·의결 사항 시행 방안

2. 해당 지역 테러사건의 사전예방 및 대응·사후처리 지원 대책

3. 해당 지역 대테러업무 수행 실태의 분석·평가 및 발전 방안

4. 해당 지역의 대테러 관련 훈련·점검 등 관계기관 간 협조에 관한 사항

5. 그 밖에 해당 지역 대테러활동에 필요한 사항

④ 관계기관의 장은 제3항의 심의·의결 사항에 대하여 그 이행 결과를 지역 테러대책협의회에 통보하고, 지역 테러대책협의회 의장은 그 결과를 종합하여 대책위원회에 보고하여야 한다.

⑤ 지역 테러대책협의회의 회의와 운영에 관한 세부사항은 지역 실정을 고려하여 지역 테러대책협의회의 의결을 거쳐 의장이 정한다.

제13조(공항·항만 테러대책협의회) ① 공항 또는 항만(「항만법」 제3조제1항제1호에 따른 무역항을 말한다. 이하 같다) 내에서의 관계기관 간 대테러활동에 관한 사항을 협의하기 위하여 공항·항만별로 테러대책협의회를 둔다.

② 공항·항만 테러대책협의회의 의장은 해당 공항·항만에서 대테러업무를 담당하는 국가정보원 소속 공무원 중 국가정보원장이 지명하는 사람이 되며, 위원은 다음 각 호의 사람이 된다.

1. 해당 공항 또는 항만에 상주하는 법무부·농림축산식품부·국토교통부·해양수산부·관세청·경찰청·소방청·질병관리청·해양경찰청 및 국군방첩사령부 소속기관의 장

2. 공항 또는 항만의 시설 소유자 및 경비·보안 책임자

3. 그 밖에 공항·항만 테러대책협의회의 의장이 필요하다고 인정하는 관계기관에 소속된 기관의 장

③ 공항·항만 테러대책협의회는 해당 공항 또는 항만 내의 대테러활동에 관하여 다음 각 호의 사항을 심의·의결한다.

1. 대책위원회의 심의·의결 사항 시행 방안

2. 공항 또는 항만 내 시설 및 장비의 보호 대책

3. 항공기·선박의 테러예방을 위한 탑승자와 휴대화물 검사 대책

4. 테러 첩보의 입수·전파 및 긴급대응 체계 구축 방안

5. 공항 또는 항만 내 테러사건 발생 시 비상대응 및 사후처리 대책

6. 그 밖에 공항 또는 항만 내의 테러대책

④ 관계기관의 장은 제3항의 심의·의결 사항에 대하여 그 이행 결과를 공항·항만 테러대책협의회에 통보하고, 공항·항만 테러대책협의회 의장은 그 결과를 종합하여 대책위원회에 보고하여야 한다.

⑤ 공항·항만 테러대책협의회의 운영에 관한 세부사항은 공항·항만별로 테러대책협의회의 의결을 거쳐 의장이 정한다.

제14조(테러사건대책본부) ① 외교부장관, 국방부장관, 국토교통부장관, 경찰청장 및 해양경찰청장은 테러가 발생하거나 발생할 우려가 현저한 경우(국외테러의 경우는 대한민국 국민에게 중대한 피해가 발생하거나 발생할 우려가 있어 긴급한 조치가 필요한 경우에 한한다)에는 다음 각 호의 구분에 따라 테러사건대책본부(이하 "대책본부"라 한다)를 설치·운영하여야 한다.

1. 외교부장관: 국외테러사건대책본부

2. 국방부장관: 군사시설테러사건대책본부

3. 국토교통부장관: 항공테러사건대책본부

4. 삭제 <2017. 7. 26.>

5. 경찰청장: 국내일반 테러사건대책본부

6. 해양경찰청장: 해양테러사건대책본부

② 제1항에 따라 대책본부를 설치한 관계기관의 장은 그 사실을 즉시 위원장에게 보고하여야 하며, 같은 사건에 2개 이상의 대책본부가 관련되는 경우에는 위원장이 테러사건의 성질·중요성 등을 고려하여 대책본부를 설치할 기관을 지정할 수 있다.

③ 대책본부의 장은 대책본부를 설치하는 관계기관의 장(군사시설테러사건대책본부의 경우에는 합동참모의장을 말한다. 이하 같다)이 되며, 제15조에 따른 현장지휘본부의 사건 대응 활동을 지휘·통제한다.

④ 대책본부의 편성·운영에 관한 세부사항은 대책본부의 장이 정한다.

제15조(현장지휘본부) ① 대책본부의 장은 테러사건이 발생한 경우 사건 현장의 대응 활동을 총괄하기 위하여 현장지휘본부를 설치할 수 있다.

② 현장지휘본부의 장은 대책본부의 장이 지명한다.

③ 현장지휘본부의 장은 테러의 양상·규모·현장상황 등을 고려하여 협상·진압·구조·구급·소방 등에 필요한 전문조직을 직접 구성하거나 관계기관의 장에게 지원을 요청할 수 있다. 이 경우 관계기관의 장은 특별한 사정이 없으면 현장지휘본부의 장이 요청한 사항을 지원하여야 한다.

④ 현장지휘본부의 장은 현장에 출동한 관계기관의 조직(대테러특공대, 테러대응구조대, 대화생방테러 특수임무대 및 대테러합동조사팀을 포함한다)을 지휘·통제한다.

⑤ 현장지휘본부의 장은 현장에 출동한 관계기관과 합동으로 통합상황실을 설치·운영할 수 있다.

제16조(화생방테러대응지원본부 등) ① 환경부장관, 원자력안전위원회 위원장 및 질병관리청장은 화생방테러사건 발생 시 대책본부를 지원하기 위하여 다음 각 호의 구분에 따른 분야별로 화생방테러대응지원본부를 설치·운영한다.

1. 환경부장관: 화학테러 대응 분야

2. 원자력안전위원회 위원장: 방사능테러 대응 분야

3. 질병관리청장: 생물테러 대응 분야

② 화생방테러대응지원본부는 다음 각 호의 임무를 수행한다.

1. 화생방테러 사건 발생 시 오염 확산 방지 및 독성제거(除毒) 방안 마련

2. 화생방 전문 인력 및 자원의 동원·배치

3. 그 밖에 화생방테러 대응 지원에 필요한 사항의 시행

③ 국방부장관은 관계기관의 화생방테러 대응을 지원하기 위하여 대책위원회의 심의·의결을 거쳐 오염 확산 방지 및 독성제거 임무 등을 수행하는 대화생방테러 특수임무대를 설치하거나 지정할 수 있다.

④ 화생방테러대응지원본부 및 대화생방테러 특수임무대의 설치·운영 등에 필요한 사항은 해당 관계기관의 장이 정한다.

제17조(테러복구지원본부) ① 행정안전부장관은 테러사건 발생 시 구조·구급·수습·복구활동 등에 관하여 대책본부를 지원하기 위하여 테러복구지원본부를 설치·운영할 수 있다.

② 테러복구지원본부는 다음 각 호의 임무를 수행한다.

1. 테러사건 발생 시 수습·복구 등 지원을 위한 자원의 동원 및 배치 등에 관한 사항

2. 대책본부의 협조 요청에 따른 지원에 관한 사항

3. 그 밖에 테러복구 등 지원에 필요한 사항의 시행

제18조(대테러특공대 등) ① 국방부장관, 경찰청장 및 해양경찰청장은 테러사건에 신속히 대응하기 위하여 대테러특공대를 설치·운영한다.

② 국방부장관, 경찰청장 및 해양경찰청장은 제1항에 따른 대테러특공대를 설치·운영하려는 경우에는 대책위원회의 심의·의결을 거쳐야 한다.

③ 대테러특공대는 다음 각 호의 임무를 수행한다.

1. 대한민국 또는 국민과 관련된 국내외 테러사건 진압

2. 테러사건과 관련된 폭발물의 탐색 및 처리

3. 주요 요인 경호 및 국가 중요행사의 안전한 진행 지원

4. 그 밖에 테러사건의 예방 및 저지활동

④ 국방부 소속 대테러특공대의 출동 및 진압작전은 군사시설 안에서 발생한 테러사건에 대하여 수행한다. 다만, 경찰력의 한계로 긴급한 지원이 필요하여 대책본부의 장이 요청하는 경우에는 군사시설 밖에서도 경찰의 대테러 작전을 지원할 수 있다.

⑤ 국방부장관은 군 대테러특공대의 신속한 대응이 제한되는 상황에 대비하기 위하여 군 대테러특수임무대를 지역 단위로 편성·운영할 수 있다. 이 경우 군 대테러특수임무대의 편성·운영·임무에 관하여는 제2항부터 제4항까지의 규정을 준용한다.

제19조(테러대응구조대) ① 소방청장과 시·도지사는 테러사건 발생 시 신속히 인명을 구조·구급하기 위하여 중앙 및 지방자치단체 소방본부에 테러대응구조대를 설치·운영한다.

② 테러대응구조대는 다음 각 호의 임무를 수행한다.

1. 테러발생 시 초기단계에서의 조치 및 인명의 구조·구급

2. 화생방테러 발생 시 초기단계에서의 오염 확산 방지 및 독성제거

3. 국가 중요행사의 안전한 진행 지원

4. 테러취약요인의 사전 예방·점검 지원

제20조(테러정보통합센터) ① 국가정보원장은 테러 관련 정보를 통합관리하기 위하여 관계기관 공무원으로 구성되는 테러정보통합센터를 설치·운영한다.

② 테러정보통합센터는 다음 각 호의 임무를 수행한다.

1. 국내외 테러 관련 정보의 통합관리·분석 및 관계기관에의 배포

2. 24시간 테러 관련 상황 전파체계 유지

3. 테러 위험 징후 평가

4. 그 밖에 테러 관련 정보의 통합관리에 필요한 사항

③ 국가정보원장은 관계기관의 장에게 소속 공무원의 파견과 테러정보의 통합관리 등 업무 수행에 필요한 협조를 요청할 수 있다.

제21조(대테러합동조사팀) ① 국가정보원장은 국내외에서 테러사건이 발생하거나 발생할 우려가 현저할 때 또는 테러 첩보가 입수되거나 테러 관련 신고가 접수되었을 때에는 예방조치, 사건 분석 및 사후처리방안 마련 등을 위하여 관계기관 합동으로 대테러합동조사팀(이하 "합동조사팀"이라 한다)을 편성·운영할 수 있다.

② 국가정보원장은 합동조사팀이 현장에 출동하여 조사한 경우 그 결과를 대테러센터장에게 통보하여야 한다.

③ 제1항에도 불구하고 군사시설에 대해서는 국방부장관이 자체 조사팀을 편성·운영할 수 있다. 이 경우 국방부장관은 자체 조사팀이 조사한 결과를 대테러센터장에게 통보하여야 한다.

제4장 테러 대응 절차

제22조(테러경보의 발령) ① 대테러센터장은 테러 위험 징후를 포착한 경우 테러경보 발령의 필요성, 발령 단계, 발령 범위 및 기간 등에 관하여 실무위원회의 심의를 거쳐 테러경보를 발령한다. 다만, 긴급한 경우 또는 제2항에 따른 주의 이하의 테러경보 발령 시에는 실무위원회의 심의 절차를 생략할 수 있다.

② 테러경보는 테러위협의 정도에 따라 관심·주의·경계·심각의 4단계로 구분한다.

③ 대테러센터장은 테러경보를 발령하였을 때에는 즉시 위원장에게 보고하고, 관계기관에 전파하여야 한다.

④ 제1항부터 제3항까지에서 규정한 사항 외에 테러경보 발령 및 테러경보에 따른 관계기관의 조치사항에 관하여는 대책위원회 의결을 거쳐 위원장이 정한다.

제23조(상황 전파 및 초동 조치) ① 관계기관의 장은 테러사건이 발생하거나 테러 위협 등

그 징후를 인지한 경우에는 관련 상황 및 조치사항을 관련기관의 장과 대테러센터장에게 즉시 통보하여야 한다.

② 관계기관의 장은 테러사건이 발생한 경우 사건의 확산 방지를 위하여 신속히 다음 각 호의 초동 조치를 하여야 한다.

1. 사건 현장의 통제·보존 및 경비 강화

2. 긴급대피 및 구조·구급

3. 관계기관에 대한 지원 요청

4. 그 밖에 사건 확산 방지를 위하여 필요한 사항

③ 국내 일반테러사건의 경우에는 대책본부가 설치되기 전까지 테러사건 발생 지역 관할 경찰관서의 장이 제2항에 따른 초동 조치를 지휘·통제한다.

제24조(테러사건 대응) ① 대책본부의 장은 테러사건에 대한 대응을 위하여 필요한 경우 현장지휘본부를 설치하여 상황 전파 및 대응 체계를 유지하고, 조치사항을 체계적으로 시행한다.

② 대책본부의 장은 테러사건에 신속히 대응하기 위하여 필요한 경우에 관계기관의 장에게 인력·장비 등의 지원을 요청할 수 있다. 이 경우 요청을 받은 관계기관의 장은 특별한 사유가 없으면 요청에 따라야 한다.

③ 외교부장관은 해외에서 테러가 발생하여 정부 차원의 현장 대응이 필요한 경우에는 관계기관 합동으로 정부 현지대책반을 구성하여 파견할 수 있다.

④ 지방자치단체의 장은 테러사건 대응 활동을 지원하기 위한 물자 및 편의 제공과 지역 주민의 긴급대피 방안 등을 마련하여야 한다.

제5장 테러예방을 위한 안전관리대책

제25조(테러대상시설 및 테러이용수단 안전대책 수립) ① 법 제10조제1항에서 "대통령령으로 정하는 국가중요시설과 많은 사람이 이용하는 시설 및 장비"(이하 "테러대상시설"이라 한다)란 다음 각 호의 시설을 말한다.

1. 국가중요시설: 「통합방위법」 제21조제4항에 따라 지정된 국가중요시설 및 「보안업무규정」 제32조에 따른 국가보안시설

2. 많은 사람이 이용하는 시설 및 장비(이하 "다중이용시설"이라 한다): 다음 각 목의 시

설과 장비 중 관계기관의 장이 소관업무와 관련하여 대테러센터장과 협의하여 지정하는 시설

　가.「도시철도법」제2조제2호에 따른 도시철도

　나.「선박안전법」제2조제10호에 따른 여객선

　다.「재난 및 안전관리 기본법 시행령」제43조의8제1호·제2호에 따른 건축물 또는 시설

　라.「철도산업발전기본법」제3조제4호에 따른 철도차량

　마.「항공안전법」제2조제1호에 따른 항공기

② 관계기관의 장은 법 제10조제1항에 따른 테러대상시설에 대한 테러예방대책과 법 제10조제1항에 따른 테러이용수단(이하 "테러이용수단"이라 한다)의 제조·취급·저장 시설에 대한 안전관리대책 수립 시 다음 각 호의 사항을 포함하여야 한다.

1. 인원·차량에 대한 출입 통제 및 자체 방호계획

2. 테러 첩보의 입수·전파 및 긴급대응 체계 구축 방안

3. 테러사건 발생 시 비상대피 및 사후처리 대책

③ 관계기관의 장은 테러대상시설 및 테러이용수단의 제조·취급·저장 시설에 대하여 다음 각 호의 업무를 수행하여야 한다.

1. 테러예방대책 및 안전관리대책의 적정성 평가와 그 이행 실태 확인

2. 소관 분야 테러이용수단의 종류 지정 및 해당 테러이용수단의 생산·유통·판매에 관한 정보 통합관리

제26조(국가 중요행사 안전관리대책 수립) ① 법 제10조제1항에 따라 안전관리대책을 수립하여야 하는 국가 중요행사는 국내외에서 개최되는 행사 중 관계기관의 장이 소관 업무와 관련하여 주관기관, 개최근거, 중요도 등을 기준으로 대테러센터장과 협의하여 정한다.

② 관계기관의 장은 대테러센터장과 협의하여 국가 중요행사의 특성에 맞는 분야별 안전관리대책을 수립·시행하여야 한다.

③ 관계기관의 장은 국가 중요행사에 대한 안전관리대책을 협의·조정하기 위하여 필요한 경우에는 대책위원회의 심의·의결을 거쳐 관계기관 합동으로 대테러·안전대책기구를 편성·운영할 수 있다.

④ 제2항에 따른 안전관리대책의 수립·시행 및 제3항에 따른 대테러·안전대책기구의 편성·운영에 관한 사항 중 대통령과 국가원수에 준하는 국빈 등의 경호 및 안전관리에 관

한 사항은 대통령경호처장이 정한다.

제27조(테러취약요인의 사전제거 지원) ① 테러대상시설 및 테러이용수단의 소유자 또는 관리자(이하 "시설소유자등"이라 한다)는 관계기관의 장을 거쳐 대테러센터장에게 테러예방 및 안전관리에 관하여 적정성 평가, 현장지도 등 지원을 요청할 수 있다.

② 대테러센터장은 제1항에 따른 요청을 받은 경우 관계기관과 합동으로 테러예방활동을 지원할 수 있다.

제28조(테러취약요인의 사전제거 비용 지원) ① 국가기관의 장은 법 제11조제2항에 따라 테러취약요인을 제거한 시설소유자등에 대하여 비용을 지원하려는 경우에는 다음 각 호의 사항을 종합적으로 고려하여 비용의 지원 여부 및 지원 금액을 결정할 수 있다.

1. 테러사건이 발생할 가능성

2. 해당 시설 및 주변 환경 등 지역 특성

3. 시설·장비의 설치·교체·정비에 필요한 비용의 정도 및 시설소유자등의 부담 능력

4. 제25조제3항제1호에 따른 적정성 평가와 그 이행 실태 확인 결과

5. 제27조제1항·제2항에 따른 적정성 평가, 현장지도 결과

6. 그 밖에 제1호부터 제5호까지의 사항에 준하는 것으로서 국가기관의 장이 대테러센터장과 협의하여 정하는 사항

② 제1항에 따라 지원되는 비용의 한도, 세부기준, 지급 방법 및 절차 등에 관하여 필요한 사항은 대책위원회의 심의·의결을 거쳐 국가기관의 장이 정한다.

제6장 포상금 및 테러피해의 지원

제29조(포상금의 지급) ① 법 제14조제2항에 따른 포상금(이하 "포상금"이라 한다)은 제30조에 따른 포상금심사위원회의 심의·의결을 거쳐 관계기관의 장이 지급할 수 있다.

② 법 제14조제2항에 따른 신고를 받거나 체포된 범인을 인도받은 관계기관의 장은 지체 없이 관할 지방검찰청 검사장이나 지청장 또는 국방부검찰단장이나 각 군 검찰단장에게 그 사실을 통보하여야 하며, 검사 또는 군검사는 신고를 한 사람이나 범인을 체포하여 관계기관의 장에게 인도한 사람(이하 "신고자등"이라 한다)에게 신고 또는 인도를 증명하는 서류를 발급하여야 한다.

③ 관계기관의 장은 테러예방에 기여하였다고 인정되는 신고자등을 포상금 지급 대상자

로 추천할 수 있다. 이 경우 그 대상자에게 추천 사실을 통지하여야 한다.

제30조(포상금심사위원회의 구성 및 운영) ① 포상금의 지급에 관한 사항을 심의하기 위하여 대테러센터장 소속으로 포상금심사위원회(이하 "심사위원회"라 한다)를 둔다.

② 심사위원회는 위원장 1명과 위원 8명으로 구성한다.

③ 심사위원회의 위원장은 대테러센터 소속의 고위공무원단에 속하는 일반직공무원(이에 상당하는 특정직·별정직 공무원을 포함한다)이 되며, 심사위원회 위원은 총리령으로 정하는 관계기관 소속 4급 상당 공무원 중 관계기관의 장이 지명하는 사람이 된다.

④ 심사위원회의 위원장은 포상금 지급에 관한 사항을 심의할 필요가 있을 때 회의를 소집한다.

⑤ 심사위원회는 다음 각 호의 사항을 심의·의결한다.

1. 포상금 지급 여부와 그 지급금액

2. 포상금 지급 취소 및 반환 여부

3. 그 밖에 포상금에 관한 사항

⑥ 심사위원회는 심의를 위하여 필요하다고 인정될 때에는 포상금 지급 대상자 또는 참고인의 출석을 요청하여 그 의견을 들을 수 있으며, 관계기관에 대하여 필요한 자료의 제출을 요청할 수 있다.

⑦ 제1항부터 제6항까지에서 규정한 사항 외에 심사위원회 운영에 관한 세부사항은 총리령으로 정한다.

제31조(포상금 지급기준) ① 법 제14조제2항에 따른 포상금은 다음 각 호의 사항을 고려하여 1억원의 범위에서 차등 지급한다.

1. 신고 내용의 정확성이나 증거자료의 신빙성

2. 신고자등이 테러 신고와 관련하여 불법행위를 하였는지 여부

3. 신고자등이 테러예방 등에 이바지한 정도

4. 신고자등이 관계기관 등에 신고·체포할 의무가 있는지 또는 직무와 관련하여 신고·체포를 하였는지 여부

② 포상금의 세부적인 지급기준은 대책위원회의 의결을 거쳐 위원장이 정한다.

③ 관계기관의 장은 하나의 테러사건에 대한 신고자등이 2명 이상인 경우에는 제2항에 따른 지급기준의 범위에서 그 공로를 고려하여 배분·지급한다.

④ 관계기관의 장은 제3항의 경우 포상금을 받을 사람이 배분방법에 관하여 미리 합의하여 포상금 지급을 신청하는 경우에는 그 합의한 내용에 따라 지급한다. 다만, 합의된 비율이 현저하게 부당한 경우에는 심사위원회의 심의·의결을 거쳐 관계기관의 장이 이를 변경할 수 있다.

제32조(포상금 신청 절차) ① 포상금은 그 사건이 공소제기·기소유예 또는 공소보류되거나 관계기관의 장이 제29조제3항에 따라 추천한 경우에 신청할 수 있다.

② 검사 또는 군검사는 법에 따른 포상금 지급대상이 되는 사건에 관하여 공소를 제기하거나 제기하지 아니하는 결정을 하였을 때에는 지체 없이 신고자등에게 서면으로 그 사실을 통지하여야 한다.

③ 포상금을 받으려는 사람은 총리령으로 정하는 신청서에 다음 각 호의 서류를 첨부하여 관계기관의 장에게 신청하여야 한다.

1. 제29조제2항에 따른 증명서

2. 제2항 또는 제29조제3항 후단에 따른 통지서

3. 공적 자술서

④ 제3항에 따른 신청은 제2항 또는 제29조제3항 후단에 따른 통지를 받은 날부터 60일 이내에 하여야 한다.

⑤ 포상금을 신청하려는 사람이 2명 이상인 경우에는 신청자 전원의 연서(連署)로써 청구하여야 한다.

제33조(포상금 지급 절차) ① 관계기관의 장은 심사위원회가 심의·의결한 사항을 기초로 포상금 지급 여부와 지급금액을 결정한다.

② 관계기관의 장은 포상금 지급대상자에게 결정 통지서를 보내고 포상금을 지급한다.

③ 제1항 및 제2항에서 규정한 사항 외에 포상금 지급 등에 관하여 필요한 사항은 총리령으로 정한다.

제34조(포상금 지급 취소 및 반환) ① 관계기관의 장은 포상금을 지급한 후 다음 각 호의 어느 하나에 해당하는 경우에는 심사위원회의 심의·의결을 거쳐 그 포상금 지급 결정을 취소한다.

1. 포상금 수령자가 신고자등이 아닌 경우

2. 포상금 수령자가 테러사건에 가담하는 등 불법행위를 한 사실이 사후에 밝혀진 경우

3. 그 밖에 포상금 지급을 취소할 사유가 발생한 경우

② 관계기관의 장은 제1항에 따라 포상금의 지급 결정을 취소하였을 때에는 해당 신고자 등에게 그 취소 사실과 포상금의 반환 기한, 반환하여야 하는 금액을 통지하여야 한다.

③ 제1항 및 제2항에서 규정한 사항 외에 포상금 반환에 관하여 필요한 사항은 총리령으로 정한다.

제35조(테러피해의 지원) ① 법 제15조제2항에 따라 국가 또는 지방자치단체가 지원할 수 있는 비용(이하 "피해지원금"이라 한다)은 신체 피해에 대한 치료비 및 재산 피해에 대한 복구비로 한다.

② 테러로 인한 신체 피해에 대한 치료비는 다음 각 호와 같고, 치료비 산정에 필요한 사항은 총리령으로 정한다.

1. 신체적 부상 및 후유증에 대한 치료비

2. 정신적·심리적 피해에 대한 치료비

③ 테러로 인한 재산 피해에 대한 복구비는 「재난 및 안전관리 기본법」 제66조에 따른 사회재난 피해 지원의 기준과 금액을 고려하여 대책위원회가 정한다.

④ 제2항에 따른 치료비와 제3항에 따른 복구비는 대책위원회의 심의·의결을 거쳐 일시금으로 지급한다.

⑤ 제2항부터 제4항까지에서 규정한 사항 외에 피해지원금의 한도·세부기준과 지급 방법 및 절차 등에 관하여 필요한 사항은 대책위원회가 정한다.

제36조(특별위로금의 종류) ① 법 제16조제1항에 따른 특별위로금은 다음 각 호의 구분에 따라 지급한다.

1. 유족특별위로금: 테러로 인하여 사망한 경우

2. 장해특별위로금: 테러로 인하여 신체상의 장애를 입은 경우. 이 경우 신체상 장애의 기준은 「범죄피해자 보호법」 제3조제5호, 같은 법 시행령 제2조, 별표 1 및 별표 2에 따른 장해의 기준을 따른다.

3. 중상해특별위로금: 테러로 인하여 장기치료가 필요한 피해를 입은 경우. 이 경우 장기치료가 필요한 피해의 기준은 「범죄피해자 보호법」 제3조제6호 및 같은 법 시행령 제3조에서 정한 중상해의 기준을 따른다.

② 대책본부를 설치한 관계기관의 장은 제1항에 따른 특별위로금을 대책위원회의 심의·

의결을 거쳐 일시금으로 지급한다.

③ 제1항제1호에 따른 유족특별위로금(이하 "유족특별위로금"이라 한다)은 피해자가 사망하였을 때 총리령으로 정하는 바에 따라 맨 앞 순위인 유족에게 지급한다. 다만, 순위가 같은 유족이 2명 이상이면 똑같이 나누어 지급한다.

④ 제1항제2호에 따른 장해특별위로금(이하 "장해특별위로금"이라 한다) 및 제1항제3호에 따른 중상해특별위로금(이하 "중상해특별위로금"이라 한다)은 해당 피해자에게 지급한다.

제37조(특별위로금의 지급기준) ① 유족특별위로금은 피해자의 사망 당시(신체에 손상을 입고 그로 인하여 사망한 경우에는 신체에 손상을 입은 당시를 말한다)의 월급액이나 월실수입액 또는 평균임금에 24개월 이상 48개월 이하의 범위에서 유족의 수와 연령 및 생계유지 상황 등을 고려하여 총리령으로 정하는 개월 수를 곱한 금액으로 한다.

② 장해특별위로금과 중상해특별위로금은 피해자가 신체에 손상을 입은 당시의 월급액이나 월실수입액 또는 평균임금에 2개월 이상 48개월 이하의 범위에서 피해자의 장해 또는 중상해의 정도와 부양가족의 수 및 생계유지 상황 등을 고려하여 총리령으로 정한 개월 수를 곱한 금액으로 한다.

③ 제1항 및 제2항에 따른 피해자의 월급액이나 월실수입액 또는 평균임금 등은 피해자의 주소지를 관할하는 세무서장, 시장·군수·구청장(자치구의 구청장을 말한다) 또는 피해자의 근무기관의 장의 증명이나 그 밖에 총리령으로 정하는 공신력 있는 증명에 따른다.

④ 제1항 및 제2항에서 피해자의 월급액이나 월실수입액이 평균임금의 2배를 넘는 경우에는 평균임금의 2배에 해당하는 금액을 피해자의 월급액이나 월실수입액으로 본다.

⑤ 제1항부터 제4항까지에서 규정한 사항 외에 특별위로금의 세부기준·지급 방법 및 절차 등에 관하여 필요한 사항은 대책위원회가 정한다.

제38조(특별위로금 지급에 대한 특례) ① 장해특별위로금을 받은 사람이 해당 테러행위로 인하여 사망한 경우에는 유족특별위로금을 지급하되, 그 금액은 제37조제1항에 따라 산정한 유족특별위로금에서 이미 지급한 장해특별위로금을 공제한 금액으로 한다.

② 중상해특별위로금을 받은 사람이 해당 테러행위로 인하여 사망하거나 신체상의 장애를 입은 경우에는 유족특별위로금 또는 장해특별위로금을 지급하되, 그 금액은 제37조제1항에 따라 산정한 유족특별위로금 또는 같은 조 제2항에 따라 산정한 장해특별위로금

에서 이미 지급한 중상해특별위로금을 공제한 금액으로 한다.

제39조(피해지원금 및 특별위로금 지급 신청) ① 법 제15조 또는 제16조에 따라 피해지원금 또는 특별위로금의 지급을 신청하려는 사람은 테러사건으로 피해를 입은 날부터 6개월 이내에 총리령으로 정하는 바에 따라 지급신청서에 관련 증명서류를 첨부하여 대책본부를 설치한 관계기관의 장에게 제출하여야 한다.

② 법 제15조 또는 제16조에 따른 피해지원금 또는 특별위로금의 지급을 신청하려는 사람이 둘 이상인 경우에는 다음 각 호의 구분에 따라 신청인 대표자를 선정할 수 있다. 이 경우 같은 순위의 사람이 둘 이상이면 같은 순위의 사람이 합의하여 신청인 대표자를 정하되, 합의가 이루어지지 아니하는 경우나 그 밖의 부득이한 사유가 있으면 신청인 대표자를 선정하지 아니할 수 있다.

1. 사망한 피해자에 대한 피해지원금 및 특별위로금: 총리령에서 정하는 바에 따라 맨 앞 순위인 유족 1명

2. 생존한 피해자에 대한 피해지원금 및 특별위로금: 생존한 피해자(생존한 피해자의 법정대리인을 포함한다)

③ 피해지원금 및 특별위로금의 지급 신청, 지급 결정에 대한 동의, 지급 청구 또는 수령 등을 직접 하기 어려운 사정이 있으면 다른 사람을 대리인으로 선임할 수 있다.

④ 대책본부를 설치한 관계기관의 장은 제1항에 따라 피해지원금 또는 특별위로금의 지급신청을 받으면 그 관련 서류 등을 검토하고 서류 등이 누락되거나 보완이 필요한 경우 기간을 정하여 신청인(제2항에 따른 신청인 대표자, 제3항에 따른 대리인을 포함한다. 이하 같다)에게 보완을 요청할 수 있다.

제40조(피해지원금 및 특별위로금 지급 결정) ① 대책본부를 설치한 관계기관의 장은 대책위원회의 심의·의결을 거쳐 피해지원금 및 특별위로금의 지급 신청을 받은 날부터 120일 이내에 그 지급 여부 및 금액을 결정하여 신청인에게 결정 통지서를 송부하여야 한다. 이 경우 해당 관계기관의 장은 대책위원회가 피해지원금 또는 특별위로금의 지급에 관하여 심의·의결한 날부터 30일 이내에 지급 여부 등을 결정하여야 한다.

② 제1항에 따른 결정에 관하여 이의가 있는 신청인은 결정 통지서를 받은 날부터 30일 이내에 총리령으로 정하는 바에 따라 이의 신청서에 그 사유를 증명할 수 있는 자료를 첨부하여 대책본부를 설치한 관계기관의 장에게 제출하여야 한다.

③ 제2항에 따른 이의 신청에 관하여는 제1항을 준용한다. 이 경우 제1항 중 "120일"은 "60일"로 본다.

제41조(피해지원금 및 특별위로금 지급 제한) 대책본부를 설치한 관계기관의 장은 테러사건으로 피해를 입은 사람에게 과실이 있다고 판단되는 경우 대책위원회의 심의·의결을 거쳐 그 과실의 정도에 따라 피해지원금 및 특별위로금을 지급하지 아니하거나 금액을 줄여 지급할 수 있다.

제42조(피해지원금 및 특별위로금 지급) ① 제40조제1항에 따라 결정 통지서를 받은 신청인이 피해지원금 또는 특별위로금을 받으려는 경우에는 다음 각 호의 서류를 첨부하여 총리령으로 정하는 바에 따라 대책본부를 설치한 관계기관의 장에게 지급을 신청하여야 한다.

1. 지급 결정에 대한 동의 및 신청서

2. 인감증명서(서명을 한 경우에는 본인서명사실확인서를 말한다)

3. 입금계좌 통장 사본

② 피해지원금 및 특별위로금은 대책본부를 설치한 관계기관의 장이 지급하되, 그 실무는 국고(국고대리점을 포함한다)에 위탁하여 처리하게 할 수 있다.

③ 대책본부를 설치한 관계기관의 장은 제1항에 따른 동의 및 신청서를 받은 날부터 90일 이내에 피해지원금 및 특별위로금을 지급하여야 한다. 다만, 90일 이내에 지급할 수 없는 특별한 사유가 있는 경우에는 지급 기간을 연장할 수 있으며, 그 사유를 신청인에게 통지하여야 한다.

제43조(피해지원금 및 특별위로금 환수) 대책본부를 설치한 관계기관의 장은 피해지원금 및 특별위로금을 받은 사람이 다음 각 호의 어느 하나에 해당하는 경우에는 받은 금액의 전부 또는 일부를 환수하여야 한다.

1. 테러사건에 가담하는 등 불법행위를 한 사실이 사후에 밝혀진 경우

2. 거짓이나 그 밖의 부정한 방법으로 받은 경우

3. 잘못 지급된 경우

제44조(다른 법령에 따른 급여 등과의 관계) 테러로 인하여 신체 또는 재산의 피해를 입은 사람과 피해를 입은 사람의 유족 또는 신체상의 장애 및 장기치료가 필요한 피해를 입은 사람이 해당 테러 행위를 원인으로 하여 다른 법령에 따라 신체 또는 재산의 피해에 대

한 치료비, 복구비, 특별위로금 또는 이에 상당하는 지원을 받을 수 있을 때에는 그 받을 금액의 범위에서 법 제15조제2항에 따른 치료비·복구비 또는 법 제16조제1항에 따른 특별위로금을 지급하지 아니한다.

제7장 보칙

제45조(고유식별정보의 처리) 관계기관의 장은 다음 각 호의 사무를 수행하기 위하여 불가피한 경우 「개인정보 보호법 시행령」 제19조에 따른 주민등록번호, 여권번호, 운전면허의 면허번호 또는 외국인등록번호가 포함된 자료를 처리할 수 있다.

1. 법 제9조에 따른 테러위험인물에 대한 정보 수집, 대테러조사 및 테러위험인물에 대한 추적 등에 관한 사무
2. 법 제12조에 따른 테러선동·선전물 긴급 삭제 등 요청에 관한 사무
3. 법 제13조에 따른 외국인테러전투원에 대한 규제 등에 관한 사무
4. 법 제14조에 따른 신고자 보호 및 포상금 지급 등에 관한 사무
5. 법 제15조에 따른 테러피해의 지원 등에 관한 사무
6. 법 제16조에 따른 특별위로금 지급 등에 관한 사무

찾아보기

참고문헌

1. 국내문헌

강영규 외 6인 편(2008), 경찰경비총서, 경찰대학.

강성철 외 4인(2011), 새 인사행정론, 서울: 대영문화사.

강욱·김석범·성홍재(2008), 경찰경무론, 경찰대학.

경찰청(2020), 경찰백서.

경찰청(2020), 경찰통계연보.

권영성(1991), 헌법학원론, 서울: 법문사.

국가정보포럼(2006), 국가정보학, 서울: 박영사.

김두현(2013), 경호학개론, 서울: 엑스퍼트

김철수(2006), 헌법학원리, 서울: 박영사.

김충남(2008), 경찰학개론, 서울: 박영사.

김형만 외 6인(2003), 비교경찰제도, 서울: 법문사.

김형중(1991), 한국 고대경찰사, 서울: 수서원.

대한민국 여경재향경우회 (2007), 한국여자경찰 60년사, 서울: 에스프리.

문정인 외(2002), 국가정보론, 서울: 박영사.

박노철 편(2008), 치안정보론(Ⅰ), 경찰대학.

박동서(1990), 인사행정론, 서울: 법문사.

박상규 외 4인(2014), 응급처치, 서울: 라이프사이언스.

배종대·이상돈·정승환(2009), 신형사소송법, 서울: 홍문사.

법무연수원(2020), 범죄백서.

신유근(1998), 조직론, 서울: 다산출판사.

양재열(2005), "대통령 경호시스템의 변화와 개선방안 연구," 명지대학교 박사학위논문.

양재열(2012), 경호학원론, 서울: 박영사.

오석홍(1996), 인사행정론, 서울: 박영사.

유종해(1996), 현대조직관리, 서울: 박영사.

이대희 외(2001), 한국의 행정사, 서울: 대영문화사.

이두석(2007), "위해사례 분석을 통한 경호 위기관리시스템 설정 방안," 용인대학교 박사학위논문.

이두석(2010), "위해범죄 사례분석을 통한 경호효율화 방안," 한국치안행정논집, 7(3).

이두석(2018), 경호학개론, 인천: 진영사.

이상철(2012), 경호현장운용론, 인천: 진영사.

이영재·윤정원(2004), BCP입문, 서울: 디지털타임스.

이종수 외(1998), 새행정학, 서울: 대영문화사.

이창원·최창현(1998), 새조직론, 서울: 대영문화사.

장기붕(2007), 근접경호론, 서울: 홍익출판사.

전재경(1996), 복수와 형벌의 사회사, 서울: 웅진출판.

조영갑(2000), 한국위기관리론, 서울: 팔복원.

조철옥(2008), 경찰학개론, 서울: 대영문화사.

조철옥(2011), 경찰학각론, 경기: 21세기사.

주승희(2015), "신종테러범죄, 이른바 뉴테러리즘(New Terrorism)에 대한 국내외 연구현황," 비교
형사법연구 17(4).

최선우(2019), 민간경비론, 인천: 진영사.

최선우(2017), 경찰학, 서울: 그린.

최원석(1998), 경찰윤리론, 경찰대학.

최정택(2008), 경호학개론, 인천: 진영사.

최진태(1997), 테러, 테러리스트 & 테러리즘, 서울: 대영문화사.

최진태(2006), 테러리즘의 이론과 실제, 서울: 대영문화사.

최평길(1981), "국가원수 경호관리의 정책연구," 문교부정책연구.

최평길(1989), "3중경비·경호이론," 서재근박사 화갑기념논문집.

피터 콜릿/박태선 역(2004), 몸은 나보다 먼저 말한다, 서울: 청림출판.

한영우(2004), 다시 찾는 우리역사, 서울: 경세원.

한종욱(1998), 경찰경비론, 경찰대학.

홍정선(2007), 경찰행정법, 서울: 박영사.

황정연 역(2015), 응급처치와 심폐소생술(First Aid, CPR, and AED), 서울: 한미의학.

2. 국외문헌

American SS Pamphlet(1978), Protective Services.

Bergquist, William(1996), "Postmodern Thought in a Nutshell: Where Art and Science Come Together," in Jay M. Shafritz, J. Steven Ott, Classics of Organization Theory, N. Y.: Wadsworth Publishing Company.

Cohen, H.(1985), A Dilemma for Discretion, in Heffernan and Stroup(eds.), Police Ethics: Hard Choices in Law Enforcement, NY.: John Jay Press.

Daft. R.(1992), Organization Theory and Design, MN: West Publishing Co.

Davis, K. C.(1969), Discretionary Justice: A Preliminary Inquiry, Louisiana: Louisiana University Press.

Dingle, J.(1991), "Back to the Basics," Security Technology and Design.

Emergency First Response Corp.(2013), Emergency First Response: Primary and Secondary Care Participant Manual.

Gurr, T. R.(1974), Why Men Rebel, N.J.: Princeton University Press.

Hess, K. and Wrobleski, H.(1996), Introduction to Private Security, N.Y.: West Publishing Company.

Hobsbawm, Eric(2012), Globalisation, Democracy and Terrorism, UK: Abacus.

June, Dale L.(2008), Introduction to Executive Protection, N.Y.: CRC Press.

Kuhn, Thomas(1970), The Structure of Scientific Revolution, Chicago: University of Chicago Press.

Melanson, P.(1988), The Polices of Protection, Massachusetts University.

Netwley, Patricia D.(2000), Issues In Crime, San Diego: Lucent Books.

Noble, Corwin K.(1997), The Executive Protection Manual, Austin: Thomas Investigative Publications Inc.

Office of Homeland Security & Preparedness Intelligence Bureau(2006), The Potential Terrorist Risk of Drinking Water Contamination.

Oatman, R. L.(1997), The Art of Executive Protection, Baltimore: Noble House.

Roberg, Roy R. & Kuykendall, Jack(1997), Police Management, L.A.: Roxbury Publishing Company.

Schmid, A. P. and Jongman, A. J.(1988), Political Terrorism: A New Guide to Actors, Authors, Concepts, Data Bases, Theories, and Literature, Amsterdam: SWIDOC.

Spencer, S.(1985), Called to Account: The Case for Police Accountability in England & Wales,

National Council for Civil Liberties, Nottingham, Chapter 5 Proposals for Reform.

Stahl, O. Glenn(1983), Public Personnel Administration, N.Y.: Harper & Row.

Swanson, Charles R. et al.(1998), Police Administration, New Jersey: Prentice Hall.

Terril, Richard J.(1999), World Criminal Justice System, Cincinnati: Anderson Publishing Company.

Wilson, James Q. and Washburn, Susanne(1993.8), "A Rhythm to the Madness," Times.

3. 기타

국가정보원(http://www.nis.go.kr).

다음백과(http://100.daum.net/encyclopedia).

대통령경호실(http://www.pss.go.kr).

대한심폐소생학회(http://www.kacpr.org).

미국 국토안보부(https://www.dhs.gov).

미국 비밀경호국(https://www.secretservice.gov).

영국 런던수도경찰청(http://content.met.police.uk/Site/specialistoperations).

영국 보안국(https://www.mi5.gov.uk).

영국 비밀정보국(https://www.sis.gov.uk).

외교부(http://www.mofa.go.kr/trade/beforejustice/courtesy).

위키백과(https://ko.wikipedia.org).

행정자치부(http://www.moi.go.kr).

이만석칼럼(http://www.smileman.info).

중앙응급의료센터(http://www.medcity.com).

경향신문(2014. 06. 22.).

경향신문(2016. 07. 22.).

노컷뉴스(2016. 02. 04.).

뉴시스(2007. 10. 04.).

뉴시스(2008. 02. 03.).

뉴시스(2016. 07. 22.).

동아닷컴(2012. 04. 16.).

마이데일리(2008. 02. 20.).

매일경제(2010. 11. 07.).

메트로신문(2013. 07. 16.).

미국 대통령경호실(내셔널지오그라픽 다큐멘터리)(2007. 07. 26.).

서울신문(2016. 11. 27.).

연합뉴스(2012. 03. 13.).

연합뉴스(2015. 10. 30.).

연합뉴스(2015. 11. 14.).

연합뉴스(2016. 05. 23.).

연합뉴스(2017. 03. 23.).

연합뉴스(2019. 09. 16.).

이데일리(2016. 12. 19.).

조선일보(2014. 12. 17.).

조선일보(2011. 07. 23.).

조선일보(2020. 10. 03.)

중앙일보(2018. 11. 29.).

중앙일보(2019. 10. 08.).

참세상(2012. 03. 22.).

투데이안(2020. 11. 26.).

CNN(http://www.cnn.com).

http://blog.daum.net/qkdidi/13417032.

http://blog.daum.net/psc9000/37.

http://blog.daum.net/mar20005.

http://blog.daum.net/dink0726/9387.

http://blog.naver.com/kem7chul/220537917719.

http://blog.naver.com/rlarbgus44/220373212662.

http://blog.naver.com/PostView.

http://blog.naver.com/bamboosalt64/220896920820.

http://blog.naver.com/jwbaik/140049585326.

http://blog.naver.com/pakim777.

http://blog.naver.com/chyeon5567/40172814043.

https://blog.naver.com/akb9042/220395966937.

https://blog.naver.com/snow119999/222122498772.

http://cafe.daum.net/klovek82/5xRc.

http://cafe.daum.net/ilovenba/34Xk.

http://cafe.daum.net/dusdlakf2/4RZ2.

http://cafe.daum.net/posthoolis/IEvD.

http://cafe.daum.net/DKBOODYGUARD/V4Gf.

http://cafe.daum.net/jumok.cafe.

http://cafe.daum.net/antifreemason.

http://dic.daum.net/word.

http://cafe.daum.net/knp868/CLoG.

http://adnoong.tistory.com/339.

http://evoluxionx.blog.me/30113995912.

http://law2.umkc.edu/faculty/projects/ftrials/hinckley/mccarthy.htm.

https://life-plus.tistory.com/6.

http://meloyou.com/54.

http://mirror.enha.kr/wiki.

https://smartsmpa.tistory.com/1114.

http://www.medcity.com/jilbyung/eunggup/simpe.html.

https://www.dispatch.co.kr/2008577.

http://widerstand365.tistory.com/342.

최선우(崔善羽)

[학력]

- 동국대학교 경찰행정학과 졸업
- 동국대학교 경찰행정학과 대학원 졸업(법학박사, 경찰학전공)
- 치안연구소 연구원(외래)
- 행정고시, 7급 행정직 시험출제위원
- 경찰공무원 간부후보생·순경 시험출제위원
- 경비지도사·청원경찰 시험출제·선정위원
- 동국대, 경찰대, 광운대, 원광대, 관동대, 인천대, 순천향대, 대불대 등 외래교수
- 현재 광주대학교 경찰행정학과 교수
  한국공안행정학회, 한국경찰학회, 한국경호경비학회, 한국치안행정학회
  한국민간경비학회, 한국범죄심리학회, 한국해양경찰학회 이사

[주요저서 및 논문]

저 서 : 민간경비론(2024, 제7판)
　　　　경찰학개론(2022)
　　　　경찰학총론(2021)
　　　　경찰학각론(2021)
　　　　환경설계와 범죄예방: 지속가능한 도시발전과 CPTED(2020)
　　　　경찰면접(2020, 공저)
　　　　커뮤니티 경찰활동(2017)
　　　　경찰교통론(2008, 공저)
　　　　치안서비스 공동생산론(2002)
　　　　지역사회 경찰활동: 각국의 이슈 및 현황(2001, 역서) 외 다수

논 문 : 헌법정신과 인권에 관한 연구(2023)
　　　　색채가 인간심리에 미치는 특성 연구(2021)
　　　　인간의 본성에 대한 연구(2019)
　　　　경찰공무원의 독직폭행에 관한 연구(2017)
　　　　권력모델에 의한 형사사법 연구: 검사의 지위와 역할을 중심으로(2017)
　　　　방어공간의 영역성 연구(2017)
　　　　영국경찰의 정당성 확보와 저하에 관한 역사적 연구(2016)
　　　　수사구조의 근대성과 미군정기 수사구조 형성과정 연구(2015)
　　　　영국근대경찰의 형성에 관한 연구(2015)
　　　　개화기 근대 해양경찰의 등장과 역사적 함의(2015)
　　　　국가중요시설의 위험요소 평가 및 대응 전략(2015)
　　　　영국 민간경비산업의 제도적 정비와 민간조사에 관한 연구(2014)
　　　　경찰학의 정체성과 학문분류체계에 관한 연구(2014)
　　　　민간경비의 자율적 운영에 관한 연구(2013)
　　　　경찰정신에 관한 연구: 차일혁을 중심으로(2012, 공동)
　　　　북한의 사이버테러리즘에 관한 연구(2012, 공동)
　　　　공동주거단지의 범죄발생 특성에 관한 연구(2012)
　　　　국가질서와 시민불복종의 연구(2011, 공동)
　　　　경찰조직의 진단과 건강성 연구(2011)
　　　　다문화사회의 범죄문제와 경찰의 대응(2010) 외 다수

제 3 판
경호학

초판발행   2017년 3월 10일
개정판발행   2021년 3월 2일
제3판발행   2024년 8월 30일

지은이   최선우
펴낸이   안종만 · 안상준

편 집   양수정
기획/마케팅   최동인
표지디자인   Ben Story
제 작   고철민 · 김원표

펴낸곳   (주) **박영사**
              서울특별시 금천구 가산디지털2로 53, 210호(가산동, 한라시그마밸리)
              등록 1959. 3. 11. 제300-1959-1호(倫)

전 화   02)733-6771
f a x   02)736-4818
e-mail   pys@pybook.co.kr
homepage   www.pybook.co.kr
ISBN   979-11-303-2111-0 93350

정 가   32,000원